Global Logistics Management

글로벌 물류경영

강 영 문

1997 우용출판사
www.choolpansa.com

머리말

무역과 친해지면서 물류와도 친해지기 시작한 것이 벌써 30년이 다 되어 갑니다. 세월 참 빠릅니다. 세월이 덧칠 해지는 동안 세상 사람들이 물류를 바라보는 시각도 많이 변했습니다.

물류와 친해지면서 물류는 단순히 물리적인 물자의 흐름만이 아니라는 것을 알게 되었습니다. 물자의 흐름엔 역사, 문화, 경제, 경영, 철학 등도 함께 도도히 흐르고, 시대정신도 물류에 반영된다는 것을 알게 되었습니다. 시간의 흐름 속에 무역의 관점에서만 바라보던 국제물류를 물류의 확대된 개념인 로지스틱스의 관점에서 바라보게 되었습니다.

물류는 국내외 상거래의 시작과 끝 모두를 아우르고 있습니다. 그래서 더 재미있습니다. 경제, 경영, 무역을 물류를 통해 종합적으로 바라 볼 수 있고, 국제비즈니스에서 물류를 활용할 수 있는 내용들로 책을 구성하였습니다.

물류를 처음 접하는 초심자도 물류현장의 실무자도 모두 환영합니다. 이 책은 물류란 무엇인가에서부터 시작해서 국제물류까지 조금씩 속도를 내기 때문에 재미나게 그러나 열심히 정독하면 됩니다.

이 책이 물류를 재미나게 이해하는데 작은 디딤돌이 되었으면 합니다.

Young Moon(젊은 달)

목차

제1부 물류와 친해지기

제2부 물류와 경제경영

제3부 물류 쪼개기

제4부 물류관리

제5부 물류합리화

제6부 물류비

제7부 전자상거래와 물류

제8부 경영혁신과 물류

제9부 SCM과 물류

제10부 국제운송과 물류

제11부 국제항만과 물류

제12부 한국 물류의 발전전략

제13부 세계 최고 싱가포르 물류연구

부록

물류에세이

Check Point

제1부

물류와 친해지기

제1장 다양한 관점에서 본 물류

1. 물류를 알려면 먼저 유통을 알아야 한다.

경제활동 = 생산활동 + 유통활동 + 소비활동
유　　통 = 상적유통 + 물적유통

경제활동의 운영을 생산활동, 소비활동, 유통활동의 3가지로 구분할 경우 물류활동은 유통활동에 속한다.[1] 유통은 생산자로부터 소비자에게로 재화를 사회적, 물리적으로 이전시키는 활동을 의미한다. 유통은 상거래 기능에 의해 발생한다.[2] 이 기능은 상품의 소유권이 판매자에게서 구매자로 이전하는 것을 의미한다. 상거래에 의해서 구매자로부터 판매자에게 상품의 대가가 지급되며, 상품의 소유권이 판매자로부터 구매에게 이전된다.

그러나 상품의 소유권 이전만으로 유통이 완결되는 것은 아니다. 상품자체의 이동이 필요하다. 상품을 판매자로부터 구매자에게 이동시키는 것이 필요한데 이것이 물류이다. 이러한 물류에 의해서 상거래 유통이 완결된다(임정수, 1999: 2).

1) 塩見英治, 「現代物流システム」, 中央經濟社, 1998, p.1.
2) 塩見英治, 「上揭書」, p.2.

유통에서 상품의 소유권이전 활동이 상적유통이고, 소유권 이전 이후 상품의 물리적 이전이 물적유통이다. 이처럼 물류는 유통의 일부분으로 유통과 밀접한 관계를 갖고 있다.

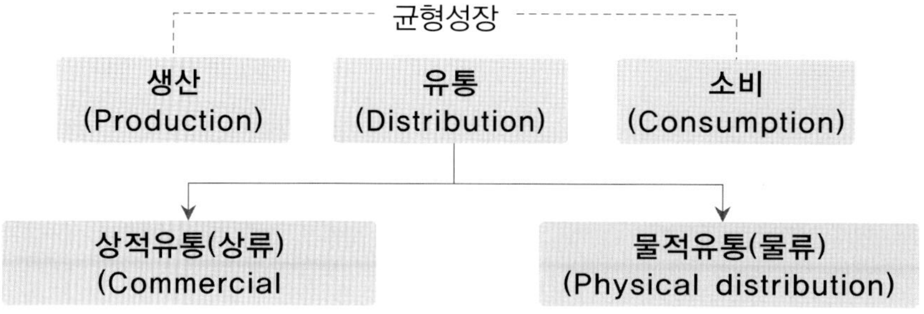

[그림 1-1] 경제활동과 유통

2. 상적유통과 물적유통의 주고받는 관계

기업경영에서 물류활동은 판매 활동을 마무리하는 역할을 한다.

상적유통의 형태에 따라 물적유통의 형태도 각기 다른 특색을 나타낸다. 물류형태는 상류활동에 의해 영향을 받는다. 그런데 이러한 상류형태도 물류합리화에 따라 영향을 받는다. 즉, 상적유통은 물류합리화의 다양한 형태에 따라 직간접적인 영향을 받는다.

또한 유통 면에서의 판매확대는 거래지역을 광범위하게 하는 반면 물류 면에서는 운송거리의 연장, 보관시설, 재고 등의 증가를 가져온다. 즉, 매출확대는 상류측면에서는 고무적인 일이지만 물류측면에서는 상품단위당 물류비의 증가를 가져와 이익을 저하시키게 된다.

상적유통과 물적유통은 다음과 같은 상호유기적인 관계를 가지고 있다.

예를 들어 상류증가(매출액 증가) → 거래지역 확대(상권 확대) → 수송, 보관, 재고비 증가 → 단위당 물류비 증가 → 기업 총이익 감소 → 물류관리 필요성 증가.

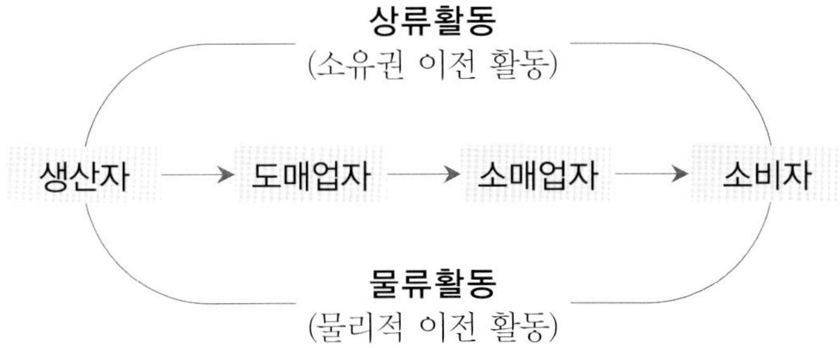

[그림 1-2] 유통활동

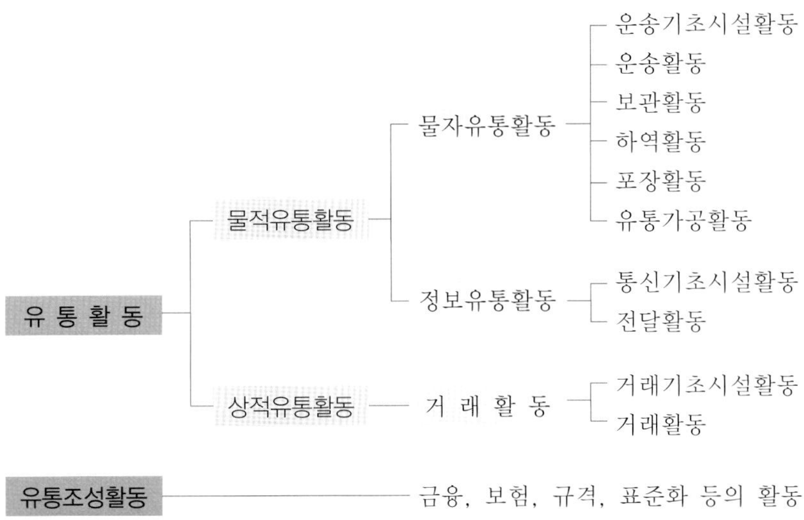

자료 : やまくちよしろ(2009)

[그림 1-3] 유통활동의 체계

3. 자본주의와 물류

자본주의 발전은 사회적 분업에 의해 유지 발전되어 왔다. 이러한 사회적 분업의 확산은 시장의 확대에 의존하고, 시장의 확대는 물류활동으로 전개된다.

이처럼 자본주의의 발전에 따른 사회적 분업의 촉진은 상호작용에 의해 시장을 확대하고 물류활동의 고도화를 촉진하고 있다. 원시공동사회의 경제는 자급자족사회로 생산과 소비가 시간적, 장소적으로 일치하였다.

그러나 자본주의가 발전하면 할수록 시장이 한층 더 확대되므로 생산과 소비사이의 시간적, 장소적 간격이 확대된다. 물류활동은 이러한 시간적, 장소적 간격을 연결하고 조정하는 활동을 한다.[3)]

•●● 물류에세이 ●●•

"칭기즈칸과 물류"

칭기즈칸은 지구 역사상 가장 넓은 대륙을 지배했다. 그가 정복한 땅은 약 777만㎢에 달한다. 이는 알렉산더 대왕과 나폴레옹, 히틀러가 정복했던 땅을 모두 합친 것보다도 크다고 한다.

유라시아 대륙을 아우르는 몽골제국의 등장은 인류사에 큰 변화를 가져왔다. 몽골제국하에서 실크로드는 동쪽으로 중국 대륙 전체를 관통하게 됐으며 서쪽으로는 로마를 넘어 중부 유럽까지 이어졌다. 유교, 불교, 힌두교, 이슬람, 페르시아, 기독교, 슬라브 등 동서양의 온갖 문명이 어울리면서 인류 문명사에 큰 획을 긋게 되었다.

고작 10만여명에 불과한 기마병이 전력의 전부였던 칭기즈칸이 이런 대제국을 건설할 수 있었던 까닭은 무엇일까. 여기에는 그의 위대한 리더십과 유목 민족 특유의 전투 기술 등 여러 이유가 있겠지만, 그중 핵심으로 빠른 정보유통과 물자보급을 꼽는 의견이 많다. 몽골 기병들은 한 사람이 8마리의 말을 가지고 갈아타며 빠른 기동력을 유지했으며 보급과 무기체계를 단순화해 수천㎞에 이르는 원거리 원정을 가능하게 했다. 또 몽골군은 '쟘'이라고 불린 역참을 최초로 개발해 정보의 전달과 물자, 사람의 이동을 원활하게 유지했다.

이렇듯 물류는 역사 이래 항상 그 중요성이 증명되어 왔다. 당초 무역을 위해 개척된 실크로드는 종교와 문화를 비롯한 동서양의 문물이 드나들도록 했으며 중세 르네상스를 이끌었다. Korea의 어원이 된 Corea도 이 길을 통해 서방으로 알려졌다. 우리나라에서도 해상왕 장보고가 전남 완도에 청해진을 설치하고 일본과 중국을 연결하는 바닷길을 만들어 무역을 활성화시킨 바 있다.

현재도 그러하다. 일본에는 세계 톱 10의 물류기업이 4개나 된다. 이는 과거 1970년대 소니, 히타치 등의 일본 제조업체들이 세계를 제패할 때 든든한 밑거름이 됐다. 최근 대한상공회의소가 중국에 진출한 기업들을 대상으로 실시한 설문조사를 보면 40%가 국내 물류기업과의 동반 진출이 필요하다고 답했다고 한다. 물류의 중요성을 단적으로 보여주는 사례다.

우리나라에도 세계적으로 인정받는 기업들이 속속 나오고 있다. 이 여세를 몰아 '글로벌 코리아'를 더욱 알리기 위해 세계 구석구석에 우리의 상품과 서비스, 문화를 실어 나를 수 있는 물류 네트워크가 절실한 시점이다. 특히 땅이 좁고 내수가 적어 세계 시장에서 먹거리를 찾아야만 하는 우리 기업에는 더욱 그렇다.

혈관이 튼튼해야 혈액 순환이 원활하고 인체가 건강할 수 있다. 기업과 국가가 부흥하려면 마찬가지로 물류가 튼튼해야 한다. 지금 많은 물류기업들이 글로벌 시장의 진출에 사활을 걸고 있으며, 정부도 세계적인 물류기업을 육성하겠다는 의지를 밝히고 있다. 세계를 제패하는 '글로벌 코리아'를 위해 800년 전 칭기즈칸의 정신으로 '21세기 실크로드'를 개척해 나가자.

(한국경제신문, 2010.6.27)

---

3) 塩見英治, 「上揭書」, p.5.

4. 물류는 단순한 물건의 흐름인가?

물류(物流)는 문자 그대로 물건의 흐름을 나타내는 용어인데, 물건은 그 자체가 이동할 수 없으므로 누군가가 이동시켜야 된다. 이 물건을 이동시키는 것이 기본적으로 물류이다.4)

그렇다면 물류는 단순한 하드웨어적인 물건의 흐름만을 의미하는가?

정답은 NO.

누군가가 물건을 이동시키려면 여러 가지 복잡한 요소들의 협력과 시스템이 필요하다. 물류과정에는 단순한 물건의 흐름뿐만 아니라 국내외 물류관련 정책, 법, 제도, 계약, 무역, 회계, 마케팅, 재고관리, 정보관리 등의 다양한 소프트웨어적인 요소들이 상호영향을 주고 있다.

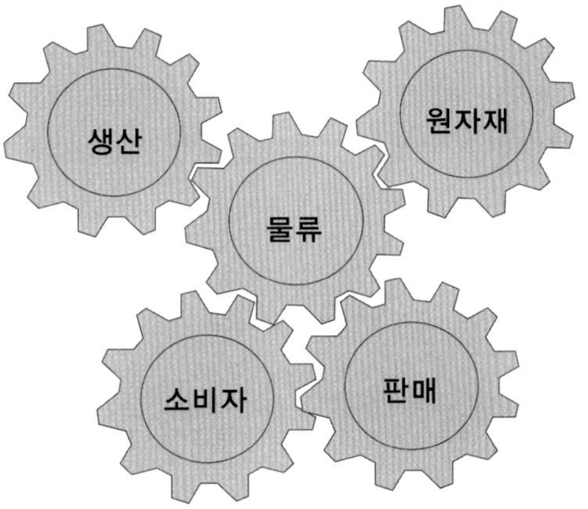

[그림 1-4] 물류활동의 중심적 역할

5. 상품가치와 물류

상품개발에 있어 과거의 상품가치는 상품이 갖고 있는 품질과 기능이 중심이었지만, 최근에는 정보가치, 서비스가치, 마음이 통하는 가치와 같이 품질과 기능 이외의 가치가 중요한 의미를 갖으면서5) 최종소비자와의 접점에 있는 물류의 중요성이 부각되고 있다.

4) Yuasa Kazuo, Logistics, Kanki publishing inc, 1997, p.20.
5) 菊池康也, 「前揭書」, p.27.

●●● 물류에세이 ●●●

"물류산업 선진화의 필수조건"

최근 청와대에서 이명박 대통령 주재로 열린 서비스산업 민·관 합동회의에서 물류분야의 개선방안 등을 담은 '서비스산업 선진화 방안'을 발표했다.

세계 물류산업은 지난 10년간 연평균 7.9%의 높은 성장률을 보여 세계 국내총생산(GDP)에서 차지하는 비중은 2010년에는 15.3%로 높아질 것으로 추정된다. 현재 우리나라의 GDP 대비 국가 물류비는 미국(9.12%), 일본(8.36%)에 비해 높은 12.52%이며, 매출액 대비 기업 물류비도 미국(7.5%), 일본(4.8%) 보다 높은 9.7% 수준으로 비효율적이다.

최근의 물류는 판매, 조달에서 생산, 최종 소비자까지 확대돼 제조업의 원가 경쟁력 제고와 소비자 요구 충족에 중요한 역할을 하며, 지역별 생산거점과 통합돼 전 세계적으로 공급사슬을 형성함으로써 글로벌 경영에 핵심적인 기반요소가 된다. 이에 세계 각국은 물류 인프라 투자를 확대하고 물류산업을 국가기간산업으로 육성하는 한편, 불합리한 물류 관련 제도를 선진화해 물류비를 줄이고 경쟁력을 높이는 데 많은 노력을 기울이고 있다.

물류산업의 선진화를 위해 가장 필요한 것 중 하나는 경쟁력 창출을 위한 '체질개선'과 '사고의 전환'이다. 이를 위해서는 물류업계는 영세성을 벗어나 물류 서비스 경쟁력 강화를 위한 자기 노력과 아울러 출혈경쟁, 제살깎기, 다단계 운영 등 후진적인 경영 시스템을 하루빨리 탈피하고 '윈윈'의 사고를 가져야 한다.

물류산업은 대형 시스템산업이다. 하나의 물류시스템은 수많은 하위 시스템으로 구성되고 물류시스템이 순조롭게 작동하려면 모든 하위 시스템이 조화를 이루며 동시에 잘 돌아가도록 해야 한다. 최근 자주 발생하는 화물연대 파업과 과격한 시위는 노사가 공생하는 경영방식이 물류산업 발전의 필수조건임을 잘 보여준다.

수출 주도의 경제체제의 우리나라는 반드시 수출업계와 물류업계의 동반성장 전략이 필요하다. 인건비가 높고 잦은 파업으로 인한 생산 차질을 피하고 생산비용을 줄이기 위해 노동집약적 제조업의 해외 이전이 크게 늘고 있어 물류업계가 치열한 국내경쟁에서 글로벌 경쟁체제로 빨리 전환하고 제조업과 수출기업과 동반 성장할 수 있는 체제를 갖추어야 한다.

현재 물류산업은 제조업에 비해 많은 차별대우를 받고 있으며, 현실과 부합하지 않는 각종 물류 관련 규제로 인해 물류산업의 효율성과 국제경쟁력 제고에 한계요인으로 작용하고 있으며 획일적인 각종 물류 관련 법제도가 산재하고 있다. 따라서 국제적인 물류기업의 육성 지원과 물류 관련제도의 합리적 개선이 시급히 필요하다.

물류산업을 높은 부가가치와 고용을 창출하는 선진화된 산업으로 만들기 위해서는 정부, 물류업계, 화주업계, 학계가 합심해 종합적이고 전략적이고 체계적인 접근이 절실히 필요하다. 정부는 물류현장과 국내업계의 요구, 해외의 선진 물류시스템의 동향을 잘 파악해 인센티브를 고려한 시의적절한 정책과 제도를 빨리 도입하도록 적극 노력해야 한다.

이를 위해서는 물류업계의 정보공유와 통합을 통해 업계의 사정과 의견을 제대로 대변하고, 물류정책 수립에 정부와의 가교 역할을 충분히 하기 위해 많은 물류관련 기업과 단체가 참여하는 최근의 한국통합물류협회 설립 추진은 물류산업 선진화를 위한 좋은 기회가 될 것으로 생각된다.

경쟁없는 산업은 이미 그 수명을 다한 것과 같다. 물류도 이제는 선진화된 서비스로 경쟁해야 한다. 물류산업의 선진화 없이는 제조업 경쟁력도 없고 국가경쟁력도 없다.

세계일보, 2011.5.23

6. 물류관리란?

물류관리란 물류활동 전체를 계획, 조정, 통제하는 경영활동이다. 즉, 물류관리란 원재료의 조달에서부터 생상과정을 거쳐 상품이 최종소비자에게 전달되는 전체 흐름인 운송, 보관, 하역, 포장, 유통가공, 정보활동 등과 이를 수행하는 인력에 관한 모든 사항들을 계획, 조정, 통제하여 경영의 효율성을 극대화하는 경영전략이다(박명섭, 2008).

7. 업종과 물류의 관계

1) 제조업 물류

제조업의 물류의 특징은 공장의 입지에 따라 물류가 큰 영향을 받는다는 점이다. 제조업의 물류는 공장에서 고객까지 직송하는 것과 공장에서 물류센터로 상품을 보내고 물류센터에서 고객에게 출하하는 두 가지의 형태로 구분할 수 있다. 제조업의 물류는 공장과 고객간에 물류거점인 물류센터가 필요한데, 적정한 물류센터의 수가 중요하다.

2) 도매업 물류

도매물류는 고객이 소매업체라는 특징이 있다. 소매업체는 물류와 관련된 상점내 작업이 최소화되길 원한다. 이처럼 도매물류에서 소매점은 소량의 물류를 원한다. 그런데 상반되게 제조업체는 대량의 물류를 원한다는 점이 도매물류 딜레마이다.

따라서 도매물류는 소매점의 소량지향과 제조업체의 대량지향의 조정역할이 중요하다. 도매물류는 소매점으로부터 주문을 받아 납품하기 까지 납기기간이 짧다는 특징이 있다. 이러한 특징으로 도매물류에서는 물류센터 기능의 고도화가 필요하다.

3) 소매업 물류

과거의 소매업 물류는 소비자가 구매한 상품을 배달하는 물류가 주류였다. 그러나 최근에는 소매업 물류에서 이러한 판매물류뿐만 아니라 소매업 주도로 필요한 상품을 필요한 만큼 조달하는 조달물류의 중요성이 커지고 있다.

일본에서는 1980년대에 대형편의점이 상품의 진부화를 막고, 한계가 있는 매장면적의 효율성을 높이기 위해 인기상품과 비인기 상품을 조기에 발견하여 보유재고를 적극 억제하는 무재고 경영을 추진하였다. 이를 위해 주문도 소량화, 다빈도화, 신속하게 처리하였고, 이러한 결과 다품종 소량물류가 증가되었다.6)

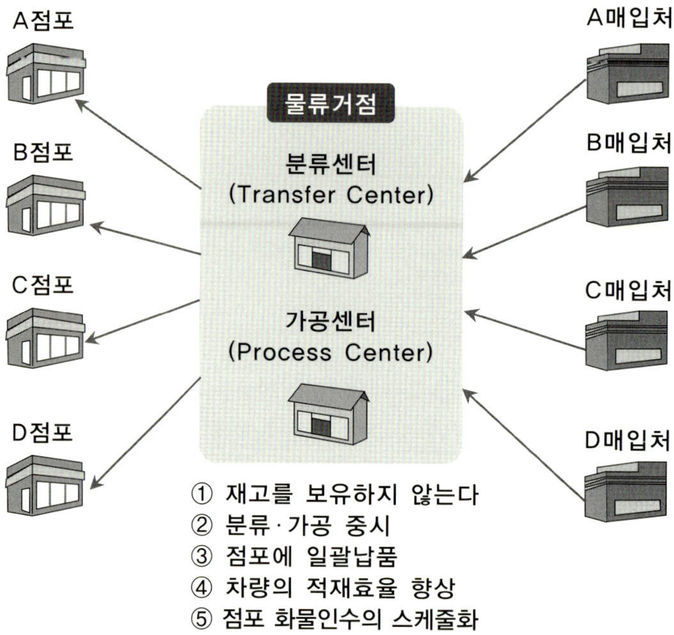

자료 : Yuasa Kazuo(2010)

[그림 1-5] 소매업 물류거점의 특징

Check Point

납입율과 일괄납품이란?

납입율이란 고객으로부터의 주문에 대한 충족도를 나타내는 지표로서 소매업체가 발주한 상품 중 실제로 납품된 것의 비율이다. 즉, 주문이 있는 상품 중 약속대로 배달된 상품의 비율을 말한다. 소매업체는 납입율의 지표에 따라 납품업자의 서비스를 평가한다. 또한 소매업체는 개개의 납품업자가 별도로 납품하게 될 때 발생하게 되는 차량혼잡과 되풀이 되는 검품과 인수 작업을 지양하기 위해 개별 납품업체의 상품을 모아 납품받는 일괄납품을 선호하고 있다. 이러한 일괄납품은 공동납품이라고 한다.7)

6) 菊池康也, 「前揭書」, p.16.

제2장 어디까지가 물류인가?

1. 물류의 정체

이처럼 물류란 물적유통의 줄임말로 물자의 흐름을 말한다. 결국 물류란 어떻게 하면 물자의 흐름을 막힘없이 원활하게 하여 비용도 줄이고, 서비스도 향상시킬 것인가가 주 관심 대상이다.

물류 과정을 살펴보면 수송, 배송, 포장, 출하, 재고관리 등의 여러 가지 활동으로 나누어지고, 이러한 과정들을 거치지 않고서는 상품을 이동시킬 수 없다 (임정수, 1999: 2).

이러한 물류(Physical Distribution)의 협의적인 개념은 생산지점으로부터 소비 및 사용지점까지 상품의 이동을 관리하는 것을 말한다. 이에 비해 물류의 광의적인 개념은 원재료나 부품의 공급단계에서 생산단계를 거쳐 최종소비자에게 상품이 전달되는 과정 및 상품의 반품과 폐기과정까지 관리하는 것으로 정의할 수 있다.

즉, 물류란 소비자의 니즈(Needs)를 반영한 정확한 수요예측을 통하여 필요한 원자재(부품·반제품 포함)의 조달에서부터 시작하여 생산과정을 거쳐 완제품이 최종 소비자에게 이르기까지의 상품의 흐름과 상품의 사후처리(반품, 회수, 폐기)를 포함하는 경영의 최적화를 추구하는 경영혁신활동이라고 정의할 수 있다.

현대적 의미의 물류개념은 1912년 쇼(A.W.Shaw) 교수가 그의 논문에서 경영활동을 생산활동, 유통활동 및 조성활동으로 구분하였다. 또한 유통활동을 수요창조활동(商流)과 물적공급활동(物流)의 두 가지 활동으로 구분하고 유통의 구성요소로서 물류의 중요성을 강조하였다.

물류에 대한 개념은 시대의 변천에 따라 다양하게 정의되고 있다. 초창기의 물류개념은 생산라인에서 소비자에게 전달되는 완성품의 물자의 흐름에 국한되었

7) Yuasa Kazuo, op.cit. p.44.

다.[8] 이처럼 초창기의 물류개념은 판매물류에 한정하여 정의되었다. 따라서 물류를 마케팅의 한 분야로 간주하였다. 그 이후 생산라인에 원재료와 부품의 조달되는 과정이 물류의 범위에 포함되었고, 최근 들어서는 상품의 제조 및 판매과정의 물자의 흐름과 반대되는 이미 제조되어 소비지에 전달되었던 상품의 폐기 및 회수에 수반되는 물자의 흐름까지도 물류의 범위에 포함시키고 있다.

물류의 기능적 개념도 물류의 기본요소 외에도 주문처리, 시장예측 및 고객서비스 등 기업과 소비자간의 인간관계(人間關係)의 향상을 통한 서비스 제고까지 포괄하는 개념으로 발전되고 있다.

2. Logistics와 Physical distribution의 차이점은?

Physical distribution은 미국에서 business logistics, physical supply, materials management, market supply, logistics distribution 등으로 사용되고 있다(임정수, 1999: 3).

이처럼 물류의 영문(英文)명칭은 Physical distribution으로 쓰기도 하고, Logistics로 쓰기도 한다. 두 용어의 차이는 Physical distribution은 협의의 물류이고, Logistics는 Physical distribution을 포함한 광의의 물류이다.

물류는 조달물류, 생산물류, 사내물류, 판매물류, 반품물류, 회수물류, 폐기물류로 분류할 수 있는데 Logistics는 이 모든 물류를 포함하는 광의의 개념이고, Physical distribution은 판매물류만을 의미하는 협의의 개념이다. 로지스틱스는 조달, 생산, 판매, 반품, 회수, 폐기물류 등을 일관시스템으로 보고 물리적 재화의 흐름을 총체적으로 관리하는 경영전략이다.

또한 재고관리 측면에서 Physical distribution은 판매될지 모르는 상품을 판매할 수 있을 것이라는 사전예측에 근거해서 재고를 먼저 배송하는 방법이었다면, Logistics는 시장, 생산, 매입의 동기화(同期化)를 도모하기 위한 물류관리이다. 즉, Logistics는 시장에서의 판매동향을 파악하여 시장동향과의 동기화(同期化)를 이루어 생산, 매입을 하는 적정재고 관리의 물류방식이다.[9]

---

8) 미국마케팅협회(1948, AMA : American Marketing Association)의 『마케팅 용어정의집』에서 물류란 생산단계에서부터 소비 또는 그 이용에 이르기까지 상품의 이동 및 취급을 관리하는 것이다.

9) Yuasa Kazuo, op.cit., p.22.

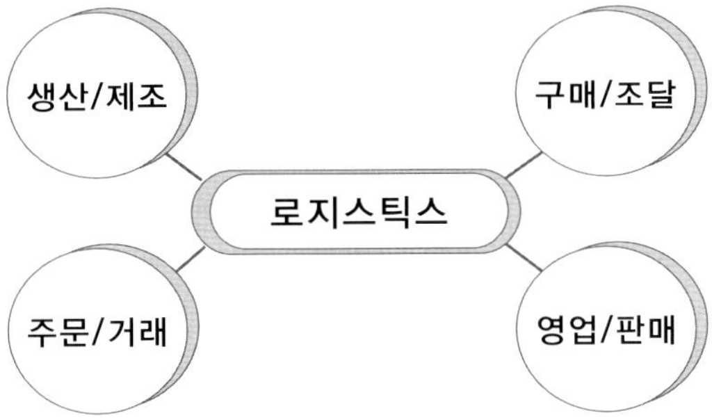

자료원 : Robexon and Copqcino, The Logistics Handbook, The FreePress, 1994.

[그림 1-6] 로지스틱스의 전략적 기능

1) 로지스틱스(Logistics)의 유래

로지스틱스는 군사용어로 군대의 수송, 야영의 숙소, 할당, 창고의 출납, 식량, 무기, 군복의 배급 및 보급에 관한 기능을 의미한다. 제2차 대전 중 미국의 육군에서 사용하였던 로지스틱스라는 용어를 전쟁 후에 기업에서 도입하여 사용하고 있다. 근대적인 물류관리는 제2차 대전 중 미국의 해군이 조달하는 군수물자시스템에서 발전되었다(임정수, 1999: 8).

흔히 물류의 용어로 사용되는 비즈니스 로지스틱스의 개념은 세계 제2차 대전 중 미군의 병참보급시스템에서 처음으로 로지스틱스(logistics)의 연구가 시작되었고, 1950년경에 비즈니스에 응용되면서 비즈니스 로지스틱스로 발전되었다.

로지스틱스의 원래 의미는 병참으로 물자나 병력의 공급을 의미하는 단어였다. 그러나 단순히 군대에서 후방지원이라든가 물자수송을 의미하는 좁은 지역에서의 군사행동이 아니라 세계적인 군사행동을 의미한다.[10)]

본래 로지스틱스(Logistcs)란 佛語의 Logistique(병참술)에 어원을 둔 군사용어로 본래 병참이란 군작전을 위해 후방에서의 전략물자보급시스템을 말한다. 이러한 군사작전에 사용되던 Logistics가 기업에 도입되면서 Business Logistics 등으로 불리기 시작했다.

이처럼 물류는 역사적으로 피비린내 나는 전쟁과 관련된 부분이 많았다. 전쟁 중에 신속 정확한 군수물자 이동여부는 전쟁의 승패에 중요한 요인으로 작

10) 菊池康也, 「前揭書」, p.59.

용하였다. 로지스틱스(Logistics)의 기원은 프랑스 나폴레옹 군대의 한 장교에게 붙여진 로지스띠끄(Logistique)에서 유래되었다고 한다. 그 장교의 임무는 군대를 야영시키고 그 군인들에게 음식을 공급하며, 말이나 다른 짐승들의 건초를 조달하는 일이었다고 한다.

Check Point

로지스티션 = 물류매니저

기업에서 로지스티션(군대의 보급장교)에 해당되는 역할을 하는 사람이 물류매니저이다. 기업에서 물류매니저는 조달, 보관, 운송, 포장 등 모든 물류문제를 체계적이고 논리적으로 사고하고 종합적으로 관리하는 전문가이다.

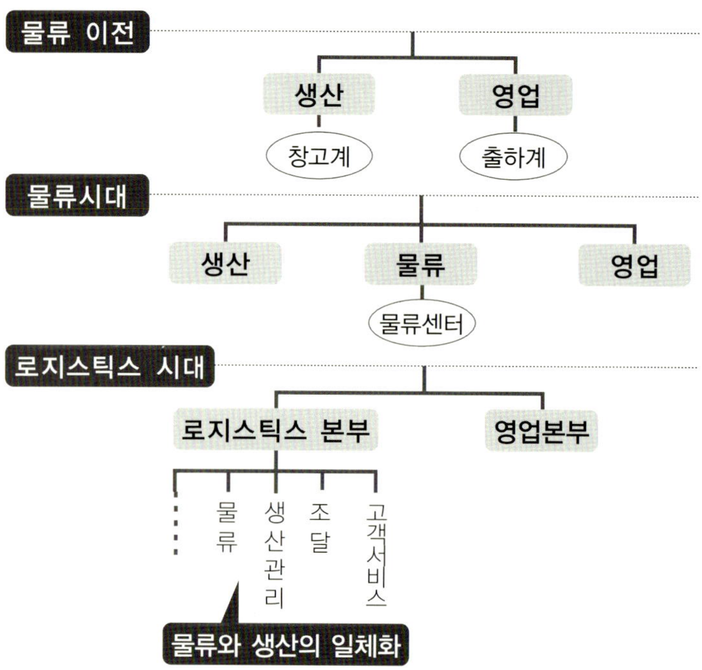

자료 : Yuasa Kazuo(2010)

[그림 1-7] 물류조직의 변천

●●● 물류에세이 ●●●

"물류기획담당자란"

물류기획 담당자는 제품을 제조하기 위한 조달부터 판매에 이르는 물류 전체 프로세스를 개선하여 물류비용을 절감하고 효율성을 증대한다. 또한 해당 회사 해외물류 거점을 기반으로 국제물류운영 업무도 수행한다. 이를 위해 미래 물류사업 경쟁력 확보를 위한 전략 방향 도출, 주요 경쟁사 전략 분석, 선진 공급업체 성공사례에 대한 조사 및 분석, 물류시스템 구축을 위한 조사 및 계획안 작성, 물류 서비스 공급업자 선정작업 수행, 국제물류 공급 능력 및 운영 등을 분석한다.

한편 제조기업에서 근무하는 물류 기획자의 커리어 패스는 다음과 같다.

수출입 지원, 물류KPI(Key Performance Indicator)관리, 수출입 컨테이너 관리 등의 업무를 4~5년 정도 담당한 후 3PL(Third Party Logistics: 물류 관련 분야 전체 업무를 특정 물류 전문 업체에 위탁함) 업체 계약관리, 물류 프로세스 개선 등 물류 기획 업무를 수행한다. 이 후 팀장급(글로벌 제조 대기업의 경우 15~18년 이상 경력/중소기업 또는 외자기업 국내지사의 경우 10년 경력)이 되면 SCM(Supply Chain Management: 제품 생산에서 유통에 이르는 전체 프로세스에 걸쳐 공급망 관련 의사 결정을 최적화하는 경영 기법)등 업무를 총괄한다.

career inside, 2010.1.13.

3. 로크레매틱스(Rhochrematics)란?

로크레매틱스(Rhochrematics)라는 용어는 물류공학을 의미한다. 로크레매틱스는 1960년에 미국 워싱턴 대학의 브로워(S.H.Brewer)교수와 존슨(R.A.Johnson) 교수가 물자유통관리의 과학적 접근이라는 논문에서 물류공학적 용어로 처음 사용하였다.

로크레매틱스는 물류유통관리의 과학(science of the management of material flows)를 의미한다(임정수, 1999: 3). 로크레매틱스는 합성어로서 Rho는 흐름을 의미하고, chrema는 제품, 자료 따위의 물자와 정보를 의미하며, ies는 학술적인 과학을 의미한다.

로크레매틱스란 용어의 개념은 공장, 물류시설의 배치 등을 어떻게 합리적으로 할 것인가 하는 문제를 하드웨어(hardware)측면에서 관리하는 물류공학을 의미한다.

제2부

물류와 경제경영

제1장 경제와 물류

〈표 2-1〉 물류가 경제에 미치는 영향

물류	경제에 미치는 영향
물류합리화 → 개별상품가격 하락	물가 하락
물류합리화 → 유통경제 원활	국민경제균형 성장
물류합리화 → 정시배송 → 소비자 만족 ↑	국민후생수준 증가
물류관련 SOC투자 + 기업물류시설 투자 ↑	공공투자 + 민간투자↑ → 경제성장, 고용↑ → 교통난해소, 지역발전
물류합리화 → 비용, 시간 절약 + 서비스 ↑	수출증가 → 경제성장

1. 물류와 거시경제

- 물류합리화는 물류비를 절감하여 물가를 안정시킨다.
- 물류합리화는 정시배송(定時配送)의 실현을 통해 소비자들에게 양질의 서비스를 제공한다.
- 물류합리화는 자재와 자원의 낭비를 방지하여 자원의 효율적인 이용을 가능하게 한다.
- 물류합리화는 지역경제 발전을 가져와 인구의 수도권 집중을 억제할 수 있다.
- 물류합리화를 위해 공공투자와 민간투자가 증가하여 경제성장에 기여한다.
- 물류합리화는 도시생활의 환경개선에 공헌한다.
- 물류합리화는 물류비 절감과 선적기간 단축으로 수출증가에 이바지 한다.

Check Point

고도 성장기와 저성장기의 물류는 어떻게 다른가?

물류는 고도성장기에는 대량유통의 효율화를 촉진시키는 보조적인 기능으로 파악되었다[11]. 특히 대량생산, 대량소비시대에 물류가 지연되면 경제발전의 걸림돌이 된다[12].

고도성장기에는 총수요가 확대되어 생산증대와 소비증가 급속히 이루어지고 이에 대응하여 물류관리도 물류 시설투자 등의 양적 확대에 집중하고 질적 향상도 도모한다. 그러나 저성장기에는 고도성장기에 비해 생산과 소비가 둔화되므로 물류관리는 양적확대를 지양하고 질적 향상에 집중하게 된다.

특히 생산과 소비의 둔화로 물류수요가 감소하므로, 물류시설의 가동률이 감소된다. 이러한 경우 물류시설의 가동률 증가와 물류코스트의 절감을 위해서는 기업 내부 뿐만 아니라 외부기업과의 다양한 물류협력 구축이 필요하다.

Check Point

일본에서 물류가 크게 변한 요인은?

일본의 물류가 급변한 계기는 1973년 오일쇼크와 1987년 이후 내수주도형 경제에 의해서 였다. 오일쇼크의 경우 1960년대 주류였던 소품종 대량물류를 다품종 소량물류로 전환시켰다.

1965년 이후 고도성장기에는 공급이 수요를 따라가지 못해 소수의 표준품목을 대량으로 생산하여 공급하던 시대로 소비자의 의식도 획일적이고 물류도 소품종 대량물류시대였다.

그러나 오일쇼크 이후 저성장시대에 진입하자 기업간의 경쟁이 치열해져 기업은 자사제품의 차별화를 도모하였다. 이러한 차별화는 가격, 디자인, 색상 등의 다품종화를 가져왔고, 물류도 다품종 소량물류 체계로 전환시켰다. 내수주도형 경제체제로의 전환은 다품종화의 확산과 다빈도 소량배송의 확대를 가져왔다. 특히 이러한 일본의 물류환경의 변화는 물류량의 급증과 물류인력 부족, 물류비 증가, 교통공해 및 환경오염 증가 등의 문제를 초래하였다.[13]

---

11) 塩見英治, 「現代物流システム」, 中央經濟社, 1998, p.1.
12) Yuasa Kazuo, op.cit., p.22.
13) 菊池康也, 「前揭書」, p.2-15.

●●● 물류에세이 ●●●

"물류를 통해 新지역발전 모델을 개발하자"

올해로 17회를 맞는 한국물류대상은 우리나라의 물류경쟁력 향상을 목표로 물류 제반 분야의 우수사례를 발굴하여 훈장을 수여하는 정부의 제도이다. 짧은 기간이지만 다양한 분야의 관련 전문가와 함께 물류기업 현장체험을 통해 물류분야의 새로운 발전 가능성을 모색하고 물류 비즈니스모델 개발도 비교적 유연하게 구상할 수 있는 기회이기도 하다.

10여 년 간 현장심사에 참여하며 느낀 점은 물류분야는 참으로 넓으며 아직 모르는 분야 역시 무한하다는 점이다. 수송과 보관, 가공서비스로 물건의 시간적 공간적 제약과 가치를 극복시키는 물류는 경제 외의 여러 분야를 융·복합시킬, 자신도 모르는 능력이 매우 크다는 생각이 든다. 게다가 물류산업의 수요처는 생각하기 나름이라는 것, 또 물류산업의 이타적 특성과 부가적 기능의 넓이와 폭은 생각할수록 대단하며 그 의미와 파급범위가 단순치 않다는 생각이 든다.

지난 2008년 한국물류대상에 출품된 '해남 황토 고구마브랜드화'사업은 지역의 고유기능과 외연성이 강한 물류의 유연한 기능이 잘 결합될 때 파생되는 많은 가능성 때문에 주목할 만하다. 해남군은 최남단에 위치한 농업지역으로 쌀, 고구마, 배추, 양파 등을 년 간 60만여 톤 생산 유통하고 있다. 대부분 먼 거리의 수도권이나 부산, 대구 등에 출하 되어야 하는 반면, 도로 등 교통과 물류여건은 취약하여 시장경쟁력이 약하므로 이를 극복하기 위해 종합적인 물류시책과 지원, 주민의 자발적인 노력, 다양한 전문가 그룹의 조언이 필요한 지역이다.

이 지역에서는 기본계획(꿈)을 수립, 이의 추진을 위해 농산물유통사업단(틀)을 설치하고 농산물 산지유통센터 설치, 가공산업 확충, 집하 및 공동작업장과 저온저장고 지원, 물류표준화 사업 등 기반시설을 적정한 수준에서 적시에 마련했다. 농가와의 계약재배를 통해 안정적이고, 품질 좋은 고구마를 생산할 여건을 마련하는 한편 농산물을 수집, 저장, 선별, 포장하고 물류를 시간·공간적으로 배분하는 15개의 농산물 산지유통센터와 저온저장시설 및 집하·선별장, 포장 및 출하장 시설에도 전략적으로 투자하였다. 특히 장기 대량 물동량을 담보로, 전국망을 갖춘 대형 택배업체와 싼 가격에 장기계약을 하여 전국당일배송이 가능한 배송서비스체계를 구축하였다.

해남의 사례를 통해 물류업체와 지자체간에는 미래계획을 신뢰할 때 지역단위로 다양한 물류비즈니스 모형이 존재하며, 상생적 파트너십이 가능함을 알 수 있다. 그러나 더 눈에 띄는 것은 보이지 않는 주민간의 합의노력과 지역지도자의 리더십, 적절한 종합지원시책들이다. 인구감소지역에 필수적인 외부 노동인력의 조달과 집중관리, 수확향상을 위한 땅의 관리, 지역단위로 운영되는 농지구입 자금지원체계 등은 일련의 지원 장치가 집단적 가치와 합의와 결합될 때 가치는 더 커진다는 점을 보여주고 있다. 후자의 시스템은 단기간에 쉽게 만들 수 있는 것이 아닌 것이어서 누군가의 묵묵하고 올 곧은 노력과 이에 대한 격려가 절대 필요하다.

해남의 사례와 과정에서 보듯, 세계 모든 지역과 산업이 물류기반의 네트워크로 생활권과 경제권 단위화 되고 있어 이제는 모든 공공과 민간 사업분야는 종합적이고 체계적이며 치밀한 계획과 준비가 필요하다. 잘 구축된 교통시설 덕분에 아무리 먼 곳에 있는 농촌도 지역의 잠재가치를 잘 파악하고, 소비지 유통시장 변화를 잘 읽고 IT기반의 지역유통·물류체계를 잘 구축하여 수준 높게 관리할 경우, 지역주민의 실질수익과 지역의 가치와 경쟁력을 높일 수 있다. 향후 시장유통 지향형 지역계획과 농업계획의 결합, 보다 현장에 밀착된 물류지원시스템 마련, 지역 기본권 차원에서의 농촌지역 교통 물류망에 대한 선투자 필요성도 엿볼 수 있다.

물류신문, 2008.12.30

••● 물류에세이 ●••

"어울리지 않는 물류와 관광"

물류라는 단어는 단독으로 쓰일 수 없는 말이 된 것 같다. 언제부터인지는 모르겠지만 요근래 관광 등과 같은, 물류와는 상당히 거리가 있어 보이는 용어들과 '끈끈한 인연'으로 맺어진 듯 쓰이고 있다. 다른 용어와 함께 쓰이지 않으면 의미를 잃을 것 같은 불안감 때문일까?

그나마 물류라는 단어가 혼자 쓰일 때가 있어 위로(?)는 된다. 상품의 원가 경쟁력을 약화시키는 요인으로 지목될 때 단독으로 등장하는 때가 잦아졌다. 그동안 일반 소비자들이 구매하는 제품의 가격을 올려야 할 때 나오는 이유로 예전에는 원재료 가격의 상승이 주를 이루었고, 물류가 원흉(?)으로 꼽힐 때라고는 수출입 원가 부담을 가중시켜 우리 제품의 국제경쟁력을 떨어뜨린다며 화주들이 아우성 칠 때가 전부였다. 이 경우도 그동안에는 '물류'가 아니라 '국제운송비'로 지칭됐었다. 하지만 이제는 내수시장에서도 물류가 비용상승을 촉발시키는 가장 큰 요인으로 꼽히고 있다. 하지만 제품의 원가와 물류원가를 공개하지 않는 이상 이것이 어느 정도 사실인지 확인할 길은 없다. 사실 일반 소비자의 경우 물류비 상승이라는 것이 어떠한 것을 의미하는지 관심이 없다. 그래도 예전에 없던 물류비라는 용어가 일반인들의 입에 오르내린다는 것은 그만큼 물류에 대한 인식이 확대되었다는 의미일 것 같아 위안(?)은 된다.

묘한 것이 원가부담을 논할 때 외에는 물류가 단독플레이를 하지 못하는 실정이다. 지금 정부나 지자체에서 추진하고 있는 많은 사업을 보면 물류라는 단어는 항상 관광이라는 단어와 쌍둥이처럼 붙어 다닌다. 정부가 현재 추진 중인 경인운하, 그리고 지난해 12월에 발표된 국토해양부의 권역별 핵심 사업개발 계획에서도 물류와 관광은 절친(?)한 관계를 유지하고 있다.

지난 1월 5일 권진봉 국토해양부 건설수자원정책실장은 정책 브리핑을 통해 "경인운하가 완공되면 향후 인천공항, 송도, 인천 청라지구, 김포 한강신도시와 서울 강서 지역의 대동맥 역할을 하게 되며 국제적인 물류관광명소로 부각될 것"이라고 말했다. 하지만 머릿속으로 그림을 그리기는 쉽지 않다. 운하 주변의 볼거리나 관광 시설이 있다 하더라도 대형 바지선이 다니는 운하에 요트나 보트를 띄우고 유람선을 띄우면서 관광을 한다는 것은 생각하면 생각할수록 답이 안 나온다. 더욱이 강폭이 80m밖에 안 돼 250TEU급 배가 다니면 배가 운항하는 동안은 통제를 해야 한다고 전문가들은 이야기 하고 있다. 정부도 유람선 타고 바지선 관광을 하라고 하지는 않을 것이다. 그렇다면 관광과 물류가 어떻게 함께 할 것인가? 궁금하기 그지없다.

물류산업의 중심이 되는 물류시설은 일반인들이 꺼려하고 있는 시설로 인식되고 있다. 즉 혐오시설과 함께 분류되고 있는 것이다. 이러한 상황에서 과연 관광이 함께 할 수 있지 의문이다. 예전에 경기도가 남양주에 물류단지를 조성하겠다고 했을 때 남양주는 대형 차량들과 컨테이너가 들락날락하는 물류시설을 반대했다. 일반인의 인식이 이러한 상황임에도 불구하고 관광과 물류가 함께 공존시킨다는 것이 현실적으로 가능할까?

물론 친수공간과 항만시설이 조화를 이룰 수 있으며 세계적으로도 그 사례가 없지 않다. 우리 항만당국도 이를 지향한다. 관광과 물류를 함께 아우를 수 있다면 여러 가지 측면에서 좋을 것이다. 하지만 단어를 같다 붙이기는 쉬워도 현실에서 두 가지를 함께 하는 것은 쉽지 않아 보인다. 특히 내륙에서의 물류와 관광 짝짓기는 좀더 깊이 있는 검토와 함께 이루어져야 할 것이다.

물류신문, 2009.1.30

Check Point

다빈도소량물류는 운송에만 영향을 미치는가?

다빈도 소량물류는 운송이나 배송뿐만 아니라 수주작업, 출하작업, 포장 등 물류과정에 영향을 미쳐 물류비 상승의 요인으로 작용한다.

Check Point

다빈도소량 시대의 물류

소비자들의 니즈가 다양해지면서 동일한 상품의 대량생산에 의한 대량판매는 시장에서 경쟁력을 상실하고 있다. 따라서 시장의 상황에 맞게 제조업체들은 다품종 소량생산체제로 전환하여 상품이 판매되는 절대량은 크게 증가하지 않았지만 취급상품의 품목 수는 증가되고 있다.

이러한 유통환경의 변화 속에 유통업체들도 다양해진 소비자들의 니즈를 충족하기 위해 자신의 매장에 가능한 한 다양한 종류의 상품을 진열하려고 하고 이에 따라 개별상품의 재고는 가능한 한 최소수준으로 유지하려고 하는 다품종·소량화의 변화가 가속화되고 있다.

그런데 이러한 제조업체와 유통업체에서 불고 있는 다품종·소량화의 변화는 본래 물류측면에서 보면 물류합리화의 기본원칙인 소품종·대량화와 상반되는 현상이다. 물류합리화 측면에서는 상품의 품목수를 줄이고 유통의 단위를 가능한 한 크게 하는 것이 원칙인데 다품종·소량은 물류측면에서 물류코스트의 상승을 가져오고 있다.

이러한 변화된 환경에서 기업들은 다품종·소량물류를 저비용으로 신속하게 실행할 수 있기 위해서 정보통신기술에 컴퓨터를 사용하여 수주처리·재고관리·상품분류 등을 연결하여 처리하고, 트럭의 상·하차 작업을 신속하게 하는 등 수·배송을 합리화하고, 물류센터에서도 자동화된 물류기기를 도입하여 단시간에 많은 물류업무를 처리할 수 있는 다각적인 전략을 모색하고 있다.[14)]

14) 김현주외(2001)

••● 물류에세이 ●••

"누구를 위한 물류인가?"

우리 사회에서 물류에 대한 인식이 많이 달라지고 있음을 절감한다. 과거에는 물류가 다른 산업의 경제활동을 지원하는 기능을 하였으나, 국제교역의 자유화와 기업활동의 세계화가 진전되면서 물류는 그 자체가 많은 부가가치를 창출하는 산업으로 발전하였다. 글로벌 생산체계를 구축하기 위한 세계적인 기업들의 입지선정에 있어서 저렴한 생산체계 이외에도 효율적인 물류시스템의 활용가능 여부가 필수적으로 고려되고 있다. 또한 체계적이고 효율적인 물류체계가 구축되지 않고서는 국가경제의 차원을 높이기가 어렵기 때문에 물류산업의 발전여부는 국제사회에서 선진화의 척도로 간주되고 있다.

하드웨어 측면에서 보자면, 정부에서는 물류의 중요성을 일찍부터 인식하여 공항, 항만, 화물터미널, 유통단지 등을 지속적으로 확충하여 왔고, 2000년대에 들어서는 선택과 집중의 원칙하에 공·항만의 배후에 3개소의 자유무역지역과 경제자유구역을 지정하여 이들 지역을 국제물류의 거점으로 발전시킨 후 다른 지역으로 확산시키고자 하는 전략을 추진하여 왔다.

하지만 몇몇 지방공항, 민자고속도로, 철도 등의 사례에서와 같이 수요나 경제성을 충분히 고려하지 않고 정치적인 결정에 의해 인프라가 건설될 경우, 제대로 활용되지 않아 예산이 낭비되고 사회적인 지탄을 받는 일도 발생하고 있다. 물론 물류인프라의 경우 장래수요를 예견하여 충분한 투자를 하는 것뿐만 아니라 선제적인 투자로 물동량을 창출하는 노력이 중요하다. 그럼에도 불구하고 최근에 진행되는 상황을 보면 물류부문의 개발사업 역시 정치적인 논리나 지역안배 차원에서 논의되는 경향이 있어 우려된다.

성공가능성이 높은 지역을 전략적으로 선택하여 노력을 집중한 다음 다른 지역으로 확산하고자 하는 물류중심전략에 따라 추진된 허브 공항·항만 건설과 자유무역지역, 경제자유구역의 개발은 선택은 하였으되 집중적인 노력을 하였다고 보기에는 미흡하며, 성공을 기대하기에는 너무나 이른 시점에서 지역적으로 확산되고 있는 양상이다.

대표적으로 지난해 기존의 3개 경제자유구역에 더하여 3개 지역이 추가 지정된 이래 여러 지자체에서는 경제자유구역으로 지정 받기 위해 노력하고 있다. 자유무역지역의 경우에도 비슷한 양상이며, 내륙의 유통단지의 경우에도 지자체들은 수요와는 무관 하게 많이 지정하기를 희망하고 있다. 공항과 항만의 경우에도 지자체들은 경쟁적으로 건설 및 확장계획을 추진하고 있다.

이렇게 각 지역이 물류에 많은 관심을 갖는 현상은 반가우나, 과연 이러한 사업이 정말로 국가나 지역발전을 위해 필요하다고 판단하고 추진하는 것인지 의구심이 든다. 특히 이러한 현상이 선거가 가까울 때 일수록 더 강해지는 것으로 보이며 지자체장들이 국가가 계획하는 물류시설로 지정 받는 것 자체를 치적으로 삼고 홍보하는 모습들을 보면 충분히 그러한 개연성이 있어 보인다. 무분별한 확대는 역량을 분산시켜서 추진력을 크게 저하시킬 것이다.

화물창출형 물류시설의 개발도 엄격한 전망과 목표설정에 따라서 추진되어야 한다. 우선은 이미 선택한 지역에 집중적인 노력을 기울여 성과를 이루고 나서 확산시켜나가는 지혜가 필요하다.

이와 같은 하드웨어를 활용하는 물류산업에 대한 정책적 관심도 최근에 와서는 상당한 변화가 있는 것으로 판단된다. 통관의 경우 지난 수년간 국제물류의 흐름을 원활히 하기 위하여 많은 개선을 이루어 기업들로부터 호평을 받아왔다.

그러나 최근에는 보안 등과 같은 규제측면의 중요성이 강조되면서 기업에 부담이 되는 경우가 생기고 기업들의 불평을 자주 듣게 된다. 안전, 환경 등 꼭 필요한 규제는 불가피할 것이나, 기업들의 입장을 충분히 반영하여 추진하여야 할 것이다.

지난해 건설교통부와 해양수산부가 국토해양부로 통합되어 통합물류정책을 추진하기 위하여 많은 노력을 하고 있다. 하지만 물류산업 발전을 위한 노력은 범정부적으로 추진되어야 하는데 국토부외에는 큰 관심을 기울이지 않는 것 같고 전반적으로 과거에 비해 물류에 대한 관심이 적어진 것 같아서 아쉽다. 정부의 아이디어 뱅크로서 국정과제를 추진하는 국가경쟁력강화위원회나 미래기획위원회 등에도 물류를 전담하는 부서가 없다. 지난 1월 발표된 3개 분야의 17개 신성장 동력에도 물류는 제외되어 있다. 지식경제부와 밀접한 관계에 있는 신성장동력기획단에서 지난해 신성장 부문을 발굴하면서 당초 고부가 서비스산업 분야의 하나로 스마트물류라는 이름으로 물류를 고려하였으나 어찌된 영문인지 최종 선정과정에서는 제외되었다. 혹시 소관업무가 부처 간에 적절히 조정되지 않아서 그렇게 된 것은 아닌지 궁금하다.

특히 최근의 경제불황에 따라 정부정책에 대한 기업의 반응도 훨씬 민감해지고 있다. 물류인프라에 대한 정책이건, 통관이나 물류기업 육성에 대한 정책이건 기업의 어려움을 해결해주고 비즈니스를 도와주기 위해 더욱 노력했으면 좋겠다.

물류신문, 2009.2.27

제2장 기업경영과 물류

1. 기업경영에서 물류의 존재감은?

- 생산부문의 합리화 즉 생산비의 절감에는 한계가 있다.
- 물류비는 매년 증가하는 경향이 있다.
- 고객의 요구는 다양화, 전문화, 고도화되어 고객서비스 향상이 특히 중요시되고 있다.
- 기업간 경쟁에서 경쟁력을 확보하려면 물류면에서 우위를 확보해야 한다.

2. 물류의 생산과 판매의 통합기능

- 기업경영에 있어 생산, 판매, 물류는 상호보완적인 관계
  - 원재료의 수주에서부터 완제품의 최종소비자에게 배송까지 효율적 관리가 필요
- 물류는 생산과 판매를 조정하여 주는 역할을 한다.
  - 물류는 생산과 판매의 연결 + 종합적관리

생산과 판매의 통합은 판매와 생산의 조정, 판매와 재고의 조정 등 수요와 공급의 조정을 의미한다. 물류업무는 생산과 판매활동이 혼재된 영역으로 물류업무를 담당하려면 생산과 판매의 내용을 파악하고 있어야 한다. 생산계획이나 판매계획을 세울 때 과거의 출하정보나 재고정보 등의 물류정보를 활용하여 생산과 판매를 조정해야 한다.

물류는 생산과 판매를 통합하여 고객에 대한 물류서비스를 향상시키고 종합적인 물류비용을 감소시켜 매상증대와 이익확보를 목적으로 하는 경영전략이다[15].

15) 菊池康也, 「前揭書」, p.66.

1) 수요충족 기능

물류의 수요충족 기능이란 소비자에 대한 상품공급 활동을 말한다. 즉, 상품에 대한 수요가 있는 소비자에게 생산된 상품을 필요한 장소, 필요한 시간에 전달시키는 제반활동을 말한다. 이는 물류 본연의 기본적인 기능이라고 말할 수 있다.

2) 수요창조 기능

물류의 수요창조 기능은 물류의 기능에 상품력까지 고려하는 것으로 이미 제조된 상품을 단순히 전달하는 것에서 끝나지 않고 차별화된 물류서비스 전략으로 상품에 대한 새로운 수요를 창조하는 물류의 마케팅 기능을 말한다. 상품의 품질이나 가격이 평준화되어 있는 비즈니스 환경에서 차별화된 물류서비스 전략은 판매경쟁 수단으로 중요한 부분이다.

3) 상품 수급조정 기능

물류의 상품 수급조정 기능은 물류의 재고조절 기능을 말하는 것으로 상품의 수급과정에서 정확한 수요정보와 재고정보를 파악하여 재고를 최소화하면서 품절이나 과잉재고 없이 수요와 공급을 원활히 연결하여 주는 기능을 말한다.

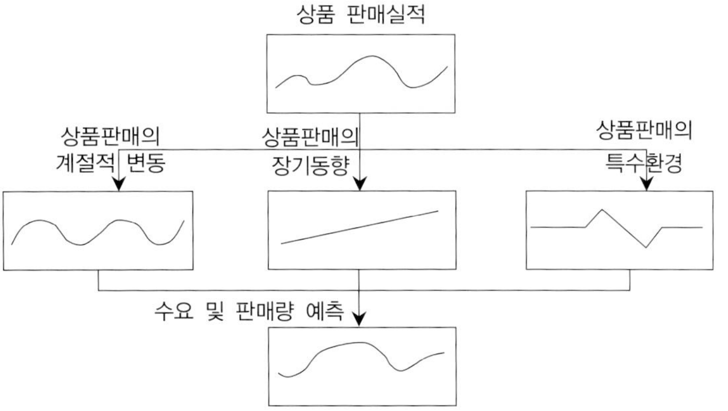

[그림 2-1] 상품의 수요예측

3. 마케팅과 물류

1) 물류는 차별화된 마케팅 수단

그동안 기업활동에 있어 상품, 가격, 판매촉진, 유통경로 등은 마케팅믹스(marketing mix)의 발전을 통하여 상당한 발전을 했으나 물류는 단지 기업활동의 보조나 지원수단으로 인식하여 왔다. 그러나 최근에는 마케팅의 수단으로서 물류의 중요성이 부각되고 있다.

과거에는 물류서비스에 마케팅의 관점이 적었지만, 최근에는 물류가 판매전략뿐만 아니라 기업의 경영전략으로 발전됨으로써 물류관리에서 마케팅의 관점이 중요하게 부각되고 있다.

전통적인 마케팅방식으로는 고객만족을 기대할 수 없다. 지금은 소비자조사, 가격정책, 광고 등의 전통적인 마케팅방식만으로는 고객만족을 실현하기 힘들고, 결품방지나 즉납서비스 등의 차별화된 물류서비스가 수반되지 않으면 고객만족을 기대할 수 없다.

물류는 고객서비스를 향상하고 물류비용을 절감하여 기업이익을 최대화하는데 목표가 있다. 기업의 판매는 물류의 7R과 3S 1L을 통해 더욱 촉진된다.

7R이란 Right Commodity, Right Quality, Right Quantity, Right Time, Right Place, Right Price, Right Impression이다. 즉, 적절한(right) 상품, 품질, 가격, 수량, 시간, 장소, 좋은 인상으로 물류관리를 하여 고객서비스를 극대화하는 전략이다.

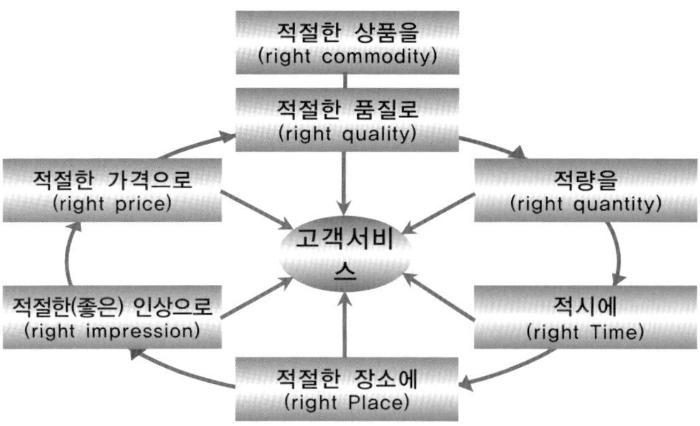

[그림 2-2] 7R 원칙

3S 1L(speedy, surely, safely, low)은 물류관리를 빠르고, 확실하고, 안전하고, 저렴하게 해서 고객서비스를 극대화한다는 전략이다. 이처럼 새로운 물류마케팅 전략으로 기업물류에 상존하는 불합리성을 배제하고 합리적인 시스템을 구축하면 결과적으로 판매는 더욱 촉진된다.

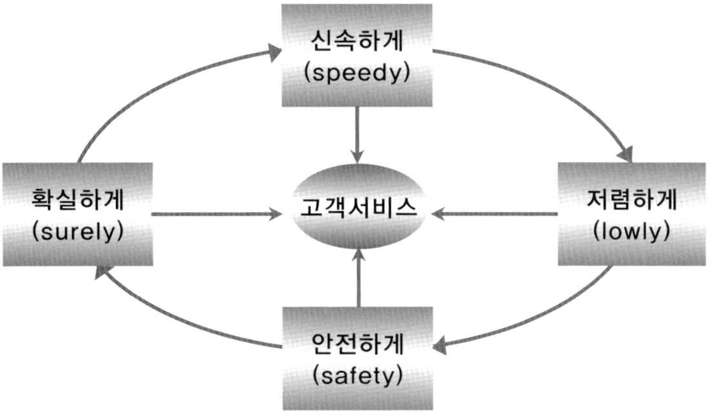

[그림 2-3] 3S 1L 원칙

2) 마케팅 니즈와 물류서비스

마케팅 니즈는 물류서비스의 수준을 결정하고 이는 물류비용에 부담을 줄 수 있다. 예를 들어 고객만족이라는 마케팅의 관점에서 물류서비스를 결정하면 상품이 항상 적당한 장소에 적당량이 보관되어 있어 적시에 고객에게 배송되는 것이 바람직하다.

그러나 마케팅의 관점만 고려하다 보면 창고비와 재고비용, 운송비 등의 예상 밖의 물류비용의 증가를 가져온다. 따라서 기업은 마케팅의 니즈에 따라 생산을 확대하거나 신상품을 생산할 때 이러한 결정이 물류에 미치는 영향에 대해 생산단계에서부터 종합적으로 고려해야 한다.

4. 물류와 기업비용 절감

기업의 이익을 높이기 위한 첫 번째 방법은 매출의 증대이며, 두 번째는 원가를 절감시키는 것이다. 제조업체의 경우에는 제조원가를 절감하고, 유통업체는 매입원가를 절감하는 것이다.

제1차 석유파동 직후 기업의 매출은 증대하지 않으며 제조원가의 절감은 한계에 도달하였다. 이때 선진적인 기업들은 물류관리부문을 신설하여 물류비용의 절감으로 기업의 경쟁력을 향상시켰다[16]. 이처럼 물류는 물류비 절감과 서비스 향상을 통한 판매증대로 기업이익을 높일 수 있는 제3의 이익원으로 주목 받고 있다.

이러한 물류의 중요성에 대하여 미국의 드럭커(P. F. Drucker) 교수는 물류를 경제의 암흑대륙[17]으로 그리고 파커(D. D. Parker)교수는 비용절감을 위한 최후의 미개척분야로 표현하고 있으며, 일본에서도 물류를 제3의 이익원, 비용절감의 보고(寶庫), 암흑대륙 등으로 물류의 중요성을 표현하고 있다.

이처럼 기업경영에서 관심의 대상이 아니었던 물류가 기업활동의 새로운 희망으로 인식되기 시작한 것은 최근 들어 기업활동에서 생산부문의 합리화 등을 통한 원가절감이 한계에 도달하면서 시작되었다. 즉, 그동안 방치해 두었던 물류분야는 관리혁신을 통하여 대폭적인 비용절감을 기대할 수 있고, 차별화된 물류서비스로 기업의 경쟁력과 이미지까지 향상시킬 수 있는 분야이기 때문이다.

5. 물류와 재고관리

기업경영에서 과다한 재고의 보유는 재고유지비용의 증가를 가져오고 유동성 부족을 가져와 기업도산의 원인으로 작용하기도 한다. 따라서 기업경영에서 적절한 재고유지는 중요한데 기업은 물류합리화를 통해 불필요한 재고를 줄여 재고비용을 절감할 수 있다.

과거에는 유통업체가 재고를 보유함으로써 품절의 위험을 제거 했으나 최근에는 유통업체 등이 재고를 보유하지 않으려는 경향을 보이고 있다. 이처럼 가능한 한 재고를 보유하지 않으려는 기업경영 트렌드는 고객으로부터 주문을 받은 상품을 약속대로 인도하는 물류서비스의 중요성을 더욱 증대시키고 있다. 고객은 정확한 물류서비스를 전제로 재고를 보유하지 않는다. 따라서 만약 물류서비스가 약속을 지키지 않는다면 고객인 유통업체 등은 품절의 경영손실을 보게 된다.

16) Yuasa Kazuo, op.cit., p.25.
17) 1962년에 경영학자 P. 드러커가 포천지에 기고한 글에서 물류는 경영의 암흑대륙이라고 지적함과 동시에 물류를 코스트 절감 최후의 프런티어라고 표현하였다(임정수, 1999: 9).

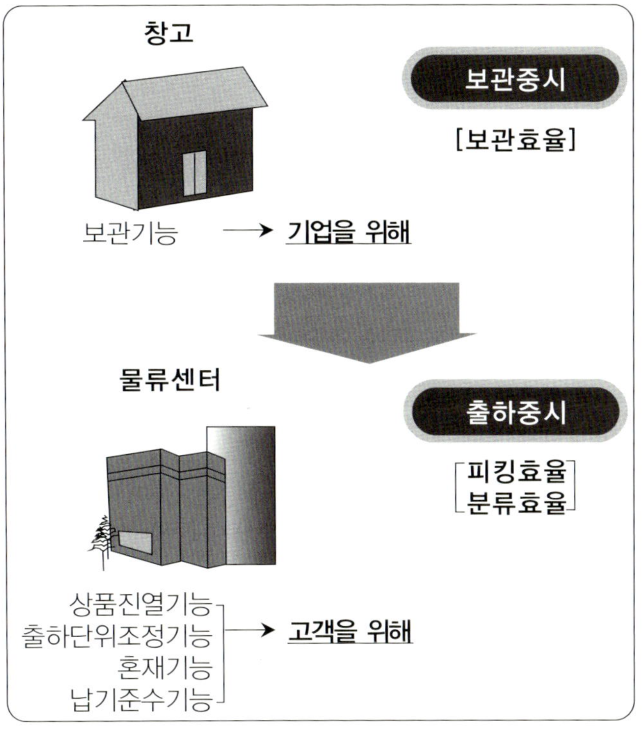

자료 : Yuasa Kazuo(2010)

[그림 2-4] 창고와 물류센터의 차이점

도요타 홋카이도 공장에서 저자

Check Point

도요타(豊田)의 간판방식이란?

도요타의 간판방식(看板方式)은 결정된 시간에 필요한 부품이 틀림없이 생산라인에 도달하는 것을 전제로 생산이 진행되고 만약 도달되지 않으면 생산은 정시되는 시스댐이다[18].

예를 들어 도요타가 자동차의 조립, 생산계획에 맞추어서 부품공급 기업에게 사전에 간판형의 카드를 넘겨준다. 이 간판에는 납품자재 수량과 지정된 시간과 장소를 명시되어 있다.

부품공급업체는 간판에 명시된 대로 지정된 시간과 장소에 지정된 수량만큼을 납품하고 이것에 의해 생산을 하면 생산과 동시에 부품이 공급되어 재고가 제로가 된다(정갑성,1990: 84).

18) Yuasa Kazuo, Logistics, op.cit., p.26.

제3부

물류 쪼개기

제1장 물류의 영역별 쪼개기

- 조달물류: 들어오는 물류
- 판매물류: 나가는 물류
- 회수물류: 되돌아오는 물류

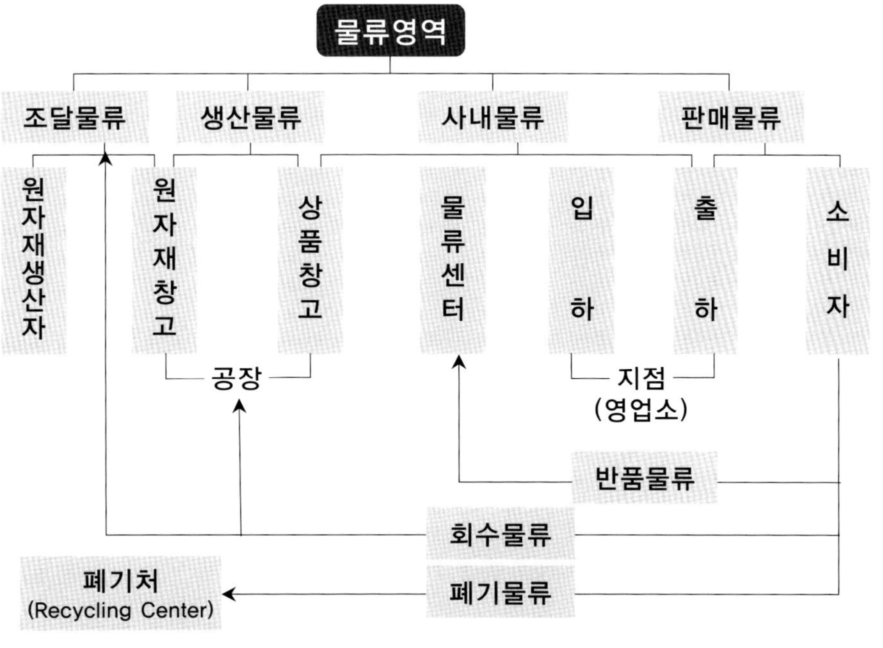

[그림 3-1] 물류의 영역도

1. 조달물류

조달물류는 물류의 출발점으로 생산자가 원자재 생산자 등의 조달처로부터 원자재를 조달해서 원자재창고에 입고한 후 생산공정에 투입되기 직전까지 관리하는 물류활동이다.

원자재 조달물류는 생산지로부터 대량의 원자재를 공장 전용 하역시설로 운송하는 경우가 대부분이다(임정수, 1999: 38). 이러한 조달물류는 협력업체의 입장에서는 판매(납품)물류가 되고, 구입처의 입장에서는 조달물류가 되는 양면성을 가지고 있다. 조달물류는 전체물류의 출발점으로서 모든 물류과정에 영향을 미치게 된다.

생산자는 원자재 생산자 등으로부터 원자재를 포장하고 하역 및 운반하여 생산자의 자재창고에 입하시킬 때까지 최선의 물류관리를 해야 되는데 조달물류에서는 Lead-Time의 단축이 가장 중요한 물류관리 요소가 된다. Lead-Time이란 수주에서 납품까지 소요기간을 말한다.

2. 생산물류

생산물류란 물자가 생산공정에 투입될 때부터 완제품의 생산에 이르기까지의 물류활동으로 조달물류를 통해 생산자의 원자재창고에 입하시킨 원자재를 원자재창고에서 출고하는 작업에서부터 상품을 제조하여 상품창고에 입고 할 때까지의 물류를 말한다. 생산물류는 고객에 대한 판매가 최종적으로 확정되기까지의 전 과정을 관리하는 물류이다.

원자재가 원자재창고에서 생산공정에 투입될 때까지 보관, 하역, 운반의 물류과정과 완제품의 포장 및 상품창고로 운반 및 보관을 포함하는 물류이다. 생산물류에서는 정확한 생산공정 분석을 통하여 공정을 단축하고 재고를 삭감하도록 노력해야 된다. 이를 위해서 생산과정의 운반, 하역 등의 물류과정을 자동화하여 생산공정을 신속하게 하는 것이 중요하다.

3. 사내물류

사내물류는 생산된 완제품 출하시부터 판매보관창고에 이르기까지의 물류활동으로 완성된 상품을 공장의 상품창고에서 출고하여 자사물류센터 및 유통기관에 인도할 때까지의 물류이다. 사내물류에서는 물류센터까지의 배송 및 물류센터에서의 보관 및 입출고를 포함한 재고관리의 효율화가 중요한 물류관리요소가 된다.

사내물류는 고객으로부터의 주문 이전의 고객출하를 위한 준비단계의 물류이다. 즉, 공장창고에서 각지의 물류센터로의 이동 및 물류센터에서의 재고유지 등 사내시설간의 이동, 보관에 관한 물류이다[19].

4. 판매물류

판매물류란 공장에서 생산한 상품을 소비자에게 전달하기까지 일체의 과정을 관리하는 물류이다. 즉, 완제품의 판매와 관련된 물류로 상품창고에서 출고되어 고객에게 인도될 때까지의 물류활동으로 일반적으로 최종소매점에서 최종수요자에게 인도할 때까지의 물류이다.

상품의 판매물류는 대량의 수요자와는 제조업체가 직거래하는 경우가 많고 소량의 수요자와는 1차 도매상, 2차 도매상을 경유하여 판매하는 경우가 많다(임정수, 1999: 38).

판매물류는 협의의 물류(Physical distribution)로 일반적으로 협의의 물류라고 하면 판매물류를 의미한다. 판매물류는 기업에서 만든 상품을 효과적으로 소비자에게 전달하는 모든 과정을 관리대상으로 하는데 특히 JIT가 중요한 물류관리 요소이다.

JIT(Just In Time)란 적절한 상품을 적기에 적량으로 적절한 장소에 신속하게 인도하는 것을 의미한다. 많은 사람들이 JIT(Just In Time)을 우리의 주특기인 빨리빨리와 혼동하는 경향이 많은데 JIT(Just In Time)은 무조건 빨리 인도한 것과는 전혀 다른 개념이다.

판매물류에서 JIT(Just In Time)은 최종소비자가 원하는 빠르지도 늦지도 않은 적절한 시간을 의미한다. JIT는 결국 기업경영의 낭비적 요인을 없애고, 소비자 만족을 극대화하려는 선략이다.

---

19) Yuasa Kazuo, op.cit., p.36.

Check Point

사내물류와 판매물류의 차이점은?

사내물류의 관리에서 가장 중요한 관점은 효율성 우선이다. 이에 비해 판매물류는 서비스 우선이다[20].

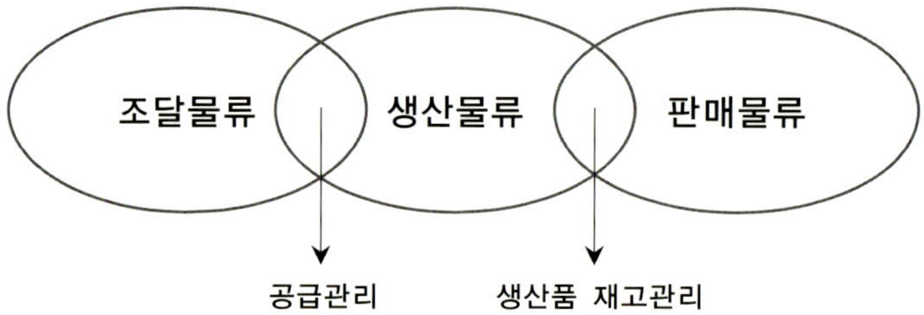

[그림 3-2] 부문간 물류의 연계도

5. 반품물류

반품물류란 생산자가 소비자에게 판매한 상품 중에서 상품자체의 하자(상품 불량품, 상품파손, 유통기간 초과 등)로 인해 최종 소비자로부터 클레임이 제기되어 상품의 교환이나 반품을 위해 반송되어 오는 물류이다.

반송 상품의 회수, 운반, 분류, 정리, 보관, 처리하는 업무가 이에 해당된다. 최근에 확산되고 있는 리콜제의 확산과 더불어 기업경영에서 중요한 문제가 되고 있는 물류이다.

기업경영에서 물품의 반환이 발생하면 생산자로부터 소비자를 거쳐 다시 생산자로 돌아오는 과정에서 물류경비가 발생하고 품질의 저하에 따른 부대비용이 발생하기 때문에 반품물류는 발생하지 않는 것이 최선의 방법이고, 발생시에는 소비자 만족과 품질보존을 위해 신속한 처리가 중요하다.

기업은 반품물류를 최소화하기 위해 고객의 요구를 파악한 후, 상품설계부터 관련 부서가 서로 협조하여 반품의 가능성을 줄이고, 반품 발생에 대한 페널티제도 실시 등의 전사적인 경영전략을 마련해야 된다.

20) Yuasa Kazuo, op.cit., p.36.

6. 회수물류, 폐기물류, 환경물류

회수물류는 일반적으로 기업의 유통 및 물류 측면에서 상품의 생산에서 소비로 향하는 통상의 흐름(forward channel)과 반대되는 흐름(backward or reverse channel)에 관한 것이다 회수물류에 대한 다양한 정의는 다음과 같다(이정세, 2004: 1-5).

머피와 포이스트(Muppy와 Poist)[21]는 회수물류란 '유통경로상에서 소비자로부터 생산자에게로 제품의 이동'이라고 정의하였고, 스톡(Stock, James R.)[22]은 회수물류란 "제품회수, 원자재 절감, 리사이클링, 자재의 대체, 자재의 재사용, 폐기처리와 재사용을 위한 처리, 수리 그리고 재생부품을 이용한 생산(remanufacturing)" 등의 역할이라고 정의하였다. 카터와 엘람(Carter and Ellram)[23]은 "회수물류는 기업들이 점차 리사이클링, 재사용(reusing), 사용하는 자재의 량을 절감시키는 것 등을 통해 환경상의 효율성을 도모하는 과정"이라고 정의하였다.

미국의 물류관리위원회(Council of Logistics Management)는 물류관리에 대한 정의를 인용하면서, 회수물류란 "재생이나 가치창조 혹은 적절한 폐기를 위한 목적으로 소비지점으로부터 원산지에 이르는 원자재, 유통과정상의 재고, 완제품, 관련 정보 등의 흐름을 효율적이고 효과적으로 달성하기 위한 계획, 실행과 통제의 과정이다"[24]고 정의하고 있다.

회수물류는 물류과정에서 필연적으로 발생하는 팔레트, 컨테이너 등의 운송용기와 포장재 등이 회수되어 오는 물류를 말한다. 이에 비해 폐기물류는 상품이나 포장용기 등이 기능을 수행한 후 발생된 폐기물을 관리하기 위한 물류이다.

폐기물류는 환경보호를 위해 환경친화적인 방안과 자원절약 방안이 마련되어야 한다. 무엇보다 폐기물류의 감소를 유도하고 다각적인 재활용방안을 마련해야 한다. 최근 들어서는 물류과정에서 소음이나 대기오염 등의 환경문제까지 고려하

---

21) Murphy, Paul R. and Richard P. Poist, "Management of Logistical Retromovements: An Empirical Analysis of Literature Suggestions," *Transportation Research Forum*, Vol. 29, No. 1, 1989, pp. 177-1784.

22) Stock, James R., *Development and implementation of Reverse Logistics Programs*, Oak Brook, IL: Council of Logistics Management, 1998.

23) Carter, Craig R. and Lisa M. Ellram, "Reverse Logistics: A Review of the Literature and Framework for Future Investigation," *Journal of Business Logistics*, Vol .19, No. 1, 1998, pp.85-102.

24) Rogers, Dale S. and Ronald S. Tibben-Lembke, *Going Backwards: Reverse Logistics Trends and Practices,* Pittsburgh, PA:RLEC Press, 1999, P.2

는 환경물류도 중요성이 부각되고 있다. 환경보전을 위한 생자원(省資源), 생(省)에너지 물류정책이 중요해지고 있다.

환경적인 영향을 강조하는 활동들은 '그린 로지스틱스(green logistics)' 혹은 '환경물류'라고 불리면서 물류관리 활동에서 환경적인 영향을 측정하고 최소화하기 위한 노력이 강조되고 있다.

〈표 3-1〉 산업과 국제환경 협약

업종	관련협약	산업과 국제환경 협약
반도체·가전기기	몬트리올의정서	• 제조공정에 있어서 규제물질인 프레온가스를 대량 사용 • 냉장고, 에어컨 등이 많은 영향을 받음 • 프레온가스 대체물질의 개발이 시급
화학	몬트리올의정서 기후변화협약 바젤협약 생물다양성협약	• 에너지 다소비업종이면서 연료, 플라스틱, 프레온가스 등 공해유발 물질 산업이기 때문에 여러 환경협약으로부터 영향을 받음
철강	기후변화협약	• 에너지 다소비업종으로 이산화탄소 배출 감축이 불가피함
조선	해양오염방지협약	• 해난사고에 의한 해양오염을 줄이기 위해 이중선체 구조 또는 중간갑판 구조를 채택
자동차	몬트리올의정서 기후변화협약	• 연비향상 및 배출가스 축소를 위한 기술의 개발 필요 • 자동차의 냉매제로 쓰이는 프레온가스를 대체물로 교체

자료 : OECD(2010)

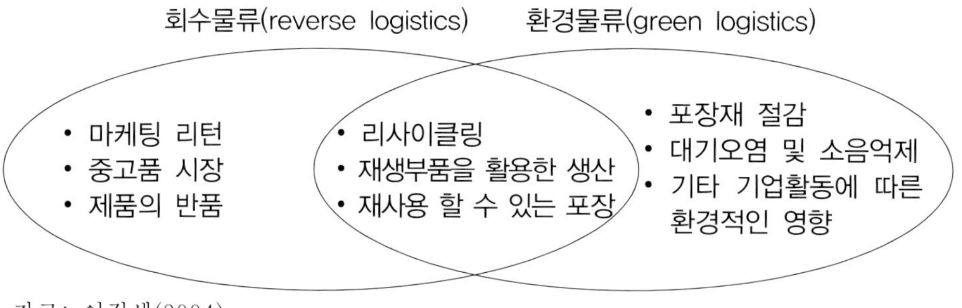

자료: 이정세(2004).

[그림 3-3] 회수물류와 환경물류의 개념적 차이

물류에세이

"녹색물류 인증제에 바란다"

전 세계는 인류 생존과 산업의 지속적인 번영을 위해 그린혁명(Green Revolution)을 추진하고 있으며 각종 환경관련 협의와 규제를 실시해 오고 있다. 1995년 베를린에서 기후협약 1차 회의 이후 1997년 12월 일본 교토에서 열린 제3차 회의에서는 국가간 온실가스 감축목표에 대한 구체적인 의정서를 채택하였다. 교토의정서는 2005년 공식 발효되었고, 우리나라는 2차 감축대상국이 될 가능성이 많아짐으로써 2013년부터는 실질적인 탄소 배출절감 노력이 이루어져야 한다. 우리나라 탄소배출량의 약 10%가 화물자동차에서 발생한다(녹색성장을 위한 물류추진체계, 한국교통연구원, 2009)는 통계는 탄소배출 절감을 위한 물류기업의 희생과 노력을 요구하게 될 것이다. 이러한 문제는 필연적으로 물류기업의 원가 상승요인으로 이어지며 경쟁력 약화를 초래할 가능성이 크다.

정부는 2008년 8.15 경축사를 통해 '저탄소 녹색성장'을 발표하였으며 금년에는 '녹색성장기본법'과 '지속가능교통물류발전법'을 제정하여 입법과정 중에 있다. 금년 하반기에는 제조기업 및 물류기업들의 자발적인 탄소절감 노력을 유도하고 녹색성장을 지원하기 위해 '녹색물류 인증제'를 실시할 계획이다. 이에 따라 작년 후반기부터 '녹색물류'가 물류업계의 새로운 사업적 이슈가 되고 있으며 녹색물류와 관련된 각종 세미나와 포럼이 봇물을 이루고 있다. 심지어 "물류인들은 전부 녹색 넥타이를 매야 되는 것 아니냐"라는 우스개소리도 나올 정도이다.

이미 종합물류업 인증제(종물업)를 경험한 물류기업으로서는 새로운 인증제 시행에 따른 기대와 더불어 추가적인 인증을 받아야 하는 우려를 더 많이 갖게 된다. 전 세계의 시대적 흐름과 당면한 경제 위기를 극복하기 위한 녹색물류 인증제도 시행의 타당성은 공감하는 바가 크다. 녹색물류 추진은 국내 물류기업이 경쟁력 있는 원가로 더 좋은 서비스를 제공할 수 있는 경쟁력을 갖출 수 있는 동인(動因)으로서 훌륭한 사업적 기회이다. 그러나 녹색물류 인증제 준비를 바라보는 물류기업은 불필요한 인증을 또 한 번 획득하는 것이 아닌가 하는 우려를 가지고 있다. 이러한 취지에서 녹색물류 인증제를 준비하는 정책당국은 다음과 같은 몇 가지 사항을 충분히 고려해야 할 것이다.

첫째, 녹색물류 인증제가 현 정부의 '저탄소 녹색성장' 비전에만 머물러서는 안 된다. 즉, 종물업 인증제의 전철을 답보하지 않기를 바란다. 종물업 인증제는 노무현 정부에서 '동북아 물류 중심국가' 라는 정책 비전에 따라 글로벌 물류기업을 양성하기 위하여 실시하였다. 그러나 4년간 실시한 종물업 인증제의 결과는 인증제 혜택과 활용에 있어서 허울 좋은 간판, 유명무실한 시한적 정책의 대표적 사례로 꼽히고 있다. 인증 로고를 명함에 넣는 것 말고 변한 것이 무엇이냐는 자조의 여론이 많다. 녹색물류 인증제는 4년 뒤 정부가 바뀌더라도 물류기업들이 앞 다투어 인증 획득을 위해 노력할 수 있는 자랑스러운 인증제가 되어야 한다.

둘째, 녹색성장과 관련된 각종 예산집행은 녹색물류 인증을 획득한 물류기업에 우선적으로 배정되어야 한다. 즉, 녹색기술 개발이나 탄소절감 정책 수행을 위한 각종 인센티브 사업이 녹색물류 인증을 획득한 물류기업에 우선되어야 한다. 중앙정부의 녹색성장과 관련된 2009년 예산은 3조 7천억 원으로, 각종 인센티브 사업이 진행될 예정이다. 특히, 정부는 올해 안에 민관합동의 녹색물류 파트너십 제도(가칭)를 시행할 계획인데, 민·관 협의기구인 녹색물류파트너십 제도는 참여한 기업들의 녹색물류 성과를 평가하여 사업단위별로 보조금을 지원하는 기능도 갖게 될 것이다.

그러나 녹색물류 인증제의 실질적인 인증효과를 발휘하기 위해서는 인증을 받은 기업에 대해서만 사업 단위별 보조금을 지원하는 방침이 필요하다. 녹색물류 인증을 받지 않은 기업이 녹색물류파트너십 기구에서 보조금을 지원 받는다면 녹색물류 인증제 자체가 유명무실화될 가능성이 크다. 예를 들어 수배송 네트워크를 재조정하거나 차량의 도심 출입을 줄이기 위해서는 화석연료를 사용하지 않는 리어카, 간이 전동기를 장착한 자전거 등을 이용할 수도 있는데, 그러한 단위 사업 개선을 위해서는 필연적으로 추가적인 예산이 필요하다. 이에 대한 보조금 지원은 녹색물류 인증을 획득한 기업에 한하여 우선적으로 시원할 필요가 있다.

셋째, 녹색물류인증제 시행을 위한 평가 항목과 내용을 현실적으로 적용해야 한다. 인증제의 평가항목은 경영방침부터 자원관리, 물류 프로세스 개선 상태, 탄소저감 정책과 성과 등 다양한 항목을 객관적으로 평가할 수 있어야 한다. 그렇게 하기 위해서는 물류기업 실무자가 인증제 평가 항목 선정 작업에 참여하여야 한다. 녹색물류 추진은 운영원가 확보를 위한 운영 최적화 활동과 연계되어 있는데 이러한 항목을 연구기관이나 정부기관에서 실질적으로 반영하기는 어렵고 물류기업의 의견이 반영되어야 한다.

일본의 경우에는 그린물류 추진 상태를 평가하기 위하여 △그린물류 조직 및 체제 △공해방지 및 저감 활동 △친환경 제품/포장 개발 △수배송의 적정화(라우팅, 적시성, 반품/회수품 관리, 적재율 향상 등) △수송 네트워크 및 모달쉬프트 △정보화, 표준화 정도 △수배송 공동화 △친환경 장비(LNG차량, 저공해 차량 등) 도입과 같은 항목을 포함하고 있으며 이에 대한 실시여부를 4점 척도로 평가하고 있다.

이상과 같은 녹색물류 인증제에 대한 우려를 불식시키고 인증제도의 효과를 극대화하기 위해서는 제도 시행에 앞서 물류기업과의 충분한 의견교환이 필요하다. 인증획득에 따른 구체적이고 실질적인 혜택방안이 강구되어야 하며 현실적인 평가 항목이 개발되어야 한다.

물류신문, 2009.3.12.

●● 물류에세이 ●●

"녹색물류 추진을 위한 인식의 전환"

지속가능발전에서 지속가능성의 개념은 환경, 경제, 사회를 동일한 우산 속에 그 성과를 통합시키는 것이다. 이는 자원순환형 가치체인을 형성할 것을 요구하고 있으며, 이를 실행하는 물류분야에서도 최근 그 중요성이 더해지고 있다.

물류분야에서 환경문제에 대한 관심이 고조되고 있는 몇 가지의 배경을 들면, 먼저, 사회 전체적으로 환경에 대한 대응이 추진되면서 물류분야에서도 중요성이 대두되고 있으며, 둘째, 각 기업을 살펴보면 환경문제에 대한 관심은 생산부터 시작되었으며, 다음 단계로서 물류가 주목 받고 있다. 셋째, 메이커에서도 생산뿐만 아니라 유통, 판매, 사용, 폐기라는 라이프 사이클 측면에서 접근이 요구됨에 따라 물류도 대상이 되고 있다.

넷째, 녹색성장의 축으로서 정부 물류정책에도 녹색물류인증제도, 녹색물류 파트너십 회의 등의 접근이 이루어지고 있어 기업에서도 함께 추진하는 분위가 조성되고 있다.

21세기의 물류의 바람직한 모습은 "지속가능발전을 위한 자원순환형 경제사회 시스템을 환경친화적으로 구축하는 물류"로 표현할 수 있다.

지금까지 물류에서 환경부하가 적은 활동으로 전환하는 것에 만 관심을 가지고 있었다. 여기에서 탈피하여, 무관심에 가까웠던 제품회수, 사용자원 감량, 리사이클, 소재 재이용, 환경부하가 적은 소재사용, 폐기물 처리, 재생, 수리, 해체부품을 사용한 제품조립 등 자원순환형 사회 형성까지 새로운 비즈니스 관심분야를 넓혀가야 한다.

이는 물류에서도 친환경, 환경과의 공존공생, 환경개선을 최우선으로 생각하고 재사용과 자원순환 관점에서 소재선택, 폐기물의 처리방법까지를 환경에 적절하게 대응하면서 비용 대비 효과를 최적화하는 것이 필요하다는 것을 말해주고 있다.

이러한 녹색물류를 실현하기 위해서는 다음과 같은 사고방식에서 벗어나야 한다.

첫째, 녹색물류를 철저하게 하기 위해서는 투입원가를 증가시켜야 한다.

'ecology는 economy이다'라는 것은 물류 코스트와 환경부하가 트레이드오프 관계가 아니다는 것을 나타낸다. 그렇지만 환경문제는 지금까지 기업에게는 대응할 수 없는 문제로 들렸다. 환경대응은 코스트 면에서 경쟁력을 상실하는 것이어서 향후 해결과제로 생각하고 있었다. 코스트가 조금 투입되더라도 환경문제에 대응하겠다는 사고방식을 가진 기업이 아니면 어렵다는 인식을 하고 있었다. 선진기업은 이를 파악하고 있는 기업이다. 환경문제에 대한 대응이 선진적 기업은 약간 높은 비용이 투입되더라도 적극적으로 추진하는 기업으로서 코스트와 환경문제 대응을 양립시키고 환경문제 대응에 인센티브를 느끼고 적극적으로 대응하는 기업이다

환경과 코스트가 양립한다고 생각하는 기업과 트레이드오프가 된다고 생각하는 기업, 이 양자에 왜 이같은 차이가 발생하는 것일 까가 중요한 문제이고, 앞으로 기업이 환경문제에 대응해가는 키가 된다.

둘째, 녹색물류는 물류부문만의 책임이다

일본의 자료에 따르면, 거래선과의 관계 때문에 자사만으로는 해결할 수 없다가 68.0%, 자사내의 영업·판매부문과의 조정이 어렵다가 25.4%, 자사내의 생산부문과의 조정이 어렵다가 17.8%로 자사내의 타부문과의 조정도 큰 문제가 되어 있다. 즉, 물류부문만의 개별대응만으로는 어렵고 거래처, 타부문과의 조정도 포함한 공급채널상의 대응이 중요하다. 각 기업은 거래처, 타부문과의 같이 환경부하를 고려한 물류시스템구축을 하는 것이 중요하다.

셋째, 녹색물류를 철저하게 하는 것은 현장이다

이제까지는 물류에서의 환경대응은 물류부문에서만 추진하는 경우가 많았기 때문에 실시하는 대책내용, 대상범위는 제한되어 있었다. 앞으로는 기업 내 타부문인 생산부문, 영업·판매부문 등과의 조정, 연대에 의한 전사적인 대응이 필요하다. 물류측면에서 대응은 다양한 주체가 연결되어 있는 것이 큰 특징이 된다. 즉, 녹색물류는 아웃소싱, 자가용자동차의 영업용으로 전환, 최적 수배송 계획수립, 회수하기 쉬운 용기설계 등 물류현장뿐만 아니라 전 부서에 관련되어 있다. 오히려 현장보다는 시스템 디자인부터 적극적인 관심을 기울여야 한다.

넷째, 녹색물류는 담당자에 의하여 좌우된다.

시스템 설계가 되어 있어도 담당자가 실천을 하지 않으면 그 결과가 기대되지 않는 다는 점에서는 중요하지만, 계획수립, 실천, 체크, 조치를 취하는 관련된 모든 종사자들의 노력이 합쳐져야 소기의 성과를 기대할 수 있다.

향후 물류분야에서의 환경대응을 진행하기 위해서는 부문간·기업간 조정, 환경부하를 고려한 전체 최적의 물류시스템을 구축하는 것이 중요한 시점이다.

다섯째, 녹색물류의 활성화에 투자할 돈이 없다

녹색물류는 에코드라이브(급발진, 급가속, 공회전 등) 만으로도 에너지가 절감되는 동시에 이산화탄소 배출량을 줄일 수 있다. 따라서 활성화하는 데 돈이 드는 것은 아니다. 물론 저공해차량을 도입하기 위해서는 투자가 필요하다. 그러나 적어도 이는 투자에 해당하는 것이지 비용은 아니다. 따라서 이러한 활동은 지속가능 발전 측면에서 반드시 필요한 것이라 할 수 있다.

조사에 의하면, '배송루트의 변경' '공동배송의 추진' '물류거점 배치 등의 변경에 따른 수배송거리의 삭감' '적재방법의 변경' '로트의 적정화, 빈도 변경 등에 따른 수배송 회수의 삭감' 등 수주자의 의지로 가능한 활동들은 50%이상의 기업이 이미 추진하고 있다.

여섯째, 녹색물류는 무형적이어서 측정할 수 없다.

녹색물류는 이산화탄소배출량 등 온실가스를 절감하기 위한 각종활동으로 IPCC 등 각종 기관에서 이산화탄소배출량 산정방법이 발표되어 있으며, 탄소배출권 거래금액을 사용하든지, 기업내부적인 관리지표를 사용하여 얼마든지 측정이 가능하다. 측정이 가능하다는 것은 개선을 통한 관리가 가능하다는 것을 나타내 주고 있다.

물류신문, 2009.1.29

제2장 물류의 기능별 쪼개기

물류활동을 구성하는 기본적 기능은 운송, 보관, 하역, 포장의 기본적인 네 가지 기능과 이들을 결합하는 정보의 기능이 있다. 또한 최근 들어서는 물류과정에서 유통가공의 중요성이 부각되고 있다.

물류는 제조면에서의 노력이 판매의 최종목표에 합치되도록 상품을 적절한 가격에, 적절한 장소에 공급해야 한다. 이를 위해서는 운송방법, 보관방법 등의 적절한 조합이 필요하다.[1] 이처럼 물류는 생산된 재화를 수요자에게 인도하는 과정과 관련된 운송·보관·하역·포장·유통가공 및 이러한 기능들을 연계시키고, 지원하는 정보활동으로 이루어져 있다.[2]

이러한 물류의 기능들을 효용창출의 관점에서 보면 장소효용을 창출하는 것은 운송이며, 시간효용을 창출하는 것은 보관이고, 운송과 보관의 준비작업 및 효율화를 돕는 것이 포장이며, 그리고 이에 부대하여 이루어지는 것이 하역이다. 시간과 장소의 효용을 보다 효율화하기 위해 정보활동이 있다.[3]

1. 운송

운송 = 공간의 극복, 상품의 장소적 효용창출

운송은 상품을 공간적으로 이동시키는 것으로, 운송에 의해서 생산지와 소비지와의 공간적 거리가 극복되어 상품의 장소적 효용이 발생한다.[4]

---

1) E.W.Smykey & B.J.La Londa, op.cit,.
2) 日本經濟審議會流通研究委員會의 물류 정의
3) 日本産業構造審議會의 물류 정의
4) 대한상공회의소 조사에 의하면 전체 화물운송 수단 중에서 화물트럭이 93.2%을 차지했고, 선박(4.6%), 철도(1.2%), 항공기(0.9%)순으로 나타났다.

1) 운송수단의 유형

물류관리에서 어떤 운송수단을 선택하는가는 물류합리화의 관점에서 중요하다. 물류관리자는 제품의 특징, 운송수단의 특징, 물류거점의 특징, 운송계약의 특징 등을 고려하여 최적의 운송수단을 선택하고 각 운송수단을 합리적으로 조합해야 한다.

2) 운송수단의 선택시 고려사항

상품주기, 진부화, 부패속도, 중량, 용적, 상품가격, 1일 판매량, 계절성, 고객의 규모, 시장점유율 등을 고려해야 한다.

3) 운송수단간의 장단점[5)]

운송수단의 선택은 운송해야 할 상품의 양, 거리, 긴급성 등을 고려하여 다각적으로 검토해야 한다. 일반적으로 대량이면서 장거리 화물은 철도와 선박으로 운송하고, 중량이면서 근거리 화물은 자동차로, 소량이면서 긴급화물인 경우에는 항공기 운송이 적합하다(임정수, 1999: 45).

(1) 자동차운송

자동차운송은 송하주의 문전에서 수하주의 문전까지 운송이 가능한 근거리 운송에 적합한 운송수단이다. 그러나 대량운송에는 부적합하고 원거리 운송에는 비용이 상대적으로 고가라는 단점이 있다.

국제운송에 이용되는 육상운송은 화물자동차운송과 철도운송이 있으며, 국제운송에서 국제복합운송의 발전에 따라 화물자동차운송과 철도운송은 수출업자의 문전에서 수입업자의 문전까지 가장 중요한 연계운송수단이 되고 있다.

(2) 철도

철도운송은 대량상품을 일시에 운송할 수 있고, 기후영향을 거의 받지 않고, 궤도운송으로 인해 운송사고가 적어 중거리 및 원거리운송에 적합한 운송수단이다.

그러나 철도운송은 근거리 운송시에는 비용이 상대적으로 고가이며, 긴급

5) 박명섭, 「운송물류론」, 법문사, 1988, pp.17-20.

을 요하는 상품운송시 한정된 궤도내의 배차관계로 운송이 불가능한 경우가 발생할 수 있다.

〈표 3-2〉 철도운송의 주요 변화요인

	주요 변화요인	주요 변화	비고
잡화운송 시설	• 화주의 요구사항을 반영한 시설 • 표준 단위화된 장비의 사용 • 국내화물 컨테이너화 • 화주요구의 질적 변화	• 팔레트·컨테이너화 • 국내 컨테이너 운송체계의 활용 • 고속하역 장비 • 컨테이너 규격의 다양화	• 미국, 일본, 독일 등은 국내용 컨테이너를 자체 개발하여 활용중 • 국내 잡화운송의 고속성장
거점시설 장비	• 화물수송 수요의 다변화(다품종, 소량, 다빈도) • 지역별 물류거점 개발 • 유통가공 기능의 중요성 확대 • 도시간 지역간 연계교통망 확충 • 터미널 내 도로기능 확충	• ICD, 복합화물터미널 등 터미널 건설 • 고속 교통시설의 확충 (독일, 150km/h) • 물류거점의 정보통신화 • 기존시설 유지관리의 수요 증대	• 양산/부곡 등 복합화물터미널 • 물류터미널과 철도시설의 연계
정보기반 시설	• 물류정보통신의 발전 • 정보전달 속도의 신속화 • 정보의 공유화 추세 • 유통정보량의 증대	• 공동망 설치 • 정보센터 설치 • 정보도시 및 물류시설 건설	• KL-Net, KT-Net 등과 철도 정보망의 연계 필요성 대두
문전운송 시설	• 철도의 자기완결력 부족의 극복이 관건 • 물량의 양적 팽창 및 고도화 • 화주의 수요패턴의 변화	• 집배송 차량의 확충 • 화주문전서비스 시설 도입	
컨테이너 운송	• 대량운송에 대한 요청 확산 • 규모·경제효과로 도로운송과 경쟁 • 운송속도의 신속화가 중시 • 운송장비의 첨단화	• 이단적 열차의 도입 • 대형기관차의 투입 • 고속화차의 제작 및 설치 • 정보통신기술을 이용한 열차 운행	• 1개 이단적 열차당 200 TEU 견인 • 시간당 150km 주행할 수 있는 고속열차 개발
일관운송 시설의 확대	• 수송수단별 특성활용의 중요성 증대 • 육해공 일관운송망 확충	• 주요 공단/항만에 철도 인입선 설치 • 해륙 일관서비스 상품의 판매	

자료 : 이신규(2005).

〈표 3-3〉 철도와 공로의 화물운송특성 비교

구분	철도화물운송	공로화물운송
화물규모	중·대량화물	소·중량화물
운송거리	중·장거리	단·중거리
시장구조	독점적	경쟁적
시장진입비용	높음	낮음
운송완결성	낮음 (터미널-터미널 간 운송)	높음 (door-to-door 운송)
운임수준 및 운임탄력성	장거리에서 낮은 편 (비탄력적)	보통-높은 편 (탄력적)
유연성	낮음 (운송과정 및 화물처리의 복잡성)	높음
접근성	낮음(궤도수정)	높음
안전성	높음	낮음
친환경성	높음	낮음

자료 : 교통개발연구원(2009)

〈표 3-4〉 대륙철도 노선의 주요 경로

노선 구분	주요 경로
중국노선	부산/광양-서울-평양-신의주-단동(중국)-TCR-TSR
러시아노선	부산/광양-서울-평양/원산-두만강-핫산(러시아)-TSR
만주리노선	부산/광양-서울-평양/원산-남양-도문(중국)-TMR-TSR
몽골노선	부산/광양-서울-평양-신의주-단동(중국)-북경-TMGR-TSR

자료 : 교통개발연구원(2009)

[그림 3-4] 남북연결 대륙횡단철도 연계노선

(3) 선박운송

선박운송은 대표적인 국제물류의 운송수단으로 대량의 원거리운송에 경제적으로 적합하다. 해상운송의 특징은 운송비가 타운송수단에 비해 저렴하며, 운송루트의 제한이 적다. 그러나 선박운송은 운송속도가 상대적으로 느리고, 기후에 의해 항해와 하역이 불가능한 경우가 발생한다. 또한 운송의 안전성이 상대적으로 떨어진다. 따라서 해상운송은 대량화물, 긴급을 요하지 않는 화물, 고액의 운임을 부담할 수 없는 화물 등에 적합하다.

(4) 항공운송

항공운송은 다른 운송수단에 비해 간단한 포장으로 신속히 상품을 운송할 수 있어 중거리 및 원거리 운송에 적합한 운송수단이다. 그러나 항공운송은 운임이 다른 운송수단에 비해 고가여서 저가상품운송에는 부적합하고 항공기의 특성상 중량제한을 받는 등 항공운송할 수 있는 상품이 제한적이다. 버디백(birdy back)은 트럭과 항공운송을 결합한 운송방식이다.

최근 들어 항공기의 대형화 및 고가 상품 및 긴급을 요하는 무역상품이 확대되면서 국제운송에서 항공운송이 차지하는 비중이 높아가고 있다.

〈표 3-5〉 항공운송의 이점

물류상의 이점	비용상의 이점	서비스상의 이점
• 긴급화물, 소형화물의 운송에 적합 • 수요기간이 짧은 물품의 운송에 적합 • 운송시간 단축으로 비용절감 및 화물의 손해발생 • 통관의 간이화 • 포장비의 절감기능	• 포장의 경량화에 따른 운임절감 • 육상운송에 비해 보험료가 저렴 • 운송중인 상품에 대한 투하자본 비용절감 • 하역처리빈도가 적어 도난, 파손 위험의 발생률 저하 • 신속성으로 인한 보관비 절감 • 보관장소, 보관기간이 짧아 재고품 창고시설의 투자자본, 임차료, 관리비 등의 절감기능	• 고객서비스 향상에 의한 매출증대 • 변질성 상품의 시장 확대 가능 • 신속한 운송으로 투자자본의 효율적 회전 • 운송중 상품의 위치파악 용이 • 재고품의 진부화, 변질화 등에 의한 손실률 감소

〈표 3-6〉 항공운송과 해상운송의 비교

구분	항공운송	해상운송
운임	운임은 해상운임의 20배이며 비탄력적임	장거리 수송 중에서 가장 저렴하며, 운임은 비교적 탄력적임
중량	중량제한을 상당히 받음	중량제한을 받지 않음
안정성	안전도가 비교적 높음	안전도가 그리 높지 않음 • 충격에 의한 손상 • 장기 운송에 따른 파손, 도난, 원형변질 등
경제성	포장비 저렴 보험요율 낮음	• 포장비 높음 • 보험요율 높음 • 장기운송에 따른 기타 변동비가 추가 발생
신속성	해상운송 기간보다 몇 십배 빠름	수송기간이 상당히 긴 편임
수송화물	중 · 소량, 고부가가치 화물	대량, 중량화물

자료 : 박명섭(2008)

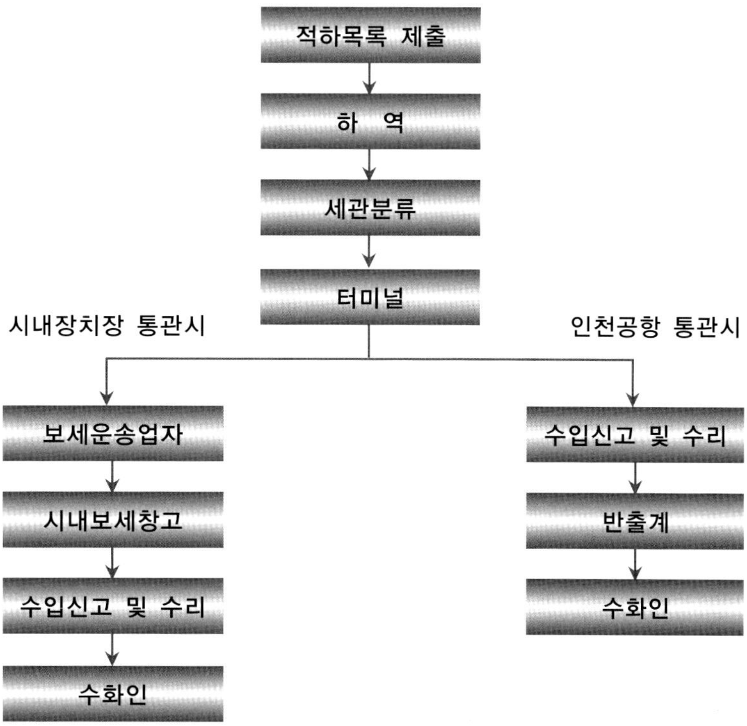

[그림 3-5] 수입항공화물의 흐름과 통관

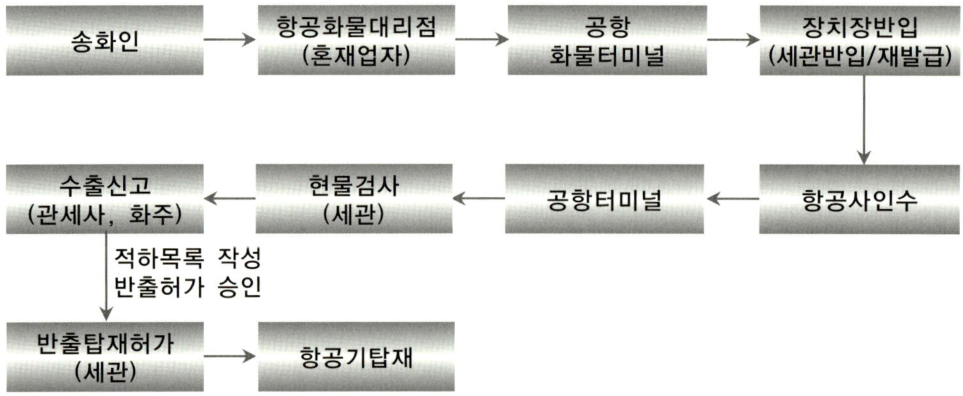

자료 : 이신규(2005).

[그림 3-6] 수출항공화물의 통관 및 운송절차

•●● 물류에세이 ●●•

"한국 항공안전 세계1위 달성"

우리나라가 9년 연속 항공운송 무사망 사고기록을 달성한 데 이어 세계 1위 항공안전 국가에 꼽혔다.

국토해양부 항공안전본부는 국제연합(UN) 산하 국제민간항공기구(ICAO)에서 실시한 항공안전종합평가(USOAP) 결과 우리나라의 항공안전 국제기준 이행율이 세계 최고 수준인 98.89%로 확정됐다고 1일 밝혔다.

우리나라의 항공안전 수준이 세계 1위가 된 것은 지난 2002년 미연방항공청(FAA)로부터 79.79%의 이행률로 항공안전 2등급을 받는 수모를 겪은 뒤 7년 만이다. 2등급을 받았을 당시 우리나라의 항공안전 이행률은 세계 120개 국가 중 53위였다.

우리나라가 받은 98.89%의 이행률은 항공 선진국인 미국(세계 5위, 91.13%)과 캐나다(세계 3위, 95.38%)보다 크게 앞선 것이다. 세계 10위권에는 아르메니아(2위, 96.32%), 이집트(4위, 91.38%), 쿠바(6위, 86.76%), 중국(7위, 86.54%), 파나마(8위, 84.69%), 불가리아(9위, 84.31%), 독일(10위, 84.2%)이 포함돼 있다.

ICAO는 지난 1년 6개월간 서류심사와 현장방문 평가 등을 거쳐 항공안전 이행률을 산출했다. 지금까지 평가가 완료된 119개국의 평균 이행률은 59.14%이다.

이로써 우리나라 국적 항공사들은 안전에 대한 시비 없이 안정적으로 해외노선을 확장할 수 있게 됐다.ICAO 항공안전평가 결과는 전 세계 항공당국들은 물론 항공교통 이용객들에게 항공안전 지표로 인식돼 항공사 운영에 막대한 영향을 미친다.

미국 미연방항공청(FAA)의 경우 ICAO 평가결과를 참고해 별도의 평가(IASA IASA; International Aviation Safety Assessment)를 실시해 안전 위험국에게는 편명공유 및 노선증편 제한 등의 제재를 가하고 있다. 유럽연합(EU)도 ICAO 평가결과를 바탕으로 유럽지역 취항제한(블랙리스트 제도) 등 불이익을 가하고 있다.

국토부는 이번 평가과정에서 우수성이 확인된 국제항공안전규정관리시스템(SMIS SMIS; SARPs Management and Implementation System) 및 항공안전종합정보시스템(NARMI NARMI; National Aviation Resource Management Information)을 해외 여러나라에 보급해 우리나라의 위상을 높여나갈 계획이다. 현재 우리나라의 안전관리시스템을 벤치마킹하기 위해 몽골, 필리핀, 라오스, 캄보디아, 미얀마, 소말리아, 티모르, 파키스탄 등은 기술자문을 요청하고 있다.

fnnews.2009.3.1

〈표 3-7〉 주요 운송수단의 장단점

구분	장점	단점
철도	• 대량·중량물품을 일시에 효율적으로 수송하는데 적합 • 중·장거리 운송인 경우 운임 저렴 • 안정성이 높음 • 계획운행이 가능 • 유리한 운임의 할인제도 • 전천후 운송수단	• 근거리 운송에는 운임이 비교적 높은 편이며 경직적임 • 환적작업이 필요 • 배차 탄력성이 적음 • 적재중량당 용적량이 적음 • 문전에서 문전까지 운송이 곤란 • 운임설정이 비탄력적임
자동차	• 문전에서 문전까지 일관운송이 가능하기 때문에 수취가 편리 • 근거리 운송에 적합하고 경제적이며 운임이 탄력적임 • 비교적 간단한 포장으로 수송할 수 있으며 단위포장에서는 팔레트(Pallet)를 이용할 수 있음 • 필요한 언제나 즉시 배차가 가능	• 대량수송에는 부적합 • 원거리 운송시 운임이 비싸고 안전성이 떨어짐 • 교통사고와 공해문제가 많이 발생하며, 특히 대도시 및 공단주변의 도로나 고속도로의 체증을 유발 • 중량제한을 다수 받음
선박	• 대량화물의 장거리 수송에 적합하며, 운임이 저렴하고 탄력적임 • 대량운송에서 전용선에 의한 운송 및 일관 하역작업이 가능 • 용적 및 중량화물의 수송에 적합하며, 원료화물의 주요한 운송수단 • 일관운송 체제의 확립은 어려우나 육상운송수단과 연계하여 해륙복합운송의 주축이 되고 있으며 최근에는 Sea & Air운송까지 발전	• 수송속도가 늦어 수송기간이 오래 걸림 • 항만설비와 하역비가 비쌈 • 기후의 영향을 많이 받음 • 항구에서 화물을 인수하기 때문에 상당히 불편함. 단, 컨테이너는 트럭을 통해 문전운송이 가능함
항공기	• 수송속도가 신속하여 계절성·유행성·신선도 유지에 필요한 제품의 수송을 가능케 함 • 물품의 파손율이 적고 화물포장이 간단하며 보험료가 적음 • 당일수송을 통해 재고조정이 가능하기 때문에 금융비용을 극소화	• 운임이 가장 비싸고 아주 경직적임 • 중량제한과 용적제한을 받음 • 기후가 나쁠 때는 운항이 자주 중단됨 • 공항에서 물품을 인수해야 하기 때문에 아주 불편함. 하지만 포워더를 통해 밴 트럭으로 문전운송이 가능함

자료 : 이신규(2005)

〈표 3-8〉 운송수단별 특성 비교

내용 \ 운송수단	철도	자동차	선박	항공기	파이프라인
화물중량	대량화물	소·중량화물	대·중량화물	소·경량화물	대량· 일정화물
운송거리	원거리	중·근거리	원거리	원거리	근 · 중거리
운송비용	중거리운송시 유리	단거리수송시 유리	원거리운송시 유리	운임이 가장 높음	가장 낮음
기후영향	별로 없음	조금 받음	많이 받음	대단히 많이 받음	없음
안정성	높음	조금 낮음	낮음	높음	높음
일관운송체제	미흡	용이	어려움	어려움	어려움
중량제한	없음	있음	없음	있음	없음
화물수취의 용이성	불편	편리	불편	불편	편리
운송시간	길다	길다	매우길다	아주 짧다	보통
하역 및 포장비용	보통	보통	고가	저가	없음

Check Point

수송과 배송의 차이점?

도시간의 운송이 아닌 도시내 혹은 지역내의 수요자에 대한 운송을 배송이라고 말한다(임정수, 1999:5). 즉, 수송은 지역간 또는 도시간 등 장거리의 대량상품 이동이고, 배송은 한 지역 또는 도시내에서 상품이동 등 단거리의 소량상품 이동이다.

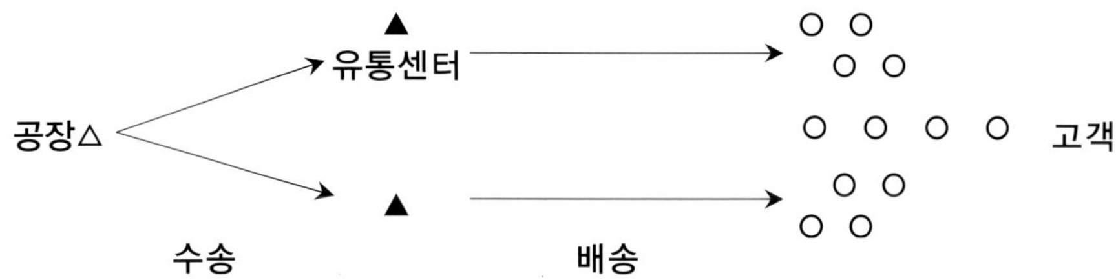

[그림 3-7] 유통단계애 따른 수·배송 구분

Check Point

기업의 자가운송(自家運送)의 경제성?

기업이 운송을 자가운송으로 하는 경우 기업에게 유리한 경우는 1년 동안 보유차량이 일정하게 가동되고, 그 가동률에 손실이 발생하지 않는 경우이다. 그러나 계절에 따른 출하량의 변동이 심한 경우 비수기에 기업이 자가운송을 위해 보유한 차량과 투입된 인력이 단순히 고정비용을 높이는 낭비요인으로 작용할 수 있다.

2. 보관

보관 = 시간의 극복, 상품의 시간적 효용 창출

〈표 3-9〉 창고의 물류 프로세스

투입	처리				산출
입고	입고이동	보관	오더피킹	포장·피킹 출고준비	출고
• 운송기관에서 화물을 내림 • 제품의 파손여부를 점검	• 제품의 보관장소를 식별하고, 재고기록을 갱신	• 제품을 물리적으로 보관	• 제품을 보관장소에서 꺼냄. 재고기록을 갱신	• 제품을 적절하게 포장하거나 레이블을 붙여 출구로 옮김	• 운송기관에 적재 • 화물인도중 출하통지서 작성

자료 : 박명섭(2008)

물류에서 보관은 생산과 소비사이의 시간적 차이를 조정하는 것이다. 특히 보관은 집중생산과 평균소비의 시간조정을 한다. 예를 들어 쌀은 가을에 집중적으로 수확되는데 소비는 연간 평균적으로 이루어지므로 보관이 필요하다.

또한 보관은 평균생산, 집중소비의 시간조정도 한다. 예를 들어 청량음료의 경우 여름에 소비가 집중되는데 여름에만 집중생산을 하게 되면 여름 이외에는 생산설비가 가동을 중단해야 되고, 여름철 집중 소비에 물량을 맞출 수가 없다. 따라서 적당한 생산설비 규모로 겨울철부터 생산을 늘려 여름철 수요에 대비하여 보관한다(임정수, 1999: 70).

물류에서 보관활동은 물자를 창고 등의 보관시설에 보관하는 활동으로, 생산과 소비사이의 시간적 차이를 조정하여 시간적 효용을 창출한다. 물류관리에서 보관은 크게 두 가지 기능을 한다. 첫째, 수급조정을 목적으로 하는 시간적 조정과 둘째, 가격조정의 두 가지 기능을 한다. 이러한 보관기능을 수행히고 있는 곳이 창고인데, 최근 들어 창고는 단순한 보관만을 하던 종래의 보관창고(storage warehouse)이외에도 상품포장 및 분해 작업을 하고, 간단한 유통가공도 할 수 있는 유통창고(distribution warehouse)로 그 기능이 확대되고 있다. 특히 상품입고 및 상품출고 과정이 IT를 통한 물류합리화가 필요하다.

〈표 3-10〉 창고의 종류와 보관물품의 종류

창고 유형	보관 물품	물품 내용
1급 창고	제1종 물품	제1종 물품
2급 창고	제2종 물품	밀, 보리, 녹말, 사료, 소금, 채소류, 과실류, 건어물 및 염장어물, 가죽, 비료, 제철류, 기타 금속제품, 시멘트, 석고, 백묵, 석면 등
3급 창고	제3종 물품	판유리, 유리관, 유기그릇, 도자기, 타일, 질그릇, 숯, 조개류, 해면류, 기타 위의 물품에 유사한 제품
야적 창고	제4종 물품	선철, 철제, 연관, 연판, 동판, 시멘트제품, 광물, 흙, 돌, 자동차 및 차량, 목재, 공 컨테이너, 공 드럼통, 고철, 깨진 유리, 중고 타이어 등 야적이 가능한 물품
수면 창고	제5종 물품	원목 등 수면보관이 가능한 물품
저장 창고	제6종 물품	포장되지 않은 곡류, 분말 또는 액체로 된 물품
위험물 창고	제7종 물품	소방법 제2조 규정에 의한 위험물 및 고압가스
냉장 창고	제8종 물품	생농산물, 생축산물, 생수산물 또는 냉동가공품으로서 10℃ 이하에서 보관함이 적당한 물품

자료 : 하영석(2004)

〈표 3-11〉 재고량에 따른 장단점

구분	재고를 과다하게 보유할 경우	재고를 적게 보유할 경우
장점	• 대량발주단위로 비용절감 • 품절, 결품률 감소 • 서비스율 제고	• 자금활용 가능 • 재고비용 축소 • 재고회전율 상승 • 보관시설이 적게 소요 • 소수의 인력, 장비로 관리 가능 • 도난의 위험부담 감소 • 재고수령관리 용이
단점	• 자금운용 곤란 • 재고비용의 과다지출 • 재고품의 손상 • 재고회전율 저하 • 보관시설의 소요량 증가 • 창고정리에 많은 시간 필요 • 다수의 인력과 장비 필요 • 화재, 도난의 위험부담 증가 • 재고수량관리의 곤란	• 소량다발 발주로 비용증가 • 품절과 결품률 증대 • 낮은 서비스율

자료 : 옥선종외(2009)

Check Point

보관과 재고의 관계?

보관이란 상품을 일정기간 창고에 두는 것이다. 그 보관 상품이 재고이다. 과거에는 기업이 재고를 보유하는 것을 당연하게 간주했지만, 최근에는 기업이 재고를 가능한 한 보유하지 않으려는 경향으로 물류과정에서 창고의 기능이 단순한 보관보다는 유통가공을 위한 보관 비중이 커지고 있다.

Check Point

물류거점과 물류센터?

물류과정에서 배분된 재고를 보관하고, 고객에게 출하하기 위한 거점이 물류거점 또는 배송거점이라고 부른다.[6] 일반적으로 이러한 물류거점에 물류센터를 설치한다.

기업물류에서 물류센터를 어디에, 몇 군데 설치하는가는 중요한 부분이다. 기업이 물류거점에 물류센터를 설치하는 이유는 고객의 납기를 지키고, 물류비용을 줄이기 위해서이다. 따라서 물류센터는 설정한 납기를 지킬 수 있는 곳에 설치해야 한다. 물류센터의 기능은 고객에게 납기를 지키기 위한 것이지, 대량으로 재고를 보관하기 위함이 아니다[7].

〈표 3-12〉 물류거점의 집약에 따른 장담점

장점	단점
1. 토지와 건물비용이 저렴하다. 2. 재고가 적어진다. 3. 재고의 집약이 가능하며, 재고의 일원적 관리가 가능해 진다. 4. 노동력이 적어도 가능 5. 배송시 혼재의 가능성이 많아진다. 6. 물동량이 증가하여 자동화의 길이 열린다. 7. 물류거점까지의 수송라인이 커져 수송의 합리화에 도움이 된다.	1. 수송거리가 길어져 시간이 걸린다. 2. 수주 처리, 출하 지도, 수주 등 연락을 위한 시간이 걸린다. 3. 처리하는 상품이 너무 많아 처리능력에 무리가 간다. 처리시간이 걸린다. 4. 설비기기 비용이 커지기 쉽다.

〈표 3-13〉 물류거점의 분산에 따른 장단점

장점	단점
1. 고객에게 고도의 배송서비스가 가능해진다. 2. 규모가 비교적 작아서 운영관리가 쉽다. 3. 설비기기가 비교적 소규모여서 설비비용이 그다지 들어가지 않는다. 4. 고객에게 배송거리가 비교적 짧아, 배송차량의 회전율이 상승된다.	1. 인건비 부담이 커진다. 2. 재고관리가 어렵고, 실질적인 재고 파악이 어렵다. 3. 재고량이 많아진다. 4. 규모면에서 기계화, 생력화가 어렵다. 5. 재고관리의 미비로 결품이 발생하기 쉽다. 6. 창고 유지비와 시스템 유지비가 증대한다. 7. 입·출고처리에 대한 지도가 복잡해지고, 시스템 규모가 대형화된다.

자료 : かくいこのや(2009)

6) Yuasa Kazuo, op.cit., p.110.
7) Yuasa Kazuo, ibid, p.114.

〈표 3-14〉 물류거점의 통합·집약화, 분산화의 사례

통합·집약화	• 마쓰시다(松下)전기산업 - 전국에 129개소 가전제품의 물류거점을 약 40개소로 집약. 8개소를 주력물류거점으로 하는 한편, 30수개소를 위성거점으로 해서 위치설정을 한다. 더욱이 계열 가전제품점에의 배송체계를 1일 2편에서 1편으로 한다. 통합·집약화 등으로 물류경비를 연간 수10억엔 삭감한다. • 라이온 - 전국 22개소의 물류거점을 12개소로 집약, 공장창고의 기능을 올리는 한편, 유통단계에 있는 물류거점의 제품재고량을 삭감하고 매출분을 보충하는 플로어형 물류체제를 확립한다. • 프라자판매 - 전국 8개소의 물류거점을 1개소로 집약, 부품·완성품의 재고를 나고야(名古屋)시의 거점에 집약함으로써, 임차료를 삭감하고 동시에 전체 재고량을 삭감한다. • JIT - 전국 211개소의 물류거점을 약 150개소로 집약, 물류경로를 유통기지→창고→소매점의 3단계로 단축하여 효율화를 꾀한다. 수도권에서는 10개소의 물류거점을 도쿄유통기지[지바(千葉)현 후나바시(船橋)시]로 통합, 자동분류기기에 의해 약 450개의 상품명을 배송처인 약 3만 점포의 담배판매점마다 분류해서 출하하는 것으로 약 500명의 인원을 삭감한다.
분산화	• 니시토모(西友) - 냉동식품을 중심으로 한 식품물류 거점을 분산화, 점포 가까운 장소에 냉동식품 전용의 냉동창고를 복수로 설치함으로써, 점포폐점 후에 발주, 익일 심야에 제조, 아침에 거점 납품, 분류하고 오전 중에는 점두에 진열한다는 흐름에 대응하는 것이 가능하게 된다. 종래에는 제조익일에 점두에 진열했으나, 제조당일에 점두에 진열했기 때문에 신선도를 유지하여 판매손실을 없앴다, • 토한 - 각 지사 소재 지역에 물류거점을 정비하고 분산화, 종래 본사에서 집중적으로(일부는 각 지점에서 대응) 재고를 안고 있지만, 물류거점을 정비하여 수요지역에 근접해서 재고를 안고 있으므로 상품공급의 신속화를 꾀한다.

자료 : しおもえいじ(2007)

Check Point

보관창고와 유통창고의 차이점은?

보관창고(storage warehouse)는 전통적인 창고로 장기간 저장해야 하는 상품을 보관하는 창고이다. 그러나 최근에는 생산이 과학적 수요예측에 의해서 실행되고, 고객에 대한 물류서비스 개선을 위해 신속배송의 필요성이 증대되면서 수요예측에 의해 생산된 상품을 일시적으로 보관하면서 유통가공을 할 수 있는 창고의 역할이 증대되고 있다.

이처럼 장기간 보관보다는 상품의 입출고, 유통가공, 신속한 배송에 중점을 둔 보관기간이 상대적으로 짧은 창고를 유통창고(distribution warehouse) 또는 유통센터, 배송센터라고 부른다.

Check Point

기업의 자가보관(自家保管)의 경제성?

자가창고(自家倉庫)는 기업이 자사의 물품(원료, 제품)을 보관하기 위한 창고이다. 이러한 자가창고는 보관물품이 이미 결정되어 있기 때문에 자사물품의 보관에 적합한 구조와 하역설비로 이루어진 경우가 많다[8].

기업이 자가창고를 건설하여 자사 상품을 보관하는 것이 경제적으로 유리한 경우는 자가창고의 규모가 크고 연간 자사 보관 화물의 수요가 안정적이면서 이용률이 높은 경우이다. 그러나 일반적으로 영업창고의 공간 이용률이 자가창고에 비해 높기 때문에 보관비용은 자가창고가 더 많이 든다.

(임정수, 1999: C44, C74)

Check Point

stock point, depot

최근 들어 물류과정에서 보관의 기능은 장기간 보관이라는 저장 기능보다 판매정책상 유통을 원활하게 하기 위한 일시 보관 즉, 배송을 위한 보관기능이 중요하게 되었다. 이와 같은 일시보관 창고를 유통창고(stock point)라고 하고, 그 하위의 2차적 창고를 데포(depot)라고 한다.

원거리의 물류의 경우 개별 수요자에게 직송하기 보다는 대량으로 한데 모아 수요지 부근의 창고까지 운송하여 보관하여 두고 그 창고를 스톡포인트로 삼아 각 수요자에게 적시 적량을 배송하는 것이 총물류비도 감소하고 고객서비스도 향상시키는 경우가 많다.

(임정수, 1999: 5, 46)

8) 대한상공회의소 조사에 의하면 물류거점의 보유형태별 처리비중은 '자가' 62.8%, '임대'는 37.2%이고, 자가창고의 연평균 보관효율은 63.8%로 나타났다.

••● 물류에세이 ●••

"물류혁신은 창고를 줄이는 일이다"

물류혁신이라는 말은 다분히 어떤 행동을 통하여 기업이윤을 얻어내자는 경영상의 어떤 변화의 방향성을 지칭합니다.

생산된 제품이 공장을 떠나서 소비자 손에 이를 때까지 수많은 물류과정이 있습니다. 제품 창고에서 대리점 창고나 도매업자 창고로 운송되고 때로는 보관 되고, 각 지역별로 일정한 배송 계획에 의해 배송센터나 소매업자 창고로 운송돼 마지막으로 소비자에게 전달됩니다. 물류는 최종소비자에게 가기 위하여 창고에서 창고로 끊임없이 이동하는 과정을 말하기도 합니다.

그러나 그 과정에서 일단 창고에 입고된 제품은 짧게는 수일에서 길게는 수주, 수개월동안 보관됩니다. 물류를 흐름의 연속선에서 볼 때 창고는 흐름을 정지시킵니다. 창고의 역할이 있더라도, 창고는 흐름을 막는 걸림돌이 됩니다.

만약 기업이 창고까지 가지고 있다면 창고를 갖기 위한 재정적 투자가 있었을 것이고 그것을 운영하는 인원 투자가 있을 것입니다. 창고는 비용을 발생시키면서 물류의 흐름을 막는 역 기능을 하고 있는 셈입니다. 그래서 창고를 가지 않고 화물이 그대로 전달될 수 있다면 완벽한 물류활동이 됩니다.

창고는 시간지연과 비용발생의 이중 물류장애물

우리는 지금까지 창고의 설치를 물류 흐름 속에 당연하게 생각하고 있습니다. 1차 생산품에 관하여는 계절적 요인이 있으므로 수확하는 제철이 있고 이를 소비하는 시점까지 보관하는 창고의 필요성이 인정 됩니다. 그러나 공산품인 경우의 제품재고는 비용(inventory carrying cost)의 발생이며 경쟁상품이 나오면 가치가 격하되는 리스크를 갖는 일입니다.

창고는 왜 필요한가? 반문하는 리엔지니어링 사고가 필요합니다. 이것이 물류혁신의 출발점입니다.

생산비를 투자하여 만든 상품이 팔리지 않은 상태에서 정지되어 있는 것은 비용의 발생입니다. 상품의 특수한 형편상 창고가 있어야하고 소비자의 배달요구에 즉시 대응하기 위하여 창고는 필수적이라는 의견이 있습니다. 생산 관리상 각 품목의 최저생산을 맞추고 전체적인 생산 일정과 평균화된 생산 공정을 유지하기 위하여 일부 품목의 사전 생산이 필요하고 어쩔 수 없게 이러한 제품들을 위한 창고의 필요성이 인정되기도 합니다.

그러나 최근의 경영자들은 고도로 빨라지고 있는 상품 사이클의 속도를 우려하고 있습니다. 생산해놓은 재고제품이 새로운 추격제품으로 인하여 철 지난 제품이 되고 팔기 어려운 경우가 흔한 시대가 되었습니다. 범용으로 쓰고 있는 부자재가 아닌 한, 어떤 완제품의 사전 판매예측에 의한 생산은 매우 위험한 결정이 되고 있습니다. 소비자의 주문이 있고 나서 생산하고 생산한 즉시 배달을 마치는 시스템의 완성이 모든 기업체의 주된 관리항목이 되고 있습니다. 공급사슬관리가 완벽하다면 적절한 양의 자재이동이 있고 재고가 없어지며 자연적으로 창고사용은 줄어들게 됩니다.

린 생산(Lean Production)시스템이 생산에 있어서, 린 유통(Lean Distribution)시스템이 유통 상의 재고를 없애는데 집중하고 있습니다. 저스트 인 타임(Just In Time)이 적량적기 배달 방식으로 정착되고 있습니다. 꼭 필요한 양만큼을 수주하며, 수주가 확정되지 않는 한 생산하지 않으며, 리드타임을 줄이고 로트 크기를 축소하는 유통의 합리화로 유통 안전재고량의 필요성도 반감되고 있고 수송 중 재고 또한 특송이나 택배운송 방식에 의하여 계속 줄고 있는 중입니다.

국내는 수많은 택배회사에 의하여 익일 배송이 가능하고 급하면 국내의 경우 당일 배송도 가능해졌습니다. 해외로 발송하는 경우에도 아시아는 다음 날에, 유럽과 아프리카도 2-3일내 Door to Door배송까지 약속된 서비스가 가능해졌습니다. 수송 중 창고로 가는 일은 없어지고 잠시 대기하는 배송 센터가 있을 뿐입니다.

물류과정에서 창고를 줄여보자

물건이 갈 곳을 모르면 우선 창고로 갑니다. 갈 곳을 알아도 갈 때가 아니면 창고로 갑니다. 물류의 흐름은 공간과 시간에 있어 움직여야 할 조건을 현실적으로 갖추지 않으면 창고로 가는 숙명입니다. 창고로 갈 물건을 만들지 않는 이상 물류의 흐름이 창고를 만나지 않도록 경영하는 것이 최적의 물류관리입니다.

우리는 이제 창고 없는 물류의 흐름을 원합니다. 물류의 흐름은 화물 자체의 이동뿐 아니라 화물내용에 관한 정보, 송하인, 수하인주소 등 이동에 관한 정보, 그리고 실제로 이동되고 있는 가시성(visibility)에 관한 정보 등 관련정보가 같이 이동되고 있으며, 화물이 다른 곳으로 소유권 전환을 하면서 일어나는 화물의 대가를 지불하는 상적활동이 같이 따라다닙니다. 따라서 화물의 이동은 이 3가지의 속성이 같이 이동한다는 상례를 가지고 있어서 창고에서 창고로 이동되는 모든 경우에도 이 3가지 조건은 동시적 이동을 하게 됩니다.

어떠한 화물이 도착합니다. 이 화물을 받음으로써 상적 활동도 정식으로 정리되는 과정입니다. 물류과정에서 창고를 없애려면 우선 이러한 화물, 화물정보, 상적활동 이 3가지가 동시에 같은 곳으로 움직여야 한다는 지금까지의 선입견을 버릴 때가 되었습니다. 지금까지 물류 사슬로 생산자와 대리점, 도매상 소매상 등의 유통과정을 따라 움직일 때마다 공식처럼 따라오던 과정을 일부 해체해야 하겠습니다. 왜냐하면 단위적인 상적활동에 따라 물류유통을 관리해서 각 채널까지 끝내었다 하더라도 그 흐름은 거기에서 끝난 것이 아니라 최종 소비자에게까지 비록 다른 관리 책임 하에 가더라도 계속 흐른다는 사실입니다. 그 채널의 이동단계에서 화물이 창고로 가게 될 가능성이 제일 많아지게 됩니다.

물류 흐름이 정지하지 않고 계속 흐르려면 중간 채널의 각 과정마다 운송구간으로 나누어진 구간을 따라서 구별되고 나누어지는 물류과정을 들여다봄이 필요합니다. 물건이 이동되고 물건을 받는 자는 이후에 또 다시 어디로 어떻게 보낼까? 물류흐름이 공급사슬을 따라서 교역하는 사람들의 개별 교역활동으로 항시 송하인과 수하인으로 나누어지는 형식으로 보내지고 있기 때문에, 우리는 받는 상대방의 또 다른 물류계획을 들여다보는 시야 넓히기 방식을 도입하는 일이 요구됩니다.

개별 운송활동이 끝나도 물류는 계속 흐른다.

개별 운송은 송하인이 보내고 수하인이 받음으로써 끝납니다. 그 화물은 수하인 창고에 들어가서 다시 재 발송을 기다리겠지요. 또 다른 상적활동 계획에 의하여 보관 중이던 화물은 재분류 되고 재포장 되어서 새로운 수하인을 향하여 떠나게 됩니다. 우리의 혁신적인 발상은 처음부터 수하인의 창고로 화물이 들어가는 일을 생략하도록 하는 일입니다. 그래서 만약 최초로 보내는 송하인이 상대방 수하인이 받아서 다시 보낼 장소를 알아내서 그곳으로 직접 보내 준다면 그 화물들은 수하인 창고로 들어가지 않고 그 다음 수하인의 고객 수하인까지 도달하게 될 것입니다. 이렇게 된다면 창고 줄이기가 실현될 수 있을 것입니다.

그러나 물류가 움직인 정보 - 화물이 수하인의 손을 우회하여 직접 수하인의 고객까지 운송된 사실-를 수하인은 잘 알고 있어야 함으로, 최초의 송하인은 화물에 관한 정보 즉 상대방 수하인의 고객인 대리점에게 화물이 언제 누구에게 전달되었다는 도착정보 등을 수하인에게 알려줍니다. 그러면 수하인은 각 대리점과 사이에서 맺어진 상적 유통에 관한 대금 청구 관련 업무를 끝내게 됩니다. 화물을 직접 보지는 않아도 화물도착에 관한 정보는 공유하여 상적인 계약문제를 끝내게 하는 일입니다. 비록 화물, 정보, 상류 3가지 조건이 동시 움직이지 않아도 훨씬 효과적인 물류흐름이 완성될 수 있습니다. 창고 단계가 생략되었습니다.

고객의 고객에게까지 화물을 보내 중간 창고를 줄인다.

한국의 컴퓨터 공장에서 해외 바이어에게 부품을 수출하는 예를 들어 보겠습니다. 관례에 의하면 각 나라의 수입자 대형 창고로 부품을 보내면 각 품목별로 분류되고 창고에 보관합니다. 그 뒤에 각 대리점이나 판매상들의 오더에 의하여 필요한 량을 픽 앤 팩(pick and pack)해서 각기 적절한 운송수단으로 송부합니다.

이러한 관례를 바꾸어 각 대리점에게 원하는 부품을 한국 공장 출발지에서부터 별도로 하나하나 패키징하고 보낼 때에는 이러한 대리점 행 화물을 전부 모아서 하나의 운송장으로 수출하는 방식입니다. 해당국 관문에서 전체의 화물을 한번 통관하고 난 후 각기 다른 곳에 보낼 대리점 별 화물 패키지는 별도로 각기 운송되어 직접 대리점에게 부품을 보내는 방식입니다. 지금까지는 대량의 화물과 복잡한 공급망과 유통채널, 그리고 부품에 관한 통합관리가 어려워서 이러한 방식으로 처리한 수입자가 없었고 이러한 방식을 처리할 수 있는 운송회사도 거의 없었습니다. 아직도 많은 수출입은 재래적인 방식을 쓰고 있고 수출업자 입장에서도 구태여 힘들여서 물류과정을 개선할 의지가 없었습니다.

그러나 대량수입 보다는 고객의 까다로운 요청에 대응하는 다품목이 많아지고 오더량도 소단위로 바뀌면서 물류시간을 단축해야 하는 필요성이 커지고 있습니다. 만약 고객의 고객까지 보낼 수 있다면 고객의 교역은 시간적으로 차별화되고 엄청난 물류상의 원가절감이 되는 셈입니다.

이러한 혁신 방식에 의하여 통상 3주에서 6주가 소요되던 물류 기간이 직접 대리점 배송 방식으로 이틀 내에(항공의 경우) 해결 된 사례가 현재 외국 대형마트에 의하여 시도되고 있습니다. 자연적으로 수하인은 자체창고를 철수하고 대부분의 인력을 감소하는 경영적인 이점을 얻게 되었습니다. 또한 통관 비용과 절차를 간소화하는 장점도 있습니다. 이러한 방식이 최근 10년간 미국 전자상품거래와 고급의류거래를 하는 대형 바이어들에 의하여 요청되기 시작하였으며 FedEx와 UPS는 이 방식을 적극적으로 제공하고 있기도 합니다.

이러한 혁신 방식은 최초 송하인의 운송운임 부담이 증가될 수 있고 해야 할 업무가 가중될 수 있습니다. 해외의 경우는 무역상의 선적 조건을 일부 바꾸어야 하는 준비가 필요합니다. 그러나 수하인이 해야 할 전방 물류의 역할을 앞당겨 주고 수하인이 지불해야 할 물류비용을 대신 내준 입장이 되므로 수출자는 물건대금 등에서 그 이익 분을 더 청구할 수 있는 조건이 됩니다. 이러한 방안은 국내의 물류흐름에도 적용될 수 있는 방안이 됩니다. 유통과정이 여러 번 채널이동을 해야 하고 그 과정마다 창고로 가는 과정이 있다면 물류흐름을 앞 당겨 가는 공급망 유통혁신으로 창고를 줄일 수 있을 것입니다. 어떠한 경우에도 창고를 세우는 일은 물류를 역행 시키는 일입니다. 중단 없는 이동으로 소비자에게 신속하게 배송되는 물류가 되기 위한 각 기업체들의 물류혁신은 현재의 창고를 어떻게 하면 줄일 수 있나를 흐름의 관점에서 생각하고 개혁하는 일입니다.

물류신문, 2009.1.28

3. 유통가공

물류에서 유통가공이란 물자의 유통과정에서 상품가치와 물류효율을 향상시키기 위하여 상품을 부분적으로 가공하는 활동으로, 단순한 가공, 재포장, 조립 등 상품의 부가가치를 향상시키기 위한 물류활동이다.

최근에는 신선한 식품과 건어물을 가공하기 위하여 물류센터에서 식품의 1차 처리, 선별, 포장, 계량, 가격매김 등의 유통가공을 하고 있다(임정수, 1999: 41).

유통가공은 일반적으로 소비지와 인접한 물류센타 등의 유통단계에서 상품에 간단한 가공을 하는 것을 말하는데, 유통가공은 상품보존을 위한 가공과 동일기능의 형태 전환을 위한 유통가공 등이 있다. 특히 최근 들어 유통가공은 소비자 니즈에 맞춤서비스를 통한 소비자의 편리성 증가와 상품 부가가치 증가에 주안점을 두고 있다.

유통가공의

- 상품의 간단한 가공·조립(가전제품 및 컴퓨터 조립)
- 상품재포장·가격표부착·옷걸이 걸기
- 상품의 해체·절단(소비자의 주문에 따라 어류해체 및 유리절단)
- Cold Chain(냉동 및 생선식품 적정온도 유지)

4. 하역

하역 = 운송과 보관의 양쪽에서 상품을 취급

하역이란 물류과정에서 운송, 보관 등을 연결하는 역할을 수행한다. 즉, 물자를 상하좌우로 이동시키는 활동으로 싣고 내림, 시설내에서의 이동, 피킹, 분류 등의 작업이다. 하역작업의 대표적인 개선방식이 컨테이너화와 팔레트화에 의한 하역이다. 이러한 팔레트화물과 컨테이너화물은 기계를 사용하여 하역하는데 지게차, 크레인, 컨베이어 등이 이용된다. 하역은 발생장소, 관련운송수단, 화물형태에 따라 다양하게 구분할 수 있다.

1) 하역의 종류

〈표 3-15〉 하역형태의 종류와 분류

분류	종류	내용
시설(장소)에 따른 분류	자가용시설하역	공장, 자가용창고, 배송센터 등의 화물 출하시설이나 장소에서의 하역
	사업용 로지스틱스 시설하역	복합(트럭)터미널, 항만, 공항, 역, 보세창고, 터미널 항만하역
운송수단에 따른 분류	운송수단하역	트럭하역, 화차하역, 선반하역, 항공기하역
화물형태에 따른 분류	개별하역	상자 등 포장형태별 명칭의 하역, 집합포장 등의 상태를 나타내는 하역
	유니트로드	팔레트, 컨테이너 등 유니트화하기 위해서 사용되는 명칭 또는 집합포장 등의 상태를 나타내는 하역
	비포장화물하역	분립체, 액체 등 물품을 운송수단, 팜류탑재설비 또는 저장설비에 직접 적재, 입출고하는 화물
하역기기에 따른 분류	기종별하역	운반기기하역, 기중기하역, 포크리프트하역

자료원 : 日通總合研究所(1981).

Check Point

Picking이란?

하역에서 Picking 또는 Order Picking은 주문제품을 재고로부터 선별하는 것으로 상적유통에 의해 발생한 고객의 주문에 대응해서 창고에 보관된 재고로부터 주문품을 골라내어 한데 모으고 출하하는 작업을 말한다.

최근에는 Picking의 중요성이 높아지는 가운데 Picking작업이 과거의 인력에 의한 노동중심에서 기계화로 생력화되어 가고 있다. 즉, Picking은 물품이 있는 곳으로 사람이 이동해서 피킹하는 방법과 물품이 자동적으로 반출되는 방법이 있다.

Picking에서 LOT란 제품, 부품, 원재료의 집합이고, LOT CONTROL은 상품의 입출고를 LOT단위로 관리하는 것을 의미한다. 또한 Picking에서 씨뿌리기 방식이란 동일품종의 화물을 모아서 출하장소까지 발송하는 Picking방식이다.

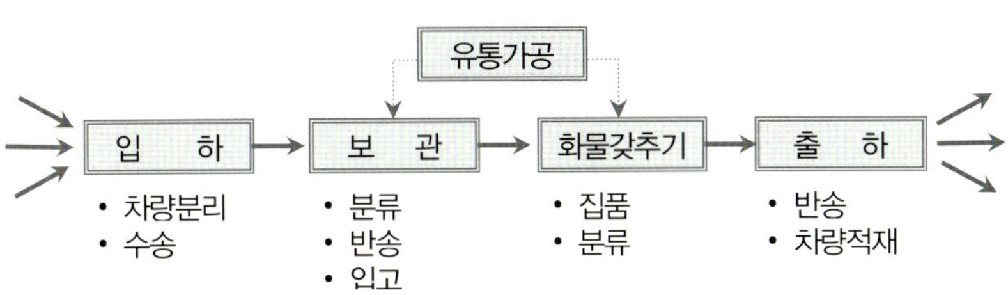

자료 : しおもえいじ(2007)

[그림 3-8] 하역작업의 표준적인 형태

3) 물류 운송용구

(1) Pallet

팔레트(Pallet)는 화물을 단위수량으로 적재할 수 있는 운송용구로 받침대, 적재깔판, 하역대(荷役臺) 등으로 불린다. 팔레트는 소화물을 낱개로 이동하지 않고, 단위화하여 운송하는 유니트로드시스템의 대표적인 운송용구이다. 팔레트는 일반적으로 개별 화물을 단위(lot)로 집합할 수 있도록 목재, 플라스틱, 금속 등으로 만든다.[9)]

팔레트는 1940년 미국에서 개발된 운송용구로 우리나라에서는 1977년 대우중공업에서 포크리프트를 생산하면서 보급되었다. 팔레트의 용도는 초기에는 공장구내에서 생산과정에서 보관과 운반용으로만 사용되었으나 최근 들어서는 운송수단과 연계되어 운송에도 사용된다.

(2) 일관팔레트화

일관팔레트화(Palletization)는 송화인으로부터 수하인에게 화물이 도착될 때까지 전 운송과정을 일관하여 팔레트로 운송하는 것을 말한다. 이러한 일관팔레트화는 유럽의 철도에서 급속히 진전되었다.

① 일관팔레트화의 경제적 효과

- 일관팔레트화 → 하역의 기계화 → 보관효율↑
- 일관팔레트화 → 인력에 의한 상하차작업 → 기계화에 의한 상하차작업→ 하역시간 단축 → 하역인원 감소.
- 일관팔레트화 → 운송의 편의성↑ → 트럭회전율↑
- 일관팔레트화 → 제품의 파손↓, 포장비↓
- 일관팔레트화 → 포장 및 검품의 간소화 → 물류 효율↑

---

9) 대한상공회의소 조사에 의하면 표준팔레트의 사용비중은 18.5%으로 미국(60%), 유럽(90%), 일본(35%)보다 여전히 낮게 나타났다. 표준팔레트의 보급이 부진한 이유는 첫째, 제품자체규격의 비규격화, 둘째, 해외바이어의 팔레트 치수선택, 셋째, 표준팔레트에 대한 홍보부족 때문으로 나타났다. 팔레트의 사용범위는 제조업의 경우 구내용 및 수송용 등의 복합적으로 팔레트를 사용하는 기업(60.3%)이 높았고, 유통업은 구내용으로만 사용하는 비중(46.2%)로 높았다.

② 일관팔레트화가 지연되는 원인

- 기존의 비규격 팔레트를 표준팔레트로 대체하는데 많은 비용이 소요
- 공팔레트의 회수에 많은 시간이 소요
- 표준팔레트를 사용해도 하역기기가 미비한 경우가 많아 하역기계화가 잘 이루지지 않아 일관팔레트화의 이익이 희석됨
- 제품이 다양화해지면서 팔레트도 다양화
- 팔레트의 회수, 보관, 정리가 복잡

③ 팔레트 풀 시스템

팔레트 풀 시스템(PPS: Pallet Pool System)은 팔레트의 규격을 표준화하여 상호 교환성이 있도록 한 후 서로 풀로 연결하여 공동사용하는 시스템이다.

Palletized Cargo는 팔레트를 사용해서 한 개의 단위로 꾸려진 화물이고, Pool Pallet는 대부분의 업계와 각 운송기관에서 상호 공동으로 사용하는 호환성이 있는 팔레트를 말한다.

〈표 3-16〉 세계 각국의 팔레트 규격

(단위 : mm)

ASA(미국)	ISO	NF(프랑스)	DIN(독일)	BS(영국)	JIS(일본)	KS(한국)
MH-11-1959	R-198	H-50	15141 15142			
600× 800	1,140×1,140	800×1,200	500× 800	800×1,000	800×1,000	1,100× 800
800×1,000	900×1,200	1,000×1,200	800×1,000	800×1,200	800×1,000	1,100×1,100
800×1,200	1,000×1,200	1,200×1,200	800×1,200	900×1,200	800×1,200	
900× 900		1,200×1,800	1,000×1,200	1,000×1,000	1,000×1,000	
900×1,200	DR-434		1,200×1,200	1,000×1,000	1,000×1,100	
1,000×1,200			1,200×2,000		1,000×1,200	
1,050×1,050	1,200×1,600		1,200×2,400		1,140×1,140	
1,200×1,500	1,200×1,800				1,200×1,800	
1,200×1,500						
1,200×1,800						
2,200×2,700						
11종	5종	4종	7종	5종	8종	2종

주) ASA : American Standard Association(미국표준화협회)
ISO : International Standard Organization(국제표준화기구)
자료 : 이신규(2005)

(3) Container

컨테이너는 화물의 단위화(unitization)를 목적으로 하는 운송용구를 말하는 것으로 컨테이너의 정의에 대해서 국제표준화기구(ISO)는 다음과 같은 조건을 만족하는 운송용구를 말한다고 규정하고 있다.[10)]

첫째, 내구성과 반복사용에 적합한 강도를 갖추고 있다.

둘째, 운송도중 내용화물의 이적없이 하나 또는 그 이상의 운송형태에 의해 화물의 운송을 용이하도록 설계되어 있다.

셋째, 운송형태의 전환시 신속한 취급이 가능한 장치가 구비되어 있다.

넷째, 화물의 적입과 적출이 용이하게 설계되어 있다.

다섯째, 내용적이 1입방미터이상 이다.

① 컨테이너화물의 운송방법

LCL(Less than Container Load)은 하나의 표준 컨테이너를 만재할 수 없는 소량화물을 말한다. 다른 하주의 화물과 혼재하므로 혼재화물(Consolidated Cargo)이다. 이에 비해 FCL(Full Container Load)은 컨테이너 1개를 채우기에 충분한 양의 화물을 말한다.

컨테이너 야드(CY: Container Yard)는 컨테이너의 인수, 인도, 빈 컨테이너의 보관 등을 위한 시설이다. CY는 컨테이너터미널의 주요시설로서 마셜링야드의 배후에 배치되며 때로는 마셜링야드까지 포함하는 경우도 있다.

이에 비해 컨테이너 장치장(CFS: Container Freight Station)는 수출지에서는 LCL화물을 FCL화물로, 수입지에서는 FCL화물을 인출하여 개별하주에게 인도하는 작업이 이루어지는 곳으로 통관업무가 가능한 장소이다.[11)]

---

10) Herman D. Tabak, Cargo Container: Their Stowage, Handling and Movement, New York: Cornell Maritime Press, INC., 1970, p.5.

11) 추창엽, [물류용어집], 형설출판사, 1999, p.227.

〈표 3-16〉 컨테이너화물 운송방법

운송구분	운송방법
CY/CY (FCL→FCL)	송하인의 공장이나 창고에서 수하인에게 전달될 때까지 동일한 컨테이너에 적재된 상태로 일관운송된다. 운송인의 책임은 CY에서 CY까지이다.
CY/CFS (FCL→LCL)	송하인의 공장이나 창고에서 FCL상태로 떠나 도착지에서는 여러 명의 수하인들게 전달하기 위해 도착항의 CFS에서 분배한다.
CFS/CFS (LCL/LCL)	여러 명의 송하인들로부터 집하한 LCL화물을 CFS에서 혼재하여 여러 명의 수하인들에게 인도하는 방법이다
CFS/CY (LCL/FCL)	출발지의 CFS에서 혼재된 화물이 도착항에서는 단일의 수하인에게 전달된다. 대규모의 수입자가 여러 송하인들로부터 각 LCL화물을 인수하여 일시에 자기 지정창고까지 운송

자료: 김웅진외(2009)

Check Point

컨테이너의 경제적 효과

- 화물의 단위화, 포장의 표준화 ➜ 포장비 절감, 하역시간 단축
- 일관운송, 왕복운송 ➜ 운송시간 단축, 비용절감(컨테이너 단위로 계산)
- 대형화물 운송포장비 절감(개별화물 하인 생략, 간단한 종이상자)
- 운송중의 화물 손실, 훼손, 멸실 발생 억제
- 보험료 절감
- 임해창고의 보관 생략(창고 및 재고관리비 절감)
- 회전율 향상 ➜ 금융비 절감, 자본의 회전성 증대
- 화물인도의 신속, 운송일정 보증 ➜ 물류효율 증대 ➜ 고객서비스 향상
- 특수화물의 취급(특수컨테이너)
- 서류의 간소화
- 하역의 기계화 ➜ 본선의 가동률 향상, 하주 상품보관 금융비 절감, 재고수준 적정화

Check Point

컨테이너의 본질적 문제점

- 투자액이 너무 거액(여러 가지 관련기기 필요)
- 내륙오지에 들어가면 회송비용 증가
- 수리비 과다
- 기항지 제한.
- 모든 화물이 컨테이너에 적입 안 됨.

Check Point

컨테이너의 종류

- dry container; 온도조절이 필요없는 표준컨테이너
- reffer container; 보온, 냉동
- open top; 컨테이너 위쪽으로부터 적재
- flat rack container; 전후좌우 상방에서 하역
- open container; live stock container
- tank container; 액체상태
- platform container; 중량물, 부피가 큰 화물 운송
- solid buck container; 몰드, 소맥분, 가축사료, 내부청소 용이, 외부기온에 견딜 수 있음
- hanger container; 화물을 천정에 메달 수 있음.

(4) 유니트로드 시스템

유니트로드 시스템은 하역비의 절감을 위해 도입된 시스템으로 화물을 일정한 중량이나 크기로 단위화시켜 기계화된 하역작업과 일괄된 수송방식으로 물류의 여러 과정들을 표준화시키는 것을 말한다. 효과적인 하역작업을 위해서는 포장규격, 팔레트규격, 컨테이너규격의 통일화 및 하역장비(지게차 등)의 통일화가 요구된다.

유니트화의 목적
① 취급단위를 어느 정도 크게 해서 작업 능률 높임 ② 운반의 간편성 제고 ③ 취급단위를 균일하게 하여 작업 표준화 도모 ④ 물품의 보호 효과 향상

자료 : 박명섭(2010)

5. 포장

포장 = 생산의 종점, 물류의 시작

포장은 생산의 종점이면서 물류의 시작이다. 포장은 전개될 물류의 상태에 따

라 포장설계를 해야 한다. 예를 들어 화물을 재래선에 혼재해서 운송한다면 나무 상자 포장을 해야 하지만, 컨테이너 운송을 한다면 마분지 상자(carton box)로도 충분하다(임정수, 1999: 56).

물류과정에서 포장의 기능은 상품보호, 하역, 운송, 보관의 용이성, 상품의 식별뿐만 아니라 상품가치를 증가시키는 역할을 한다. 즉, 물류에서 포장은 물품의 수배송, 보관, 하역 등에 있어서 상품가치를 높이고 상품상태를 유지하기 위해 적절한 재료, 용기 등을 사용한다. 포장은 단위포장(개별포장), 내부포장(속포장), 외부포장(겉포장)으로 구분할 수 있고, 포장의 기능에 따라 상업포장과 공업포장으로 분류할 수 있다.[12)]

1) 포장의 종류

포장에는 상품포장과 공업포장이 있다. 상품포장(commercial packaging)은 소비자가 사기 쉽고, 소비하기 쉬운 단위로 상품을 분할하는 일과 상품의 내용을 소비자에게 가장 잘 표현해주는 두 가지 목적을 가지고 있다. 상품포장은 소매포장(retail packaging), 소비자 포장(consumer packaging)라고도 한다.

이에 비해 공업포장(industrial packaging)은 운송에 편리한 단위로 상품의 유니트를 분할하는 일이며 또한 운송중의 상품을 보호하는 목적을 가지고 있다. 또한 최근에는 물류과정에서 화물을 높게 쌓아 올리는 경우가 많으므로 높게 쌓아 올렸을 때 그 하중을 견뎌낼 수 있는 포장이 되어야 한다. 공업포장은 운송포장(transport packaging), 외장(外裝)이라고도 한다.(임정수, 1999: 5, 57).

〈표 3-17〉 포장의 종류

상업포장	소비자의 구매의욕을 증가시키기 위한 포장 〈개장(個裝)〉 개별 상품의 포장
공업포장(=운송포장)	상품의 보호 및 전달을 용이하게 하기 위한 포장. 〈외장(外裝)〉 포장화물의 외부에 하는 포장으로 기호, 화인 등을 덧붙인 상태 〈내장(內裝)〉 물, 습기 등이 가해지지 않도록 용기 등으로 덧붙인 상태

12) 대한상공회소 조사에 의하면 국내기업에서 포장규격이 일정하지 않는 이유는 제품이 규격화되어 있지 않음이 40.9%로 가장 높게 나타났다

2) 포장의 변화

포장재료는 과거의 목재나 밀짚에서 자동포장에 적합한 플라스틱과 같은 가공도가 높은 재료의 사용이 증가되고 있다. 또한 포장의 중량도 화물의 중량으로 운임에 가산되기 때문에 포장재료가 경량화되고 있다. 즉, 포장재료가 항아리에서 양철통으로 그리고 플라스틱으로 전환되고 있다.

그리고 하역에서 포크리프트(forklift)와 팔레트(pallet) 등의 보급에 따른 하역의 기계화에 따라 포장에서 마분지 상자의 사용이 증가되고 있다(임정수, 1999: 62-63).

〈표 3-18〉 포장형태와 포장재료

밀짚 포장재	왕골, 거적, 부대, 가마니
나무상자	나무상자, 나무통, 바구니
종이제품	마분지 상자, 종이봉지
금속제품	드럼통, 양철통, 쇠통, 철사조이기, 강철띠 조이기
섬유제품	마대(麻袋), 면대(綿代), 망사부대
요업제품	병, 항아리
합성수지제품	플라스틱 병, 플라스틱 봉지

〈표 3-19〉 포장 형태의 변화

내용품	A ➜	B ➜	C
액 체	나무통, 항아리	병, 양철통, 드럼통	플라스틱 병
분말체	왕골, 거적, 섬, 가마니, 나무통	마대, 면부대	종이봉지, 플라스틱 봉지, 플랙시블 컨테이너
그밖의 고 체	나무상자, 바구니, 속이 보이는 나무상자	와이어 바운드 박스	마분지 상자, 플라스틱 컨테이너

3) 포장시 고려 사항

포장비의 절감, 효율적인 하역·보관·운반을 위해서는 무엇보다도 포장의 규격화 및 표준화가 이루어져야 한다.

- 포장은 물류비용 ↔ 안정성 ↔ 환경부분을 고려 → 불필요한 과잉포장 지양 → 포장은 가능한 작고, 가볍게 해야 된다

포장은 상품을 어떠한 단위로 묶는 기능이 있다. 그 단위의 정도를 결정하는 요소는 취급상의 편의성과 거래상의 편의성으로 구분할 수 있다.[13] 취급상의 편의성에서의 단위는 물류과정에서 한 사람이 하역하는데 적합한 중량 또는 크기가 된다. 일반적으로 연속하역을 하는 경우 상품의 중량이 하역자의 체중의 40%정도면 피로도가 적다고 한다.

포장의 길이나 폭은 과거에는 어깨를 사용하는 견하역(肩荷役)을 많이 하였기 때문에 어깨에 짊어 질 수 있는 크기가 중요했지만. 최근에는 허리를 이용하는 요하역(腰荷役)을 쉽게 할 수 있도록 포장을 해야 한다.

특히 물류방식이 기계하역인가, 수하역(手荷役)인가에 따라 포장의 강도를 결정해야 한다. 유니트로드 시스템에 용이하게 포장을 하여 물류를 합리화하고, 물류코스트를 절감해야 한다. 또한 포장의 생자원(省資源)과 포장재료의 리사이클링(recycling)을 추구하여 그린물류를 구축해야 한다.(임정수, 1999: 60, 69)

〈표 3-20〉 관점별 적정포장의 요건

구분	주요 요건
생산자	• 제품을 적절히 보호 • 포장비를 보다 저렴하게 하여 원가절감 • 기업광고 또는 제품광고에 도움이 되게 할 것 • 작업의 라인화, 자동화를 가능하게 하는 포장설계 • 리사이클(recycle)이 가능한 양식으로 할 것
물류업자	• 하역시 관리의 용이성을 고려한 중량이나 용적의 적절화 • 표준화를 전제로 한 유니트로드화 • 표시마크를 알기 쉽게 할 것 • 운송수단, 하역수단과 적합성을 고려 • 유통과정에서의 도난방지 유의
판매업자	• 포장해체 또는 제포장이 용이할 것 • POS(판매시점관리)의 효과가 있을 것 • 소비자의 감각에 부합된 디자인
소비자	• 만족감을 줄 수 있을 것 • 포장해체 및 재포장이 용이할 것 • 포장 후 처리나 재이용이 간단할 것

자료 : 이신규(2005)

13) 소비자 포장의 단위는 소비량에 의해 결정된다. 일반 음료의 용기가 180~200ml 정도의 용량으로 되어 있는 것은 1인이 1회 마시는데 적당한 양이기 때문이다(임정수, 1999: 60)

〈표 3-21〉 포장기술의 변화 및 대응방안

포장기술의 변화	대응 방안
환경문제를 고려한 포장기계 개발	• 포장용기 리사이클법 제정 • 다이옥신, 환경호르몬 문제 해결을 위한 포장기 개발
미생물 발생 방지 포장용기 개발	• 무균포장용기 개발 • 레토르트 포장용기 개발 • 조리냉동식품 포장용기 개발
탈기, 탈포시스템	• 진공 하에서 액체 속의 거품이나 기체를 효과적으로 제거하는 포장기계의 개발
포장라인의 자동화	• 포장재료의 자동공급 기술 개발 • 포장작업 처리능력 향상을 위한 포장라인 설계
기능부가 포장	• 신선도 유지기능 부가 • 쉬운 개봉, 재봉의 기능성 강화 • 단열성 액누출 방지
에너지 절약	• 포장용 접착제 등의 여열이나 접합에 사용되는 소비전력을 줄이는 기술 개발 • 가동부의 경량화, 동력부하의 평형, 서비스구동방식의 개선 합리화

자료 : 특허청(2001).

6. 물류정보

물류에서 물류정보는 운송·보관·하역·포장·유통가공 등의 물류의 각 활동을 컴퓨터 등의 전자적 수단을 통해 유기적으로 연계시켜 종합적인 물류관리를 할 수 있게 해주는 역할을 한다. 물류정보의 체계적인 관리를 통해 물류의 시스템화가 가능하고, 물류의 효율성이 증대된다.

물류는 단순한 물리적 흐름만이 아니고, 원재료의 수주에서부터 상품폐기에 이르기까지 유통전반의 정보의 흐름이 포함된다. 이러한 정보의 흐름을 효율적으로 운영하기 위해서는 정보시스템화가 필요하다. 물류정보시스템화는 각 하부시스템의 최적화를 지향하지 않고, 전체시스템의 최적화를 지향한다.

전경련 조사에 하면 국내기업의 물류영역별 물류정보화 수준을 보면 판매물류가 조달물류나 생산물류에 비해 더 높은 것으로 조사되었다.

전경련 조사에 의하면 국내기업은 업무효율성을 고려해 입출고, 재고관리를 자동으로 처리하는 업체(41%)보다 수동과 자동을 병행되는 업체(54%)가 많은 것으로 조사되었다.[14]

14) 전경련(2003)

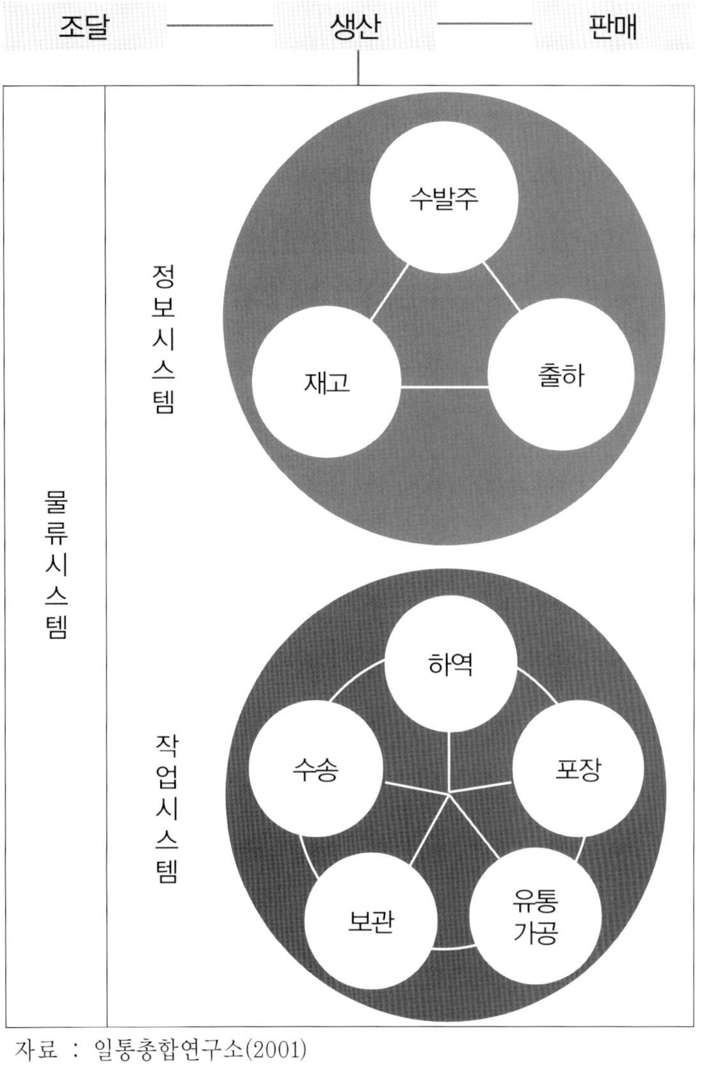

자료 : 일통총합연구소(2001)

[그림 3-9] 기업 물류시스템의 개념도

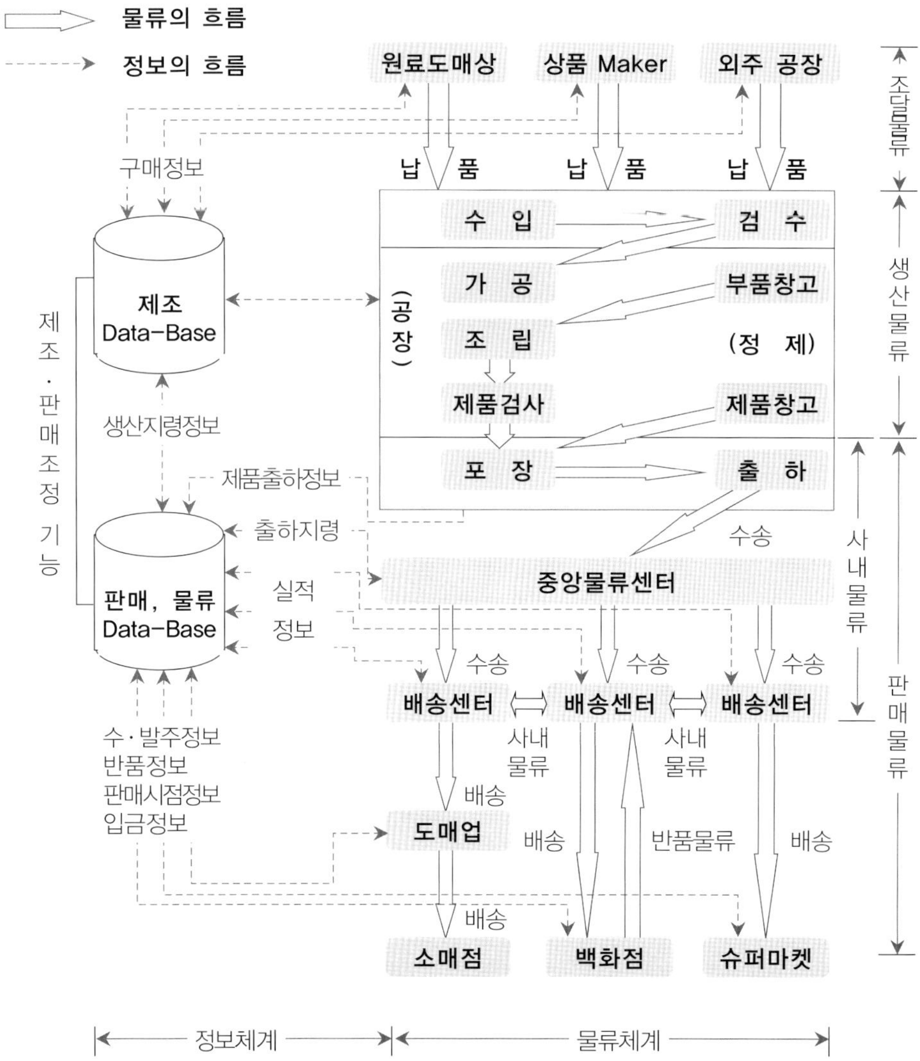

자료 : 和多田作一郎, 多品種少量物流 Q&A, 實務敎育出版, 1988.

[그림 3-10] 물류의 개념도(Logistics)

••● 물류에세이 ●••

"RFID 업종별 도입 현황-물류"

세계 물류시장이 격변하고 있다. 이는 경쟁 범위 확대, 다양한 물류서비스 요구, 물류정보 시스템 등의 외부 요인에 의한 공급망관리(SCM)의 혁신 요구로 까지 이어지고 있다. 전자무역、전자물류의 필요성에 대한 지적도 어느 때보다 강하다. 글로벌 공급망이 확대됨에 따라 물류에서 발생하는 비용도 점점 증가하고 있다. 물류의 최적화 운영(물류리드타임 단축 및 재고비용 절감)이 요구도 그 어느 때보다 높아지고 있다. 대기업은 물론 중견급 물류업체들이 앞다퉈 시스템 개선을 서두르는 배경도 여기에 있다. 물류기업의 움직임이 최근 어느 때보다 분주해진 것이다. 국내 제3자 물류 부문 1위 업체인 글로비스는 RFID를 활용한 I-GLI(유비쿼터스 글로벌 로지스틱스 인포메이션) 네트워크 시스템을 구축했다. 이 시스템은 해외 자동차 공장의 주문에서 생산계획수립·발주·입고·생산·운송·보관·출하까지의 글로벌 SCM사의 부품 정보를 실시간 관리할 수 있는 정보 네트워크다. 이를 통해 글로비스는 생산이력 및 각 구간별 재고의 투명성을 실현, 계획변동 및 긴급 주문에 대해 사전 판단함으로써 적정재고를 관리하고 있다. 글로비스는 RFID를 기반으로 입고 및 출고관리를 진행한다. 납품차량에 RFID 태그를 부착해 협력사의 출하 정보와 CKD(완성차 단위별 조립용 부품세트를 수출하는 형태)센터 도착정보를 실시간으로 확인할 수 있는 협업 생산성 향상 시스템도 구축했다. 이 시스템은 컨테이너 출하지 433MHz RFID 태크를 컨테이너에 부착함으로써, 부산항·해외망·현대자동차 미국공장 물류센터까지의 거점별 위치도 파악할 수 있는 종합 트래킹 시스템이다. 글로비스는 글로벌 u-GLI 네트워크 시스템을 운영함으로써, 효율성면에서 큰 성과를 거뒀다. 가장 큰 변화는 납입평준화 및 협력업체로 파급된 RFID 이용 출하관리다. 이를 통해 글로비스는 입고율을 크게 향상시켰다. 입하 처리를 부품 단위로 진행하던 기존 시스템에도 변화를 주었다. 새로 도입된 시스템은 RFID를 이용해 묶음단위로 입하처리를 진행하기 때문에, 처리시간을 대폭 단축할 수 있다.

케이스 단위 실적처리와 컨테이너 적입 보고에도 곧바로 RFID를 이용할 수 있다. 기존에는 PDA를 이용해 수작업으로 처리하던 것을 RFID에 의한 자동 처리로 전환한 때문이다. 긴급 조달이 감소하는 것도 큰 변화다. 긴급조달이란 수요·공급에 대한 예측 잘못으로, 말 그대로 긴급하게 채워 넣어야 하는 것을 말한다. 공급망 전체가 생산 출하에서 컨테이너 적입까지 전 공정을 RFID를 이용해 실시간 재고관리함으로써 안정적인 적기조달이 가능하기 때문에 긴급조달은 상대적으로 줄어들게 된다. 글로비스는 RFID기반 u-GLI 네트워크 시스템을 구축함으로써, 컨테이너를 이용한 해외 물류 분야에서 상당한 수준의 비용절감을 꾀하고 있다. 이에 따라 그로비스는 적기 출하, 소량·다빈도 운송 사태의 최소화 등을 통해, 연간 78억원의 비용을 절감할 수 있을 것으로 자체 판단하고 있다.

ETNEWS, 2007.11.19.

•●● 물류에세이 ●●•

"스마트로 물류 체증 뚫는다"

트레일러 기사 박모씨(가명)는 오늘 터미널에서 컨테이너를 싣는 데만 1시간을 보냈다. 평소에는 10번이면 1번 정도만 있었을 회차(화물 정보가 확인되지 않아 차량을 돌려 터미널 외부로 빠져 나갔다가 다시 들어오는 것)가 오늘은 연속으로 발생했고, 새로운 컨테이너의 인수도증을 받기 위해서도 게이트로 계속 왕복 운전을 했기 때문이다. 담당자(화주)가 화물 정보 등록을 깜빡 잊고 못한 경우에는 회차에 걸리는 시간이며 기름값 낭비에 답답하기만 하다. 얼마 전 스마트폰을 구입했다는 윤모씨(가명)는 오늘따라 싱글벙글이다. 이유를 물어보니 '스마트로(SmartLo)' 서비스를 사용한 이후부턴 시간낭비와 기름값을 한 번에 잡아 일할 맛이 나기 때문이라 한다.

SK텔레콤(사장 하성민)의 '스마트로(SmartLo)'가 국내 최대 규모의 대한통운부산컨테이너터미널을 비롯하여, 부산신항국제터미널, 동부부산컨테이너터미널에서 시범서비스를 마치고 서비스지역 확대를 위해 적극 나선다.

SK텔레콤과 ㈜지팬스 스마트로가 공동 특허 출원한 '스마트로' 서비스는, 스마트폰의 'Smart'와 물류를 뜻하는 'Logitics'의 합성어로 트레일러 기사가 동일 터미널 내 다른 화물을 싣는 업무를 위해서 수차례 게이트를 경유해야만 하는 비효율적인 프로세스를 개선하여 업무 효율을 크게 높일 수 있는 스마트 솔루션이다.

'스마트로'서비스를 사용하는 트레일러 기사는 스마트폰으로 차량 ID카드를 관리하고, 언제 어디서든 실시간으로 전자 인수도증을 발급 받아 작업의 유무 및 화물 정보가 정확히 입력되어 있는지 확인 할 수 있다. 이를 통해 기존의 매 작업마다 인수도증 발급을 위해 게이트에 방문하거나, 방문 후에도 부족한 정보입력으로 인해 다시 처음부터 기다려야 하는 경우를 미연에 방지할 수 있어 비효율적인 시간낭비와, 불필요한 기름 낭비를 한 번에 해결할 수 있다.

아울러 터미널 관리 회사는 트레일러 기사에게 인수도증을 발급하기 위해 발생하는 종이와 설비운용 비용을 절감할 수 있으며, 터미널 안에서의 운송 회전율을 높여 제한된 공간에서 좀더 빠르게 화물을 처리할 수 있게 된다.

향후에는 T-map과 연동하여 차량 도착 예정시간을 터미널 시스템에 제공해 컨테이너를 싣기 위한 준비를 사전에 진행할 수 있도록 하거나, 트레일러 기사가 직접 운송 예정 정보를 조회하여 장거리 운송 후 돌아올 때에도 추가 운송이 가능토록 하는 등의 종합 물류 서비스로 발전시킬 계획이다.

SK텔레콤 박인식 기업사업부문장은 "트레일러 기사분들은 컨테이너 운송과정 중에 터미널 내에서 발생하는 불필요한 시간 및 기름 소모를 상당량 줄일 수 있을 것"이라고 말하며 "실시간 차량 도착 정보 시스템, 스마트 배차 관리, 컨테이너 추적 서비스 등을 지속적으로 개발하여 스마트 물류 플랫폼을 구축해 나가겠다."고 밝혔다.

SK텔레콤의 '스마트로'는 시범서비스를 구축한 3개 터미널 외에 추가로 인천항과 부산항 등 전국 60여개 터미널을 대상으로 서비스를 확대해 나갈 예정이다.

현재 '스마트로'서비스는 SK텔레콤 스마트폰을 사용하고 있는 트레일러 기사라면 안드로이드 마켓에서 'SmartLo' 어플리케이션 설치와 별도의 인증절차를 통해 프로모션 기간인 6월까지는 무료로 이용할 수 있으며, 해당 서비스에 관심 있는 터미널 운영사 또는 운송사 관계자, 트레일러 기사들은 홈페이지나 고객센터를 통해 안내를 받을 수 있다.

디시뉴스, 2011. 3.31

제4부

물류관리

제1장 물류관리의 이해

1. 물류관리의 개념

우리는 그동안 상품가치는 공장에서만 만들어진다는 잘못된 생각에 최첨단의 설비에서 만들어진 상품도 공장 문을 나서는 순간 전근대적인 물류경로를 탐험하게 했다. 과거에는 물류를 관리한다는 생각을 하지 않고 물류는 아무런 가치도 창출하지 못하는 비용으로만 생각했다. 그러나 최근 들어 물류는 기업의 비용절감 및 차별화된 물류서비스 제공을 통한 판매확대 전략으로 사용되고 있다.

소비자에 대한 서비스를 극대화하는 동시에 물류비용을 최소화하여 기업의 경쟁력을 향상시키는 것이 물류관리의 핵심이다. 일반적으로 많은 사람들이 물류관리라고 하면 비용절감만이라고 생각하는데 물류관리의 목표는 비용절감뿐만 아니라 물류과정에서 상품의 효용을 창출하여 고객서비스를 극대화하는데 있다.

따라서 물류관리란 비용을 줄이면서 소비자에게 만족할 수 있는 물류서비스를 제공하기 위해 원자재 및 부품의 조달에서부터 생산과정을 거쳐 상품이 최종고객에 이르기까지의 운송·보관·하역·포장·유통가공·정보활동과 이를 수행하는 인력에 관한 모든 사항들을 계획, 조정, 통제하여 전체 흐름을 하나의 시스템으로 관리함으로써 기업 효율을 극대화하는 것이다.

물류관리의 양대 목표인 비용절감과 서비스 향상 중 어떤 부분에 더 중점을 두고 경영할 것인가는 개별기업의 기업목표 및 최고경영자의 판단에 따라 결정된다.

2. 물류관리는 왜 해야 되는가?

- 국가경제 성장 → 물류시설 부족 → 물류비 증가 → 물류관리 필요
- 기업매출액 증대 → 상권 확대 → 물류비 증가 → 물류관리 필요
- 세계화 확산 → 경쟁 가속화 ↔ 생산부문 합리화 및 제품차별화 한계 → 물류관리로 비용 절감 및 서비스 차별화
- 소득수준 향상 → 고객니즈 다양화 → 다품종소량 생산 → 다빈도배송 증가 → 고품격 물류서비스 필요

3. 물류에 대한 시각변화

물류에 대한 과거시각	물류에 대한 현재시각
물류는 생산과 판매의 부수적 기능	물류서비스 향상 → 판매증가 → 생산증가
상류활동으로 발생되는 물류비에 소홀	물류비 절감에 전사적 노력
물류관리의 목표는 비용절감	물류관리의 목표: 비용 절감 + 서비스 향상 물류서비스 향상 → 판매촉진 → 매출액 증가
최근 들어 물류는 제3의 이익원, 경제의 암흑대륙, 비용절감의 보고로 인식	

4. 물류관리의 목표 변화

근대적인 물류관리는 미국에서 군대 보급시스템의 전략적인 차원에서 출발하였으나, 코스트 증가에 따른 경쟁력 저하를 겪고 있던 산업계에서 비용절감의 방안으로 물류관리를 적극 도입하였다.

1940년 말에서 1950년대 말까지 미국의 대형 제조업체 100개사의 이윤율은 판매액의 7.9%에서 6.4%까지 줄어들었다. 이러한 현상은 지속적인 코스트의 증가에 따른 것이었다(임정수, 1999: 8).

이처럼 초창기의 물류관리는 비용절감에 주력하였으나 차츰 물류관리는 기업내부적인 경영합리화의 영역으로 확장해 갔고, 최근 들어서는 기업내부뿐만 아니라 외부의 관련기업 및 해외까지 물류관리의 영역이 확대되면서 물류관리의 목표대상이 기업내부에서 외부와 해외로 까지 확대되고 있다.

이러한 물류관리의 목표 변화로 인해 기업 내부적으로는 기업내의 모든 부서들

이 기업의 물류프로세스를 향상시켜 경쟁력을 향상시키기 위해 상호 협력하는 경영전략이 증가하고 있고, 기업 외부적으로는 공급사슬을 더욱 효과적으로 운영하기 위하여 납품업체, 생산자, 고객, 제3자 물류업체간에 더욱 밀접한 관계가 형성되고 있다.

또한 최근 치열해진 경영환경하에서 고객서비스가 중요시되면서 많은 기업들의 물류관리의 목표가 비용 절감뿐만 아니라 리드타임의 단축을 통한 물류서비스의 향상도 중요한 물류관리의 대상이 되고 있다.

이처럼 증가된 물류관리에 대한 다양한 수요를 적극적으로 수용하여 기업의 경쟁력을 향상시키기 위해 물류관리에서 정보활동의 중요성이 더욱 증가하고 정보의 활용을 통한 물류관리의 선진화를 위한 다양한 물류전략이 개발되고 있다.

특히 기업들은 정보통신기술을 활용하여 고객서비스 향상 및 재고 감축을 하기 위해 구매자, 판매자, 제3자 물류업체 등간에 표준화된 정보기술을 기반으로 한 물류정보시스템 구축을 다각적으로 추진하고 있다.

이처럼 내외부적으로 물류관리의 역할이 증대되면서 기업내에서 물류부서는 과거의 수동적이고, 지시를 받던 입장에서 기업의 종합적인 경영전략 및 업무흐름의 조정자 역할로 위상이 변화고 있다.

〈표 4-1〉 기업의 물류활동 변화

Hard 지향		Soft 지향
수송, 보관 -----------	물류부문 전체---------	경영 전체(생, 판 통합)
작업 Level-----------	관리 Level-----------	경영 Level
기능 중시------------	Cost(효율) 중시--------	서비스(효과) 중시
기업내 Needs 대응-----	시장 Needs 대응-------	사회적 Needs 대응
(수송력 확보, Cost 절감)	(물류서비스 수준 향상)	(환경, 공해, 교통, 에너지)
부분(部分) 최적-------	부문(部門) 최적--------	전체(全體) 최적
	(물류 시스템화)	Logistics 시스템화
양(量)의 대응---------	질(質)의 대응---------	Total 지향 중시 시대

자료 : 유문규(2008).

제2장 물류관리의 특징

1. 물류관리는 연쇄화전략(Logistics Chain)이 필요하다.

물류관리는 개별기업만의 노력만으로는 성과를 달성할 수가 없고 관련기업과의 긴밀한 유대관계가 필요하다. 물류연쇄화전략(Logistics Chain)은 이러한 물류관리의 특징을 반영하여 개별 기업차원을 넘어선 기업간, 업종간, 사회적 차원에서 장기적이고 포괄적인 물류연계 전략을 말한다. 물류관리는 다른 경영활동과 달리 기업내부뿐만 아니라 외부 관련기업과의 협업전략이 필요한 부분이다.

2. 물류관리는 개별기업에 따라 큰 차이를 보인다.

일반적으로 대기업은 물류업무를 위탁하는 경우가 많지만, 중소기업은 자체 물류량이 적고 물류업무가 부대업무로 취급되고 있어 자체적으로 관리하는 경우가 많다.

물류활동은 생산활동이나 판매활동과 마찬가지로 기업경영에 있어 필수적인 경영활동임에도 불구하고 개별 기업에 있어 물류부문은 그 중요도, 물류에 대한 투자, 경영자의 물류에 대한 관심도 등에서 상당한 차이를 보이고 있다.

이러한 차이는 기업경영에 있어 물류가 어떠한 역할을 수행할 수 있는가라는 점에 대한 인식의 차이에서 발생한다. 단순히 물류를 생산 또는 반입된 것을 보관하고, 고객의 주문에 의하여 반출하는 단순한 경영활동으로만 간주한다면 그 기업내에서 물류관리는 초보수준에 머물 수밖에 없다. 이 경우 물류는 단지 생산과 판매에 부수적으로 발생하는 경영활동에 지나지 않기 때문이다. 이에 비해 물류관리를 통해 비용도 절감하고 차별화된 물류서비스 개발로 기업의 경쟁력을 향상을 도모하는 기업은 물류관리에 지대한 관심과 투자를 아끼지 않을 것이다.[1] 이처럼 기업경영에서 물류를 어떻게 보느냐에 따라 기업에 따라 물류관리는 천차만별적으로 큰 차이를 보일 수 있다.

물류관리의 양대 목표는 비용절감과 서비스향상인데 결국 이 두 분은 트레이드오프관계가 존재하여 기업은 이 중에 어느 한 부분에 중점을 둔 물류전략을 펼 수 밖에 없다. 결국 중요한 것은 기업이 처한 입장을 가장 잘 반영한 선택이 최대의 선이라고 말할 수 있다.

예를 들어 자금난을 겪고 있는 기업입장에서 최대의 물류관리 목표는 비용절감일 수밖에 없고 반대로 신규시장에서 선점을 생각하고 있는 기업입장에서 물류관리의 목표는 서비스 향상에 중점을 두게 된다. 이처럼 물류관리의 목표는 기업이 처한 입장, 장단기 경영목표, 최고경영자의 물류에 대한 인식에 따라 기업간에 큰 차이를 보인다.

1) 김현주외(2001).

제3장 물류조직

일반적으로 기업조직은 라인과 스탭으로 분리되어 있다. 기업조직에서 라인부분은 상품과 서비스의 생산과 판매를 전담한다. 이에 비해 스탭 부분은 시장분석, 시장조사 등의 분석, 조언 등의 업무를 전담한다.

과거 전통적인 기업조직에서는 기업 조직내에서 물류에 대한 책임이 분산되어 있어서 어떤 부문의 책임자도 물류활동 전체를 총괄하고 책임지는 사람이 없었다. 또한 각 부문의 관리자간에 물류와 관련된 사안에 대해 대립되는 양상이 자주 발생하였다(임정수, 1999: 11).

〈표 4-2〉 물류에서의 라인활동과 스탭활동

구분	라인활동	스텝활동
내용	• 주문처리 • 재고관리 • 창고보관 • 커뮤니케이션 • 차량관리 • 운송	• 재고분석 • 시스템과 절차 • 창고배치 • 자재관리공학 • 지역화 계획

자료 : 박명섭(2008)

1. 라인(line)형 물류조직

라인형 물류조직은 물류관리자가 물류활동에 책임을 지고 주문처리, 재고관리, 수송, 배송 등의 업무를 수행하도록 라인형으로 물류부문이 조직되어 있다. 라인형 물류조직에서 물류관리자는 물류계획보다는 물류실무적인 면에서 물류업무를 직접 감독한다.

2. 스탭(staff)형 물류조직

스탭형 물류조직은 라인 활동이 보다 효율적으로 수행될 수 있도록 물류계획, 물류예측, 비용분석 등 스탭활동의 기능을 물류관리자가 담당하는 물류조직이다. 이러한 스탭형 물류조직은 대부분 기업이 종합적인 물류합리화 경영으로 전환할 때 활용된다.

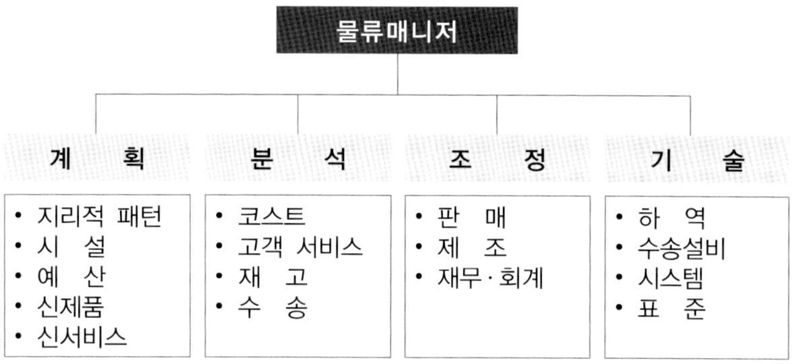

자료 : Yuasa Kazuo(2001)

[그림 4-1] 스탭 물류 활동

3. 라인·스탭형 물류조직

라인·스탭형 물류조직은 직능형 물류조직의 단점을 보완하고 라인과 스탭의 기능을 분화시켜 작업부문과 지원부문을 분리한 물류조직으로 최근 물류관리 조직에서 많이 활용되고 있다(추창엽, 1999: 51. 134).

4. 물류의 전사적(全社的) 관리

물류의 전사적 관리는 전체 회사의 입장에서 물류를 관리할 권한과 책임이 있는 물류담당 조직에서 총괄적으로 관리한다. 이러한 전사적 관리를 하는 물류조직의 회사내에서 위치는 생산, 판매, 재무 등의 부문과 동등하거나 사장직속 등에 있는 경우가 많다.

전사적 관리를 하는 물류조직은 일반적으로 물류시스템의 분석, 물류계획의 책정, 물류비의 분석 등의 스탭업무가 중심이 되며 일상적인 물류업무는 적다(임정수, 1999: 15).

5. 로지스틱스시대 물류조직

과거에 물류는 생산, 영업아래에 종속적으로 위치하고 있었지만, 최근 들어 기업에서 로지스틱스는 시장의 판매동향에 맞추어 상품을 과부족 없이 공급하려는 관리이므로 물류조직은 생산과 구매, 판매를 통합관리 하는 형태로 변하고 있다[2].

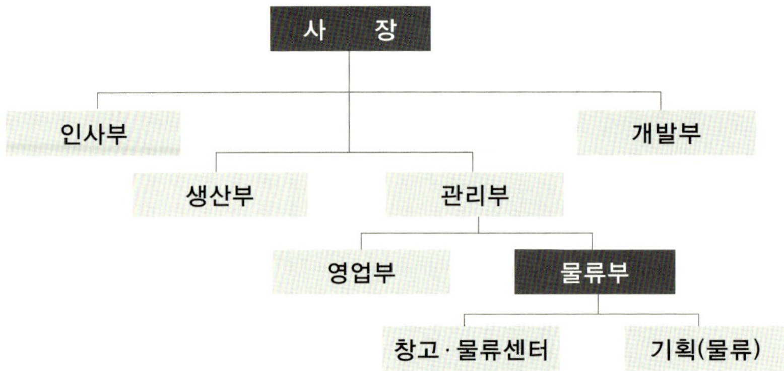

[그림 4-2] 상, 물 분리형

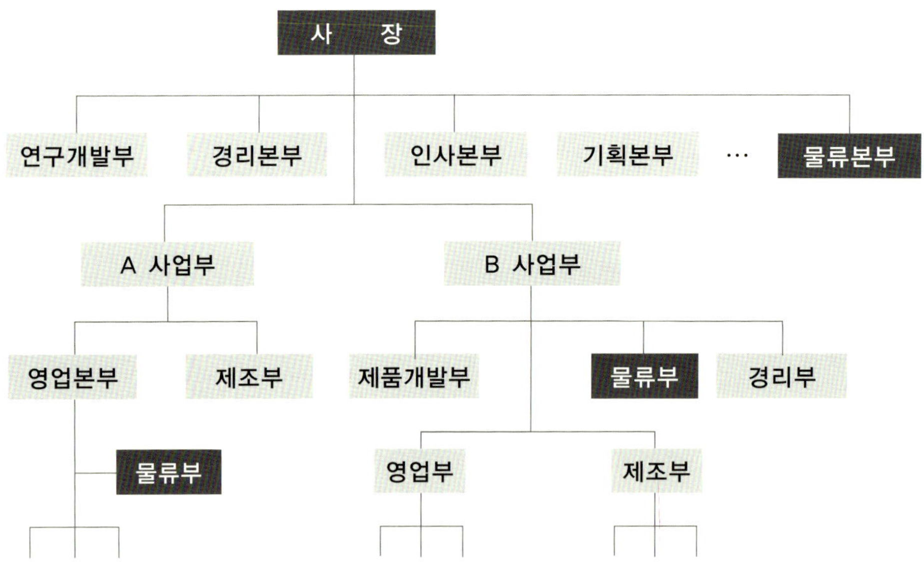

자료 : 유문규(2009)

[그림 4-3] 사업부형

2) Yuasa Kazuo, op.cit., p.106.

제5부

물류합리화

제1장 물류합리화의 이해

1. 물류합리화의 개념

물류합리화 = SOC(철도, 도로, 항만, 공항) 확충 + 개별 물류부분 선진화(운송, 보관, 하역, 포장, 정보)
= 총비용적 접근 ➜ 트레이드오프 문제 해결

물류합리화는 우선 개별 물류활동들(운송, 보관, 포장, 하역)을 합리화하고, 그 다음에 시스템적 사고에 의해 물류시스템 전체의 합리화를 추진한다. 이때 각 물류활동간에 발생하는 트레이드오프 문제는 총비용을 최소화하면서 고객서비스 향상을 달성할 수 있는 총비용적 사고방식으로 해결해야 한다.

또한 물류관리 양대 목표인 비용 절감과 서비스 향상 간에 발생하는 트레이드오프문제는 기업의 경영전략에 합치되는 물류관리 목표와 전략을 수립하여 해결해야 한다.

또한 현재 활용되고 있는 물류기술과 물류정보를 최대한 활용하여 물류합리화를 하려면 물류조직간(하주와 하주, 송하인과 수하인, 운송업자와 하주 등)의 협력체계가 구축되어야 한다.

Check Point

물류시스템, 물류네트워크, 물류거점집약이란?

물류시스템을 구성하는 가장 중요한 요소는 거점(창고), 운송, 정보 세 가지이다. 물류시스템은 거점(창고)인 점(点)으로 운송과 정보가 신(線)으로 연결되어 있다.

이 점과 선으로 구성된 것이 물류네트워크이다. 물류를 저비용화하기 위해서는 이 물류네트워크를 간소화하는 것이 중요하다. 즉, 거점(점)이 많으면 많은 선이 필요하게 된다. 따라서 물류네트워크를 간소화하려면 점(거점)의 숫자를 줄이면 된다. 점(거점)의 수가 줄어들면 선의 수는 간소화하고 선이 두꺼워진다. 즉, 대량운송이 행하여진다. 이처럼 거점의 숫자를 줄여 물류시스템을 고도화하는 전략이 물류거점 집약이다.[1)]

Check Point

물류서비스는 공짜가 아니다.

물류서비스란 물류활동을 통해 고객에게 이익과 만족도를 높여주는 서비스라고 정의할 수 있다. 예를 들어 수하인의 시간지정납품의 요구를 물류업자가 성실히 수행한다면 수하인은 계획적으로 입고 작업을 할 수 있어 재고를 줄일 수 있다. 재고가 줄면 상품의 보관면적이 줄게 되어 보관비용이 감소하게 된다.

또한 수하인의 주문순서대로 포장납품 요구가 물류업자에 의해 지켜진다면 수하인은 입하검품시간, 점포의 상품보충시간을 단축할 수 있다. 이처럼 좋은 물류서비스란 고객의 작업부담을 경감시켜주거나, 고객의 재고 부담을 줄여주는 등 고객에게 이익을 주고 즐거움을 주는 서비스를 말한다.[2)]

기업은 물류서비스를 유한한 경영자원을 배분한다는 사고가 필요하다. 물류서비스를 결정할 경우 고객의 요구를 무제한으로 받아들이지 않고 제품별, 고객별로 구별하여 물류서비스 수준을 결정해야 한다.

물류서비스 수준을 어떻게 결정할 것인가는 판매정책상 매우 중요하다. 제조업체가 물류서비스 수준을 정확히 결정하지 않고 판매경쟁수단으로만 물류서비스를 활용하면 도매상, 소매상으로부터 물류서비스 요구가 지나치게 강해 질 수 있다.[3)]

기업은 물류서비스를 일정하게 하고 물류비용을 낮출 수 있는 방안이나 비용을 일정하게 하고 서비스를 향상시키는 방안 등의 다양한 물류서비스 정책을 마련해야 한다.

1) Yuasa Kazuo, op.cit., p.116.
2) Yuasa Kazuo, op.cit., p.64.
3) 菊池康也, 「前掲書」, p.29

〈표 5-1〉 물류서비스의 요소

항목	내용
• 진열품목(재고서비스율)	전 아이템의 즉납가능
• 수주 마감시간	전일 몇 시, 전전일 몇 시, 당일 몇 시 마감 후의 연장시간
• 납기	당일 익일 오전 중, 익일 중 3일째 그 이상
• 수주단위	낱개 다스 케이스 팔레트 트럭 단위
• 납입빈도	1일 1회, 1일 2회 이상 주 1회, 주 2~3회 그 이상
• 시간지정	시간지정 시간대 지정(오전 중, 오후 중)
• 긴급출하	
• 품질유지(물류)	보관중, 수송중 품질변화, 물리적 손상 오배송, 수량의 차이, 품질의 차이
• 정보제공	재고, 품절정보 재입하 도착일시, 수송중의 상품정보, 추적정보
• 점입조건	차에서 바로 인수, 창고에서 인수 가격표 부착 검품 생략

자료 : かくじこおや(2010)

물류시스템의 목적

고객에게 상품을 이용가능한 상태로 전달하여 만족을 주는 것

① 상품별로 고객층을 구별화

상품별로 고객층을 분할하여 물류서비스 요소를 검토한다.

↓

② 고객층별로 물류서비스 요소를 검사

고객층별로 물류서비스 요소 중에서 중요한 것을 추출한다.

↓

③ 서비스 요소의 상대중요도 결정

서비스 요소 중에서 중요한 것부터 순위를 매긴다.

↓

④ 경쟁기업과 서비스 요소의 비교

중요한 서비스 요소에 대해서 경쟁기업과 비교하여 서비스 방식을 결정한다.

↓

⑤ 물류서비스의 패키지화

상품별·시장별로 물류서비스의 패키지를 설계한다.

↓

⑥ 물류서비스의 관리

물류서비스를 실시한 후 수정하고, 시장의 변동에 대응하는 절차를 작성한다.

자료 : わたたいじろ(2001)

[그림 5-1] 물류서비스 수준을 결정하는 방법

Check Point

물류에서 trade off란?

트레이드오프란 두 요간의 이율배반적 관계가 작용하는 관계로서 예를 들어 한 요인을 개선시키기 위해서는 또 다른 한 요소를 희생시켜야 하는 경우를 의미한다(추장엽, 1999: 243). 물류관리에서는 대량운송이 운임절감과 보관비 증가라는 트레이드오프가 존재한다.

물류에서는 물류의 각 부문과 각 기능 간에 트레이드오프(trade off)관계만 아니라 물류비용과 물류서비스 사이에도 트레이드 오프관계가 있다[4].

Check Point

total cost approach?

물류관리는 트레이드오프에 기초를 둔다. 물류관리는 물류 한 부문의 높은 코스트를 다른 부문에서의 코스트 절감 또는 이익 증대에 의해서 상쇄시키려는 관계 활동의 상호작용에 기반을 둔다.

과거의 물류관리는 운송, 보관, 하역, 포장 등의 물류의 여러 기능들을 개별적으로 관리하였지만, 최근에 물류관리는 물류의 모든 기능들을 종합적으로 관리하는 total cost approach 방법을 활용하고 있다. 운송, 보관, 포장, 하역, 정보 등 물류 기능을 종합적으로 관리하는 total cost approach에 대한 물류관리 방식이 1950년대 미국산업계에서 활용된 이후 현재 전세계적으로 확산되고 있다.

(임정수, 1999: 10-18)

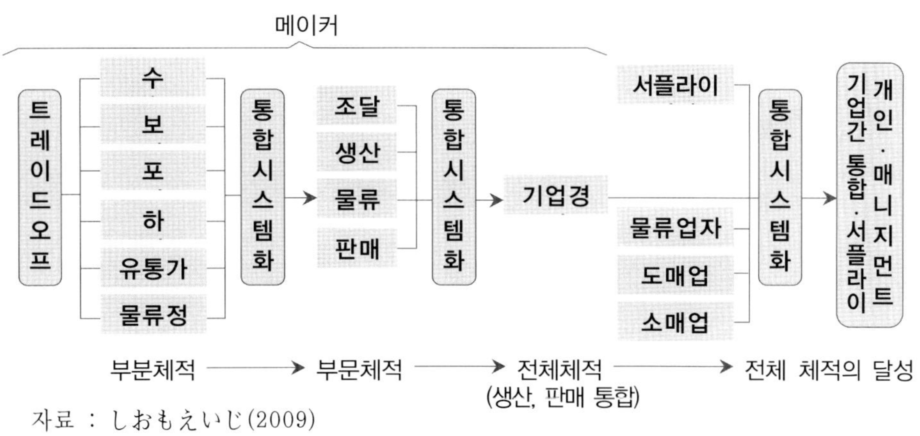

자료 : しおもえいじ(2009)

[그림 5-2] 물류시스템화의 로지스틱스의 관계

4) 菊池康也, 「上揭書」, p.33.

2. 물류활동별 물류합리화 방안

활동	합리화 방안
포장	· 포장의 간소화 · 단계적 모듈화추진 · 포장공정의 자동화, 기계화 추진 · 포장의 강도연구 및 검사강화 · 포장규격화를 고려한 제품설계
수송	· 대량운송기관의 이용 · 배송경로의 조정 · 최적수송수단의 선택 · 수송의 계획화(공동, 계획배송) · 자가차량 이용의 적정화 · 물류정보체제 도입 → 공차, 휴차 발생의 최소화 · 수송차량·장비의 현대화 지원
보관	· 창고·보관시설의 자동화·기계화(고층 Rack창고, 자동창고 시스템) · 재고관리방법의 개선 (정보화·Intelligent화) · 창고부문의 육성 (물류센터화) · 창고기능의 변화 (단순보관형 → 유통창고형)
하역	· 하역의 기계화·자동화(생력화의 실현) · 하역작업의 개선 · 하역전문기능의 육성
정보	· 물류 EDI망 구축 · POS 도입 · 정보관리의 통합화 집약화

Check Point

물류거점에서 고객서비스 부분은?

물류거점의 주요기능은 ①보관기능, ②상품진열기능, ③ 출하단위조정 기능, ④ 혼재기능, ⑤ 납기준수 기능 등이다. 이러한 물류거점의 기능 중에서 ②에서 ⑤까지의 기능은 고객서비스를 위한 기능이고, ①은 기업고유의 경영활동을 위한 기능이다[5].

5) Yuasa Kazuo, op.cit., p.120.

제2장 물류합리화 평가 및 한계

물류합리화를 하려면 물류의 개별 코스트를 최소화하는 것도 중요하지만, 그 이상으로 생산과 판매에 물류가 적합하여 총체적인 물류코스트의 합계가 최소화되고, 물류서비스가 향상되어야 한다(임정수, 1999: 45).

1. 물류합리화 평가

평가항목	평가기법
경영전략과의 정합성	자사판매액/시장규모
경영공헌도(시장점유율확대, 코스트 삭감)	전년물류비 비율 - 당해년 물류비 비율
물류기능간 정합성	total cost approach

개별기업의 물류합리화에 대한 평가시 중요한 것은 무엇보다 탁상공론에 의한 평가가 아닌 물류현장에서 실질적인 문제점을 발견하고 개선하는 방안이 되어야 하고, 발생된 물류관리상의 문제점을 자책요인과 타책요인으로 엄격히 구분하여 남의 탓으로 돌리는 못된 관행을 없애야 한다.

또한 물류는 다양한 업무에 종사하는 사람들의 합작품이기 때문에 이들 상호간에 정보의 흐름이 원활해야 한다. 이를 위해서는 사내의 써클활동의 활성화 및 사내 인트라넷을 통해 물류정보가 Topdown 및 Bottomup으로 이동되어야 한다. 이러한 일련의 과정들이 떠들썩한 구호로 끝나지 않고 실행으로 옮겨지기 위해서는 최고경영자의 물류합화에 대한 강한 의지가 뒷받침되어야 한다.

국내외적으로 치열해진 기업환경에서 소비자의 물류부문에 대한 기대치가 높아지고 있다. 기업은 고객이 중시하는 물류서비스를 제공할 수 있어야 하고, 기업의 관점이 아닌 고객의 입장에서 대고객 물류서비스 성과 측정에 대한 다양한 지표를 개발해야 만이 고객이 원하는 물류서비스를 행할 수 있다.

특히 물류비용뿐만 아니라 물류서비스가 기업의 물류성과측정에서 더 많은 비중을 차지하게 될 것으로 전망된다. 물류관리에서 비용절감은 항상 중요한 부분이고 평가요소이지만 과거에 비해 물류관리에서 상대적으로 적기의 배달, 신속한 주문처리, 차별화된 물류서비스 전략 등과 같은 물류서비스에 대한 중요성이 부각되면서 차별화된 물류서비스 전략 및 다양한 물류서비스 성과측정 프로그램이 개발될 것으로 전망된다.[1)]

〈표 5-2〉 물류 의사결정 영역의 구분

장기 의사결정 영역	단기 의사결정 영역
• 물류거점에 관한 의사결정 - 입지 - 규모 • 공장입지 및 규모에 관한 의사결정 - 입지 - 규모 - 제품라인의 할당 • 기타(정보시스템의 구축 등)	• 수배송 정책의 결정 - 유통경로 - 유통수단 • 재고정책의 결정 - 서비스 수준 - 적정 재고 • 기타(포장, 하역 등)

자료 : 문상원(2009)

2. 물류합리화의 한계

물류합리화의 관건은 물류현장에서 발견된 문제점들의 개선에 있는데 기업내의 물류관리상의 문제점이 물류현장에서 발견되고도 현장직원에 의해 은폐될 수도 있고, 상부에 보고는 했으나 회사내의 보고절차의 복잡성 및 회사내 복지부동의 분위기로 인해 물류현장의 목소리가 최고경영자에게 도착되기 전에 어느 단계에서 사라지거나 너무 늦게 보고되어 실효성을 상실하는 경우가 발생한다.

물류합리화의 또 다른 한계는 물류의 특성상 물류부문이 개선된다 하더라도 생산과 판매부분이 개선되지 않으면 물류합리화의 효과가 없거나 반감된다는 점이다.

〈표 5-3〉 물류사고와 전략물류사고의 차이

구분	정의	감각
물류사고	물류를 작업으로 보고, 물류업무의 개선·개혁을 이행해가는 것	물류는 "작업"
전략물류 사 고	물류를 기업전략으로 보고, 기업전략에 부합하는 전략물류를 구성해 물류 전체를 개선·개혁하는 것	물류는 "기업전략"

자료 : がうきりぅいち(2009)

1) 김현주외(2001).

제3장 물류합리화 전략

1. 물류표준화

1) 물류표준화의 개념과 목표

물류표준화는 효율적인 물류관리를 위해 물류의 단계별로 사용되는 화물, 물류기기 및 포장 등을 규격화하여 기계화, 자동화, 일관운송이 가능하도록 하는 것을 말한다. 물류표준화의 목표는 물류표준화를 통해 생력화, 자동화에 의한 물류생산성을 향상시키는데 있다.[2)]

2) 물류표준화의 방법

일반적으로 물류표준화하면 팔레트, 컨테이너와 같은 운송용구의 표준화만 생각하기 쉬운데 제품규격에서부터 포장치수, 트럭, 철도 등의 운송수단의 표준화까지 일률적으로 이루어져야만 물류표준화의 효과를 극대화할 수 있다.

물류표준화 방법

제품규격의 표준화	포장치수의 표준화	물류용구의 표준화	운송수단의 표준화

2) 대한상공회소 조사에 의하면 국내기업들은 포장치수(50.7%), 팔레트(46.4%), 물류코드 및 전표(29.7%)순으로 물류표준화를 하고 있는 것으로 나타났다.

2. 상물분화 전략

1) 상물분화란?

상물(商物)분화 = 영업과 물류를 분리 → 각각의 업무에 전념

상물분화란 물류합리화의 관점에서 상류경로와 물류경로를 분리하여 운영하는 것을 말한다. 과거에는 영업점내에 창고를 보유하고 주문이 있으면 영업부에서 물류를 처리하는 경우가 많았다. 상물분화란 지점이나 영업소 같은 상류부서에서 부수적으로 처리하던 물류활동을 독립된 물류부서에서 전담하여 경쟁력을 제고하는 전략이다.

즉, 상류업무를 전담하고 있는 각 영업부서에서 관리하던 창고와 같은 물류시설을 통합하여 적정지역에 물류센터 및 배송센터를 설치하고 독립된 물류전담부서에서 관리하는 시스템이다.

이러한 상물분화는 상물을 분리함으로써 기업 전체의 효율성을 제고시키려는 전략으로 각 영업소의 물류기능을 통합하여, 물류는 물류부서에서 전담하고 상류는 영업부서에서 담당하게 하는 전략이다. 상류와 물류를 분리하더라도 양자간의 횡적인 연계성은 물류정보시스템의 구축을 통하여 가능하다.

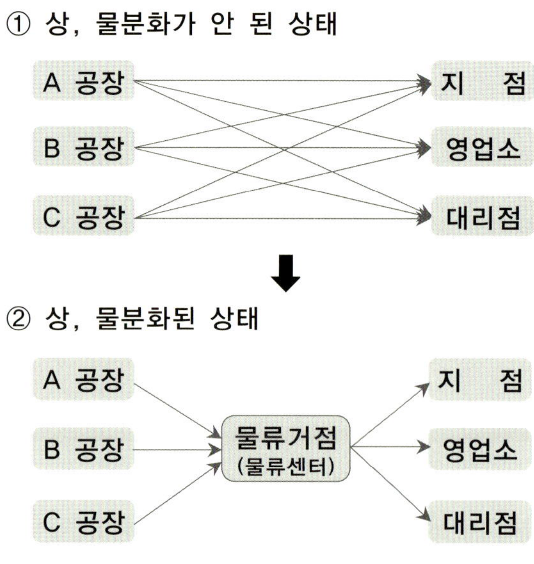

[그림 5-3] 상, 물 분화의 형태

2) 상류와 물류의 구분

유통경로상의 여러 경로기관의 유통 흐름은 크게 나누어 다음과 같은 5가지 유형의 흐름에 의하여 연결되어 있다.

- 물적 흐름 : 생산자로부터 최종소비자에 이르기까지의 제품의 이동
- 소유권 흐름 : 유통기관으로부터 다른 기관으로의 소유권의 이전
- 지급 흐름 : 고객이 대금을 지급하거나, 판매점이 생산자에게 송금
- 정보 흐름 : 유통기관간의 정보의 흐름
- 촉진 흐름 : 광고, 판촉원 등 판매촉진 활동의 흐름

이중에서 물적 흐름을 제외한 나머지 4가지의 흐름을 상적유통(Commercial Distribution)이라 하며, 이렇게 유통경로상에는 크게 물적유통과 상적유통의 두 가지의 흐름이 있다.

3) 상물분화는 왜 해야 되는가?

상물분화는 상품판매력의 강화와 물류관리의 효율화를 위해 필요하다. 즉, 물류는 최단 경로로 운송하는 일이 그 무엇보다 중요한데 복잡한 상류경로의 통과는 물류합리화를 방해하는 요인으로 작용하여 상품경쟁력을 저하시키고, 상류부서도 물류업무를 함으로 인해 경쟁력이 저하되고 있다.

따라서 상(商)·물(物)을 분리하여 대량 수송 및 수·배송 시간의 단축화와 재고의 집약화를 통해 최소 재고화를 달성함으로써 고객서비스를 향상시키고, 총 물류비를 절감해야 한다.

4) 상물분화의 효과

상물분화의 효과는 첫째, 공장에서 출고된 제품이 여러 지역에 산재해 있는 영업소의 개별 창고가 아닌 물류센터로 직송됨으로 인해 수송경로의 단축, 대량운송이 가능하여 비용 및 시간절감을 할 수 있다. 특히 여러 지점 및 영업소의 수주를 통합할 수 있으므로 배송차량의 적재율이 향상되고 지점, 영업소의 수주 통합으로 효율적 물류관리와 Lead-Time이 단축된다.

둘째, 여러 지역에 산재해 있던 영업소의 창고 및 물류시설을 대규모 물류센터로 통합하면서 처리할 화물의 증가로 창고의 자동화, 하역의 기계화를 앞당길 수 있다. 즉, 개별 영업점포에서 소량의 화물을 상대로 할 수 없었던 창고의 자동화를 할 수가 있다.

셋째, 대규모 물류센터로 보관을 집중함에 따라 재고의 집약화 및 효율화를 이룰 수 있어 재고를 최소화할 수 있고 각 영업소의 재고의 편재 및 과부족을 해소할 수 있다.

넷째, 물류업무를 부수적으로 담당했던 영업부서는 상류활동에만 전념함으로써 사무처리를 경감하여 판매의 효율성이 증가하여 매출증대에 기여할 수 있다.

5) 상물분화의 전제조건과 한계

상물분화의 꽃이 만개하려면 기본적인 토양이 필요하다. 무엇보다 상물분리가 효과적으로 이루어지기 위해서는 상품과 상거래가 표준화되어야 한다. 또한 상물분화는 규모의 경제의 이익을 활용한다는 측면에서 일정규모의 상품유지가 필요하다.

판매량이 너무 작아서는 안 되고 일정 수준 이상이 되어야 한다. 또한 즉각적인 정보전달을 가능하게 하는 물류정보시스템의 구축이 필수적이다. 바꾸어 말하면 이러한 토양이 갖추어져 있지 못하다면 상물분화는 불가능하고 실행한다고 해도 효과는 크지 않다.

또한 상물분화의 토양을 갖추고 있다고 해도 상물분화에서 중요한 적절한 위치에 물류센터 건립이 대량화물의 집중에 따른 교통과밀 현상으로 인한 지역주민의 반대와 지가 상승의 벽을 넘지 못하여 건립될 수 없으면 상물분화 전략은 좌절되고 만다.

3. 물류공동화

물류공동화는 동종업체 또는 이종연관업체들이 전국적으로 또는 지역적으로 물류시설을 공동으로 설치하고 이용하는 시스템을 말한다. 일반적으로 물류공동화는 집배송과 보관을 공동화하여 전체적으로 화물의 흐름을 간소화하고 시스템화하는데 그 목적이 있다.

한국과 일본의 물류공동화 차이는 일본의 경우 물류공동화의 추진이 정부의 주도하에 중소기업의 공동화를 주목적으로 신발산업, 섬유산업, 의류업에서 추진된 것에 비해 한국의 경우 일본처럼 정부주도화의 물류공동화가 아니고 제약업계를 중심으로 자율적으로 추진되었다.[3]

1) 물류공동화의 필요성

〈개별기업의 물류센터건립에 한계〉
국토협소 → 적정입지 경쟁치열 → 지가상승
〈환경오염 및 교통체증 가속화〉
화물량증가 → 교통체증 가속화 + 환경오염 유발 + 에너지 낭비
〈운송적재율 하락 및 공차율 증가〉
자사화물만 운송 → 운송시 적재율하락 + 반송시 공차율 증가

(1) 제조업체

다품종소량 생산 + 다빈도소량 주문 → 배송차량의 운행회수 증가 + 트럭 적재율 저하 → 배송코스트 상승 → 물류공동화 필요성 증가

(2) 유통업체

상품수 증가 → 배송차량 증가 → 매장 입구의 혼잡 + 검품작업의 혼잡 → 물류공동화 필요성 증가

(3) 운송업체

도심 및 상가밀집 지역의 주정차 규제와 노상 하역작업 시 교통체증 유발 → 집배효율의 저하 → 물류공동화 필요성 증가

2) 물류공동화의 장점

- 물류취급 상품수 증가 → 규모경제 실현 → 물류비용 감소
- 물류취급 상품수 증가 → 개별 다품종소량, 다빈도 배송요구에 대응
- 물류인원↓, 교통혼잡↓, 환경오염↓

3) 대한상공회의소 조사에 의하면 물류공동화를 시행중인 국내기업은 14.9%로 여전히 낮은 수준이다. 물류공동화를 하지 않는 이유는 배송시기를 회사 임의로 결정할 수 없기 때문에(31.3%), 복잡할 것 같아서(16.7%), 단독운영보다 효율이 떨어지고 비용이 더 소요되기 때문(16.7%)으로 나타났다. 물류공동화의 대상은 공동물류센터활용(31.6%), 공동집배송(26.4%), 제품교환에 의한 공동수배송(23%) 등으로 나타났다.

(1) 제조업체 및 유통업체

운임부담 경감, 일괄검수 가능, 물류공간 활용가능, 소량물품의 집하배송가능

(2) 운송업체

운송효율 향상, 물류비용 절감, 과당경쟁 억제, 서비스 개선

〈표 5-4〉 공동 수, 배송의 이점

하주측	운송업자측	공통이점
◦ 운임부담 경감 ◦ 소량물품 집하 배송 가능 ◦ 일괄검수 가능 ◦ 물류공간활용 가능 ◦ 물류요원 감축 ◦ 교통혼잡 완화 ◦ 환경오염 방지	◦ 수송효율 향상 ◦ 물류비용 절감 ◦ 과당경쟁 억제 (효율적 운영시) ◦ 서비스 개선 (효율적 운영시) ◦ 물류요원 감축 ◦ 교통혼잡 완화 ◦ 환경오염 방지	◦ 규모경제실현에 의한 물류비용 감소 ◦ 다품종, 소량 다빈도 배송요구에 대응 ◦ 물량의 평준화에 의한 물류효율의 개선 (고객서비스 수준 향상, 판매경쟁력 강화, 판매기회 상실 최소화) ◦ 업계의 물류표준화, 시스템화 촉진 ◦ Lead-time 단축 ◦ 차량대수 감축 운행 ◦ 배송처 일치로 배송건수 감소

자료 : 유문규(2009)

3) 공동수배송의 전제조건

(1) 물류표준화가 이루어져야 한다.

물류공동화가 성공적으로 이루어지기 위해서는 무엇보다 물류표준화가 선행되어야 한다. 그런데 물류표준화가 미비한 참여업체가 기존 물류시설을 단기간에 표준화하려면 비용 부담이 발생하여 물류공동화가 위축될 수 있기 때문에 물류공동화 실시과정 중에서 점진적인 표준화를 유도하는 방법을 고려해야 한다.

(2) 일정지역내에 다수의 하주가 존재해야 한다.

공동수배송을 성공적으로 하려면 일정지역내에 다수의 참여업체가 존재하여 화물집하시의 근거리 이점을 살릴 수 있고, 참여업체간의 원활한 정보교류를 할 수 있어야 한다. 특히 참여업체의 배송처 분포밀도가 높으면 배송차량의 적재효율 향상으로 배송코스트를 절감할 수 있다.

(3) 이견을 조정할 수 있는 리더가 있어야 한다.

물류공동화가 지속적으로 유지 발전되기 위해서는 참여업체간의 물류공동

화에 대한 이해도가 높아야 되고 참여업체간의 이해관계를 조정할 수 있는 중심업체가 있어야 한다.

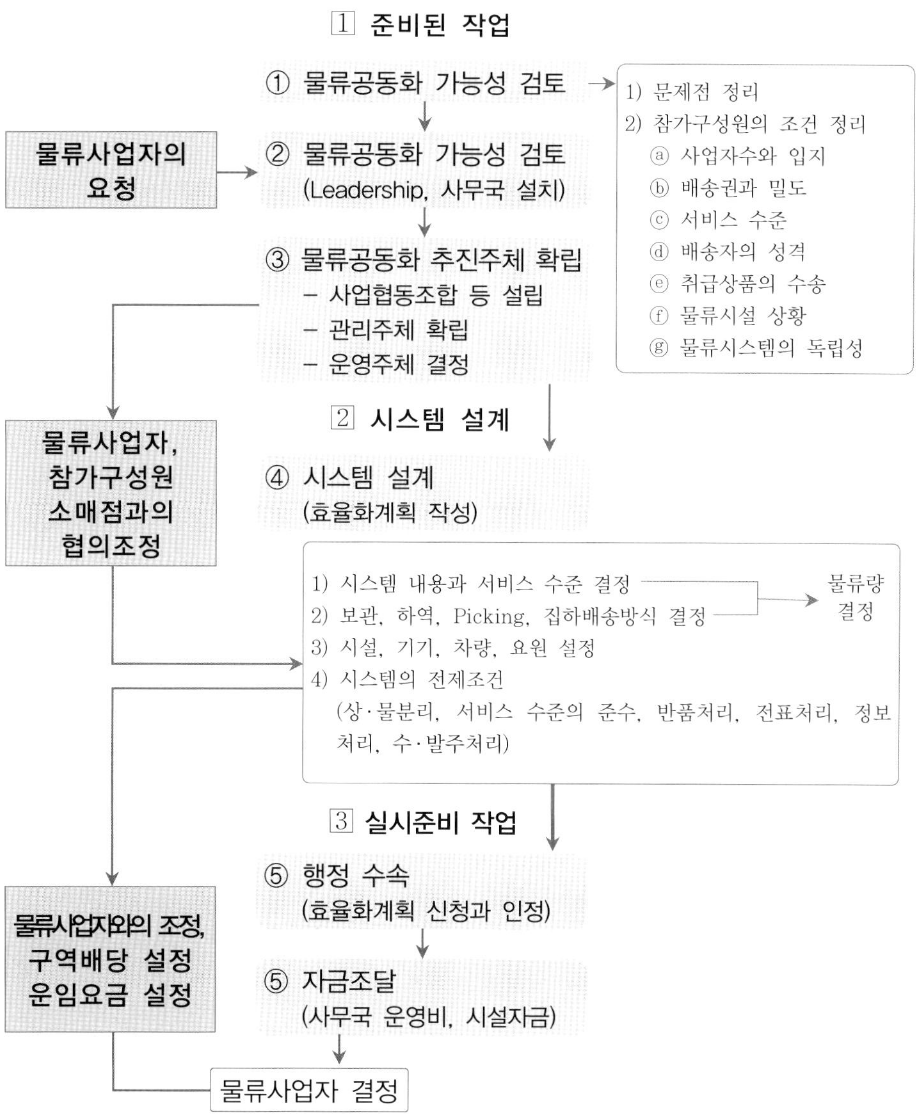

자료 :유문규(2009)

[그림 5-4] 물류공동화 도입절차

4) 물류공동화의 성공 조건

물류공동화는 동일업종공동화와 이질업종공동화로 분류할 수 있는데 참여기업의 업종이 같을 경우 배송조건이 유사하고, 물품규격이 일정해서 표준화가 용이하여 공동수배송에 적합하다.

그러나 동일업종공동화라 하더라도 경쟁사와의 공동배송은 사실상 곤란하기 때문에 이질업종이라도 판매에서 경쟁관계가 아닌 업체와 공동화를 추진하는 것이 바람직하다.

이질업종 공동화시 유의할 점은 상품의 취급에 따른 보관 및 하역특성이 유사해야 된다. 예를 들어 참여 업체자 10개 중에 3개 업체만 냉동보관이 필요하다거나, 하역시 특수기기가 필요하다면 물류공동화의 이익이 희석되어 지속적인 물류공동화가 유지되기 힘들다.

특히 특정상품의 고유한 특성으로 인해 시간지정 납품 및 영업사원의 전문적인 설명이 요구되는 경우와 유통가공이 필요한 상품은 물류공동화시 상당한 고려가 필요하다. 일반적으로 물류공동화를 하는데 적합한 상품은 화물의 형태가 비교적 균일한 가공식품, 일용품, 잡화 등이 적합하고, 화물의 형태가 일정하지 않은 가구, 목재, 골재 등은 부적합하다.

5) 물류공동화의 한계

물류공동화는 거시적인 측면에서 에너지 절약, 교통 혼잡 및 환경오염 축소와 자원의 효율적인 이용에서 상당히 바람직하고, 미시적인 측면에서도 비용절감 및 서비스 극대화라는 점에서 많은 이점이 있음에도 불구하고 개별기업들의 영업상의 비밀누설[1] 및 불안전한 상품관리[2], 물류공동화 주체업체의 선정이 어렵고, 물류공동화에 따른 이윤분배에 있어 분쟁발생 가능성으로 인해 활성화되고 있지 않다.

---

1) 많은 기업들이 물류공동화의 이점은 인식하면서도 특정기업의 고객명단 누출 및 거래조건과 납입가격, 매상고 등의 외부유출을 우려하여 물류공동화를 꺼리고 있다.
2) 물류공동화는 동일 및 이종의 복수업체와 물류관리를 공동화함에 따라 발주방식의 차이, 재고상품의 혼재 등으로 자사상품의 서비스 소외와 화물파손 및 오염의 가능성이 상대적으로 크다.

제6부

물류비

제1장 물류비의 이해

물류비는 일반적으로 물류활동을 수행하기 위하여 소요된 비용을 의미한다. 물류비는 계정과목과 상관없이 물류활동을 수행하기 위하여 발생한 비용은 전부 대상이 된다.

1. 물류비의 특징 및 목적

물류비용을 계산하는 목적은 물류의 크기를 비용으로 파악하기 위해서이다. 물류 전체비용을 알 수 없으면 물류관리를 할 수 없다. 특히 물류의 어느 서비스에 어느 정도 비용이 소요되는지를 정확히 파악하지 못하면 과잉서비스가 발생되고 결국 이는 물류비용의 증가를 가져와 경영악화를 초래한다.[1)]

- 물류비는 물류활동을 계수적으로 파악 → 물류관리상의 문제점 도출
- 물류요소간 비용의 trade off 존재
- 물류비는 총비용의 최소화를 목표
- 물류활동 평가 → 향후 물류계획에 대한 정보제공

물류비는 물류관리에 대한 세부적인 정보를 제공하여 물류관리의 문제점을 도출하고 이를 기반으로 향후 물류계획의 의사결정을 하는데 필요한 정보를 제공한다.

1) Yuasa Kazuo, op.cit., 82.

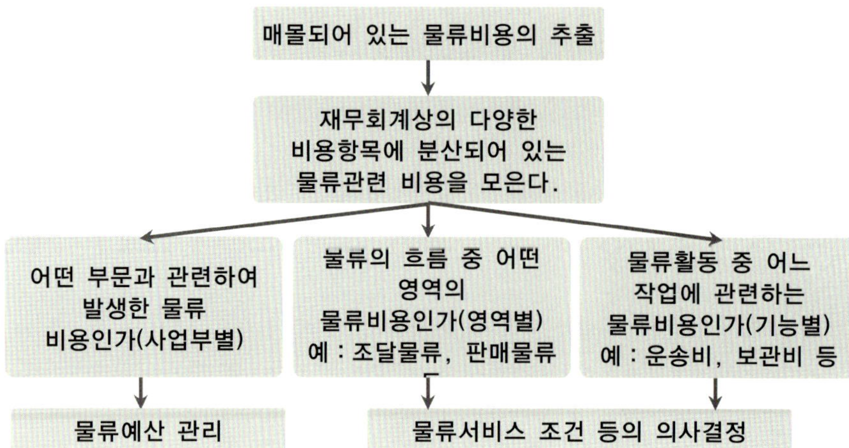

자료 : Yuasa Kazuo(2010)

[그림 6-1] 물류비용의 정확한 파악

2. 물류비 분류

- 발생형태별 분류(지급형태별 분류)
- 영역별 분류
- 기능별 분류

분류체계	「기업물류비 계산준칙」의 분류		「기업물류비 산정·활용 매뉴얼」의 분류
(1) 발생형태별	자사지불물류비 　자가물류비 타사지불물류비** 　위탁물류비	→	자가물류비 　변동비 　고정비 지불물류비
(2) 영역별	조달물류비 사내물류비* 판매물류비 반품물류비* 폐기물류비*	→	조달물류비 판매물류비(광의) 　사내물류비 　판매물류비(협의) 　반품·폐기물류비
(3) 기능별	포장비 운송비 보관비 하역비 유통가공비 물류정보비 물류일반관리비*	→	운송비 보관비(하역비) 포장비 기타 물류비 　유통가공비 　물류정보비 　물류관리비

(4) 관리목적별	원가중심점별 물류비** 직접물류비, 간접물류비 물류조업도별 물류비* 변동물류비, 고정물류비 관리가능성별 물류비** 관리가능, 관리불능물류비	→	물류조업도별 물류비 변동불류비 고정물류비

(주) * : 「계산준칙」에는 있으나 매뉴얼에는 수정 혹은 보완된 부분
** : 「계산준칙」에는 있으나 매뉴얼에는 삭제된 부분
자료 : 대한상공회의소(2010)

[그림 6-2] 기업물류비의 분류체계

1) 물류비의 발생형태별 분류

물류활동은 이행주체에 따라 자사내에서 행하는 자사물류와 전문 물류업자에게 위탁하는 위탁물류로 구분할 수 있다.[2] 자사물류비는 자사의 설비나 인력을 사용하여 물류활동을 수행하는데 소요된 비용이고, 위탁물류비는 물류활동의 일부 또는 전부를 타사에 위탁하여 수행하면서 발생된 비용이다.

2) 물류비의 영역별 분류

물류비의 영역별분류는 상품의 단계별 이동에 따른 물류비 분류로 조달물류비, 생산물류비, 사내물류비, 판매물류비, 반품물류비, 폐기물류비로 분류된다.

3) 물류비의 기능별 분류

운송비	직송비용, 반출비용, 배송비용, 반품비용, 폐품반출비용
하역비	적재비용, 야적비용, 창고입출입비용, 트럭상하차비용
보관비	재고관리비용, 임차비용, 보관시설투자비용, 감가상각비용
포장비	포장재료비, 인건비, 포장기기비용
정보관리비	전산비용, 인건비, 정보시스템유지관리비용

물류를 기능별로 구분할 경우에는 지불형태와 거래형태별로 코스트를 산출하여 이것을 물류기능과의 관계에 따라 직접비와 공통비로 분류한다. 직접비는 특정한 물류기능에만 사용된 비용이다. 이에 비해 공통비는 두 가지 이상의 물

2) Yuasa Kazuo, op.cit., p.82.

류기능에 사용된 비용이다(임정수, 1999: 33).

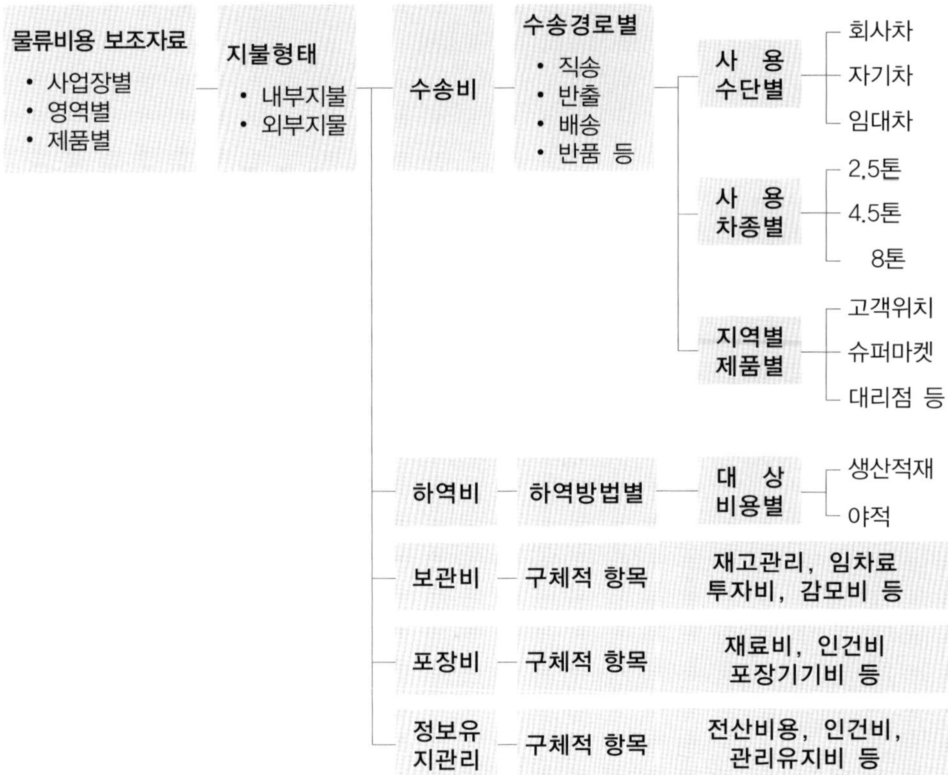

자료 : Yuasa Kazuo(2010)

[그림 6-3] 물류비용 항목

제2장 물류회계시스템

1. 물류회계시스템의 구성

물류회계시스템은 크게 물류원가계산, 물류채산분석, 물류예산관리로 구성되어 있고, 일반적으로 물류원가계산을 형태별, 기능별, 영역별로 조사한 후 수익성을 분석하는 물류채산 분석을 하고 최종적으로 지난해 물류비를 기초해서 물류비 예산편성을 하는 물류예산관리를 한다.

물류회계시스템의 구성

물류회계시스템의 구성요소	물류원가계산, 물류채산분석, 물류예산관리
물류회계시스템의 순서	물류원가계산 ➜ 물류채산분석 ➜ 물류예산관리.

2. 물류비 원가계산 방식

위탁물류비는 재무회계로 파악됨
자사물류비는 재무회계로 파악 안 됨 ➜ 관리회계가 필요

1) 재무회계방식에 의한 물류비

재무회계는 재무제표[1](대차대조표[2], 손익계산서[3])를 매년 결산기마다 공포

1) 재무제표(financial statements)는 기업의 재무상태 및 영업성과를 명확히 하고 여러 종류의 보고를 목적으로 위해서 작성하는 모든 서류를 총칭하는 것으로 재무제표는 대차대조표, 손익계산서 등이 있고 재무제표의 역할은 기업의 이해관계자에 대하여 진실한 재무적 정보를 제공하는데 있다.

2) 대차대조표(balance sheet)는 일정시점에 있어서의 대상기업의 자산, 부채, 자본을 화폐단위로 표시한 기본재무제표이다. 대차대조표는 기업의 재무상태를 명확히 보고하기

하는 것으로 재무회계의 목적은 기업의 이해관계자(주주, 채권자, 공공기관, 국민)에게 회계정보를 제공하는데 있다.

재무회계방식에 의한 물류비 산출은 일반적으로 개별기업이 자체적으로 물류원가 계산시스템을 갖추지 못한 경우 사용하는 방식으로 물류비의 기능별 파악이 곤란하고, 특히 각 계정부문에 혼합되어 있는 물류비를 재무회계상의 계정과목만을 통해 산출할 수 있는 것은 총비용의 약 3%정도에 불과하다.

따라서 기업물류비를 합리적으로 산출하기 위해서는 관리회계를 통해서 산출할 수 밖에 없다. 그런데 개별기업의 관리회계방식은 물류비산출의 목적에 따라 상이한 방식을 사용하고 있어 정확한 물류비의 산출 및 비교를 위해서는 통일된 규정이 필요하다.

2) 관리회계방식에 의한 물류비

관리회계는 기업의 내부보고 회계로 경영자나 관리자에 의한 의사결정과 업적평가를 위해서 필요한 회계정보를 제공하는 것으로 법률상 규제가 없는 기업의 내부회계제도이다.

관리회계방식에 의한 물류비 산출은 물류활동을 기업의 관리목적에 따라 기능별로 분류하여 발생한 비용을 합산하는 방식으로 기능별로 자세히 평가할 수 있으나 현실적으로 산출이 너무 복잡한 단점이 있다.

3. 물류비 산출의 한계

- 각 국가 및 개별 기업이 각기 다른 산출기준과 범위로 물류비 산정
  → 국가간, 산업간, 기업간 정확한 물류비에 대한 비교 곤란
- 물류비 산출에 비용과 시간 소요 → 중소기업의 물류비 산출 곤란

위하여 대차대조표일 현재의 모든 자산, 부채 및 자본을 적정하게 표시하여야 한다.

3) 손익계산서(income statement)는 일정기간에 있어서 기업의 경영성과를 나타내는 지표이다. 손익계산서의 기본적인 세 요소는 수익, 비용, 순이익으로 수익에서 비용을 차감하면 순이익이 된다.

제7부

전자상거래와 물류

제1장 전자상거래 기초

1. 인터넷이란 무엇인가?

인터넷(Internet)은 네트워크의 네트워크이다(a network of networks). 인터넷은 영어로 Inter(사이 間)와 네트워크(Network)의 합성어로 인터넷은 상호간 네트워크로 연결된 망이다.

즉, 인터넷은 네트워크로 연결된 컴퓨터들간의 통신을 말한다. 인터넷은 전세계 모든 종류의 컴퓨터와 통신망(Network)을 일정한 통신규약을 이용하여 연결해 놓은 거대한 범지구촌 통신망(Global Network)이다. 인터넷은 미국국방성에서 개발한 TCP/IP(Transmission Control Protocol/Internet Protocol)이라고 불리는 공통의 프로토콜을 적용하여 다양한 정보를 교환할 수 있는데 인터넷을 통하여 교환할 수 있는 정보는 텍스트정보뿐만 아니라 만화, 그림, 음성, 동영상 등 멀티미디어를 포함한다.[1)]

인터넷은 PC통신처럼 PC통신회사가 주체가 되어 가입자들을 모집하여 가입자들만 정보이용이 가능하도록 구성한 폐쇄형 네트워크가 아니고, 전세계 누구나 어디에서라도 컴퓨터 네트워크에 자유롭게 연결하여 사용할 수 있도록 구성된 개방형 네트워크이다.[2)]

1) 김정선, 「전게서」, p.14.
2) 정보통외, 「인터넷광고 - 이론과 전략」, 나남출판, pp61-62.

2. 인터넷의 특징은 무엇인가?

- 멀티미디어 네트워크(문자뿐만 아니라 사운드, 동영상 등의 멀티미디어가 송수신가능)
- 개방적인 네트워크(인터넷에 접속하면 누구에게나 개방)
- 주인없는 네트워크(개방된 네트워크로 주인이 없다)
- 저렴한 비용의 네트워크(인터넷을 사용하는 비용은 다른 정보통신 이용료에 비해 저렴)
- 무한한 가능성의 네트워크(인터넷을 통한 비즈니스는 무궁무진 함)

인터넷이 확산된 가장 큰 이유는 컴퓨터의 발달, 네트워크의 고도화, 거래당사자의 다양화와 전문지식이 없는 일반인도 언제, 어디서나 쉽게 인터넷을 사용할 수 있는 WWW의 등장으로 급성장을 하게 되었다.

지금까지 시청자가 6,000만명에 이르는데 라디오는 30년, TV는 15년이 걸렸으나 인터넷은 약 1억명이 인터넷을 사용하는데 불과 3년이 소요되었다.[3)]

인터넷은 정보의 바다라는 말이 있다. 여기에서 바다가 상징하는 것은 드넓고, 많다는 의미이다. 망망대해라는 말처럼 바다는 끝간데 없이 넓고, 깊이를 헤아릴 수 없는 바다 속에는 다종다양한 어류와 해초, 바위 등이 있다.

인터넷도 바다처럼 헤아릴 수 없을 만큼의 폭넓고 다종다양한 정보가 산재해 있다. 그런데 훌륭한 어부는 아무리 드넓은 바다라도 잡고자 하는 어류가 어디에 많은지 알아낸다. 마찬가지로 인터넷에 있는 수 많은 정보 중에 필요로 하는 정보를 찾고 활용하는 능력을 갖추는 것은 인터넷시대 중요한 경쟁력이다.

또한 인터넷은 시간과 공간의 제한을 뛰어 넘게 한다. 우리가 미국 국회도서관에 있는 자료를 찾기 위해 미국을 갈려면 제일 먼저 미국비자를 받아야 되는데 9.11테러 이후 비자발급이 까다로워져 시간이 오래 걸린다. 미국비자가 발급되면 국내출국, 미국입국 등의 또 다른 절차들이 기다리고 있다. 이처럼 국경을 넘는다는 것은 복잡하고 비용도 많이 든다.

그런데 인터넷을 통해 미국국회도서관의 웹사이트를 들어 갈 때는 여권도, 비자도, 입출국수속도 필요 없다. 그리고 비행기시간에 상관없이 한밤중이건 새벽이건 아무 때나 들어가 공개된 자료를 찾을 수 있다.

이처럼 인터넷엔 국경수비대도, 공항보안검색도 존재하지 않는다. 또한 인터넷은 도메인네임과 IP주소를 부여하는 기관은 있지만 총괄하는 주인도 없다.

---

3) Economy Business Week, "The Click Here", June 22, 1998.

3. 인터넷 기초지식

World Wide Web은 인터넷에 연결된 각 컴퓨터에 저장된 정보들을 거미줄처럼 연결하여 쉽고 빠르게 원하는 정보들을 찾도록 하기 위해 고안한 서비스이다[4]. 월드와이드웹은 인터넷을 가능하게 하는 수 많은 서비스 및 프로토콜가운데 하나인데 기존의 정보를 단순히 텍스트 형태로 제공하던 서비스에 비해 WWW는 하이퍼텍스트를 이용하여 단순한 문자정보 뿐만 아니라 다양한 멀티미디어정보를 하이퍼링크를 통해 마치 거미줄처럼 연결해 주고 있다.

멀티미디어는 여러 가지(multi)와 미디어(media)의 복합어로 여러 가지 미디어의 복합적 사용이라는 뜻으로 다양한 방식으로 정보를 전달하기 위한 텍스트, 그림, 소리, 비디오와 애니메이션으로 구현한 영상의 통합을 의미한다.[5]

World Wide Web은 기존에 사용되었던 Telnet, Gopher, Archie 등의 프로토콜보다 쉽게 인터넷에 연결된 각 컴퓨터에 저장된 정보들을 거미줄처럼 빠르게 연결해주는 서비스방식이다.

World Wide Web은 인터넷정보를 하이퍼텍스트(Hypertext) 및 하이퍼링크(Hyperlink)의 기술을 통해 컴퓨터 상호간에 쉽게 연결해 주고 있다.

하이퍼텍스트(hypertext)는 다른 텍스트를 참조할 수 있는 체계적이고 정확한 연결정보(hyperlink)를 가진 텍스트로 문자들을 연결하여 이동이 가능한 문서이다.

하이퍼링크(Hyperlink)는 WWW의 핵심기술로 전세계의 컴퓨터들을 거미줄처럼 연결하고, 연결된 컴퓨터의 정보를 WWW에 접속만 하면 인터넷을 들어갈 수 있다.

웹 브라우저(Web Browser)는 웹문서를 컴퓨터화면에 볼 수 있게 해 주는 소프트웨어이다. 즉, 하이퍼텍스트 정보검색 프로그램을 말하는 것으로 예를 들어 넷스케이프, 인터넷익스플로러 등이 있다.

HTML(Hypertext Markup Language)은 웹문서의 표준언어, WWW의 표준언어이다. 웹문서를 만든다는 것은 HTML이라는 프로그래밍언어를 사용하여 문서를 제작하는 것을 말한다.

즉, HTML은 현재 사용되고 있는 WWW의 표준언어로 WWW을 위한 하이퍼텍스트문서를 작성하는 언어. 즉 웹브라우저를 통하여 사용자에게 보여 지는 문서의 내부형식을 규정하는 프로그래밍언어이고, 확장자는 html 또는 htm이다. Markup

4) 황종호, 「웹프로그래밍」, 학문사, 2001, p.67.
5) 김철민, 「멀티미디어와 유통혁신」, 나남출판, 2000, pp.71-72.

Language는 화면에 표시할 문자열의 앞뒤에 태그(일종의 해석기호)를 붙여서 그 문자열의 특성을 나타내는 언어이다.[6)]

이러한 HTML을 논리적으로 발전시킨 것이 SGML(Standard Generalized Markup Language)이나 SGML은 사용방법이 복잡하여 상용화하는데 한계가 있어 개발된 것이 XML(eXtended Markup Language)로 XML은 SGML의 축소된 버전으로 SGML의 복삽성을 극복하기 위해 만든 새로운 언어이다.

특히 HTML은 브라우저의 특성에 따라 웹상에 표하는데 제약이 있었으나 XML은 브라우저간의 호환성이 매우 높다.[7)]

네트워크(Network)는 net와 work의 합성어로 개별적으로 운영되는 컴퓨터간의 정보(문자, 데이터, 언어, 영상) 등을 공간과 거리에 관계없이 컴퓨터간에 송수신할 수 있도록 통신장비들을 유기적으로 결합한 통신망을 의미한다.

통신프로토콜(protocol)은 컴퓨터와 컴퓨터간에 통신을 할 때 데이터를 원활하게 주고받기 위한 약속 또는 규범을 말한다. 즉, 상호간에 상이한 자료처리방식으로 구성된 컴퓨터가 네트워크를 통해서 오류없이 자료를 주고받으려면 공통된 규칙을 갖고 있어야 되는데 이를 통신프로토콜이라 한다.

인터넷에서는 TCP/IP(transmission control protocol/internet protocol)라는 표준 프로토콜과 활용목적에 따라 각기 다른 하위프로토콜이 있다. TCP/IP는 1981년 미국국방성 고등연구계획국(DARAPA: Defence Advanced Research Projects Agency)에서 비상사태에도 최소한의 통신이 보장될 수 있도록 그들 고유의 중추 인터넷을 연결하기 위하여 개발한 프로토콜이다[8)].

파일전송 프로토콜(FTP; file transfer protocol)은 인터넷상의 한 호스트에서 다른 호스트로 파일을 복사하는 서비스를 제공한다. 즉, 네트워크상에 존재하는 다른 운영시스템이나 다른 코드 체계를 사용하는 컴퓨터간에도 파일을 읽거나 전송할 수 있는 서비스를 제공한다. 인터넷에 연결된 컴퓨터간에 파일을 전송하도록 해 주는 서비스로 FTP로 연결하면 상대방 컴퓨터의 디스크안에 들어 있는 파일목록을 볼 수 있고, 파일을 전송하거나 전송받을 수 있다. 특히 유용한 파일들을 정리하여 그 파일들을 누구나 전송받을 수 있게 해 놓은 컴퓨터를 공개(anonymous)FTP라고 한다.

---

6) 황종호, 「웹프로그래밍」, 학문사, 2001, p.68.
7) 이호건, "사이버무역의 현주소와 전망", 「사이버무역국제동향과 성공전략」, 굿인포메이션, 2001, p.80.
8) 조동훈, 「전자상거래와 창업」, 학문사, 2000, p.104.

도메인(Domain)은 컴퓨터의 인터넷주소이다. 우리가 친구나 특정회사에 편지를 보낼 때 집주소나 회사주소를 알아야 하듯이 우리가 인터넷을 통하여 특정회사를 방문할 때 필요한 것이 도메인네임이다. 본래 컴퓨터의 인터넷주소는 숫자로 표현되며 인터넷 공인 IP(Internet Protocol)라고 하는데 보다 알기 쉽게 숫자대신 언어로 표현하도록 만든 것을 도메인이라고 한다.

부가가치통신망(VAN: value added network)은 공중통신사업자로부터 대용량의 통신회선을 임대하여 컴퓨터와 접속한 후 다양한 응용서비스와 통신의 부가가치를 향상시키기 위하여 구축된 네트워크를 말하는 것[9]으로 통신회선에 정보처리 기능(컴퓨터)을 결합한 것이다.

9) 조동훈, 「전게서」, p.109.

제2장 전자상거래 물류의 이해

1. 전자상거래의 경쟁력은 물류

B2C, B2B, B2G, C2C 등의 모든 전자상거래에서 디지털제품이 아닌 유형재의 경우 견적, 주문, 지급 등의 상적유통은 거의 마하수준으로 처리되지만 물적유통이 완행버스 속도를 벗어나지 못한다면 전자상거래의 장점은 희석되고 만다.

즉, 소비자입장에서 전자상거래를 이용할 경우 일반적으로 대금지급은 오프라인거래보다 빨리 지갑을 떠나게 된다. 그런데 배달되는 물건이 오프라인거래와 별반 차이가 없거나 반품이나 교환 등의 물류서비스가 좋지 않다면 소비자는 발길을 돌리게 된다. 따라서 전자상거래에서 물류관리는 오프라인거래에서 보다 그 중요성이 더 크고, 전자상거래의 성패를 좌우한다.

이러한 전자상거래의 치열한 경쟁환경속에서 제조업체와 유통업체가 살아남으려면 물류정보화 및 물류합리화를 서둘러야 하고, 물류부문의 과감한 외주를 통한 경쟁력을 확보해야 한다.

특히 전통적 상거래에 비해 전자상거래는 거래비용이 적게 드는 대신 물류비용이 전체비용에서 차지하는 비중이 상대적으로 커서 상당한 부담으로 작용하고 있다. 즉, 상품가격 중 물류비가 차지하는 비중이 5~10%인 기업이 전체 전자상거래 업체의 32.4%, 그리고 10%를 초과하는 기업이 19%를 차지하고 있다[10]. 따라서 전자상거래에서 물류의 중요성은 더욱 부각되고 있다.

전자상거래 활성화의 가장 큰 걸림돌로 전국적인 물류망 미비를 우선적으로 꼽는 전문가가 많다. 백화점이나 대기업이 운영하는 인터넷쇼핑몰의 경우 고객불만 사례의 70~80%는 물건 배달이 제때 안 되는데 있다. 배달이 늦을 수 밖에 없는 것은 이들 쇼핑몰이 제고 부담을 지지 않으려고 대개 고객과 상품 구매계약을 맺

10) 산업자원부(2004)

은 후에야 협력업체에 상품주문을 하기 때문이다.

재고 부담 때문에 미리 물건을 사두는 것이 어렵다면 상품 주문과 배송을 신속히 연결하는 물류시스템 개발에 대한 투자가 우선되어야 하는데 대부분의 쇼핑몰 운영업체는 배달은 제조업체에 맡기면 된다는 생각을 갖고 있는 것 같다. 그런데 이러한 생각은 사업을 망칠 수도 있다

실제로 미국의 대표적인 장난감 체인점 토이저러스는 물류망미비로 인해 크리스마스 이브 사이에 배달해 주겠다는 약속을 지키지 못한 인터넷 주문에 대해 1백달러(약 11만5천원)짜리 무료상품권을 발송하겠다는 파격적인 제안을 하는 곤욕을 치루었고 '토이저러스'의 경쟁업체인 'e토이스'는 막판 배달불능 사태를 우려해 12월 21일 자정 이후 더 이상 온라인 주문을 사절하는 등 초유의 사태가 유통업체 최대의 대목인 크리스마스 시즌에 발생하였다. 이 사례처럼 아무리 상류가 인터넷의 활용으로 무한대로 성장해도 물류가 뒷받침되지 않으면 비즈니스기회는 물거품처럼 사라질 수 있다.

2. 전자상거래 물류의 특징

전자상거래에서 물류관리는 전자상거래의 특징을 반영하여 전통적 상거래와는 상이한 다음과 같은 특징을 보이고 있다.[11]

첫째, 기존 오프라인 유통망에 비해 전자상거래가 가격경쟁력을 확보하기 위해서는 물류부문의 저비용구조의 구축이 필연적이다.

둘째, 전자상거래를 하는 소비자의 특성상 신속하고 신뢰성이 높은 배송서비스가 뒷받침되지 않고서는 전자상거래의 성장을 기대하기 곤란하다.

셋째, 전통적 상거래에서의 물류는 최종소비자가 누구이든 간에 제조업체와 유통업체, 도매유통점과 소매유통점 등 기업(조직)과 기업(조직)간의 내부적인 문제에 해당되므로 수배송거점 및 수배송경로의 큰 변화없이 물류체제를 비교적 안정적으로 구축하고 운영할 수 있었다.

그러나 전자상거래와 관련한 물류의 경우 최종소비자의 불확실성 및 분산, 광역화, 배송상품의 다양화 및 소량화 등의 다양한 이유 때문에 효율적인 수배송경로의 구축이 어렵다. 즉, 최종 배송점에 해당하는 전자상거래의 최종 소비자가 전

11) 민경휘외, 「전게서」, pp.201-202.

통적 상거래의 소매 유통점과 달리 고정되어 있지도 않고 배송물량이 많은 것도 아니므로 효율적인 물류서비스의 제공이 어렵다.

〈표 7-1〉 전통적 상거래와 전자상거래간의 물류특성비교

	전자상거래 물류	전통적 상거래 물류
물류영역	• 물류센터 → 소비자 • 최종배송점의 분산·광역화	• 물류센터→ 유통점(유통점과 소비자간 물류는 소비자가 직접수행) • 최종배송점의 제한·집중화
배송시간	• 초단축화 • 배송시간의 사전계획 불가능 • 배송시간 선택가능(소비자)	• 비교적 충분한 리드타임 • 배송시간의 사전계획 • 사전 계획된 배송시간(고정)
배송물량	• 최소 1개 단위의 배송	• 최소 로트(lot) 단위의 배송
관리방식	• 가치지향적 관리체계	• 비용절감을 위한 관리체제
물류정보	• 개별 고객주문 정보 • 개별 배송물품의 실시간 추적	• 유통점의 판매정보(개별주문통합)

자료: 민경휘 외(2000)

제8부

경영혁신과 물류

제1장 리스트럭처링과 물류

1. 리스트럭처링의 개념

리스트럭처링(restructuering)은 1980년대 미국이 쌍둥이 적자 속에 허덕이면서 저성장이 지속되는 가운데 기업의 생존전략의 자구책으로 나온 경영전략으로 기업의 조직개편에 목적을 둔 경영혁신기법이다.

70~80년대 일본기업은 제조업의 경쟁력우위로 미국시장은 물론이고 세계시장에서 미국기업을 상대로 40년대 진주만 기습보다도 더 강한 백전백승의 놀라운 전과를 올렸고 미국기업은 힘없이 무너졌다.

자본주의 시험무대인 미국에서 미국 국내기업의 추락은 경제의 위축으로 이어졌다. 이러한 총체적 위기를 벗어나려는 자구책 중에 하나가 리스트럭처링이다. 우리 귀에 익숙한 구조조정을 말하는 것이다. 우리나라도 97년말 치욕스러운 IMF구제금융을 받으면서 제일 먼저 한 것이 구조조정인 것처럼 미국기업에서도 기업의 경쟁력 확보차원에서 대대적인 구조조정을 단행하였다.

리스트럭처링이란, 경영자원의 통폐합을 말한다. 즉, 기업내의 불필요한 인력, 사업부, 공장, 시설 등을 통폐합 및 기업합병 등을 통해 경영자원을 통폐합하여 기업경쟁력의 향상을 도모하는 전략이다.

2. 물류리스트럭처링

이러한 리스트럭처링을 물류에 접목한 것이 물류리스트럭처링이다. 물류리스트럭처링은 기업내에 산재해 있는 물류인력, 물류시설 등을 통폐합하여 물류부문의 낭비 요인을 줄여서 기업경쟁력을 향상시키려는 전략이다.

제2장 리엔지니어링과 물류

1. 리엔지니어링 개념

BPR(Business Process Reengineering)은 기업이 IT도입을 통해 기업의 비즈니스 프로세스의 혁신을 추구하여 획기적인 업무성과의 향상을 도모하는 방법이다. 마이클 해머(M. Hammer)의 정의에 의하면, BPR은 비용, 품질, 서비스, 속도 등 기업의 핵심요소를 극적으로 향상시키기 위하여 업무 프로세스를 근본적으로 다시 생각하여 완전히 새롭게 재설계하는 것을 말한다.

리엔지니어링(BPR;business process reenginneering)은 이처럼 정보기술을 이용하여 비즈니스 프로세스(업무의 흐름)를 근본적으로 재조정하여 고객만족을 추구하자는 경영전략이다. 즉, 일상적으로 아침에 출근해서 저녁에 퇴근할 때까지 매일 반복하는 회사의 업무흐름자체가 비능률적이고 소비자에게 만족을 주지 못하는 시스템으로 이루어져 있으면 기업의 경쟁력 향상은 기대하기 힘들다는 것이다.

따라서 리엔지니어링은 기업의 업무흐름을 고객의 입장에서 재조정하여 고객만족을 이끌어 내자는 경영전략이다 즉, BPR의 최대 목적은 업무 프로세스를 바꿔 업무의 효율을 증대시키고 비용을 절감하는 것이다.

2. 리엔지니어링의 등장 배경

BPR은 1990년 미국에서 처음 개념화되었다. 미국을 대표하는 거대기업들이 쇠퇴하면서 제조업의 생산성이 일본에 뒤처지게 되자, 이를 만회하기 위한 혁신적인 경쟁력 제고 방안으로 도입된 것이 바로 BPR이다.

리엔지니어링(reenginneering)은 기업경쟁력 향상을 위해 실시한 리스트럭처링이 당초 예상보다 만족할 만한 결과를 주지 못하자. 단순한 경영자원의 통폐합 이외의 획기적인 경영전략으로 출현하였다.

BPR의 등장

- 기업 외부 환경의 급속한 변화
  - 소비자 욕구의 급격하고 다양한 변화
  - 국제화, 개방화, 규제완화 등으로 인한 경쟁 격화
  - 정보통신기술의 급격한 발전
- 기업 내부의 변화
  - 통제 및 효율보다 서비스의 품질(Quality), 속도(Speed), 비용(Cost)을 중시하는 기업 철학의 변화
  - IT의 도입은 증가하고 있으나 상대적으로 그 활용이 미흡
  - 조직운영상의 간접비용 증가
  - 이에 따른 조직의 경영혁신 노력 강화

자료: 지식경제부(2010)

3. 리엔지니어링의 특징

1) 프로세스의 개혁

BPR의 가장 큰 특징은 개선기법이 아닌 개혁기법의 형태를 취하는 것이다. BPR에서 가장 중요한 것은 프로세스와 그 프로세스에 대한 혁신이다. BPR에서 말하는 프로세스란 개인이나 특정부서의 업무가 아니고 여러 부서간에 수행되고 있는 프로세스(Process)이며, 내부 또는 외부의 고객에게 유용한 제품이나 서비스를 전달하기 위하여 수행하는 반복적이며 측정가능한 과업(Task)의 연결을 의미한다.

즉, 조직 내의 연계된 프로세스를 고객 입장에서 경쟁자보다 월등한 성과를 내야한다는 관점의 변화를 요구한다는 것이다[1]. 이처럼 리엔지니어링이 추구하는 목표는 단순한 업무개선에 머물지 않고 업무개혁을 통한 세계제일의 품질을 만들어 낸다는 것이다.

이를 위해 경쟁목표를 그 분야에서 가장 뛰어난 초일류기업을 대상으로 한

1) 지식경제부(2010)

다. 즉, 기업목표가 무엇을 할 수 있는가에서 무엇을 해야 하는가로 바뀌는 것이다.

2) 고객지향적인 프로세스

리엔지니어링의 목표는 업무흐름을 고객지향적으로 재설계하여 고객만족을 통한 매출 및 이익극대화 전략이다. 고객들은 자신이 원하는 가격의 제품이 원하는 시간에 원하는 품질로 원하는 서비스에 의해 제공되는가에 관심이 있지, 어떤 부서들이 어떤 과정을 거쳐 일을 하는가에는 전혀 관심이 없다.

따라서 BPR은 내부 또는 외부의 고객 요구사항을 접수하여 최종적으로 전달되는 일련의 과정을 하나의 프로세스로 설정하여, 경쟁사보다 월등한 성과를 내기 위해 시도하는 프로세스 혁신운동이라고 할 수 있다.[2)]

3) 리엔지니어링의 성공조건

리엔지니어링은 기존개념 및 조직에 전혀 구애받지 않고 제로상태에서 업무흐름을 재설계하는 것이고, 부분최적화를 목표로 하지 않고 전체최적화를 목표로 하는 경영전략이기 때문에 성공적으로 BPR을 추진하기 위해서는 우선 최고경영자의 전폭적인 참여와 주도가 필요하다.

BPR의 특징은 부서별로 혁신을 꾀하지 않고, 목표에 관련된 전체 프로세스를 대상으로 혁신을 꾀하는 데 있다. 따라서 프로세스의 전 과정을 철저히 감독하고 통제할 수 있는 최고경영자가 모든 관련부서의 일급 요원으로 구성된 핵심팀을 이끌고 BPR을 수행해야 한다.[3)]

4. 물류 리엔지니어링

물류 리엔지니어링은 리엔지니어링을 물류에 접목하여 물류업무의 프로세스(업무의 흐름)를 고객지향적으로 재설계하는 전략이다. 즉, 원자재 발주업무의 시작인 조달물류부터 폐기물류까지 물류업무의 전과정을 과거의 직능별, 사업부별 관점에서 고객만족의 관점에서 재설계하여 고객지향적 물류관리를 하는 전략이다.

2) 지식경제부(2010).
3) 지식경제부(2010).

물류리엔지니어링에 의한 물류업무방식은 각 부서별 기능중심에서 프로세스중심(업무처리)으로 바뀌게 되어 기존의 직렬처리방식에서 병렬처리방식으로 전환된다. 직렬처리방식이란 업무진행을 순차적인 방식인 이동, 대기, 결재의 과정으로 하는 것이고, 병렬처리란 업무처리를 동시다발적으로 하는 것이다.

예를 들어 물류현장에서 접수된 고객의 물류관련 클레임업무를 기존의 기능중심의 직렬처리방식에서는 회사내에서 직원→대리→과장… → 사장까지 이동, 대기, 결재의 과정을 필연적으로 거쳐야 되지만, 업무중심의 병렬처리방식에서는 소비자의 물류관련 클레임에 관한 내용을 사내 인트라넷에 띄어 놓으면 누구나 볼 수 있기 때문에 동시다발적으로 업무처리가 가능하여 고객은 빠른시간에 클레임을 해결할 수 있다. 이러한 병렬처리에 의한 업무방식은 고객과 관련된 창구업무를 일원화할 수 있어 고객에게 one stop service를 제공하게 된다.

이러한 물류리엔지니어링은 물류와 관련된 사내의 하위기능별(운송, 보관 등) 업무 흐름의 재구축과 사내의 물류부분간(조달물류, 폐기물류 등) 업무흐름을 재구축할 수 있다.

또한 물류리엔지니어링은 기업내의 업무흐름 재구축에만 국한되지 않고 복수기업간에 업무흐름을 소비자 지향적으로 재구축하여 제조업체와 유통업체간에 상품개발 및 배송에 활용될 수 있다.

〈표 8-1〉 물류하드웨어와 물류소프트웨어 합리화 방안

물류하드웨어	물류시설, 물류인력 ➜ 리스트럭처링에 의해 보강
물류소프트웨어	물류의 프로세스 ➜ 리엔지니어링에 의해 보강

제3장 벤치마킹과 물류

1. 벤치마킹 개념

벤치마킹(bench marking)은 선진기업의 경영기법 및 기술 등에 대한 내용을 습득하여 자사의 관련부분에 접목시키는 경영전략이다. 벤치마킹은 선진기업이 시행착오를 거쳐 검증된 경영기법이나 기술 등을 자사에 접목함으로써 비용 및 시간절감을 할 수 있다.

2. 물류벤치마킹

물류벤치마킹은 물류부분을 성공적으로 개선한 기업의 물류시스템을 자사의 물류시스템에 접목하여 물류부분을 개선하려는 전략이다. 그런데 벤치마킹의 대상기업에서 성공한 물류시스템이라도 자사의 실정을 감안하지 않고 무조건 도입했다간 오히려 큰 실패를 할 수 있다. 따라서 벤치마킹기업의 선정 및 도입과정에 상당한 주의가 필요하다.

제4장 아웃소싱과 물류

1. 아웃소싱(outsourcing)의 개념

아웃소싱(outsourcing)은 기업의 원가절감과 효율성증대를 위해 기업의 활동을 제3자에게 위탁하여 처리하는 경영전략으로 이 제도는 기업이 핵심사업에만 집중하고 나머지 부수적인 부문은 외주에 의존함으로써 생산성 향상을 극대화 할 수 있다[4]. 즉, 경쟁력 없는 부분을 외부전문가에게 맡겨 전문성을 높이면서 비용을 줄이고 생산성은 향상시키려는 전략이다.

2. 아웃소싱 대상 선정

아웃소싱 대상 프로세스를 선정하는 데 있어서 기업이 가진 능력 혹은 핵심역량을 명확히 분석하는 것이 중요하다. 즉 차별적이고 유일한 기업의 가치를 산출하는 핵심역량에 자원을 집중시키고 상대적으로 덜 중요한 기업활동은 아웃소싱을 함으로써 업무효율과 자원활용의 극대화를 추구할 수 있을 뿐 아니라 미래에 보유해야 할 핵심역량을 기업 내부에서 확보하기 힘들 경우 아웃소싱을 통해 가능하다.

일반적으로 핵심역량의 정의는 경쟁기업에 대해 절대적인 경쟁우위 창출을 가능하게 하는 기업의 독특한 자원과 능력의 조합을 의미하는 것으로 시장에서 구입 가능하거나 재생산, 복제, 대체가 불가능한 유무형의 자산이다. 경쟁사를 압도하는 고유의 기술력, 고객의 니즈를 만족시키는 상품 기획력, 조직 내에 축적된 관리기술 등을 의미한다.[5]

4) 한국유통교육협회, 「전게서」, p.225.
5) 지식경제부(2010).

••● 물류에세이 ●••

"핵심만 빼고 기업경영 전 부문을 외부 전문업체에 맡겨라"

세계시장이 하나로 통합되는 비즈니스 환경에서 살아남는 방법은 간단하다. 기술과 마케팅 능력 등에서 세계 최고의 경쟁력을 보유하면 더 이상 바랄 것이 없다. 그러나 모든 기업이 모든 부문에서 세계 최고가 될 수는 없는 법. 따라서 모자라는 부분은 외부 전문업체에 맡겨 기업의 기초체력을 보강하는 것도 필요하다. 이른바 외부조달(아웃소싱)이다. 그동안 콜센터 운영 등 극히 제한적인 분야에서 활용되던 아웃소싱이 최근 신제품 개발 및 제조 분야에까지 확산되고 있다. 또 아웃소싱은 회사경영의 핵심이 되는 인사와 구매관련 업무 등에도 깊숙하게 침투하고 있다. 이를 특별히 '비즈니스 프로세스 아웃소싱(BPO)이라고 부른다.

포레스터리서치와 공동으로 기획하는 EC커런트 올해 첫번째 이야기는 회사 업무처리 전 과정을 외부업체에 맡기는 BPO 도입 필요성과 이를 성공시키는 전략이다. 포레스터리서치는 최근 정보기술(IT)을 활용하는 신경영의 화두로 인식되고 있는 BPO를 성공적으로 도입하는 방법론을 제시하기 위해 포천 500대 기업의 최고정보책임자(CIO)를 대상으로 기업들의 BPO 도입현황 및 앞으로의 계획 등에 대해 설문조사를 실시했다. 이들의 답변내용을 정리하면 3, 4가지 뚜렷한 특징을 발견할 수 있다. 우선 79%에 달하는 업체들이 BPO를 적극 활용하고 있는 것으로 조사됐다. 이중에 45%가 비핵심역량 업무를 외부 업체에 맡기는 것으로 나타났고 34%가 새로운 투자를 피하기 위해 아웃소싱을 적극 활용하는 것으로 분석됐다. 최근 전세계 기업들 사이에 불고 있는 BPO 바람을 읽을 수 있다. 화학회사 한 임원은 창고를 운영하는 것은 우리의 핵심역량과는 거리가 멀다고 판단해 아웃소싱을 도입했다고 밝혔다. 또 제약회사의 한 임원은 기획 및 구매 등의 업무에 전념하기 위해 물류를 아웃소싱하고 있다고 설명했다.

이어 BPO를 도입하면서 기대하는 효과가 무엇이냐는 질문에 대해 응답은 비용절감(37%)과 내부자원 부족(18%), 전문성(13%), 업계 관행(3%), 대 고객 서비스 향상(3%) 등의 순으로 나타났다. 그러나 기업들이 BPO를 도입한 것이 바로 경쟁력 향상으로 나타나지는 않았다. 그 원인은 세번째 설문에 대한 답변에서 극명하게 나타났다. 아웃소싱과 자체적으로 처리하는 업무간 연계를 고려하지 않았다고 답변한 기업이 무려 79%나 차지했다. 또 기업의 핵심 경쟁요소를 향상시키기 위해 아웃소싱을 도입했다고 답변한 기업도 32%를 차지했다. 뿐만 아니라 아웃소싱 관련업무를 담당하고 있는 부서도 회사사정에 따라 크게 다른 것으로 나타났다. 여러 부서가 태스크포스를 구성해 아웃소싱 관련 업무를 맡기고 있는 회사가 34%로 제일 많았고 그 뒤를 이어 최고경영자(24%)와 마케팅부서(22%)에서 이를 담당하는 곳도 상당수 있었다. 그러나 IT관련 부서의 비율은 상대적으로 저조했다. 포레스터리서치는 이번 설문조사 결과를 한마디로 아웃소싱 도입의 필요성은 절감하지만 이를 어떻게 실천에 옮길지 전략을 마련하지 못해 아직 성과를 거두지 못하는 것으로 분석하고 있다.

포레스터리서치는 그 이유를 2가지로 설명하고 있다. 우선 대부분의 업체들이 BPO를 자체적으로 처리하는 업무와 연계시키지 못하고 있다는 점을 들 수 있다. 이러한 상황에서 생산성 향상은 고사하고 오히려 소비자 만족도만 떨어뜨리는 역효과를 낳는다는 것이다. 일례로 콜센터를 운영하는 것은 고객관리의 가장 핵심이 되는 업무인데 이를 외부 업체에 맡겨 놓으면 고객 정보의 통합관리가 어려워질 수밖에 없다. 또 기업들이 아웃소싱을 활용해 서비스의 부가가치를 높이는 전략을 마련해 시행하는 기업은 극소수에 그친다는 설명이다. 오히려 외주를 주는 기업들이 풍부한 사업 경험을 보유하고 있는 아웃소싱 업체에 지나치게 의존하는 역효과도 나타나고 있다.

포레스터는 이러한 문제점을 해결하기 위해서는 BPO 수발주 기업간 업무처리가 마치 하나의 기업이 하는 것처럼 완전 통합(interwined)·운영하는 방법밖에 없다고 주장했다. 이와 함께 아웃소싱을 비핵심 업무를 대체하는 것뿐만 아니라 회사경영의 핵심이 되는 업무의 생산성을 향상하는 데에도 적극 도입할 것을 권했다. 인터와인드BPO 도입업체들은 BPO 서비스업체들과 긴밀하게 협력하면 차별화된 서비스를 제공할 수 있다. 예를 들면 세계 최대 네트워크업체 시스코는 제품판매와 제조, 물류 등 회사경영 거의 전 분야에 걸쳐 BPO를 활용하고 있다. 시스코는 이들 분야를 제외한 신제품 개발업무에만 매달린 결과 세계 최강의 네트워크업체로 올라설 수 있었다.

BPO 도입의 당위성을 확인했다면 그 다음 급선무는 BPO의 성과를 극대화하는 것이다. 이를 위해 BPO 도입 업체와 BPO 서비스업체가 해야 할 일은 다음과 같다. 먼저 BPO를 도입하는 업체는 무엇보다도 BPO 도입의 목표를 설정하는 것이 중요하다. 또 BPO 서비스 업체가 관련 업무를 추진하는 데에도 적극적인 지원을 아끼지 말아야 한다. BPO 서비스 제공업체는 BPO를 도입하는 고객의 목표를 충족시켜준다는 각오가 필요하다. 또 고객 업체의 경영에 대해 시시콜콜 참견하는 것을 금지해야 한다. 고객 회사의 비즈니스 전략 수립에 있어 광의의 아웃소싱 전략을 도입해야 한다. 또 고객 회사 내부의 모든 역량을 측정, 평가해 이용해야 한다.

결론적으로 고객이 서비스 제공자와 하나로 결합, 보다 나은 경영을 펼칠 때 비로소 BPO를 도입한 성과가 나타난다. 이를 위해 고객과 BPO 서비스 제공업체가 풀어야 할 숙제는 3가지다.

1. **업무 처리방식 통합** - 우선 BPO 도입 업체는 이와 관련된 업무를 전담할 직원을 두어야 한다. 또 아웃소싱한 업무와 내부적으로 수행된 업무를 원활하게 연결하기 위해 외부 서비스 업체와 고객 업체 직원들로 구성된 전담팀을 구성한다. 팀은 또 기업의 프로세스와 시간에 걸친 잠재적 변화에 대한 모델링 등에서 잠재적 변화를 위한 시나리오 계획을 다룬다.
2. **BPO 도입성과 측정 및 공유** - BPO 도입 및 서비스 제공업체는 매 분기마다 BPO 업무처리 방식을 개선하고 그 결과를 수치로 평가해 공유한다. 이 같은 공동의 개선 노력은 양 당사자가 진행중인 개선을 수용하기 위해 만들어야 할 계약서상에 명문화한다.
3. **정보공유측정기술 개발** - BPO 도입 및 서비스 제공업체는 통합 BPO 처리의 성과를 확인하고 이를 극대화하기 위한 기술을 도입해야 한다.

전자신문 2002.01.04

3. 국내기업의 아웃소싱 실태

최근 조사결과에 따르면, 최근 5년간 상장기업 380개 중 217개 기업(57.3%)이 1,927개 분야(기업당 8.8개 분야)에 대해 아웃소싱을 활용하였다. 정보화 및 생산 분야를 제외하면 상대적 단순 업무를 주로 아웃소싱하고 있는 것으로 나타났다. 기업들은 비용 절감(54.7%)을 위해 아웃소싱을 가장 많이 활용하는 것으로 나타났다. 아직 아웃소싱을 활용하지 않고 있는 기업은 비용절감 효과에 대한 의문

(30.6%)을 가장 큰 이유로 들었으며, 아웃소싱에 대한 인식부족(17.1%), 아웃소싱 제공기업의 전문성 부족(12.9%) 등도 아웃소싱 활용의 장애요인으로 지적되었다[6].

4. 물류아웃소싱

물류아웃소싱은 제조업체나 유통업체가 자사에서 전담하던 물류부분의 전부나 일부를 물류전문업체에 외주하고 자사는 제조 및 판매에만 전념하여 전문성과 서비스를 향상시키고, 비용을 줄이는 전략을 말한다.[7]

1) 제3자 물류

(1) 제3자 물류

물류활동의 전부 또는 일부를 외부의 물류전문업체에게 외주(outsourcing)하여 해결하는 것을 제3자 물류(Third-party logistics : TPL, 3PL)라고 하는데 제3자의 의미는 기업에서 만들어진 개념으로 물류를 담당하는 3번째 주체라는 의미이다. 제1의 주체는 기업이 사내에 물류조직을 두고 물류업무를 수행하는 경우로 이를 자사물류제(first-party logistics : 1PL)라고 하며 제2의 주체는 기업이 사내의 물류조직을 자회사로 독립시키는 경우로 이를 자회사물류(second-party logistics : 2PL)라고 한다.

기업이 제3자 물류를 선택하는 이유는 물류관련 자산비용을 절감할 수 있고, 전문화된 물류서비스의 제공으로 고객서비스를 향상시킬 수 있다는 점과 기업이 자사의 핵심 사업부분에 더욱 전념하기 위해서 이다.[8]

---

6) 산업자원부(2004)

7) 대한상공회의소 조사에 의하면 국내기업의 물류아웃소싱 대상 1순위는 수배송(74.6%)이고, 그 다음으로 보관(34.2%), 하역(27.2%), 포장(19.5%), 물류정보(26.3%), 물류업무의 진단 및 기획(10.4%)로 나타났다.

8) 한국유통정보센터, 「글로벌 경쟁력과 SCM」, 2001, pp.86-87.

Check Point

물류자회사란?

물류자회사는 모회사의 물류관리 업무의 전부 또는 일부를 대행하기 위해 모회사의 출자 및 인원 파견으로 설립된 회사이다.

물류자회사의 장점은 첫째, 물류 코스트가 명확해지기 때문에 그것을 최대한 활용할 수 있다. 둘째, 물류 자회사 자체적으로 인력을 채용할 수 있다. 셋째, 물류 자회사만의 자율적인 의사결정으로 설비투자를 할 수 있다.

물류자회사의 단점은 첫째, 모회사가 물류합리화를 추진하면 그 만큼 물류자회사의 매출이 줄어든다. 둘째, 모회사의 간섭을 배제할 수 없다(임정수, 1999: 18).

물류자회사(子會社)는 모회사(母會社)가 50%를 넘는 출자를 하여 설립하여 모회사의 물류업무를 담당하는 회사로 모회사의 물류자회사에 대한 기대는 모회사의 물류비용의 삭감이다. 그런데 모회사의 물류비용이 물류자회사의 수입원이므로 모회사의 물류비용을 줄인다는 것은 물류자회사의 수입을 줄이는 결과를 가져온다.[9]

(2) 제3자 물류의 단점

제3자 물류의 단점은 특정기능을 외주로 처리함으로써 통제권을 상실할 수 있다는 점이다. 특히 배송물류부문에서는 중요하다. 배송물류는 고객과의 접점부문이라 할 수 있는데 이를 제3자 물류제공자에게 넘기면 제3자 물류제공자가 고객과 상호작용을 해야 되는데 많은 제3자 물류제공자들은 이렇게 세심한 부분에 신경을 쓰기 힘들다.

제3자 물류제공자는 해당기업의 로고를 트럭에 부착하고, 해당기업의 복장을 갖추어야 하고 나아가 개별고객과의 상호작용에 대해 많은 보고서를 작성해야 되는데 이런 활동은 쉬운 일이 아니다.[10]

---

9) Yuasa kazuo, op.cit., p.50.
10) David Simchi-Levi op.cit., p.145.

••● 물류에세이 ●••

"대기업 소유, 물류자회사 너무 많다"

- 국내 3PL시장, 폐쇄된 계약구조가 글로벌 물류업체 성장 막아

최근 국내 기업들의 사업 다각화 전략과 맞물려 물류산업에 대한 관심도가 그 어느 때보다 높아지고 있는 가운데, 이들 기업들이 정작 글로벌 물류 경쟁력 확보보다는 물류산업 진출을 통해 손쉬운 수익에 더 애착을 갖는 것이 아니냐는 지적이 제기되고 있다. 반면 각 그룹별로 지향하는 물류사업 전략이 다른 만큼 각각의 대기업이 소유한 물류 자회사가 새로운 시장 확대와 글로벌화를 가져 올 수 있다는 의견도 대두되고 있다. 우선 손쉬운 수익에 대한 의구심은 선진 물류국가들과 비교해 현재 물류산업에 관심을 보이는 기업들 대부분이 물류서비스를 통한 수익 다각화 보다는 자사가 운영하는 대형 제조 및 유통물량을 통해 물류비를 잘라 먹는 사업구조를 갖고 있기 때문이다.

문제는 선진 물류국가들의 70%에 달하는 물류 아웃소싱 비율이 우리의 경우 여전히 확대 되지 못하고 개별적인 자회사로 편입해 끌어안고 간다는 점이다. 결국 가장 큰 문제점으로 지적 받고 있는 대기업들의 3PL 폐쇄적 구조가 다단계로 이어지면서 그 원인이 대기업 소유 물류자회사 때문이라는 지적은 피해 갈 수 없을 것으로 보인다. 그렇다면 과연 국내를 대표하는 기업들이 생각하는 물류산업은 이들에게 새로운 블루오션이 될 수 있을까?

◇ 국내 기업들의 물류 자회사 소유 현황과 향후 진출 의지

삼성, LG, 롯데, 한화 등 대부분 대기업이, 물류자회사를 소유하고 있다. 우리 물류산업계에 최근 들어 중견그룹들을 중심으로 물류사업 강화 또는 신규진출 움직임이 활발하게 진행되고 있다. 우선 물류사업을 새로운 그룹의 성장엔진으로 키우겠다는 기업 군을 보면 금호아시아나그룹을 포함해 동부그룹, STX그룹, C&그룹, 동원그룹, 동국제강, 유진그룹 등이다. 이들 기업들은 최근 그룹의 중장기 비전을 새롭게 표방하면서 한결같이 물류사업 강화를 강조하고 있다. 현재 국내를 대표하는 50대 그룹의 물류 자회사 소유 현황을 살펴보면 국내를 대표하는 삼성그룹의 물류자회사 '삼성로지텍' 을 시작으로 LG그룹의 범한 판토스, 하이로지스틱스, 현대자동차 그룹의 글로비스, 롯데 그룹의 롯데 로지스틱스, CJ그룹의 CJ GLS, 신세계 그룹의 신세계드림익스프레스, 한화그룹의 한 익스프레스, 웰로스드림파마, 한진그룹의 (주)한진, 한진해운, 대한항공, 두산그룹의 세계 물류, 하나로 택배, 동원그룹의 동원 로엑스, 동원택배, 현대그룹의 현대택배, 현대상선, 금호그룹의 한국복합물류, 아시아나 항공, 한솔그룹의 한솔 CSN, 동부그룹의 동부 익스프레스, 동아제약의 용마로지스, 유진그룹의 로젠택배, 한국통운, 한국 GW 물류 등 재계 상위권에 속해 있는 대기업 중 물류 자회사를 소유하고 있지 않는 기업은 손에 꼽을 정도다. 이밖에도 표현만 조금 다른 뿐 '물류사업을 미래 성장 동력으로 삼겠다'는 전략을 발표한 그룹을 살펴보면 STX그룹의 경우 대한통운 인수전에 적극 나서고 있으며, C&그룹 역시 해운물류를 바탕으로 수직계열화를 통해 종합물류기업으로 변신을 꾀하고 있다.

◇기업들의 물류산업 진출 배경과 함정

국내를 대표하는 기업들의 물류사업 진출에 가장 큰 배경은 기존 사업의 한계로 새로운 성장 에너지 사업을 찾는 과정에서 최근 각광 받고 있는 물류산업에게 귀결되고 있다는 평가가 우세하다. 일부에서는 대외적으로 매출과 외형을 확대할 수 있을 것으로 보이게 해 매력적인 사업이라는 것이 가장 큰 요인으로 지적 받고 있다.

여기다 일반적으로 우리나라는 제조업 경쟁력에 비해 물류 경쟁력이 훨씬 뒤처져 있어 개선의 여지도 많다는 점을 들 수 있다. 이밖에도 매출액 대비 물류비용이 높아 이를 줄일 경우 충분한 이익률을 만들 수 있다고 인식하고 있다.

하지만 전문가들은 “바로 여기에 물류산업 진출의 함정이 있다”고 지적한다. 세계적인 컨설팅 사인 에이티커니 조상욱 부사장은 “국내 전체 3PL 규모는 약 70조원에 달하지만, 이 중 공개된 경쟁을 통해 전문화된 기업이 확보할 수 있는 시장은 극히 한정되어 있다”며, “물량 기반 물류기업과 자산기반 물류기업간의 상호 영역 침투가 어려워 실제 공정한 경쟁이 이루어지는 시장은 10%에도 못 미치는 독특한 구조를 가지고 있다”고 말했다. 조 부사장은 “문제는 대기업 소유의 물류 자회사들이 그나마 자체적인 물류 합리화를 통해 서비스를 개선하면서 글로벌 경쟁력을 갖는다면 별 문제가 없지만, 현재의 상황은 모기업에서 지불하는 비용을 자회사가 다단계 형태로 잘라 먹는 수준을 못 벗어나고 있다”고 꼬집었다.

◇ 현 구조 무엇이 문제인가? 대기업 물류자회사 소유, 물류 통합 어려운 장벽으로 작용

글로벌 물류시장을 북미와 유럽으로 나눠 볼 때 이들 시장은 적대적 M&A를 통해 대륙을 대표하는 물류기업 탄생으로 전세계 물류시장을 속속 점령하고 있다. 따라서 국내 물류시장도 하루 빨리 규모화 된 물량과 재무성과를 한꺼번에 아우를 수 있는 글로벌 물류기업 출현이 시급한 실정이다. 하지만 물량 확보와 서비스 실행 역량 확보의 장벽이 구조적으로 가로막혀 있어 이를 쉽게 넘지 못하고 있다. 그 벽이 바로 대기업이 소유한 물류 자회사라 따가운 지적이다. 대부분의 물류회사들은 이와 같은 구조적인 문제를 알고 있으면서 대형 제조기업들의 눈치를 살피느라 제대로 문제를 제기하지 못하고 있다. 정부가 야심차게 추진해 왔던 종합물류기업 인증제 역시 최근 들어서는 대규모 물량을 움직이는 제조기업들의 믈류자회사가 속속 인증을 받아 이미 제도 그 자체에 의미는 퇴색되고 있다.

한진의 신환산 3PL영업 담당 상무는 “글로벌 물류기업으로 성장하기 위해서는 규모화를 이뤄야 함에도 불구하고, 우리의 경우 물량을 확보하고 있는 대기업 대부분이 물류자회사를 소유하고 있어 이를 통합한 물량을 확보하지 못하고 있다”고 말했다. 이 같은 지적은 결국 규모의 경제와 맞춤 물류서비스 제공이 동시에 이루어지지 못하는 결과를 낳게 되면서 전문 글로벌 물류기업 등장에 걸림돌로 작용하게 됨을 의미한다. 물론 현대차그룹의 물류전문 자회사 글로비스, 신세계그룹의 자회사를 통한 택배사업 진출은 그룹 내 시너지 창출과 물류서비스 강화에 나서고 있다고 말한다. 하지만 현실은 3PL 물류 시장이 여전히 물류자회사를 통해 자체적인 물류에 집중하고 있는 데다 3자 물류가 이와 같은 자가 물류 시장에 대해 갖는 경쟁력도 제한적일 것이라는 분석이다.

세계일보, 2008.1.14

2) 택배

(1) 택배의 개념

택배란 개인화물 또는 기업화물의 송화인이 화주로부터 보통 포장단위당 30Kg 이하의 소형·소량화물의 수송을 의뢰받아 화물의 접수로부터 포장, 수송, 배달에 이르기까지 일체의 수송서비스를 운송인의 일괄 책임 하에 문전서비스(door to door) 형태로 운송하는 수송체계를 말한다.[11)]

즉, 택배(宅配)는 소형, 소량의 운송물을 고객의 주택, 사무실 또는 기타의 장소에서 수탁하여 수하인의 주택, 사무실 또는 기타의 장소까지 운송하여 인도하는 것을 말한다.12)

택배(宅配)는 개인화물 또는 기업화물의 송하인인 하주로부터 보통 포장단위당 30kg이하, 1.5cm이내의 소형소량화물의 수송을 의뢰받아 화물의 접수 및 집화부터 포장, 수송, 배달 및 인도확인에 이르기까지 일체의 수송서비스를 운송인의 일관책임아래 이루어지는 수송체계이다. 택배대상화물은 일반적으로 가로+세로+높이의 합이 160cm이내이고, 가장 긴 쪽이 100cm이내이어야 한다.13)

(2) 택배의 특징

택배는 기존의 대형차량, 정기화물, 철도소화물, 우편소포 등 다른 운송서비스와 비교해 서비스의 혁신성, 신속성, 안전, 확실성과 같은 특징을 가지고 있다.

첫째, 기존의 수송서비스는 이용자가 가까운 영업소에 화물을 직접 가지고 가야 했으며, 화물의 수송기간이 지연되거나 도착일이 분명치 않았다. 택배업은 전화로 화물접수를 의뢰할 수 있고, 화물도착 예정시간도 확실하게 파악할 수 있기 때문에 기존의 서비스에 비해 혁신적이라고 할 수 있다.

둘째, 택배는 익일배달로 상징되는 신속한 수송의 장점을 갖추고 우편소포, 철도소화물, 정기노선과는 비교할 수 없는 신속성으로 전국을 커버하고 있다.

셋째, 수송서비스의 품질은 단순히 신속성이나 편리성만으로는 한정할 수 없으며, 안전하고 확실한 서비스를 소비자에게 제공하는 것도 매우 중요하다. 이것은 택배의 화물추적시스템 때문에 가능해졌다.14)

---

11) 지식경제부(2010).
12) 공정거래위원회, 택배약관 제1장 총칙 제2조 1항.
13) 조동훈, 「전게서」, p.208.
14) 지식경제부(2010).

••● 물류에세이 ●••

"FedEx, 실속형 상품 출시 틈새시장 공략"

세계 최대의 항공 특송 회사 페덱스 코리아는 한국을 비롯한 아시아 태평양 지역 내 9개 국가에서 IE(International Economy)서비스를 개시, 서비스 영역을 확대함에 따라 시장 경쟁이 가속화 될 것으로 보인다. 이번에 페덱스가 선보이는 IE(International Economy) 상품은 정확한 일자 배송, 통관 및 도어 투 도어(doror-to-door) 서비스를 경제적인 비용으로 이용할 수 있는 실속형 서비스로, 페덱스의 정시 배달 프리미엄 특송 서비스인 PIF(Premium International Priority)보다, 하루에서 이틀 정도 배송기간이 더 소요되지만 운임은 저렴하게 책정한 것이 특징이다.

회사 관계자는 "IE(International Economy)는 기존 프리미엄 서비스와 똑같이 신뢰할 수 있으면서도 보다 경제적인 운송 서비스를 원하던 소비자에게 최적의 서비스가 될 것"이라고 전했다. 특히 IE(International Economy)는 개당 68kg이하의 화물을 대상으로 긴급 배송을 요하지는 않지만, 여전히 페덱스의 신뢰할 만한 서비스를 이용하고 싶어 하는 고객들을 위한 맞춤 서비스다. 여기다 다수의 화물을 발송하는 경우에도 무게에 제한이 없다.

이와 함께 경쟁력 있는 운송료와 운송료 환불제가 적용되며, 영업일 기준으로 아시아 지역내 운송의 경우 2일 이내, 미국과 유럽국가의 경우 통상 3~4일이 소요돼 기존 상품과 특별한 차이가 없어 그 동안 비용이 부담스러워 특송 서비스를 이용하지 못했던 고객들을 주 마케팅 대상으로 시장을 확대하겠다는 전략으로 보인다. 또한 페덱스의 IP(International Priority)서비스와 마찬가지로 FedEx홈페이지(fedex.com)를 통해 한국어 외 15개 언어의 이 메일을 공지와 함께 배송물 추적이 가능한 장점을 갖고 있다.

데이비드 커닝햄(David L. Cunningham) 페덱스 아태지역 회장은 "프리미엄 국제 특송 서비스(premium International Priority express service)와 일반 우편 서비스의 중간 급 서비스에 대한 확실한 고객 수요가 있음을 인지했다"며 "페덱스의 IE(International Economy)는 이러한 고객의 틈새 요구를 충족시키는 동시에 더 다양한 배송 선택권을 제공함으로써 서비스 영역을 확대할 것"이라고 밝혔다.

서울경제, 2010.3.6

(3) 인터넷쇼핑몰과 택배

택배는 인터넷쇼핑몰과는 동반자적 관계에 있다. 인터넷쇼핑몰에서 주문한 상품은 택배를 통해 고객에게 전달되기 때문이다. 현재 쇼핑몰 이용자의 불만 중 큰 비중을 차지하는 것 중의 하나도 배송지연, 오배송과 같은 택배서비스와 관련한 사항이다.

택배업무는 전자상거래가 확산되면서 서류 및 견본 등 소화물의 온라인거래가 가능해지면서 DoortoDoor 운송서비스를 전문으로 하는 택배업계의 시장이 크게 위축될 것이라는 우려 섞인 전망도 있었으나, 인터넷쇼핑몰 및 카탈로그 통신판매 시장의 급신장으로 인해 택배시장은 최대의 호황을 맞고 있다.

인터넷쇼핑몰의 택배유형은 네 가지 형태로 나누어 볼 수 있다.

첫 번째, 직접배송형은 소비자가 인터넷쇼핑몰에서 상품을 구입하면 인터넷쇼핑몰이 상품을 직접 배송하는 시스템이다.

두 번째, 간접배송형은 소비자가 상품을 주문하면 인터넷쇼핑몰에서 직접 배송하는 것이 아니라 상품공급업자가 소비자에게 배송하는 시스템이다.

세 번째, 혼합배송형은 소비자가 인터넷쇼핑몰에 상품을 주문할 경우 인터넷쇼핑몰에서 상품배송을 직접하는 경우와 상품공급업자가 배송하는 경우가 혼합된 시스템이다.

네 번째, 공동배송형은 소비자로부터 상품주문이 발생할 경우 인터넷쇼핑몰에서 직접 배송하지 않고 여러 인터넷쇼핑몰의 제휴를 통해 공동배송을 하는 시스템이다.[15)]

〈표 8-2〉 인터넷쇼핑몰의 택배 유형

택배유형	배송단계
직접배송형	상품주문 → 쇼핑몰 → 수취인
간접배송형	상품주문 → 쇼핑몰 → 납품업체 → 수취인
혼합배송형	상품주문 → 쇼핑몰 → 수취인 상품주문 → 쇼핑몰 → 납품업체 → 수취인
공동배송형	상품주문 → 각 쇼핑몰 → 공동배송 → 수취인

자료: 조동훈(2001)

15) 조동훈, 「e-Business개론」, 한올출판사, 2001, pp.209-210.

●● 물류에세이 ●●

"택배서비스 종류와 시장현황"

택배(宅配)가 일상생활 속에 뿌리를 내리고 있다. 전자상거래와 TV홈쇼핑 등을 통한 온라인 거래가 활성화되고 편리함을 추구하는 현대인들의 욕구가 커지면서 택배는 서민들의 가장 편리한 배송수단이 됐다. 업계에서는 택배시장 규모를 지난해 1조4000억원에서 올해 2조원 이상으로 내다보고 있다. 운송박스 수도 연간 2억개에 달할 것으로 추산하고 있다. 쉽게 말해 국민 한 명이 1년에 5번 이상 택배를 이용한다는 뜻이다.

택배서비스 상품도 다양해져 계절·고객별로 자신이 원하는 서비스를 이용할 수 있다. 택배업무를 보는 취급점도 전국의 주유소와 편의점을 중심으로 확산되고 있다. 그만큼 택배가 우리의 일상을 편리하게 해주는 생활 방식의 일부로 자리잡아가고 있는 것이다. 국내 주요 택배업체들의 서비스 상품과 택배 취급점 활용 방식을 알아본다.

● 서비스 상품

현대택배와 대한통운, 한진택배 등 국내 대형 택배사들은 고객들이 편리하게 이용할 수 있는 택배환경을 만들기 위해 새로운 서비스 상품을 경쟁적으로 내놓고 있다. 단순히 집에서 집으로, 사무실에서 사무실로 물건만 배달해주던 시대는 지났다. 현재 고객의 필요와 요구에 부응한 서비스 종류가 수십 가지에 달한다. 배달시간을 기준으로 할 경우 당일 택배와 시간제 택배 서비스 등이 새롭게 나온 상품이다. 택배 서비스는 기본적으로 24시간 배달을 원칙으로 한다. 오늘 오전에 보내면 내일 오전에 받는다고 해서 익일배달 서비스라고도 한다.

최근에는 홈쇼핑과 농·축산물 상품 등 빠른 배송이 필요한 상품들이 늘어남에 따라 당일배달 서비스가 인기를 모으고 있다. 계절에 따라 제공되는 바캉스택배, 김장김치택배, 양곡택배, 스키택배 등 특정기간에 맞춘 이벤트성 서비스도 있다. 바캉스택배나 스키택배는 각종 레저용품을 휴양지로 배송해주는 서비스다. 양곡택배는 가을철 추수와 때를 맞춰 양곡만을 전용 관리, 배송하며 김장김치택배는 김장김치만을 별도 관리해 배송해준다. 여름·겨울방학 때 집중되는 기숙사택배 서비스와 고시촌택배 서비스를 이용하면 서적이나 의류·생활용품 등을 편리하게 주고받을 수 있다. 고객과 상품의 특성에 맞춰 초고속 배달을 원칙으로 하는 항공택배 서비스와 신혼부부들을 위한 허니문택배 서비스, 신선도를 원칙으로 하는 냉동냉장택배 서비스도 있다.

● 택배 취급점 활용

택배 서비스 상품이 다양해지고 편리해진 데 비해 물량 폭증 탓에 간혹 서울을 중심으로 한 일부 수도권 시민들은 오히려 예전보다 택배 서비스를 이용하기 어려워졌다고 종종 푸념하기도 한다. 바로 이럴 때 동네 편의점이나 슈퍼마켓, 주유소 등은 택배를 이용할 수 있는 좋은 창구가 된다. 이들이 바로 대형 택배사들과 계약을 맺고 택배업무를 대행해주는 역할을 하는 택배 취급점이기 때문이다. 현재 택배업무 취급을 가장 활발히 하고 있는 곳은 편의점이다. 주요 택배업체들은 세븐일레븐과 훼미리마트 등을 통해 전국적으로 수천 개 이상의 택배 취급점을 두고 있다.

올해부터 편의점보다 더 친근한 이미지인 동네 슈퍼마켓 체인점에서도 택배업무를 취급하기 시작했다. 동네 슈퍼마켓을 회원으로 하는 바로코사 가맹점은 기존 택배 취급점보다 지역주민들과 친밀도가 월등하게 높아서 고객들은 거리낌 없이 택배화물을 맡기고 찾아갈 수 있다. 이외에도 전국에 산재한 상당수 주유소에서도 택배업무를 취급하고 있다. 고객들이 택배 취급점을 이용하면 물건을 보내고 받을 때 시간에 제약을 받지 않을 뿐만 아니라 서비스 이용료도 할인받을 수 있다.

내외경제, 2005.6.8

(4) 우리나라 택배 현황

현재 국내 택배업체 가운데 전국적인 네트워크를 가지고 영업하는 업체는 약 50여 개가 있는 것으로 파악되고 있으며, 국내에서 발생하는 택배화물의 30% 이상을 대한통운, 한진, 현대택배 등 택배 3사가 처리하고 있는 것으로 보고되고 있다.

특히 대기업에 비해 상대적으로 낮은 가격을 바탕으로 경쟁력을 유지해 온 중소 택배업체들의 경우 경쟁력을 상실해 택배업을 포기하는 사례가 늘어나고 있다.

그 이유는 중소업체들은 영세규모로서 전국적인 네트워크와 인프라가 부족하고 전산시스템이 부실해 겨우 자사 홈페이지를 이용하는 수준에 머무르고 있어 화주에게 효용성이 높은 화물추적서비스를 제공하지 못하고 있기 때문이다.

주요 택배업체는 서비스상품 개발, 배송시간의 단축에서 차별화 전략을 구사하고 있다. 배송시간의 다양화는 당일 택배서비스, 오토바이 배달 연계서비스, 심야 배송서비스 등 시간이라는 경쟁요소를 적극적으로 활용하는 것이다. 그리고 서비스상품 개발은 틈새상품 개발로서 경조택배, 휴일택배, 골프택배 등으로 다양하게 발전하고 있다.[16)]

16) 지식경제부(2010).

•●● 물류에세이 ●●•

"조정과 통합을 통해, 물류에서 원가절감 영역 발굴할 기회"

많은 기업들이 경제적 위기를 극복하기 위한 여러 가지의 방안을 짜내고 있다. 제일 먼저 '구조조정'(Corporate Restructuring)이라는 과제를 내 놓는다. 구조조정은 기업 내 기존조직과 인원을 대상으로 기업목표의 중요도와 우선순위에 따른 재개편 작업을 의미하며 일차적으로 중복, 실적미달, 과대 투자된 부분들에 대한 제거와 유사업무분장을 하나로 통합하여 이익을 극대화할 수 있는 조직의 재구성 활동을 말한다.

경영전반에 걸쳐 평소에도 조직의 효율성과 합리성에 대한 진단은 계속되고 있으나 조직을 쇄신할 적절한 시기를 선택해서 실행하기란 쉬운 일이 아니다. 작년부터 불어 닥친 경제적 불황을 전국적으로 공감하고 이를 극복하기 위한 기업의 의지가 팽배한 지금은 회사조직상의 변환을 실행하기에 적절한 시기이며 기회이다.

경제적 위축이 가져오는 매출액 감소를 극복하는 데는 매출 신장책 보다는 지출 경비를 줄여서 수익성의 밸런스를 유지 할 것을 먼저 생각하게 한다. 그러나 실무적으로 비용절감 방안을 시도해보면 각 부서 별 경비절감은 이미 잘 짜인 회사 사규와 책임자들에 의하여 이미 경비의 과도한 지출 없이 잘 진행되어오고 있고 새롭게 비용을 줄일 수 있는 영역을 발견하기가 쉽지 않음을 알 수 있다.

현재의 기업 업무방식을 그대로 두고 원가절감을 추진한다면 조달부분이나 서비스계약에서 현재의 계약단가를 더욱 낮추는 시도를 하게 되는데, 물가가 오르고 있는 터에 이미 계약한 가격을 더욱 싸게 내리기는 쉽지 않으며 많은 절감효과를 기대 할 수 없을뿐더러, 그 동안에 우호적으로 유지해온 계약파트너들을 더욱 곤경에 빠트릴 수 있는 우를 범할 수 있는 일이다. 새로운 발상과 구조적인 개혁을 시도해야 새로운 영역이 나온다.

구조조정은 물류부분에서 시작하여 과감히 아웃소싱 해야

물류영역이 다른 부서보다 덜 중요한 부서로 간주되어 온 과거관례에 비추어 근자에는 물류부분이 "블루오션", "비용절감의 미개척분야", "경제의 암흑대륙"으로 주목 받고 있고 공급사슬관리 이론에 이르러 물류는 빠트릴 수 없는 중요한 분야가 되었다. 물류부분이 새로운 원가 절감분야로 주목을 받으면서 물류 역할이 단순한 운송과 보관의 차원을 넘어서 기업 내 모든 소싱과 판매에 대한 공급사슬 흐름에 깊은 기여를 하는 주요한 관점으로 부각되었다.

구조조정이 이루어지려면 각 기업체가 현재하고 있는 업무를 공급사슬의 맥락에서 검토하는 것이 순서가 될 것이다. 구조조정은 공급사슬관리의 일환에서 자연스럽게 일어날 수 있는 경영 쇄신이다. 우선 기업은 물류분야에 대한 구조조정을 시도해본다. 공급사슬의 관점에서 각 기업은 각 조직의 업무분장이 다른 제3의 조직, 예를 들면 파트너나 계약자가 할 수 있는 업무를 직접 관장하고 있지 않나를 살펴보는 일이다. 다른 제3자가 대신 할 수 있는 일을 하고 있다는 것은 직접 하지 않아도 될 업무를 하고 있는 것이며, 전문적이지 않은 조직으로 성과를 내려는 비생산적인 업무에 고민할 일이 아니라는 점이다. 이 분야가 구조조정 대상이 될 수 있다. 마이클 포토의 주장과 같이 각 기업은 이제 핵심역량 외에는 숙련되지 않은 부분에 대한 과감한 아웃소싱을 실현해야 경쟁력을 갖출 수 있다. 지난번 IMF경제 위기를 넘으면서 많은 기업들이 자기들이 할 수 있는 핵심적인 일 만을 선택하고 나머지 부분을 외주(Out Sourcing)를 주어 성공한 많은 실례를 이미 보아왔다.

되도록이면 물류영역 분야를 전부, 전문물류기업인 3PL에게 위임

공급사슬관리의 주요 포인트가 채널협력이다. 미국 저명한 물류학자인 로날드 발로우 박사는 미래의 물류에 대하여 "채널협력이 미래 성공의 핵심이고 상호협력과 신임이 협력에서 얻는 혜택을 실현하는 핵심이다"(The evolution and future of logistics and supply chain management, 2007)라고 말했다. 조달에 있어서 그 공급자와의 계속적인 공급이행과 경제적인 가격을 보장받는다면 이에 수반하는 물류의 협력도 같이 수반되어야 궁극적 실현이 가능할 것이다. 조달에서 생산에 이르기까지, 생산 이후 제품이 소비자까지 가는 많은 과정에는 반드시 물류가 담당할 영역이 상존하고 있다. 한 자재 구매 하나하나에 대한 물류가 아니라 여러 원부자재의 조달과 더불어 여러 판로를 거치는 제품이동까지 통합적인 접근이 필요하며 이 업무를 우선 물류 전문가와 협력하는 일이다.

물류 부분에 관한 업무를 부분적으로 아웃소싱 하는 일부터 시작하여-점차 전체적인 물류업무를 아웃소싱하기 위하여-다른 소싱업무와 판매업무를 통합하는 일은 전문적인 지식과 경험이 있는 물류기업과 협의하고 어느 정도 준비시간을 거쳐 실행에 옮긴다. 3PL전문가에게 전부 위임하여 업무의 이행과 비용의 목표를 정하고 파트너십을 운영하는 일이다. 합리성에 바탕을 둔 선진국들이 75~90%에 이르는 3PL 사용비중이 이를 증명해 주고 있다. 우리 나라 국토해양부 발표에 의하면 2008년 3PL사용자가 증가하여 46%에 이르렀다고 하지만 이 통계는 연중 한번이라도 아웃소싱을 한 경우를 전부 포함했다는 통계이고 보면 순수한 의미의 기업과 기업의 협력체계로 이루어진 3PL비중은 약 10%정도밖에 안될 거라는 중론이다. 그러나 정부 주도에 의하여 2008년 3자물류 컨설팅 사업이 시작되었음은 매우 고무적인 일이다. 향후 5년간 총 45억원을 지원하여 화주기업이 3PL을 활용하도록 유도하는 정부 지원책은 앞으로 화주기업들에게 3PL의 유용성을 알리고 기우를 잠재우는 좋은 동기가 될 것으로 보고 있다.

물류계약사와 파트너 관계를 유지해야 이익이 배가된다.

우리나라의 전국 자동차통계(2008.11)를 보면 전체차량 1680만대 중 화물용 차량이 316만대로 18.8%를 차지하지만 화물용 차량 중에서 자가용차량은 무려 88.5%를 차지하고 있고 영업용차량은 10.7%를 점유하고 있다. 이러한 통계는 아직까지 기업들이 화물운송용도에서 대부분 자가용차량을 보유하고 물류관련 업무를 직접 실행하고 있다는 추세를 반영한 것으로 볼 수 있다. 이러한 자가용 사용추세가 점차로 외주, 아웃소싱 등의 계약형태로 이전되고 있으나 매우 완만한 추세이동을 보이고 있음은 무엇보다 처음부터 끝까지 직접 해야 직성이 풀리는 우리나라 민족성 자체에서 그 원인을 찾기도 한다.

근원적으로는 서로 신임이 부족하여 과연 내 일을 자신의 일처럼 잘해줄 것인가에 믿음이 안 가기 때문에 계약 상태를 까다롭게 챙기며 매년 공개 입찰형태로 엄격히 다룬다. 엄격한 관리태도야 본받을 일이지만 서로에 대한 이해가 전제 돼야 하는 협력이 갑·을의 종속적 관계에서만 다루어진다면 서로 파트너십을 유지하기는 어려운 일이다. 파트너십은 수평적인 업무협력 관계이며 서로의 요구와 목표에 공감하고, 추진되는 업무 흐름의 공급사슬 관계를 파악하고 같은 이해와 통찰에서 같은 배를 탄 공감대를 갖고 있는 관계를 말한다. 장기적인 사업이행에서 파트너의 관계는 사업의 성패를 좌우한다. 성공적인 결과는 사업목적을 이해하고 협력해주는 파트너들과의 종합적인 협력의 산물인 것이다. 따라서 협력은 상호보완적이며 공생공존의 기본이 된다.

그러나 현실적으로 화주는 자사상품에 맞는 특화된 물류서비스를 요구하고 상대물류기업이 자사만을 위한 인원배치와 설비투자를 하기를 바라고 있음에 반하여 물류기업은 언제까지 계약이 유지될지 자신이 없으며 입찰로 계약된 가격으로는 투자 여력이 없고 과도한 벌칙조항 때문에 화주가 언제 계약을 파기 할지 의심되기 때문에 별도로 갑을 위한 장기적 대안을 가질 수 없다는 입장인 셈이다. 또 다른 걸림돌은 협력의 필수사항인 컴퓨터 프로그램의 정보공유가 화주들의 정보에 대한 보안을 이유로 매우 꺼리고 있다는 점이다. 따라서 다른 기업과 협력할 때 극복해야 할 상대기업에 대한 이해, 업무과정에 대한 학습, 기업문화의 상이에 따른 부조화를 해결하기 위해서는 단기적인 제휴가 아닌 장기적인 파트너로서의 협력체제를 보장하는 넉넉한 기한의 조건이 필요하다. 기업들은 단기적인 전략적 제휴보다는 장기적인 두 파트너간의 운영에 관한 협력에 더 큰 관심이 있다.

물류기업과 물류기업의 협력

물류회사간 협력이 가능할 수 있는 경우는 공동운영의 형태로 나타날 수 있는데, 지역별 운송과 배송업무의 제휴에서 많이 나타나고 있다. 각 운송회사는 고객의 분포에 따라 일부 지역에 치중되는 경향을 가지고 있을 때 각기 다른 특성을 갖고 있는 운송사끼리 상대방의 고객을 위한 운송 또는 배송을 대신 해주는 일이다.

차량 한대 분을 채우지 못하는 경우 영차율을 제고시키기 위하여 같은 운송노선으로 가는 차량에게 각기 화물을 몰아주는 일, 특정지역에 대한 배송을 분할하여 맡는 일, 특수상품에 따른 특성을 고려하여 전문적인 운송사로 하여금 취급 하도록 하고 자기회사는 자기의 장점 지역이나 상품을 취급하는 방안이 고려 될 수 있을 것이다. 그러나 더 큰 의미의 운송사간 협력은 단순한 운송만을 하는 운송회사(carrier)가 운송을 주선하는 또는 제3자 물류기업과 협력하는 일이다. 물류정보를 통합하는 작업으로부터 규모의 작업량을 취득하고 공동 업무를 통합 관리하여 생산성을 높일 수 있는 방안을 찾는 일이다. 또한 열세한 시장 장악능력은 부족한 기업끼리 협력하여 제3의 경쟁자에 대한 공동 전략을 마련해 줄 수도 있다.

물류기업에서도 자기의 핵심적 역량이 무엇인지를 파악하고 부족한 부분은 그 분야의 전문적인 물류회사와 협력하는 일이다. 더 나아가 하주와 계약이나 마케팅 활동에 대한 공동 전략을 세우는 일이다. 협력적인 물류관리의 추진주체는 기업의 최고경영자가 나서야 기업간 협력이나 구조조정에 대하여는 기업의 최고 경영자가 적극 참여하지 않으면 성공을 기대 할 수 없다는 여러 조사가 있다. 타 기업과의 협력이나 자사의 조직을 개편하는 일에는 어느 정도의 불확실성이 내재되어 있고 많은 인적 구성의 향방을 좌우할 수 있는 과제가 따르기 때문에 최고 경영자의 초기개입과 과정에서의 문제를 해결하는 직접적 지원이 없으면 성공하기 힘들다.

"최고 경영자는 가장 중요한 추진자다"(Erik Sandberg, Logistics Collaboration in supply chains, 2007). 에릭 샌드버그는 최고경영자의 지원(support)이 아닌 추진(drive)이 필요하다고 역설한다. 초기 단계에서는 물류개혁 진행자들에게 권한 위임을 주는 용기를 주는 일이지만, 기획단계보다는 이행단계에서 협력이 얻어내는 긍정적인 효과를 얻어내는데 최고경영자의 역할이 강조되고 있다. 경우에 따라서 과정에서 일어 날 수 있는 경영진들의 이해 상충과 실무진들의 한계를 해결하는 강력한 최고 경영자의 지휘가 요구되기도 한다. 또한 매년 협력의 결과로 성과가 좋게 나온 이후 그 이익에 대하여 어떠한 형태든지 파트너와 상호 배분하는 적정한 수익성 배분 원칙과 목표 관리에 대한 최고경영자의 꾸준한 의지가 성공의 관건이다라고 말할 수 있을 것이다.

물류신문, 2009.1.7

제1장 SCM의 기초

1. SCM의 개념

SCM(Supply Chain Management)이란?

SCM은 조달 → 생산 → 영업의 연결흐름에서 물류의 성과인 비용절감과 고객서비스의 극대화를 추구하는 개념이다.[1] 사슬처럼 엮인 공급망 전체의 최적화를 도모하는 개념이다. 즉, 공급체인관리(SCM: Supply Chain Management)는 원자재 수급에서부터 소비자에 이르는 활동을 하나의 가치사슬(value chain)로 보고 공급체인에 참여하는 모든 업체들의 협력을 바탕으로 디지털 정보기술(Information Technology)을 활용하여 재고를 최적화하고 리드타임을 대폭적으로 감축하여 양질의 상품 및 서비스를 소비자에게 제공하기 위한 전략이다.

공급체인관리와 전통적 접근방법

요소	공급체인관리	전통적 접근방법
재고관리	경로내 재고의 공동관리	개별적 독립적 관리
총비용관리	경로전체의 최적화 추구	개별기업의 최적화 추구
시간개념	장기적 안목	단기적 시각
정보공유와 감시정도	계획 및 통제의 공유	거래정보에 국한
경로내 단계의 조정	기업경로수준간 다자간 계약	쌍방경로간 단일거래 계약
공동계획의 계속성	지속적	거래단위
기업철학의 양립성	중요관계를 위한 최소한의 양립	부적절
경로의 리더십	조정을 위해 필요	불필요
위험과 보상의 공유	장기적 위험 및 보상의 공유	개별적
운영속도 정보 및 재고흐름	유통지향적	창고지향적

자료: 최재섭외(2000)

1) Hiroshi Shimomura, Logistics Kakushin, Socio-Economic Development, 1996. p.6.

2. SCM의 성공조건

SCM은 공급망의 여러 조직이 디지털기술을 기반으로 협력하여 공급망의 자원의 효율적인 사용과 최고의 고객가치를 제공하여 공급망의 경쟁우위를 확보하는데 있다.

그런데 이러한 SCM이 성공하기 위해서는 서로 멀리 떨어져 있는 고객 - 소매상 - 도매상 - 제조업 - 부품 자제 공급자 등 공급망에 참여하고 있는 여러 독립적 조직의 동적인 공급활동이 실시간으로 파악되어 전달되어야 한다.

이를 위해서는 공급망에 참여하고 있는 여러 독립적 조직들이 공동으로 데이터베이스를 구축하여 상품흐름에 관한 정보를 공유해야 한다. 따라서 공급망에 참여하고 있는 여러 독립적 조직간에 신뢰를 바탕으로 한 협력이 무엇보다 필요하다.

••● 물류에세이 ●••

"LG전자, 물류관리비로 올해 4000억 절감"

LG전자는 공급망관리(SCM)를 통해 올해 물류비용을 4000억원 이상 절감하기로 했다고 발표했다. 공급망관리 최적화 작업을 거쳐 지난 1분기 동안 물류비를 900억원 절감하고 재고일수도 전년 동기 대비 10일 이상 줄였다.

회사 측은 비용 절감에 성공한 원인을 세 가지로 꼽았다. 세계 각지에 있는 법인을 연결하는 글로벌 SCM조직을 구축하고, IT(정보기술)시스템을 기반으로 '눈에 보이는 관리'를 했다는 설명이다. 또 최고경영자(CEO)인 남용 부회장과 지난해 3월 HP로부터 영입한 디디에 쉐네브 최고공급망관리책임자(CSCO) 등 경영진이 앞장서 공급망관리에 집중한 것이 물류비용을 줄이는 데 일조했다는 분석이다. 디디에 쉐네브 부사장은 "공급망관리 최적화를 통해 2011년까지 글로벌 톱 수준을 달성하겠다"고 말했다.

한국경제신문, 2009.5.15

물류에세이

"SCM 기업 경쟁력 키우는 핵심"

"SCM(Supply Chain Management : 공급망관리)은 기업경쟁력 키우는 핵심"

쇼핑하러 갔다가 원하는 물건이 다 팔려서 빈손으로 되돌아 온 경험은 누구에게나 한두 번 쯤 있을 것이다. 이런 경험이 되풀이되면 소비자는 그 상점에 대해 불만을 갖기 시작한다. 소비자의 불만은 상점 입장에서 보면 매출 감소를 의미하므로 점포 주인은 소비자가 원하는 물건이 떨어지지 않도록 대리점 또는 제조업체에 그때그때 주문을 한다.

그러나 주문한 상품이 즉시 배달되지는 않는다. 따라서 상점 주인은 한꺼번에 많은 상품을 주문해 창고에 쌓아 놓고 만일의 사태에 대비한다. 다수의 소매점포가 이런 방식을 취하게 되면 제조업체에서는 도무지 생산계획을 세울 수가 없다. 유일한 방법은 상품을 많이 생산, 창고에 쌓아 놓고 주문이 들어올 때마다 실어 보내는 것이다.

물류업체도 사정은 비슷하다. 들쑥날쑥한 배송의뢰 때문에 배차계획을 세우는 것은 불가능하다. 규격화 되지 않은 팔레트, 업체마다 제각각인 식별코드 등이 상품배송을 더욱 더디게 한다. 소매점포와 제조업체가 보유한 재고, 물류업체의 배송지연 등은 모두 비용부담으로 연결된다. 이 비용은 고스란히 소비자 가격에 반영된다. 결국 소비자는 원하는 상품을 구입하지도 못하면서 높은 상품 가격을 지불한다.

SCM이란

SCM은 비용과 소비자 불만이 함께 증가하는 불합리한 유통환경을 개선해 보자는 취지에서 시작됐다. 우선 소매점포에서는 일정기간 소비자가 어떤 종류의 상품을 얼마나 구입하는지에 관한 데이터를 모아 놓는다. 이것을 바탕으로 인기 상품과 비인기 상품을 가려내고 앞으로의 예상판매 수량을 파악한다. 상품주문은 이러한 상품판매 데이터를 바탕으로 한다. 제조업체는 소비자의 실제 수요에 근거한 소매점포의 주문을 처리하게 되므로 보다 계획적인 생산이 가능하게 된다.

그렇게 되면 물류업체도 제조업체의 배송의뢰 패턴을 예측할 수 있게 되어 상품 배송시간을 단축할 수 있게 된다. 재고의 현저한 감소가 실현될 수 있는 것이다. 이러한 흐름이 좀 더 발전하게 되면 소매점포의 판매정보를 제조업체와 물류업체가 실시간으로 공유하는 단계에 이른다.

소매점포가 별도로 상품주문을 하지 않아도 제조업체가 판매정보를 바탕으로 생산량을 조절하여 제 때에 상품을 공급할 수 있게 되는 것이다. 소매점포와 제조업체는 재고를 획기적으로 줄일 수 있고, 물류업체는 배송을 더욱 빠르게 할 수 있으므로 전체적인 비용은 감소한다. 이는 곧 판매가격의 하락으로 이어져 결국 소비자는 보다 낮은 가격에 원하는 상품을 항상 구입할 수 있게 되어 소비자 만족도는 높아진다.

이러한 흐름이 원활하게 이어지기 위해서는 상품의 자동식별을 가능하게 해 주는 바코드와 모아진 정보를 실시간으로 전달할 수 있도록 해주는 전자문서, 그리고 대용량의 데이터를 신속하게 처리할 수 있는 솔루션이 갖추어져 있어야 한다.

결국 SCM이란 이와 같이 거래 파트너들이 식별표준(바코드)과 정보기술을 바탕으로 서로 정보를 공유하여 상품의 제조, 배송, 판매에 이르는 공급체인(Supply Chain)의 효율성을 높여 비용을 절감하고 소비자 만족도를 높이는 것을 목표로 하는 포괄적 경영 전략이라고 할 수 있다.

SCM과 물류

공급체인의 효율화를 통한 소비자 만족의 극대화를 목표로 하고 있는 SCM에서 물류가 차지하는 비중은 절대적이다. 소매점포가 요구하는 상품을 제조업체가 보유하고 있다고 하더라도 그것을 적재적소에 배송할 수 있는 물류 시스템이 갖추어져 있지 않으면 SCM은 한낱 공염불에 지나지 않기 때문이다.

기업들이 물류를 보는 시각은 과거 보관·배달의 관점에서 새로운 이익의 원천이라는 관점으로 바뀌어 가고 있다. 국내에 진출한 다국적기업들을 중심으로 CR(상품보충기법), CM(품목관리) 등 다양한 SCM 기법들이 도입되고 있다.

그러나 우리의 물류효율화 수준은 아직 미흡하다. 우선 상품의 입출고를 자동으로 처리할 수 있는 물류바코드(EAN-14) 보급률이 아직도 40%를 밑돌고 있는 상황이다. 팔레트의 규격도 완전히 통일되어 있지 않아 팔레트를 여러 업체들이 공동으로 사용하는 팔레트 풀과 같은 시스템을 구축하기도 힘들다.

영세 소매점포는 물론이고 중소기업의 물류효율화에 대한 마인드 부족은 공급체인 전체를 아우르는 물류의 효율성을 높이는데 큰 걸림돌로 작용하고 있다. 대기업의 경우에도 물류 전문지식이 낮은 수준에 머물고 있다. 물류 관련 법률도 수단별, 기능별로 분산되어 있어 일관성 있는 물류정책을 추진하는데 걸림돌이 되고 있다.

전문가들은 SCM이 신제품 개발과 마케팅 못지않은 기업 이익의 원천으로 확실히 자리매김하기 위해서는 낙후된 물류체계의 개선이 시급하다고 입을 모으고 있다. 이상근 삼영물류 사장은 "기업들은 물류바코드와 표준화된 팔레트 등 물류 기반기술 도입에 적극적으로 나서야 하며 물류 전문인력 육성과 관련 장비 도입에 돈을 써야 한다"고 강조했다.

그는 또 "정부도 중소기업의 물류정보화 마인드를 높이기 위한 다각적인 대책을 추진해야 하며 대학에 물류 전문학과와 대학원을 설치하는 것도 물류의 중요성을 사회에 일깨우는데 도움이 된다"고 덧붙였다.

한국경제, 2005.1.6

Check Point

SCM과 EDI 및 CALS의 관계는?

SCM의 실현에 전제가 되는 것이 EDI 및 CALS이다. 공급체인에 참여하는 기업들간의 정보공유 및 업무협력은 EDI 및 CALS를 통해 이루어지 때문이다.

SCM의 실현을 위해 필요한 정보기술

기초기술	POS, Bar Code, EDI
응용기술	EOS/CAO, CRP, Cross Docking, ECR, QR 등

Check Point

SCM과 리스트럭처링 및 리엔지니어링의 차이는?

기존 리스트럭처링이나 리엔지니어링 등은 사업부문별 혹은 각각의 기업 최적화에 그쳤다. 하지만 SCM은 정보, 물류, 현금과 관련된 업무의 흐름을 공급망(supply chain)전체 관점에서 재검토한다. SCM은 그래서 단순한 데이터를 처리하는 전사적 자원관리(ERP)에 지능을 부여하는 것에 비유되곤 한다[2].

종전의 리엔지리어링이 기업내부의 효율화에만 초점을 맞춰 비용구조개선 노력을 벌여온 것이라면 SCM은 원재료 조달 부문과 회사의 생산관리, 완제품의 유통(물류회사) 등 상품이 고객에게 도착할 때까지 회사 내, 외부를 포괄하는 전 과정의 경영효율화를 동시에 꾀한다는 게 특징이다[3].

2) 매경(200.3.12)

3) 한국경제신문(1998.4.22)

제2장 SCM의 종류

SCM은 적용되는 산업별로 그 표현을 달리하고 있다. 즉, 의류부문에서는 QR(Quick Response), 식품부문에서는 ECR(Efficient Consumer Response), 의약품부문에서는 EHCR(Efficient Healthcare Consumer Response), 신선식품부문에서는 EFR(Efficient Foodservice Response) 등으로 불리고 있다.

SCM은 1980년대 중반 미국의류산업의 QR(Quick Response)에서 시작되었다. 미국 의류업계와 유통업체는 QR의 도입으로 매출증대와 재고감소를 이루었고 1993년에는 가공식품산업에서는 유통공급망내에 관행처럼 존재하던 과다재고와 반품의 비효율을 제거하여 경쟁력을 확보하려는 취지로 ECR(Efficient Consumer Response : 효율적 소비자대응)을 도입하였다.

1. QR

신속반응생산(QR: Quick Response)은 섬유업체의 공급체인 관리기법으로서 1980년대 미국에서 수입의류가 전체의 50%를 차지하자 대처방안을 강구하던 중 의류업체들 간의 전략적 제휴를 통한 리드타임단축 방안으로 나온 전략이 QR이다.[4)]

QR은 원자재 부문부터 완제품의 유통까지 타산업에 비해 복잡한 단계를 가진 섬유산업에서 효과를 발휘하고 있다.[5)] 즉, QR은 시장 변화에 따라 즉시 제품을 만드는 생산기법으로 재고를 효율적으로 관리할 수 있다.

QR은 정보네트워크를 이용하여 시장변화에 따라 즉시 상품을 재빨리 생산할 수 있는 체제를 갖추어 재고를 줄이고 고객의 필요시에 신속하게 대응하기 위한 전략이다.

---

4) 김철민, 「멀티미디어와 유통혁신」, 나남출판, 2000, p.58.
5) 정인근외, 「전게서」, p.86.

즉, QR이 도입되기 전의 의류업체의 생산방식은 일반적으로 시즌 반년전에 상품을 디자인하고 바이어에게 보여 주문량을 결정한 다음에 판매할 계절까지 상품을 제조하는 방식을 사용하였는데,[6] 이러한 방식은 유행의 주도권이 의류업체에 있을 때는 큰 문제가 안 되었지만 지금처럼 유행의 주도권이 소비자에게 넘어간 상황에서는 전혀 팔리지 않을 수도 있고 예상보다 매출이 저조할 수 있다. 이런 경우 의류업체는 큰 타격을 받게 된다.

이러한 문제점을 시정하고자 QR시스템은 의류를 생산할 때 계절별 판매계획을 세우고도 이를 한꺼번에 생산하지 않고 우선 일부만 생산하여 유통업체에 출고한 뒤 전국 주요 매장에서 실제 판매량을 조사한다. 그리고 팔리는 품목만 추가 생산해서 유통업체에 보충한다.[7]

QR의 이러한 상품보충시스템이 성공하려면 무엇보다 잘 팔리는 상품을 신속하게 생산하여 공급하는 시스템이 필요하다. 따라서 QR은 섬유산업의 원사업체에서부터 직물회사, 염색 및 봉제업체까지 의류공급체인상의 모든 업체들이 정보를 공유하고 협력하는 시스템이다.

국내 의류업계에서도 QR(Quick Response : 신속반응생산) 붐이 일고 있다. 제일모직, LG패션, 신원 등 선발 의류업체들을 중심으로 QR을 적용하는 사례가 부쩍 늘고 있다.

제일모직은 원단 생산부터 의류제조, 판매까지의 전 과정에 QR을 본격 채택했다. 이에 따라 과거 1백여 일 걸리던 제품 생산기간을 30일 정도로 단축시켰다. 시장반응에 따라 제품을 신속히 생산할 수 있는 체제를 갖춰 재고량도 크게 줄었다.[8]

6) 이철영, 「물류로지스틱스」, 2000, pp.155-156.
7) 최재섭외, 「유통정보시스템의 구축과 활용」, 도서출판 두남, 2000, p.176.
8) 한국경제신문(1999.6.03)

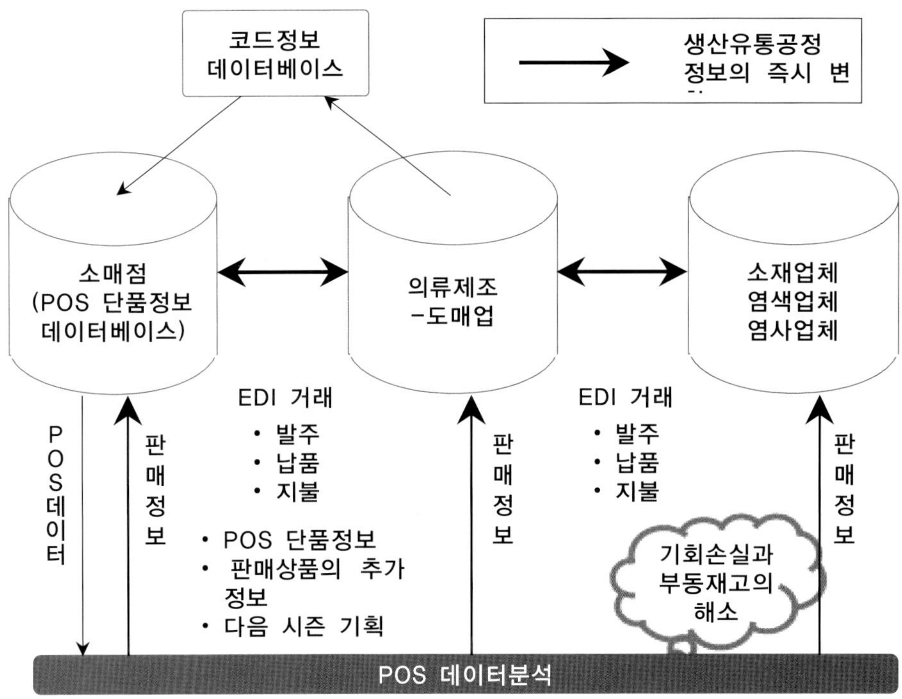

자료 : 이영철(2009)

[그림 9-1] QR의 구성(의류업의 경우)

2. ECR

효율적 소비자 반응(ECR: Efficient Consumer Response)은 제조업체와 유통업체가 상호 협력하여 유통경로상에 상존하던 비효율적이고 낭비적인 요인들을 줄여, 생산성을 증가하고 고객만족을 극대화하자는 전략이다.

ECR은 공급업자인 제조업체가 유통업체와 전산시스템을 서로 연결해 유통업체에서 판매되는 시장동향을 리얼타임으로 파악할 수 있도록 하는 기법이다.

이를 통해 고객반응을 그때그때 바로 파악하기 때문에 효과적으로 대응할 수 있다. 즉, 개별기업인 제조업체와 유통업체의 제조에서 유통판매까지의 전과정을 통합하여 유통경로상의 도소매업체의 재고는 줄이면서도 결품은 방지하고, 제조업체는 도소매업체로부터 소비자의 니즈에 대한 정보를 신속정확하게 전달받아 제품생산에 반영하여 잘 팔릴 수 있는 상품을 생산함으로써 소비자만족을 극대화하는 공급체인 전체의 경쟁력 향상전략이다.

ECR의 도입은 신상품 개발, 판촉활동, 상품보충의 활동을 제조업체와 유통업체간의 유기적인 협력시스템으로 변화시킨다. 무엇보다 ECR의 목표는 제조업체와 유통업체(도소매)가 적시에 정보를 상호 교환하여 적절한 상품을 적절한 장소에 적절한 시기에 적절한 양만큼, 가장 낮은 가격으로 공급하여 소비자만족을 극대화 하자는 전략이다.

ECR은 미국의 슈퍼마켓과 가공식품제조업체가 할인점의 급성장 위기감속에 나온 전략이다. 즉, ECR전략은 1992년 미국 슈퍼마켓의 매출신장률이 과거 40년 이래 최저를 기록하는 위기에 직면하면서 경쟁력강화 방안으로 구상한 전략이다.

즉, 개별 슈퍼마켓 및 가공식품업체만의 노력으로는 도저히 경쟁력을 확보할 수 없다는 절박함에서 나온 자구책이다. ECR에 대한 대표적인 선례는 세계 최대의 소매유통업체인 미국 월마트와 생활용품 회사인 P&G간의 사례이다. 월마트는 POS(판매시점관리)시스템을 오픈하여 자기매장 내에서 P&G 제품의 판매동향을 P&G가 공장에서 시시각각으로 점검할 수 있도록 했다.

그 결과 P&G는 재고부담이 없어졌고, 물류에 따른 비용도 대폭 절감하였다. P&G는 전체적으로 약 10%의 비용을 줄일 수 있었다. 이는 월마트의 판매가 인하로 이어졌다. 결국 제조업자와 공급업자가 동시에 이익을 보는 윈윈게임에 성공한 것이다[9].

ECR의 기본전략과 목표

전략	목표
효율적인 제품구색	재고생산성과 점포공간의 최적화
효율적인 제품보충	제품보충시스템에서의 시간과 비용의 최적화
효율적인 판매촉진	거래와 소비자 촉진활동 전체시스템의 효율극대화
효율적인 제품도입	신제품개발과 도입활동의 효율 극대화

자료: Kurt Salmon(1993)

9) 한국경제신문(1997.12.02)

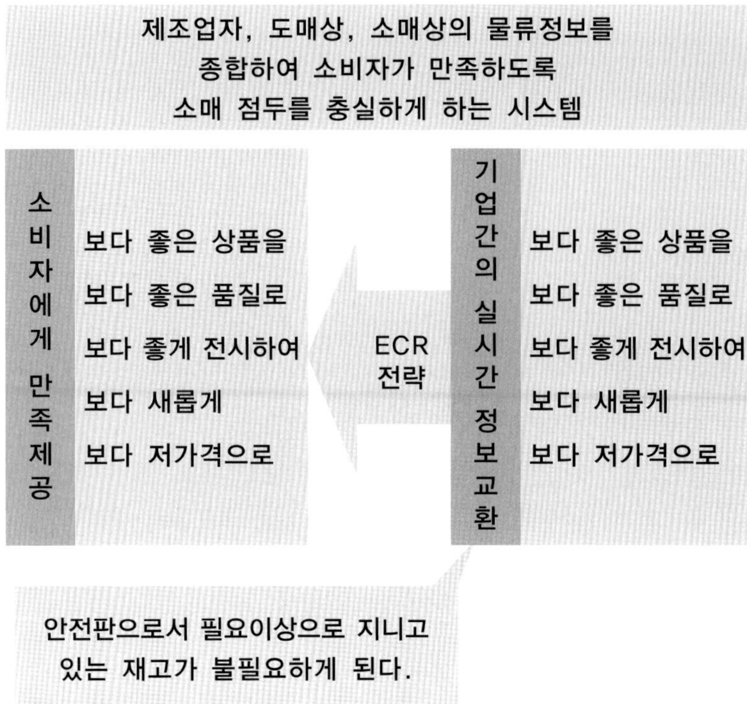

자료 : 박명섭(2008)

[그림 9-2] ECR 구조

제10부

국제운송과 물류

제1장 국제비즈니스와 물류 37)

1. 무역과 물류

• 국제유통 = 국제상류 + 국제물류

국가간의 경제활동도 국내 경우와 같이 생산, 유통, 소비의 세 가지 요소가 긴밀한 관련 속에 이루어지고 있다. 다만 국가간에는 생산, 유통, 소비의 세 가지 요소가 자국이 아닌 다른 나라의 환경, 제도, 관습 하에 이루어지기 때문에 복잡하고 변동가능성이 크다.

무역은 국가간의 경제활동에서 생산과 소비를 연결하는 국제유통으로서의 역할을 하면서 기능면에서는 국제상류와 국제물류의 두 가지 분야로 이루어져 있다(임정수, 1999: 48).

2. 국제물류와 서비스무역

최근 들어 한 국가경제에서 물류는 생산된 상품을 생산지로부터 소비지로 이동시켜주는 역할뿐만 아니라 서비스무역의 주요한 부가가치 창출의 진원지가 되고 있다.

국제통상에서 국가의 경쟁력은 노동 및 부존자원을 중심으로 하는 제조업에서 서비스 및 지식기반산입 등으로 다변화되고 있고, 세계 주요 항만들은 물류와 생산활동의 지역거점으로서 국가의 부가가치 창출을 크게 높이고 있다.

1) 제9부~제13부의 내용은 저자가 발표한 연구결과를 수정, 보완 재구성한 내용임.

3. 국제유통과 국제물류

국제물류는 국가간에 장기간, 원거리로 이루어지고 있어 생산과 소비사이의 상품의 흐름을 일관되고 종합적으로 운영하려면 국제물류전문업자의 체계적인 관리가 필요하다. 특히 상품의 출하에서부터 통관, 국가간 운송, 도착지에서의 통관, 배송까지 일관된 물류관리가 필요하다. 무역과 관련된 국제유통과 국제물류 패턴은 다음과 같다(임정수, 1999: 50).

1) 제조업체가 수출업체를 통하여 수입업자에게 수출하는 간접무역 패턴
2) 대기업의 수출업체가 수입국에 지점 및 출장소를 설치하여 유통단계의 합리화와 판매 확대를 하는 패턴
3) 제조업체가 수입업체와 직접 거래하여 유통의 합리화를 추구하는 직접무역 패턴
4) 제조업체가 수입국에 출장소 또는 대리점을 설치하여 제품을 녹다운(knock down) 방식으로 수출하고 수입국 현지에서 조립 등 유통가공하여 판매하는 패턴
5) 제조업체가 수입국 현지에 공장을 설립하여 생산, 판매, 제3국 수출을 하는 패턴

일반적으로 수입국에서 수출상품 브랜드의 선호도가 낮은 상품과 수입국의 유통경로 장악이 힘든 경우 1)과 2)의 패턴을 사용하고, 반대의 경우 3)~5)의 패턴을 많이 활용한다. 특히 자동차 등 브랜드 선호가 높은 내구소비재는 4)와 5)의 패턴을 사용한다.

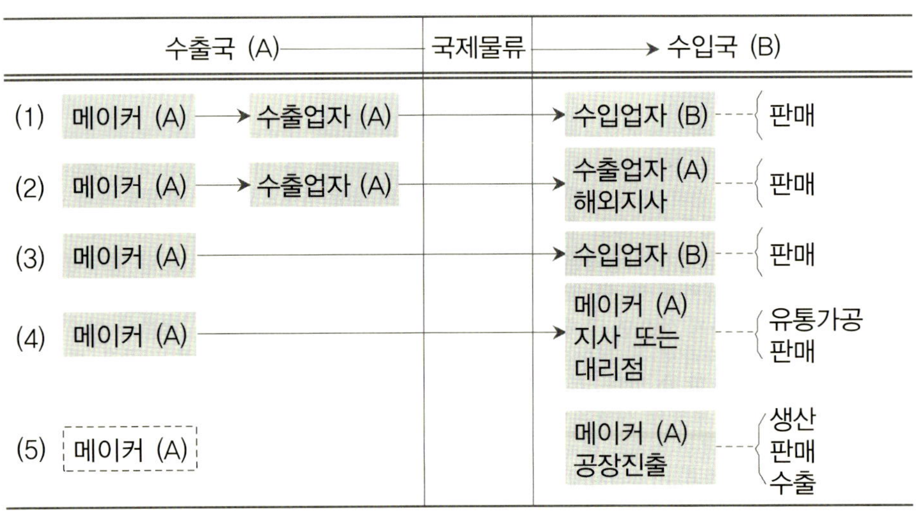

자료 : 임정수

[그림 10-2] 제품 수출의 유통 형태와 로지스틱적 전개

국별 현지물류체계

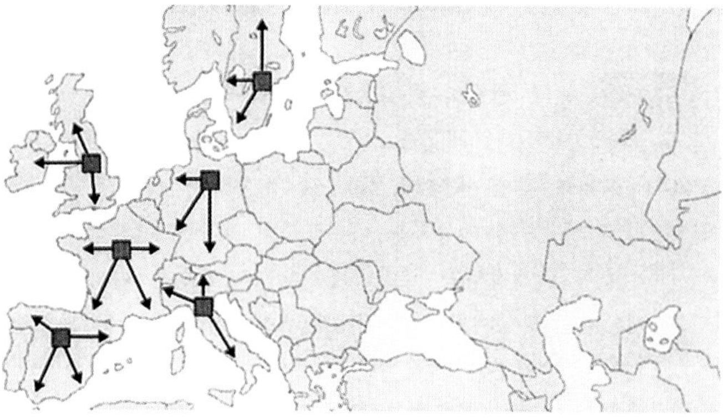

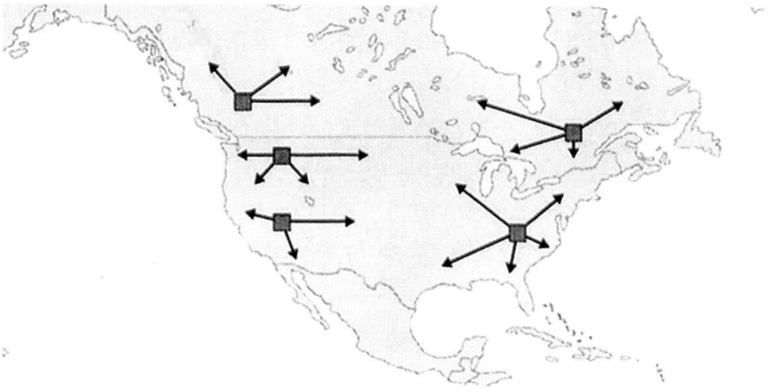

거점물류체계

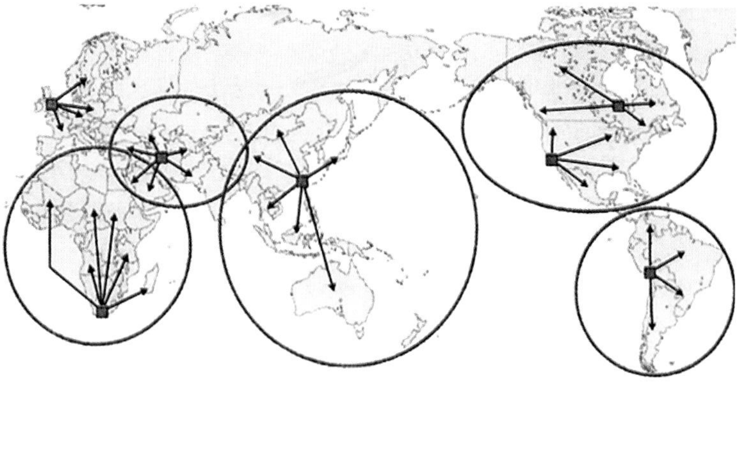

제2장 국제무역운송과 물류

1. 국제무역운송 수단의 선택

- 국제무역운송 수단 = 해상운송, 육상운송, 항공운송, 복합운송
- 운송수단 선택시 고려 사항 = 무역계약, 상품특성, 운임, 운송시간, 운송경로, 물류거점 특성, 수출입절차

국제무역운송은 해상운송, 항공운송, 육상운송(화물자동차, 철도)중 어느 한 운송수단으로 이루어지거나 둘 이상의 운송수단의 결합으로 이루어진다. 국제무역운송 수단을 선택할 때는 무역계약의 특성 및 상품의 특성[3], 운임 및 운송시간, 운송경로 및 물류거점의 특성, 수출입절차 등을 종합적으로 고려하여 최적의 운송수단을 선택해야 한다.

국제무역운송에서 잘못된 운송수단의 선택은 운송지연, 추가비용 발생, 서비스 저하를 가져와 상품경쟁력을 저하시키는 요인으로 작용한다. 최근 들어 무역환경은 기존의 제조기술과 상품단가로 경쟁하던 시대에서 효율적인 물류관리를 통한 비용절감, 서비스 향상의 경쟁으로 접어들고 있다. 이러한 무역환경에서 국제운송은 육상, 해상, 항공의 모든 운송수단을 가장 효율적으로 조합하는 복합운송시대로 변화고 있다.

2. 국제해상운송계약

국제해상운송계약 = 개품운송계약, 용선운송계약

3) 상품가격, 상품주기 및 계절성, 상품의 부패속도, 중량 및 용적.

국가간의 해상운송에 컨테이너선이 투입된 것은 미국의 씨랜드(sealand)사가 1966년에 미국 동해안/유럽항로에 풀 컨테이너 4척을 개조하여 투입한 것이 시초이다. 그리고 1967년에는 매튼사가 미국의 서해안/일본간에 2척의 풀컨테이너를 개조하여 취항하였다. 그 이후 세계 주요 항로에 컨테이너를 이용한 해상운송이 증가되었다(임정수, 1999: 52). 국제해상운송계약은 선사와 화주간에 체결되는데 개품(個品)을 운송하기 위한 개품운송계약과 선박의 전부 또는 일부를 계약하는 용선계약이 있다.

1) 정기선에 의한 개품운송계약

정기선(liner)은 정기적으로 운항되는 선박을 말한다. 정기선 운송이란 일반적으로 고속버스 운행과 같이 승객이 한 명이라도 정해진 운행계획에 의해 정기노선을 규칙적이고 반복적으로 운항하는 해상운송 형태로 특정항로에서 정기적으로 반복 항해하는 선박의 운항형태를 말한다.

국제해상운송에서 특정항로에서 정기적으로 반복 항해하는 선박의 운항형태를 정기운항이라고 한다. 이러한 정기선 해운시장은 개별 화주의 화물이 벌크화물에 비해 소량이고, 수요발생의 장소와 화물의 흐름이 일정하고 물동량도 안정적이다.

일반적으로 각 정기항로는 공급과점시장 양상을 보이고, 정기항로는 역량이 비교적 비슷한 소수의 대형선사에 의해 지배되고 있다(박명섭, 2009: 111). 개품운송계약(contract of affreight in general ship)은 하나의 선박을 모두 채울 수 없는 다수화주의 소량화물을 정기선에 혼재하여 운송하는 방식이다. 선사는 소량화물을 다수의 하주로부터 집화함으로써 특정 항로에서 선박의 규칙적인 반복항해가 상업적으로 가능하다.

선사는 운항 스케줄과 품목별 운임율표를 공표하고 있고, 소규모 무역업자는 수출입물량이 많지 않은 경우 선사가 공표한 운항스케줄(Sailing Schedule)에 따라 특정항로를 운항하는 정기선(Liner)을 이용한다.

●●● 물류에세이 ●●●

"현대상선, 동유럽 공략에 박차 – 폴란드 직통 전용열차 서비스 개시"

…물류비 절감 및 수송기간 대폭 감축

현대상선이 최근 급성장하는 동유럽 지역의 수송 서비스 제고를 위해 내륙물류 서비스 강화에 본격적으로 나섰다. 현대상선은 최근 독일 함부르크(Hamburg)와 폴란드 므와바(Mlawa)를 잇는 '직통 컨테이너 화물 전용수송열차 서비스(Express Rail Service)' 를 개시했다고 13일 밝혔다. 이에 따라 아시아에서 폴란드로 수출되는 화물은 선박으로 함부르크까지 운송된 후 전용수송열차로 수송할 수 있게 되었다. 현대상선에 따르면 이번 전용열차 서비스 개설로 ▲ 부산에서 므와바 까지 기준으로 종전에는 수송시간이 총36일 소요되던 것을 28일로 일주일가량 단축할 수 있게 되어 화주의 물류비를 절감할 수 있게 되었고 ▲ 정시 수송체계를 구축하여 폴란드 내에 입주한 한국기업 등 주요 화주들이 계획적이고 효율적인 생산체계를 이룰 수 있게 되었으며, ▲ 특히 폴란드 므와바에 위치한 LG 전자 현지공장의 물류 시스템 안정화에도 기여하는 효과를 거두게 되었다고 현대상선 측은 설명했다. 현대상선 관계자는『이번 전용열차 서비스 개통으로 동유럽 지역, 특히 최근 폴란드로 활발히 진출하고 있는 한국기업들이 큰 혜택을 볼 것으로 기대하고 있다』며「지난 해 개통한 로테르담(Rotterdam)과 슬로바키아(Slovakia)간 전용열차에 이어 이번에 함부르크(Hamburg)와 폴란드 간 전용열차를 개설함으로써 아시아에서 동유럽까지 더욱 저렴하고 빠르게 화물을 수송할 수 있게 되었다」고 말했다. 한편 현대상선은 2005년 9월부터 아시아와 네덜란드 로테르담(Rotterdam)항과 슬로바키아(Slovkia)의 갈란타(Galanta) 간에 직통 컨테이너 화물전용 수송열차를 운영해 오고 있는데, 이번 폴란드 지역 서비스 개시를 계기로 앞으로도 신흥시장으로 주목받는 동유럽 내륙물류 서비스 강화에 박차를 가한다는 방침이다.

연합뉴스, 2007.9.13

Check Point

개품운송계약 = 부합계약

실무적으로 정기선에 의한 개품운송계약은 화주와 선사간에 별도로 운송계약서를 작성하는 것이 아니고 선사가 개별 화주와 상의없이 일방적으로 결정한 운송약관이 인쇄되어 있는 정형화된 선하증권(Bill of Lading : B/L)을 발급하고 화주가 포괄적으로 승인하는 부합계약의 형태로 운송계약에 갈음하고 있다.

이처럼 무역에서 개품운송계약은 대규모 자본을 가지고 있는 선사가 일방적으로 제공하는 선하증권약관을 소규모 개별하주가 수용할 수 밖에 없다. 이러한 현실을 반영하여 선하증권의 약관은 국제법규인 헤이그 비스비 규칙 등의 강행법규로서 규율하고 있다.

Check Point

해운동맹이란?

해운동맹은 특정의 정기항로에 배선을 하고 있는 해운회사들이 상호간에 과당경쟁을 방지하는 목적으로 국제 카르텔을 형성하여 운송에 관한 여러 가지 협정을 맺고 있는데 가장 중요한 점은 운임에 관한 협정이기 때문에 운임동맹(freight conference)이라고도 한다.

국제 정기선시장에는 각 항로별로 국제카르텔인 해운동맹이 결성되어 있다. 동맹선사들간에 상호간의 경쟁을 제한하고 가능한 높은 운임을 장기간 확보하는 전략을 취하고 있다.

1) 해운동맹의 하주구속수단

해운동맹은 비동맹선의 진입을 막고 안정적인 물동량 확보를 위해 화주들과 운임율에 대한 장기간 협정을 맺는다.

(1) 계약운임제(contract rate system; dual rate system)

특정 하주가 동맹선에만 선적할 것을 계약하면 운임률이 낮은 contract rate를 적용하는 특혜를 주어 하주를 장기간 확보하는 운임제도이다.

(2) 운임할여제(fidelity commission system)

일정기간동안 화물을 모두 동맹선에만 선적한 하주에 대해 그 기간내에 선박회사가 받은 운임의 일정비율을 기간경과 후에 환불해주는 운임제도이다.

(3) 운임연환불제(defferred rate system)

일정기간(통상 6개월)동안 동맹선에만 선적한 하주에 대해 그 지급한 운임의 일부를 환불해준다. 그런데 환불을 해주는 조건이 그 기간에 이어 계속해서 일정기간 동안 동맹선에만 선적할 것을 조건으로 하여 그 계속되는 일정기간이 경과한 후에 환불되는 제도이다.(전창원. 2010)

〈표 10-1〉 해운동맹의 장·단점

장점	단점
• 정기운항의 유지로 무역거래의 관리 • 투자자본 안정에 따른 운항서비스의 촉진 • 운임안정을 통한 생산 및 판매계획 수립 용이 • 합리적 배선으로 원가절감 • 모든 화주에게 균등운임의 적용	• 동맹의 독점성에 따른 초과이윤의 획득 • 동맹선사 이용시 저렴한 운임률 제공으로 타선사 이용 곤란 • 동맹의 일방적 정책에 의한 대량화주의 불합리한 운임 책정 • 독점성의 남용 • 기항지의 축소로 인한 불편 제공 • 동맹의 집합독점성에 의한 비합리성

자료 : 박명섭(2008)

Check Point

국제적 컨소시엄(Global Alliance)이란?

최근 들어 국제정기선 해운시장에는 선사들간에 운임의 협정을 제외하고 해운서비스의 향상과 비용절감, 경영합리화 등을 목적으로 선사들간에 협력하는 국제적 컨소시엄(Global Alliance)이 증가하고 있다.

즉, 국제무역의 확대로 항로수가 증가하는 현실을 반영하여 개별 해운회사의 투자부담을 줄이고 서비스의 수준을 향상시키기 위해 자신의 선박이 기항하지 않은 선사와 제휴하는 국제적 컨소시엄이 증가하고 있다

•●● 물류에세이 ●●•

"자금난 해운업체 배 매각 나서"

한진해운 20척, 현대상선 8척 등 선박펀드에 매입 요청

국내 대형 해운업체들이 선박 매각에 본격 나서고 있다.

6일 업계에 따르면 자산관리공사(캠코)가 해운업 구조조정을 위해 조성한 4조3000억원 규모 선박펀드에 대형 해운업체가 대거 참여한 것으로 알려졌다.

캠코가 선박펀드 신청을 받아들인 선박은 15개 선사 62척. 이 중 한진해운이 20척으로 가장 많고, 현대상선 8척, STX팬오션 6척, 대한해운 2~3척 등으로 나타났다. 해운업계 빅4 선박이 전체 매입 대상 선박 중 50%를 넘는 것이다.

이들 업체는 현재 시장가격을 기준으로 선박 매각 협상을 진행 중이다. 선박펀드는 오는 7월 말까지 1차로 매입할 선박에 대해 협상을 마무리 지을 방침이다. 이처럼 대형 해운업체들이 선박 매각에 대거 나섰다는 것은 이들 상황이 예상보다 심각하다는 것을 의미한다. 해운 빅4는 1분기에 적게는 수백억 원에서 최대 2000억원 이상 영업적자를 기록한 바 있다.

대형 해운업계 관계자는 "2분기에도 1분기와 크게 다르지 않을 것으로 예상된다"며 "3분기 이후 조금은 나아질 것 같지만 올해 내내 비상 경영이 불가피 한 상황"이라고 말했다.

실제로 벌크선운임지수(BDI)는 최근 4000에 육박할 정도로 연초에 비해 크게 상승했지만 실적으로 이어지기까지는 3개월가량 시차가 필요하다. 컨테이너 용선료지수(HR)는 지난해 1000 정도에서 최근 300~400선으로 추락한 상태. 컨테이너 업계에서는 3분기 성수기를 기대하고 있지만 경기 침체 영향으로 회복 속도가 더디다.

선박펀드가 대형 해운업체 보유 선박을 매입하는 데 집중되면서 중소형 해운업체들은 상대적으로 부진한 참여를 보이고 있다. 캠코 선박펀드가 용대선 관계가 복잡하지 않은 깨끗한 선박을 대상으로 하고 있다는 점에서 중소 해운업체가 참여하기 쉽지 않다는 것은 이미 예상됐다.

중소 해운업체 대표는 "선박펀드가 시장가를 바탕으로 선령 15년 이내인 선박만 매입하는데 해당되지도 않고 특별한 장점도 없어 신청조차 하지 않았다"고 말했다.

이에 따라 실제 상황이 어려운 중소 해운업체에는 선박펀드 온기가 전달되지 않는다는 지적도 나오고 있다. 지난 2월 삼선로직스에 이어 대우로지스틱스도 최근 법정관리를 신청할 정도로 중소 해운업체들은 도산 위험에 노출돼 있는 상황이다.

실제로 선박펀드에 매각하기 위해서는 금융권에서 매입가의 60%를 담당하게 돼 있어 중소 해운업체는 기존 선박금융을 해결하기가 쉽지 않다. 선가가 떨어진 상황에서 선박 금융이 더욱 많으면 금융권이 손실을 감당하면서까지 매입에 참여하기는 어렵기 때문이다.

한편 국내 해운업체들과 달리 그리스와 중국 선사들은 최근 중고선 확보에 열을 올리고 있다. 최근 클락슨 통계에 따르면 그리스 선주들이 올해 들어 사들인 중고 선박은 총 46척. 그리스 내부 통계로는 10억달러 이상 규모에 중고선 70여 척을 사들인 것으로 알려졌다. 이들은 선가가 낮은 시기에 선박을 확보해 호황기에 수익을 극대화한다는 전략이다. 중국 역시 6월 초까지 중고선 72척을 사들였다.

매일경제, 2009.7.7

2) 부정기선에 의한 용선계약

부정기선(Tramper)운송은 화물의 운송수요가 있을 때 부정기적으로 화주와 선사간에 용선계약을 체결하여 화주가 원하는 시기와 항로에 따라 배선하는 운송방식이다.

용선(傭船: charter)이란 선주(ship owner)가 선박의 일부 또는 전부를 빌려주는 것인데, 실무적으로 용선의 개념은 선박뿐만 아니라 선주가 고용한 선원 및 선장이 승선한 선박을 용선자(charterer)가 빌리는 것이고, 용선자가 선박만 빌리는 것은 나용선(裸傭船: Bare charter)이라고 한다.

용선계약(charter party: C/P)은 용선자가 사용하는 선복(ship's space)이 전부인지 일부인지에 따라 전부용선과 일부용선으로 분류된다.

Check Point

선복의 개념과 용선자는 누구인가?

선복(ship's space)은 화물적재를 가능하게 하는 선박의 지정장소를 말하는 것이고, 용선자(charterer)는 선박이 부족한 선주가 될 수도 있고 무역업자가 될 수도 있다.

Check Point

정기선 운송에 의한 개품운송계약과 부정기선에 의한 용선계약의 차이점?

첫째, 개품운송계약의 운송의 대상은 화물인데 비해 용선계약의 운송의 대상은 선복이다.

둘째, 개품운송계약은 성문법인 국제규칙의 적용을 받지만, 용선계약은 대등한 경제력을 가진 선주와 용선자간의 거래로 계약자유의 원칙에 따라 법의 간섭을 받지 않고 자유로이 체결된다.

셋째, 정기선은 운임율과 운항스케줄을 공표하나 부정기선은 물동량 및 해운시황에 따라 결정된다.

넷째, 정기선은 특정 항로에 배선이 되면 항로간 이동이 거의 발생하지 않으나 부정기선은 자유롭다.

다섯째, 정기선에는 해운동맹제도가 있으나, 부정기선은 해운동맹제도가 없다.

여섯째, 정기선은 운송인이 모든 서비스를 다 제공하므로 선적 및 양륙비용이 포함된 berth term조건으로 운송계약이 체결된다.

〈표 10-3〉 정기선·부정기선 해운의 비교

구분	정기선 해운	부정기선 해운
운항형태	규칙적·반복성	불규칙성
운송인	• 보통운송인(Common Carrier) • 공중운송인(Public Carrier)	• 계약운송인(Contract Carrier) • 전용운송인(Private Carrier)
화물의 가치	고가	저가
화물의 성격	이종 화물	동종 화물
운송계약	선하증권(B/L)	용선계약서(Charter Party)
운임	동일운임(동일품목/상이한 화주), 공표된 운임율 적용, 동맹운임율	선박과 화물의 시장수요와 공급에 따라 결정
서비스	화주의 요구에 따라 조정	선주·용선자간 협의 결정
선박	고가·구조 복잡	저가·구조 단순
조직	대형조직	소형조직
화물의 집하	영업부직원	중개인
여객	제한적인 취급(카페리)	취급 않음

〈표 10-4〉 개품운송계약과 용선계약

	개품운송계약	용선계약
계약의 대상	개별 화물	선복의 일부 또는 전부
운송수단	정기선	부정기선
적용법규	성문법	계약자유의 원칙
책임관계	운송인 면책확대 불인정	운송인 책임 수정가능
당사자	선주와 화주	선주와 용선자
화주	불특정 다수	특정 화주
화물	잡화와 같은 비교적 작은 화물	대량 벌크화물(원유, 철강, 곡물 등)
계약	선화증권 발행	용선계약서
운임률	공표운임율(Tariff Rate)	해운시황에 의한 시세(open rate)
운임조건	Berth Term(Liner Term)	FI, FO, FIO

(1) 용선계약(Charter Party)의 종류

정기용선, 항해용선, 나용선

① 정기(기간)용선(Time Charter)

정기용선계약은 용선자가 선주로부터 일정기간(며칠부터 며칠까지)을 단위로 선원, 장비를 갖춘 선박을 빌리는 용선계약이다.

자기화물을 운송하기 위하여 정기용선하는 경우도 있으나 일반적으로 선사가 선박이 부족할 때 주로 사용하는 용선계약이다. 용선자는 용선기간에 따라 선주에게 용선료를 지급하고 하주로부터 받은 운임과 용선비의 차액을 얻게 된다.

② 항해용선(Voyage Charter, Trip Charter)

항해용선계약은 용선자가 항해(어느 항에서 어느 항까지, 1개항 또는 수개의 항)를 단위로 하여 선주로부터 선복을 빌리는 계약이다. 항해용선에는 선복의 전체를 빌리는 전부용선과 일부를 빌리는 일부용선이 있다.

항해용선계약에는 일반적으로 운임이 적하(積荷)의 톤당 얼마로 정해지는데 용선자가 개별 화물에 대해 운임을 계산할 수 없는 경우나, 용선자가 선복전부를 사용하기를 원하는 경우에는 실제 적하톤수(적재수량)와 상관없이 선박의 선복 전부를 1선적으로 간주해서 한 항해(어느 항에서 어느 항까지)에 포괄운임을 적용하는 것을 선복용선계약(Lump-Sum Charter)이라고 한다. 그리고 이 경우의 운임을 선복운임(Lump-Sum freight)이라고 한다.

Check Point

정기용선과 항해용선에서 선주와 용선자 부담의 차이점?

정기용선에 있어 선박의 유지보존비는 선주부담, 운행비는 용선자부담이다. 또한 선주에게는 선박의 감항능력책임이 있기 때문에 운항불능의 원인이 기관고장인 경우에는 선주가 부담하지만 운항상의 사고에 의한 경우에는 용선자의 책임이 된다.

항해용선에서 선주는 선박의 유지보존비뿐만 아니라 운항비도 부담하고, 운항에 관한 모든 책임을 진다. 용선자는 단지 빌린 선복의 대가를 부담할 뿐이다[4]. 정기용선에서는 일반적으로 선사가 용선자가 되고, 항해용선에서는 무역업자가 주로 용선자가 된다.

③ 나용선계약(裸傭船: Demise Charter, Bare charter, 선박임대차계약)

나용선계약은 용선자가 선박만을 빌리는 선박임대차계약으로 용선기간 중 용선자는 선박의 임시선주로 선장과 선원을 직접 고용하고 지휘, 감독한다. 일반적으로 우수한 선원은 있지만 선박이 부족한 경우 외국선박을 나용선해서 자국의 선원과 장비를 갖추어 다른 나라에 재용선(再傭船: Sub-charter)하는 경우가 많다.

4) 노승혁, 무역실무론, 대왕사, 2000, pp.202-203.

••● 물류에세이 ●••

"돌아온 Bulk"

'5년 전의 추억이 부활하고 있다. 사상 최대 호황을 맞고 있는 한국 조선(造船)업계가 2002년 이후 거의 손을 놓고 있던 벌크선 수주에 나서기 시작한 것이다. 벌크선은 철광석, 석탄, 곡물 등 건(乾)화물(dry cargo)을 그대로 실어 나르는 배로 화물 적재 공간을 칸막이로만 구획하는 단순한 구조다. 조선업체라면 어디서나 만들 수 있는 기초적인 선박이기 때문에 세계 최고의 설계·건조 능력을 가진 우리나라 조선업체들은 거의 신경을 쓰지 않는 선형(船型)이었다. 한국이 손을 놓고 있는 사이 기성복 찍어내듯 기존 설계도면대로 선박을 만드는 일본 조선소들과 신흥 중국 조선소들이 벌크선시장을 장악해 왔다. 그러나 LNG(액화천연가스)선, 대형 컨테이너선과 같은 고(高)부가가치 선박에만 주력하고 있던 국내 빅3 조선소들이 최근 벌크선에 눈을 돌리기 시작했다. 대우조선해양은 자회사인 루마니아 대우망갈리아조선과 함께 18만t급 벌크선을 최근 유럽 해운사로부터 13척 수주했다. 세계 1위 조선소인 현대중공업도 대형 벌크선 발주 프로젝트 수주가 가시화되고 있는 것으로 알려졌다. 이 두 회사는 모두 2002년 수주했던 벌크선을 2004년 인도한 이후에는 독(dock)에 벌크선을 들여놓은 적이 없다. 빅3를 제외한 중소 규모 조선소들도 벌크선시장에서 선전(善戰)하고 있다. STX조선도 최근 18만t급 10척을 비롯해 모두 37척의 벌크선을 수주했다.

벌크선이 부활하고 있는 것은 선박 가격이 상승하고 있기 때문이다. 중국의 고속 성장이 계속되면서 철광석 물동량이 늘어나고, 세계적인 석탄·곡물 수송량도 증가하고 있어 벌크선 수요가 늘고 있다는 것이다. 이 때문에 벌크선 발주량도 증가 일로다. 조선·해운시황 전문분석기관 클락슨 통계에 따르면 2005년 315척이었던 전 세계 벌크선 발주량이 작년에는 536척으로 늘었고, 올 들어서는 1분기에만 213척이 발주됐다. 연말까지 800척 이상 발주될 것이라는 전망이 나온다. 해운업계도 벌크선 호황이다. 벌크선이 주력 업종인 STX팬오션측은 "수요에 비해 벌크선 선복량(船腹量)이 부족해 당분간 호황이 지속될 것으로 보인다"며 "전체 매출의 80% 이상을 벌크선 분야에서 올리고 있는 STX팬오션의 올해 실적이 크게 개선될 것"이라고 말했다. 이 때문에 벌크선 신조선(新造船) 가격도 급등하고 있다. 17만t급을 기준으로 작년 초 5900만달러에서 올 4월 8,000만달러로 30% 이상 올랐다. 다른 종류의 선박 가격이 3% 정도의 상승률을 보이고 있는 것과는 대조적이다. 수익성 낮은 선종(船種)이었던 벌크선의 수익성이 크게 좋아지고 있어서 한국 조선소들도 수주 경쟁에 뛰어들고 있는 것이다. 또 다른 분석도 있다. 수익성이 좋아지는 벌크선을 그냥 방치할 경우 중국, 일본 조선업계에 힘이 실릴 수 있다는 것이다. 한국조선협회의 한 관계자는 "좋은 시장을 경쟁자들이 독점하도록 그냥 두는 것은 장기적으로 화(禍)를 불러올 수 있다"면서 "국가 간 산업 경쟁 차원에서도 벌크선 시장을 그냥 둘 수는 없을 것"이라고 말했다.

조선닷컴, 2007.5.3

Check Point

정기용선 및 항해용선과 나용선의 차이점?

정기용선계약과 항해용선계약은 용선자에게 화물의 운송권만 부여하지만 나용선 계약에 있어서는 용선자에게 화물의 운송권 뿐만 아니라 선박의 점유권과 통제권까지 부여하는 계약이고, 선장과 선원도 용선자가 고용하므로 선장과 선원은 용선자의 사용인이 된다. 따라서 선장이나 선원의 과실에 의한 손해는 용선자가 책임을 지게 된다.

〈표 10-5〉 부정기선의 용선계약 유형

용선계약	내용
정기용선계약 (Time Charter)	모든 장비를 갖추고 선원이 승선해 있는 선박을 일정기간 정하여 고용하는 계약이다.
나용선계약 (Bare Boat Charter)	선박만을 용선하여 인적 및 물적 요소 일체를 용선자가 부담하고 운항의 전부에 걸친 관리를 하는 계약이다.
항해용선계약 (Voyage Charter)	한 항만에서 다른 항만까지 화물운송을 화주인 용선자와 선주간 체결하는 계약이다.
선복용선계약 (Lump Sum Charter)	계약톤수에 따라 합계 얼마로 정하고 실제의 적재수량의 과다와는 관계없는 형태의 계약이다.
일대용선계약 (Daily Charter)	하루단위로 용선료를 정하는 계약이다.

자료 : 박명섭(2008)

〈표 10-6〉 용선계약의 구분

	항해용선계약	정기용선계약	나용선계약
선원 및 선장 고용	선주가 선장임명 지휘 감독	좌동	임차인이 선장 임명 지휘 감독
책임 범위	용선자는 선복이용선주는 운송행위	좌동	임차인이 선박을 일정기간 사용 및 운송행위
운임산정 기준	화물의 수량 또는 선복으로 결정	용선기간에 의해 결정	일정기간을 기초로 하여 결정
감항능력담보	용선자는 하주에 대해 감항능력 담보책임 없음	좌동	임차인은 화주에 대해 감항능력담보 부담
선주의 비용부담	선원급료, 식대, 음료수, 윤활유, 유지비, 수선료, 보험료, 감가상각비, 연료, 항비, 하역비, 제수수료, 예선료, 도선료	선원급료, 식대, 음료수, 윤활유, 유지비, 수선비, 보험료, 감가상각비	감가상각비, 보험료
용선자의 비용부담	부담비용 없음	연료, 항비, 하역비, 제수수료, 예선료, 도선료	항해용선중 감가상각비 이외의 비용

Check Point

자화운송(自貨運送; industrial carriage)이란 무엇인가?

자화운송은 전업운송이라고도 하는데, 전업운송이란 대량의 원재료 및 연료를 주기적으로 해외에서 수입하는 기업이 총수입량의 대부분을 자사소유선 또는 장기용선으로 운송하는 자기운송을 말한다.

이러한 전업운송에 사용되는 선박을 일반적인 해운영업선인 merchant carrier의 상대적인 개념으로 industrial carrier이라고 한다. 이러한 전업운송은 대규모 제조업체인 석유업, 시멘트업, 철강업 등에서 유조선, 광석 및 석탄전용선, 시멘트운반선을 직접 운영하거나 특정 선사와 대량화물의 정기용선계약을 체결하여 이루어지고 있다.

••● 물류에세이 ●••

"현대·기아차, 해운업 진출 … 곧 수출차 운반 전용선 발주"

내달 4000대 첫 운송 이어 2015년까지 50% 전담 계획

현대·기아자동차그룹 종합 물류회사인 글로비스가 해운업까지 본격 진출한다. 올 하반기 자동차 운반 전용선 2~3척을 국내 조선업체에 발주해 종합 해운업체로 발돋움하겠다는 계획이다. 글로비스는 이미 자동차 운반 전용 중고선박 3척(차량 4000대 운반선급 2척과 6000대급 1척)을 구입해 다음 달 1일 현대·기아차 수출차 4000대를 첫 운송할 예정이다. 현대·기아차의 수출차 운송사업 규모는 연간 8000억~1조원이다.

글로비스는 수출차 운반 사업을 점차 확대해 현대·기아차 수출 물량의 20%를 직접 운송하기로 했다. 또 매년 비중을 10%씩 늘려 2015년까지는 50% 이상을 전담한다는 목표다. 이를 위해 올 상반기 자동차 해상운송 전담조직을 신설하기도 했다. 글로비스는 그간 배를 빌려 선주 역할만 하고 운송은 다른 선사에 맡겨왔다. 하지만 앞으로는 직접 선박 및 운항관리를 하겠다는 얘기다. 글로비스가 본격적으로 해운업에 진출하는 셈이다.

원래 현대·기아차의 수출차는 2002년까지 전량 현대상선이 맡아왔다. 그러나 고 정몽헌 회장이 이끌던 현대그룹이 자금난을 겪으며 유동성 확보 차원에서 계열사인 현대상선의 자동차 운송사업과 운반선 40여 척을 해외 업체에 매각했다. 노르웨이의 빌헬름센이 투자한 유코카캐리어스에 지분 80%를 매각했다. 나머지 지분은 현대·기아차가 보유하고 있다. 그런데 당시 매각 조건으로 현대·기아차의 수출차 운반은 2009년 말까지 전량 유코카캐리어스가 맡기로 했다. 따라서 글로비스는 내년부터 이런 조건이 풀려 종합해운업을 자유롭게 할 수 있게 된 것이다.

또 글로비스는 원자재 운송 사업도 준비 중이다. 철강석 등 원자재 운송 사업은 '해운법' 상 관련 계열사에서는 할 수 없다. 정부가 1999년 외환위기 때 어려움에 빠진 해운업체를 살리기 위해 철강업체가 계열사를 통해 직접 원자재를 운반하는 것을 금지했다. 당시 포스코가 해운사를 인수해 철강석 운반을 직접 하려 하자 해운사들이 반발했기 때문이다. 그러나 글로비스는 이런 규제가 조만간 풀릴 것으로 보고 원자재 운송사업 채비를 하고 있다는 것이다.

익명을 요구한 글로비스 관계자는 "내년부터 현대제철의 당진 용광로가 가동됨에 따라 철강석 등 원자재 운반 수요가 급증할 것으로 보고 미래 먹거리 차원에서 이 사업을 준비 중"이라고 말했다.

글로비스는 올해 매출 4조2000억원(해외 8000억원 포함)을 바라보고 있다. 2001년 창업 이래 매년 20~30%씩 고성장을 하여 현대·기아차 그룹 신설 계열사 가운데 최고 성장률을 기록했다. 2015년에는 매출 10조원으로 국내 최대 종합물류회사로 발돋움하겠다는 비전이다.

중앙일보, 2009.6.23

권면에 "Shipped on board vessel"로 표기된다.

(2) 수취선화증권(Received B/L)

화물이 화물을 선적할 목적으로 수취하였다는 취지가 기재된 선화증권으로 화물이 선사에서 지정한 장소에서 운송인에게 인도되면 발행되는 선화증권이다. 일반적으로 지정된 선박이 수출항에 아직 입항하지 않은 경우 선사의 부두창고 등에 입고되어 본선에 적재하기 전에 발행하는 선화증권이다.

선화증권면에 "Received.....for shipment"로 기재된다. 신용장통일규칙에서는 수취선화증권은 물품의 본선적재일의 표시(On board notation)가 있어야 수리된다고 규정하고 있다.

따라서 선사가 수취선화증권을 발행한 후 그 화물이 본선에 적재되었을 경우에는 선화증권 이면에 "we certify shipment has been loaded on board, date"라고 기재하고 서명해야 한다. 이러한 선화증권을 On board notation B/L이라고 하고 선적선화증권과 동일한 법적 효력을 갖는다.

2) 사고에 대한 기재문언 여부에 따른 분류

- 무고장 선화증권만 은행에서 수리된다.

(1) 무사고 선화증권(Clean B/L)

선화증권상의 비고란(remarks)에 화물의 사고(파손,수량부족, 포장상태불량 등)내용에 관한 문언이 기재되지 않은 선화증권이다. 일반적으로 선화증권면에 "Shipped on board in apparent good order and condition"이라고 기재된다.

(2) 사고부 선화증권(Foul/Dirty B/L)

선화증권상의 비고란(remarks)에 화물의 사고(파손, 수량부족, 포장상태불량 등)내용에 관한 문언이 기재되어 있는 선화증권이다. 선화증권의 비고란에 예를 들어 "7 cases in short", "5 cases loose strap"와 같은 문구가 기재되어 있는 선화증권을 말한다.

본선에 화물을 선적할 때 외관상 화물의 사고가 발견되면 일등항해사는 이러한 사고내용을 본선수취증(mate's receipt: M/R)의 비고란(remarks)에 기록한 사고본선수취증(Foul M/R)을 발급하고, 화주가 선사에 사고본선수취증(Foul M/R)을 제출하면 선사는 선하증권의 비고란에 사고내용을 기재한 사고부 선화증권을 발급해 준다. 이러한 사고부 선화증권은 일반적으로 은행에서 정당한 운송서류로 인정되지 않아 지급이 거절된다.

Check Point

Foul B/L을 Clean B/L로 바꾸려면 어떻게 해야 하나?

수출업자는 시간적인 여유가 있다면 사고화물을 완전한 화물로 교환하여 Foul B/L을 Clean B/L로 교체하든가, 시간적 여유가 없으면 본선수취증(mate's receipt: M/R)의 비고란(remarks)에 기재된 사고문언의 책임을 수출업자가 책임진다는 파손화물보상장(letter of indemnity: L/I)을 선박회사에 제출하고 Clean B/L을 받아야 한다.

선사가 Foul B/L을 발행하는 이유는 목적지에서 화물인도시 수입업자로부터 클레임을 받지 않기 위해서이다. 따라서 수출업자가 L/I를 제출하면 사고화물에 대한 책임이 전적으로 수출업자에게 전가되므로 Foul B/L을 Clean B/L로 교체해준다.

3) 수화인의 표시방법에 따른 분류

- 일반적으로 무역거래에서는 지시식이 사용된다.

(1) 기명식(記名式, Straight B/L)

선화증권의 수화인(Consignee)란에 특정인의 이름을 기입하는 것으로 실제로 상품을 수입하는 수입업자의 이름과 상호가 기재된 선화증권으로 이 경우 상품에 대한 소유권은 수입업자가 되어 수입업자이외의 사람은 화물을 찾을 수 없고, 선화증권의 배서 또는 교부에 의해 화물의 전매가 곤란하여 무역거래에서는 사용되지 않고, 무역외거래에서 주로 사용된다.

(2) 지시식(指示式, Order B/L)

선화증권의 수화인(Consignee)란에 수입업자 등 특정인을 기입하지 않고, 지시인(Order)만을 지시식("to order", "to order of shipper", to order of ...Bank 등)으로 기재하여 유통을 목적으로 한 선화증권을 말한다.

지시인(Order)이 지시식 선화증권의 이면에 백지배서만 하면 이 선화증권의 소지자가 그 화물에 대한 소유권을 갖게 되어 지시인(Order)의 배서에 의해 양도할 수 있다. 지시인은 수출업자가 될 수도 있고 은행이 될 수도 있다.

4. 국제복합운송

1) 국제복합운송의 개념

국제복합운송이란 복합운송인(Multimodal Transport Operator)이 화물을 자신이 인수한 한 국가의 지점에서 다른 국가의 예정된 지점까지 복합운송계약에 의거해 두 종류 이상의 이종 운송수단에 의해 운송하는 것을 말한다.

국제복합운송은 각 운송기관의 협동 체제하에 유니트 로드시스템으로 출발지에서 도착지까지 일관된 체제로 운송함으로써 운송비용을 줄이고, 운송의 효율성을 높이고자 하는 운송방식이다.

2) 국제복합운송의 책임체계

국제복합운송에서 복합운송인(multimodal transport operator)은 전 운송구간에 걸쳐서 책임을 진다. 이러한 책임체계를 단일운송인책임제(single carrier's liability) 또는 전운송구간 단일책임(single through liability)이라고 한다.

(1) uniform liability system

전운송구간동일책임체계(uniform liability system)는 운송구간에 관계없이 운송인이 책임을 지는 체계.

(2) network liability system

각운송구간 이종책임체계(network liability system)는 화물에 손해가 발생구간에 따라 적용되는 법규에 따라 운송인의 책임이 달라지는 책임체계이다.

(3) UN국제물품복합운송조약

UN국제물품복합운송조약(United Nations Convention on International Multimodal Transport of Goods, 1980)은 수정단일책임체계(modified uniform liability system: 변형이종책임체계)이다.

UN국제물품복합운송조약은 화물의 멸실 또는 손상이 국제 복합운송의 어느 한 특정구간에서 발생하고 그 구간에 대한 국제조약 또는 강행적인 국내법이 본 조약에서 규정하고 있는 한도보다 높은 경우 복합운송인의 책임한도액은 그러한 조약 또는 국내법의 규정에 따라 결정한다.

그러나 만약 국제조약 또는 국내법의 책임한도액이 UN국제물품복합운송에서 정한 한도액보다 제한액보다 적은 경우에는 UN국제물품복합운송에서 정한 한도액을 적용하여 운송인의 책임을 강화하는 조약이다.

(4) ICC 복합운송증권에 관한 통일규칙

민간차원의 ICC가 주축이 되어 제정한 복합운송증권에 관한 통일규칙(Uniform Rules for a combined Transport Document)이다. ICC 복합운송증권에 관한 통일규칙은 각운송구간이종책임체계(network liability system)이다.

화물손해가 해상인 경우에는 헤이그 규칙, 항공운송이면 warsaw convention, 철도운송이면 CIM, 도로운송 CMR에 의하여 복합운송인의 책임문제를 해결하고 있다.

만약 복합운송인의 책임구간이 불분명한 경우 복합운송기간중 운송기간이 가장 긴 해상운송기간중에 손해가 발생한 것으로 추정하고 있다(전창원, 1997: 212-216).

3) 국제복합운송의 형태

국제복합운송의 방식은 선박, 트럭, 철도 등을 연계한 랜드 브리지(land bridge) 운송과 선박과 항공기를 연계한 sea & air 방식 등이 있다.

(1) land bridge 운송

랜드브리지 운송은 해륙일관 책임운송체제를 토대로 컨테이너를 활용하여 대륙을 경유하는 door to door 방식에 의한 국제복합운송이다.

American Landbridge(ALB)

출발지	수송수단	중계지	수송수단	중계지	수송수단	목적지	소요일수
극동 주요항	선박	오클랜드	→철도→	갈벨스톤	→선박→	앤트워프, 함부르그, 로테르담, 부레멘 등	35~40일
		로스앤젤레스	→철도→	뉴올리언즈	→선박→	로테르담	35~40일

자료 : KTRA(2011)

미니 랜드 브릿지(Mini Landbridge : MLB)

출발지	수송 수단	중계지	수송수단	목적지	소요 일수
부산 CY/CFS	→선박→	시애틀, 오클랜드 로스앤젤레스, 상파울로 롱비치 등 미서안 제항	→철도→	미국동안 항만 최종지의 철도회사 CY/CFS	15~ 18일

자료 : KTRA(2011)

마이크로 브릿지(Micro Bridge) (Interior Point Intermodal = IPI)

출발지	수송 수단	중계지	수송 수단	중계지	수송 수단	목적지	소요 일수
부산	→선박→	시애틀, 오클랜드 로스앤젤레스, 샌프란시스코 롱비치 등 미서안 항구	→철도→ →트럭	철도터미널	트럭	그룹 I (미시시피강 서쪽) 그룹 II (미시시피강 동쪽) 그룹 III (미국동안에 가까운 도시)	22일

자료 : KTRA(2011)

Canadian Landbridge(CLB)

출발지	수송 수단	중계지	수송 수단	중계지	수송 수단	목적지	소요 일수
부산	→선박→	밴쿠버 시애틀	→철도→ →철도→	St. John 몬트리얼	선박	함부르그, 로테르담, Le Havre	35일

자료 : KTRA(2011)

Reversed IPI(Reversed Interior Point Intermodal : RIPI)

출발지	수송 수단	중계지	수송 수단	중계지	수송 수단	목적지	소요 일수
부산	선박	뉴욕, 챨스톤, 사반나, 뉴올리언즈 등 미국동안 항구	철도 트럭	미국내륙 도시트럭 터미널	트럭	철도역인도→ 수하주 트럭터미널 인도→수하주	약24일

자료 : KTRA(2011)

Siberian Landbridge : SLB

출발지	수송수단	중계지	수송수단	중계지	수송수단	목적지	소요일수
일본, 한국, 대만, 홍콩, 호주, 말레이시아, 필리핀, 중국, 싱가포르	선박	Vostochny	철도	Auto Brest	트럭	동구, 독일, 베네룩스, 프랑스, 오스트리아, 스위스, 이탈리아, 그리스	30~45일
				Luzhaika	철도	핀란드	
				Brest	철도	프랑스, 벨기에, 네델란드, 폴란드, 독일, 스위스	
				Chop/시애루나	철도	체코, 오스트리아, 독일	
				Chop/자호니	철도	이탈리아, 유고슬라비아, 헝가리, 오스트리아, 스위스	
				Ungeny	철도	루마니아, 불가리아, 유고슬라비아	
				Djulfa,	철도	이란	
				Kushka, Termez	철도	아프가니스탄	
				Tallin,	선박	북구, 독일	
				Riga	선박	영국, 아일랜드, 베네룩스, 독일, 프랑스, 포르투갈, 스페인	

자료 : KTRA(2011)

(2) Sea & Air

Sea & Air 운송은 해상운송과 항공운송을 연계한 국제복합운송이다. Sea & Air 운송은 운임과 운송일수가 해상운송과 항공운송의 중간이기 때문에 운임이 비싼 항공운송과 운송 일수가 많이 걸리는 해상운송에 비해 경제적이다.

특히 Sea & Air 운송은 해상운송만을 하는 것에 비해 운송일 수가 대폭 단축되기 때문에 재고, 창고료, 포장비 등의 절감을 가져오고 해상운송에 비해 신속한 운송으로 상품의 판매경쟁력을 향상시킬 수 있다(인정수, 1999: 53).

국제물류에서 Sea & Air 복합운송은 1956년 미국의 Flying Tigers사가 일본으로부터의 백화점용 수입상품을 미국의 중서부나 동부 연안으로 운송하기 위해 최초로 도입한 이후 그 서비스를 유럽까지 확대하였다. 그 이후 Sea & Air 운송은 1970년대 전반까지 항공회사 주도로 이루어 졌으나 1970년대 후반에는 화물운송 포워더에 의한 Sea & Air복합운송 전문업체가 출현하였다. 1980년대에는 항공화물혼재업자가 Sea & Air 운송에 진출하였다.

그러나 1990년대에 들어서는 Sea & Air 복합운송을 주도하던 일본 기업 등의 유럽 현지생산거점에서 현지 부품조달 비율이 높아지면서 유럽행 물동량이 감소하게 되었다.

우리나라의 Sea & Air 복합운송은 1973년 시작되어 1980년대 후반부터 활성화되기 시작하였다. 1990년대 이후부터는 중국 발 Sea & Air 복합운송이 증가되고 있다(김광석외, 2005:1-7).

〈표 10-3〉 국제 Sea & Air

서비스명	출발지	수송수단	중계지	수송수단	중계지	수송수단	목적지	소요일수
북미서안 경유 SEA/AIR	부산	선박	북미서안 주요항 ↓ 서안 공항	→항공→	북미동안→ 항공	→항공→	유럽공항 ↓ 주요도시	14일
러시아 경유 SEA/AIR	부산	선박	Vostochny → 블라디보스톡	항공→	모스크바 룩셈브르크 베를린	→항공→ →트럭 →트럭	구주, 중근동 아프리카 구주 각지	약 14일
동남아시아 경유 SEA/AIR	부산	선박	홍콩 방콕 싱가포르	항공→	구주공항	→트럭	최종목적지	8~10일, 14일~16일, 14일~16일

자료 : KTRA(2011)

제3장 국제운송인의 책임과 면책

1. 국제운송에서 면책약관이란?

1) 면책약관의 개념

통상적으로 상거래에서 약관은 대량적, 반복적인 거래에 일률적으로 적용하기 위하여 사전에 그 계약내용을 정형화한 계약조항을 말한다. 그런데 약관에서 중요한 점은 양당사자가 계약내용의 결정에 있어 동등한 위치에 있지 않다는 것이다. 즉, 어느 한쪽이 일방적으로 이미 작성한 계약내용을 다른 상대방은 수락하는 역할만을 한다.

해상운송계약에서도 개품운송의 경우 선하증권상의 약관은 운송인이 미리 불특정 다수의 하주를 상대로 작성하여 놓고 개별 하주는 이러한 선하증권상의 약관을 수용하는 입장에 있다.

일반적으로 면책약관(Exception Clauses)은 현재 또는 장래에 책임을 부담할 자가 이 면책약관에 의해 법률상의 책임규정에 비하여 한층 유리한 법률상의 취급을 받기로 한 약관을 의미한다.[5)]

국제조약이나 이를 수용한 상법의 운송인의 책임과 의무가 적용되는 개품운송계약[6)]에서 운송인의 면책약관은 이러한 원리에 의해 운송인이 부담하는 손해배상책임을 면제내지는 경감하려고 선하증권에 삽입하는 약관을 말한다.

이러한 면책약관은 책임을 소멸시키는 계약과 책임을 경감하는 계약으로 분류하여 전자를 면책약관, 후자를 책임경감약관이라고도 한다.[7)] 우리가 통상적으로 사용하는 면책약관에는 운송인의 책임을 전적으로 면제하는 약관과 책임

5) 田中誠二, 「海上法詳論」, 勁草書房, 1970, p.309.
6) 姜南浩, 「海上法의 法律 知識」, 青林出版社, 1996, p.54.
7) 田中誠二, 「船荷證券免責條款論」, 有斐閣, 昭和 14年, p.129.

을 경감하는 약관이 혼용되어 있다. 예를 들어 포장불충분에 의한 손해에 대해 운송인의 책임을 면제하는 것은 전자의 경우이고, 운송인의 과실에 의해 발생된 손해에 대해 운송인의 책임한도를 제한하는 것은 후자의 경우이다.

2) 국제운송에서 면책약관의 학설(學說)

(1) 채무발생저지계약설

면책약관이란 배상채무발생을 저지하는 계약이라고 해석하는 학설이다[8]. 이 학설은 일본의 松本博士가 주장한 것으로 이 학설의 요지는 면책약관이란 일정한 배상책임의 발생을 저지하는 특종의 계약이라는 것이다[9]. 면책약관은 처음부터 채무자의 허용으로 손해배상의무가 발생하지 않은 것이 아니고, 면책약관은 손해발생을 저지하는 계약이라는 것이다.[10]

(2) 채무면제예약설

면책약관을 채무자인 해상운송인이 채권자인 하주에게 손해배상 채무가 발생할 것을 미리 예상하여 처음부터 이것을 면제하는 채무면제예약을 하는 것으로 보는 견해이다.

(3) 조건부채무면제설

이는 일정한 채무의 불이행이 있다면 손해배상의 채무를 면제한다는 것이다[11]. 즉, 채권자인 하주의 채무불이행이 있을 경우 조건적으로 운송인의 채무를 면제한다고 보는 견해이다.

---

8) 「上揭書」, p. 145.
9) 「上揭書」, pp. 146-147.
10) 田中誠二, 「船荷證券免責條款論」, p. 146.
11) 田中誠二, 「海上法詳論」, p. 309; 鄭暎錫, 海上運送人 免責論, 明信文化社, 1995, p. 11.

Check Point

면책약관의 학설 중 유력한 학설은?

면책약관에 대한 세 가지 학설 중 어느 하나의 학설이 현재의 면책약관의 법적성질을 다 설명해 주지는 못한다. 그러나 면책약관의 법적성질을 손해배상채무의 발생을 처음부터 발생시키지 않거나, 손해배상책임의 발생을 저지하거나, 채무면제의 예약으로 보는 견해는 현재 국제적으로 인정되고 있는 운송인의 면책약관들의 성질과는 다소 거리가 있다.

현재 해상운송에서 용인되는 운송인의 면책약관은 처음부터 운송인의 손해배상책임을 인정하지 않거나, 저지하는 성질보다는 일정한 조건하에서 운송의 책임을 면제하거나 경감시켜주는 성질을 갖고 있다. 따라서 조건부채무면제설이 세 가지 학설 중에서 면책약관의 법적성질을 잘 설명하여 주고 있다.

3) 국제운송에서 면책약관은 왜 필요한가?

국제운송에서 해상운송인은 육상운송인에 비해 많은 면책사유를 인정받고 있다. 이렇게 해상운송인의 수 많은 면책사유를 용인하여 주는 이유는 해상운송에는 다른 어떤 국제운송보다도 막대한 자본 및 위험이 따르기 때문이다.

예를 들어 헤이그 규칙에서 선박화재에 대해 운송인을 면책하여 주는 가장 큰 원인은 선박화재의 손해가 대규모로 발생될 가능성이 크기 때문이다. 만약 이렇게 국제운송에서 대규모로 발생되는 해상사고에 대해 운송인의 책임을 면제하거나 경감하여 주는 면책약관이 허용되지 않는 다면 국제 해상운송은 위축되어 원활한 국제물류가 이루어지지 않게 된다.

또한 이러한 운송인의 면책약관이 허용되지 않는다면 운임 및 선주배상책임 보험료의 상승을 가져와 결국에는 국제무역의 위축을 가져오게 된다. 따라서 국제 해상운송에서 운송인의 면책약관은 원활한 해상운송을 위해 즉, 대량거래의 지속적이고 신속한 이행을 위해 필수 불가결한 요소 중의 하나이다.

2. 국제조약 이전의 운송인 면책약관

1) 이탈리아 로마법

현대 해운과 해상법의 유래는 11세기 이태리 도시국가들의 관행에서 찾을 수 있다. 이러한 최초의 해상운송법은 도시국가의 통제 하에서 발전하여 17세기경에는 다양한 원칙들이 로즈섬(Island of Rhodes)의 해상관습으로 구현되었고, 로마의 법률가들에 의해 로즈법(Rhodian Law)으로서 승인되고 발전되었다.[12]

고대의 해상운송인은 로마법상의 레셒툼(Receptumhaftung)의 책임을 부담하고 있었다. 즉, 화물에 멸실(Loss), 손상(Damage)이 발생하였을 때 운송인은 그 손해가 불가항력(天災), 위탁된 화물자체의 성질(숨은 하자, 자연적인 소모), 송하인의 과실, 공동해손희생에 의해서 발생하였음을 입증하지 못했을 때에는 멸실 및 손상된 화물에 대한 손해배상 책임을 면할 수 없었다.

이러한 레셒툼 책임은 19세기 전반까지 해상운송인의 책임으로 인정되었다. 따라서 해상운송인은 상기에서 지적한 몇 가지 면책사유를 제외하고는 자신의 고의 및 과실여부와는 상관없이 화물에 발생된 손상 및 멸실손해에 대해 절대적 무과실책임(Absolute Liability)을 부담해야 됐다[13].

2) 영국의 보통법

로마법을 계승한 영국의 보통법(Common Law)상의 모든 공중운송인(Common Carrier)은 불가항력(Act of God), 공적의 행위(Act of Public Enemies), 화물자체의 잠재적 하자(Inherent Nature of the Goods Themselves), 공동해손(General Average Sacrifice)에 기인하지 않는 한[14] 운송중의 화물에 발생한 어떠한 멸실이나 손해에 대해 책임을져야 했다.

역사적으로 해상법은 해상운송인의 태만여부 및 손해의 원인에 상관없이 해상운송인에게 화물손해 및 멸실에 대한 절대적인 책임을 부과했다. 즉, 전쟁, 불가항력, 공동해손, 내재적 결함, 송하인의 과실이외에는[15] 해상운송인의 면

---

12) W. E. Astle, *The Hamburug Rules*, Fairplay Publications Ltd., 1981, p.1.

13) 加藤正治. "羅馬のレセプツム責任の法理と後世へノ影響", 海法研究, 第二巻, 東京 有斐閣書房, 1916, p.276-283; 三輪清一郎, 「運送及 運送契約論」東京 有斐閣書房, 1921, p.325-326.

14) A. A. Mocatta, M. J. Mustill & S. C. Boyd, *Scrutton on Charterparties and Bill of Lading*, 18th ed., London Sweet & Maxwell, 1974, p.198.

책이 인정되지 않았다.

(1) 보통법과 계약자유의 원칙

영국에서는 보통법상 해상운송인의 책임이 매우 엄격하여 해상운송인은 개별 운송계약상의 면책약관에 의해 책임을 경감받았다.16) 당시 영국에서는 실제 상거래에서는 계약자유의 원칙(Freedom of Contract)이 일반적으로 인정되었기 때문에 해상운송인은 하주와의 개별 운송계약에서 선하증권내에 면책약관을 삽입할 수 있었다.

따라서 해상운송인은 선하증권에 면책약관을 삽입함으로써 그 책임의 감면을 받는 경우가 많았는데, "Act, Neglect, or Default of the Master, etc., in the Navigation or a Management of the Ship"이라는 면책약관이 널리 사용되었다.17)

영국 보통법 하에서의 면책약관을 연혁적으로 살펴보면 선하증권 및 용선계약의 초창기(16세기 초반)까지 영국에서는 선하증권에 면책약관이 전혀 포함되지 않았고, 그 후 처음으로 선하증권에 삽입된 면책약관은 다음과 같은 간단한 문구만이 삽입되었을 뿐이었다. "The danger of the sea only excepted".18)

선하증권의 면책약관은 1795년 이전에는 보통법상의 면책사유의 기재 이외에 간단한 계약상의 면책사유인 "The danger of the sea only excepted"를 첨가하는 수준이었으나, 1795년 Smith 대 Shepherd 사건19)으로 간단한 면책약관만으로는 영국보통법상의 엄격한 해상운송인의 책임 하에서 해상운송인을 보호할 수 없다는 것이 입증되었다.

본 사건에서 영국법원은 이 사건 이전에 선하증권에 해상운송인의 면책약관으로 삽입하였던 이 약관(the danger of the sea only excepted)을 협의로 해석하여 해상운송인이 면책받을 수 없게 되었다.

영국 법원은 침몰선으로 부터 표류했던 돛대에 과실없이 충돌했던 선박의 소유자에 대해 관련된 사고가 "The dangers of the sea"에 해당되지 않는다

15) W. E. Astle, *The Hamburug Rules*, 1981, p. 2.
16) Paul Todd, *op. cit.*, p. 136.
17) 李宙興, 「海上運送法」, 博英社, 1992, p. 230.
18) Wright v. Campbell; Scrutton, *op. cit.*, p. 208.
19) Smith v. Shepherd; Abbot, *Law of Merchant ships and seaman*, 14th ed., p. 473, 578; 小町谷操三, 「統一船荷證券法論」, 勁草書房, 昭和 33年, p. 4.

는 이유로 운송품의 손해에 대한 배상책임을 부담하게 했다.

이 판결에 따라 운송인들은 보통법상에 자신들의 책임을 제한하는 법안을 통과 시키려고 했으나, 상원에서 부결되었고,[20] 결국 운송인들은 각종의 면책약관을 선하증권상에 기입하였다. 그 후에도 운송인들은 점진적으로 그들의 선하증권을 수정하기 시작하여[21] 다양한 면책약관들을 선하증권에 삽입하기 시작했다.

즉, 해상운송인들은 해상운송재판에서 해상운송인들이 패소하는 원인을 영국의 보통법에 해상운송인의 면책규정이 없었기 때문이라고 판단했다. 그런데 영국의 보통법에 해상운송인의 면책법규를 제정하는 것은 어렵기 때문에, 그 대신에 계약자유원칙에 의해 하주와의 개별 운송계약시 선하증권에 임의적인 면책약관을 삽입했던 것으로 간주된다. 이러한 면책약관들은 시간이 흐름에 따라 무분별하게 증가되었다.

3) 미국의 하터법

하주의 이익을 보호하기 위해 제정된 미국의 Harter Act는 운송인과 그의 대리인의 화물에 대한 주의 및 보관에 대한 과실를 면제하는 약관을 금지하고, 동시에 만약 운송인이 선박의 감항능력을 갖추기 위해 주의의무를 하였다면 불감항으로 인한 손해에 대해 면책해 주고, 항해 및 선박의 취급상의 과실[22] 및 실수에 의해 발생한 손해에 대해서는 면책을 인정하여 주고 있다.

하터법은 해상운송인의 과실을 상사과실과 항해과실로 구분하여 상사과실은 해상운송인의 귀책사유로 항해과실은 해상운송인의 면책사유로 한 최초의 법이다.

상사과실은 화물의 선적, 적재, 운송, 보관, 관리, 양하시 해상운송인이 화물에 저지른 과실이다. 항해과실이란 선장, 선원, 도선사, 기타 운송인의 사용자의 항행과 선박취급에 관한 과실이다. 즉, 선박의 조정이나 항해기술면에서 발생된 모든 문제에 대한 과실이다.

구체적으로 살펴보면 선장의 부주의한 운항, 조타수의 실책, 정박소의 부주의한 선택, 태풍에 관한 일기예보 미청취 등으로 인한 해상사고를 말한다.[23]

---

20) 「上揭書」, p. 3.
21) Scrutton, *op. cit.*, p. 208.
22) W. E. Astle, *The Hamburug Rules*, p. 7.
23) 西島彌太郎, 「船荷證券論」, 嚴松堂書店, 1954, p. 212.

하터법의 정신은 그 후 1924년 헤이그 규칙을 거쳐 각국의 해상물품운송법의 제정으로 까지 발전하였다.[24] 하터법은 해상운송인의 책임 문제를 상사과실과 항해과실의 구분에 의해 해결하였다.[25] 이러한 하터법의 의의는 그 당시 편향적으로 향유되던 운송인의 이익을 축소하고, 하주의 권익을 도모 한데서 찾을 수 있다.

Harter Act는 운송인이 선박의 감항능력확보를 위해 상당한 주의를 다했다면 선주는 항해나 선박상의 과실로부터 발생하는 멸실이나 손해에 대해 책임을 지지 않는다[26]는 항해과실의 법정면책을 최초로 규정했다. 영국에서 계약자유원칙에 따라 무분별하게 증가된 면책약관을 일정 범위내에서 제한하자는 움직임이 미국에서 하터법을 중심으로 일어났는데, 이 과정에서 면책사유로 인정된 것이 항해과실이다.

하터법에서는 해상운송인의 항해과실을 면책해주는 조건으로 해상운송인에게 선박의 감항을 위한 상당한 주의를 요구하고 있다. 즉, 항해과실은 해상운송인이 선박의 감항능력에 대한 상당한 주의를 다할 것을 전제로 하여 면책된다.

The Harter Act(1983) Section 3.

if the owner of any vessel transporting merchandise or proprety to or from any port in the United States of America shall exercise due diligence to make the said vessel in all respects seaworthy and properly manned, equipped, and supplied, neither the vessel, her owner, or owners, agent, or charterers shall become or be held responsible for damage or loss resulting from faults or errors in navigation in the magement of said vessel....

또한 하터법 제1조에서는 화물의 선적, 적재, 보관 등 운송물 각 취급 단계에서 해상운송인의 과실과 태만으로 발생된 화물의 멸실 및 손상에 대해 해상운송인이 그 책임을 면하는 면책조항의 삽입은 무효라고 규정하였다.

따라서 해상운송인의 상사과실은 해상운송인의 귀책사유로 하고 있다. 하터법에서는 해상운송인이 무분별하게 선하증권에 삽입된 면책약관들로 인해 피해를

24) 林田 桂, 「海上保險研究」, 海文堂, 昭和 49年, pp. 1-2.
25) W. E. Astle, *The Hamburug Rules*, p. 7.
26) Raoul Colinvaux, *op. cit.*, p. 147; The Harter Act, Section 3.

입고 있는 하주들을 보호하기 위하여 해상운송에서 해상운송인이 책임져야 할 최소한의 강행적 책임을 부과했다. 즉, 이전처럼 해상운송인이 선하증권의 면책 조항에 의해 무분별하게 면책되는 것이 아니고 일정한 사유에 대해서는 해상운송인이 면책되지만 특정사유에 대해서는 해상운송인이 면책을 주장할 수 없도록 규정하였다. 해상운송인이 개별운송계약에서 선하증권에 면책약관의 삽입으로 Common Low상의 엄격한 책임을 회피하려는 것을 방지하기 위한 취지였다.

The Harter Act Section 1.

It sall not be lawful for the manager, agent, master, or owner of any vessel transporting merchandise or property from or between ports of the United States and foreign ports to insert in any bill of lading or shipping document any clause, covenant, or agreement whereby it, he, or they shall be relieved from liability for loss or damage arising from negligence fault, or failure in proper loading, stowage, custody, care, or proper delivery of any and all lawful merchandise or property committed to its or their charge. Any and all words or clauses of such import inserted in bill of lading or shipping receipt shall be null and of no effect.

〈표 10-4〉 하터법상의 해상운송인의 면책사유와 귀책사유

면책사유	귀책사유
• 선박의 관리상의 과실(항해과실) • 운항상의 과실(항해과실)	• 선박의 불감항 • 화물관리상의 과실(상사과실)

상기표에서 보듯이 하터법에서는 기존의 무분별한 선하증권상의 해상운송인 면책사유를 면책사유와 귀책사유로 분류하였다. 이러한 분류는 후술할 헤이그 규칙에 그대로 적용되어 해상운송인의 항해과실은 해상운송인의 면책사유로, 상사과실은 귀책사유로 규정되었다. 또한 하터법에서도 불가항력이나 적의 공격 등에 의한 화물의 손해 대해서는 운송인이 면책되었다.

(1) 하터법의 한계

하터법 자체가 국제조약이 아닌 미국 국내법이라서 국제 무역거래에 적용하는 데는 한계가 있었다. 해상운송인이 개별 운송계약에서 선하증권에 면책

약관을 삽입하는 관행을 금하는 해상법의 개정이 필요했으나, 선주국들은 운송인에 대한 책임부과의 변경은 운송인에게 불이익을 줄 것으로 우려하였고[27], 선주국들의 법률적 시스템의 기본적인 특징인 계약자유의 원칙을 줄이려는 생각을 하지 않았다. 따라서 하터법하에서도 해상운송인들은 여전히 선하증권에 면책조항을 삽입하였다.

해상운송인들은 19세기말까지 해상운송계약에서 수 많은 면책조항들을 삽입하였다. 해상운송인들은 그 당시 독점적 지위를 활용하여 1890년까지 해상운송인이 발행하는 선하증권에는 공통적으로 다음과 같은 면책약관을 삽입하였다.

exonerating the carrier liability for almost every cause or type of cargo damage, even where loss or damage was caused by the negligence of the carrier.

〈표 10-5〉 19세기 선하증권의 면책약관에 대한 영·미의 논쟁

영국 주장(선주국)	미국 주장(하주국)
영국에서는 선하증권상의 면책약관은 해상운송계약 당사자인 하주와 해상운송인간의 자유로운 계약에 의한 결과이므로 불법이 아니라고 주장. 즉 계약자유원칙을 인정.	하주국인 미국에서는 해상운송인의 선하증권상의 면책약관 삽입은 하주와 해상운송인간의 정당한 계약이 아니고, 해상운송인의 독점적지위를 이용한 공공정책에 위배되는 행위라고 주장.

4) 국제조약 이전의 면책약관 비교분석

〈표 10-6〉 국제조약 이전의 면책약관 비교

레셉툼 책임	영국 보통법	하터법	
		면책사유	귀책사유
천재(天災) 위탁된 물건자체의 숨은 하자 또는 자연적인 소모 여객 또는 송하인 과실 공적 공동해손 희생	불가항력 적의 공격 화물의 내재적 하자 화물소유자의 과실 해난구조 포장의 결함	항해과실	선박의 불감항 상사과실

27) W. E. Astle, *The Hamburug Rules*, p. 7.

해상운송인의 화물손해에 대한 손해배상책임이 면제되는 경우로는 크게 법률 규정에 의한 법정면책사유와 운송계약 당사자사이의 개별계약에 의한 약정면책약관을 들 수 있다.

상기에서 선하증권에 관한 국제조약 이전의 해상운송인의 법정 면책사유를 중심으로 그 당시 성행하던 약정 면책약관의 남용에 대해 살펴보았다. 보통 면책약관(exception clause)은 현재 또는 미래에 책임을 부담하는 사람이 법률상의 책임규정보다 더욱 유리한 법률상의 이득을 받으려고 만든 약관을 지칭하고[28], 해상운송계약에서는 선하증권, 용선계약서에 사용되고 있다.

레셉튬 책임하의 면책사유와 영국 보통법상의 법정 면책사유는 상기 표에서 보듯이 천재(天災), 전쟁위험, 하주의 과실 및 화물자체의 결함, 공동해손에 국한되고 있다.

이렇게 레셉튬책임과 영국의 보통법에서 자연력, 강제처분, 제3자의 행위에 의한 사항만을 엄격하게 명시하고[29] 있던 운송인의 면책사유는 영국의 계약자유의 원칙에 따라 개별 운송계약에서 선하증권에 무분별하게 삽입되기 시작하였다.

선하증권에 삽입된 이러한 면책사유를 크게 구별하면 상사과실과 항해과실로 구분할 수 있다. 상사과실에 대해서는 영국의 보통법상 및 그 당시의 선하증권 면책약관에도 규정되어 있지 않아서 해상운송인은 상사과실에 의해 발생한 적하의 손상 및 멸실 손해에 대해 배상책임이 있었다. 그런데 19세기 후반 이후 헤이그 규칙이 시행되기 전까지 해상운송인들은 항해과실에 대한 면책은 물론이고, 상사과실에 대해서도 면책됨을 명시한 면책약관을 선하증권에 삽입함으로서 하주에게 불이익이 초래하였다.

이러한 운송인들의 무분별한 면책약관에 제동을 걸고자 미국의 하터법에서는 운송인의 과실을 항해과실과 상사과실로 구분하고, 항해과실에 대해서는 선박의 감항성을 전제로 운송인의 면책을 인정하였으나, 상사과실은 운송인의 면책을 금지시켰다.

그러나 이러한 하터법은 미국의 국내법이라는 한계 때문에 운송인의 면책약관의 남용을 억제하는 데는 한계를 보였다. 따라서 19세기 국제무역의 확대에 따라 무역운송의 대부분을 차지하고 있는 해상운송을 동일하게 규율하는 국제적 해상법의 제정이 요구되었고, 이는 헤이그 규칙의 태동을 가져온 직접적 계기가 되었다.

28) 田中誠二, 「海上法詳論」, 勁草書房, 1970, p. 309.
29) 小井谷操三, 「統一船荷證券法論」, 勁草書房, 1955, p. 228.

선하증권 통일조약 이전의 운송인의 면책사유의 가장 큰 특징은 레셉튬 책임과 영국의 보통법에서는 운송인의 과실에 대한 면책사유가 전혀 존재하지 않고, 단지 자연력, 강제처분, 제 3 자의 행위에 의해 발생한 불가피한 손해만을 해상운송인의 면책사유로 인정해 주었으나, 하터법에서는 운송인의 과실 중에서 상사과실은 운송인의 귀책사유로 하였고, 항해과실은 면책사유로 하였다.

3. 헤이그 규칙

1) 헤이그 규칙의 성립배경

하터법에 의한 운송인의 책임규정은 미국의 국내법이라는 한계를 극복하지 못하였고, 운송인의 책임을 전세계적으로 표준화하는 국제적인 선하증권의 창립의 움직임이 주로 CMI(Committee Maritime International)와 국제 법률협회를 중심으로 개최되었다.

1921년에 헤이그에서 개최된 회의에서 선주, 보험자, 하주간에 상당한 토론후에 최종적으로 헤이그규칙이 제정되었다. 헤이그 규칙은 CMI의 영국회의에서 수정되었고, 1923년에 최종 수정된 법안은 1924년에 주요 해운국이 비준하였다.[30]

헤이그규칙의 정식 명칭은 선하증권에 관한 통일규칙(The International Convention for the Unification of Certain Rules of Law releting to Bills of Lading 1924)이다.

헤이그 규칙의 비준은 이전에 해상운송계약에서 향유되었던 계약자유의 원칙을 없에는 계기가 되었다.[31] 헤이그 규칙은 종래 선주나 화주의 권리와 의무가 국제적으로 통용될 수 있도록 하기 위하여 선하증권에 관하여 제정된 국제규칙이다. 이 조약에 대하여는 영국, 미국, 프랑스, 독일, 일본 등 87개국이 이를 받아들여 국내법화하였고,[32] 오늘날 전세계적으로 발행되는 선하증권에 헤이그규칙이 적용되지 않는 경우는 거의 없다. 그런데 헤이그 규칙은 운송인의 이익에 치우쳤다는 비판을 받고 있다.[33]

---

30) W. E. Astle, *The Hamburg Rules*, Fairy Publications, 1981, p. 8.
31) *Ibid.*, p. xi.
32) 李宙興, 「海上運送法」, 博英社, 1992, p. 229.
33) W. E. Astle, *The Hamburg Rules*, p. 8.

2) 헤이그 규칙의 면책조항의 특징

헤이그 규칙은 화주의 피해를 줄이기 위하여 하터법과 같이 상사과실을 선하증권상의 운송인의 귀책사유로 하였고, 항해과실만 선하증권상의 면책사유로 하였다. 헤이그 규칙의 면책조항은 항해과실을 포함한 제4조 2항에서 열거하고 있는 17개 항목의 면책사유를 의미한다. 우리나라는 헤이그 규칙의 17개 항목을 해상운송인의 법정면책사유로 받아들여 상법 제788조 제2항과 제789조 제2항에서 10개 항목으로 열거하고 있다.

헤이그 규칙하에서 운송인들은 항상 화물 클레임에 대한 방어로서 이 면책사유들을 적용하고 있다[34]. 헤이그 규칙 제4조 제2항에 규정되어 있는 면책조항은 헤이그 규칙 이전에 선하증권내에 관습적으로 삽입하던 면책약관을 입법화한 것이다[35].

헤이그 규칙에서는 면책사유와 더불어 과실책임주의에 의하여 해상운송인에게 주의의무 부과 및 이를 위반하였을 때에 손해배상에 관한 규정을 하고 있다. 헤이그 규칙에서는 상기에서 살펴본 바와 같이 해상운송인의 면책사유를 제4조에서 열거하고, 여기에서 열거되지 않은 다른 사안을 해상운송인의 면책사유로 하는 특약을 무효로 한다는 취지를 헤이그 규칙 제3조 8항에 다음과 같이 규정하고 있다.

Any clause, convenant, or agreement in a contract of carriage relieving the carrier or the ship from liability for loss or damage to, or in connection with, goods arising from negligence, fault, or failure in the duties and obligations provided in this Article or lessening such liability otherwise than as provided in this Convention, shall be null and void and no effect. A benefit of insurance clause in favor of the carrier or similar clause shall be deemed to be a clause relieving the carrier from liability.

화물의 멸실 또는 손해에 대한 책임을 면제하거나 또는 그 책임을 이 조약의 규정에 위반하여 경감하는 것은 무효로 한다[36]는 규정은 운송품의 선적시부터

---

34) J. Richardson, *A Guide To The Hague and Hague-Visy Rules*, 3rd ed., Lloyd's of London Press Ltd., 1994, pp. 46-47.

35) A. A. Mocatta, M. J. Mustill & S. C. Boyd, *Scrutton on Charterparties and Bills of Lading*, 18th ed., London Sweet & Maxwell, 1984, p. 208.

36) Scruttons Ltd. v. Midland Silicones Ltd; 1962, 1 All E. R. 1; E. R. Hardy Ivmy, Case Book on Shipping Law, 4th ed., LLoyd's of London Press Ltd., 1987, pp. 58-59: 본 사건에서 운송인은 그들의 태만에 의한 손해에 대해 책임을

양륙시까지 운송인이 본 조약에 의해서 부담하는 의무 및 책임에 관해 면책특약을 하는 것을 금지한다는 의미이다. 또한 운송인이 계약에 의해 그의 책임을 증가시킬 때는 반드시 선하증권에 명시하여야 한다.[37)]

헤이그 규칙에서 규정하고 있는 해상운송인의 면책사유는 종래 하주와 운송인간의 개별계약에서 관행적으로 사용되고 있던 선하증권의 면책약관을 정비한 것이고, 또한 해상운송인과 하주의 이해관계를 합리적으로 조절하기 위하여 헤이그 규칙에서 허용하는 면책사유의 한계를 명확히 한 것이다[38)].

헤이그 규칙에서 열거하고 있는 해상운송인의 면책사유중 제4조 제2항의 (c)~(q)호에 열거하고 있는 해상운송인의 면책사유는 대부분 법정면책으로 조문화하지 않아도 과실책임주의하에서 당연히 면책될 사유를 규정한 것이지만, (a)호의 항해과실과 (b)호의 화재는 그 이전의 해상운송인의 면책사유를 그대로 수용하여 주는 것으로 이는 하주국들의 불만을 가져와 후술할 함부르크 규칙에서는 항해과실과 화재가 해상운송인의 면책사유에서 제외되었다.

3) 운송인의 양대주의 의무

헤이그 규칙에서는 양대주의 의무(헤이그 규칙 제3조1항, 제3조2항)에 의해 선박의 감항성 확보와 화물취급에 대해 해상운송인에게 상당한 주의(Due Diligence) 의무를 부과하고 있다. 즉, 이러한 양대주의 의무가 지켜지지 않을 경우에는 헤이그 규칙에 명시된 면책사유는 인정되지 않는다.[39)] 또한 이러한 주의의무에 면책특약을 금지시키고 있다.

상법에서도 제789조 제2항에서 운송인의 면책사유 단서조항으로 양대주의 의무를 명시하고 있다. 그러나 운송인이 이러한 양대주의 의무에 충실했음에도 불구하고 발생한 화물손해는 면책하고 있다. 즉, 운송인이 상당한 주의를 하지 않은 데에 그 원인이 있지 않는 한 선박의 불감항의 결과로 발생되는 멸실, 손상 등에 대해선 운송인이 책임지지 않는다.[40)]

제한한다는 선하증권을 발행했고, 실제로 선적도중 손해가 발생하였다. 운송인은 선하증권상의 책임제한을 주장했으나, 법원에 의해 기각당했다.
Mayhew Foods Ltd. v. Overseas Containers Ltd; 1984, 1 Lloyd's Rep. 317; The Morviken; 1983, 1 Lloyd's Rep. 1; 본 사건에서도 법원에 의해 운송인의 책임제한이 기각당했다.

37) D. E. Day, *The Law of International Trade*, Butterworths, 1981, p. 32.

38) 石井照久, 「運送人の責任」, 勁草書房, 1960, p. 131.

39) D. M. Day, *op. cit.*, p. 28.

40) Angliss & Proprietary Ltd. v. P. & O. Steam Navigation Co; W. E. Astle,

따라서 헤이그 규칙에서는 화물의 손해가 제4조 제2항의 면책사유에 의해 발생되었음이 제시되고, 운송인이 제3조 제1항과 제2항에 부합하게 행동했다면,[41] 운송인은 화물손해에 대해 면책된다.

(1) 감항능력주의의무

헤이그 규칙에서는 운송인이 선박의 감항능력(Seaworthiness)을 갖추는 것을 면책사유들에 선행하는 원칙으로 명시하고 있다. 즉, 감항능력주의의무(堪航能力注義義務)는 운송인이 면책을 주장하기 위한 선행조건이다.[42] 헤이그 규칙에서 선박의 감항능력에 대해 운송인에게 주의의무를 부과하는 것은 미국의 하터법과 영국의 연방법을 적용시킨 것이다[43]. 헤이그 규칙에서는 감항능력주의의무를 해상운송인의 양대주의 의무 중의 하나로 다음과 같이 규정하고 있다.

운송인은 항해 전과 항해 개시시(Before and at the beginning of the Voyage)에 다음의 사항에 관하여 상당한 주의(Due Diligence)를 하여야 한다.

(a) 선박을 항해에 견딜 수 있는 상태로 둘 것.

(b) 선박에 선원의 승선, 선박의장과 필수품의 보급을 적절하게 할 것.

(c) 선창, 냉동실과 냉기실, 기타 물건을 적재하는 모든 장소를 물건의 수취, 운송 및 보존에 적합하고 양호한 상태에 둘 것.[44]

여기서 상당한 주의를 해야 할 대상은 운송인뿐만 아니라 그 사용인과 대리인도 포함된다.[45] 헤이그 규칙 이전의 영국의 보통법에서는 항해가 여러 단계로 나누어져 있는 경우 처음 선적항에서의 항해뿐만 아니라 각 단계별로 선박의 감항능력이 충족되어야 하는 기항항발항주의(寄航港發航主義)를 취하고 있다. 따라서 선적항발항주의(船積港發航主義)를 취하고 있는 헤이그 규칙에서 운송인의 선박의 감항능력주의의무는 경감되었다. 그러나 후술할

Hague Rules Law Digest, Fairplay Publications, 1981, p. 3;
본 사건에서 하주는 운송인이 헤이그규칙 제3조 1항의 선박의 감항능력의무를 위반했다고 주장했고, 운송인는 헤이그 규칙 제4조 1항에 의해 선박의 감항능력을 갖추기 위해 주의의무를 다했다고 주장했다. 법원은 운송인이 선박의 감항능력을 갖추는데 주의의무를 태만하지 않았다고 판결했다.

41) J. Richardson, *op. cit.*, p. 47.

42) *Ibid.*, pp. 46-47.

43) W. E. Astle, *The Hamburug Rules*, p. 10.

44) Hague Rules Article 3-1.

45) 龜井利明, 「英國海上保險約款論」, 關西大學出版部, 1968, p. 233.
"海上運送人의 責任强化에 따른 海上保險影響 分析", 「保險學會誌」, 韓國保險學會, 1995, p. 183.

헤이그 규칙 이후 발효된 함부르크 규칙에서는 운송인의 감항능력주의의무에 대해 영국의 보통법과 같이 또 다시 기항항발항주의를 취하고 있다.

또한 헤이그 규칙에서는 제4조 1항에서 운송인이 상당한 주의를 한 경우에는 불감항에 대해 책임을 지지 않는다고 명시하고 있다. 즉, 헤이그 규칙에서는 실제로 불감항으로 인해 화물에 손해가 발생한 경우에도 제3조 1항에서 명시하고 있는 선적항에서 항해개시 전 및 개시시에 감항능력을 갖추기 위해 상당한 주의를 하였다는 것을 운송인이 입증하면 운송인은 책임을 회피할 수 있다.[46]

헤이그 규칙 이전의 영국의 보통법에서는 운송인이 선박의 감항을 위해 상당한 주의를 하였어도 실제로 불감항으로 인한 손해 발생시 운송인은 면책되지 않았다. 헤이그 규칙에서는 운송인의 감항능력담보의무에 대해서 과실주의를 채택하고, 운송인에게 선박의 감항능력을 유지하기 위하여 상당한 주의의무를 요구하고 있다.[47]

따라서 헤이그 규칙에서 운송인의 부담은 단지 선박의 감항능력을 갖추기 위한 주의의무만을 말하는 것으로 영국의 보통법에서처럼 절대적인 것이 아니다[48]. 즉, 헤이그규칙은 운송인의 주의의무의 정도를 상당한 주의(Due Diligence)까지 경감하였고, 소위 과실책임주의를 채용하여 운송인은 상당한 주의의무를 한 이상 불감항으로 인해 발생된 손해에 대해 면책되고[49], 하주가 불감항으로 인한 손해를 부담해야 한다.

따라서 선박의 감항성에 대한 운송인의 보증은 엄격하지도 절대적이지도 않다[50]. 이러한 문제점을 시정하는 방안으로 UNCTAD의 해운위원회에서는 다음과 같은 사안을 제안하였다. 운송인의 선박의 감항능력을 갖추기 위한 주의의무를 모든 항구를 떠날 때마다로 수정하고, 만약 운송인이 헤이그 규칙을 위반하였을 때에는 선적항에 상관없이 모든 화물손해에 대해 책임을 져야 한다고 제안하였다.[51]

선박의 감항능력을 갖추기 위해 상당한 주의를 다했다는 입증책임은 면책을 주장하는 운송인이 부담해야 한다.[52]

46) *Ibid.*, p. 46.
47) 小町谷操三, 前掲書, p. 62.
48) D. M. Day, *op. cit.*, p. 25.
49) 林田 桂, 「海上保險の 硏究」 海文堂, 1974, p. 15.
50) J. Richardson, *op. cit.*, p. 47.
51) W. E. Astle, *The Hamburugu Rules*, p. 79.
52) J. Richardson, *op. cit.*, p. 47.

(2) 화물취급주의 의무

헤이그 규칙은 제3조 제2항에서 운송인은 운송품의 선적, 취급, 적부, 운송, 보관, 관리, 양하를 적절하고도 신중하게 해야 된다고 명시하고 있다. 이 조항에서 "Properly"란 운송인이 화물에 대하여 인지하고 있는 범위 내에서의 적절한 조치를 의미한다.[53] 즉, 운송인에게 절대적인 의무를 부과하고 있는 것은 아니다.[54] 컨테이너 손해원인의 75%가 상사과실(Rough Handling, 화물의 적부 불량)에 의해 발생하고 있다.

〈표 10-7〉 화물취급 단계별 상사과실의 발생유형

화물취급의 단계	상사과실의 발생유형
선적	선적시 Winch의 취급부적절→ 화물추락, 他화물과 충돌 등
적부	선적후 부적절한 적부 → 오염손해, 파손 등
운송	운송중 나쁜 기후에 대한 대비 불비 → 파손,누손 등
양하	선적시와 동일, 불착손해

Check Point

감항능력주의의무와 화물취급주의의무의 차이점

운송인의 양대주의의무인 감항능력주의의무와 화물취급에 관한 주의의무의 차이점은 감항능력주의의무는 선박의 선적 및 발항당시에만 적용되는 주의의무인데 반해 화물의 취급에 관한 주의의무는 선적 및 발항당시 뿐만 아니라 운송인의 책임기간동안 계속 지켜져야 할 주의의무이다.

53) Albacora SRL v. Westcott and Laurence Line; 1966, 2 Lloyd's Rep 53; D. M. Day, *op. cit.*, p. 28: 본 사건은 소금에 절인 생선이 부패한 경우인데, 생선은 화물 성질상 냉동으로 보관이 요구되었으나, 운송인은 그 사실을 몰라서 단지 엔진과 보일러에서 멀리 보관시켰다. 법원은 운송인이 화물을 적절하게 운송하였다고 판결하였다. 즉, 하주의 적절한 지시 사항(냉동실 보관)이 사전에 필요했다.

54) William Tetley, *op. cit.*, p. 533.

4) 항해과실

(1) 항해과실의 의의

헤이그 규칙 제4조 제2항 (a)호에서는 선장, 선원, 도선사 그 외 사용인의 항해 또는 선박취급에 관한 작위, 부주의 또는 과실로 인한 항해과실에 의하여 발생한 화물의 손해를 해상운송인의 면책으로 규정하고 있다.

항해과실은 항해에 관한 과실과 선박취급에 관한 과실로 구분된다. 선박취급에 관한 과실은 항해에 관한 과실보다 광범위한 개념이다.[55]

헤이그 규칙 제4조 제2항 (a)호

Act, Neglect or Default of the Master, Mariner, Pilot, or Servants of the Carrier in the Navigation or in the Management of the Ship.

영국에서 계약자유 원칙에 따라 무분별하게 증가된 면책약관을 일정 범위 내에서 제한하자는 움직임이 하터법을 중심으로 일어났는데, 이 과정에서도 면책사유로 인정된 것이 항해과실이다[56].

해상운송계약에서 항해과실면책의 관행은 19세기 후반 선하증권에 면책약관이 무분별하게 증가되는 가운데 선하증권내에 삽입되기 시작하였다. 그럼에도 불구하고 헤이그 규칙뿐만 아니라 그 이전의 하터법 등에서 항해과실을 해상운송인의 면책조항에 포함시킨 이유는 첫째, 선박의 항해에 관한 것으로서 전적으로 육지에 있는 운송인이 관여 할 수 없는 권한 밖에 있는 항해기술적인 문제이다.

둘째, 선장 및 선원의 경미한 과실로도 막대한 사고를 가져온다,

셋째, 항해과실로 운송인의 면책이 인정된다 하여도 항해를 실제로 수행한 선장 및 기타 선박사용인은 해난심판법에 의해 그에 상응하는 제제(벌금, 자격정지)를 받기 때문에 의도적으로 항해과실을 저질러 손해를 증가시킬 위험은 없다.[57]

넷째, 하주의 보호는 보험제도에 의하여 해결할 수 있다. 즉, 하주가 보통 해상보험을 통해 손해를 보상 받을 수 있는 상황을 반영하여 항해과실을 해

55) 少町谷操三, 「前掲書」, p. 176.
56) 林東喆, 「海上法·國際運送法研究」, 眞成社, 1990, p. 84.
57) 上掲書, p. 5.

상운송인의 면책사유로 하였다.[58)]

항해에 관한 과실은 오로지 순수하게 항해기술에 관한 과실로서 선박의 조정과 안전한 항해를 하는 데 필요한 모든 항해기술상의 행위에 대한 과실을 말한다. 항해과실이란 정박소의 부주의한 선택, 부주의한 운항으로 인해 암초와 부딪치는 것, 폭풍에 관한 기상당국의 경고를 듣지 않고 출발하는 것 등으로 인한 해상운송인의 과실을 말한다.[59)]

이에 비하여 선박취급에 관한 과실은 상사과실도 아니고, 항해에 관한 과실도 아닌 선박운항에 부수하거나, 항해를 위한 선박관리상의 과실을 말한다.[60)] 선원이 선원 세탁실의 배수관의 장애물을 제거하던 도중 과실로 그것을 파손시켜 오수(汚水)가 화물을 훼손시킨 경우 판례는 세탁실을 안전하게 사용하는 것은 항해를 위하여 필요한 것이므로 그 수선에 의한 과실은 선박취급상의 과실이라고 판결하였다.[61)]

항해과실 면책은 해상운송인이나, 선주가 아닌 해상운송인의 사용인의 항해 및 선박취급에 대한 과실을 면책해주는 것으로 운송인 자신(Owner himself)의 행위나, 과실은 이에 해당되지 않는다.[62)] 해상운송인의 사용인은 헤이그 규칙 제4조 2항(a)호에 명시되어 있는 선장, 선원, 도선사 또는 운송인의 고용인을 말한다.[63)]

(2) 항해과실과 상사과실의 구분

항해과실 중에서 선박취급에 관한 과실과 상사과실에 대한 한계가 실제적으로 곤란한 경우가 많은데,[64)] 헤이그 규칙에서는 양자의 한계를 구체적으로

---

58) 戸田修三, 「商法の理論と演習」, 文久書林, 1979, p. 183; 林東喆, 海上法·國際運送法研究, 眞成社, 1990, p. 67; 李宙興, 「海上運送法」, 博英社, 1992, p. 31; 石井操久, *carrier,s liability with particular to the international carriage by sea act*, 商法論集, p.16

59) 關聯判例는 다음과 같다.
The Etona 1896, 64 Fed. Rep. 880; 71 Fed. Rep. 895; The E. A. Shores 73, 1896, Fed. Rep. 324; Hanson v. Haywood, 1907, 152 Fed. Rep. 401; Taxas and Gulf SS. Co. v. Parker, 1920, 263 Fed. Rep. 864; Carsar v. Spreckls, 1905, 141 Fed. Rep. 260; Raoul Collinvaux, *Carver 's Carriage by Sea* Volume 1, 13th ed., Stevens & Sons, 1982, p. 148.

60) 朴大衛, 「船荷證券」, 法文社, 1991, p. 180.

61) The Tourain, Adm. 17 Asp, 1927, p. 413; 小町谷操三, 前揭書, p. 202.

62) J. Richardson, *op. cit.*, p. 48.

63) Level *v.* Colonial Streamships, 1961, 1 Lloyd's Rep. 560; Carver, *op. cit.*, pp.377-378.

규정하고 있지 않다.

실제 해상손해 발생의 원인을 판정함에 있어서는 구체적으로 어떠한 조치가 화물의 취급과 구분되는 선박의 취급인지에 대해 명확한 개념 정립이 되어 있지 않다. UNCTAD의 해운위원회는 화물에 대한 주의의무와 선박취급의 판단구분이 명확하지 않아 큰 혼란과 많은 소송이 발생하고 있음을 지적하고, 운송인의 항해과실의 면책을 규정하고 있는 헤이그 규칙 제4조 2항(a)호는 시대착오적 약관이므로 폐지되어야 한다고 제안했다.[65]

영국의 판례들을 종합해보면 화물의 보호를 위하여 선박장치를 사용하다가 발생한 과실은 선박취급에 관한 과실이 아니다.[66] 선박의 안전을 위하여 선박에 직접적으로 영향을 미치는 것은 항해과실이고, 주로 화물에 대해 직접적으로 영향을 미치는 것은 상사과실이다.[67] 그러나 각 사건은 개별적 사실에 의해 결정되어야 한다.[68]

4. 헤이그 비스비 규칙

1924년 헤이그 규칙이 성립된 이래로 이 규칙은 거의 모든 해운국가에 의해 받아 들여져 많은 나라가 동규칙을 자국의 해상법에 반영하였다[69]. 그러나 각국의 상이한 조문의 해석 및 판례 등으로 동규칙의 설립 취지인 국제해상법의 통일을 기할 수 없었고, 60년대 들어 증가된 컨테이너운송 및 그동안의 통화가치의 변화 등이 반영되고 있지 않은 모순이 제기되어 왔었다. 1968년 스웨덴의 비스비에서 개최된 해사법외교회의에서 국제해사위원회(CMI)의 헤이그 규칙의 수정안이 채

---

64) Millard Ltd. *v.* Canadian Government Merchant Marine; W. E. Astle, *The Hamburug Rules, op. cit.*, p. 52; D. M. Day, *op. cit.*, p. 29:
본 사건에서 법원은 양자의 구분을 다음과 같이 했다. 손해의 원인이 오로지 또는 주로 화물의 취급주의에 관한 것이면 운송인은 책임을 져야 한다. 그러나 손해의 원인이 선박 및 선박의 일부에 대한 합리적인 주의부족에 의한 경우 운송인은 면책되나, 선박에 대한 주의부족이 아니고, 단지 화물의 보호를 위해 선박의 장치를 사용하는데 있어 태만한 경우에는 운송인이 면책되지 않음을 분명히 하였다.

65) W. E. Astle, *The Hamburug Rules*, p. 80.

66) Foreman and Ellams Ltd *v.* Federal S. N. Co; 1982, 2 K. B. 424: 본 사건은 선박 내에 있는 냉동기의 과실로 인해 냉동 운송품이 손해를 본 경우로 이 경우는 선박의 취급에 관한 과실이 아니라고 판결되었다.

67) W. E. Astle, *The Hamburug Rules*, p. 53.

68) J. Richardson, *op. cit.*, p. 48.

69) W. E. Astle, *The Hamburug Rules*, *p.* xi.

택되어 1977년 6월 발효되었다.[70)]

헤이그 비스비 규칙은 운송인의 책임과 면책에 대해서는 헤이그 규칙과 동일한 체제를 유지하고 있으나, 그동안의 인플레이션을 감안하여 헤이그 규칙에 비해 책임한도액을 인상하였다.

헤이그 비스비규칙은 독립된 신조약이 아니고, 헤이그 규칙을 수정하기 위한 조약이다[71)]. 미국 등 국제무역에서 큰 부분을 차지하고 있는 무역대국들이 아직 헤이그 비스비 규칙에 가입하지 않고 있어 해상운송에서 헤이그 비스비 규칙의 적용은 미미한 수준이다.

5. 함부르크 규칙

1) 함부르크 규칙의 성립배경

헤이그 비스비 규칙은 헤이그 규칙과 근본적으로 다르지 않아 헤이그 규칙의 모순들을 해결하지 못했다.[72)] 함부르크 규칙은 이러한 점들을 극복하려 고안되었다.

함부르크 규칙의 가장 큰 변화이자 특징은 기존에 해상운송인의 면책사유였던 항해과실을 해상운송인의 귀책사유로 정한데 있다. 함부르크 규칙(The United Nations Convention on Carriage of Goods By Sea 1978)은 1978년에 채택되었지만, 비준국은 대부분은 후진국들이고, 주로 선진국인 선주국들은 가입하지 않았다.

함부르크 규칙에 반대하는 전반적인 이유는 함부르크 규칙이 해상운송인에게 과중한 책임을 주어 해상운임의 인상을 가져와 결국에는 하주에게도 불이익을 준다는 것이다.

하터법 이래 법제화되었던 해상운송에서 해상운송인의 항해과실 면책과 상사과실 귀책이라는 책임원칙이 폐지되어 해상운송인의 과실을 항해과실과 상사과실로 구별할 필요성이 사라졌다.

---

70) *Ibid.*, p.11.

71) 錢昌源, "船荷證券 統一 3條約에 관한 硏究", 國際貿易論叢, 東國大學校 海外開發硏究所, 1994, p.11.

72) D. E. Day, *The Law of International Trade,* Butterworths, Co., Ltd., 1981, p.38.

2) 항해과실의 면책폐지에 따른 영향

기존의 헤이그 규칙에서는 항해과실이 해상운송인의 면책사유였지만 함부르크 규칙에서는 해상운송인이 무과실을 입증하지 못하면 책임을 져야 한다. 헤이그 규칙에서는 해상운송인의 과실에 의해 화물에 손상 및 멸실이 발생하면 해상운송인의 그 과실이 항해과실인가 상사과실인가에 따라서 해상운송인의 면책여부가 결정되었다.

즉, 상사과실인 경우에는 해상운송인의 면책이 허용되지 않았지만 항해과실로 판명될 경우에는 헤이그 규칙 제4조 제2항의 항해과실 면책조항에 의해 해상운송인은 그 손해보상에 대한 책임을 면책 받을 수 있었다.

함부르크 규칙에서는 헤이그 규칙에서 규정하고 있는 17가지의 면책 조항을 폐지하였다. 그러나 헤이그 규칙 제4조 2항에서 규정하고 있던 면책사유 중 항해과실과 화재를 제외한 나머지 면책사유는 불가항력적, 자연적, 전쟁위험, 화물고유의 하자 및 하주측의 귀책사유로 인한 손해로 해상운송인이 부담하시 않는 손해이다. 해상운송인은 추정과실책임주의의 원칙에 따라 발생된 화물손해가 상기에서 지적한 해상운송인의 면책사유에 의해 발생되었음을 운송인이 입증해야만 면책받을 수 있다.

Check Point

추정과실책임주의(推定過失責任主義)란?

추정과실주의(Principle of Presumption Fault or Neglect)는 화물에 손해가 발생한 경우 이를 일단 해상운송인의 과실 또는 부주의에 의한 것으로 추정하고,[73] 해상운송인 자신 또는 선박사용인이 손해발생을 회피하기 위하여 합리적으로 취할 수 있는 모든 조치를 취하였음을 입증하지 못하면 손해배상책임을 부담하는 과실책임주의이다. 이렇게 함부르크 규칙은 추정과실책임주의를 규정함으로써 과실유무에 관한 입증책임을 해상운송인에게 부과하여 입증책임을 확실히 하였다.

---

73) 姜南浩, 「海上法의 法律知識」, 淸林出版社, 1996, p. 80.

제11부

국제항만과 물류

제1장 항만의 이해

1. 항만의 기능변화

전통적 항만 = 선박과 육지의 연결을 용이하게 하는 설비를 갖춘 공간

〈현대적 항만〉
하역의 합리화, 기계화 ➜ 항만노동자 감소.
컨테이너화 ➜ 기항시간의 단축, 선원의 감소
항만의 생태문제(항만이 지니는 역사와 경관 등의 장소적 특성 + 항만의 쾌적성)

항만은 물질적 기반으로서의 자연, 취급화물, 역무제공을 행하는 노동을 포함한 운영조직, 자본으로 구성되어 있다. 이러한 항만의 기능을 과거에는 화물의 선적과 양하를 위한 장소적 기능으로만 간주하였다. 그러나 국제물류의 과정이 단순한 해상운송체제에서 컨테이너화에 따른 복합운송체제로 변모됨에 따라 최근 들어 항만은 연계수송망인 도로, 철도, 공항과 수출입화물의 집배송단지가 유기적으로 결합되어 물류거점화됨으로써 화물의 부가가치 증대 및 물류비 절감의 보고가 되고 있다.

즉, 화물이 항만을 통과하는 과정에서 고부가가치와 효용을 창출하는 유통공간으로서 기능이 요구되고 있다. 이러한 항만의 기능변화는 지역 및 국가경제의 발전의 중요한 방안으로 인식되어 항만간의 경쟁이 치열해지고 있다.

항만은 국내외적으로 물류비 및 물류를 통한 서비스 증대의 중요성이 증가하고 있는 가운데 수출품의 국제경쟁력을 좌우하는 중요한 요소로 인식되고 있다. 기업의 물류비 절감과 수출입화물의 적기수송은 항만과 배후연계수송망에 의해 많은 영향을 받고 있다.

따라서 항만을 종합물류기지로 개발 및 운영할 경우 수출입품의 적기수송으로 물류비 절감을 가져 올 수 있다. 또한 항만의 경쟁력 제고는 물류비절감 뿐만 아

니라 항만수입 등으로 인한 외화가득으로 국제수지개선 및 지역경제의 활성화에도 기여하게 된다.

이처럼 항만이 최근 요구되고 있는 물류거점으로서의 기능을 충실히 수행할 경우 항만은 단순한 선박의 입출항 지원 및 부수기능 뿐만 아니라 수출 지원 및 국가경제와 지역경제에 크게 기여할 수 있다. 항만이 물류거점으로서의 기능을 수행하기 위해서는 단순한 화물처리 뿐만 아니라 금융, 정보 등 복합적인 기능을 수행해야 한다.

특히 최근 들어 항만은 교역을 위한 순수항만 기능에서 관광, 교통 등으로 기능과 역할이 다각화되고 있다.[1)]

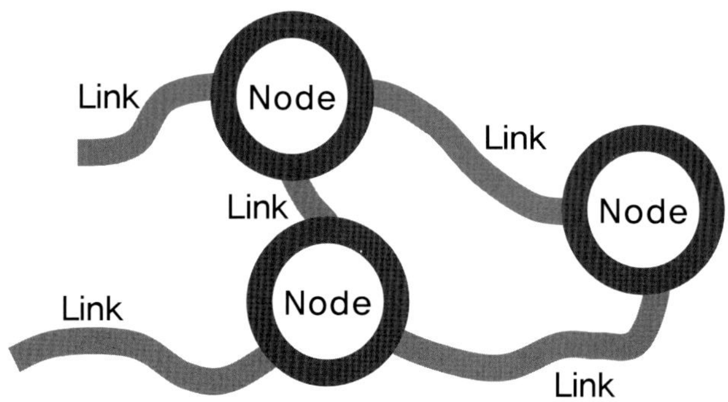

자료 : 한낙현(2009)

[그림 11-1] Node와 Link

Check Point

양항(良港)이란?

전통적으로 천연의 良港은 풍파를 막고 선박의 안전한 피난, 정박이 가능한 폐쇄적인 수역을 의미하였다. 그러나 최근에는 매립, 준설에 의해 인공 항만이 많이 개발되고 있다.

1) 이성우외(2003), “주요 외국 항만운영형태와 우리나라 항만공사 발전방향”, 「해양수산」, 제 227호, KMI, p.36.

2. 허브항만

1) 허브 항만의 요건

허브항만의 요건은 중심성(centrality)과 중계성(intermediacy)으로 설명할 수 있다 중심성은 항만과 배후지역의 관계를 의미하고, 중계성은 다른 항만과 다른 지역과의 상호관계를 의미하는데 일반적으로 허브항만의 개념은 정기선 해운시장의 간선항로상에 위치하면서 대형컨테이너 선박이 hub & spoke 운항 전략에 따라 기항하는 항만으로 일정지역의 물류중심지 및 환적중심항의 역할을 하는 항만을 의미한다.[2]

즉, 허브항만은 국내화물(local cargo)이 지속적으로 상당부분 확보되어야 하고, 환적화물(transshipment)을 유치하여 주변항만과 연계된 글로벌 물류서비스를 수행할 수 있어야 한다.

일반적으로 허브항만이 되기 위해서는 최소한 전체 처리 화물 중에서 환적비율이 50%이상이 되어야 한다.[3] 이를 위해서는 편의성과, 연계성, 저렴한 비용이 뒷받침되어야 한다. 편의성(Convenience)이란 선사가 항만을 이용할 때 얼마나 편리한 서비스를 받을 수 있느냐를 나타내는 것으로 터미널시설, 하역기술, 풍부한 숙련인력, 통관절차 등에 의해 좌우된다.

연계성(Connectivity)은 선사가 얼마나 빠르게 화물을 최종목적지까지 수송할 수 있느냐를 나타내는 것으로 주요기간 항로로의 접근용이성(accessibility), 피더운송망(feeder network), 배후지역과의 연계수송망(hinterland connection) 등에 의해 크게 영향을 받는다.[4]

우리나라 항만이 동북아 허브항만으로 도약하기 위해서는 항만의 편의성과 연계성을 통한 중심성 및 중계성 확보와 국제물류환경 변화에 적극적으로 대처하는 전략이 필요하다.

2) 임종석외, 전게논문, p.174.
3) 싱가포르의 경우 환적비율이 75%이상이고, 카오슝도 50%정도 된다(한철환, 전게논문, p.18).
4) 한철환, 전게논문, p.16.

자료 : Yuasa Kazuo(2010)

[그림 11-2] Hub & spoke의 구조

2) 허브항만의 지정학적 여건

국제물류에서 물류중심기지란 국제물류의 집중과 분산이 이루어지는 가운데 해운항만네트워크 거점이면서 부가가치 물류 및 관련서비스가 제공되는 거점으로 글로벌기업의 물류비즈니스 활동이 집중되는 거점이다.

따라서 이곳은 새로운 물류부가가치가 창출되는 동시에 해당국가가 속한 경제권이 창출하는 물류부가가치의 일부를 흡수할 수 있는 곳이어야 한다.[5)]

특히 지역경제권의 허브항만은 지정학적으로 그 지역의 중심적 위치에 있는 것이 유리하다. 만약 허브항만이 지정학적으로 중심 위치에 있지 않으면 화물운송의 시간, 비용, 편의성에서 효율성이 떨어지기 때문에 특정 경제권의 대표성을 상실하게 된다.

그런데 지정학적 중심이란 단순히 지리적 중심만을 의미하지 않고, 화물흐름의 중심을 의미한다.[6)] 특히 허브항만은 배후단지를 포함한 개념으로 컨테이너부두 뿐만 아니라 배후단지의 개발 및 내륙운송연계망이 중요한 요소이다.

---

5) 길광수, "동북아 물류중심기지 건설의 주요 쟁점들", 「해양수산」, 2003.8, p.2.
6) 박영태외, "우리나라 환적컨테이너화물 유치전략에 관한 연구", 「물류학회지」, 한국물류학회, 2003.6, p.101.

3) 항만물류 서비스 여건

〈하주의 항만물류에 대한 니즈〉
항만의 종합유통물류센타로서 역할을 기대, 비용과 시간 절감,
많은 기항선사와 항로 확보

〈선사의 항만물류에 대한 니즈〉
선박의 재항시간 단축화, 기항항의 집약화, 비용절감, 많은 물동량

항만의 경쟁력 구성요소는 항만시설, 입지, 항만비용, 항만물류 서비스 수준, 물동량 등으로 말할 수 있는데 항만물류 서비스의 주요 성과척도(Key Performance Index)는 입출항 비용, 입출항 지체시간, 하역비용, 하역 지체시간, 통관비용, 통관 지체시간 등이다.[7] 허브항만이 되려면 이러한 항만물류서비스 여건이 최고수준을 유지해야 한다.

4) 내륙운송 서비스 여건

일반적으로 운송체계는 연결구간(link)과 연결점(node)으로 구성되어 있는데 우리나라의 SOC투자는 연결구간인 도로에 집중되어 있고 연결점인 항만이나 물류단지는 부족하고 내륙운송체계도 도로운송에 편중되어 있어 물류비용의 증가 및 물류시스템의 경쟁력 저하를 가져오고 있다.

EU와 일본은 에너지 다소비형이며 공해물질 다발형 수송수단인 도로운송에서 친환경적인 수송수단인 연안해운과 철도로 수송수단을 전환하고 있다.[8]

최근 들어 국제물류는 기존의 해상운송중심에서 복합운송체제로 전환되고 있고 복합운송과정에서 항만은 복합운송수단간의 수송고리(Transport Chain)로 기능이 변화되고 있다.

특히 허브항만은 글로벌 선사의 국제복합운송상에서 각 지역별 거점역할을 해야 되는데 이때 중요한 것이 내륙운송수단과의 효율적인 연계시스템인데 우리나라는 불합리한 도로편중의 내륙운송체계로 인해 국제물류의 거점인 항만의 경쟁력까지 저하되고 있다.

---

7) 한국해양수산개발원, 「항만물류BPR수행」, 1999.3, p.20.

8) EU는 European transport policy for 2010: time to decide 2001에서 내륙수로 운송운송과 연안해운을 수송수단 전환정책의 중심으로 추구하고 있고, 일본도 1995년부터 수송수단의 전환정책을 추진하고 있다(조계석, “Modal Shift 정책비젼”, 해양수산개발연구원, 2003, p.9).

제2장 항만의 환경변화와 경쟁력 강화전략

1. 항만물류 합리화

일반적으로 물류합리화의 목표는 비용 절감과 서비스 향상에 있다.

항만물류에서 비용절감이란 세 가지 관점에서 볼 수 있다. 첫째, 개별 항만의 관리비 절감, 둘째, 항만을 이용하는 하주와 선사의 비용 절감, 셋째, 국가전체의 물류비 절감으로 분류할 수 있다.

항만물류에서 서비스향상은 서비스 공급과 서비스 수혜측면으로 나누어 볼 수 있다. 먼저 서비스 공급은 개별 물류시설 및 물류시설간 네트워크를 통한 양질의 서비스 공급과 인적자원 및 효율적인 항만관리 등의 시스템적 개념이고, 서비스 수혜대상은 항만을 이용하는 국내외 하주와 선사로 정의할 수 있다.[9)]

또한 항만의 상업성을 고려할 때 항만자체의 생산성 증가를 항만물류합리화의 대상으로 포함해야 한다. 일반적으로 생산성(productivity)은 투입과 산출간의 비율로 정의할 때 최소의 비용으로 최대의 효과를 거둘 때 생산성은 극대화 된다. 항만의 생산성은 실제로 항만을 이용하는 선사의 항만기항지 선정요인과 상당한 관계를 갖고 있다.

항만선택은 합리성이외에도 과거의 관습 등에 의해 이루어지는 등 의사결정자가 처한 환경의 여러 가지 복잡한 요인에 의해 결정되지만, 선사의 항만선택요인은 크게 항만의 효율성[10)]과 유용성[11)], 안전성[12)], 수익성[13)]으로 분류할 수 있다.[14)]

---

9) 최근 들어 항만의 친수공간확대 등으로 항만이 지역주민의 종합레저공간으로 이용되는 경우가 증가하고 있어 항만이용자에 지역주민도 포함할 수 있으나 이 책에서는 제외한다(항만서비스수혜대상에서 지역주민을 제외하는 이유는 현재 우리나라의 항만여건 및 항만의 상업성을 고려할 때 항만의 주된 이용자는 선사와 하주로 볼 수 있기 때문이다).

10) 항만관리, 항만하역, 배후지근접성, 복합연계수송 등

11) 대형선박입항가능, 비규격화물처리, 대량화물취급, 소량화물취급, 항만장비, 항만규모, 항만수심, 항만장비 등

이러한 요인들을 종합적으로 고려해 보면 항만물류합리화는 비용절감, 서비스 향상이라는 상호 trade-off적인 목표와 항만의 다양한 이용자 및 수혜자(선사, 하주, 항만당국, 지자체 및 국가)의 이해관계를 시스템적으로 조정하여 항만의 생산성을 향상시키는 일련의 의사결정 과정 및 업무흐름이라고 정의할 수 있다.

항만물류는 항만의 기능상 다른 물류보다 국제성이 강하다. 즉, 항만의 이용자인 선사와 하주는 내국인뿐만 아니라 다수의 외국인이 참여하고, 항만간의 경쟁도 국내 항만간의 경쟁보다도 외국 항만과의 경쟁이 더욱 치열해지고 있다. 따라서 항만은 국제물류환경의 변화에 능동적으로 대처하지 않으면 항만으로서 기능을 상실하게 된다.

〈표 11-1〉 항만선택 연구

구분	Willingale	B.Slack	Murphy	Murphy
분석대상지역	유럽지역	미국, 캐나다	세계각국	하주외 미국
분석연도	1982	1985	1987	1992
분석대상	선사	하주, 포워더	항만당국, 선사	항만, 선사, 포워더, 대하주, 소하주
분석표본수	20	무작위 다수	534	1,850
항만선택시 중요결정 요인	- 배후지근접성 - 항로접근성 - 항만시설 - 항만요율 - 항만규모	- 선박기항수 - 내륙수송운임 - 항만근접성 - 항만체선 - 복합연계수송	- 항만장비 - 손상손해의 빈도 - 적기인도처리 - 화물처리비용 - 대형선 입항가능 - 특수한 수요에의 융통성	- 비규격 화물처리 - 대량화물취급 - 소량화물취급 - 저손상, 저손실 - 항만장비

12) 손상손해의 빈도, 저손상, 저손실 등

13) 항만요율, 내륙수송운임, 배후지화물, 환적화물 등

14) M.C. Willingale, Ship-Operator Port-Routeing Behaviour and the Development Pross, Seaport systcms and spatial change, 1984; Brian Slack, Containerization, Inter-port Competition and Port Selection, Maritime Policy and Management, 1985: P.R. Murphy, D.R. Dalenberg & J.M. Daley, Assesssing International Port Operations, IJPD & MM, 1987; P.R. Murphy, D.R. Dalenberg & J.M. Daley, Port Selection Criteria; An Application of a Transportation Reasearch Framewok, Logistics Transportation Review, vol.28(3), 1992.

2. 국제물류환경 변화

세계경제상황 무역구조 해운시황 경쟁국 항만 개발 및 운영전략

1) 동아시아 항만간 경쟁 가속화

세계최대 규모의 북미항로에서는 1980년대의 NIEs제국, 90년대의 ASEAN제국, 중국이 괄목할만한 성장을 보이면서[15], 동아시아지역 항만의 컨테이너화물 처리 실적은 지속적인 성장을 하였다.

이처럼 동아시아 항만들의 약진이 두드러진 이유는 동북아시아지역의 경제성성장에 따른 물동량 증가, 항만인프라의 확충, 항만운영시스템의 개선이 이루어졌기 때문이다.

항만물류산업이 국제무역의 파생수요라는 산업조직적 특성을 고려할 때 향후 지속적인 성장세가 예상되는 동북아지역에서의 항만간 경쟁은 더욱 가속화될 것으로 전망된다. 특히 중국의 지속적인 경쟁성장을 감안할 때 동북아시아 항만간의 경쟁은 더욱 치열해질 것으로 전망된다.

15) 城川三次郎, "アジア時代の 到來に向けた 海運戰略", 「港灣」, 1998.1. p.26.

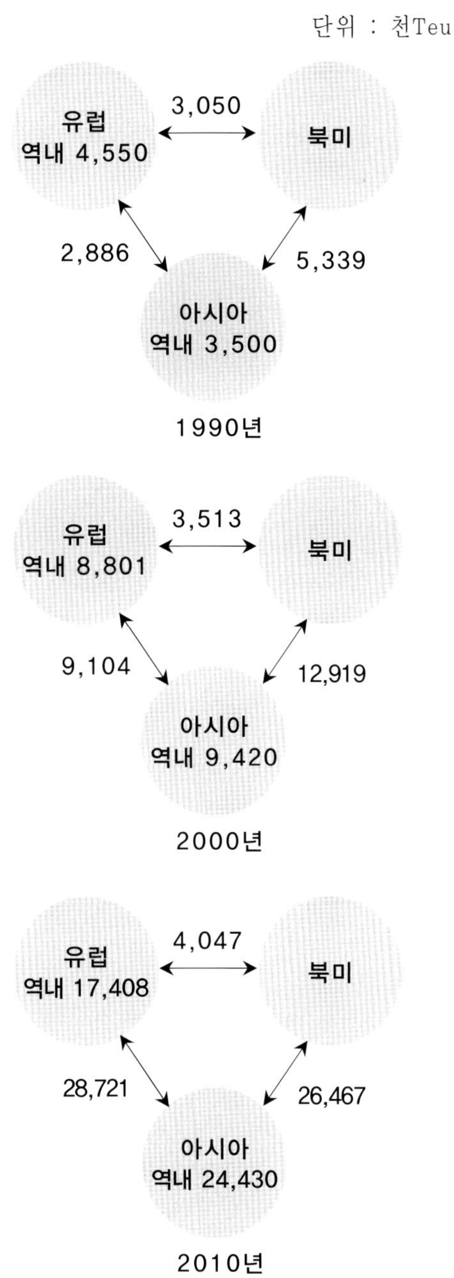

사료 : 박병섭(2008)

[그림 11-3] 세계3대 주요지역간 및 컨테이너 물동량 추이

••● 물류에세이 ●••

"중국 광저우 바이윈 공항 개항, 홍콩 첵랍콕 국제공항과 '화물허브' 경쟁"

중국 광동성 광저우(廣州)시에 바이윈(白雲)국제공항이 5일 공식 개장, 중국 최대의 화물 허브 공항으로 도전장을 내민다. 이에 따라 중국 남부 주장(珠江) 경제권역에서 승객과 화물 운송의 주도권을 차지해 온 홍콩 첵랍콕 국제공항과 본격적으로 경쟁할 전망이다.

총 건설비용만 24억달러(약 2조8000억원)가 투입된 바이윈국제공항은 연간 2700만명의 승객과 100만 t 의 화물 수송 능력을 갖추고 있다. 이는 홍콩 공항(4500만명 승객, 300만 t 화물)에 비하면 절반 정도 수준.

하지만 광동성측은 올해 중 2단계 공사를 시작해 광저우 아시안게임이 열리는 2010년까지 연간 8000만명의 승객과 250만 t 의 화물 수송 능력을 갖춘 거대 공항으로 발전시킨다는 계획이다. 국제선 운항 편수도 현재 22개에서 3년 내 40개로 늘릴 예정이다.

세계적인 항공사들도 이미 바이윈공항 직항노선을 개설하고 있다. 지난달 노스웨스트 항공이 광저우~디트로이트 노선을 매일 운항한다고 발표했고, 이에 앞서 독일 루프트한자는 광저우~뮌헨 논스톱 노선을 지난 2월부터, 에어프랑스는 광저우~파리 노선을 6월부터 운항하기 시작했다.

이에 맞서 홍콩 첵랍콕공항측은 다음달부터 새 목적지로 화물기를 취항하면 첫해에는 이륙요금의 50%, 다음 해에는 25%를 감면해 주기로 결정하는 등 고객을 빼앗기지 않으려고 안간힘을 쓰고 있다. 하지만 세계적인 항공사나 물류 회사들이 중국 전체 수출의 40%를 차지하며 '세계의 공장'으로 불리는 광둥성 경제권의 중심으로 바이윈공항을 활용할 전략을 짜고 있어 홍콩 공항의 맞불작전이 큰 효력을 발휘하지는 못할 전망이다.

실제로 미국의 항공물류 회사인 페덱스(FedEx)는 필리핀 수빅만에 아시아 물류기지를 건설한 데 이어 광저우 공항에 중국 물류기지를 건설하기 위해 중국 당국과 협상을 벌이고 있다.

조선일보, 2004.08.05

2) 중국의 대규모 항만 개발

우리나라 항만의 동북아 허브전략의 핵심은 중국경제의 급성장에 따른 환적화물 유치에 있다. 그동안 중국항만은 폭증하는 항만물동량을 처리할 수 있는 물류시설을 충분히 갖추지 못한 채, 수심이 얕아 대형 컨테이너선박의 입출항에 태생적인 제한이 있었고, 그 반사적인 이익을 우리나라 항만이 향유했다.

우리나라 환적화물의 약 60%는 대중국화물이며 이중 75%는 상해항을 포함한 북중국(청도, 대련, 천진)이 기종점이다[16]. 그런데 중국정부는 폭증하는 항만물

16) 서정호, "한국 항만의 동북아지역내 국제물류거점화 방안", 「2004년 정책토론회」, 한국무역학회, 2004, p.42.

동량을 소화하기 위해 상해항이 안고 있는 얕은 수심 문제해결[17]과 항만시설 확충에 초점을 맞춘 장강구 증심항로계획(長江口增深航路計劃)을 추진하였다.

이 계획은 상하이항의 동쪽 30km 해상에 위치한 단산군도 대소양산에 수심 15m, 52개선석의 대규모 컨테이너 터미널을 건설하는 것이다.[18]

중국 상하이 양산항

중국 상하이 양산항

중국 상하이 양산항에서 저자

17) 상해항은 양자강하구에 위치하고 있어 상류에서 흘러 오는 토사로 인해 항로수심이 얕다. 대형 선박이 상해항에 입항하기 위해서는 약 50km의 長江口航路(수심 8.5m, 폭 30m)를 통과해야 하므로 흘수 조절 및 만조 때까지 기다려야 하는 문제점이 있다(한철환, "아시아 항만의 경쟁입지 변화와 중국·일본의 항만전략", 「해양수산」, 해양수산개발연구원, 2002, p.23).

18) 대양산과 소양산은 수심이 15m를 상회하는 천혜의 섬으로서 장강구 증심항로계획은 암초군을 매립하여 두섬을 인공적으로 연결한 터미널을 건설한다는 계획이다. 이 계획에는 대소양산과 푸동지구를 연결하는 30km의 연륙교 건설도 포함되어 있다(박태원, "중국 주요 항만의 항만개발 현황", 「해양수산」, 해양수산개발연구원, 2003, pp.52-53).

•●● 물류에세이 ●●•

"中, 다롄항 동북아 물류 중심지로 육성한다"

중국이 랴오닝성 다롄항을 동북아시아 물류 중심지로 만들겠다는 계획을 발표했다. 8일 주국 언론들에 따르면 랴오닝성은 지난 3일 철도와 도로를 연계시켜 오는 2020년까지 동북아 국제물류 허브로 만들겠다는 내용의 '다롄항 동북아국제항운중심발전계획'을 발표했다. 이번 프로젝트는 지난해 8월 말 중국 국가개발전개혁위원회가 다롄항 개발계획을 승인한 데 따른 후속조치로 발표된 것으로 우선 다롄항의 연간 화물처리 능력을 2000만TEU(1 TEU는 20피트 컨테이너 1개)로 늘리고 잉커우, 단둥, 진저우등 인접 항구를 포함한 화물처리 능력을 2500만TEU까지 높이는 것을 목표로 삼고 있다. 특히 로드맵은 다롄항을 중심으로 항만서비스, 환적, 국제배송, 중계무역, 수출가공, 금융, 생명공학, IT, 정밀기계 등의 산업을 집중 육성함으로써 이들 지역을 수출과 물류가 일체화된 산업단지로 개발한다는 내용을 담고 있다. 또한 다롄-하얼빈 구간을 포함한 동북동부철도와 네이멍구 동부지구철도와도 연결을 추진해 헤이룽장성과 지린성, 네이멍구차지구 일부에서 발생하는 대량의 화물을 흡수함으로써 항만의 활용도를 크게 높인다는 계획이다.

아시아경제, 2008.1.8.

3) 일본 항만의 재도약

일본 항만도 국토교통성 주관으로 2002년 7월 수퍼중추항만 육성계획을 수립하여 동북아 허브항만 경쟁에 본격적으로 뛰어들고 있다. 오사카항과 고베항을 시범적으로 통합운영한 후 도쿄항-요코하마항, 나고야항-키타큐슈항 등의 항만간의 통합을 통해 4개의 수퍼중추항만을 설립할 계획이다. 특히 단일 항만국사무국을 설립하여 행정비용도 최소화할 계획이다.[19)]

이러한 수퍼중추항만 계획이 기존의 항만정책과 구분되는 특징은 지금까지 지역균형개발 전략을 지향해 온 항만정책을 일대 전환하여 선택과 집중 전략을 추진하겠다는 것이다. 이처럼 일본이 항만정책의 기조를 급선회 한 이유는 1990년대 이후 중국항만들의 초강세, 부산항의 강세속에 일본항만들이 추락하였다는 점이다.

이러한 동북아 경쟁항만들의 급부상속에 추락한 일본항만들은 국제기간항로에서 벗어나고 있어 북미 및 구주항로에 기항하는 대형선박이 일본에 기항하는 빈도가 줄어들어 리드타임의 증가 및 운송비용 증가로 일본산업의 경쟁력이 저하될 가능성이 커져[20)] 특단의 조치가 필요했다.

특히 중국 환적화물의 적극 유치를 통해 일본 항만의 재도약을 실현하기 위한 전략으로 분석된다. 그런데 이러한 일본의 수퍼중추 항만전략이 성공을 거

19) 서정호, 전게논문, p.42.
20) 한철환, 전게논문, p.p.27-28.

두려면 무엇보다 중국 환적화물의 유치가 관건으로 우리나라 항만과 중국환적 화물을 둘러싼 경쟁이 치열해질 것으로 전망된다.

〈표 11-2〉 세계 주요 컨테이너항만의 순위변화

	1980년	1990년	2010년
순위	항만	항만	항만
1	뉴욕/뉴저지	싱가포르	상하이
2	로테르담	홍콩	싱가포르
3	홍콩	로테르담	홍콩
4	고베	카오슝	선전
5	카오슝	고베	부산
6	싱가포르	부산	닝보·저우산
7	산후앙	L.A	광저우
8	롱비치	함부르크	칭다오

자료: Containerization International 각년도.

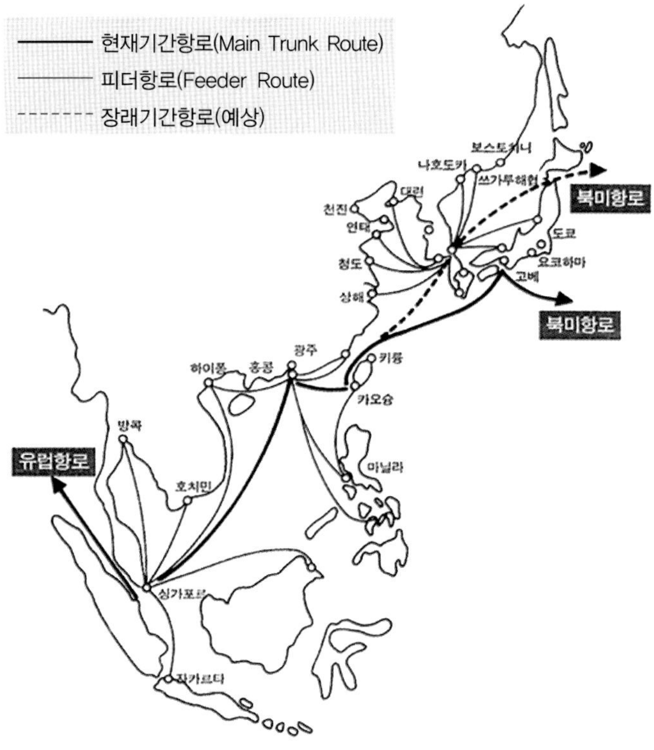

자료 : 상공회의소(2010)

[그림 11-4] 동아시아 기간항로

〈표 11-3〉 세계 10대 항만 컨테이너 처리 실적

단위 : 만TEU, %

순위	항만	컨테이너 처리실적(증감율)				국가
		2010년	2009년	2008년	2007년	
1(2)	**상하이**	**2,907(16.3)**	**2,500(-10.6)**	**2,796(7.0)**	**2,615(20.5)**	**중국**
2(1)	싱가포르	2,843(9.9)	2,587(-13.5)	2,992(7.1)	2,794(12.7)	싱가포르
3(3)	홍콩*	2,353(12.1)	2,098(-13.5)	2,425(1.0)	2,400(1.9)	중국
4(4)	선전	2,251(23.3)	1,825(-14.8)	2,141(1.5)	2,110(14.2)	중국
5(5)	**부산**	**1,418(18.6)**	**1,195(-11.0)**	**1,343(1.2)**	**1,326(10.2)**	**한국**
6(8)	닝보-저우산	1,314(25.1)	1,050(-6.4)	1,123(19.9)	936(32.4)	중국
7(6)	광저우	1,212(8.3)	1,119(1.7)	1,100(19.6)	920(39.4)	중국
8(9)	칭다오	1,201(17.1)	1,026(-0.6)	1,032(9.1)	946(22.9)	중국
9(7)	두바이*	1,150(3.4)	1,112(-5.9)	1,183(11.0)	1,065(19.4)	UAE
10(10)	로테르담	1,110(13.9)	974(-9.8)	1,080(0.1)	1,079(11.8)	네델란드

* 출처 : 1) 07년 00년 실적(Containerisation International(CI) on-line 발표자료

2) 10년 실적, 각 항만당국 및 中國航貿綱 on-line 발표자료

* 주 : 홍콩, 두바이 실적은 추정치

4) 선박의 대형화와 초고속화

최근 들어 글로벌 선사들은 규모의 경제를 실현하고 물류합리화를 위해 선박의 대형화와 선박의 초고속화를 추진하고 있다. 60년대의 제1세대 컨테이너선은 일반화물선을 개조하여 1,000TEU급 미만이었으나, 컨테이너선의 대형화가 가속화된 계기는 1988년 미국의 APL이 4,300teu급의 선박을 항로에 투입하면서 부터이다.[21]

90년대에는 5,000~6,000TEU급으로[22] 2000년대 초에는 8,000TEU급으로 발전하였다. 세계 10대 선사들의 컨테이너 선박의 크기는 2015년 12,000TEU, 2015년 이후 14,000TEU 수준에 도달할 것으로 전망된다.[23]

이러한 선박의 대형화에 따라 항만의 수심도 6,000TEU급 선박의 접안을 위해 현재 건설 중인 부두는 수심을 16m이상으로 건설하고 있고, 선석길이도 기존의 250m에서 최소 400m로 확장되고 있다.[24] 또한 6,000TEU급 선박이 입항하여 화물을 하역하려면 50m이상의 크레인도 필요하게 된다.[25]

21) 임종섭외, "광양항의 동북아 중심항전략에 관한 연구", 「물류학회지」, 한국물류학회, 2002, p.169.

22) 1998년 P&O사가 6,690teu급 선박을 상용화시켰다(Lloyd's Shipping Economics, Are bigger boxship the owner?, 1999.9, p.19).

23) 방희석외, 전게논문, p.52.

24) 해양수산개발원, 「21세기 글로벌해운물류」, 2001, pp.362-363.

최근 국제물류과정에서는 선박의 대형화뿐만 아니라 선박의 초고속화도 가속화되고 있다. 현재 선박은 통상 시속 23노트 정도인데 최근 들어 일본이 시속 50노트의 초고속선(Techno Super Liner)을 개발하여 일본 나가사키항에서 중국의 상해까지 11시간 만에 주파하는 시험운항을 성공하였고, 일본과 중국은 양국간에 이 초고석선을 투입하기로 합의하였다.

앞으로 초고속선이 상용화에 성공할 경우 1~2년내에 일본과 중국간에는 반나절 해상물류체제가 가능하다.[26] 국제물류에서 10,000TEU급 초대형 컨테이너선의 등장은 선박의 기항지를 더욱 축소할 것으로 보여 각국의 허브항만 경쟁을 더욱 가속화시킬 것으로 전망되고, 일본과 중국간의 초고속선에 의한 초고속 물류체제가 가시화될 경우 현재 우리나라 항만이 선점하고 있는 중국행 환적화물이 대거 일본항만으로 전환될 가능성이 크다. 특히 시간을 다투는 고부가가치 환적화물은 대거 우리나라 항만에서 일본 항만으로 몰릴 가능성이 크다.

〈표 11-4〉 시기별 컨테이너선의 대형화 현황

시기	세대	규모(teu)	속도	길이(m)
1960~1970	1	1,000미만	16	180
1970~1980	2	2,000	23	215
1985	3	3,000~4,000	23	260~280
1988	4	4,000~5,000	23	275~305
1995	5	6,000 이상	23	310
2000	6	8,000 이상	23	338

자료: Lloyd's list(2001)

5) 선사의 글로벌 제휴 및 터미널운영업체의 통합화

국제물류에서 6,000 TEU급 이상의 대형컨테이너선은 화물적재 활용도가 79% 이하이면 경제성이 저하되는 약점을 갖고 있어 이러한 화물집화능력의 위기극복 및 비용절감을 위해[27] 대형선사간의 글로벌 전략적 제휴(Strategic

25) R.G.Mcllean, Bigger vessels: How are too big, Maritime policy and management, Vol 24, No.2, 1998, p.203.
26) 임종관, "범정부차원에서 동북아 초고속선물류 체계 구축해야 된다", KMI, 2001, p.2.

중동제국, 남미지역까지 항만민영화가 확대되고 있다.[37)]

〈표 11-6〉 항만관리제도의 일반 형태

구분	국유제	지방자치단체제	공영자치제(공사)	사유제
관리체제	국가(중앙정부)	지방자치단체	독립위원회 또는 기관	민간회사
특징	국가가 직접소유, 관리 및 운영	시 또는 지방자치단체가 선임한 특별기구가 관리운영	특별법에 의해 설립된 독립적 자치기관에 의해 항만을 관리운영	영리추구를 최우선으로 하는 민간이 직접 소유·개발하고 상업적으로 관리운영
장점	국가주도의 종합적 항만계획 가능	지역의 특성을 고려한 원활한 항만계획 가능	인사권·재정권의 독립을 통한 고객지향적인 서비스 제공, 항만전문 경영진에 의한 항만운영, 독립채산제도에 의한 기업회계방식 운영	이용자 지향적인 항만의 관리운영
단점	독점으로 인한 고객지향적 서비스의 부족	지방자치단체의 간섭, 투자재원 부족 및 전문인력 확보의 곤란	국가전체의 종합적 항만계획에 차질 우려	항만요율의 인상우려, 공공이익보다 개인기업우선의 정책 우려

자료 : 한낙현(2009)

7) 항만하역의 상용화

하역은 일반적으로 조달, 생산, 판매 등의 물류시스템에서 운송, 보관의 부수적인 기능을 수행하는 경우가 많은데, 항만물류에서는 전통적으로 하역의 역할이 크고, 하역방식도 다른 물류과정에 비해 집약된 노동력에 의존하고 있다. 즉, 해상운송화물의 특성상 단위화할 수 없는 벌크화물이 상당부분 있고, 취급화물이 다양하여 항만물류는 인력에 의존하는 부분이 많다.

항만 노무공급방식의 특수성은 무엇보다도 파동성(fluctuation)에 기인하고

37) 김정수외(2005), "부산신항과 광양항의 특성비교 및 발전전략", 「한국항만경제학회지」, 제21집 제4호, 한국항만경제학회, p.4.

있다. 파동성이란 선박의 입출항의 기복이 심해 특정 항만에서 처리해야 할 물량수요가 균일하지 않은 현상을 의미하는데 이로 인해 하역회사는 하역노동자를 모두 상용으로 고용하지 않고 최소인력만 고용하고 필요시 일용으로 하역노동자를 사용하였다.

이러한 불안정한 고용패턴으로 인해 항만의 일용노동자들은 항운노조를 결성하여 항만하역작업에 투입되는 일용노동자는 반드시 항운노조원을 사용하게 하고 있다.

외국의 경우 항만노동 공급을 항운노조가 독점하는 일용제에서 하역회사 등이 직접 고용하는 상용제로 전환하였는데 상용화 이후 하역 노동생산성 및 선박기항 시간이 단축되는 등 항만생산성이 증가되고 있다.

영국은 1989년 항만노동법을 제정하여 노동자를 상용화하였다. 상용화 이후 항만노동자수는 1989년 40,674명에서 1991년 31,667명으로 22%나 감소하였고, 생산성은 전국적으로 1989년에 비해 4% 향상되었다.

일본도 1966년부터 항만노동자의 상용화를 실시하여 항만생산성이 향상되었다. 상용화 이전인 1960년부터 1965년까지 전국의 선내하역 노동생산성 증가율은 연평균 4.5%였으나 상용화 이후 1970년까지 연평균 6.9%씩 증가하였다. 현재 일본의 항만노동자는 상용노동자와 일용노동자로 구분되어 있는데 일용노동자의 비율은 2.7%에 불과하다.[38)]

〈표 11-7〉 선진국의 물류정책기조의 특징

구분	물류정책기조	주요 추진내용
미국	시장경제형	• 자유경쟁, 환경·안전중시
일본	국가주도형	• 물류기술현대화, 정보화, 환경·안전화 • 허브공항·항만 건설
네덜란드	국가성장전략형	• 외국인투자유치, 허브공항·항만 건설 • 기업간·국가간 정보망 구축, 유럽표준화
싱가포르	국가생존전략형	• 수요에 앞서가는 기반시설 확충 • 자유무역지대 도입

자료 : 교통개발연구원(2010)

38) 김학소, 김범중(1994).

제12부

한국 물류의 발전전략

제1장 한국의 물류개요

1. 한국의 물류역사

전 세계적으로 물류의 근대화는 제2차 세계 대전 후의 획기적인 기술진보에 의해 영향을 받았다. 고속 컨테이너선, 대형 장거리 페리, 점보제트기의 취항, 컴퓨터의 도입 등은 물류 근대화에 지대한 영향을 미쳤다.

그러나 우리나라에서 사회 전반적으로 물류라는 낯선 용어가 사용되기 시작한 것은 80년대 초이고, 산업계에서는 1975년 대우중공업 등에서 지게차를 생산하여 운반, 하역부문의 생력화가 이루어지면서 물류에 관심을 갖기 시작했다.

특히 지속적인 경제성장속에 생산이외에는 관심이 없던 우리산업계에서 물류비 증가율이 매출액 증가율을 상회하는 등 물류비의 급증이 생산과 수출의 경쟁력의 발목을 잡자 물류에 대한 관심이 고조되었고, 최근 들어 전자상거래 및 TV 홈쇼핑 등의 확산으로 물류에 대한 새로운 인식이 확산되는 가운데 정부와 많은 기업들은 선진화된 물류관리를 위한 대규모 투자를 하고 있다.

1) 물류의 전근대기(1970년 이전)

1945년 해방이후 1970년까지 우리나라에서는 물류에 대한 인식이 거의 없는 상태였다. 해방이후 15년간은 해방이후 혼란과 6.25 등의 사회경제적 혼란으로 생산기반마저 미약할 때이다.

이 시기는 물류의 자생적인 발전의 여지는 없었으며, 유통산업의 기반마저도 정립되지 못한 시기였다. 1960년대에 정부의 주도하에 경제개발 5개년계획이 추진되면서 공급면에서의 물량의 확대와 수요면에서 소비구조의 향상을 위해 낙후된 유통질서의 개선을 위한 검토가 시작되었다. 이 기간 중 1968년과 1969년을 기점으로 슈퍼마켓이 등장하기 시작하였으며 경인고속도로가 개통되었다.

2) 물류의 맹아기(萌芽期, 1970년대)

1970년대는 우리나라 경제가 수출중심의 고도성장을 이룩한 시기로 경제개발 5개년 계획이 성공적으로 수행되어 그동안 제조업중심의 정책에서 어느 정도 소비부문에도 관심이 높아져 1970년에 유통근대화 5개년계획이 수립되었다. 1971년 영동고속도로, 1973년 호남·남해고속도로, 1979년 동해고속도로, 구마고속도로가 개통되었다.

3) 물류의 개화기(1980년대)

1980년대는 우리나라에서 물류의 중요성을 본격적으로 인식하고 물류에 관한 제반 시설을 체계적으로 확충하고, 물류관련 제도 정비 및 물류합리화를 위한 물류실태조사가 본격적으로 시작된 시기이다.

1980년대의 주요 물류시설에 대한 투자로는 중부고속도로의 개통, 부산항 3단계 신선대 부두의 준공, 군산항 건설 등이 있다. 특히 물류에 관한 실태조사가 이루어지기 시작 했고, 기업물류비계산 준칙이 제정되었다.[1)]

4) 물류의 도약기(1990년 이후 2000년대)

1990년 이후 2000년대 최근의 물류는 인터넷의 상용화 등의 정보통신기술의 발달 및 전자상거래의 활성화에 따라 물류부문에서도 물류정보화에 대한 투자가 본격화된 시기이다. 또한 우리나라 항만의 동북아 허브항만 구축을 위해 광양항과 부산항에 대규모 투자가 행하여지고 있다.

1) 김현주·정승우(2003)

제2장 한국의 물류비

1. 국내기업의 물류비 실태

국내기업의 물류관리 실태는 한국무역협회가 2010년 조사한 자료[2])와 대한상공회의소[3])에서 조사한 2002년 국내기업의 물류관리 실태를 비교분석하였다.

1) 매출액 대비 물류비 추이

대한상공회의소의 2002년 조사에 의하면 국내기업의 물류비 지출비중이 9.9%로 일본에 비해 2배나 되어 고비용 물류구조가 아직도 기업 경쟁력의 발목을 잡고 있다.

이는 국내기업들이 1천원짜리 제품을 팔면서 평균 99원을 물류비로 지출했음을 의미한다. 1997년부터 줄어들기 시작한 기업물류비는 최근 수년간 대형 제조기업을 중심으로 기업물류 혁신의지가 어우러지면서 한자리수대에 진입하였지만 아직도 일본(5.0%),[4]) 미국(7.5%)[5])의 약 1.3~2.0배에 해당하는 것으로 글로벌경쟁력에는 미치지 못하고 있음을 시사하고 있다.

2) 한국무역협회가 국내 1,272개 기업체(종업원 수 10명 이상)를 대상으로 실시한 '2009년도 기업물류비 실태조사 보고서', 2010.12.
3) 대한상공회의소, 「2001년도 기업의 물류관리실태」, 2001.12, pp.13-61.
4) 일본로지스틱스시스템협회(JILS), "2003년도 물류코스트 조사 보고서", 2004
5) Herbert W. Davis & Company, Logistics Cost and Service 2003, Annual Conference Proceedings(CLM), 2004

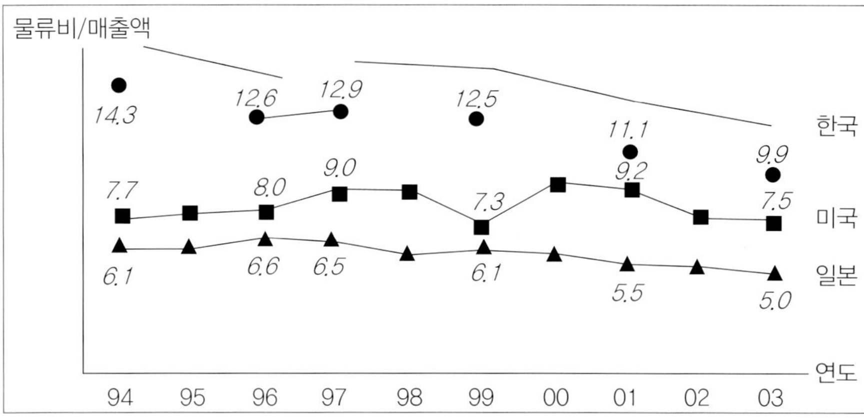

자료: 대한상공회의소(2002)

[그림 12-1] 한·미·일 기업물류비 추이 비교

한국무역협회의 2010년 조사에 의하면 국내 기업의 매출액 대비 물류비는 8.37%로 2007년 9.1%에 비해 0.73% 포인트 떨어졌다. 매출액 대비 기업물류비(국내+국제)는 8.37%이다. 기업규모별 매출액 대비 물류비는 대기업 5.80%, 중소기업 8.87%이다. 연도별 매출액 대비 물류비 추이는 9.90%(2003년) → 9.70%(2005년) → 9.10%(2007년) → 8.37%(2009년)로 나타났다.

한국무역협회 2010년 조사에 의하면 우리나라 기업의 매출액 대비 물류비(수출입물류비 포함)는 1997년도 12.9%를 정점으로 지속적으로 낮아지고 있다. 그러나 우리나라 기업의 순수 국내물류비는 6.63%로 경쟁국인 일본기업의 국내물류비 4.77%에 비해 여전히 높다.

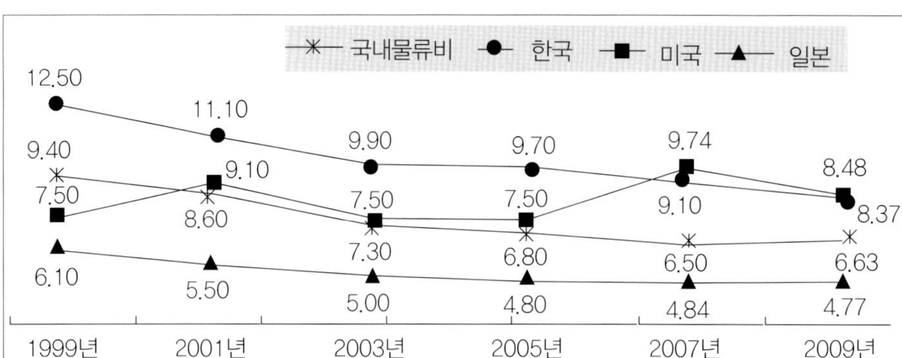

자료: 한국무역협회(2010)

2) 업종별 물류비

대한상공회의소의 2002년 조사에 의하면 업종별로 제조업은 10.0%, 유통업은 9.3%로 나타났다. 이는 일본 제조업 평균(5.3%)보다는 1.9배, 일본 유통업 평균(4.3%)보다 2.2배 높은 수치이다.

상대적으로 물류비가 높은 세부업종은 비금속광물(15.3%), 조립금속(13.3%), 종이/인쇄/출판(11.2%) 등이며, 반면에 물류비가 낮은 업종은 제1차 금속(7.2%), 가죽/가방/마구/신발(7.8%) 등으로 조사되었다.

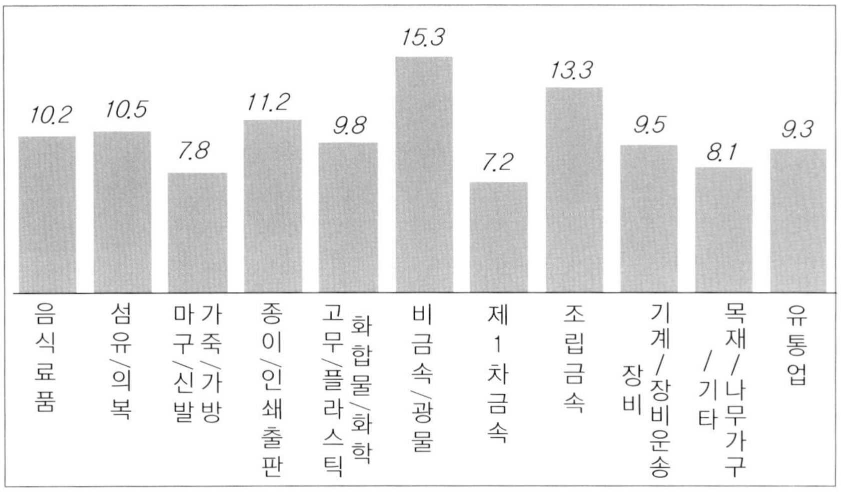

자료 : 대한상공회의소

[그림 12-2] 업종별 매출액대비 물류비지출 규모

한국무역협회 2010년 조사에 의하면 업종별 매출액 대비 물류비는 비금속광물이 16.80%, 기계·장비가 10.62%, 음식료품이 10.35%로 높게 나타난 반면 가죽 · 신발이 3.20%, 전자부품 · 통신장비는 4.34%로 낮게 나타났다.

〈제조업〉

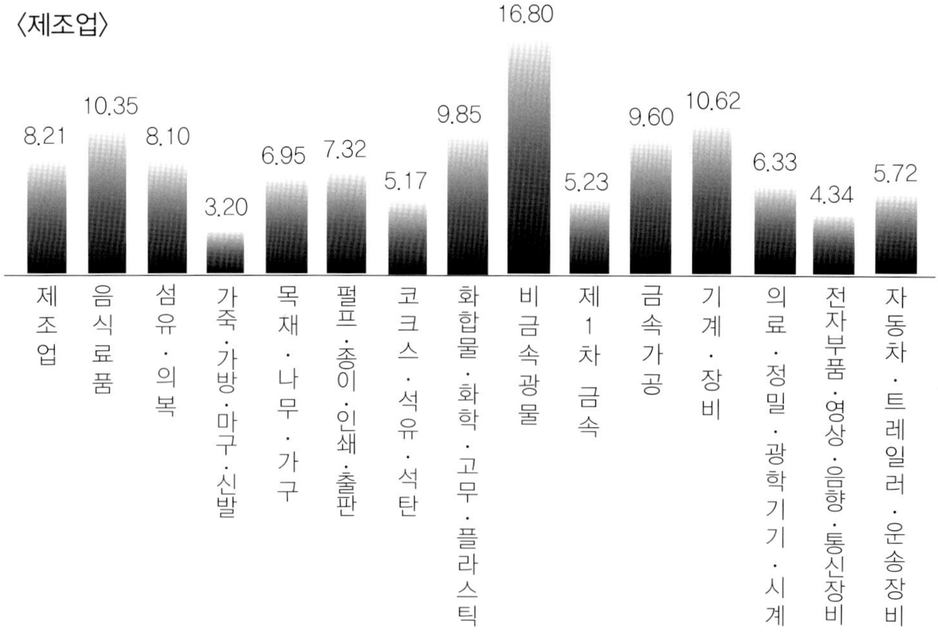

자료 : 한국무역협회(2010)

3) 기능별 물류비

대한상공회의소의 2002년 조사에 의하면 물류비의 기능별 비중을 살펴보면 운송비 52.7%, 보관 및 재고관리비 33.2%, 포장비 6.1%, 하역비 4.4%, 물류정보·관리비 2.2%, 유통가공비 1.4%로 나타나 물류비 지출의 85.9%(운송비, 보관 및 재고관리비)가 도로나 창고에서 발생하였다.

한국무역협회 2010년 조사에 의하면 기능별 물류비 비중에서 보관비가 52.6%로 가장 높고 다음으로 운송비 41.9%, 포장비 3.4%, 하역비 1.6% 순으로 나타났는데 보관비 비중이 운송비 비중 보다 높은 것은 최근 중소업체들을 중심으로 재고 부담에 따른 이자비용이 크게 증대한데 기인한 것으로 분석된다.

제5장 한국 항만의 허브항만 전략

1. 우리나라 항만의 허브항만 여건

우리나라는 세계 1,2위를 다투는 조선국, 세계 8위의 해운국, 세계 10위의 수산국인 해양강국이다.[9] 우리나라의 항만은 무역항(foreign trade port) 28개항, 연안항(coastal port) 22개항으로 구성되어 있는데 우리나라는 지경학적으로 동북아시아의 관문에 위치하고 세계 컨테이너선대의 주항로(main trunk)상에 입지하고 있어 컨테이너 항만으로서의 기본적인 발전 토대를 갖추고 있다.

우리나라 항만은 아시아/북미, 아시아/유럽, 북미/유럽 등의 국제기간항로(Main Trunk)상에 위치하고 있고, 향후 중국, 러시아의 도로 및 철도(TCR, TSR, TMR) 등과 연계수송이 가능하여 태평양을 통해 북미권과 대륙을 통해서는 유럽권과 연결되는 지정학적 이점을 갖고 있다. 또한 허브항만이 되기 위해서는 국내 수출입물동량뿐만 아니라 주변국으로의 환적물동량이 충분하게 확보될 수 있는 지정학적 요건이 필요한데 동북아시아 지역은 역내 교역비중이 증가하는 가운데[10] 중국경제의 급부상속에 물동량이 급증하고 있어[11] 우리나라 항만은 지정학적으로 허브항만의 중계성 요건을 갖추고 있다.

9) 김홍섭, 전게논문,p.88.

10) 동북아(한중일)의 역내 교역비중은 1990년 12.7%에서 2001년 21.8%로 증가하였고, 전세계 대비 동북아의 총생산비중은 1999년 20%에서 2020년 30%로 증가될 것으로 전망된다(안형도, "동북아 물류중심추진 로드맵", 대외경제정책연구원, 2003, p.2.

11) 세계컨테이너 물동량은 1998년 이후 연간 6.7%씩 증가하여 2011년에는 4억3천만 Teu로 예측되며, 동북아 컨테이너 물동량은 1998년 이후 연간 8.1%씩 증가하여 2011년에는 1억3천7백만Teu로 전망되고, 2011년 동북아지역의 컨테이너 화물처리비중은 전세계의 31.9%가 예상된다.(Drewry Shipping Consultants Ltd., World container terminals, 1998).

••● 물류에세이 ●••

"동북아 물류 허브 '탄력'"

국내 육상 물류업계가 무자년 새해를 맞아 본격적인 '종합물류업' 추진을 계기로 동북아시아 물류허브로의 비상을 준비고 있다. 특히 육상 물류업체들은 1조4000억원 규모의 국제 물류투자펀드 조성을 통한 해외 항만터미널사업을 올해부터 시행하면서 러시아, 인도, 베트남 등 포스트 이머징마켓 공략을 위한 해외 물류거점 구축에도 적극 나설 계획이다. 이에 따라 국내 물류업체들은 '글로벌 3자 물류사업' 등의 공격적 추진을 통해 도이치포스트월드넷, UPS 등과 같은 글로벌 기업들을 따라잡을 수 있는 매머드기업 육성의 한해를 만들 전망이다. 2일 업계에 따르면 정부의 육상 물류산업 육성책이 올해부터 본격적으로 발효되고 글로벌 항만개발 사업이 개시되면서 올해 처음으로 물류업계(육상물류 위주)의 연 매출 규모가 40조원에 육박할 것으로 예상되고 있다. 국내 물류산업 중 항공과 해운업 분야는 이미 세계 정상급 업체들이 탄생해 있는 상태다. 하지만 육상운송 분야에서는 아직 글로벌 수준의 기업이 없는 상태다. 글로비스가 연 매출 2조5000억원, 대한통운이 1조 2000억원 규모로 시장을 주도하고 있는 가운데 현대택배, 한진, CJ GLS 등의 경우 각각 1조원을 밑도는 매출을 보이고 있다. 반면 도이치포스트월드넷은 72조원, UPS는 44조원 등의 규모를 보이며 세계 물류시장을 석권하고 있다. 이들 글로벌 기업과 경쟁하기 위해서는 한국에서도 대형업체가 나와야 한다는게 학계와 업계의 주장이다. 이를 위해 정부는 올해부터 물류시장을 확대키위해 종합물류업을 시행하고 세제 혜택과 공공재 요금 할인 등 각종 지원책을 본격화 한다. 또한 개별 업체의 경우는 해외사업 확대와 제3자 물류비중 확대, 인수합병(M&A)을 통한 '대형화' 움직임이 구체화될 것으로 예상된다.

파이낸셜뉴스, 2008/1/3

••● 물류에세이 ●••

"FedEx 아시아허브 '한국 외면' 중국 택했다"

필리핀 수빅灣서 中광둥성으로 이전키로

중국, UPS·DHL 등 세계 3대 물류 모두유치

항만·공항 분야도 독식… 한국 완전히 밀려

FedEx 아시아 허브

세계 최대의 신흥 물류 시장으로 꼽히는 아시아·태평양 지역의 '물류 허브'가 중국으로 집중되는 현상이 심화되고 있다. 13억 인구를 바탕으로 '세계의 공장' 역할을 하고 있는 중국이 아시아 지역의 허브항만과 허브공항을 대부분 차지한 데 이어 다국적 물류 기업들의 아시아 허브도 모두 유치하는 등 이 지역 물류 허브를 독점하고 있다.

◆3대 항공 특송사 '아시아 허브' 모두 중국으로

세계적인 화물운송업체 페덱스(FedEx)는 필리핀 수빅만에 있는 아시아 물류 허브를 중국 광둥(廣東)성 광저우(廣州)로 이전한다고 13일 발표했다. 광저우의 신바이윈(新白雲) 국제공항에 63㏊(19만평가량) 규모의 물류허브를 구축, 수빅 물류 허브의 기능을 모두 넘겨받아 2008년 12월부터 본격 가동할 계획이다. 투자금액만 1억5000만달러(약1500억원)에 이르며 1200명이 넘는 인력을 고용, 지역 경제 활성화의 기폭제로도 작용할 전망이다.

프레드릭 스미스 페덱스 회장 겸 CEO는 "페덱스는 2년여 전부터 중국을 세계 공급·수요의 중심으로 예견해왔다"며 "광저우는 소비자들을 전 세계 시장으로 연결시켜주는 새로운 게이트웨이가 될 것"이라고 말했다. 우리나라도 2003년부터 페덱스의 아시아 물류허브 유치 노력을 벌여 왔으나 페덱스측은 한국을 두고 광저우로 가버린 셈이다. 작년 1월 '페덱스(FedEx), 인천공항을 동북아 허브(Hub)로 운영 시작'이란 보도자료를 내놓았던 우리 재정경제부의 발표는 물거품이 돼버렸다.

페덱스의 아시아 물류 허브 이전 결정은 경쟁사인 UPS가 상하이에 물류 허브를 만들겠다고 선언한 지 1주일여 만에 나왔다. 이로써 2000년부터 홍콩에 아시아 물류 허브를 운영중인 DHL을 포함, 세계 3대 화물 특송업체가 모두 중국에 아시아 허브를 구축하게 됐다.

세계적인 운송회사들이 아시아지역 허브를 중국에 구축하고 있는 것은 중국 시장의 엄청난 성장 잠재력 때문이다. 보잉사는 중국의 항공화물시장이 2023년까지 매년 11% 이상 성장할 것으로 예상했다. 경영컨설팅 회사인 맥킨지는 중국의 아웃소싱 물류 규모가 840억달러로 미국·일본에 이어 세계 3위 수준이라고 분석했다. 마틴 조스 맥킨지 아시아 물류부문 수석 책임자는 "중국의 아웃소싱 물류 규모가 2010년에는 지금의 두 배로 성장할 것"이라며 "특히 중국으로부터의 미국행(行) 항공 운송물은 향후 20년간 연평균 9.6%씩 증가할 것"이라고 내다봤다.

◆항만·공항도 중국이 독식

중국은 항만·공항 분야에서도 아시아의 허브로 급부상하고 있다. 지난 2003년에 이미 부산항을 제치고 세계 4위(컨테이너 처리 기준) 항구로 부상한 선전항은 올 들어 6월 말까지 743만TEU(1TEU는 20피트 컨테이너 1개)를 처리, 작년 동기보다 처리량이 23% 늘어났다. 반면 세계 5위로 밀려난 부산항의 컨테이너 처리량은 올 들어 5월 말까지 4.6% 증가에 그쳤다.

중국은 또 매년 물동량이 30% 가까이 급증하는 상하이항이 곧 포화상태에 이를 것에 대비, 상하이항에서 승용차로 1시간 거리에 있는 양산도 일대에 '만리장성 이후 최대 역사(役事)'로 불리는 신항만 개발을 진행 중이다. 상하이(上海) 소재 코트라 중국 본부의 이효수 본부장은 "올 연말 연간 250만TEU 처리 규모의 양산 신항만이 개항할 경우 상하이와 양산항 일대가 '아시아 해운의 중심'으로 확고히 자리잡을 것"이라고 말했다.

상하이 푸둥(浦東)과 선전 바오안(寶安) 등 두 공항의 지난해 화물 운송량은 총230만 t이 넘어 인천국제공항(213만t)을 추월했다. 전문가들은 이런 상황이 계속된다면 한국은 동북아 물류 허브 경쟁에서 완전히 밀려나 중국의 허브 공항이나 항만에서 화물을 받아 한국으로 2차 운송을 하는 지선(支線) 역할에 머물 수밖에 없을 것으로 전망하고 있다.

조선일보, 2005.07.14

••● 물류에세이 ●••

"헛물 켠 '동북아 허브'"

'페덱스(FedEx), 인천공항을 동북아 허브(Hub)로 운영 시작.'

지난 주 재정경제부가 내놓았던 보도자료의 제목이다. 세계적인 특송(特送) 화물운송업체인 페덱스가 인천공항을 동북아 허브(중심) 공항으로 이용키로 했다는 A4용지 세쪽 분량의 보도자료는 정부의 자화자찬이 많았다.

"페덱스의 동북아 허브 운영은 참여정부가 국정과제의 하나로 추진해온 '동북아 물류중심'의 구체적인 노력의 결실이며, 국가 신인도 제고, 고객 서비스 개선, 국가물류비 절감 등에도 긍정적인 효과가 기대된다"

주무 부서인 경제자유구역기획단이 페덱스 코리아 대표를 만나 정부정책을 설명하고 노사관계 개선 지원을 약속하는 등 정부가 맞춤형 지원을 해왔다는 약간은 낯이 붉어질 만한 홍보사례도 '용감'하게 담았다.

하지만 정작 같은 날 서울 시내 호텔에서 기자회견을 연 페덱스 코리아측은 인천공항을 허브로 이용하겠다는 표현은 아예 꺼내지도 않았다. 지난 6일부터 주13회이던 화물특송 항공기 운항을 20회로 늘리고 이중 아시아 허브인 필리핀 수빅만과 인천공항을 직항하는 노선을 주5회 신설한다는 게 눈에 띌 정도였다.

페덱스코리아 관계자는 "페덱스가 이용하는 19개 아시아 공항 가운데 '허브'는 필리핀 수빅만이 유일하며, 인천은 여러 공항(gateway) 중 하나라며 인천공항은 차기 허브 후보지 경쟁에도 빠져 있는 것으로 안다"고 밝혔다. 영국 파이낸셜타임스(FT)는 지난 9일 페덱스가 중국 광저우를 동북아 허브로 지정하고 투자의향서(MOU)에 이미 서명했다고 보도해 재경부 발표를 무색하게 했다. 설익은 내용으로 건수 올리기식 과장 홍보에 급급하는 예전 행태가 반복되는 것 같아 안쓰러울 따름이다.

조선일보, 2004.01.12

••● 물류에세이 ●••

"DHL 물류기지 상하이 푸둥으로"

2010년까지 1600억 투자, 인천 허브공항 전략 차질

독일의 세계적 물류 기업인 DHL이 '동북아 항공 물류 허브 기지'로 중국 상하이(上海) 푸둥(浦東)공항을 선택했다. 인천공항 등 전 세계 133개 공항이 DHL의 특송 기지 유치를 위해 2년간 치열하게 경쟁했으나 상하이가 승리하고 인천공항이 고배를 마시게 됐다. 이미 미국의 UPS도 상하이 푸둥에 대형 물류 기지를 짓고 있다. 이번 DHL마저 상하이를 선택함에 따라 이들 세계적 항공 물류 기업을 유치해 동북아 허브 공항으로 성장하려던 인천공항의 전략에 상당한 차질이 생기게 됐다. 상하이를 최종 선택한 이유에 대해 DHL 측은 "화물 수요와 항공편수가 결정적 요인으로 작용했다"며 "지난해 중국 물류량의 41%를 차지한 창창(長江)삼각주 공업지대의 왕성한 경제활동에 큰 기대를 걸고 있다"고 밝혔다. DHL의 분석에 따르면 상하이 푸둥 공항은 2015년께 600만t의 화물 처리 능력을 갖추게 될 것으로 전망했다.

이에 앞서 2005년에는 미국의 UPS가 상하이에, 미국의 페덱스(FedEx)가 중국 광저우(光州)에 물류 기지 투자 계획을 발표했다. 그 뒤 UPS와 페덱스는 현지에 대형 물류 기지 건설에 착수해 내년부터 본격적인 운영에 들어갈 계획이다.

중앙일보, 2007.11.27

2. 우리나라 항만운영의 문제점

그동안 우리나라의 모든 항만은 경쟁국들의 항만 민영화추세에도 불구하고 개발, 소유, 운영을 국가가 관리하는 국유국영체제로 운영하였다. 또한 항운노조의 노무공급독점체제 등에 따른 불합리한 하역구조, 화물유통의 부산항 편중 등으로 인해 경쟁항만에 비해 항만생산성이 크게 떨어졌다.

1) 불합리한 항만개발과 운영

그동안 우리나라는 민자로 건설한 항만시설도 기부체납시켜 국유로 하였다. 우리나라 컨테이너 항만개발 및 운영형태는 경제개발초기의 민간자본이 열악한 경제적 여건 속에서 항만시설의 부족문제를 해결하기 위하여 항만개발 및 운영을 국가가 직접 담당해 왔다. 또한 컨테이너 처리시설이 부족한 현실을 감안하여 전용부두보다는 공영부두형태로 컨테이너부두를 운영하여 왔다.

이러한 국유국영에 의한 공영부두중심의 항만체제는 우리의 부족한 재원 및 항만의 공공성 측면에서 많은 역할을 수행하여 왔다. 그러나 이러한 국유국영체제의 경직성은 항만의 생산성 향상의 큰 걸림돌로 작용하였다 특히 급격히 변화하고 있는 항만과 해운환경에 능동적으로 대처하는데 저해 요인으로 작용하였다.

현재도 항만공사로 전환한 부산항, 인천항, 울산항을 제외한 우리나라 항만은 개발, 소유, 운영을 국가가 직접 담당하고 있어 경쟁체제제가 도입된 민간기업의 운영에 비해 경영성과에 대한 목표 및 성과의식이 적고, 행정체제의 경직성 및 관료주의적인 의사결정으로 인해 항만사용자의 항만서비스에 대한 다양한 수요를 충족시키지 못하고 항만의 신기술 도입 및 개발에 대한 적절한 투자시기를 놓쳐 급변하는 해운 및 항만환경에 능동적으로 대처하지 못하고 있다. 이러한 비효율적인 항만운영으로 우리나라의 항만은 민영화된 경쟁국 항만보다 항만생산성이 떨어지고 있다.

2) 불합리한 항만하역시스템

전근대적인 우리나라의 항만하역시스템도 우리나라 항만의 경쟁력을 저하시키는 요인으로 작용하고 있다.

우리나라에서 항만하역을 수행하는 항만노동자는 상용노동자와 일용노동자로 양분되어 있는데 상용노동자[12)]는 항만하역업체에 직접 고용되어 있으나, 일용노동자[13)]들은 항운노조에 조합원으로 가입되어 있다. 즉, 우리나라의 항만하역은 항운노조가 항만 일용노무공급을 독점하였다.

항만하역이 효율적으로 이루어지기 위해서는 노무공급이 화물성질 및 하역방식에 맞게 공급되어야 하나, 현행 우리나라의 일용항만노무공급방식은 항만하역을 실제로 수행하는 항만하역업체가 작업에 필요로 하는 적절한 인력을 필요한 수만큼 채용하는 것이 아니라, 항운노조가 일용항만노동자의 인력선발 및 인력규모를 독자적으로 결정하였다.

하역업체는 항만하역작업에 필요한 일용항만노동자를 항운노조에 요청하여 인력을 공급받고 있는데, 항운노조는 조합원을 현장에 파견할 때 화물의 성질 및 하역의 특수성을 감안하여 일용항만노동자를 개별적으로 선발하여 필요한 인력만큼 공급하는 것이 아니라, 부두별로 고정배치 되어 있는 반단위[14]를 순서대로 공급하였다.

즉, 신규인력의 고용시 하역업체의 의견이 반영되지 않아 하역업체는 효율적인 노무관리를 수행할 수 없다. 또한 일용항만노동자에 대한 노임은 시간급이 아니라 도급제로 지급되고 있다. 도급제란 성과급의 일종으로 처리한 물량에 대해 노임이 지급되는 것으로 하역업체와 항운노조간의 합의에 의한 화물별 톤당노임으로 결정된다. 즉, 톤당 노임에 처리한 물량을 곱하여 총노임을 지급하였다.[15]

이러한 화물별 톤당 노임구조의 문제는 첫째, 하역시스템의 기계화로 인한 인건비 감소효과를 반감시켜 항만하역의 기계화와 자동화의 신규투자를 저해 또는 지연시키는데 있다.

즉, 항만하역은 기계화와 자동화로 인해 하역인력과 하역시간이 현실적으로 감소되었으나, 하역노임은 투입인력이나 소요시간과는 상관없이 하역화물톤당 지급되었다.

둘째, 임금관리에 있어서 항운노조가 작업반 단위로 임금을 일괄 수령하여 작업참여 근로자수로 균등배분하고 있어 근로자의 직능별 연공서열이 무시되어[16] 항만노동생산성이 떨어졌다.

---

12) 상용노동자는 사무직근로자와 하역노동자로 구성되어 있는데 하역노동자들은 단순노동을 하지 않고 크레인 등의 하역장비의 운전자 및 감독자로 숙련노동자이다.

13) 대부분 장비를 사용하지 않고 작업을 하는 단순노동자이다.

14) 반(Gang)이란 선내하역에 있어서 작업노무자의 한 단위를 말한다. 재래선의 경우에는 보통 한반이 10~12인 정도로 되어있다. 재래선에는 Hatch단위로 갱이 구성되어 있으나, 컨테이너선의 경우에는 Gantry Crane단위로 구성되어 있다.(코리아쉬핑가제트, 「해운물류용어대사전」, 1999, p.241.)

15) 김형태, 「항만노동생산성향상방안」, 한국해양수산개발원, 1999.12, p.16.

16) 이철영, 전게서, p.253.

이러한 비효율적인 항만 노무공급구조로 인해 세계주요 항만의 경우 1970~95까지 항만노동자수가 대폭 감소하고 있는데 비해 우리나라는 예외적으로 증가추세를 보여 왔다.[17)]

3) 불합리한 SOC 투자

그동안 우리나라는 제조업중심의 경제성장을 추진하는 가운데 경제규모에 비해 물류관련 사회간접자본에 대한 투자가 선진국에 비해 매우 저조한 상태이다. 특히 우리나라는 물류관련 사회간접투자가 도로부문에 집중되고, 수출입화물의 99.8%을 처리하는 항만에 대한 투자는 상대적으로 소외되어 왔다.

또한 우리나라는 그동안 항만물류정책에 대한 합리적인 의사결정이 이루어지지 않아 중복투자로 예산을 낭비하거나 투자의 시기를 놓치는 경우가 많았다.

〈표 12-5〉 경제개발 5개년 계획기간중 사회간접자본 투자추이

단위: 억원, %

	도로	철도	지하철	항공	**항만**	계
1차 (1962~1966)	61 (17.2)	215 (60.6)	-	26 (7.3)	**53** **(14.9)**	355 (100)
2차 (1967~1971)	1,147 (52.0)	634 (28.7)	83 (3.8)	76 (3.4)	**267** **(12.1)**	2,207 (100)
3차 (1972~1976)	4,674 (51.6)	2,669 (29.4)	248 (2.7)	189 (2.1)	**1,284** **(14.2)**	9,064 (100)
4차 (1977~1981)	16,302 (46.7)	7,434 (21.7)	5,532 (16.2)	1,469 (4.3)	**3,451** **(10.1)**	34,188 (100)
5차 (1982~1986)	37,191 (46.7)	9,647 (12.1)	24,379 (30.6)	2,223 (2.8)	**6,186** **(7.8)**	79,626 (100)
6차 (1987~1991)	115,225 (79.6)	14,620 (10.1)	789 (0.5)	2,538 (1.8)	**11,538** **(8.0)**	144,710 (100)
7차 (1992~1996)	344,046 (58.3)	75,353 (12.8)	98,146 (16.6)	25,812 (4.4)	**46,467** **(7.9)**	589,824 (100)

자료: 교통개발연구원외, 「사회간접자본 종합투자조정계획의 수립」, 2000.
주: 직접비: 선박의 회전율저하에 따른 비용
간접비: 제품의 납품지연에 따른 손실, 창고보관료, 등 수송지체로 인한 비용.

이처럼 항만 개발에 대한 투자가 필요함에도 불구하고 우리나라의 SOC재성투자는 도로에 집중되어 있다. 이는 국가의 물류정책이 동북아 물류중심국가 건설에 의해 시행되고 있지 않고, 지역균형 발전이라는 미명하에 정치적으로 악용되

17) P.M. Alderton, Port Management and Operations, London, LLP, 1999, p.192.

고 있음을 보여준다.

〈표 12-7〉 국내화물 수송수요 및 전망

구분			2001	2006	20011	2020
국내화물	천톤	계	2,648,454	3,379,901	4,282,704	6,220,459
		도로	2,436,427	3,107,506	3,923,337	5,735,277
		철도	58,026	66,425	88,169	117,187
		항공	812	1,079	1,415	2,631
		해운	153,189	204,891	269,783	365,364
	백만톤·km	계	149,621	194,134	248,646	369,588
		도로	74,360	99,068	130,708	206,152
		철도	20,190	27,566	37,432	56,582
		항공	374	559	661	1,150
		해운	54,697	66,941	79,844	105,704

자료 : 1) 건설교통부, 국가기간교통망계획, 1999,
2) KOTI, 중부권·영남권 내륙화물기지 기본조사 설계, 1999,
3) 철도청, 고속철도와 기존철도의 직결운행에 대한 타당성조사, 1998,
4) 해양수산부, 항만기본계획재정비용역, 1999, 박명섭(2008)

〈표 12-8〉 국제화물 수송수요 및 전망

구분			2001	2006	20011	2020
국제화물	천톤	계	570,593	724,319	896,195	1,265,563
		항공	1,996	2,884	3,901	6,657
		해운	568,597	721,435	892,294	1,258,906
	백만톤·km	계	4,747,774	5,651,098	6,841,984	9,706,701
		항공	12,160	15,863	22,470	47,414
		해운	4,735,614	5,635,235	6,819,514	9,659,287

자료 : 1) 건설교통부, 국가기간교통망계획, 1999,
2) 해양수산부, 항만기본계획재정비용역, 1999,
3) 해양수산부, Ocean Korea 21, 2000, 박명섭(2008)

3. 우리나라 항만의 허브항만 전략

1) 항만물류관리의 목표설정

효율적인 항만물류의 합리화방안을 도출하기 위해서는 무엇보다 먼저 우리나라 항만물류관리의 정확한 목표설정이 필요하다. 항만물류관리의 목표가 비용절감에 국한되어서는 효율적인 항만물류합리화를 기대할 수 없다. 따라서 항만별로 차별화된 항만물류관리의 장기적인 목표설정이 수립되어야 한다.

즉, 광양항과 부산항을 main two port로 육성하는 가운데 기타 항만에 피더부두시설의 확충을 통해 중심과 지선(hub & spoke) 체제를 형성하여 우리나라 항만의 경쟁력을 향상시키기 위해서는 국내항만간의 차별화된 항만물류관리의 목표수립이 필요하다.

2) 항만개발의 우선순위를 통한 선택과 집중 전략

현재 국내에서 동북아 중심항만으로 거론되고 있는 모든 항만을 제한된 자본과 시간을 가지고 동일하게 개발할 수는 없다. 이제부터는 급박하게 변화하고 있는 국제물류환경의 변화를 직시하고 국내 항만개발의 우선순위를 정해서 항만을 개발해야 한다.

항만개발의 우선순위는 다음과 같은 원칙으로 정해져야 한다.

첫째, 항만개발의 우선순위는 정치적, 지역적인 관점이 아닌 경제적, 국가적, 국제적 관점에서 결정되어야 한다.

둘째, 항만개발 및 운영자의 관점이 아닌 항만의 수요자인 선사와 화주의 관점에서 동북아 허브항만으로 선호하는 항만을 우선적으로 선택하여 집중적으로 개발해야 한다. 특히 우리나라 항만이 동북아 허브항만으로 자리매김할 수 있으려면 필요한 항만시설을 적기에 건설하여 선점 및 차별화해야 한다.

또한 항만개발이 우선순위에 의해 개발되기 위해선 현재 항만개발의 직간접적인 주체인 중앙정부, 항만공사, 관련지자체, 민간기업간의 분명한 역할분담과 권한이 정해져야 한다.

항만개발 주체간의 역할분담이 명확하게 정해지지 않으면 항만개발의 우선순위를 정하는데 상당한 혼란이 따르고, 우선순위에 의한 개발의 실행과정에서도 불협화음이 지속될 가능성이 크다.

3) 종합물류시스템 관점에서 적기에 항만 개발

항만물류가 합리적으로 운영되기 위해서는 소프트웨어적인 관리의 합리화 이전에 기본적인 하드웨어가 갖추어져야 한다. 이를 위해서는 항만물류시설에 대한 대규모 투자가 필요한데 한정된 재원의 벽에 부딪치게 된다.

따라서 최소의 비용으로 최대의 효과를 거둘 수 있는 국가 전체의 SOC투자에 대한 투자원칙이 합리적으로 운영되어야 하나, 우리나라는 투자우선순위 및 투자규모가 경제적인 요인보다는 정치적인 요인에 의해 비합리적으로 결정되고 있는 경우가 많다.

이러한 SOC투자에 대한 정치적인 의사결정은 국가경제의 지속적인 성장을 저해하는 요인으로 객관적이고 합리적인 의사결정과정이 필요하다. 우리나라의 GDP에서 수출이 차지하는 비중은 50%이상 이고, 수출입물동량의 99.8%가 항만을 통해서 이루어지고 있는 현실을 감안할 때 우리나라 SOC투자에서 항만에 대한 투자 확대는 필요하다.

항만투자는 건설에서부터 운영시기까지는 10~15년이라는 장기간이 소요되므로 단기적인 경제여건에 따라 투자를 소홀히 할 경우 항만적체로 인한 국가경쟁력 저하가 발생하게 된다.

특히 동북아 경쟁항만들의 허브항 선점을 위한 대규모 항만투자를 고려할 때 SOC투자에서 항만개발 투자확대는 21세기 국가생존전략으로 인식해야 한다.

지금까지 우리나라의 물류정책과 재정투자는 국가적, 경제적 관점에서 이루어졌다기 보다는 정치적, 지역적 근시안적인 관점에서 상당부분 이루어져 우리나라의 항만시설 확보율은 74.9%에 불과하고 컨테이너부두의 경우는 58.2%에 불과했다.

이 결과 우리나라 수출입화물의 대부분을 처리하고 있는 항만에 대한 투자가 적기에 이루어지지 못해 국내 8개항만(광양, 부산, 인천, 울산, 동해, 군산, 목포, 포항)의 체선체화에 따른 직접적인 비용이 매년 수백억원 발생했다.[18)]

또한 항만개발도 화물의 처리능력과 선박의 접안능력 등 항만의 고유기능만을 효율화할 수 있는 컨테이너부두시설 위주의 개발정책에 집중되었는데 우리나라 항만이 변화된 국제물류 환경하에서 물류중심기지가 되기 위해선 컨테이너 부두시설과 항만배후단지 및 내륙운송수단간의 연계가 종합적으로 고려된 항만개발이 되어야 한다.

---

18) 해양수산개발연구원, 「항만산업의 경제적 파급에 관한 연구」, 2002.

이러한 대규모 항만개발이 적기에 시행되기 위해서는 민자유치가 활발히 이루어져야 되는데 막대한 소요재원, 불확실한 수익성, 높은 위험부담, 장기투자 회수기간(50년) 등으로 활성화가 되고 있지 않다.[19] 항만에 대한 민간투자를 활성화시키기 위해서는 다종다양한 사업투자방식을 개발하고, 국내외 홍보 전략을 마련해야 한다.

4) 광양항과 부산항의 역할분담과 통합체계 구축

항만물류에 대한 투자의 성과가 효과적으로 이루어지기 위해서는 물류환경 변화에 부응하는 적절한 투자와 항만네트워크를 통한 중복투자를 피해야 한다. 이를 위해서는 항만간의 선의의 경쟁을 넘어선 지역이기주의에 의한 비생산적인 과열경쟁은 지양되어야 한다.

우리정부의 항만정책의 핵심은 양항체제의 구축으로 우리나라를 동북아물류중심국으로 만드는데 있다. 이를 위해서는 광양항과 부산항이 신의의 경쟁뿐만 아니라 역할분담과 협력이 필요하고, 우리나라 기타 항만들의 피더항만으로서의 역할 및 협력이 필요하다.

따라서 우리나라 항만간의 역할분담과 효율적인 네트워크 구성이 절실한 시점이다. 이러한 중요한 시점에 양항체제의 회의론이나 광양항과 부산항의 투자를 둘러싼 양 지역 간의 정치적인 힘겨루기는 전체 국익차원에서 지양되어야 한다.

최근 들어 국제물류과정은 단순한 해상운송에서 복합운송시스템으로 발전됨에 따라 항만간의 경쟁은 근거리의 인접항만간의 경쟁뿐만 아니라 지역 간에도 치열한 경쟁이 발생하고 있다.

그러나 경쟁항만간의 협력을 통한 상호 발전하는 사례도 있다. 북미서부지역의 로스앤젤레스항만과 롱비치항만은 지역적으로 경쟁항만임에도 불구하고 복합운송시설을 공동개발함으로써 두 항만의 물동량이 지속적으로 높아졌다.

따라서 우리나라의 광양항과 부산항도 상호보완 및 협력을 통한 발전방안을 마련해야 되는데 이를 위해서는 먼저 양항간의 역할분담 및 특화전략이 마련되어야 한다.

일반적으로 허브항만의 요건을 중심성(centrality)과 중계성(intermediacy)으로 나눌 때 부산항은 우리나라의 산업입지여건상 자체배후지역에 대규모 물동량을 확보하고 있기 때문에 중심성에 기반을 둔 허브항만으로 발전되어야 하

19) 한철환, 전게논문, p.33.

고, 광양항은 중국지역과의 인접성 및 자체배후지역의 미미한 물동량을 고려할 때 중개성중심의 허브항만으로 발전되어야 한다.

무엇보다 현재와 같이 양항만간에 역할분담과 네트워크 구성이 갖추어지지 않은 상태에서 기존의 국내외 선사와 화주를 둘러싼 경쟁은 지역경제에 작은 이익이 될지는 모르나 국익에는 아무런 도움이 되지 않는다.

특히 양항체제 출범 후 우리나라가 동북아 물류중심기지가 될 수 있도록 양항만간에 어떠한 상호보완적인 역할을 담당했는지 의문스럽다. 무엇보다 광양항과 부산항은 지리적으로 100km이내의 근거리에 위치해 있다. 이러한 근거리에 위치한 양항만이 지역이기주의에 휩싸여 소모적인 경쟁을 하는 근본적인 원인은 관리체계가 이원화되어 있기 때문이다.

따라서 우리나라 항만의 경쟁력 강화를 위해서는 양항만을 동일 항만권으로 인식하고 통합하는 전략이 필요하다. 광양항과 부산항의 협력체계가 구축되려면 무엇보다 항만개발에서부터 항만마케팅까지 동일한 기관에 의한 종합적인 관리가 필요하다.

일본은 앞으로 오사카항과 고베항을 시범적으로 통합운영한 후 도쿄항-요코하마항, 나고야항-키타큐슈항 등의 항만간의 통합을 통해 4개의 수퍼중추항만을 설립하여 단일 항만사무국을 설립하여 운영할 계획을 갖고 있고, 중국도 북중국 항만(청도항, 천진항, 대련항)의 개발을 종합적으로 관리하여 시너지효과를 발휘하고 있다.

우리도 광양항과 부산항을 더 이상 양 지역의 소지역주의 관점에서 바라보지 말고 국가의 장래가 달린 중차대한 사업으로 인식하고 양항만을 종합 개발 및 통합 관리하는 다각적인 방안을 마련해야 한다.

••● 물류에세이 ●••

"부산항 세계 6위 항만으로 추락"

구겨진 동북아 허브 자존심… 이젠 정부가 나서라

세계 5위 허브항이자 대한민국 중추항인 부산항이 지난달 중국 닝보·저우산항에 밀려 세계 6위로 추락하자 부산항에 대한 정부의 지원과 관심을 촉구하는 목소리가 높아지고 있다.

"이대로 가면 부산항은 몇 년 안에 세계 10위권 밖으로 밀립니다."

항만 전문가들이 추락하는 부산항의 현실을 바라보며 힘없이 내뱉은 말이다. 컨테이너 물동량 기준으로 세계 5위에서 6위 항만으로 내려앉은 부산항의 위기를 지켜보며 부산항 관계자들은 충격에 빠진 모습이다.

가파른 경제 성장세로 날개를 단 중국 항만이 떠오르면서 부산항이 갈수록 떠밀리고 있다. 강력한 대책이 준비되지 않으면 부산항 순위는 더 추락할 수밖에 없는 상황이다.

△비상하는 중국항='세계의 공장'으로 불리는 중국의 경제 성장과 함께 중국 항만도 급한 신장세를 보이고 있다. 닝보·저우산항은 컨테이너 물동량 기준으로 지난 2007년까지 세계 10위권에도 모습을 내밀지 못했다. 지난 2008년 갑자기 세계 7위로 진입하더니 지난해 말에는 6위는 기록하며 부산항을 바짝 따라붙었다. 5위 자리를 넘보던 닝보·저우산항은 지난달 마침내 부산항을 추월하고 말았다.

닝보·저우산항 뿐만 아니다. 중국의 경제중심지 상하이항은 지난해 8월 홍콩항과 싱가포르항을 잇따라 제치고 1위 항만으로 성장했다.

중국 선전항은 2000년대 초반까지만 해도 부산항 앞에 이름도 못 내밀었다. 그러다 어느새 부산항을 앞질러 지금은 확고한 4위 자리를 지키고 있다. 지난달 기준으로 5위 안에 든 중국 항만은 홍콩항을 포함해 모두 4곳이다. 2위 싱가포르항을 빼고는 모두 중국의 무역항들이다. 세계 10위권 이내를 봐도 중국 항만은 6곳에 달한다.

현재 6위에 랭크된 부산항 뒤로는 중국 광저우항과 칭다오항이 줄을 서 있다. 이들 항만의 맹렬한 추격세를 볼 때 부산항은 곧 6위 자리마저 내줘야 할지 모르는 처지다.한국해양대 남기찬(물류시스템공학과) 교수는 "부산항은 가만히 앉아 있으면 중국 항만과 점점 격차가 벌어질 수밖에 없다"고 말했다.

△정부 푸대접에 맥 빠진 부산항=밖으로는 중국 항만의 공격에 시달리는 부산항은 안으로는 정부의 푸대접과 무관심에 설움 받는 처지다.

"부산항이 세계 6위 항만으로 전락한다는 사실은 지난해부터 이미 예견된 일입니다. 그러면 대책이 필요한데 모두들 손을 놓고 있었던 거지요. 정부도 마찬가지입니다."

한국해양대 김길수(해사수송과학부) 교수는 부산항에 대한 정부의 무관심을 비판했다.

국내 중추항인 부산항은 광양항과 인천항 등 국내 항만의 도전으로 역량이 분산돼 갈수록 힘을 잃고 있다. 정부의 이른바 '투 포트' 또는 '멀티 포트' 정책으로 성장동력을 상실한 채 제자리를 맴도는 모습이다. 지난 1995년 부산항이 처리한 국내 수출입 물동량 비중은 92%에 달했다. 이때 부산항의 환적 물동량 분담률은 100%를 차지했다.하지만 지난 2009년의 성적표를 보면 초라하다. 90%를 넘던 부산항의 국내 수출입 물동량 처리 비율은 63%에 그친다. 인천항(15%)과 광양항(14%), 평택항(4%) 등에 기능을 뺏겨 위상이 쪼그라든 것이다. 환적 물동량 분담율도 광양항 등에 빼앗겨 94%로 떨어졌다.

국가 항만정책을 결정하는 기본안인 국토해양부의 제3차 항만기본계획(2011~2010년) 초안에 따르면 부산항의 국내 위상은 더욱 추락하게 된다. 국토해양부는 오는 2020년 부산항의 국내 물동량 비중을 고작 60% 안팎으로 내다보고 있다. 남기찬 교수는 "부산항은 '부산에 있는 항만'이 아니라 '대한민국 중추항이자 동북아 허브항'이다"며 "그런데도 우리 정부의 정책적 시각은 부산항을 국내 다른 항만과 똑같이 보고 있다"고 지적했다. 남 교수는 "국내에 24곳의 국립대가 있는데도 서울대특별법을 만들어 집중 육성하듯 부산항도 특별법으로 지원하고 관리해야 할 국가 전략항만"이라고 주장했다.

△획기적 유인책으로 환적 물동량 잡아라=부산항은 여전히 동북아 환적 물류의 거점이다. 중국 항만들과는 달리 환적 화물 비중이 매우 높은 허브항이다. 지난 2001년 36.5%이던 부산항의 환적 물동량 비율은 지난 2009년 44.9%까지 치솟았다. 부산항만공사(BPA) 박호철 마케팅팀장은 "부산항을 거쳐 동북아 근거리 루트를 통하는 환적 물동량은 엄청난 부가가치를 낳는 황금알"이라고 말했다. 하지만 국내 수출입 물동량과는 달리 환적 화물은 언제든 다른 경쟁 항만으로 방향을 옮겨 부산항에서 모습을 감출 수 있는 물량이다. 환적 화물 비중이 높다는 얘기는 높은 부가가치를 창출한다는 뜻인 것과 동시에 매우 취약한 물류 구조의 항만이라는 뜻도 된다. 따라서 안정적인 환적 물량 확보의 중요성은 두말할 나위가 없다. 그런데도 BPA의 내년도 환적 화물 인센티브 지급액은 105억 원으로 올해보다 40억 원이나 적게 책정돼 있다.

김길수 교수는 "부산항 발전에 크게 기여하지 못하고 있는 정부와 부산시는 부산항 물동량 확보와 경쟁력 확대 대책을 적극적으로 수립해 '특별항만'으로 육성해야 한다"고 지적했다.

남기찬 교수는 "환적 화물을 유인할 수 있는 굉장한 인센티브가 필요한데 경영평가를 받는 공기업인 BPA에만 그 역할을 맡겨 둬서는 곤란하다"면서 "정부의 획기적인 지원책과 관심이 있어야만 부산항이 다시 부상할 수 있다"고 강조했다.

부산일보,2011.2.21

물류에세이

"세계3위 부산항' 5위로 추락"

아시아 일류항만이던 부산항이 2류로 전락했다. 세계 3위였던 부산항은 작년 중국 상하이에 이어 광둥(廣東)성 선전(심천)항에까지 추월당해 5위로 주저앉았다. 1년 사이 두 계단이나 추락했다.

◆선전항, 부산항 추월=중국 경제특구 1호인 선전의 총물동량은 작년 1065만TEU(20피트 컨테이너). 홍콩경제일보는 8일 선전항무국을 인용, "선전항 처리물량이 작년 39.88% 늘었으며 부산항을 추월했다"고 보도했다. 선전항 물동량은 홍콩(2000만TEU)의 절반이나 향후 5년 내 홍콩을 추월할 것으로 전망된다. '세계의 공장'이라는 광둥성의 거대 산업기지를 배후로 확보하고 있다.

◆시설확대에 선진 노하우 무장=부산항이 선전항을 재추월할 가능성은 없어 보인다. 선전항은 올 초 이미 2개 선석을 늘려 개장했고, 연말까지 추가 2개 선석을 오픈한다. 이렇게 되면 6시간 정도 이던 선박외항 대기시간도 제로(0)로 떨어진다.

화주 유치 마케팅도 활발하고 운영기술 습득도 빠른 덕분에 세계적 화주들은 신용장 개설 때부터 아예 선전항을 지정한다고 한다.

또 선전 최대 옌티엔항의 대주주는 아시아 최고 갑부 리자청(李嘉誠·리카싱) 소유의 최대 항만운영사(HIT)와 유럽 최대 선사인 머스크라인으로 세계적 선사들의 운영 노하우가 합쳐져 있다.

◆항공물류도 '왕따신세'

인천 영종도 신공항도 항공물류시장에서 주도권을 빼앗긴 채 세계적인 특송업체들로부터 따돌림받고 있다. '동북아 물류' 허브의 꿈은 사실상 물건너 갔다는 관측이다. 세계최대 항공특송사 페덱스(Fedex)는 작년 12월 31일 광둥(廣東)성 광저우(廣州) 바이윈(白雲) 공항과 '기지활용 기본계약'을 체결했다. 2008년 공항 완공 후 홍콩 등 세 나라에 분산돼 있는 아·태(亞·太)지역본부를 이전하겠다는 전략. 또 UPS는 싱가포르와 홍콩, 타이베이1 필리핀(클라크 공군기지) 4곳을, DHL은 싱가포르와 홍콩, 도쿄(東京) 3곳을 아시아지역 허브로 삼고 있다.

조선일보, 2004.01.09

특히 고부가가치로 일반화물 환적가격(20만원)보다 경제효과가 크다. 실제로 고부가가치 화물 환적에 강점이 있는 로테르담항은 물동량 처리 규모 면에서 세계 7위지만 연간 238억 달러의 부가가치를 창출해낸다. 반면 물동량기준 세계 5위의 부산항은 고작 80억달러의 부가가치만을 창출하고 있다. 고부가가치 물류산업을 육성하기 위해서는 화물을 창출할 수 있는 외국 물류기업 유치와 함께 우리 물류기업의 글로벌화를 통한 글로벌 물류 네트워크 구축이 필수적이다. 이에 부산항은 국내 물류업체들과 긴밀한 협조관계를 구축하고 있다.

6) 선진화된 항만운영

생산성과 효율성이 뒷받침되지 않은 항만은 아무리 지정학적인 장점이 있더라도 초고속의 대형선박이 기항하지 않을 것이다. 우리나라 항만의 생산성과 효율성은 상당부분 항만 운영시스템에 달려 있고, 우리나라 항만경영의 선진화 여부는 항만공사의 성공여부에 상당부분 달려 있다.

항만공사의 운영체계는 독자적인 예산시스템을 운영하는 가운데 항만공사의 자산은 국가자산이므로 항만계획의 수립 및 항만시설의 변경 등 중요 사안에 대해서는 중앙정부의 승인을 받아야 되는[24] 구조이다.

따라서 항만의 개발이나 운영이 적기에 효율적으로 이루어지기 위해서는 항만공사와 중앙정부간의 긴밀한 협력시스템이 구축되어 국가의 상위계획 및 항만정책과 항만공사의 운영계획간에 조화로운 의사결정이 이루어져야 한다.

특히 항만공사는 독립채산제를 원칙으로 하기 때문에 항만운영의 합리화에 따른 비용절감 및 다양한 수익사업의 개발과 적극적인 항만마케팅으로 조기에 흑자운영될 수 있는 토대를 마련해야 한다.

7) 항만노동개혁

선박의 대형화, 고속화에 부응하여 대량의 화물을 신속하고 정확하게 처리하기 위해서는 항만하역기술의 고도화[25]가 이루어져야 하는데 이를 위해서는 항만 노무공급시스템이 효율적으로 이루어져야 한다.

이를 반영하여 최근 들어 많은 국가에서 항만하역의 노무공급시스템을 전통적으로 항운노조에서 일괄 독점하여 공급하는 일용제에서 하역회사에서 필요

24) 김형태, 전게논문, p.5.
25) 항만하역기술의 발전은 크게 하역시스템의 자동화와 하역장비처리능력의 대용량화, 고속화의 두 방향으로 이루어지고 있다. 특히 선진항만하역시스템의 자동화의 경우 컴퓨터의 도움이 없이는 하역작업수행이 불가능할 정도이다.(한국해양수산개발원, 전게논문. p.36).

한 하역노동자를 고용해서 사용하는 상용제로 전환하고 있다.

이러한 항만 노무공급시스템의 개선을 위해 많은 국가에서는 항만노동자와 관련한 법규제정, 전담부서 설치, 생산성지표 개발[26] 등을 통한 합리적이고 다각적인 노력을 하고 있다.

우리나라의 경우 항만하역의 노무공급시스템이 상용화되지 못한 원인은 항만하역의 파동성에 기인한 항만수요의 불규칙성뿐만 아니라 영세한 항만하역업체의 실정에도 원인이 있다.

또한 그동안 영세한 하역업체를 대신하여 항운노조가 수행하였던 노무관리 및 노동복지를 항만하역의 파동성이 지속되고 있는 상황에서 일시에 상용화하면 영세한 하역업체가 노무관리, 노동복지를 부담해야 되고, 이는 하역업체의 경영악화를 초래할 수 있다.

따라서 우리나라 모든 항만의 노무공급시스템을 상용화하는 무리한 계획보다는 항반 빛 부두별 여건과 하역업체의 경영상황을 고려하여 경쟁력을 갖추고 있는 일부 항만 및 부두는 상용화를 도입하고, 처리물량이 미미한 영세한 하역업체 중심의 항만은 현행 항운노조독점공급의 일용제를 다소 개방한 일용노무공급시스템[27]을 유지하다가 점진적으로 상용화하는 것이 바람직하다.

무엇보다 우리나라의 항만 노무공급시스템을 생산성 높은 시스템으로 전환하기 위해서는 관련법의 제정과 이를 위해 국토해양부와 노동부와는 별도의 전담부서의 설치가 필요하고, 실업보상 및 재교육 등의 항만노동개혁과 관련된 소요재원 마련과 상용화할 경우 적정한 상용인력 및 노임[28]에 대한 현실적인 계획이 마련되어야 한다.

---

26) 영국은 89년에 항만노동법을, 뉴질랜드는 89년에 항만구조조정법을, 프랑스는 92년 6월에 항만근대화법을 제정했고, 일본은 항만노동법을 제정하고자 했던 64년에 운수성과 노동성과는 별도로 총리부 직속에 항만노동대책심의회를 설치했고, 호주는 하역생산성지표를 개발하여 항만노동의 개혁이 생산성에 직결되도록 하였다(이철영, 전게서, p.254).

27) 일용항만노동자의 고령화추세가 가속화되고 있는 것은 일용항만노동자로의 진입이 용이하지 않는데 있다. 따라서 하역회사가 일용항만노동자를 노동시장에서 직접 모집할 수 있는 방안을 검토해야 한다.

28) 프랑스에서는 항만노동개혁에 수반되는 소요재원을 국가 50%, 항만청(자치항) 25%, 하역업체 25%의 부담률을 전제로 추진하였고, 항만노동개혁 당시에 적정소요인원이상으로 상용화하여 하역업체의 수지가 크게 악화되어 항만노동개혁시행 3년 후 파산직전까지 가는 경영상의 어려움을 겪었다(조계석, “프랑스항만노동개혁 : 르아브르항사례분석”, 「해양수산」, 2001, p.38).

특히 항만 환경변화에 적절한 항만 노무공급을 위해서는 대학교육의 뒷받침이 절실하다. 이를 위해서는 대학에 물류관련 학과의 지속적인 신설이 필요하고 무엇보다 교육내용이 기존의 경영학과나 무역학과의 교과과정과는 차별화된 최첨단 물류기기를 직접 운영하고 개발할 수 있는 물류시스템공학적인 교육이 체계적으로 이루어져야 한다.

또한 이러한 최첨단 교육은 산학협동을 통해 현재의 수많은 단순노무직들의 재교육으로 활용되어야 한다. 즉, 이러한 산학협동의 교육을 통해 항만하역이 기존의 인력의존형 하역방식에서 자동화된 하역기기를 취급할 수 있는 숙련인력으로 대체되어야 한다.

제6장 한국 항만공사의 발전전략

1. 선진국의 항만공사제도

1) 선진국 항만공사의 특징

세계 최초의 항만공사제도는 1908년 Port of London Authority에서 비롯되었다. 당시 민간기업들의 난립과 과당경쟁으로 파산에 직면한 런던항 부두를 정부가 공기업인 항만공사라는 새로운 항만관리 제도를 도입하여 이 항만공사로 하여금 런던항을 운영하게 하였다. 런던항의 항만공사가 성공하자 서유럽제국과 미국 등이 항만공사를 도입하게 되었다.[29)]

유럽대륙계는 과거 항만관리에 공공성이 너무 강해서 경제성이 결여되어 이를 시정하기 위하여 항만공사를 설립하였고, 영미계는 종래 항만에 기업의 지나친 영리성 추구로 피해가 발생하여 공공경영의 필요성에서 각각 항만공사를 설립하였다.[30)]

전반적으로 선진국의 항만공사의 운영방식은 국가나 항만에 따라 그 내용이나 형태가 상이하지만 다음과 같은 공통점을 갖고 있다.[31)] 첫째, 항만관리 기구는 그 조직이 중앙정부로부터 독립되어 있다. 둘째, 재정 및 인사측면에서 중앙정부 및 지자체로부터 독립하여 독립채산제와 기업회계방식을 도입하여 항만을 상업적인 원칙하에 운영하고 있다.

셋째, 항만관리 기구는 이사회제도를 도입하고 이사회를 집행기구와 분리하여 일상적인 업무는 집행기구가 수행하지만 중요한 업무는 이사회의 동의를 얻

29) 박경희(2001), "우리나라 항만관리의 포트오소리티 체제로의 전환에 관한 연구", 한국항해학회지, 제25권, 제3호, p.298.
30) 강원덕외(2005), "항만공사제도의 성공적 도입방안", 「한국항만경제학회지」, 제21집 제3호, 한국항만경제학회,p.173.
31) 김형태(1998), 「한국적 포트오소리티의 제창」, 한국컨테이너부두공단, pp. 7-17.

어 집행하고 있다. 넷째, 항만관리 기구는 단일항만을 관리하고 있다. 즉, 항만별로 관리주체를 상이하게 설정하고 있다.

2) 선진국 항만공사의 설립주체

전세계적으로 근대 항만관리제도는 공통적으로 당해 항만이 속하는 지자체가 어떤 형태로든지 관여하고, 항만의 특성상 공권력의 영향 하에 있다.[32] 지자체가 발달된 미국, 일본, 독일 등은 항만관리에 있어 지자체의 역할이 크고, 중앙집권의 전통이 강한 캐나다, 프랑스, 대만 등은 중앙정부가 통제권을 행사하고 있다.[33] 〈표 1〉에서 보듯이 외국의 경우 항만공사의 설립주체에 따라 법적 지위가 주어지며 대개 중앙정부의 특별법이나 지자체의 조례에 의해 설립되었다.

〈표 12-10〉 세계 주요항만별 항만공사 설립모체 및 근거

항만	설립모체	설립근거
르아브르항	중앙정부(해사부)	1965년 해항법
발렌시아항	중앙정부(건교부)	1992년 국가항만 및 상선법
카오슝항	중앙정부(교통부)	항무국 설치 및 감독조례 초안
나고야항	지자체	1950년 항만법 1951년 나고야항관리조합의 설립에 동반되는 협정
상해항	지자체	1986년 1월에 지자체에 이관 2001년 국무원판공청문권 제91호 발호 중국 항만법
런던항	지자체	런던 항만법
롱비치항	지자체	롱비치항항만국시헌장

자료: 손예휘(2004), "항만공사 운영활성화를 위한 법률정비와 지원조례 설치방안", 「한국항만경제학회지」, 제20집 제2호, 한국항만경제학회.

32) 박경희, 전게논문, p.297.
33) 강원덕외, 전게논문, pp.173-175.

2. 우리나라 항만공사제도의 이해

1) 우리나라 항만공사의 의의

우리나라에서도 국가주도의 비효율적인 항만운영체제를 개선하는 방안으로 항만공사를 설립하자는 의견이 공론화되었고, 정부투자기관 관리기본법에 근거한 특별법 형식의 항만공사법이 2003년 5월 제정되었다. 그리고 2004년 1월 동아시아에서는 싱가포르, 중국에 이어 세 번째로 부산항만공사가 출범하였다. 그 이후 인천항만공사, 울산항만공사가 출범하였다.

우리나라에서 항만공사를 도입한 이유는 항만운영에 경영마인드를 도입함으로써 효율적인 항만운영과 항만수요자에 대한 서비스 수준을 향상시키고, 수익성을 제공하기 위한 것이다.[34]

항만공사의 출범은 다음과 같은 의미를 갖는다.[35] 첫째, 지난 50년간 이루어져 온 중앙정부에 의한 항만행정관리체제에 큰 변혁을 가져왔다. 둘째, 항만의 이용자인 선사, 항만운송업체, 항만노동자, 항만관련전문가가 항만개발 및 운영에 직접의사를 개진할 수 있게 되었다. 셋째, 항만수입으로 항만비용을 충당하는 독립채산제 방식으로 항만을 운영하게 되었다.

2) 우리나라 항만공사의 특징

우리나라의 항만공사 설립주체는 국가 또는 지자체이나 현재 지자체는 항만공사의 출자에 참여하고 있지 않아, 우리나라 항만공사는 국가가 국유재산으로 전액 출자하는 국가공사의 성격을 갖고 있다[36].

이처럼 항만공사는 정부소유의 항만자산을 출자 받아 설립된 공사로 항만의 개발, 운영을 담당하게 된다. 특히 항만공사는 재정과 인사권을 중앙정부로부터 간섭받지 않고 독자적으로 수행할 수 있다.

항만재정은 항만수입으로 항만비용을 충당하는 독립체산제방식으로 운영된다. 관리조직은 항만전문가들로 구성되어 주요정책에 대한 심의, 의결권을 갖고 있는 항만위원회와 항만위원회의 의결사항을 실행하고 일상적인 항만서비

34) 강원덕외, 전게논문, p.178.
35) 김형태(2004), "부산항만공사의 출범 의의와 과제", 「해양수산」, 제233호,KMI, p.1.
36) 손예휘(2004), "항만공사 운영활성화를 위한 법률정비와 지원조례 설치방안", 「한국항만경제학회지」, 제20집 제2호, 한국항만경제학회,p.3.

스 활동을 하는 집행기구로 분리하여 국제물류 환경변화에 전문적이고 효율적으로 대처할 수 있게 구성되어 있다.

3. 우리나라 항만공사제도의 문제점

1) 지역이기주의에 편승

항만을 개발함에 있어 항만이 소재한 지역의 특성을 고려한 항만개발은 필요하다. 그러나 지역의 특성을 넘어선 지역이기주의 관점에서 항만이 개발되고 운영이 되어선 안 된다.

그러나 최근 들어 우리나라에선 항만 명칭과 항만 관할권을 둘러싼 소모적인 갈등이 지역 간에 지속되고 있고, 항만투자도 거시적이고, 장기적인 관점이 아닌 지역이기주의 관점에서 정치적인 접근을 하려는 경우가 증가하고 있다.

이 모든 문제의 근원은 항만을 국가의 소유가 아닌 항만소재 지역의 소유물로 생각하는데서 비롯되고 있다. 국민의 혈세가 투자된 항만은 항만소재 지역민의 소유가 아니라 국민의 소유이다.

엄밀한 의미에서 우리나라에서 항만개발에 막대한 투자를 하고 항만공사를 도입한 목적은 우리나라 항만의 경쟁력 확보차원이지, 지역경제 활성화 차원은 아니다. 특히 동북아 허브항만 구축을 국정의 최우선 과제로 추진 중인 우리나라의 경우 항만운영의 경쟁력은 개별항만의 문제를 넘어 국가의 미래가 달려있는 중차대한 사안이다.

그럼에도 불구하고 항만공사의 운영이 지역이기주의에서 자유롭지 못한 것은 많은 사람들이 항만자치를 지방자치로 잘못 해석하기 때문이다. 그런데 항만공사의 자치운영은 자율적 경영을 의미한다.[37] 항만은 특정지역에 소재하고 있다고 해서 특정지역의 소유물이 아니고, 국가의 소유물이다.

물론 항만도 지방화 시대에 맞추어 과거의 획일적인 중앙집권적인 관리를 탈피하여 항만소재 지역과의 균형과 조화를 통한 발전이 요구되고 있다. 그러나 혐오시설에 대한 NIMBY(Not In My Back Yard)와 애호시설에 대한 PIMFY

37) 항만공사제도를 중앙의 집중권한을 지방에 위임한 것으로 생각해서는 안 된다. 항만공사제도는 그동안 비능률적이고, 비전문가인 공무원에 의해 중앙집권적으로 운영되던 항만을 효율적이고, 경쟁유발적인 기업경영 방식을 도입하여 항만전문가들에 의해 독립채산제에 의한 전문경영을 하기 위해 도입된 것이다.

(Please In My Front Yard)등의 지역이기주의 현상이 심화되고 있는 상황에서 국민의 혈세가 투입된 국가전략 사안인 항만관리를 지역의 입장만을 가지고 접근해서는 안 된다.

그런데 우리나라의 항만공사는 프랑스 방식을 중시하여 국가의 공사체제를 기본으로 하면서도 지역사회 및 항만관계 이해당사자들을 의사결정의 멤버로 참여시키는 제도로 구축되어 항만위원회에는 설립모체와 관계없는 지자체 대표가 참여하고 있다. 부산항만공사의 경우 중앙지명자 6인, 지방지명자 5인으로 구성되어 있다.[38)]

항만위원회에 지자체대표가 참여한 것은 지역의 특성에 맞는 항만개발 및 항만계획과 도시계획의 조화를 위해 필요하나, 항만개발과 투자를 지자체 관점에서 끌고 갈 가능성이 커 항만공사의 운영이 지역이기주의에 편승될 우려가 있다.

2) 항만 관련기관과의 불명확한 권한과 역할

항만공사법의 제정으로 큰 틀의 항만운영 방향이 제시되었으나, 기존의 항만관련 기관들과 항만공사의 역할과 권한에 대한 명확한 관계정립이 이루어지지 않고 있다.

현재 부산항과 인천항은 경제자유구역에 포함되어 있어 항만공사와 경제자유구청간에 항만배후단지 개발에 있어 외국인투자유치 업무가 중복되고 있고, 항만공사와 기존의 항만관련 기관들인 지방해양수산청과는 항만의 개발 및 관리부문의 업무가 명확히 구분되어 있지 않아 갈등이 상존하고 있다.[39)]

또한 항만공사가 항만수요자 중심으로 항만운영을 수행할 수 있으려면 항만수요자에게 합리적인 항만이용료를 부가해야 되는데, 예선과 도선요율은 예도선운영협의회에서 정하고 있고[40)], 항만공사는 아무런 권한도 갖고 있지 않아, 항만공사가 항만수요자 중심의 항만마케팅을 하는데 걸림돌로 작용하고 있다.

3) 사업다각화 제한

독립채산제 방식에 의한 항만공사 운영은 항만수입으로 모든 비용[41)]을 충당

---

38) 김홍섭, 전게논문, p.99.

39) 부산항만공사의 경우 부산지방해양수산청과의 업무분장시 일부 분야의 업무구분이 모호하여 업무의 간섭이 빈번히 발생하고 있다(강원덕외, 전게논문, p.178).

40) 예도선운영협의회에서 정한 높은 요율과 공급자 중심의 항만서비스로 항만수요자인 선사, 하주들의 물류합리화가 저해되고 있다(강원덕외, 전게논문, p.179).

41) 비용은 항만 개발 및 운영에 소요되는 인건비, 운영비, 유지보수비, 감가상각비, 지급이

해야 되고, 정부회계방식이 아닌 기업회계방식에 의거하여 손익계산서와 대차대조표를 공표해야 한다. 즉, 항만공사는 항만수입으로 항만투자와 항만관리를 해야 한다.

항만공사의 출범의 계기가 된 독립채산제와 자율경영의 성공여부는 무엇보다도 항만공사의 수익성 창출에 달려 있다. 항만공사는 정부로부터 무상 또는 임대 받은 항만관련 국유재산과 시설, 인력을 효율적으로 활용하여 항만사업[42]을 다각화하여 수익을 창출해야 한다.

그런데 항만공사법에는 항만공사의 사업범위를 제한하고 있다. 제8조의 항만공사의 사업범위에서 단서규정으로 대통령령이 정하는 범위[43]를 제외시켜 선박입출항료, 정박료, 수역점용료 등이 항만공사의 수입에서 빠져 있다.[44]

또한 항만공사가 사업다각화를 위해 해외항만개발 및 운영에 참가할 수 있는 토대인 해외항만사업에 대한 규정이 항만공사법의 사업범위에 명시되어 있지 않아 항만공사의 사업다각화가 제한되고 있다.

4) 항만위원회의 전문성 미흡

항만공사의 성공여부는 무엇보다도 해당 항만의 중요사안을 결정하는 항만위원회의 효율적인 의사결정과 운영에 달려 있다. 항만공사법에 명시된 항만위

자, 채권상환액 및 조세공과금 등이고, 수입이란 항만시설사용료, 임대료, 채권발행 및 국외로부터의 차입금 등을 의미한다(김형태, 전게논문, p.3).

42) 〈항만공사의 주요 사업〉
1. 항만법 제2조제6호의 규정에 의한 항만시설의 신설, 개축, 유지, 보수, 준설 등에 관한 공사의 시행 및 항만의 관리, 운영
2. 위 사업과 관련하여 국가 또는 지방자치단체로부터 위탁받은 사업
3. 위 사업에 관한 조사, 연구, 기술개발 및 인력양성
4. 항만구역외에서 항만이용자의 편의를 위한 근린생활시설 및 복리시설 등의 건설 및 운영 관한 사업
5. 위 사업과 관련되는 사업의 시행이나 동사업에의 투자 및 출연.

43) 시행령 제4조(사업) 법제8조의 대통령령이 정하는 항만시설이란
- 항로, 정박지, 선류장, 선회장 등 수역시설
- 방파제, 방사제, 파제제, 방조제, 도류제, 갑문, 호안 등 외곽시설
- 도로, 교량, 철도, 궤도, 운하 등 임항교통시설
- 선박의 입출항을 위한 항로표지, 신호, 조명, 항무통신시설 등 항행보조시설
- 항만의 관제시설
- 사회간접자본시설에 대한 민간투자법 제2조제5호의 민간투자사업으로 추진하는 항만시설
- 신항만건설촉진법 제2조제1호의 신항만의 신속한 건설 등을 위하여 국가 및 한국컨테이너부두공단이 개발하는 항만시설

44) 손예휘, 전게논문, pp.7-8.

원회의 기능은 13가지[45]로 항만에 관련된 거의 모든 권한을 항만위원회가 갖고 있다.

그런데 전문분야별로 세분화되지 않은 항만위원회가 시시각각으로 변화하는 항만에 관련된 모든 사안을 검토하고 결정하는 것은 비합리적이다. 항만공사의 도입의 가장 큰 목적인 항만전문가에 의한 전문경영의 도입취지를 무색하게 할 수 있다.

또한 항만위원은 항만소재 지자체장의 추천 등을 거쳐 국토해양부장관이 임명하게 되어 있어 객관적이고 전문적인 의사결정보다는 중앙정부, 지자체 등의 의견을 무비판적으로 수용할 우려가 있다.

5) 항만자치의 제한

항만공사의 책임경영체제의 확립을 위하여 자율적 운영은 보장되어야 한다. 그러나 항만공사법에서는 실질적으로 항만을 운영하고 책임을 지는 항난공사의 사장을 비롯한 임원을 항만위원회에서 직권으로 임명하지 못하고, 지자체, 중앙행정기관의 협의를 거쳐 임명하게 되어 있어[46] 현실적으로 항만공사의 임원이 중앙행정기관과 지자체로부터 독립적인 경영을 하는데 제한을 받고 있다.

또한 항만운영과 관련하여 항만공사가 항만시설공사[47] 및 전대를 할 때 중앙행정기관의 승인을 받아야 하고, 항만공사가 징수한 사용료와 임대료도 국토해양장관이 요율의 변경 또는 조정을 할 수 있게[48] 명시하고 있어 항만공사의 자

45) 〈항만위원회의 기능〉
다음사항을 심의, 의결하기 위하여 공사에 항만위원회를 둔다. 항만위원회의 주요 기능은 다음과 같다. 1. 경영목표, 예산, 자금계획 및 운영계획, 2. 예비비의 사용 및 예산의 이월, 3.결산, 4.기본재산의 취득 및 처분, 5.장기차입금의 차입 및 사채의 발행과 상환계획, 6. 항만시설의 임대료 및 사용료의 기준 설정, 7.잉여금의 처분, 8.투자 및 출연, 9.정관의 변경, 10.내규의 제정 및 변경, 11.사장의 추천, 12.지사 또는 분사무소의 설치, 13. 그밖에 위원회가 특히 필요하다고 인정하는 사항.(항만공사법 제10조)

46) 〈항만공사 임원〉
사장은 위원회가 추천하는 자중에서 국토해양부장관이 당해 광역시장 또는 도지사와 협의를 거쳐 제청한 자를 대통령이 임명하고, 감사는 해양수산부장관이 기획예산처장관과 협의하여 임명한다. 그 밖의 임원은 사장의 제청으로 해양수산부장관이 임명한다. 임원의 임기는 3년으로 한다.(항만공사법 제16조)

47) 항만시설공사를 하고자 하는 때에는 대통령령이 정하는 바에 따라 사업의 실시계획을 수립하여 국토해양부장관의 승인을 얻어야 하고, 승인을 얻은 사항을 변경하고자 하는 경우에도 또한 같다(항만공사법 제22조).

48) 〈항만시설의 임대와 사용료, 임대료의 징수〉
국토해양부장관은 원활한 항만물류를 위하여 필요하다고 인정하는 경우에는 신고된

율경영이 제한 받고 있다.

그리고 항만공사가 항만운영의 성과로 발생한 이익준비금과 사업확장적립금을 자본금으로 전입하고자 하는 때에도 항만위원회의 의결을 거쳐 재정경제부장관의 승인을 얻어야 하며 전입한 경우 국토해양부장관에게 보고하게[49]되어 있어 항만공사의 수익창출을 통한 재투자의 선순환 운영이 제한받고 있다.

4. 우리나라 항만공사의 발전전략

1) 항만의 기능변화에 부응하는 항만운영

우리나라 항만이 국제물류시스템에서 해상과 육상, 해상과 항공을 유기적으로 연결하는 결절점(node)의 역할을 수행할 수 있으려면 해당 항만공사는 항만뿐만 아니라 철도, 항공, 도로 등과의 통합된 운송통제시스템을 갖추어야 한다.

또한 항만이 종합유통물류센터의 역할을 수행할 수 있으려면 항만공사는 항만시설[50]과 항만배후부지의 시설들을 상호 연계하는 방안을 마련해야 한다. 특히 최근 들어 항만 경쟁은 규모의 경쟁에서 벗어나 항만의 효율이 경쟁력을 좌우하고 있다. 이제 동북아의 주요 항만들은 대부분 대형선의 입항에 문제가 없다. 따라서 이제 항만간의 경쟁은 누가 더 싼 가격으로 질 높은 서비스를 제공할 수 있느냐에 달려 있다.[51]

항만공사가 이처럼 변모된 항만기능과 국제항만 환경변화에 능동적으로 대처하려면 국제항만환경 변화를 주도면밀하게 분석하여 중장기적인 계획을 세워 항만개발과 운영을 해야 된다.

2) 사업다각화와 안정적인 수익원 창출

항만공사가 안정적인 수익을 내려면 항만투자가 시의 적절하게 이루어져야 하고, 투자된 항만관련 시설 등을 효율적으로 운영하여 투자수익률(ROI)을 향상시켜 여기에서 발생한 항만수입을 재투자하는 선순환 구조가 정착되어야 한다.

사용료 또는 임대료 요율의 변경 또는 조정을 명할 수 있다(항만공사법 제30조).

49) 항만공사법 시행령 제16조.

50) 항만시설은 접안시설, 하역시설 등

51) 이성우외, 전게논문, pp.25-26.

이러한 선순환구조가 정착되려면 무엇보다 항만공사가 다양한 사업을 자유롭게 할 수 있어야 되고, 안정적인 수입원이 확보되어야 한다. 장기적으로 해당 항만을 항만공사가 통합적으로 관리하기 위해서는 항만사업의 제한을 명시하고 있는 항만공사법 제8조의 단서규정을 삭제해야 한다.

그러나 재정, 공익성 등의 이유로 지금 당장 삭제가 어렵다면 수역시설[52], 외곽시설, 임항교통시설의 신설과 개축은 현행법대로 정부가 시행하더라도 유지, 보수는 항만공사가 시행할 수 있게 하여 이에 따른 항만시설사용료, 선박입출항료, 정박료, 수역점용료를 징수할 수 있도록 항만공사법을 개정하여 항만공사의 안정적인 수입원을 보장해야 한다.

항만공사도 주수입원인 터미널 운영수입과 항만입항료에만 매달리지 않으려면 단순히 선박의 입출항관련 사업뿐만 아니라, 항만을 관광자원화[53]하여 새로운 수익원을 창출해야 한다.

또한 우리나라 항만공사가 다른 나라 항만사업에 진출할 수 있도록 항만공사법의 사업범위에 해외 항만개발 및 운영에 관련된 조항을 신설해야 한다. 항만공사는 장기적으로 적극적인 해외항만사업(항만개발 및 운영)에 진출하여 세계적인 항만개발 및 운영업자로 도약해야 한다. 싱가포르의 PSA는 인접항만과 협조체제 구축 및 해외항만건설 등으로 사업을 다각화하여 세계적인 물류업자로 도약하였다.[54]

우리나라 항만공사가 싱가포르의 PSA[55]와 같은 세계적인 물류업자로 도약하려면 첫 단계로 국내항만을 성공적으로 운영하여 성장성, 안전성, 수익성이 국내외적으로 입증이 되어야 한다. 항만공사가 국내항만을 성공적으로 운영해야 저개발국에서 항만개발 및 운영을 의뢰하게 되고, 항만사업과 관련된 국내외 채권발행, 국내외 펀드도 개발할 수 있다.

52) 인천항의 경우 과거 5개년('98~02) 평균하여 수역시설에서 발생한 매출액(선박입출항료, 정박료, 수역점용료)이 총액대비 30%로 큰 비중을 차지하고 있다(산업연구원(2004), 「인천항만공시의 설립타다성 분석」,p.141).

53) 해양문화공간, 해양스포츠 공간, 국제컨벤션센터 운영 등

54) 강원덕외, 전게논문, p.172.

55) 싱가포르의 항만공사는 항만과 인접한 배후에 물류센터를 건설하여 항만물류산업을 활성화하고, 해외항만을 건설하여 글로벌네트워크를 구축하고, 인접 항만과의 협조체제를 유지하여 항만이용자를 유치하는 다각적인 전략을 추진하고 있다(강원덕외, 전게논문, p.188).

3) 항만수요자에 대한 맞춤서비스

동북아 허브항만 선점을 위한 동북아 항만간의 경쟁이 가속화되고 있는 상황에서 우리나라 항만이 경쟁력을 상실하지 않으려면 항만공사의 항만운영은 항만수요자 중심으로 이루어져야 된다.

무엇보다 항만수요자는 개인보다는 기업이 많으므로 개별 기업의 특성에 맞는 맞춤 서비스를 해야 된다. 이를 위해서는 항만공사가 주축이 되어 항만관련 네트워크를 구성하여 실시간의 쌍방향 커뮤니티를 구축하여 항만관련 필요정보를 수요자에게 제공하고 개별 수요자의 니즈를 파악하는 노력이 필요하다.

또한 항만공사는 항만서비스에 대한 항만수요자의 만족도를 객관적으로 평가할 수 있는 항만서비스지표를 개발하여 항만수요자의 니즈 변화에 부합하는 항만서비스를 제공해야 한다.

그리고 항만공사가 항만수입을 단기적으로 증대시키기 위해 항만사용료 등의 요율을 무리하게 상승시킨다면 항만수요자가 오히려 급감할 수도 있다. 따라서 차별화된 항만서비스 전략으로 항만수요자를 증대시킬 수 있는 방안을 마련해야 한다.

4) 공공성과 상업성의 조화로운 항만운영

항만은 공공성과 상업성의 양면을 갖고 있다. 공공성이란 항만의 그 나라의 관문 및 공공시설물[56]로서 역할을 의미하고 상업성이란 항만은 대규모 투자비용 이상의 수익을 내야 하는 상업시설물이라는 점이다.

항만은 이러한 두가지 기능과 역할이 있는데도 불구하고, 그동안 우리나라의 항만은 상업성을 도외시하고, 공공성에만 치중한 관리를 하여 항만생산성이 경쟁국에 비해 저하되었고, 이러한 문제를 해결하고자 항만이 공공성을 유지하면서도 기업경영체제로 관리되는 항만공사제도를 도입하였다.

그런데 항만운영을 정부에서 항만공사로 전환하였다고 해서 항만의 운영에서 상업성만을 추구하고 공공성은 포기하겠다는 의미가 아니다. 항만공사는 단순히 이윤을 추구하는 사기업과는 달리 국가의 재산인 항만을 관리하는 공공조직이다.

---

56) 일반적으로 항만의 공공시설물은 방파제, 등대, 도표, 부표 등을 말하고, 최근 들어 항만의 공공의 개념은 과거와 달리 친수공간의 개념으로 발전하고 있다(이성우외, 전게논문, p.36).

정부에서 항만공사에 국공유재산을 무상대부, 사용, 수익을 할 수 있게 한 것은 공익목적을 위한 공공사업을 시행할 수 있도록 하기 위해서이다. 따라서 항만공사는 해당 항만의 이익극대화뿐만 아니라 공공효용의 극대화(public utility maximization)에도 전력을 다해야 한다.

5) 국익우선의 항만운영

항만은 그 시대의 경제발전계획과 불가분의 관계에 있고,[57] 최근 들어선 항만이 국부창출의 진원지로 인식되고 있다. 우리나라에서 항만공사를 도입한 궁극적인 이유도 항만의 개발 및 운영에서 전문성과 효율성을 높여 항만을 경쟁력 있는 국제물류의 중심기지로 육성하고, 국가경제의 발전에 이바지하는데 있다.

따라서 항만공사의 항만개발 및 운영에서 어떤 경우에도 지켜야 될 원칙은 국익우선이다. 항만공사가 운영하고 있는 항만은 해당도시의 범위를 벗어나 국가기간 항만으로서 중요한 역할을 해야 한다.

지역의 특성을 최대한 반영하되, 궁극적으로는 국가전체의 이익이 되는 방향으로 항만공사가 운영되어야 한다.[58] 이를 위해서는 항만공사의 정책은 국가의 항만정책 및 상위계획과 조화롭게 이루어져야 한다.

특히 항만공사는 특정집단이나, 특정지역의 이익을 위해 항만을 관리하는 공공조직이 아닌 국익(동북아 허브항만 구축)을 위해 존재하는 공공조직이다. 따라서 항만공사는 항만의 개발 및 운영을 미시적인 지역경제차원에서 수행해서는 안 된다.

항만의 개발 및 운영에 대한 국가적 목표와 항만소재 지자체의 목표는 일치할 수도 있고, 특정사안에 대해선 의견대립이 발생할 수 있다. 이런 경우 중요한 판단기준은 한 나라에서 항만의 역할과 경제적 요인이 가장 중요하다.

현재 우리나라는 한반도의 동북아 허브항만 구축을 추진 중에 있고 그 중심에 광양항, 부산항, 인천항의 개발이 있다. 우리나라에서 항만공사를 도입하게 된 가장 큰 이유도 한반도의 동북아 허브항만의 구축에 있다. 따라서 항만의 개발과 운영을 둘러싼 국익과 지자체 이익간의 대립이 발생했을 경우 항만공사는 국익우선의 결정을 해야 한다.

---

57) Il-Soo Jun(2002), A Hochstein, "Is Port Authority the Best Choice of Korean Port Reform?", *Journal of Korea Port Economic Association*, Vol.18 No2, pp.5-9.

58) 이성우외, 전게논문, p.37.

역 16.3%, 사내영역 11.8%, 반품영역 1.5%, 폐기영역 0.9%순으로 조사되었다.

한국무역협회의 2010년 조사에 의하면 영역별 물류비는 판매물류비 69.0%, 조달물류비 20.8%, 사내물류비 9.8%, 회수물류비[6] 0.4% 순으로 조사되었다.

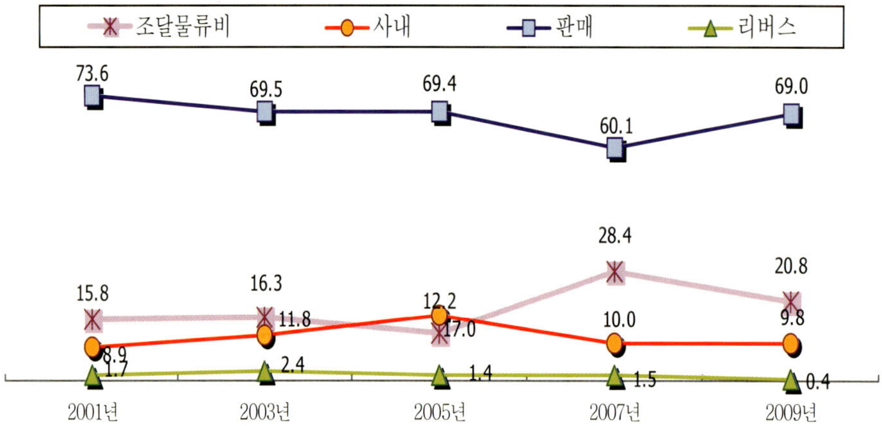

자료: 한국무역협회(2010)

5) 지급형태별 물류비

한국무역협회의 2010년 조사에 의하면 지급형태별 물류비에서 위탁물류비가 39.6%, 자가물류비 60.4%로 나타났다.

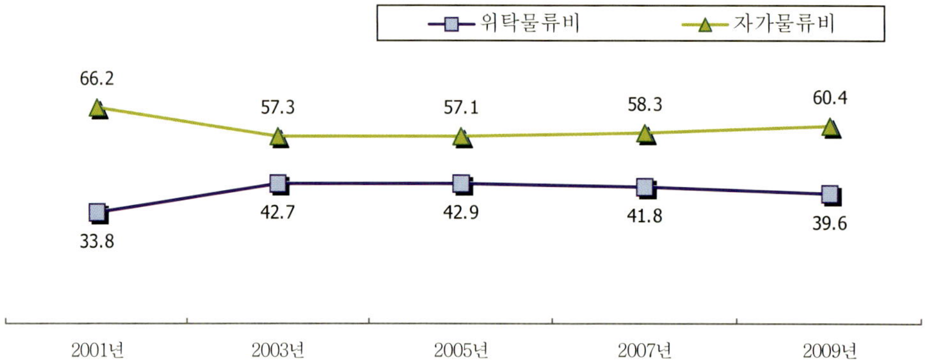

자료: 한국무역협회(2010)

6) 회수물류 : 제품회수, 리사이클링, 폐기물처리, 재활용 등 회수과정 전반에 걸친 물류 영역

6) 물류비 산출목적 및 물류전담부서

한국무역협회 2010년 조사에 의하면 응답업체 80%가 물류전담부서 없이 물류비를 산출하거나 관리하고 있는 것으로 나타나 기업물류비 관리의 중요성에 대한 업계 인식도가 여전히 낮은 수준에 머물고 있는 실정이다.

또한 기업물류비 산출목적도 물류비 절감(59.6%), 제품가격 결정(15.6%), 물류비 규모 파악(14.5%), 물류예산 편성(5.3%), 물류활동관리 및 성과평가(3.4%)으로 조사되었다.

대한상공회의소 2002년 조사에 의하면 국내기업들이 가장 중요시 하는 물류관리 목표는 물류비용 절감(63.5%), 물류서비스 향상(31.6%)으로 아직까지는 물류비용 절감이 물류관리의 최대의 목표로 되고 있다.

또한 전경련 조사 2004년 조사에 의하면 국내 기업의 물류정보화 투자의 궁극적 목적은 물류비 절감으로 조사되었다. 국내 기업은 물류정보화 추진으로 우선 물류비용 절감(36%), 업무 효율성 증대(23%), 업무프로세스 개선(18%), 고객만족 증대(12%)를 기대하는 것으로 조사되었다. 이처럼 아직까지 우리나라 기업들은 물류관리 목표나 물류비 산정목적, 물류정보화 목적 등이 물류서비스 향상보다는 물류비 절감에 있음을 알 수 있다.

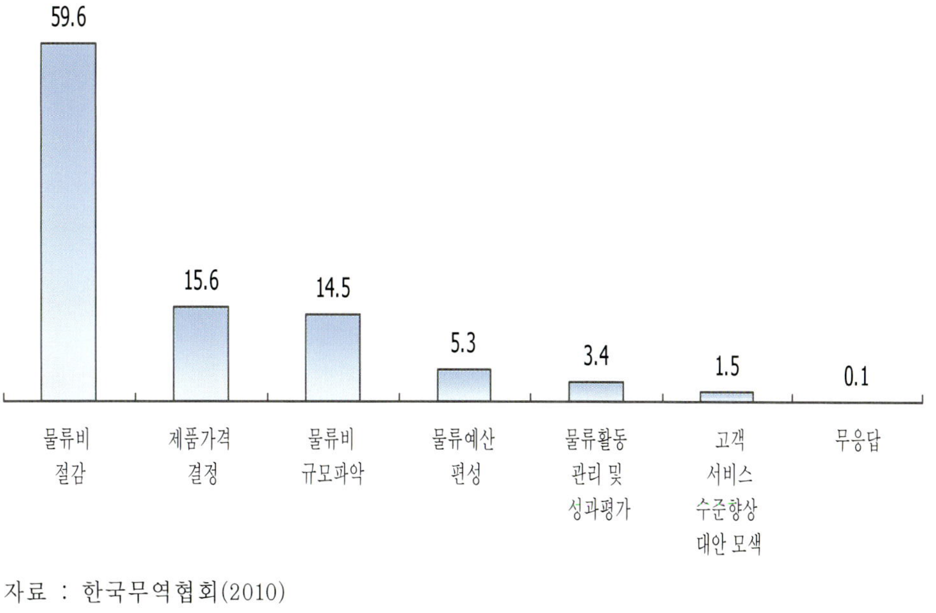

자료 : 한국무역협회(2010)

7) 물류비 증가 요인

한국무역협회의 2010년 조사에 의하면 기업물류비 증가 원인은 유가상승(44.0%), 인건비 상승(22.3%), 임차료 및 운송비 증가(18.8%) 등으로 나타났다.

기업물류비는 전반적으로 줄어드는 추세이지만 업체들은 유가 상승, 인건비 상승, 시설 임차료 인상 등으로 물류비 감소보다 물류비 증대를 더 체감하고 있는 것으로 조사되었다.

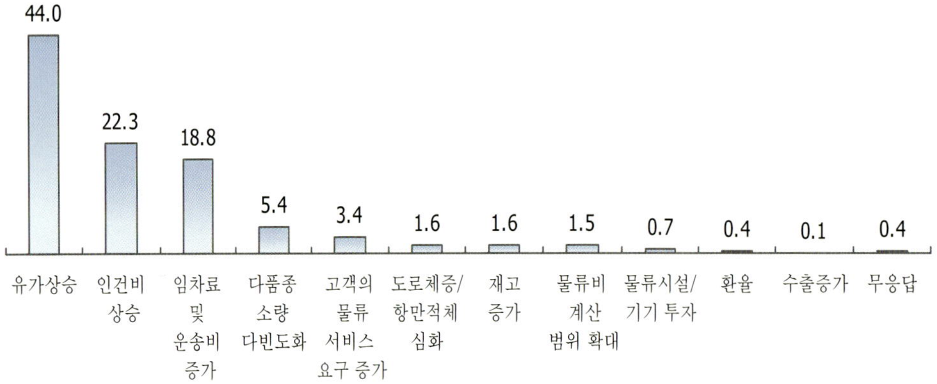

자료 : 한국무역협회(2010)

8) 기업물류비 감소 원인

한국무역협회의 2010년 조사에 의하면 물류비 감소원인은 배송빈도개선 및 적재율 향상(22.1%), 재고감소(16.8%), 물류부문 인력감축(12.6%), 수/배송경로개선(9.5%) 등으로 조사되었다.

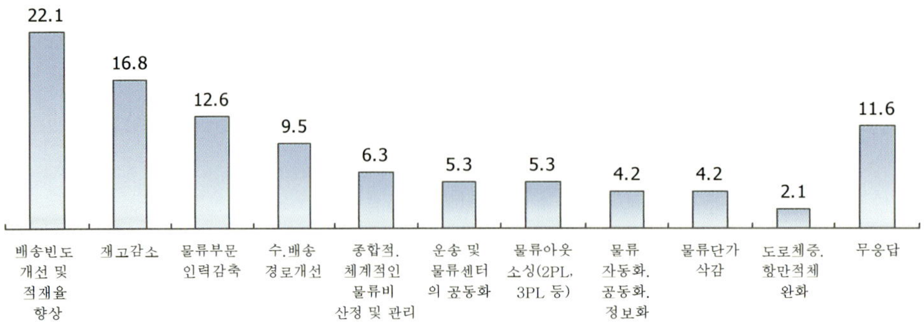

자료 : 한국무역협회(2010)

9) 물류비 절감방안

한국무역협회의 2010년 조사에 의하면 업체들은 물류비 절감을 위해 배송빈도개선 및 적재율 향상(20.9%), 운송 및 보관의 아웃소싱(16.9%), 운송 및 물류센터의 공동화(13.3%), 체계적인 물류비산정 및 관리(12.8%), 수/배송 경로개선(12.5%)을 계획하는 것으로 조사되었다.

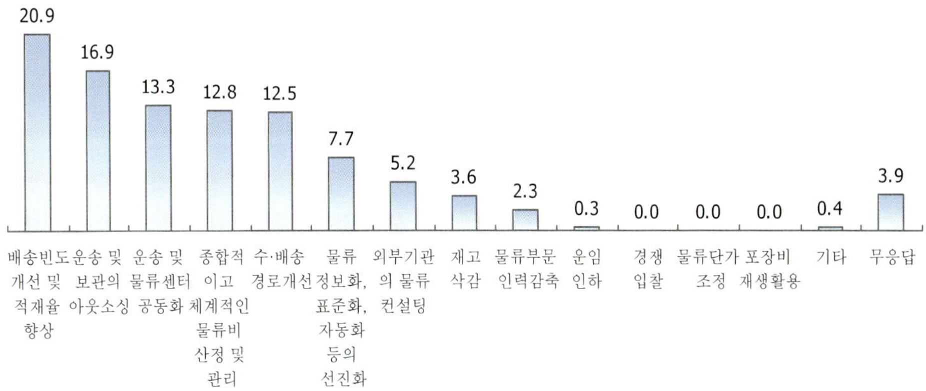

자료 : 한국무역협회(2010)

10) 물류비 절감을 위한 물류정책

한국무역협회의 2010년 조사에 의하면 물류비 절감을 위한 정부의 물류정책은 행정/세제지원 확대(23.0%), 첨단물류 시스템 개발 및 보급(17.3%), 운영시스템 개선(16.7%), 물류전문기업 육성 및 경쟁력 제고(13.4%), 사회간접자본 확충 또는 이용료 감면(12.4%)으로 조사되었다.

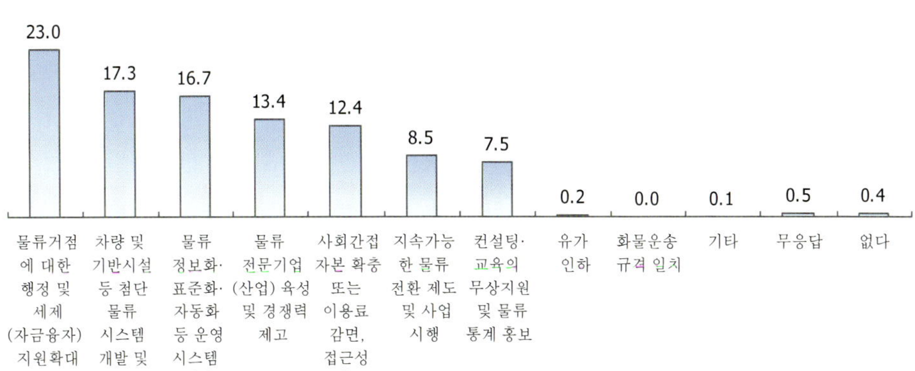

자료 : 한국무역협회(2010)

제3장 한국의 물류인력관리

1. 우리나라 물류인력 개요

대한상공회의소의 조사에 의하면7) 국내기업의 56.9%가 물류인력의 부족이 심각하다고 응답했다. 또한 이처럼 물류인력이 부족한 이유로는 물류업에 대한 편견(26.3%), 잦은 인력이동(26.3%), 물류인력 교육·양성기관의 부족(18.4%) 등의 순으로 조사되었다. 기업규모별로는 대기업이 물류인력의 교육·양성기관 부족(31.2%)을 주된 이유로 꼽은 반면, 중소기업들은 잦은 인력이동(36.4%)을 지적하였다.

2. 물류인력 관리

물류업체들은 인력난을 극복하기 위해 기존인력 전환배치(30.2%), 외주하청 및 위탁 확대(19.8%), 사내 자체교육(17.0%) 등의 방법을 활용하는 것으로 조사되었다. 특히 다양한 인적자원을 보유한 대기업은 기존인력 전환배치(47.1%)를 통해, 중소기업은 외주하청 및 위탁(25.0%)을 통해 인력난을 극복하고 있는 것으로 조사되었다.

〈표 12-1〉 물류인력 수급현황

	매우부족	약간부족	적당	약간과잉	매우과잉	합계
전체	7.7	49.2	35.4	7.7	-	100.0
대기업	8.7	47.8	34.8	8.7	-	100.0
중소기업	7.2	50.0	35.6	7.2	-	100.0

자료: 대한상공회의소(2004).

7) 대한상공회의소(2004).

〈표 12-2〉 물류인력 부족 이유

	물류인력 절대부족	물류업에 대한 편견	잦은 인력 이동	인력과잉속 수요불일치	최근 물류 수요증가	인력양성 기관부족	기타	합계
전체	13.2	26.3	26.3	5.3	7.9	18.4	2.6	100.0
대기업	18.8	18.8	12.4	-	18.8	31.2	-	100.0
중소기업	9.1	31.8	36.4	9.1	-	9.1	4.5	100.0

자료: 대한상공회의소(2004)

〈표 12-3〉 물류인력난 극복방법

	사내 자체 교육	자동화 정보화 추진	근무 기간 연장	기존인 력전환 배치	중고령자 여성활용	외주하 청위탁 확대	외국인 근로자 활용	타업체 스카 우트	기타	합계
전체	17.0	12.3	6.6	30.2	1.9	19.8	2.8	8.5	0.9	100.0
대기업	17.7	14.7	2.9	47.2	2.9	8.8	-	5.9	-	100.0
중소기업	16.7	11.1	8.3	22.2	1.4	25.0	4.2	9.7	1.4	100.0

자료: 대한상공회의소(2004).

〈표 12-4〉 우리나라의 물류 목표

구분	2010년	2020년
• 물동량(백만톤)	5,178	7,486
• 물동량(10억톤·km)	7,090	10,076
• 물류시설규모(천평)	4,410	6,000
• 철도의 지역간 수송분담율(%)(톤·km)	15.5	20.3
• 해운의 지역간 수송분담율(%)(톤·km)	36.0	38.1
• 컨테이너 환적물동량(TEU)	4,714	12,146
• GDP대비 물류비(%)	12.5	10.0
• 표준팔레트 보급률(%)	30	60
• 물류업무의 전산화(%)	50	70
• 물류바코드이용(%)	60	90
• 물류 EDI이용(%)	70	90
• 제3자 물류 적용 비중(%)	50	70
• 입출항 서류수 간소화	5	1
• 물류공동화(%)	20	50
• 화물자동차 공차거리율(%)	20	10

자료 : 박명섭(2008)

제4장 한국 기업들의 물류합리화 사례[8)]

1. 유한킴벌리

– 배송시간 앞당겨 비용절감, 서비스만족 –

물류혁신은 결코 거창한 작업이 아니다. 배송차량의 출발시간을 조정하거나 운전기사들의 원칙 준수만으로도 커다란 효과를 거둘 수 있다. 유한킴벌리는 먼저 배송업무 시작시간을 조정했다. 오전 9시의 배송 시작시간을 오전 6시로 앞당겼다. 출퇴근 러시아워를 피해 노상에서 허비하는 시간을 줄이기 위해서였다. 당연히 배송 횟수도 하루 2회에서 3회로 늘어났다. 오전 6시에 배송을 시작하는 차량기사들은 오후 3시에 업무가 종료됐고, 9시에 업무에 들어간 배송차량은 6시면 대부분 일과를 마칠 수 있었다.

다음은 차량기사들을 대상으로 한 음주측정을 했다. 숙취가 해소되지 않은 기사들은 배송에서 제외되다 보니 전날 과음하는 사례도 대부분 사라졌다. 또한 "우리강산 푸르게 푸르게"라는 공익 캠페인을 벌이고 있는 유한킴벌리는 유류사용량과 배기가스 절감을 위한 각종 제도를 통해 환경을 강조하는 물류시스템을 구축해 나가고 있다.

"차량위치자동추적시스템"을 도입해 불필요한 운행을 줄인 것도 유류사용량 및 배기가스 절감에 한몫을 하고 있다. 유한킴벌리는 앞으로 기존 차량의 알루미늄 탑을 경량탑으로 순차적으로 교체하여 차량의 경량화를 도모해 나갈 계획이다.

8) 한국경제신문, 서울경제신문

2. LG유통

- 리드타임 단축 -

24시간 문을 여는 편의점은 상품을 배송받는 시간이 따로 없다. 한편에서 상품을 팔고 다른 한편에서는 납품을 받아야 한다. 게다가 20여평 남짓한 점포에서 3천여개의 상품을 취급하기 때문에 물건을 충분히 쌓아놓을 수도 없다.

상품이 떨어질 만한 바로 그 시간에 맞춰 추가 납품이 이뤄져야 한다. 그만큼 물류시스템이 정교하고 세밀해야 경쟁력을 가질 수 있다. 전국에 8백여 개의 LG25를 운영하는 LG유통은 다품종 소량판매라는 편의점의 특성에 맞춰 리드타임(발주에서부터 입고까지 걸리는 시간)을 최소 12시간까지 줄였다. 이 회사는 편의점 상품을 식품, 비식품, 냉장식품, 냉동식품, 패스트푸드 등으로 분류하여 하루 5~6회씩 배송하고 있다.

1) 리드타임 최소 12시간

LG25 물류시스템의 가장 큰 경쟁력은 발주를 받아 상품을 편의점에 입고하는 데까지 걸리는 리드타임이 하루를 넘지 않는다는 것이다. 삼각김밥이나 도시락과 같은 패스트푸드의 경우엔 리드타임이 12시간에 불과하다. LG25는 EOB(Electronic Order Book : 전자발주대장)을 이용하여 회전율이 높은 패스트푸드의 경우 오전 9시에 발주하면 오후 9시부터는 새로운 상품을 판매할 수 있는 체제를 갖추었다. 리드타임이 단축되면서 점주들은 하루 판매량정도만 진열하고 영업을 한다. 말 그대로 “재고 없는” 점포 경영이다.

2) 상품도착시간 준수율 99.7%

점포의 발주가 끝나면 그 다음엔 적시에 상품을 배송하는 것이 관건이다. 점주 입장에서는 발주된 상품이 언제 도착할지 안다면 경영의 효율성을 높일 수 있기 때문이다.

LG유통은 이를 위해 지난 2000년 특허를 취득한 “배송 scheduling 프로그램”으로 경쟁업체와 차별화하는데 성공했다. 이 프로그램은 점포의 위치와 점포간 이동거리, 상품의 부피 등 다양한 정보를 데이터베이스로 구축한 뒤, 배송차량 한 대가 처리할 수 있는 적정량과 적정 배송 점포수를 산출해 이를 기초로 차량 스케줄을 관리하는 것이다.

배송 스케줄링 프로그램이 도입된 이후 상품을 정해진 시간에 도착시키는 점착 시간 준수율이 꾸준히 상승해 지난해 12월엔 99.7%의 최고 수준을 기록했다.

LG유통은 배송차량이 물류센터로 돌아올 때 공차로 오는 비생산성을 줄이기 위해 업계 최초로 Back-Hauling System도 도입했다. 이 시스템은 배송을 마친 차량이 이동경로 인근에 있는 제조업체의 물류센터에서 상품을 실어 돌아오는 것이다.

3) 미출(未出), 오출(誤出)률 업계 최저

LG25는 물류서비스 수준을 나타내는 미출과 오출율도 크게 낮췄다. 점포의 발주 상품을 제때 공급하지 못하는 미출율은 0.2 %, 점포의 발주 내용과 다른 상품이 배송되는 오출율은 0.03%에 그쳤다.

유통업계 최저 수준의 미출율을 유지하는데는 DPS(Digital Picking System)와 국내 유일의 미오출 보상제도를 운영하고 있는 게 주효하고 있다. DPS는 박스 단위로 배송되는 할인점과 달리 상품의 80%가 낱개로 배송되는 편의점 물류를 위한 기본적인 시스템으로 초보자라도 몇 시간 내에 익숙하게 다룰 수 있어 미출과 오출을 줄이는데 크게 기여했다.

3. 한국P&G

– 소량주문 지양–

한국P&G는 SCM(공급망관리:Supply Chain Management)을 통해 물류를 혁신했다. 지난 99년 SLOG(주문, 배송의 최적화:Streamlined Logistics)프로그램을 도입한데 이어 2000년에는 유통업체와 공동으로 EDI(전자문서교환)에 기반을 둔 VMI(제조사중심의 재고관리:Vendor Managed Invetory)와 CMI(공동재고관리 : Co-Managed Inventory) 시스템을 구축했다.

1) SLOG 프로그램으로 비효율 제거

한국P&G가 제품을 배송하는데 가장 큰 골치거리는 소량 주문이 많다는 점이었다. 지방의 할인점에 제품 1박스를 보내기 위해 1백60박스 용량의 트럭을 동원한 적이 있을 정도였다.

한국P&G는 SLOG프로그램으로 이같은 비효율의 소지를 제거했다. SLOG 프로그램은 주문수량을 표준화해 한국 P&G의 생산공장(조치원, 천안)이나 지역창고(안양 양산 의정부 대구)에서 바로 출하하는 시스템이다. 주문은 25~1백59박스, 1백60박스 이상, 16팔레트(4백~5백 박스) 등 3가지로 나눠받는다. 소량주문을 없앰으로써 배송비용을 크게 줄일 수 있었다.

절감된 비용은 주문액의 최고 2.5%범위 내에서 유통회사에 장려금으로 지급하기 때문에 유통회사들도 적극적으로 협조하고 있다. SLOG가 정착되면서 과거 총 주문건수의 50%였던 25박스 미만 발주가 크게 준 반면 16팔레트(4백~5백박스)단위의 만차 발주는 10%선으로 증가했다. 주문건수당 평균 수량도 80박스에서 1백33박스로 높아졌다.

2) 출고의 45% 이상을 EDI와 WOM으로

지난 2000년부터 본격 시행중인 EDI와 WOM(웹기반 발주 : Web Ordering Management)도 물류비용 절감에 한몫하고 있다. P&G는 EDI시스템의 확대를 위해 UN의 글로벌표준문서(UN/EDIFACT95)를 채택해 이마트, LG유통 까르푸, 마그넷, 테스코 등 유통업체와의 거래에 적용하고 있다.

P&G와 이들 회사간에는 발주서, 판매보고서, 재고현황보고서 등이 EDI를 통해 오고 간다. 웹상에 P&G의 발주서를 제공하여 1백여 개가 넘는 거래회사가 WEB으로 발주할 수 있는 시스템도 구축했다. P&G는 주문액의 0.2%정도를 역시 장려금 형태로 EDI 등으로 거래한 거래처에 전달하고 있다.

4. CJ GLS

– 자동배차시스템 –

전국에 28개의 크고 작은 물류센터를 운영 중인 CJ GLS는 다른 기업의 물류를 대행하는 3PL(제3자 물류 : Third Party Logistics) 분야의 선두 기업이다. 제3자 물류기업의 경우 배송지가 매일 변하고 주문량의 편차도 심하기 때문에 배차시간 단축과 실시간 물류정보 제공이 경쟁력 확보의 관건이다.

1) 자동배차로 시간 단축

배차 과정에는 주문된 제품들의 특성(무게, 크기, 상태, 냉장, 냉동), 배송처, 주문량 등 고려해야 될 변수들이 많아 풍부한 경험을 가진 베테랑 사원이라도 배차를 완료하기까지 4시간 이상이 소요되는 게 보통이었다.

그러나 CJGLS는 자동배차시스템의 개발로 적용되면서 배차에 걸리는 시간이 1시간 정도로 크게 줄어들었다. 자동배차시스템의 핵심 과정은 배차시간 단축을 위해 도입된 시뮬레이션 기법이다.

고객별 도착요구 시간대, 고객위치 좌표, 배송가능 차종, 체류서비스 시간, 배송순서, 적재량, 배송가능 회전수, 배송거리, 이동시간 등 발생가능한 모든 변수를 체크해 최적의 해답을 얻어내는 작업이다.

5. 삼성테스코 홈플러스

– 자동발주, 상품진열 관리시스템 –

영국 굴지의 유통기업인 테스코사와 삼성물산이 합작 설립한 삼성테스코는 "홈플러스"란 브랜드로 지난 99년 국내 할인점 시장에 진출했다.

1) 자동발주(Auto Ordering) 활성화

삼성테스코는 발주단계의 비효율을 제거하기 위해 EDI(전자문서교환:Electronic Data Interchange)를 도입하여 1천여개 납품업체와 자동발주 거래를 실시하고 있다.

이는 본사에서 매장별 매출과 재고를 종합 분석한 뒤 EDI시스템을 통해 발주하면, 납품업체는 같은 시간에 발주데이터를 받아 홈플러스 매장이나 물류센터로 상품을 입고시키는 방식이다.

홈플러스는 EDI 도입으로 전 매장의 납품률이 10% 정도 상승한 반면, 재고보유기간은 평균 1.5일이 줄었다고 밝혔다. 또 발주에서 매장 진열에 걸리는 "상품리드타임"도 평균 1일이 줄어 매출액이 8~10% 정도 상승하는 효과를 거두고 있다.

장기적으로는 매출과 재고를 납품업체와 함께 관리하는 CMI(공동재고관리:

Co-Managed Inventory)를 도입해 완전한 자동발주 시스템을 구현할 계획이다.

2) 진열 관리에도 역점

홈플러스가 또한 역점을 두고 있는 분야가 바로 상품진열이다. "자동발주-물류센터 입고-매장창고 입고"의 과정이 비용 및 시간 절감과 관련돼 있다면 매출 증대에 직접적인 영향을 미치는 것이 바로 매장내 진열관리(ISM : In Store Management)이기 때문이다.

이에 따라 홈플러스는 진열관리 시스템이 영업관리시스템과 연계돼 결품방지는 물론 매장별 진열 근거를 제시해 주는 역할을 하고 있다. 매장 직원들이 보충 진열에 드는 시간과 노력을 최소화할 수 있도록 매출과 판매량을 면밀히 분석하여 진열될 상품의 양과 고객들의 평균 구매량을 일치시키는 작업을 수행하는 것이다.

실제로 홈플러스 매장에서 회전율이 높은 쌀, 휴지, 식료품 등이 창고 문만 열면 진열이 가능한 곳에 배치돼 있는 것도 이같은 이유에서다. 삼성테스코 관계자는 "상품이 매장 하역장에서 선반에 오르는 과정에서 발생하는 비용이 전체 물류비용의 46%에 달한다는 영국의 통계도 있다"며 "점포 하역에서부터 매장 진열까지의 과정을 얼마나 효율화하느냐가 매출증대와 비용감소에 중대한 변수가 되고 있다"고 말했다.

6. 롯데마그넷·LG생활건강

- CRP로 윈윈 -

지난 98년 할인점 시장에 후발주자로 참여한 롯데 마그넷은 선발업체와의 격차를 줄이기 위해 선진 물류시스템 구축을 핵심 경영 목표로 정했다. 마그넷이 물류혁신을 위해 무엇보다도 먼저 도입한 것은 CRP(연속재고보충 프로그램 : continuous Replenishment Program)이다.

2000년 4월부터 LG생활건강 등 5개 생필품 제조업체와 손잡고 CRP사업을 시작해 재고와 결품율을 줄이는데 커다란 효과를 보았다. 제조업체들도 판매가 늘어나 대환영이다.

CRP는 발주량을 유통업체가 아닌 제조업체가 관리한다는 획기적인 발상에서 출발한 물류시스템이다. 제조업체 입장에선 판매정보를 얻어 효율적인 단품관리를 할 수 있다.

1) 운영방법

마그넷은 현재 전국 18개 점포에서 생필품 제조업체가 발주량을 관리하는 VMI(공급자주도 재고보충 : Vendor Managed Inventory) 방식의 CRP를 시행하고 있다. 도입 초기엔 CMI(공동재고관리:Co-Managed Inventory)수준에 그쳤지만 지금은 VMI으로 발전했다.

효율적인 CRP 운영을 위해 마그넷 영업전략팀과 LG생활건강 로지스틱스팀은 CRP 시행 이후 태스크포스팀 형태의 공동협의체를 만들어 매달 1차례의 회의를 갖는다. 이는 두 회사의 영업, 전산, 구매 등 유관부서가 모두 참여하는 협의체이다.

CRP를 현장에 적용하는 데는 재고 등 영업현황 분석에 7일, 목표설정에 3~4일, CRP시스템을 통한 정보입력 및 발주에 2~3일 등 총 2주가 소요된다. 적정 발주물량은 수요, 재고 등 각종 지표분석을 바탕으로 한 "CRP 모델 운영 기준"을 통해 산출한다.

2) 효과

CRP를 실시하기 전에는 발주량 확인부터 검품까지 총 일곱 단계를 거쳐야 했다. 하지만 CRP 도입으로 수작업과 중복작업이 줄어들면서 업무 프로세스가 네 단계로 단축됐다. CRP의 효과는 재고일수와 결품율에서 바로 나타났다.

CRP가 적용된 마그넷 11개점의 평균 재고가 시행 전의 19일분에서 15일분으로 4일분이나 줄었다. 결품율도 11.9%에서 절반수준인 6.7%로 낮아졌다. 반면 매출은 6% 늘어났다. 11개 점포의 LG생활건강 상품 매출이 월평균 5천만원정도 증가했다. CRP 도입으로 LG생활건강의 제품은 마그넷에서 6억원어치 정도 더 팔린 셈이다.

롯데마그넷 관계자는 "상호 신뢰를 바탕으로 한 파트너십이 유통업체와 제조업체 모두에게 이익이 된다는 사실이 입증된 셈"이라며 "CRP 적용 대상 회사를 확대할 계획"이라고 말했다.

7. 현대택배

-고객특성 맞춰 물류센터 특화 -

현대택배는 국내 3자 물류시장에서 단순한 물류활동만 수행하는 것이 아니라 컨설팅 기능 강화를 최상의 서비스 콘텐츠로 삼고 있다. 전국 납품처 분포와 납품 빈도 등을 분석, 고객에게 비용 절감은 물론 가장 적합한 물류서비스를 제공한다는 것이다. 또한 각 산업과 고객의 특성에 맞는 특화된 물류센터를 구축하고 있으며 협력업체와 체계적인 배송망을 갖추는데 심혈을 기울이고 있다.

현대택배는 국내 산업단지 공단 내에 입주한 중소기업들의 물류를 하나로 묶는 공동수배송 사업을 시작했으며 한국P&G 천안공장과 조치원 공장의 완제품 창고 운영을 전담하며 입출고 관리 등 모든 물류작업을 대행하고 있다.

의류물류 부문은 경기도 광주 의류택배 전용터미널 개장과 함께 시작했으며 의류물류 사업을 본격화, 미국 캐주얼 브랜드 팀버랜드의 물류 대행을 수행하고 있다.

8. 대한통운

- 국내 첫 글로벌 네트워크 구축 -

대한통운은 국내 최초로 국내외를 연계한 제3자 물류시스템을 선보인 후 물류시장 선진화에 앞장서고 있다. 3자 물류시스템인 글롭스(Glops ; Global Logistics Providing System)를 출시하고 이를 도입함으로써 기업의 물류업무 기획, 운영은 물론 회사의 글로벌 인프라를 활용해 국내 및 국외지역 배송을 성공적으로 수행하고 있다.

온라인을 통해 국내외 재고관리에서부터 수출입 화물의 이동경로를 미리 파악하여 운송수단의 공차율을 최소화해 물류비를 절감하는 장점도 지니고 있다.

이 시스템의 가장 큰 특징은 대한통운의 글로벌 네트워크를 활용했다는 것이다. 기존의 3자 물류서비스는 국내 지역에만 국한됐으나 대한통운의 글로벌 네트워크를 통해 국내 지역은 물론 국외 지역의 수배송 현황, 창고 재고관리 등의 업무를 완벽하게 소화할 수 있다.

변형을 막기 위해서는 항정과 시정의 조화가 필요하다.

항정과 시정의 조화를 위해 항만소재 도시계획수립에 항만위원이 참여하고, 반대로 항만계획에 도시계획전문가가 참여하여 항만계획과 도시계획이 조화를 이룰수 있도록 항만공사와 항만소재 지자체 상호간의 교류(cross-fertilization)를 제도화해야 한다.

제13부

세계 최고 싱가포르 물류연구

제1장 싱가포르 물류연구를 시작하며

1. 국제물류허브 싱가포르의 이해

동남아의 강소국으로 평가되는 작은 섬나라 싱가포르는 열악한 자연조건과 오랜 식민지 경험 및 다민족 사회의 혼란스러움에서 1965년 신생독립국으로 출발하였음에도 불구하고, 성공적인 국제비즈니스 허브전략으로 국부를 창출하여 아시아에서 경제대국 일본 다음으로 1인당 국민소득이 높은 부국으로 성장하였다.

싱가포르는 1819년 영국 동인도회사에 양도된 이래 1965년 독립하기까지 영국의 식민지배를 받았다. 싱가포르는 중국인(76.7%), 말레이인(13.9%), 인도인(10.3%) 등의 다민족국가이다.

싱가포르 차이니스가든에서 제자들과 함께

1965년에 싱가포르가 독립했을 때[1] 신생 섬나라 싱가포르의 생존을 낙관하기는 힘들었다. 그러나 싱가포르는 생존은 물론 놀라운 번영을 이룩하였다. 국민의 86%에게 훌륭한 공

1) 싱가포르는 140년간(1819-1959)동안 영국의 식민지배하에 있었고, 1959년 영국으로부터 독립하여 영국의 자치령이 되었다. 그리고 작은 섬나라, 도시국가의 한계를 극복하고자 1963년 말레이시아 연방으로 편입되었다가, 1965년 중국인과 말레인간의 종족분쟁, 정치적 갈등 등으로 인해 1965년 말레이시아 연방으로부터 축출당했다. 일반적으로 싱가포르의 독립은 싱가포르가 말레이시아 연방으로부터 분리된 1965년을 말한다. 매년 성대한 기념행사를 하는 싱가포르의 독립기념일도 싱가포르가 말레이시아연방으로부터 분리된 8월 9일이다.

공주택이 공급되었고, 독립 이전에 극심했던 실업을 해결하였다. 이러한 싱가포르의 성공은 세계 최고의 싱가포르항만, 창이공항과 같은 세계적인 물류인프라가 구축되었기 때문이다. 싱가포르 경제의 세계경제와 밀접한 관계는 긴 역사를 갖고 있다. 식민주의시대에는 동남아의 중계무역센터[2]로서 싱가포르는 항상 국제무역과 연관되어 있었고, 1965년 독립 이후에는 외국자본에 의존한 산업화를 촉진하였다[3].

아랍스트리트 술탄모스크에서

일반적으로 개방경제체제라고 하면 자유방임주의를 생각할 수 있으나, 싱가포르의 개방경제체제는 정부주도의 작품이고 또한 용병인 다국적기업에 의한 성공드라마이다. 싱가포르경제는 이러한 정부주도의 개방정책과 다국적기업주도의 공업화를 통해 1965년 독립 이후 고도성장을 지속하고 있다.

리틀인디아 흰두교사원에서

2) 싱가포르는 1819년 초대 영국 총독인 스탠포드 래플즈(Stanford Raffles)경에 의해 자유항으로 지정되어 운영되었다.

3) Peggy Teo, *Changing Landscapes of Singapore*, McGraw-Hill Education, 2004, p.131.

2. 싱가포르 물류는 왜 강한가?

싱가포르 물류의 강점을 찾아가는 길
(국내외 문헌연구 + 싱가포르 현지 조사)

→ 싱가포르의 물류역사
→ 싱가포르의 물류정책
→ 싱가포르의 물류인프라
→ 싱가포르의 물류교육
→ 한국과 싱가포르 물류비교

세계 최고의 물류파워를 가진 국가는?, 정답은 서울시 보다 약간 큰 국토 면적(660㎢)의 도시국가 싱가포르이다. 싱가포르는 인구도 약 400만 명에 불과하고, 한국의 삼성, 현대와 같은 세계적인 제조업체도 없다. 또한 먹는 물까지 전량 수입에 의존해야 될 만큼 천연자원이 전무한 작은 섬나라이다.

이처럼 싱가포르는 협소한 국토면적, 작은 인구, 취약한 제조업기반에 자원 또한 빈약한 국가이다. 즉, 싱가포르는 물류산업의 발전과 관계가 깊은 소비시장, 생산기지, 자원시장이 태생적으로 불리한 여건에 놓여 있음에도 불구하고 세계 최고의 물류강국이 되었다.

싱가포르가 어떻게 세계 최고의 물류강국이 되었나? 또한 어떻게 물류강국의 경쟁력을 지속적으로 지키고 있는가? 싱가포르의 국제물류교육과 국제비즈니스 교육은 우리와 무엇이 다른가? 어떻게 하면 우리도 싱가포르처럼 세계최고의 물류강국이 될 수 있나? 본 연구는 이러한 물음들에 대한 정답을 다각적인 방법으로 찾고자 한다.

3. 싱가포르항의 발전과정

싱가포르는 1819년 영국의 동인도회사의 스탬퍼드 래플즈경이 태평양과 인도양을 연결하는 싱가포르의 전략적 위치와 상업적 장래성을 예상하고, 조호루의 술탄과 싱가포르 섬의 촌장에게 금전을 지불하고 동인도 회사의 상업활동과 싱가포르항의 개항협정에 성공하면서 개발이 시작되었다. 그 당시 싱가포르 섬의 인구는 약 150명에 불과했으나, 4년 후에는 1만명 정도로 급속하게 발전하였다(임정순외, 1985:98).

4. 싱가포르항의 현황

일반적으로 싱가포르항(The Port of Singapore)은 싱가포르 동쪽의 케펠(Keppel), 탄종파가(Tanjong Pagar), 브라니 (Brani), 파시르 판장(Pasir Panjang) 컨테이너 터미널과 서쪽의 주롱항(Jurong Port)을 포괄적으로 일컫는 말이다. 싱가포르항의 대형 4개 컨테이너 터미널에서 총 49개의 선석이 운영되고 있고, 항만 총 부지는 4,360만 ㎡이며 평균 수심은 15m이고, 최대 16m 수심을 갖고 있어 1만 TEU급 이상의 극초대형 컨테이너 선박의 접안이 가능하다(international psa, 2009). 싱가포르항은 123개국 600개 항만을 200개 선사들이 거미줄처럼 연결하고 있는 컨테이너터미널이자 복합터미널이다.(김정수, 2008: 3-4)

〈표 13-3〉 싱가포르항의 컨테이너미널 현황

구분	선적수	선적길이(m)	주심(m)	면적(천 m^2)	C/C(대)	운영자
계	49	12,014	14.6~16	4,360	158	
주롱	5	1,700	16		15	JPP
탄종파가	8	10,314	14.6	840	27	PSA
케펠	14		14.6	960	36	
브라니	9		15	790	31	
파시르판장	13		16	1,770	49	PSA/COSCO

자료 : CI(2008)

싱가포르항만

제2장 싱가포르 물류의 비교우위

1. 싱가포르 물류의 경쟁력과 향후전략

싱가포르항은 전 세계 컨테이너 물동량의 5분의 1을 처리한다. 세계 각국에서 나오는 컨테이너 5개 중 1개가 싱가포르항을 거쳐 간다는 의미이다. 2007년 세계은행(World Bank)이 800여개의 국제화물운송 운영업체들을 대상으로 조사한 물류성과지수에서 싱가포르항은 1위를 차지하였다[4)](EDB, 2008). 또한 싱가포르항은 아시아운송협회가 지정하는 8년 연속 최우수항만상을 수상했다(international psa, 2009). 이러한 싱가포르 물류의 경쟁력은 과연 무엇인가?

1) 세계적인 선사와 터미널운영업체를 통한 해외 물류네트워크 구축

싱가포르는 국제물류의 핵심주체인 세계적인 선사와 글로벌 터미널운영업체를 보유하고 있어 국제 물류네트워크에서 유리한 위치를 선점하고 있다. 동남아 주요국 가운데 가장 많은 선대를 보유한 국가는 싱가포르이다. 싱가포르 선대는 동남아 전체의 47%를 차지하고 있다. 특히 컨테이너선의 경우 동남아 전체 선대의 61%로 동남아 대부분의 선대가 싱가포르 선대로 구성되어 있다(임진수외, 2006:144-149). 특히 싱가포르의 APL은 동남아 최대의 컨테이너 선사이고 세계 9위의 선박량을 보유하고 있다. 또한 싱가포르의 PIL선사도 동남아에서 2위를 차지하고 있다(김태일, 2006: 61).

---

4) 세계은행(World Bank)은 Connecting to Compete: Trade Logistics in the Global Economy란 보고서에서 LPI(Logistics Performance Index)분석을 통해 세계 각국의 물류파워를 평가했는데, 싱가포르는 수송 및 물류 중심지로서의 위상 및 실적에서 높은 평가를 받았다. 2005년까지 세계 1위의 컨테이너 처리 국가였던 홍콩은 8위, 대만은 21위, 한국은 25위, 중국은 30위였다.

〈표 13-4〉 동남아 주요 글로벌 선사의 선복량 현황(2006년)

순위	선사	국가	컨선규모	척수	평균선형	발주량	척수
9	APL	싱가포르	317,761	99	3,210	120,892	30
19	PIL	싱가포르	134,802	102	1,322	57,020	21
25	MISC	말레이시아	40,543	18	2,252	15,840	2
33	smudera	인도네시아	28,625	32	895	530	2

자료 : BRS-Alphaliner(2005), 한국무역협회(2006).

싱가포르는 자국의 선사 육성뿐만 아니라, 외국 선사를 싱가포르로 유치하기 위하여 해운기업 공인계획(Approved Shipping Enterprise)를 도입하여 해당 선사가 소유선박의 10% 이상을 싱가포르에 등록하면 10년간 법인 소득세를 면제하는 제도를 운영하여 외국 선사들을 싱가포르에 유치하고 있다(정봉민, 2003:4)

최근 들어 선사들의 기항지 축소와 운영합리화 노력은 항만간 경쟁을 더욱 심화시키고 있는데, 터미널운영업체들은 항만에 대한 직접투자와 인수, 합병 등을 통해 선사에 대한 교섭력 증대와 안정적인 물량확보를 하고 있다.(임진수 외, 2006:207)

이런 점에서 세계최고의 터미널운영업체인 싱가포르항만공사(PSA)는 싱가포르 물류경쟁력의 핵심을 이루고 있다. PSA는 정부재원을 바탕으로 한 투자기관인 테마섹(Temasek)의 지원을 받는 세계 1위의 항만터미널운영업체[5]로 싱가포르항 뿐만 아니라 세계 각국의 터미널을 개발 및 운영하고 있다[6](김학소, 2008:5). 싱가포르는 물류산업의 해외진출로 해외 물류네트워크의 구축과 싱가포르항 중심의 신규화물을 창출하여 해외물류네트워크와 연결하고 있다.

5) PSA는 2006년 허치슨포트홀딩스(HPH)의 지분 20%를 넘겨받으며 세계 1위 자리에 올랐다.

6) PSA의 주요 세계 진출사례는 다음과 같다. 중국 복주 다이쟝 컨테이너 터미널 운영(1998년 2월), 이탈리아 제노아 블트리 터미널 지분 획득(1998년 2월), 인도 피바바프항 운영 담당(1998년 8월), 이탈리아 베니스 컨테이너 터미널 지분 일부 획득(1998년 10월), 브루나이 무아라 컨테이너 터미널 개발 운영권 획득(1999년 3월), 포르투갈 시네스항 컨테이너 터미널 개발 운영권 획득(1999년 6월) 등이다(psa, 2009).

〈표 13-5〉 글로벌 터미널 운영사의 동남아 컨테이너 터미널 운영현황

운영사	국가	항만	터미널	지분	선적연장(m)	용량(백만TEU/연)
HPH	말레이시아	클랑	Westport Klang	31.4%	2,600	3.20
	인도네시아	자카르타	Jakarta Int CT T. Petikemas Koja	51% 100%	2,220 650	2.15 0.67
	태국	램차방	Thai Laem Chabang T Hutchison Laem Ch T	88% na	400 3,252(예정)	0.75 4.50~6.00
	미얀마	Thilawa	Myanmar Int. Ts.	80%	1000	0.50
APH Terminals	말레이시아	Tanjang Pelepas	Port	30%	2,880	4.30
	태국	램차방	LCBI LCMT	35% 51%	300 590(예정)	0.65 0.60
	베트남	Thi Vai	Saingon Port	na	600(예정)	0.50
PSA	싱가포르	싱가포르	PSA Singapore Ts Cosco-PSA T. MSC-PSA T.	100% 51% 51%	10,314 720 1080	20.20 1.00 2.00
	브루나이	Muara	PSA Muara CT	80%	250	0.22
	태국	램차방	Eastern Sea LCT	50%	600	1.20
DP WOrld	필리핀	마닐라 General Santos	Asian Terminals Inc. Makar Wharf extension	84.1% 30.0%	1,335 152	0.83 0.15
	인도네시아	탄중펠락	TPS	49%	1450	1.80
	태국	램 차방	LCITC	34.5%	900	1.50
	베트남	호치민	Saigon Premier CT	80%	1000(예정)	1.50
ICTSI	필리핀	마닐라 Subic Bay General Santos	Manila Int. CT Subic Bay Int T. Makar Wharf exension	100% 70.83% 35.7%	1,300 342 152	1.50 0.10 0.15

자료 : Ocean Shipping Consultants(2006.6).

2) 항만물류 연관산업의 발전을 통한 시너지효과 창출

싱가포르는 화물과 선박이 싱가포르항으로 집중될 수 있게 물류연관산업이 다각적으로 발전되어 상호 시너지 효과를 발휘하고 있다. PSA는 컨테이너화물 처리뿐만 아니라 선박수리, 연료보급, 금융, 보험 등 항만관련 서비스가 싱가포르에서 광범위하게 제공될 수 있도록 함으로써 항만 및 관련산업의 상호 연계 발전을 도모하고 있다(정봉민, 2003:7).

싱가포르항은 세계 1위의 컨테이너항만 뿐만 아니라, 세계 3위의 액체화물 항만(1억 5303만톤), 아시아 1위 자동차 선적항구, 선박수리 세계시장의 20%를 점유하고 있다(EDB, 2008). 싱가포르항은 세계 최고의 급유항으로, 세계 주요 급유 회사인 Shell, Caltex, British Petroleum 등이 싱가포르에서 운영

하고 있는 총 급유능력은 일일 100만 배럴이 넘는다(KOTRA, 2007: 33-34) 또한 싱가포르는 세계 3위의 원유 거래시장으로 뉴욕, 런던에 이은 세계 3대 원유거래시장이며 세계 굴지의 조선수리센터(Drydock)를 21개소나 보유하고 있다. 배후공항인 창이공항 또한 운송실적과 서비스 면에서 세계 상위권의 경쟁력을 유지하고 있다.

싱가포르의 물류단지는 싱가포르항 뿐만 아니라 싱가포르 창이공항과도 근접한 거리에 있어 화물의 특성과 고객의 서비스 요구에 따라 해상서비스와 항공서비스를 동시에 활용할 수 있도록 물류인프라를 구축하여 많은 다국적기업과 글로벌 특송회사들이 아시아 지역운영본부나 SCM상 핵심거점으로 활용하고 있다(유광현, 2005:190).

그리고 싱가포르는 물류산업의 발전에 버팀목이 되는 금융산업이 발전되어 있다. 싱가포르는 런던 · 뉴욕 · 홍콩 · 동경과 함께 세계 5위권의 외환시장이며 700여개 국제 금융기관이 영업을 하고 있다. 특히 PSA는 최근 선박금융과 선박보험에도 중점을 두고 선주들이 싱가포르를 원스톱서비스가 가능한 곳으로 인식하도록 하고 있다.

또한 싱가포르는 이러한 물류, 금융의 중심지로서의 위치를 최대한 활용하여 각종 국제회의, 전시회, 박람회 개최를 통해 사람, 물자, 자본이 싱가포르에 모일 수 있는 여건을 마련하고 있다(mofat, 2008).

3) 시장개방을 통한 물동량 확보

싱가포르는 1965년 독립 당시 인구는 190만에 불과했고, 실업률은 10%를 상회하는 보잘 것 없는 섬나라로 중계무역과 당시 싱가포르에 주둔하고 있던 영국군 기지에 납품하는 것이 주 수입원으로 자생적 성장이 불가능한 상황이었다. 그러나 초대 싱가포르 총리인 리콴유는 이러한 싱가포르의 태생적 한계를 싱가포르의 지정학적 위치를 이용하여 극복하기 위하여 외국인 투자유치를 위한 과감한 개방정책을 추진하였다(남덕우,2002:90).

싱가포르 경제는 무역이 GDP의 3배에 이상을 차지하고 있고, 4개 품목(자동차, 주류, 유류, 담배)을 제외한 수입상품은 무관세이다. 이러한 싱가포르의 개방경제정책과 외국인 투자유치를 위한 친기업문화는 작은 섬나라를 아시아 최고의 비즈니스 허브로 발전시켰고 자체 물동량이 부족한 싱가포르에 물동량이 모이는 효과를 가져 왔다.

특히 싱가포르 정부는 해운, 항공, 종합물류기업들을 싱가포르에 집적시키는 것이 싱가포르의 물류중심화를 위한 필요조건으로 인식하고 이를 위해서 개방적 시장환경과 규제완화를 지속적으로 추진하고 있다(정봉민, 2003:10).

4) 천혜의 지경학적 입지를 환적항으로 활용

싱가포르는 태평양과 인도양을 잇는 말라카해협의 입구에 위치하고 있어 동아시아와 서아시아를 잇고, 아시아와 유럽을 잇는 기간항로 상에 입지하고 있어 북미, 유럽, 아시아 역내 항로의 경유지가 되고 있다.

즉, 싱가포르항은 미주와 구주의 중간에 위치한 요충지로서 아시아와 오세아니아 지역의 수출입 화물이 집결돼 미주와 구주로 오가는 주요 항로와 이어진다. 또한 싱가포르는 태풍의 시작지로서 태풍 및 안개 등의 영향이 거의 없고 항만좌우에 포진한 센토사섬 등의 주변 섬들이 방파제를 형성하여, 높은 항만작업 일수를 갖고 있다(김홍인, 2007:1-2).

이처럼 싱가포르항은 태생적으로 해외선사들이 스킵(skip)할 수 없는 절대적으로 유리한 지경학적 이점을 갖고 있다. 그런데 싱가포르 정부는 이러한 싱가포르항의 지경학적 이점에 안주하지 않고 천혜의 지경학적 이점을 최대한 활용하여 편리한 환적시스템을 지속적으로 갖추고 있다. 싱가포르항은 항만처리 화물의 80% 이상이 환적화물이다(임진수외, 2006:206).

싱가포르항의 경우 동남아제국의 물동량을 싱가포르에서 환적하면서 동남아 허브로 자리 잡게 되었다(최재수, 2006:3). 싱가포르항은 세계 최대의 중계무역항으로서 세계 환적량의 25%를 담당하고 있다. 싱가포르항만의 경쟁력은 세계적인 환적물류시스템에 있다. 이것이 바로 싱가포르항을 세계 1위의 컨테이너항만으로 이끈 요인으로 볼 수 있다(남덕우, 2002: 92-93). 환적화물 한 개(20피트 컨테이너)를 처리하면 200달러의 부가가가치가 창출된다(김홍인, 2005:2).

싱가포르항은 환적화물의 유치를 위해 다음과 같은 다양한 우대조치를 시행하고 있다. 첫째, 하역료 우대조치로 환적화물에 대해 자국의 국내화물보다 우대하고 있다. 환적화물은 수출입 컨테이너 하역요율의 1/2 가격을 적용하고 있다. 국내화물은 20피트 컨테이너 박스당 2백 15 싱가포르달러를 적용하고 있으나 환적화물은 1백 75싱가포르 달러를 적용하고 있다. 둘째, 장치허용기간 우대조치로 터미널에 장치되는 환적컨테이너에 대해 보관료 면제기간인 장치허용기간을 길게 하고 있다. 화물을 적재한 국내 컨테이너에 대해 허용하고 있는 3일간의 항만내 무료보관기간을 환적컨테이너에 대해서는 9일까지 허용한다. 또한 화물을 적재하지 않은 빈 국내 컨테이너에 허용하고 있는 2일간의 무료보

관기간을 환적컨테이너에 대해서는 9일까지 허용한다.(김형태, 2006: 4)

5) 자유무역지역과 물류단지의 효율적 운영

(1) 자유무역지역

싱가포르는 1819년 초대 영국 총독인 스탬포드 래플즈경에 의해 자유항으로 지정되어 운영되어 왔고, 1969년 물류기업 유치를 위해 특별법으로 자유무역지역법(Free Trade Zones Act)를 제정하여 자유무역제도를 도입하였다.[7)]

〈표 13-6〉 싱가포르 자유무역지역 현황

<table>
<tr><th rowspan="2">구분</th><th rowspan="2" colspan="2">지대명</th><th colspan="5">시설규모</th></tr>
<tr><th>면적(천㎡)</th><th>수심(m)</th><th>선석수
(원양/피더)</th><th>장비
(크레인)</th><th>주요특징</th></tr>
<tr><td rowspan="7">항만</td><td rowspan="4">케펠
자유
무역
지역</td><td>탄종
파가</td><td>800</td><td>11~14.8</td><td>6/2</td><td>안벽:29
야트:95</td><td rowspan="4">컨테이너전용 터미널</td></tr>
<tr><td>카펠</td><td>960</td><td>9.6~14.6</td><td>3/11</td><td>안벽:36
야드:117</td></tr>
<tr><td>브라니</td><td>790</td><td>12 · 15</td><td>5/4</td><td>안벽:30
야드:98</td></tr>
<tr><td>소계</td><td>2,550
(77만평)</td><td>9.6~15</td><td>14/17</td><td>안벽:95
야드:310</td></tr>
<tr><td colspan="2">파시르 판장
자유무역지역</td><td>840
(25만평)</td><td>15</td><td>원양 6</td><td>안벽:24
B.C:44
RMGC:15</td><td>• 컨테이너 전용 터미널
• 케이트레인:12</td></tr>
<tr><td colspan="2">주롱
자유무역지역</td><td>615
(19만평)</td><td>12~15</td><td>23(일반)</td><td>크레인:9
일반:20</td><td>• 재래다목적 부두
(건설화물)</td></tr>
<tr><td colspan="2">파시르 판장
부두
셈바왕 부두
자유무역지역</td><td>566만평
(17만평)</td><td>6.7~11.4</td><td>원양:9
연안:9</td><td>크레인:3
일반:15</td><td>• 재래다목적 부두
• 창고: 19만m</td></tr>
<tr><td>공항</td><td colspan="2">창이 자유무역지역</td><td colspan="4">24만㎡(7만 3,000평)</td><td>• 6개 항공터미널</td></tr>
</table>

자료: 한국해양수산개발원 내부자료(2008).

싱가포르는 항만(6개소) 및 공항(1개소) 등 총 7개소에서 자유무역지역을 운영하고 있다. 항만 자유무역지역 가운데 주롱 자유무역지역은 상공부 산하기관인 JTC(Jurong Town Corporation)가 운영하고 있으며, 나머지 5개 자유무역지역

7) 싱가포르의 자유무역지역법은 관세법의 특별법의 형태로서 운영기관, 운영방법, 운영업무 등을 규정하는 24개조로 구성되어 있다(현대경제연구원,2003:201).

은 싱가포르항만공사(PSA))가 운영하고 있다(현대경제연구원, 2003:201-202).

싱가포르의 자유무역지역은 관세 및 부가가치세가 비과세되며 통과서류 없이 최소한의 절차로 저장, 판매, 전시, 분리, 재포장, 조립. 분배, 분류 등이 가능하고 수출입, 환적, 반출입과 관련한 모든 신고가 1989년에 개발된 무역통관정보망인 Trade-Net를 통해 이루어지고 있다(현대경제연구원, 2003:204-205). 자유무역지역에 반입된 물품은 시장으로 이송되기 전까지는 어떠한 통관서류 없이도 저장이 가능하며 최소한의 통관절차만 거치면 가공이나 재수출이 가능하다(김형태, 2006:5).

(2) 항만배후단지의 효율적 운영

싱가포르항은 주요 컨테이너터미널이 위치하는 남쪽의 해안선을 따라 약 20km에 걸쳐 효율성을 높인 싱가포르 물류단지(Singapore Distribelt)를 조성하여 많은 다국적기업 및 국제복합운송업체를 유치하고 있다. 4개의 물류단지는 케펠(Keppel), 알렉산드라(Alexandra), 파시르 판장(Pasir Panjang) 탄종파가(Tanjong Pagar)로서 싱가포르항만공사(PSA)가 소유하고 운영한다(권오성, 2004:134). 해안선 동쪽에는 창이국제공항이, 서쪽에는 주롱산업지대가 위치하고 있어 물류단지에 입주해 있는 제조업체, 유통업체, 무역업체, 창고업체 등에게 접근성이 뛰어 나다(김형태, 2006:5).

싱가포르의 물류단지는 컨테이너 터미널의 직배 후에 고층화로 집약적으로 개발하여 효율성을 높이고 항만생산성을 높이고 있다. 싱가포르항의 부가가치물류활동(Value Added Logistics)은 주로 4개의 물류단지(Distripark)에서 이루어진다.

싱가포르항 배후에 입지한 4개 물류단지의 면적을 용도별로 보면 전체면적 588,800㎡ 중 창고기능이 38.8%(228,460㎡)로 가장 많은 비중을 차지하고 있으며 그 다음이 배송기능으로 32.7%(192,520㎡), CFS 기능이 18.1% (106,640㎡) 기타 부가가치 활동기능으로 10.4%(61,180㎡)가 이용되고 있다. 또한 싱가포르는 물류시설의 효율적인 운영을 위해 가격 메커니즘을 활용하고 있다. 외국화물의 항만내 체류시간을 12시간 단위로 구분하여 12시간 이내에 반출하는 화물은 35% 정도 할인해주고 있다(김형태, 2006:5).

〈표 13-7〉 싱가포르항 물류단지의 용도별 면적 현황

(단위: ㎡, %)

용도	Kepoel		Alexandra		Pasir Panjang		Tanjong Pagar		합계	
	면적	비율	면적	비율	면적	비율	면적	비율	면적	비율
CFS	72,800	65.0	10,580	5.0	20,000	10.0	3,260	5.0	106.640	18.1
창고	16,800	15.0	42,320	20.0	140,000	70.0	29,340	45.0	228,460	38.8
배송	16,800	15.0	116,380	55.0	30,000	15.0	29,340	45.0	192,520	32.7
기타 부가가치활동	5,600	5.0	42,320	20.0	10,000	5.0	3,260	5.0	61,180	10.4
합계	112,000	10.0	211,600	100.0	200,000	100.0	65,200	10.00	588,800	100.0

자료: 해양수산부(2006).

6) 효율적인 통합물류시스템

싱가포르항은 싱가포르항만공사(Port of Singapore Authotity:PSA)에 의해 관리되고 있다. PSA는 컨테이너터미널과 물류시설에 대한 운영권을 갖고, 항만의 모든 운영에 관한 의사결정권을 독자적으로 갖고 있다(김홍인, 2005:3). 창고를 포함한 항만배후단지도 PSA가 운영하고 있다. PSA는 케펠, 브라니, 탄종파가, 파시르 판장 등 4개의 컨테이너 부두를 통합운영하고, 터미널의 거의 모든 선석도 직접운영하고 있다.

PSA는 터미널을 임대하는 홍콩과 달리 터미널을 선사에게 임대하지 않고 모든 선석을 자사가 직접 운영하고 선박이 접안을 위해 장시간 대기하지 않도록 하고 있다.[8] 또한 PSA는 선박수리와 선용품 판매, 선박급유 등 세계 최고 수준의 항만 부대서비스까지 제공한다(김홍인, 2005: 4).

싱가포르는 2000년부터 해운, 항만, 도로 등 국가인프라를 모두 정보화한다는 Infocomm 21을 마련하여 국가인프라 정보를 통합하여 효율적으로 운영하고 있고(김홍인, 2005:4), 싱가포르항내 각 터미널을 동일 운영사인 PSA가 PORT-NET과 CITOS을 연계하여 물류정보를 통합 운영하여 스피드항만, 자동화항만을 구현하고 있다(남덕우, 2002: 92-93).

8) 싱가포르항은 부두를 공용으로 운영하고 있다. 특정선사에게 부두를 임대하여 해당선사만 이용하게 하는 전용부두는 해당부두 시설에 여유가 발생했을 경우 다른 선박이 이용하지 못하기 때문에 비효율적이다. 그러나 부두를 공용으로 운영하는 경우 다수의 선박이 동시에 입항하여 부두수가 부족한 경우 입항한 선박이 대형선이라도 해상에서 대기할 수 밖에 없다. 이를 개선하기 위해 싱가포르항은 대형선사에 대해서는 대기하지 않고 부두시설을 이용하게 하고 있다(김형태, 2006:4)

7) 정부의 효과적인 물류정책

싱가포르에서는 물류가 국가 전략사업으로 정착되어 있는데 싱가포르 정부의 효율적이고 체계적인 물류정책은 싱가포르 물류발전의 견인차역할을 하고 있다. 싱가포르정부는 물류산업을 국가의 기간산업으로 인식하여 컨테이너부두와 배후 물류시설을 초기단계부터 계획적으로 개발했고, 수요를 미리 예측하여 적극적으로 개발하는 정책을 펴왔다.(권오성, 2004:134, 김형태,2006: 4)

싱가포르정부는 매년 전문연구기관과의 공동연구를 통해 향후 물류시설의 수요판단, 개발 계획수립 및 검증 등 구체적이고, 전략적인 대응을 추구하고 있다(광양만권발전연구원, 2004:5). PSA는 컨테이너부두의 하역장비 현대화를 추진하여 모선 당 짧은 시간 내에 많은 컨테이너를 처리하여 세계 항만 중 가장 높은 생산성을 달성하였고[9], 파시르판장 터미널은 부지 매립이 2000년에 완료되어 향후 추가적인 선석수요가 있을 경우 신속한 개발이 이루어 질수 있도록 관리하고 있다(임진수외, 2006:153).

싱가포르 정부는 1998년에 ‘Industry 21’이라는 국가 발전전략을 수립하였다. 이 계획은 향후 10년 동안에 10개 분야 핵심 산업을 발전시킨다는 것인데, 이 중에 물류산업의 요구에 부응하고, 물류중심으로서의 싱가포르의 경쟁력을 향상시키기 위한 LEAP(Logistics Enhancement and Application Programme)가 포함되어 있다. 이 프로그램은 13개 정부기구의 대표로 구성된 실무위원회에서 결정하는 연도별 계획을 무역개발국(TDB)에서 실행하고 있다(Singapore Trade Development Board, 2003).

또한 경제점검위원회(ERC)의 물류실무위원회(Working Group on Logistics: WGL)은 싱가포르의 물류중심화 전략을 저해하는 정부규제, 경영원가, 조세 등을 검토하여 새로운 전략을 지속적으로 제시하고 있다(Working Group on Logistics, 2002).(정봉민, 2003: 8-10)

8) 체계적인 물류인력 양성과 물류산업의 노사안정

싱가포르는 GDP의 12%가량이 해운과 항만에서 창출되고(김홍인,2005:2), 인구가 400만정도인 국가에서 물류인력이 11만 명이나 된다(정봉민, 2003:3). 싱가포르의 물류 및 수송산업 클러스터에서 창출된 고용 인력은 13%로 싱가포르 전 산업 중에서 세 번째로 기여도가 높고, 이중 75%는 물류전문인력이다(백종실, 2002:73).

9) 싱가포르항은 2000년 약 10시간에 200개의 컨테이너를 처리하여 시간당 200개의 생산성을 기록했다(현대경제연구원, 2003:213).

또한 싱가포르에는 9천개 이상의 물류기업들이 등록되어 있고, 다수의 기업이 싱가포르를 지역본부로 활용하고 있으며, 3자 물류(3PL; third-party logistics)의 전세계 상위 25개 기업 중 17개가 싱가포르에 진출해 있다(EDB, 2008). PSA에 따르면 파시르판장 터미널을 통해서 창출된 일자리는 6000개 정도이다. 항만개발, 운영, 유지 보수 등과 관련된 일이다(PSA, 2009).

싱가포르는 이처럼 물류의 국가경제에 대한 높은 기여도를 반영하여 물류인력 양성에 막대한 투자를 하고 있고, 체계적으로 물류인력을 양성하고 있다. PSA는 직원들의 질적 향상을 위해 매년 1천6백만 싱가포르 달러를 투입하고 있다(김형태, 2006:5). 또한 PSA는 항만물류관련 종사자들의 물류교육을 위해 8천만 싱가포르달러 규모의 해사클러스터펀드를 조성했다(백종실, 2002:73).

그리고 세계 최고의 물류전문인력을 양성하기 위해 싱가포르국립대와 조지아공대가 체계적인 물류인력양성을 위해 공동으로 아시아태평양 물류기구(The Logistics Institute-Asia Pacific: TLI-AP)를 설립하여 운영하고 있다.

싱가포르는 전문적이고 풍부한 물류인력의 확보뿐만 아니라 물류산업의 노사관계도 평화적으로 정착되어 있다. 싱가포르의 전국노조위원장은 무임소(無任所)장관으로 관료직을 갖고 있다. 정부가 정책적 필요에 의해 임금동결이나 세금인상 결정을 내리더라도 노조는 반대하지 않고 오히려 전국노조위원장은 정부시책을 노조원들에게 설명하고 반발을 무마하는 역할을 한다(신장섭, 2003:355). 이처럼 싱가포르의 물류현장에는 노사분규가 없다. 따라서 우리나라와 같은 노사갈등으로 인한 물류대란, 항만파업 등은 찾아 볼 수 없다.

싱가포르국립대학교(NUS)에서 저자와 제자들

9) 싱가포르 물류위기와 대응전략

동남아 주요 컨테이너항만은 기간항로 화물과 환적화물을 확보하기 위하여 항만의 생산성 향상과 신규시설의 개발을 추진하고 있다. 동남아지역의 해상물동량 가운데 환적처리 비율은 48%이고, 이 지역에서 처리하는 환적화물은 세계 환적물동량 가운데 24.8%나 차지하고 있다.(임진수외, 2006:144-159)

이처럼 동남아 지역의 환적물동량을 둘러싼 경쟁이 치열한 가운데 동남아 해운시장은 싱가포르항의 독주를 견제하는 말레이시아의 클랑항, 탄중팔레파스항, 태국의 램 차방항, 인도네시아의 탄중프리옥항 등이 3대륙을 연결하는 기간항로의 가교역할을 하면서 경쟁이 치열해지고 있다.(김태일, 2006:62)

이러한 가운데 세계 최대의 선사인 덴마크의 머스크씨랜드(Maersk-sealand)가 지난 2000년 기항지를 싱가포르에서 항만이용료가 싱가포르보다 30~40% 저렴한 말레이시아의 탄중펠레파스로 옮겼고, 대만의 에버그린(Evergreen)도 2002년 기항지를 싱가포르에서 말레이시아로 옮겼다.

말레이시아는 클랑항과 탄중팔레파스항을 싱가포르항을 대체할 수 있는 동남아 허브항만으로 육성하기 위해 주요 선사에게 비용을 대폭 할인하고 대형선사에 대한 전용터미널 제공 등 차별화된 항만마케팅으로 싱가포르항과 역내 환적화물 유치경쟁을 치열하게 하고 있다.(임진수외, 2006:150)

탄중팔래스항은 머스크 시랜드와 에버그린 등 대형선사들에게 전용터미널(dedicated terminal)을 제공함으로써 이들 선사의 동남아 환적기지를 싱가포르항에서 탄중팔레스항으로 전환시켜 단시간내에 권역내 새로운 중심항만으로 부상하였다.(임진수외, 2006:144)

이러한 위기 속에 싱가포르항은 환적항으로서의 연결(connectivity)기능을 더욱 향상시키기 위해 시간과의 전쟁을 하고 있다. 이를 위해 싱가포르항은 끊임없는 인프라 확충에 나서고 있다. 파시르판장 터미널은 2011년까지 12개 선석을 추가로 건설하고 선석당 평균 4개의 크레인을 설치하여 3,100만teu까지 처리할 계획이다. 주롱터미널도 2011년까지 240만teu까지 처리할 계획이다(김홍인,2005:4). PSA는 2018년까지 컨테이너 처리능력을 지금의 2배인 5,000만 TEU까지 확대할 계획이다.(JOC,2006.3.2)

••● 물류에세이 ●••

"싱가포르 창이공항 '亞 항공허브' 야심"

싱가포르 창이공항이 홍콩과 태국을 제치고 아시아 '항공 허브' 자리를 되찾으려 한다. 창이공항은 아시아 지역의 급증하는 항공 수요에 발맞춰 지난해 초현대식 제3터미널을 완공하고 9일부터 본격적으로 운영한다. 항공업계 관계자들은 창이공항이 제3터미널 개항으로 후발주자인 태국 수완나품 국제공항의 추격을 뿌리치고 아시아 항공 허브 자리를 굳힐 것으로 보고 있다.

스탠더드 앤드 푸어스(S&P)의 수코르 유소프 연구원은 "싱가포르는 항공산업에서 다른 경쟁국과의 격차를 더 벌이게 됐다"고 말했다. 제3터미널 공사에는 총 17억5000만 싱가포르 달러가 투입됐다. 7층 높이에 연면적 38만m2의 제3터미널이 문을 열면 창이공항의 승객 수용능력은 연간 2200만명에서 7000만명으로 대폭 늘어난다. 모두 28개 게이트와 에어로브리지가 설치되어 있으며 이 중 8개의 게이트와 브리지는 에어버스사의 A380과 같은 슈퍼 점보기가 이용하게 된다.

세계 14개 유명 잡지사에서 12년째 '세계 최고의 공항'으로 선정된 창이공항은 62개 항공사가 54개국 114개 도시에 취항하고 있으며 2006년 기준 연간 항공기 운항 횟수가 18만4000여회, 승객 수는 2517만여명, 화물 수송량은 135만8000여 톤에 이른다.

한국경제, 2008.1.8

싱가포르 창이공항

창이공항 제3터미널

싱가포르 창이공항에서

창이공항 제3터미널 내부

제3장 한국과 싱가포르의 물류경쟁력 비교분석

아시아의 물류시장은 성장이 지속되는 가운데, 아시아 항만간에 경쟁이 치열할 것으로 전망되는 가운데 한국과 싱가포르는 동아시아 물류허브가 되기 위해 노력을 경주하고 있다.

1. 물류비용과 경쟁측면

싱가포르 물류비용 여건중 단점은 부동산 임대료, 임금 등 물류 경영원가가 높고, 내수시장이 협소하며, 범세계적 자국기업(싱가포르 국내기업)이 없어 자체 물동량을 확보할 수 없다는 점이다. 이러한 태생적인 싱가포르의 한계 속에 세계 제조업기지가 북미 및 유럽에서 중국을 비롯한 개도국으로 이전함에 따라 자체화물이 거의 없는 싱가포르의 물류네트워크상의 위상이 변화하고 있다. 즉, 세계 최대 화물흐름을 나타내고 있는 중국, 북미항로에서 싱가포르가 제외되고 있다는 점은 싱가포르 물류산업 발전에 한계요인이 되고 있다(정봉민, 2003:4).

한국도 싱가포르처럼 부동산 임대료, 임금 등이 경쟁력을 잃고 있으나, 한국은 싱가포르와 달리 세계적인 국내 제조업체를 다수 보유하고 있어 자체 물동량이 풍부하고, 중국경제의 상승으로 중국, 북미 항로상에 위치하고 있는 장점을 갖고 있다.

그러나 싱가포르는 부동산, 임대료와 임금 등의 물류 경영원가를 싱가포르 정부가 국제물류 환경 변화에 맞게 능동적으로 조정할 수 있지만, 한국은 물류경영원가를 정부가 시의 적절하게 조정할 수 없는 단점을 갖고 있다.

싱가포르는 자체 물동량의 부족을 다국적기업의 역내 지역본부 유치로 환적물동량 확대 및 물류업체 증가를 통해 해결하고 있다. 또한 싱가포르는 사람, 물자,

자본의 유입을 촉진하는 인프라가 한국에 비해 상대적으로 잘 구축되어 있다. 싱가포르항만은 컨테이너항만으로서 뿐만 아니라 오일허브, 급유허브, 선박수선 및 선박 물자공급 등의 허브로 선사의 기항을 촉진하는 시스템을 갖추고 있다. 또한 싱가포르의 금융시장은 물류업체에 다양한 금융서비스를 제공하고 있다.

이에 비해 한국은 싱가포르에 비해 국제금융시장이 활성화되어 있지 않고, 한국의 항만들이 오일허브, 급유허브, 선박 수선 및 선박 물자공급 항만으로서의 역할을 아직 하지 못하고 있어 선사를 한국 항만으로 유인하지 못하고 있다.

2. 해외 물류네트워크의 비교분석

싱가포르는 PSA가 세계경영에 나서면서 글로벌 터미널운영사로 성공한 반면 부산항, 광양항은 국내 다른 항만을 겨냥해 상호 가격인하의 경쟁에만 몰두하고 있다.(부산일보, 2006.02.07). PSA는 11개국 18개 항만에 공동출자 혹은 주식취득의 형태로 해외항만개발에 참여하여 매월 해외에서만 100만teu 이상을 처리하고 있다(김홍인,2005:4).

PSA의 해외사업진출의 목적은 세계적으로 광범위한 항만네트워크를 구축하고 운영하여 고객에게 싱가포르항에서 뿐만 아니라 전 세계 물류경로상에서도 싱가포르항이 제공하는 양질의 항만물류서비스를 일관되게 제공하여 이용자를 유치하고자 하는 경쟁력제고 전략의 일환이다(김형태, 2006:5).

이처럼 싱가포르항은 PSA의 거미줄 같은 해외 물류네트워크를 기반으로 세계 각 지역을 연결하는 서비스를 중단 없이 제공하고 있다. 매일 미국으로 2회, 일본으로 5회, 유럽으로 4회, 중국, 홍콩, 타이완으로 9회, 동남아시아로 70회의 서비스를 제공하고 있다(김정수, 2008:4). PSA의 싱가포르 터미널은 선사들에게 123개국 600여개 항구에 연결된 200개의 선사 중에서 선택할 수 있는 선택권을 제공하고 있다(PSA,2009).

이에 비해 한국의 항만공사는 해외진출이 전무한 상태이고, 민간 기업들의 다른 나라 항만의 터미널 운영과 개발도 이제 걸음마 단계여서[10] 해외 물류네트워크의 장악을 통한 물동량 확보가 어렵다. 이러한 해외 물류네트워크의 부족으로

10) 최근 들어 한국기업들이 미국 서부항만 전용터미널, 베트남 붕타우 항만 등의 개발 및 운영에 참가하고 있으나, 아직 개발 초기이고, 싱가포르처럼 단일 기관인 PSA에 의해 해외항만을 네트워크로 연결하여 활용하지는 못하고 있다.

인해 한국의 대표적 국제항만인 부산항은 70여개국, 240개항과 연결돼 있고, 50여개 선사가 기항중일 뿐이다. 싱가포르항만공사의 해외터미널 운영을 통한 해외네트워크 구축과 이를 통한 싱가포르항에 대한 기항선사 및 환적물동량이 증가되는 선순환을 한국의 항만에서는 아직 기대할 수 없다. 한국의 항만들이 동북아 허브항만으로 발돋움하려면 한국의 항만공사나 민간 터미널운영업체가 싱가포르의 PSA처럼 해외시장 진출로 해외물류네트워크를 구축해야 한다.

•●● 물류에세이 ●●•

"물류선진화 현장 싱가포르항만공사(PSA)"

PSA는 지난해 2,480만TEU를 처리한 글로벌 항만운영사로 자사가 운영하는 싱가포르항과 선사·화주·운송업자 등 모든 이용자가 온라인으로 연결돼 있어 서류 없이 업무를 처리할 수 있다. 싱가포르항만공사(PSA) 본사 40층에 들어서자 싱가포르의 관광지로 유명한 센토사 섬이 한눈에 들어온다. 카지노 건물 공사로 한 창인 센토사 섬에서 시선을 오른쪽으로 돌리자 거대한 크레인들이 빽빽하게 들어서 있는 컨테이너들을 화물선에 옮겨 싣기 바쁘다. 세계 최대의 컨테이너 터미널 운영업체인 PSA의 새 터미널인 파시르판장 터미널을 멀리서 보는 광경이다.

PSA는 지난해에 2,480만TEU(1TEU는 20피트 컨테이너 1개)를 처리한 글로벌 항만운영사로 64년에 설립된 싱가포르항만국이 97년 민영화되면서 세력을 더욱 확장하고 있다. PSA는 싱가포르·벨기에·브루나이·중국·인도·이탈리아·일본·네덜란드·포르투갈·한국·태국 등 11개국 19개 항만프로젝트에 투자하고 있다. 뿐만 아니라 PSA가 관리하는 싱가포르항만은 선석의 평균 수심이 약 15m에 달해 대형선박의 기항 및 안정적 물동량 처리가 가능할 뿐 아니라 간선항로에 자리 잡고 있어 아시아 최대의 허브항으로 이름을 날리고 있다. 전 세계 200여개 선사와 123개국 600개 항만이 연결돼 있으니 세계적인 허브라 불리울만 하다.

2007년 들어서도 컨테이너 처리 수요가 지난해에 비해 14% 가량 늘어나고 있어 새 터미널(파시르판장 터미널)에 선석을 확장 중이다. 4단계 개발계획을 세워놓은 파시르판장 터미널은 1단계 개발계획을 마무리하고 2단계 계획을 전개하고 있다. 나머지 3,4단계 계획도 수요를 봐가면서 조절할 예정이라는 PSA측의 설명이다. PSA의 싱가포르항이 세계적인 물류허브로 성장한 배경에는 천혜의 입지조건 외에 항만노하우와 첨단 시스템 등이 있다. PSA의 한 관계자는 "싱가포르항은 처리화물의 80% 이상이 환적화물이라는 특성을 고려해 항만운영의 중점 목표를 효율성과 신속성·신뢰성에 둬 생산성을 제고하는데 주력하고 있다"고 밝혔다. 특히 생산성 향상을 위해 IT기술을 활용한 정보망 구축으로 운영효율성을 제고했다. 포트넷(Portnet)이 라는 항만물류 정보시스템과 컴퓨터통합 터미널 운영시스템(CITOS)이 그 주인공이다. 포트넷은 PSA가 운영하는 싱가포르항과 선사·화주·운송업자 등 모든 이용자가 온라인으로 연결돼 있기 때문에 인력을 구축시킬 수 있다.

뿐만 아니라 화주가 언제든지 온라인으로 화물의 위치를 실시간으로 확인할 수 있다. 무인톨게이트시스템도 PSA의 자랑거리다. 컨테이너 트레일러가 파시르판장 터미널에 토착하면 무인시스템을 통해 운전기사와 컨테이너·차량 정보를 확인한 후 들여보내 주는 시스템이다. 포트넷을 통해 미리 서류작업을 해 놓으면 톨게이트에서 카메라로 트레일러와 관련된 정보를 인식한 후 무선호출로 포트 번호를 알려준다. 트럭당 소요시간은 25초에 불과하다. PSA 관계자는 “무인 톨게이트 시스템은 현장에 관리하는 사람 없이도 물 흐르듯이 자연스럽게 흘러간다 해서 'Flow through gate'라고 부르기도 한다”고 설명했다. 부두에서도 수많은 겐트리크레인이 쉬지 않고 컨테이너를 배에 싣고 내리지만 사람을 찾아보기 힘들다. 중앙관제실의 무인 자동화시스템을 통해 처리되는 까닭이다. 중앙관제실에서 1명이 5개의 크레인을 제어할 수 있어 PSA가 보유하고 있는 크레인 44기를 10명 남짓으로 소화해낼 수 있다. 첨단 시스템 덕분에 PSA는 화주가 원하면 컨테이너를 하루 만에 처리해주기도 하고 일주일 정도는 부두에 무료로 화물을 보관해주는 서비스도 겸하고 있다. 이런 서비스 때문에 PSA는 ‘따라잡는 부두(Catch up port)’라는 닉네임도 얻었다는 후문이다. 화주의 요구에 정확히 맞춰주는 시스템을 갖췄기 때문이다. 97년 민영화 이후 세력을 더욱 확장한 PSA가 세계 최대의 허브항을 운영할 수 있기까지는 전폭적인 정부지원도 한 몫 했다. 한 예로 정부는 화물의 원활한 소통을 위해 PSA의 동쪽 터미널과 서쪽 터미널을 연결하는 7km에 고속도로를 놓아주기도 했다.

ETNEWS, 2007.9.14

3. 지경학적 여건과 환적시스템의 비교

한국은 세계 경제성장을 주도하고 있는 동북아의 관문으로 지경학적 여건이 양호하다. 싱가포르 또한 동남아 관문으로 지경학적 위치가 세계 최고이다. 그러나 지경학적 입지만 놓고 보면 인근 국가인 말레이시아, 인도네시아 등 동남아 국가들도 싱가포르 못지않게 물류허브로서 좋은 입지여건을 갖고 있다. 싱가포르가 물류허브가 된 이유는 지경학적 입지를 환적항으로 적극 활용하는데 성공했기 때문이다.

싱가포르항이 경쟁항만과 차별화되는 가장 큰 특징은 환적항으로서의 기능이다.(김홍인, 2005:1). 싱가포르항의 1986년 환적비율은 50%에서(한국해사문제연구소, 1992:132) 2005년 환적비율은 81.5%로 서유럽 27.5%, 라틴아메리카 29%에 비해 높다(김정수, 2008:4) 싱가포르항의 환적 비율에 비해 부산항의 환적비율은 41.6%(2004년)으로 상대적으로 낮다.(김성국, 2007:35-36)

〈표 13-8〉 주요 항만의 환적화물 비중(2004년)

구분	수출입 중심형				수출입·환적 복합형						환적 중심형	
항만	상해	산전	도쿄	고베	홍콩	부산	카오슝	로테르담	함부르크	두바이	싱가포르	탄중펠레파스
환적비율(%)	10% 이하				30	41.6	52.2	40.2	32.8	50.1	81.1	95.8

자료: 김성국(2007).

싱가포르 정부는 싱가포르항을 세계적인 환적항으로 육성하기 위해 애초부터 환적이나 재수출되는 화물의 무료장치 허용기간, 항만요금 등에서 특별우대조치를 취하는 과감한 정책을 펴왔다(김홍인, 2005:2). 이러한 싱가포르항은 자국화물보다 환적화물 위주의 항만운영을 하고 있다. 싱가포르항은 환적화물에 대한 장치료, 하역료 등을 일반화물보다 우대하는 인센티브를 부여하고 있다.

이에 비해 그동안 한국의 항만들은 항만개발과 운영의 목적이 국내 수출입 화물의 선적과 양하에 초점이 맞추어져 있었다. 최근 들어 국내 항만간의 경쟁 및 동북아 항만간의 컨테이너 화물유치를 둘러싼 경쟁이 치열해지면서, 환적화물 유치를 위한 제도정비가 이루어지고 있으나, 싱가포르의 다양한 환적화물 유치 제도에 비해 다양하지 않고, 외국항만과의 경쟁보다는 국내 항만간의 화물유치 경쟁에 사용되고 있다. 또한 중국시장을 통한 환적유치를 기대하였으나 중국의 대규모 항만개발로 중국 환적화물 유치에 차질이 빚어지고 있다. 싱가포르항은 체계적이고 차별화된 환적노하우를 환적시스템에 적용하여 저가를 무기로 한 경쟁항만과 차별화되고 있으나, 한국의 항만은 환적시스템의 미비로 저가를 무기로 한 경쟁항만의 도전에 직면하고 있다.

물론 상대적으로 자국화물의 물동량이 풍부한 한국과 자국화물이 부족한 싱가포르의 환적시스템을 비교하여 한국도 싱가포르처럼 자국화물보다는 환적화물에 파격적인 인센티브를 부여하는 싱가포르와 같은 환적시스템을 도입하자는 것은 큰 무리가 따를 수 있다. 그러나 한국의 항만이 동아시아의 허브항만으로 도약하려면 자체 물동량이 한국보다 상대적으로 풍부한 중국과 일본보다 획기적인 환적시스템을 도입해야 되고, 그 벤치마킹의 모델로 싱가포르의 환적시스템은 시사하는 바가 크다. 싱가포르가 자체물동량이 풍부한 말레이시아, 인도네시아와의 허브항만 경쟁에서 우위를 차지하고 있는 부분은 획기적이고 파격적인 환적시스템이다.

4. 자유무역지역과 항만배후 물류단지의 운영비교

싱가포르는 선박과 화물의 흐름에 규제보다는 장려 및 유치를 위해서 자유무역지역을 설치하였다. 이러한 자유무역지역은 싱가포르 무역의 관문역할을 하며 환적화물을 증가시키고 있다(김형태, 2006:5). 컨테이너 부두와 항만, 공항을 중심으로 집중 개발·배치된 물류단지는 강력한 상호 시너지 효과를 창출하여 국제적인 경쟁력을 확보하고 있어 싱가포르항의 국제물류 거점화를 주도하고 있다.

현재 싱가포르 자유무역지역에는 3000여개 물류기업이 입주해 있고, 포춘 500대 기업 중 300여 개 사가 진출해 있으며, 포춘 글로벌 100대 기업 중 21대 기업의 동북아지역본부가 유치돼 있다(현대경제연구원, 2002:212-214). 이에 비해 한국의 자유무역지역과 물류단지에는 외국 물류업체의 입주가 미진하고, 항만과 공항의 자유무역지역과 물류단지가 체계적으로 연계되어 있지 않다. 광양항과 여수공항, 부산항과 김해공항은 물류부분에서 어떠한 연계 고리도 없어 시너지효과를 기대할 수 없는 실정이다. 한국의 항만들이 국제복합운송의 물류거점으로 발전되려면 항만과 인근 공항의 개발 및 운영을 연계해야 한다.

5. 물류기관들의 통합운영 여부

컨테이너터미널을 각기 다른 기관에서 다양한 목적으로 운영하면 아무런 목적도 달성할 수 없다. 선석이나 대규모 컨테이너 장비 등은 항만수요에 부응하여 변동이나 이동시킬 수 없기 때문에 중복투자를 막고, 효율적으로 다수의 컨테이너터미널을 운영하려면 단일의 항만당국이 다수의 컨테이너터미널을 통합운영 해야 한다.

싱가포르항의 4개의 컨테이너터미널은 PSA에서 관리, 운영을 총괄하고 있는데 비해 부산항의 경우 관리는 부산해양수산청과 부산항만공사에서 운영은 허치슨, 신선대컨테이너터미널, 한진, DP월드 등 터미널운영회사들과 중소하역업체에서 담당하고 있다.(부산일보, 2006.02.07)

싱가포르의 케펠, 브라니, 탄종파가, 파시르판장 등 4개의 컨테이너터미널은 위치상으로는 떨어져 있지만, 사실상 하나로 연결돼 있다. 2006년 초 완공된 총연장 7km의 컨테이너 전용 고가도로로 연결되어 있다. 싱가포르 정부는 기존 도심도로를 이용하면서 나타나는 교통난과 물류비용 증가 등의 문제를 해결하기 위

해 고가도로를 놓았다.(etnews, 2007.9.14)

이에 비해 한국은 컨테이너 각 터미널은 개별주체(인천항만공사, 부산항만공사)에 의해 운영되고 있으며, 배후 물류단지도 개별주체(인천송도경제자유구역청, 부산진해경제자유구역청, 광양만권경제자유구역청)에 의해 개발 및 운영되고 있다. 또한 컨테이너터미널의 각 부두도 민간에게 임대되어 개별적으로 운영되고 있어 중복투자가 발생하고 상호협력을 통한 경쟁력 향상을 기대할 수 없다.

6. 개방정책과 물류정책의 비교

싱가포르는 외국화물을 유치하여 소득수준을 향상시키는데 성공한 세계적인 물류국가이다(김형태, 2006: 4). 그 근저에는 싱가포르의 중단 없는 개방정책이 자리잡고 있다. 싱가포르는 외국인투자가 싱가포르 1년 투자의 70%를 차지하고 있다.(김홍인,2005:3)

싱가포르는 국토면적이 우리나라의 0.7% 정도이고, 인구는 우리나라의 9.0%인 소규모 국가이다. 그러나 대외개방정도가 높아 약 7,000여개의 외국계 기업이 등록되어 있고, 이중 3,600여개가 지역본부를 싱가포르에서 운영하고 있다. 수출입 의존도는 우리나라에 비해 5배 이상 높고, 전체 수출중 수입제품의 재수출 비중이 45.8%를 점유하고 있다.(이준희, 2007:274-275)

싱가포르항만관리위원회는 수요에 앞서 항만을 미리 건설하는 순향적(順向的)인 방식으로 항만경쟁력을 향상시키고 있다. 브라니 터미널 건설이 처음 구상되었을 때 국내외적으로 회의적인 시각이 많았으나, 오히려 항만수요는 예측치를 능가하였다(한국해사문제연구소, 1992: 133). 이러한 시의적절한 항만투자로 싱가포르항은 1998년에는 세계 1위의 컨테이너 처리 항만으로 등극하였다.

이에 비해 한국의 물류정책은 건설교통부와 해양수산부가 추진했던 정책을 국토해양부로 이관하는 등 물류관련 중앙부처도 자주 변동되고, 정책의 일관성이 부족하다. 또한 항만개발도 중앙정부와 지자체간, 지자체 상호간의 힘겨루기 양상을 보이고 있다. 이처럼 싱가포르는 물류정책의 일관성 및 일원화된 행정서비스로 물류경쟁력을 향상시키고 있으나, 한국은 물류정책의 단속성, 복잡하고 불투명한 행정서비스가 개선되지 않고 있다. 특히 지역이기주의가 거시적이고 국익차원의 물류정책을 가로막고 있다.

7. 물류위기와 향후전략의 비교

싱가포르항은 취약한 제조업 기반과 주변 항만의 성장으로 위기를 맞고 있다. 싱가포르는 전 산업의 약 70%가 서비스산업에 집중되고, 제조업은 약 20% 정도여서 환적기능이 떨어질 경우 심각한 타격을 받을 수 있다. 중국 및 말레이시아의 성장으로 인한 투자 위축과 물동량 감소 요인이 상존하고 말레이시아 탄중팔레파스 등 주변 항만의 고속성장으로 인해 물동량 증가에 한계가 발생할 수 있다.(한국해사문제연구소, 2007)

1990년대 초반까지도 인도네시아의 항만시설이 충분치 못하여 인도네시아 수출물동량의 80%는 싱가포르항을 경유하는 피더서비스를 주로 이용하였다(한국해사문제연구소, 1992:132). 그러나 최근에 인도네시아는 탄중프리옥항을 개발하여 자국화물 뿐만 아니라 환적화물까지 유치하려는 노력을 하고 있다. 태국정부도 메콩강 개발과 연계하여 램차방항을 동남아 허브항만으로 육성하고 있다. 이러한 가운데 싱가포르항에 기항하던 로이즈 트리에스티노 선사를 램차방항으로 유치하였다.(임진수외, 2006:206)

이러한 물류위기를 극복하기 위해 PSA는 직원 800명을 해고하는 구조조정을 하였고, 환적화물에 대해 수출입 화물보다 평균 35% 낮은 하역료를 제공했고, 72시간 이내에 재선적하는 환적화물은 10~51 싱가포르 달러를 환급하는 등 다양한 인센티브를 제공하였다. 정부도 선사와 화물유치를 위해 매년 1억 싱가포르 달러를 지원하고 있다(김홍인, 2005:3). 또한 싱가포르항은 경쟁관계에 있는 외국항만을 이용하는 선사가 싱가포르항으로 환적물량기항지를 변경할 경우 당해 선사에게 항만시설사용료 할인 및 부두 사용시 일정기간 우대조치를 부여하고 있다.(김형태, 2006:5)

한국도 예상보다 빠른 중국의 대규모 항만개발로 물동량 확보에 차질이 빚어지고 있다. 또한 물류부문의 구조조정도 난항을 겪고 있다. 무엇보다 물류정책의 일관성이 결여되어 양항체제에 회의론이 등장하고, 대운하를 둘러싼 소모적인 논쟁이 끊이지 않는 가운데, 물류노사분규도 자주 발생되고 있다. 한국과 싱가포르 모두 경쟁항만의 출현으로 위기를 맞고 있다. 이러한 국제물류 환경변화에 싱가포르는 강력하고 일관된 물류정책으로 위기를 기회로 변화시키고 있으나 한국은 물류에 대한 국론이 분열된 가운데 물류위기를 기회로 만들어가는 지혜가 결집되고 있지 않다.

싱가포르의 물류산업은 싱가포르항만을 중심으로 창이공항, 자유무역지역, 물류단지 등이 싱가포르 정부의 강력하고도 일관된 물류정책 속에 효율적으로 통합 운영되면서 세계 최고의 물류경쟁력을 유지 발전시키고 있다.

싱가포르항은 개발 구상부터 영국식민정부에 의해 자유항으로 개발되었고, 1965년 독립 이후 싱가포르 정부는 협소한 자국시장과 부족한 천연자원으로 자급자족할 수 없는 싱가포르의 현실을 타개할 수 있는 방안으로 시장개방을 통한 외국인기업 투자유치와 함께 싱가포르항을 중계무역과 환적항으로 발전시켰다.

이에 비해 한국의 항만을 비롯한 물류산업은 36년 동안 일본 식민통치하에서 단순히 일본 군수물자의 폐쇄적인 보급 항만의 역할만 하였다. 해방 이후 한국정부는 1960년대 경제개발을 자국시장 보호 하에 국내기업의 육성을 통한 수출증대에 두었고, 항만은 국내수출입 화물의 선적과 양하의 장소였을 뿐이었다.

이처럼 국내 제조업 중심으로 성장을 해 온 한국과 서비스산업과 외국인 투자유치로 성장을 한 싱가포르의 물류산업의 발전과정은 상이하다. 한국과 싱가포르 물류산업의 차이점은 다음과 같다.

첫째, 싱가포르는 세계적인 컨테이너 터미널운영업체인 PSA를 중심으로 글로벌 물류네트워크를 갖추고 있으나 한국은 항만공사가 이제 걸음마 단계이고, 글로벌네트워크를 갖추고 있지 못하다.

둘째, 싱가포르는 4개의 컨테이너터미널, 창이공항, 자유무역지역, 물류단지 등을 상호연계하고, 통합운영하여 시너지 효과를 발휘하고 있다. 또한 싱가포르항은 유류허브, 선박수리 허브, 선박물자 공급허브로서의 역할을 하면서 세계 각지의 선박을 싱가포르항으로 불러들이고 있다. 이에 비해 한국은 전국 각지에 산재해 있는 컨테이너터미널, 국제공항, 자유무역지역, 경제자유구역이 각기 다른 기관에 의해 분산운영되면서 출혈경쟁, 중복투자 등의 비효율성이 발생하고 있고, 한국의 항만은 싱가포르항처럼 선박급유 등의 부가가치 물류를 선사에게 다양하게 제공하지 못하고 있다.

셋째, 싱가포르의 물류산업은 국내 제조업체의 기반이 약해 싱가포르에 진출한 외국인기업과 중계무역, 환적물동량에 의존하고 있다. 이에 비해 한국의 물류산업은 세계적인 국내제조업업체의 수출입 물동량에 크게 의존하고 있다.

최근 들어 한국과 싱가포르 양국 모두 동아시아 물류허브의 경쟁 속에 중국과 동남아 국가들의 거센 도전을 받고 있다. 싱가포르의 환적항 위주의 일관된 물류정책은 성공한 정책으로 분석되고, 한국 물류정책에 시사하는 바가 크다. 한국의 물류산업이 싱가포르처럼 세계 최고의 경쟁력을 갖기 위해서는 정권교체와 상관없이 정부의 일관되고 강력한 물류정책이 추진되어야 하고, 물류관련 기관들의 통합화와 글로벌화를 통해 다양한 부가가치 물류서비스가 창출되어야 한다.

•●● 물류에세이 ●●•

"What GFEZ Needs to Become an International Business Hub like Singapore(1)"

Young-moon Kang

Professor, Chonnam National University

Which country has the second highest per capita income after Japan in Asia?

The answer is Singapore. An island country as small as Seoul and a small city state, Singapore is the nation where people want to immigrate most and which has the most regional headquarters of multinational companies (MNCs) in Asia.

Singapore Port is the world's leading container-processing port, and the city state is Asia's representative international financial market. Singapore has everything required of an international business hub, the ultimate objective of the GFEZ.

People, logistics, companies, capital, and such ceaselessly come from around the world to Singapore, generating national wealth.

What made Singapore, a country with no natural resources and perpetually in summer, an international business hub?

The answer is that it provides a favorable environment for foreign companies to do business. Singapore was developed as a free trade port by the British colonial government and has upheld open, free trade since its independence from the Federation of Malay. It is regarded as Southeast Asia' s small but strong country today, but the survival of this insular country was not guaranteed at its independence in 1965 due to the poor natural conditions characterized by a total absence of natural resources as well as it long colonial experience and confused identity as a multi-racial society. Despite these restrictions as a city state, Singapore achieved steady high growth through active attraction of foreign investment and export-oriented industrialization. Singapore' s policy to expand exports through attraction of foreign capital was based on MNC-led industrialization, not by developing domestic companies as in Korea. To attract investment from MNCs, the Singaporean government made all-out efforts to improve the business and living environments, led by the Economic Development Board (EDB) established in 1961.

Having started as a traditional relay trade port, Singapore focused on the development of manufacturing through foreign investment attraction since the latter half of the 1960s, and then on services since the latter half of the 1980s on the strong foundation of the manufacturing sector to pursue a business hub strategy. Its effort to become a business hub met with great challenges presented by intensifying competition with the neighboring countries in manufacturing and the opportunities of the dynamic East Asian economy. Singapore's export strategy through attraction of foreign companies became less attractive amid the global recession of the electronics industry and the competition to attract investment among neighboring countries with low wages

By the 1980s, Singapore had lost its cost competitive edge in labor-intensive manufacturing to neighboring Southeast Asian countries. To regain its international competitiveness, the Singaporean government shifted the focus of its economic development strategy from unskilled, labor-intensive industry to becoming a business hub. Singapore is now seeking to become a center of tourism, medicine, education, and legal service in addition to the hub of trade, logistics, and finance that it already is. It envisions becoming the biopolis of Asia in the area of biomedical sciences by attracting the manufacturing, R&D, clinical development, regional headquarters business, and such of foreign companies in this industry.

〈To be continued in the next issue〉

(GFEZ Journal Vol 37 May/June 2011)

••● 물류에세이 ●••

"Making the GFEZ an International Business Hub like Singapore(2)"

Young-moon Kang.

Professor, Chonnam National University

〈Continuing from the last issue〉

Why has Singapore for so long been of such great interest to foreign companies?

The first reason is certainly the political stability and excellent governance. This guarantees consistency in foreign investment policy, which in turns raises confidence among foreign investors.

The second reason is that the city state believes firmly in free trade and keeps its economy open. Singapore levies customs duties and special consumption taxes only on liquor (33 items), cigarettes (18), automobiles (20), and petroleum products (14) for public policy and environmental reasons. All other products are 100% customs free.

Third, Singapore has an advanced public system in place. The World Economic Forum ranks Singapore as No. 1 in clean and efficient government every year.

Fourth, Singapore provides the best living environment for foreigners. Singapore aims to become a hub of education and medicine and is home to many international-level education and medical institutions from home and abroad, making it the most preferred country to emigrate to among foreigners.

Fifth, Singapore enjoys stable labor-management relations and strongly protects intellectual property rights and financial assets. There is no strife between labor and management, and intellectual property rights and financial assets owned by individuals and companies are well protected, making Singapore a top destination for investment by foreign companies. For these reasons, foreign investors flock to Singapore despite its high wage levels relative to neighboring countries in Southeast Asia.

Can the GFEZ become like Singapore?

Certainly, the GFEZ cannot become another Singapore overnight, and there is no need for it to do so. There is much that can and should be learned from Singapore, and the comparative advantages of the GFEZ should be fully leveraged. Singapore offers lessons to the GFEZ concerning advanced public systems and stable labor and management relations. An efficient and uncorrupt administration system and constant foreign investment policy earn the trust of foreign investors and promote their investment. This in addition to stable labor-management relations makes Singapore even more attractive.

To establish advanced systems like those in Singapore in the GFEZ, the GFEZ Authority should be given full authority over development and investment attraction so that the free economic zone can be efficiently operated. The Authority should also be entrusted with mediation of labor-management disputes that may occur within its jurisdiction.

The GFEZ can also learn a great deal from Singapore with regard to living conditions for foreigners including educational and medical facilities. Singapore has many excellent educational and medical facilities, but it is already saturated. The GFEZ, on the other hand, is now in the most rapid phase of development. In other words, the GFEZ has greater potential for the future. Attracting global educational and medical facilities is not unrealistic in the least. A great success can be achieved by recognizing the GFEZ not from a local perspective but as an international territory within Korea and changing systems accordingly. Historically, if Hong Kong had remained as part of China and not an autonomous territory within China, Hong Kong would not be the great city that it is today. Likewise, Singapore would not be an international business center today if it had remained part of the Federated Malay States.

What the GFEZ lacks in comparison to Singapore is not so much the hardware but the systems. For the GFEZ to become an international business hub that surpasses Singapore, it should devise more innovative and generous foreign investment policy than that of Singapore. And the GFEZ should be given full authority for foreign investment attraction like the Economic Development Board (EDB) of Singapore.

(GFEZ Journal Vol 38 July/August 2011)

Appendix

부록

물류정책기본법

물류정책기본법 시행령

물류시설의 개발 및 운영에 관한 법률

화물자동차운수사업법

철도사업법

항만운수사업법

물류정책기본법

[시행 2010.11.18] [법률 제10303호, 2010. 5.17, 타법개정]
국토해양부(물류정책과), 02-2110-8516

제1장 총칙

제1조(목적) 이 법은 물류체계의 효율화, 물류산업의 경쟁력 강화 및 물류의 선진화·국제화를 위하여 국내외 물류정책·계획의 수립·시행 및 지원에 관한 기본적인 사항을 정함으로써 국민경제의 발전에 이바지함을 목적으로 한다.

제2조(정의) ① 이 법에서 사용하는 용어의 정의는 다음과 같다.

1. "물류(물유)"란 재화가 공급자로부터 조달·생산되어 수요자에게 전달되거나 소비자로부터 회수되어 폐기될 때까지 이루어지는 운송·보관·하역(荷役) 등과 이에 부가되어 가치를 창출하는 가공·조립·분류·수리·포장·상표부착·판매·정보통신 등을 말한다.
2. "물류사업"이란 화주(貨主)의 수요에 따라 유상(有償)으로 물류활동을 영위하는 것을 업(業)으로 하는 것으로 다음 각 목의 사업을 말한다.
   가. 자동차·철도차량·선박·항공기 또는 파이프라인 등의 운송수단을 통하여 화물을 운송하는 화물운송업
   나. 물류터미널이나 창고 등의 물류시설을 운영하는 물류시설운영업
   다. 화물운송의 주선(周旋), 물류장비의 임대, 물류정보의 처리 또는 물류컨설팅 등의 업무를 하는 물류서비스업
3. "물류체계"란 효율적인 물류활동을 위하여 시설·장비·정보·조직 및 인력 등이 서로 유기적으로 기능을 발휘할 수 있도록 연계된 집합체를 말한다.
4. "물류시설"이란 물류에 필요한 다음 각 목의 시설을 말한다.
   가. 화물의 운송·보관·하역을 위한 시설
   나. 화물의 운송·보관·하역 등에 부가되는 가공·조립·분류·수리·포장·상표부착·판매·정보통신 등을 위한 시설
   다. 물류의 공동화·자동화 및 정보화를 위한 시설
   라. 가목부터 다목까지의 시설이 모여 있는 물류터미널 및 물류단지
5. "물류공동화"란 물류기업이나 화주기업(貨主企業)들이 물류활동의 효율성을 높이기 위하여 물류에 필요한 시설·장비·인력·조직·정보망 등을 공동으로 이용하는 것을 말한다. 다만, 「독점규제 및 공정거래에 관한 법률」 제19조제1항 각 호 및 같은 법 제26조제1항 각 호에 해당하는 경우(같은 법 제19조제2항에 따라 공정거래위원회의 인가를 받은 경우를 제외한다)를 제외한다.
6. "물류표준"이란 「산업표준화법」 제12조에 따른 한국산업표준 중 물류활동과 관련된 것을 말한다.
7. "물류표준화"란 원활한 물류를 위하여 다음 각 목의 사항을 물류표준으로 통일하고 단순화하는 것을 말한다.
   가. 시설 및 장비의 종류·형상·치수 및 구조
   나. 포장의 종류·형상·치수·구조 및 방법
   다. 물류용어, 물류회계 및 물류 관련 전자문서 등 물류체계의 효율화에 필요한 사항
8. "단위물류정보망"이란 기능별 또는 지역별로 관련 행정기관, 물류기업 및 그 거래처를 연결하는 일련의 물류정보체계를 말한다.
9. "종합물류정보망"이란 단위물류정보망을 종합적으로 연계하여 구성한 물류정보체계를 말한다.

10. "제3자물류"란 화주가 그와 대통령령으로 정하는 특수관계에 있지 아니한 물류기업에 물류활동의 일부 또는 전부를 위탁하는 것을 말한다.
11. "국제물류주선업"이란 타인의 수요에 따라 자기의 명의와 계산으로 타인의 물류시설·장비 등을 이용하여 수출입화물의 물류를 주선하는 사업을 말한다.
12. "물류관리사"란 물류관리에 관한 전문지식을 가진 자로서 제51조에 따른 자격을 취득한 자를 말한다.

② 제1항제2호에 따른 각 물류사업의 구체적인 범위는 대통령령으로 정한다.

제3조(기본이념) 이 법에 따른 물류정책은 물류가 국가 경제활동의 중요한 원동력임을 인식하고, 신속·정확하면서도 편리하고 안전한 물류활동을 촉진하며, 정부의 물류 관련 정책이 서로 조화롭게 연계되도록 하여 물류산업이 체계적으로 발전하게 하는 것을 기본이념으로 한다.

제4조(국가 및 지방자치단체의 책무) ① 국가는 물류활동을 원활히 하고 물류체계의 효율성을 높이기 위하여 국가 전체의 물류와 관련된 정책 및 계획을 수립하고 시행하여야 한다.
② 국가는 물류산업이 건전하고 고르게 발전할 수 있도록 육성하여야 한다.
③ 지방자치단체는 국가의 물류정책 및 계획과 조화를 이루면서 지역적 특성을 고려하여 지역물류에 관한 정책 및 계획을 수립하고 시행하여야 한다.

제5조(물류기업 및 화주의 책무) 물류기업 및 화주는 물류사업을 원활히 하고 물류체계의 효율성을 증진시키기 위하여 노력하고, 국가 또는 지방자치단체의 물류정책 및 계획의 수립·시행에 적극 협력하여야 한다.

제6조(다른 법률과의 관계) ① 물류에 관한 다른 법률을 제정하거나 개정하는 경우에는 이 법의 목적과 물류정책의 기본이념에 맞도록 하여야 한다.
② 이 법에 규정된 것 외의 물류시설의 개발 및 운영, 물류사업의 관리와 육성 등에 관하여는 따로 법률로 정한다.

제2장 물류정책의 종합·조정

제1절 물류현황조사

제7조(물류현황조사) ① 국토해양부장관은 물류에 관한 정책 또는 계획의 수립·변경을 위하여 필요하다고 판단될 때에는 관계 행정기관의 장과 미리 협의한 후 물동량의 발생현황과 이동경로, 물류시설·장비의 현황과 이용실태, 물류인력과 물류체계의 현황, 물류비, 물류산업과 국제물류의 현황 등에 관하여 조사할 수 있다. 이 경우 「국가통합교통체계효율화법」 제12조에 따른 국가교통조사와 중복되지 아니하도록 하여야 한다. 〈개정 2008.2.29, 2009.6.9〉
② 국토해양부장관은 다음 각 호의 자에게 제1항의 조사(이하 "물류현황조사"라 한다)에 필요한 자료의 제출을 요청하거나 그 일부에 대하여 직접 조사하도록 요청할 수 있다. 이 경우 협조를 요청받은 자는 특별한 사정이 없는 한 이에 따라야 한다. 〈개정 2008.2.29〉
1. 관계 중앙행정기관의 장
2. 특별시장·광역시장·도지사 및 특별자치도지사(이하 "시·도지사"라 한다)
3. 물류기업 및 이 법에 따라 지원을 받는 기업·단체 등

③ 국토해양부장관은 물류현황조사를 효율적으로 수행하기 위하여 필요한 경우에는 물류현황조사의 전부 또는 일부를 전문기관으로 하여금 수행하게 할 수 있다. 〈개정 2008.2.29〉
④ 국토해양부장관은 물류현황조사의 결과에 따라 물류비 등 물류지표를 설정하여 물류정책의 수립 및 평가에 활용할 수 있다. 〈개정 2008.2.29〉

제8조(물류현황조사지침) ① 국토해양부장관은 제7조제2항에 따라 물류현황조사를 요청하는 경우에는 효율적인 물류현황조사를 위하여 조사의 시기, 종류 및 방법 등에 관하여 대통령령으로 정하는 바에 따라 조사지침을 작성하여 통보할 수 있다. 〈개정 2008.2.29〉
② 국토해양부장관은 제1항의 지침을 작성하려는 경우에는 미리 관계 중앙행정기관의 장

과 협의하여야 한다. 〈개정 2008.2.29〉

제9조(지역물류현황조사 등) ① 시·도지사는 지역물류에 관한 정책 또는 계획의 수립·변경을 위하여 필요한 경우에는 해당 행정구역의 물동량 현황과 이동경로, 물류시설·장비의 현황과 이용실태, 물류산업의 현황 등에 관하여 조사할 수 있다. 이 경우 「국가통합교통체계효율화법」 제12조에 따른 국가교통조사와 중복되지 아니하도록 하여야 한다. 〈개정 2009.6.9〉

② 시·도지사는 관할 시·군 및 구(지방자치단체인 시·군 및 자치구를 말한다. 이하 "시·군·구"라 한다)의 시장·군수 및 구청장(이하 "시장·군수·구청장"이라 한다), 물류기업 및 이 법에 따라 지원을 받는 기업·단체 등에게 제1항의 조사(이하 "지역물류현황조사"라 한다)에 필요한 자료를 제출하도록 요청하거나 그 일부에 대하여 직접 조사하도록 요청할 수 있다. 이 경우 협조를 요청받은 자는 특별한 사정이 없는 한 이에 따라야 한다.

③ 시·도지사는 지역물류현황조사의 효율적인 수행을 위하여 필요한 경우에는 지역물류현황조사의 전부 또는 일부를 전문기관으로 하여금 수행하게 할 수 있다.

④ 시·도지사는 제2항에 따라 지역물류현황조사를 요청하는 경우에는 효율적인 지역물류현황조사를 위하여 조사의 시기, 종류 및 방법 등에 관하여 해당 특별시·광역시·도 및 특별자치도(이하 "시·도"라 한다)의 조례로 정하는 바에 따라 조사지침을 작성하여 통보할 수 있다.

제10조(물류개선조치의 요청) ① 국토해양부장관은 물류현황조사 등을 통하여 물류수요가 특정 물류시설이나 특정 운송수단에 치우쳐 효율적인 물류체계 운용을 해치거나 관계 중앙행정기관의 장 또는 시·도지사의 물류 관련 정책 또는 계획이 제11조의 국가물류기본계획(이하 "국가물류기본계획"이라 한다)에 위배된다고 판단될 때에는 해당 중앙행정기관의 장이나 시·도지사에게 이를 개선하기 위한 조치를 하도록 요청할 수 있다. 이 경우 국토해양부장관은 미리 해당 중앙행정기관의 장 또는 시·도지사와 개선조치에 대하여 협의하여야 한다. 〈개정 2008.2.29〉

② 제1항에 따라 개선조치를 요청받은 관계 중앙행정기관의 장이나 해당 시·도지사는 특별한 사유가 없는 한 이를 개선하기 위한 조치를 강구하여야 한다.

③ 관계 중앙행정기관의 장이나 시·도지사는 제1항에 따른 개선조치의 요청에 이의가 있는 경우에는 제17조의 국가물류정책위원회(이하 "국가물류정책위원회"라 한다)에 조정을 요청할 수 있다.

제2절 물류계획의 수립·시행

제11조(국가물류기본계획의 수립) ① 국토해양부장관은 국가물류정책의 기본방향을 설정하는 10년 단위의 국가물류기본계획을 5년마다 수립하여야 한다. 〈개정 2008.2.29, 2009.2.6〉

② 국가물류기본계획에는 다음 각 호의 사항이 포함되어야 한다.

1. 국내외 물류환경의 변화와 전망
2. 국가물류정책의 목표와 전략 및 단계별 추진계획
3. 운송·보관·하역·포장 등 물류기능별 물류정책 및 도로·철도·해운·항공 등 운송수단별 물류정책의 종합·조정에 관한 사항
4. 물류시설·장비의 수급·배치 및 투자 우선순위에 관한 사항
5. 연계물류체계의 구축과 개선에 관한 사항
6. 물류 표준화·공동화·정보화 등 물류체계의 효율화에 관한 사항
7. 물류산업의 경쟁력 강화에 관한 사항
8. 물류인력의 양성 및 물류기술의 개발에 관한 사항
9. 국제물류의 촉진·지원에 관한 사항
10. 그 밖에 물류체계의 개선을 위하여 필요한 사항

③ 국토해양부장관은 다음 각 호의 자에 대하여 국가물류기본계획의 수립·변경을 위한 관련 기초 자료의 제출을 요청할 수 있다. 이 경우 협조를 요청받은 자는 특별한 사정이

없는 한 이에 따라야 한다. 〈개정 2008.2.29〉

1. 관계 중앙행정기관의 장

2. 시 · 도지사

3. 물류기업 및 이 법에 따라 지원을 받는 기업 · 단체 등

④ 국토해양부장관은 국가물류기본계획을 수립하거나 대통령령으로 정하는 중요한 사항을 변경하려는 경우에는 관계 중앙행정기관의 장 및 시 · 도지사와 협의한 후 국가물류정책위원회의 심의를 거쳐야 한다. 〈개정 2008.2.29〉

⑤ 국토해양부장관은 국가물류기본계획을 수립하거나 변경한 때에는 이를 관보에 고시하고, 관계 중앙행정기관의 장 및 시 · 도지사에게 통보하여야 한다. 〈개정 2008.2.29〉

제12조(다른 계획과의 관계) ① 국가물류기본계획은 「국토기본법」에 따라 수립된 국토종합계획 및 「국가통합교통체계효율화법」에 따라 수립된 국가기간교통망계획과 조화를 이루어야 한다. 〈개정 2009.6.9〉

② 국가물류기본계획은 다른 법령에 따라 수립되는 물류에 관한 계획에 우선하며 그 계획의 기본이 된다.

제13조(연도별시행계획의 수립) ① 국토해양부장관은 국가물류기본계획을 시행하기 위하여 연도별 시행계획(이하 "연도별시행계획"이라 한다)을 매년 수립하여야 한다. 〈개정 2008.2.29, 2009.2.6〉

② 연도별시행계획의 수립 · 변경을 위한 자료제출의 요청 등에 관하여는 제11조제3항을 준용한다.

③ 연도별시행계획의 수립 및 시행에 필요한 사항은 대통령령으로 정한다.

제14조(지역물류기본계획의 수립) ① 특별시장 및 광역시장은 지역물류정책의 기본방향을 설정하는 10년 단위의 지역물류기본계획을 5년마다 수립하여야 한다.

② 도지사 및 특별자치도지사는 지역물류체계의 효율화를 위하여 필요한 경우에는 제1항의 지역물류기본계획을 수립할 수 있다.

③ 지역물류기본계획은 국가물류기본계획에 배치되지 아니하여야 하며, 다음 각 호의 사항이 포함되어야 한다.

1. 지역물류환경의 변화와 전망

2. 지역물류정책의 목표 · 전략 및 단계별 추진계획

3. 운송 · 보관 · 하역 · 포장 등 물류기능별 지역물류정책 및 도로 · 철도 · 해운 · 항공 등 운송수단별 지역물류정책에 관한 사항

4. 지역의 물류시설 · 장비의 수급 · 배치 및 투자 우선순위에 관한 사항

5. 지역의 연계물류체계의 구축 및 개선에 관한 사항

6. 지역의 물류 공동화 및 정보화 등 물류체계의 효율화에 관한 사항

7. 지역 물류산업의 경쟁력 강화에 관한 사항

8. 지역 물류인력의 양성 및 물류기술의 개발에 관한 사항

9. 지역차원의 국제물류의 촉진 · 지원에 관한 사항

10. 그 밖에 지역물류체계의 개선을 위하여 필요한 사항

④ 국토해양부장관은 제1항에 따른 지역물류기본계획의 수립방법 및 기준 등에 관한 지침을 작성하여 특별시장 및 광역시장(제2항에 따라 지역물류기본계획을 수립하는 도지사 및 특별자치도지사를 포함한다. 이하 제15조 및 제16조에서 같다)에게 통보하여야 한다. 〈개정 2008.2.29〉

제15조(지역물류기본계획의 수립절차) ① 특별시장 및 광역시장은 다음 각 호의 자에 대하여 지역물류기본계획의 수립 · 변경을 위한 관련 기초 자료의 제출을 요청할 수 있다. 이 경우 협조를 요청받은 자는 특별한 사정이 없는 한 이에 따라야 한다.

1. 인접한 시 · 도의 시 · 도지사

2. 관할 시 · 군 · 구의 시장 · 군수 · 구청장

3. 이 법에 따라 해당 시 · 도의 지원을 받는 기업 · 단체 등

② 특별시장 및 광역시장이 지역물류기본계획을 수립하거나 대통령령이 정하는 중요한 사항을 변경하려는 경우에는 미리 해당 시·도에 인접한 시·도의 시·도지사와 협의한 후 제20조의 지역물류정책위원회의 심의를 거쳐 국토해양부장관의 승인을 받아야 한다. 〈개정 2008.2.29〉

③ 특별시장 및 광역시장은 지역물류기본계획을 수립하거나 변경한 때에는 이를 공고하고, 인접한 시·도의 시·도지사, 관할 시·군·구의 시장·군수·구청장 및 이 법에 따라 해당 시·도의 지원을 받는 기업 및 단체 등에 이를 통보하여야 한다.

④ 국토해양부장관이 지역물류기본계획을 승인하려는 경우에는 관계 중앙행정기관장과 협의한 후 제19조제1항제1호의 물류정책분과위원회의 심의를 거쳐야 한다. 〈개정 2008.2.29〉

제16조(지역물류기본계획의 연도별 시행계획의 수립) ① 지역물류기본계획을 수립한 특별시장 및 광역시장은 그 계획을 시행하기 위하여 연도별 시행계획(이하 "지역물류시행계획"이라 한다)을 매년 수립하여야 한다.

② 지역물류시행계획의 수립·변경을 위한 자료제출의 요청 등에 관하여는 제15조제1항을 준용한다.

③ 지역물류시행계획의 수립 및 시행에 필요한 사항은 대통령령으로 정한다.

제3절 물류정책위원회

제17조(국가물류정책위원회의 설치 및 기능) ① 국가물류정책에 관한 주요 사항을 심의하기 위하여 국토해양부장관 소속으로 국가물류정책위원회를 둔다. 〈개정 2009.2.6〉

② 국가물류정책위원회는 다음 각 호의 사항을 심의·조정한다.

1. 국가물류체계의 효율화에 관한 중요 정책 사항
2. 물류시설의 종합적인 개발계획의 수립에 관한 사항
3. 물류산업의 육성·발전에 관한 중요 정책 사항
4. 국제물류의 촉진·지원에 관한 중요 정책 사항
5. 이 법 또는 다른 법률에서 국가물류정책위원회의 심의를 거치도록 한 사항
6. 그 밖에 국가물류체계 및 물류산업에 관한 중요한 사항으로서 위원장이 회의에 부치는 사항

제18조(국가물류정책위원회의 구성 등) ① 국가물류정책위원회는 위원장을 포함한 20명 이내의 위원으로 구성한다. 〈개정 2009.2.6〉

② 국가물류정책위원회의 위원장은 국토해양부장관이 되고, 위원은 다음 각 호의 자가 된다. 〈개정 2008.2.29, 2009.2.6, 2010.6.4〉

1. 기획재정부, 교육과학기술부, 외교통상부, 농림수산식품부, 지식경제부, 고용노동부, 국토해양부, 관세청 및 중소기업청의 고위공무원단에 속하는 공무원 중에서 해당 기관의 장이 지명하는 자 각 1명
2. 물류 관련 분야에 관한 전문지식 및 경험이 풍부한 자 중에서 위원장이 위촉하는 10명 이내의 자

③ 국가물류정책위원회의 사무를 처리하기 위하여 간사 1명을 두되, 간사는 국토해양부 소속 공무원 중에서 위원장이 지명하는 자가 된다. 〈개정 2009.2.6〉

④ 공무원이 아닌 위원의 임기는 2년으로 하되, 연임할 수 있다.

⑤ 물류정책에 관한 중요 사항을 조사·연구하기 위하여 대통령령으로 정하는 바에 따라 국가물류정책위원회에 전문위원을 둘 수 있다.

⑥ 제1항부터 제5항까지 외에 국가물류정책위원회의 구성 및 운영에 관하여 필요한 사항은 대통령령으로 정한다.

제19조(분과위원회) ① 국가물류정책위원회의 업무를 효율적으로 추진하기 위하여 다음 각 호의 분과위원회를 둘 수 있다.

1. 물류정책분과위원회
2. 물류시설분과위원회
3. 국제물류분과위원회

② 각 분과위원회는 그 소관에 따라 다음 각 호의 사항을 심의 · 조정한다.

1. 국가물류정책위원회에서 심의 · 조정할 안건으로서 사전 검토가 필요한 사항
2. 국가물류정책위원회에서 위임한 사항
3. 이 법 또는 다른 법률에서 분과위원회의 심의 · 조정을 거치도록 한 사항

③ 분과위원회가 제2항제2호 및 제3호의 사항을 심의 · 조정한 때에는 분과위원회의 심의 · 조정을 국가물류정책위원회의 심의 · 조정으로 본다.

④ 제1항부터 제3항까지 외에 분과위원회의 구성 및 운영 등에 필요한 사항은 대통령령으로 정한다.

제20조(지역물류정책위원회) ① 지역물류정책에 관한 주요 사항을 심의하기 위하여 시 · 도지사 소속으로 지역물류정책위원회를 둔다.

② 지역물류정책위원회의 구성 및 운영에 필요한 사항은 대통령령으로 정한다.

제3장 물류체계의 효율화

제1절 물류시설 · 장비의 확충 등

제21조(물류시설 · 장비의 확충) ① 국토해양부장관 또는 지식경제부장관은 효율적인 물류활동을 위하여 필요한 물류시설 및 장비를 확충할 것을 물류기업에게 권고할 수 있으며, 이에 필요한 행정적 · 재정적 지원을 할 수 있다. 〈개정 2008.2.29〉

② 국토해양부장관 또는 지식경제부장관은 물류시설 및 장비를 원활하게 확충하기 위하여 필요하다고 인정되는 경우 관계 행정기관의 장에게 필요한 지원을 요청할 수 있다. 〈개정 2008.2.29〉

제22조(물류시설 간의 연계와 조화) 국가, 지방자치단체, 대통령령으로 정하는 물류 관련 기관(이하 "물류관련기관"이라 한다) 및 물류기업 등이 새로운 물류시설을 건설하거나 기존 물류시설을 정비할 때에는 다음 각 호의 사항을 고려하여야 한다.

1. 주요 물류거점시설 및 운송수단과의 연계성
2. 주변 물류시설과의 기능중복 여부
3. 대통령령으로 정하는 공항 · 항만 또는 산업단지의 경우 적정한 규모 및 기능을 가진 배후 물류시설 부지의 확보 여부

제23조(물류 공동화 · 자동화 촉진) ① 국토해양부장관 또는 지식경제부장관은 물류공동화를 추진하는 물류기업이나 화주기업 또는 물류 관련 단체에 대하여 예산의 범위에서 필요한 자금을 지원할 수 있다. 〈개정 2008.2.29〉

② 국토해양부장관 또는 지식경제부장관은 화주기업이 물류공동화를 추진하는 경우에는 물류기업이나 물류 관련 단체와 공동으로 추진하도록 권고할 수 있으며, 권고를 이행하는 경우에 우선적으로 제1항의 지원을 할 수 있다. 〈개정 2008.2.29〉

③ 국토해양부장관 또는 지식경제부장관은 물류공동화를 확산하기 위하여 필요한 경우에는 시범지역을 지정하거나 시범사업을 선정하여 운영할 수 있다. 〈개정 2008.2.29〉

④ 국토해양부장관 또는 지식경제부장관은 물류기업이 물류자동화를 위하여 물류시설 및 장비를 확충하거나 교체하려는 경우에는 필요한 자금을 지원할 수 있다. 〈개정 2008.2.29〉

⑤ 국토해양부장관 또는 지식경제부장관은 제1항부터 제4항까지의 조치를 하려는 경우에는 중복을 방지하기 위하여 미리 협의하여야 한다. 〈개정 2008.2.29〉

제2절 물류표준화

제24조(물류표준의 보급촉진 등) ① 국토해양부장관은 물류표준화에 관한 업무를 효과적으로 추진하기 위하여 필요하다고 인정하는 경우에는 지식경제부장관에게 「산업표준화법」에 따른 한국산업규격의 제정 · 개정 또는 폐지를 요청할 수 있다. 〈개정 2008.2.29, 2009.2.6〉

② 국토해양부장관 또는 지식경제부장관은 물류표준의 보급을 촉진하기 위하여 필요한 경우에는 관계 행정기관, 「공공기관의 운영에 관한 법률」에 따른 공공기관(이하 "공공기관"이라 한다), 물류기업, 물류에 관련된 장비의 사용자 및 제조업자에게 물류표준에 맞는 장

비(이하 "물류표준장비"라 한다)를 제조·사용하게 하거나 물류표준에 맞는 규격으로 포장을 하도록 요청하거나 권고할 수 있다. 〈개정 2008.2.29〉

제25조(물류표준장비의 사용자 등에 대한 우대조치) ① 국토해양부장관 또는 지식경제부장관은 관계 행정기관, 공공기관 및 물류기업 등에게 물류표준장비의 사용자 또는 물류표준에 맞는 규격으로 재화를 포장하는 자에 대하여 운임·하역료·보관료의 할인 및 우선구매 등의 우대조치를 할 것을 요청하거나 권고할 수 있다. 〈개정 2008.2.29〉

② 국토해양부장관 또는 지식경제부장관은 물류표준장비의 보급 확대를 위하여 물류기업, 물류표준장비의 사용자 또는 물류표준에 맞는 규격으로 재화를 포장하는 자 등에 대하여 소요자금의 융자 등 필요한 재정지원을 할 수 있다. 〈개정 2008.2.29〉

제26조(물류회계의 표준화) ① 국토해양부장관은 지식경제부장관과 협의하여 물류기업 및 화주기업의 물류비 산정기준 및 방법 등을 표준화하기 위하여 대통령령으로 정하는 기준에 따라 기업물류비 산정지침을 작성하여 고시하여야 한다. 〈개정 2008.2.29〉

② 국토해양부장관은 물류기업 및 화주기업이 제1항의 기업물류비 산정지침에 따라 물류비를 관리하도록 권고할 수 있다. 〈개정 2008.2.29〉

③ 국토해양부장관은 지식경제부장관과 협의하여 제1항의 기업물류비 산정지침에 따라 물류비를 계산·관리하는 물류기업 및 화주기업에 대하여는 필요한 행정적·재정적 지원을 할 수 있다. 〈개정 2008.2.29〉

제3절 물류정보화

제27조(물류정보화의 촉진) ① 국토해양부장관·지식경제부장관 또는 관세청장은 물류정보화를 통한 물류체계의 효율화를 위하여 필요한 시책을 강구하여야 한다. 〈개정 2008.2.29〉

② 국토해양부장관·지식경제부장관 또는 관세청장은 물류정보화를 촉진하기 위하여 필요한 경우에는 예산의 범위에서 물류기업 또는 물류 관련 단체에 대하여 물류정보화에 관련된 설비 또는 프로그램의 개발·운용비용의 일부를 지원할 수 있다. 〈개정 2008.2.29〉

제28조(단위물류정보망의 구축) ① 관계 행정기관 및 물류관련기관은 소관 물류정보의 수집·분석·가공 및 유통 등을 촉진하기 위하여 필요한 때에는 대통령령으로 정하는 바에 따라 직접 또는 전담기관을 지정하여 단위물류정보망을 구축·운영할 수 있다.

② 관계 행정기관이 전담기관을 지정하여 단위물류정보망을 구축·운영하는 경우에는 소요비용의 전부 또는 일부를 예산의 범위에서 지원할 수 있다.

③ 단위물류정보망을 구축하는 행정기관 및 물류관련기관은 소관 단위물류정보망과 다른 단위물류정보망 간의 연계체계구축대책을 수립하여야 한다.

④ 단위물류정보망을 구축·운영하는 관계 행정기관의 장은 단위물류정보망 간의 연계체계를 구축하기 위하여 필요한 때에는 국토해양부장관과 협의를 거쳐 제19조제1항제2호의 물류시설분과위원회(이하 "물류시설분과위원회"라 한다)에 단위물류정보망 간의 연계체계의 조정을 요청할 수 있다. 〈개정 2008.2.29〉

제29조(종합물류정보망의 구축) ① 국토해양부장관은 지식경제부장관 및 관세청장과 협의하여 물류정보의 수집·분석·가공 및 유통 등을 촉진하기 위하여 필요한 때에는 관계 행정기관, 물류관련기관 또는 물류기업 등이 구축한 단위물류정보망을 연계하는 종합물류정보망을 구축·운영할 수 있다. 〈개정 2008.2.29〉

② 국토해양부장관은 물류시설분과위원회의 심의를 거쳐 「전기통신사업법」에 따른 전기통신사업자로서 다음 각 호의 어느 하나에 해당하는 자를 종합물류정보망의 전부 또는 일부를 구축·운영할 자로 지정할 수 있다. 〈개정 2008.2.29〉

1. 대통령령으로 정하는 공공기관
2. 「정부출연연구기관 등의 설립·운영 및 육성에 관한 법률」 또는 「과학기술분야 정부출연연구기관 등의 설립·운영 및 육성에 관한 법률」에 따른 정부출연연구기관(이하 "정부출연연구기관"이라 한다)
3. 납입자본금이 10억원 이상인 「상법」 상의 주식회사. 다만, 정부·공공기관 또는 비영리법인 외의 주주 중 동일인이 의결권 있는 주식총수의 100분의 15를 초과하여 소유

하지 아니하는 주식회사에 한한다.

③ 국토해양부장관은 지식경제부장관 및 관세청장과 협의하여 종합물류정보망의 효율적인 구축 · 운영을 위하여 제2항에 따라 지정된 사업자(이하 "종합물류정보망사업자"라 한다)에게 필요한 지원을 할 수 있다. 〈개정 2008.2.29〉

④ 종합물류정보망의 구축 · 운영 및 종합물류정보망사업자의 지정 등에 필요한 절차 및 지정기준 등은 대통령령으로 정한다.

제30조(국가물류통합데이터베이스의 구축) ① 국토해양부장관은 지식경제부장관 및 관세청장과 협의하여 종합물류정보망 및 물류현황조사에 따라 수집된 정보를 가공 · 분석하여 물류 관련 자료를 총괄하는 국가물류통합데이터베이스를 구축 · 운영할 수 있다. 〈개정 2008.2.29〉

② 국토해양부장관은 물류시설분과위원회의 심의를 거쳐 다음 각 호의 어느 하나에 해당하는 자를 국가물류통합데이터베이스의 전부 또는 일부를 구축 · 운영할 자로 지정할 수 있다. 〈개정 2008.2.29〉

1. 중앙행정기관
2. 대통령령으로 정하는 공공기관
3. 정부출연연구기관
4. 납입자본금이 10억원 이상인 「상법」 상의 주식회사. 다만, 정부 · 공공기관 및 비영리법인이 아닌 주주 중 동일인이 의결권 있는 주식총수의 100분의 15를 초과하여 소유하지 아니하는 주식회사에 한한다.

③ 국토해양부장관은 지식경제부장관 및 관세청장과 협의하여 국가물류통합데이터베이스의 효율적인 구축 · 운영을 위하여 제2항에 따라 지정된 자(이하 "국가물류통합데이터베이스운영자"라 한다)에게 필요한 지원을 할 수 있다. 〈개정 2008.2.29〉

④ 국가물류통합데이터베이스의 구축 · 운영 및 국가물류통합데이터베이스운영자의 지정 등에 필요한 절차 및 지정기준 등은 대통령령으로 정한다.

제31조(지정의 취소 등) 국토해양부장관은 종합물류정보망사업자 또는 국가물류통합데이터베이스운영자가 다음 각 호의 어느 하나에 해당하는 경우에는 물류시설분과위원회의 심의를 거쳐 그 지정을 취소할 수 있다. 〈개정 2008.2.29〉

1. 거짓이나 그 밖의 부정한 방법으로 지정을 받은 경우
2. 제29조제4항 또는 제30조제4항에 따른 지정기준에 미달하게 된 경우

제32조(전자문서의 이용 · 개발) ① 물류기업, 물류관련기관 및 물류 관련 단체가 대통령령으로 정하는 물류에 관한 업무를 전자문서(「전자거래기본법」 제2조제1호의 전자문서를 말한다. 이하 같다)로 처리하려는 경우에는 국토해양부령으로 정하는 전자문서를 이용하여야 한다. 〈개정 2008.2.29〉

② 국토해양부장관은 지식경제부장관과 협의하여 표준전자문서의 개발 · 보급계획을 수립하여야 한다. 〈개정 2008.2.29〉

제33조(전자문서 및 물류정보의 보안) ① 누구든지 종합물류정보망 또는 제32조제1항의 전자문서를 위작(僞作) 또는 변작(變作)하거나 위작 또는 변작된 전자문서를 행사하여서는 아니 된다.

② 누구든지 종합물류정보망 또는 국가물류통합데이터베이스에 따라 처리 · 보관 또는 전송되는 물류정보를 훼손하거나 그 비밀을 침해 · 도용(盜用) 또는 누설하여서는 아니 된다.

③ 종합물류정보망사업자는 전자문서 및 정보처리장치의 파일에 기록되어 있는 물류정보를 대통령령으로 정하는 기간 동안 보관하여야 한다.

④ 종합물류정보망사업자 또는 국가물류통합데이터베이스운영자는 제1항부터 제3항까지의 규정에 따른 전자문서 및 물류정보의 보안에 필요한 보호조치를 강구하여야 한다.

⑤ 누구든지 불법 또는 부당한 방법으로 제4항에 따른 보호조치를 침해하거나 훼손하여서는 아니 된다.

제34조(전자문서 및 물류정보의 공개) ① 종합물류정보망사업자 또는 국가물류통합데이터베이스운영자는 대통령령으로 정하는 경우를 제외하고는 전자문서 또는 물류정보를 공개하여

서는 아니 된다.

② 종합물류정보망사업자 또는 국가물류통합데이터베이스운영자가 제1항에 따라 전자문서 또는 물류정보를 공개하려는 때에는 미리 대통령령으로 정하는 이해관계인의 동의를 받아야 한다.

第35조(전자문서 이용의 촉진) ① 국토해양부장관은 지식경제부장관과 협의하여 물류기업, 물류관련기관 및 물류 관련 단체에 대통령령으로 정하는 물류시설의 이용 등 관련 업무를 전자문서로 처리할 것을 요청할 수 있다. 〈개정 2008.2.29〉

② 국토해양부장관은 지식경제부장관과 협의하여 전자문서로 업무를 처리하는 물류기업에 대하여 물류관련기관으로 하여금 해당 화물의 우선처리 · 요금할인 등 우대조치를 할 것을 요청할 수 있다. 〈개정 2008.2.29〉

제4장 물류산업의 경쟁력 강화

제1절 물류산업의 육성

第36조(물류산업의 육성 등) ① 국토해양부장관은 화주기업에 대하여 운송 · 보관 · 하역 등의 물류서비스를 일관되고 통합된 형태로 제공하는 물류기업을 우선적으로 육성하는 등 물류산업의 경쟁력을 강화하는 시책을 강구하여야 한다. 〈개정 2008.2.29〉

② 국토해양부장관 또는 지식경제부장관은 제1항에 따른 물류기업의 육성을 위하여 다음 각 호의 조치를 할 수 있다. 〈개정 2008.2.29〉

1. 이 법 또는 대통령령으로 정하는 물류 관련 법률에 따라 국가 또는 지방자치단체의 지원을 받는 물류시설에의 우선 입주를 위한 지원
2. 물류시설 · 장비의 확충, 물류 표준화 · 정보화 등 물류효율화에 필요한 자금의 원활한 조달을 위하여 필요한 지원

第37조(제3자물류의 촉진) ① 국토해양부장관은 지식경제부장관과 협의하여 화주기업이 자가물류(자기가 보유하거나 관리하는 재화에 대하여 자기의 시설 · 장비 · 인력 등을 사용하여 물류활동을 하는 것을 말한다)를 제3자물류로 전환하도록 유도하기 위한 시책을 강구하여야 한다. 〈개정 2008.2.29〉

② 국토해양부장관은 지식경제부장관과 협의하여 화주기업이 제3자물류를 활용하기 위하여 자가물류시설을 매각하거나 처분하려는 때에는 필요한 지원을 할 수 있다. 〈개정 2008.2.29〉

③ 국토해양부장관은 지식경제부장관과 협의하여 화주기업이 제3자물류를 활용하기 위한 목적으로 물류컨설팅을 받으려는 경우에 예산의 범위에서 그 비용의 일부를 지원할 수 있다. 〈개정 2008.2.29〉

④ 국토해양부장관은 지식경제부장관과 협의하여 제3자물류 활용을 촉진하기 위하여 제3자물류 활용의 우수사례를 발굴하고 홍보할 수 있다. 〈개정 2008.2.29〉

제2절 종합물류기업의 인증

第38조(종합물류기업의 인증 등) ① 제2조제1항제2호 각 목의 물류사업을 종합적 · 복합적으로 영위하는 자는 자신이 영위하는 물류사업을 관장하는 중앙행정기관의 장(이하 "주무부장관"이라 한다)으로부터 종합물류기업으로 인증을 받을 수 있다.

② 제1항에 따라 종합물류기업으로 인증을 받으려는 자는 다음 각 호의 요건을 충족하여야 한다.

1. 제2조제1항제2호 각 목에 해당하는 물류사업을 종류별로 1개 이상씩 영위할 것
2. 주무부장관이 공동으로 정하는 부령(이하 "공동부령"이라 한다)으로 정하는 인증기준에 맞을 것

③ 주무부장관은 제1항에 따라 인증을 받은 자(이하 "인증종합물류기업"이라 한다)가 제2항 각 호의 요건을 유지하는지에 대하여 대통령령으로 정하는 바에 따라 점검을 할 수 있다.

④ 제1항에 따른 종합물류기업 인증의 절차 및 방법 등에 필요한 사항은 공동부령으로 정한다.

제39조(인증종합물류기업 인증의 취소 등) ① 주무부장관은 인증종합물류기업이 다음 각 호의 어느 하나에 해당하는 경우에는 그 인증을 취소할 수 있다. 다만, 제1호에 해당하는 때에는 인증을 취소하여야 한다.

1. 거짓이나 그 밖의 부정한 방법으로 인증을 받은 경우
2. 제38조제2항 각 호의 요건에 맞지 아니하게 된 경우
3. 제38조제3항에 따른 점검을 정당한 사유 없이 3회 이상 거부한 경우
4. 제66조를 위반하여 다른 사람에게 자기의 성명 또는 상호를 사용하여 영업을 하게 하거나 인증서를 대여한 때

② 인증종합물류기업은 제1항에 따라 종합물류기업의 인증이 취소된 경우에는 제41조제1항에 따른 인증서를 반납하고, 인증마크의 사용을 중지하여야 한다.

제40조(인증센터) ① 국토해양부장관은 종합물류기업의 인증과 관련하여 종합물류기업 인증센터(이하 "인증센터"라 한다)를 지정하여 다음 각 호의 업무를 하게 할 수 있다. 〈개정 2008.2.29〉

1. 인증신청의 접수
2. 제38조제2항 각 호의 요건에 맞는지에 대한 심사
3. 제38조제3항에 따른 점검의 대행
4. 그 밖에 인증업무를 원활히 수행하기 위하여 대통령령으로 정하는 지원업무

② 인증센터는 대통령령으로 정하는 바에 따라 다음 각 호의 어느 하나에 해당하는 기관 중에서 지정한다.

1. 공공기관
2. 정부출연연구기관
3. 물류관련기관 또는 물류 관련 단체

③ 인증센터의 장은 제1항 각 호에 따른 업무를 수행할 때 필요한 경우에는 관계 행정기관 또는 관련 있는 기관에 협조를 요청할 수 있다.

④ 인증센터의 조직 및 운영 등에 필요한 사항은 공동부령으로 정한다.

⑤ 국토해양부장관은 인증센터를 지도 · 감독하고, 그 운영비의 일부를 지원할 수 있다. 〈개정 2008.2.29〉

제41조(인증서와 인증마크) ① 주무부장관은 인증종합물류기업에 인증서를 교부하고, 인증을 나타내는 표시(이하 "인증마크"라 한다)를 제정하여 인증종합물류기업이 사용하게 할 수 있다.

② 인증마크의 도안 및 표시방법 등에 대하여는 공동부령으로 정하는 바에 따라 주무부장관이 공동으로 정하여 고시한다.

③ 인증종합물류기업이 아닌 자는 거짓의 인증마크를 제작 · 사용하거나 그 밖의 방법으로 인증종합물류기업임을 사칭하여서는 아니 된다.

제42조(인증종합물류기업에 대한 지원) ① 국가 · 지방자치단체 또는 공공기관은 스스로 운영 · 관리하는 다음 각 호의 시설에 제36조제2항제1호에 따른 물류시설 우선입주대상자 그 밖의 자보다 인증종합물류기업을 우선 입주하게 할 수 있다.

1. 「물류시설의 개발 및 운영에 관한 법률」에 따른 복합물류터미널 · 일반물류터미널 또는 물류단지
2. 「항만법」에 따른 항만배후단지 중 물류시설
3. 「산업입지 및 개발에 관한 법률」에 따른 산업단지 중 물류시설
4. 그 밖에 대통령령으로 정하는 물류 관련 시설

② 국가 또는 지방자치단체는 제1항 각 호의 시설을 운영 · 관리하는 자에 대하여 제36조제2항제1호에 따른 물류시설 우선입주대상자나 그 밖의 자보다 인증종합물류기업을 우선 입주하게 할 것을 권고할 수 있다.

③ 국가 또는 지방자치단체는 인증종합물류기업이 다음 각 호의 사업을 수행하는 경우에는 다른 물류기업에 우선하여 소요자금의 일부를 융자하거나 부지의 확보를 위한 지원 등을 할 수 있다.

1. 물류시설의 확충
2. 물류 정보화 · 표준화 또는 공동화
3. 첨단물류기술의 개발 및 적용
4. 해외시장의 개척
5. 그 밖에 물류사업을 효율적으로 영위하기 위하여 필요한 사항으로서 공동부령으로 정하는 사항

제3절 국제물류주선업

第43조(국제물류주선업의 등록) ① 국제물류주선업을 경영하려는 자는 국토해양부령으로 정하는 바에 따라 국토해양부장관에게 등록하여야 한다. 〈개정 2008.2.29〉

② 제1항에 따라 국제물류주선업을 등록한 자(이하 "국제물류주선업자"라 한다)가 등록한 사항 중 국토해양부령으로 정하는 중요한 사항을 변경하려는 경우에는 국토해양부령으로 정하는 바에 따라 변경등록을 하여야 한다. 〈개정 2008.2.29〉

③ 제1항에 따라 등록을 하려는 자는 3억원 이상의 자본금(법인이 아닌 경우에는 6억원 이상의 자산평가액을 말한다)을 보유하여야 하고, 다음 각 호의 어느 하나에 해당하는 경우를 제외하고는 1억원 이상의 보증보험에 가입하여야 한다. 〈개정 2010.5.17〉

1. 자본금 또는 자산평가액이 10억원 이상인 경우
2. 컨테이너장치장을 소유하고 있는 경우
3. 「은행법」제2조제1항제2호에 따른 은행으로부터 1억원 이상의 지급보증을 받은 경우
4. 1억원 이상의 화물배상책임보험에 가입한 경우

第44조(등록의 결격사유) 다음 각 호의 어느 하나에 해당하는 자는 국제물류주선업의 등록을 할 수 없다.

1. 금치산자 및 한정치산자
2. 이 법, 「화물자동차 운수사업법」, 「항공법」 또는 「해운법」을 위반하여 금고 이상의 형의 선고를 받고 그 집행이 종료(집행이 종료된 것으로 보는 경우를 포함한다)되거나 집행이 면제된 날부터 2년이 지나지 아니한 자
3. 이 법, 「화물자동차 운수사업법」, 「항공법」 또는 「해운법」을 위반하여 금고 이상의 형의 집행유예를 선고받고 그 유예기간 중에 있는 자
4. 이 법, 「화물자동차 운수사업법」, 「항공법」 또는 「해운법」을 위반하여 벌금형을 선고받고 2년이 지나지 아니한 자
5. 국제물류주선업의 등록 취소처분을 받은 후 2년이 지나지 아니한 자
6. 법인으로서 그 임원 중에 제1호부터 제5호까지의 어느 하나에 해당하는 자가 있는 경우

第45조(사업의 승계) ① 국제물류주선업자가 그 사업을 양도하거나 사망한 때 또는 법인이 합병한 때에는 그 양수인 · 상속인 또는 합병 후 존속하는 법인이나 합병으로 설립되는 법인은 국제물류주선업의 등록에 따른 권리 · 의무를 승계한다.

② 제1항에 따라 국제물류주선업의 등록에 따른 권리 · 의무를 승계한 자는 국토해양부령으로 정하는 바에 따라 국토해양부장관에게 신고하여야 한다. 〈개정 2008.2.29〉

③ 제1항에 따라 승계받은 자의 결격사유에 관하여는 제44조를 준용한다.

第46조(사업의 휴지 · 폐지) ① 국제물류주선업자가 국제물류주선업의 전부 또는 일부를 휴지하거나 폐지하려는 경우에는 미리 국토해양부장관에게 신고하여야 한다. 〈개정 2008.2.29〉

② 국제물류주선업자인 법인이 합병 외의 사유로 해산한 경우에는 그 청산인(해산이 파산에 따른 경우에는 파산관재인을 말한다)은 지체 없이 이를 국토해양부장관에게 신고하여야 한다. 〈개정 2008.2.29〉

③ 제1항에 따른 휴지기간은 6개월을 초과할 수 없다.

④ 국제물류주선업자가 사업의 전부 또는 일부를 휴지 또는 폐지하려는 경우에는 미리 그 취지를 영업소와 그 밖에 일반 공중이 보기 쉬운 곳에 게시하여야 한다.

제47조(등록의 취소 등) ① 국토해양부장관은 국제물류주선업자가 다음 각 호의 어느 하나에 해당하는 경우에는 등록을 취소하거나 6개월 이내의 기간을 정하여 사업의 전부 또는 일부의 정지를 명할 수 있다. 다만, 제1호ㆍ제3호 또는 제4호에 해당하는 경우에는 등록을 취소하여야 한다. 〈개정 2008.2.29〉

1. 거짓이나 그 밖의 부정한 방법으로 등록을 한 때
2. 제43조제3항에 따른 등록기준에 못 미치게 된 때
3. 제44조(제45조제3항에서 준용하는 경우를 포함한다) 각 호의 어느 하나에 해당하게 된 때. 다만, 그 지위를 승계받은 상속인이 제44조제1호부터 제5호까지의 어느 하나에 해당하는 경우에 상속일부터 3개월 이내에 그 사업을 다른 사람에게 양도한 경우와 법인(합병 후 존속하는 법인 또는 합병으로 설립되는 법인을 포함한다)이 제44조제6호에 해당하는 경우에 그 사유가 발생한 날(법인이 합병하는 경우에는 합병일을 말한다)부터 3개월 이내에 해당 임원을 개임한 경우에는 그러하지 아니하다.
4. 제66조를 위반하여 다른 사람에게 자기의 성명 또는 상호를 사용하여 영업을 하게 하거나 등록증을 대여한 때

② 제1항에 따른 처분의 구체적인 기준과 그 밖에 필요한 사항은 국토해양부령으로 정한다. 〈개정 2008.2.29〉

제48조(국제물류주선업협회) ① 국제물류주선업자는 국제물류주선업의 건전한 발전 및 국제물류주선업자의 공동이익을 도모하기 위하여 대통령령으로 정하는 바에 따라 사업자협회(이하 "국제물류주선업협회"라 한다)를 설립할 수 있다.

② 국제물류주선업협회를 설립하려는 경우에는 해당 협회의 회원이 될 자격이 있는 자 중 5분의 1 이상의 발기인이 정관을 작성하여 해당 협회의 회원이 될 자격이 있는 자의 3분의 1 이상이 출석한 창립총회의 의결을 거친 후 국토해양부장관의 설립인가를 받아야 한다. 〈개정 2008.2.29〉

③ 국제물류주선업협회는 제2항에 따른 설립인가를 받아 설립등기를 함으로써 성립한다.

④ 국제물류주선업협회는 법인으로 한다.

⑤ 국제물류주선업협회에 관하여 이 법에 규정한 것 외에는 「민법」 중 사단법인에 관한 규정을 준용한다.

⑥ 국제물류주선업협회의 업무 및 정관 등에 필요한 사항은 대통령령으로 정한다.

제49조(자금의 지원) 국가는 국제물류주선업의 육성을 위하여 필요하다고 인정하는 경우에는 국제물류주선업자에게 그 사업에 필요한 소요자금의 융자 등 필요한 지원을 할 수 있다.

제4절 물류인력의 양성

제50조(물류인력의 양성) ① 국토해양부장관은 대통령령으로 정하는 물류분야의 기능인력 및 전문인력을 양성하기 위하여 다음 각 호의 사업을 할 수 있다. 〈개정 2008.2.29〉

1. 화주기업 및 물류기업에 종사하는 물류인력의 역량강화를 위한 교육ㆍ연수
2. 물류체계 효율화 및 국제물류 활성화를 위한 선진기법, 교육프로그램 및 교육교재의 개발ㆍ보급
3. 외국 물류대학의 국내유치활동 지원 및 국내대학과 외국대학 간의 물류교육 프로그램의 공동 개발활동 지원
4. 그 밖에 신규 물류인력 양성, 물류관리사 재교육 또는 외국인 물류인력 교육을 위하여 필요한 사업

② 국토해양부장관은 다음 각 호의 어느 하나에 해당하는 자가 제1항 각 호의 사업을 하는 경우에는 예산의 범위에서 사업수행에 필요한 경비의 전부나 일부를 지원할 수 있다. 〈개정 2008.2.29〉

1. 정부출연연구기관
2. 「고등교육법」 또는 「경제자유구역 및 제주국제자유도시의 외국교육기관 설립ㆍ

운영에 관한 특별법」에 따라 설립된 대학이나 대학원
3. 그 밖에 국토해양부령으로 정하는 물류연수기관
③ 국토해양부장관은 필요한 경우 국토해양부령으로 정하는 바에 따라 제1항제1호의 교육 · 연수를 직접하거나 전문교육기관에 위탁하여 실시할 수 있다. 〈개정 2008.2.29〉
④ 제1항 각 호의 사업에 필요한 사항은 소관 업무별로 국토해양부령으로 정한다. 〈개정 2008.2.29〉

제51조(물류관리사 자격시험) ① 물류관리사가 되려는 자는 국토해양부장관이 실시하는 시험에 합격하여야 한다. 〈개정 2008.2.29〉
② 제1항의 시험에 응시하여 부정행위를 한 자에 대하여는 그 시험을 무효로 한다.
③ 제2항에 따른 처분을 받은 자는 그 처분을 받은 날부터 3년간 시험에 응시할 수 없다.
④ 제1항에 따른 시험의 응시자격 및 시험과목 등에 필요한 사항은 대통령령으로 정한다.

제52조(물류관리사의 직무) 물류관리사는 물류활동과 관련하여 전문지식이 필요한 사항에 대하여 계획 · 조사 · 연구 · 진단 및 평가 또는 이에 관한 상담 · 자문, 그 밖에 물류관리에 필요한 직무를 수행한다.

제53조(물류관리사 자격의 취소) 국토해양부장관은 물류관리사가 다음 각 호의 어느 하나에 해당하는 때에는 그 자격을 취소할 수 있다. 다만, 제1호에 해당하는 때에는 그 자격을 취소하여야 한다. 〈개정 2008.2.29〉
1. 제51조에 따른 자격을 부정한 방법으로 취득한 때
2. 제66조를 위반하여 다른 사람에게 자기의 성명을 사용하여 영업을 하게 하거나 자격증을 대여한 때

제54조(물류관리사 고용사업자에 대한 우선지원) 국토해양부장관은 물류관리사를 고용한 물류관련 사업자에 대하여 다른 사업자에 우선하여 행정적 · 재정적 지원을 할 수 있다. 〈개정 2008.2.29〉

제5절 물류 관련 단체의 육성

제55조(물류관련협회 등) ① 물류기업, 화주기업, 그 밖에 물류활동과 관련된 자는 물류체계를 효율화하기 위하여 필요할 경우 대통령령으로 정하는 바에 따라 협회(이하 "물류관련협회"라 한다)를 설립할 수 있다. 다만, 다른 법률에서 달리 정하고 있는 경우는 제외한다.
② 물류관련협회를 설립하려는 경우에는 해당 협회의 회원이 될 자격이 있는 기업 100개 이상이 발기인으로 정관을 작성하여 해당 협회의 회원이 될 자격이 있는 기업 200개 이상이 참여한 창립총회의 의결을 거친 후 소관에 따라 국토해양부장관의 설립인가를 받아야 한다. 〈개정 2008.2.29〉
③ 물류관련협회는 제2항에 따른 설립인가를 받아 설립등기를 함으로써 성립한다.
④ 물류관련협회는 법인으로 한다.
⑤ 물류관련협회에 관하여 이 법에 규정한 것 외에는 「민법」 중 사단법인에 관한 규정을 준용한다.
⑥ 국토해양부장관은 물류관련협회의 발전을 위하여 필요한 경우에는 물류관련협회를 행정적 · 재정적으로 지원할 수 있다. 〈개정 2008.2.29〉
⑦ 물류관련협회의 업무 및 정관 등에 필요한 사항은 대통령령으로 정한다.

제56조(민 · 관 합동 물류지원센터) ① 국토해양부장관 · 지식경제부장관 및 대통령령으로 정하는 물류관련협회 · 물류관련 단체는 공동으로 물류체계 효율화를 통한 국가경쟁력을 강화하고 국제물류사업을 효과적으로 추진하기 위하여 물류지원센터를 설치 · 운영할 수 있다. 〈개정 2008.2.29〉
② 물류지원센터는 다음 각 호의 업무를 수행한다.
1. 국내물류기업의 해외진출 및 해외물류기업의 국내투자유치 지원
2. 물류산업의 육성 · 발전을 위한 조사 · 연구

3. 그 밖에 물류 공동화 및 정보화 지원 등 물류체계 효율화를 위하여 필요한 업무

③ 물류지원센터의 설치 및 운영 등에 필요한 사항은 대통령령으로 정한다.

④ 국토해양부장관 또는 지식경제부장관은 물류지원센터를 효율적으로 운영하기 위하여 필요한 경우 행정적·재정적인 지원을 할 수 있다. 〈개정 2008.2.29〉

제5장 물류의 선진화 및 국제화

제1절 물류 관련 연구개발

제57조(물류 관련 신기술·기법의 보급촉진) ① 국토해양부장관은 물류 활동에 관한 신기술을 진흥하기 위하여 물류기술정보를 체계적·종합적으로 관리·보급하는 방안을 강구하여야 한다. 〈개정 2008.2.29〉

② 국토해양부장관은 물류기업에 첨단화물운송체계·무선주파수인식 등 물류 관련 신기술·기법을 도입·적용할 것을 권장할 수 있고, 이에 필요한 행정적·재정적 지원을 할 수 있다. 〈개정 2008.2.29〉

제58조(물류 관련 연구의 촉진) ① 국토해양부장관은 물류 관련 기술의 진흥을 위하여 관련 연구기관 및 단체를 지도·육성하여야 한다. 〈개정 2008.2.29〉

② 국토해양부장관은 물류기술의 진흥을 위하여 특히 필요하다고 인정하는 경우에는 공공기관 등으로 하여금 물류기술의 연구·개발에 투자하게 하거나 제1항에 따른 연구기관 및 단체에 출연하도록 권고할 수 있다. 〈개정 2008.2.29〉

③ 국토해양부장관은 물류분야의 연구나 물류기술의 진흥 등에 현저한 기여를 했다고 인정되는 공공기관·물류기업 또는 개인 등에게 포상할 수 있다. 〈개정 2008.2.29〉

제2절 환경친화적 물류의 촉진

제59조(환경친화적 물류의 촉진) ① 국토해양부장관은 물류활동이 환경친화적으로 추진될 수 있도록 관련 시책을 강구하여야 한다. 〈개정 2008.2.29〉

② 국토해양부장관은 물류기업 또는 화주기업이 환경친화적 물류활동을 위하여 다음 각 호의 활동을 하는 경우에는 행정적·재정적 지원을 할 수 있다. 〈개정 2008.2.29〉

1. 환경친화적인 운송수단 또는 포장재료의 사용
2. 기존 물류시설·장비의 환경친화적인 물류시설·장비로의 변경
3. 그 밖에 대통령령으로 정하는 환경친화적 물류활동

제60조(환경친화적 운송수단으로의 전환촉진) ① 국토해양부장관은 물류기업 및 화주기업에 대하여 환경친화적인 운송수단으로의 전환을 권고하고 지원할 수 있다. 〈개정 2008.2.29〉

② 제1항에 따른 지원대상의 세부적인 기준 및 지원내용에 필요한 사항은 대통령령으로 정한다.

제3절 국제물류의 촉진 및 지원

제61조(국제물류사업의 촉진 및 지원) ① 국토해양부장관은 국제물류협력체계 구축, 국내 물류기업의 해외진출, 해외 물류기업의 유치 및 환적(換積)화물의 유치 등 국제물류 촉진을 위한 시책을 강구하여야 한다. 〈개정 2008.2.29〉

② 국토해양부장관은 대통령령으로 정하는 물류기업 또는 관련 단체가 추진하는 다음 각 호의 국제물류사업에 대하여 예산의 범위에서 필요한 경비의 전부나 일부를 지원할 수 있다. 〈개정 2008.2.29〉

1. 물류 관련 정보·기술·인력의 국제교류
2. 물류 관련 국제 표준화, 공동조사, 연구 및 기술협력
3. 물류 관련 국제학술대회, 국제박람회 등의 개최
4. 해외 물류시장의 조사·분석 및 수집정보의 체계적인 배분
5. 국가간 물류활동을 촉진하기 위한 지원기구의 설립
6. 외국 물류기업의 유치
7. 그 밖에 물류의 국제화를 위하여 필요하다고 인정되는 사항

③ 국토해양부장관은 범정부차원의 지원이 필요한 국가간 물류협력체의 구성 또는 정부간 협정의 체결 등에 관하여는 미리 국가물류정책위원회의 심의를 거쳐야 한다. 〈개정 2008.2.29〉

④ 국토해양부장관은 물류기업 및 국제물류 관련 기관·단체의 국제물류활동을 촉진하기 위하여 필요한 행정적·재정적 지원을 할 수 있다. 〈개정 2008.2.29〉

제62조(공동투자유치 활동) ① 국토해양부장관은 물류시설에 외국인투자기업 및 환적화물을 효과적으로 유치하기 위하여 필요한 경우에는 당해 물류시설관리자(공항·항만 등 물류시설의 소유권 또는 개별 법령에 따른 관리·운영권을 인정받은 자를 말한다. 이하 같다) 또는 국제물류 관련 기관·단체와 공동으로 투자유치 활동을 수행할 수 있다. 〈개정 2008.2.29〉

② 물류시설관리자와 국제물류 관련 기관·단체는 제1항에 따른 공동투자 유치활동에 대하여 특별한 사유가 없는 한 적극 협조하여야 한다.

③ 국토해양부장관은 효율적인 투자유치를 위하여 필요하다고 인정되는 경우에는 재외공관 등 관계 행정기관 및 「대한무역투자진흥공사법」에 따른 대한무역투자진흥공사 등 관련 기관·단체에 협조를 요청할 수 있다. 〈개정 2008.2.29〉

제63조(투자유치활동 평가) ① 국토해양부장관은 물류시설관리자의 외국인투자기업 및 환적화물에 대한 적극적인 유치활동을 촉진하기 위하여 필요한 경우에는 해당 물류시설관리자의 투자유치활동에 대한 평가를 할 수 있다. 〈개정 2008.2.29〉

② 제1항에 따른 투자유치활동의 평가대상기관, 평가방법 및 평가결과의 반영 등에 관한 사항은 대통령령으로 정한다.

제6장 보칙

제64조(업무소관의 조정) 이 법에 따른 국토해양부장관 및 지식경제부장관의 업무소관이 중복되는 경우에는 서로 협의하여 업무소관을 조정한다. 〈개정 2008.2.29, 2009.2.6〉

제65조(권한의 위임) 이 법에 따른 국토해양부장관 및 지식경제부장관의 권한은 그 일부를 대통령령으로 정하는 바에 따라 시·도지사에게 위임할 수 있다. 〈개정 2008.2.29〉

제66조(등록증대여 등의 금지) 인증종합물류기업·국제물류주선업자 및 물류관리사는 다른 사람에게 자기의 성명 또는 상호를 사용하여 사업을 하게 하거나 그 인증서·등록증 또는 자격증을 대여하여서는 아니된다.

제67조(과징금) ① 국토해양부장관(국토해양부장관의 권한이 제65조에 따라 시·도지사에게 위임된 경우에는 시·도지사를 말한다. 이하 같다)은 제47조제1항에 따라 국제물류주선업자에게 사업의 정지를 명하여야 하는 경우로서 그 사업의 정지가 당해 사업의 이용자 등에게 심한 불편을 주는 경우에는 그 사업정지 처분을 갈음하여 1천만원 이하의 과징금을 부과할 수 있다. 〈개정 2008.2.29〉

② 제1항에 따른 과징금을 부과하는 위반행위의 종별 및 그 정도에 따른 과징금의 금액, 그 밖에 필요한 사항은 대통령령으로 정한다.

③ 제1항에 따른 과징금을 기한 내에 납부하지 아니한 때에는 국토해양부장관은 대통령령으로 정하는 바에 따라 국세 체납처분의 예에 따라 징수한다. 다만, 제47조제1항의 국토해양부장관의 권한이 제65조에 따라 시·도지사에게 위임된 경우에는 시·도지사가 당해 지방자치단체의 조례로 정하는 바에 따라 지방세 체납처분의 예에 의하여 징수한다. 〈개정 2008.2.29〉

제68조(청문) 국토해양부장관 및 주무부장관은 다음 각 호의 어느 하나에 해당하는 취소처분을 하려는 경우에는 청문을 실시하여야 한다. 〈개정 2008.2.29〉

1. 제31조에 따른 종합물류정보망사업자 또는 국가물류통합데이터베이스운영자에 대한 지정의 취소

2. 제39조제1항에 따른 인증종합물류기업에 대한 인증의 취소
3. 제47조제1항에 따른 국제물류주선업자에 대한 등록의 취소
4. 제53조에 따른 물류관리사 자격의 취소

제69조(수수료) ① 다음 각 호의 어느 하나에 해당하는 신청을 하는 경우에는 국토해양부장관 또는 인증센터의 장에게 수수료를 납부하여야 한다. 〈개정 2008.2.29〉
1. 제38조에 따른 종합물류기업의 인증 신청
2. 제43조에 따른 국제물류주선업의 등록 또는 변경등록의 신청

② 제1항에 따른 수수료의 산정기준 및 징수절차 등에 관하여 필요한 사항은 국토해양부령(제1항제1호의 경우에는 공동부령을 말한다)으로 정한다. 〈개정 2008.2.29〉

제70조(벌칙 적용에서의 공무원 의제) 제40조에 따라 그 업무를 행하는 인증센터의 직원은 「형법」 제129조부터 제132조까지의 규정에 따른 벌칙의 적용에 있어서는 공무원으로 본다.

제7장 벌칙

제71조(벌칙) ① 제33조제1항을 위반하여 전자문서를 위작 또는 변작하거나 그 사정을 알면서 위작 또는 변작된 전자문서를 행사한 자는 10년 이하의 징역 또는 2억원 이하의 벌금에 처한다. 이 경우 미수범은 본죄에 준하여 처벌한다.

② 제33조제2항을 위반하여 종합물류정보망 또는 국가물류통합데이터베이스에 의하여 처리·보관 또는 전송되는 물류정보를 훼손하거나 그 비밀을 침해·도용 또는 누설한 자는 5년 이하의 징역 또는 1억원 이하의 벌금에 처한다.

③ 제33조제5항을 위반하여 종합물류정보망 또는 국가물류통합데이터베이스의 보호조치를 침해하거나 훼손한 자는 3년 이하의 징역 또는 5천만원 이하의 벌금에 처한다.

④ 다음 각 호의 어느 하나에 해당하는 자는 1년 이하의 징역 또는 3천만원 이하의 벌금에 처한다.
1. 제33조제3항을 위반하여 전자문서 또는 물류정보를 대통령령으로 정하는 기간 동안 보관하지 아니한 자
2. 제43조제1항에 따른 국제물류주선업의 등록을 하지 아니하고 국제물류주선업을 경영한 자

⑤ 제41조제3항을 위반하여 거짓의 인증마크를 제작·사용하거나 그 밖의 방법으로 인증받은 기업임을 사칭한 자는 1억원 이하의 벌금에 처한다.

⑥ 제34조제1항을 위반하여 전자문서 또는 물류정보를 공개한 자는 3천만원 이하의 벌금에 처한다.

⑦ 다음 각 호의 어느 하나에 해당하는 자는 1천만원 이하의 벌금에 처한다.
1. 제43조제2항에 따른 변경등록을 하지 아니하고 등록한 사항을 변경한 자
2. 제66조를 위반하여 성명 또는 상호를 다른 사람에게 사용하게 하거나 인증서·등록증 또는 자격증을 대여한 자

제72조(양벌규정) 법인의 대표자나 법인 또는 개인의 대리인, 사용인, 그 밖의 종업원이 그 법인 또는 개인의 업무에 관하여 제71조의 위반행위를 하면 그 행위자를 벌하는 외에 그 법인 또는 개인에게도 해당 조문의 벌금형을 과(科)한다. 다만, 법인 또는 개인이 그 위반행위를 방지하기 위하여 해당 업무에 관하여 상당한 주의와 감독을 게을리하지 아니한 경우에는 그러하지 아니하다.
[전문개정 2009.2.6]

제73조(과태료) ① 다음 각 호의 어느 하나에 해당하는 자는 200만원 이하의 과태료를 부과한다. 〈개정 2009.2.6〉
1. 제7조제2항, 제11조제3항(제13조제2항에서 준용하는 경우를 포함한다) 또는 제15조제1항(제16조제2항에서 준용하는 경우를 포함한다)에 따른 자료를 제출하지 아니하거나

거짓의 자료를 제출한 자(제7조제2항제3호, 제11조제3항제3호 및 제15조제1항제3호에 해당하는 자에 한정한다)

2. 제45조 또는 제46조에 따른 신고를 하지 아니한 자

② 제1항의 과태료는 대통령령으로 정하는 바에 따라 국토해양부장관이 부과 · 징수한다. 〈개정 2008.2.29, 2009.2.6〉

③ 삭제 〈2009.2.6〉

④ 삭제 〈2009.2.6〉

⑤ 삭제 〈2009.2.6〉

부칙〈법률 제8617호, 2007.8.3〉

제1조 (시행일) 이 법은 공포 후 6개월이 경과한 날부터 시행한다.

제2조 (일반적 경과조치) 이 법 시행 당시 종전의 「화물유통촉진법」에 따른 처분 · 절차와 그 밖의 행위로서 이 법에 그에 해당하는 규정이 있는 때에는 이 법에 따라 행하여진 것으로 본다.

제3조 (국가물류기본계획 등에 관한 경과조치) ① 이 법 시행 당시 종전의 「화물유통촉진법」에 따라 수립된 국가물류기본계획 및 도시물류기본계획은 이 법에 따라 최초로 국가물류기본계획 및 지역물류기본계획이 수립될 때까지 이 법에 따른 국가물류기본계획 및 지역물류기본계획으로 본다.

② 이 법 시행 당시 종전의 「화물유통촉진법」에 따라 수립된 이 법 시행일이 속하는 연도의 국가물류시행계획 및 도시물류시행계획은 이 법에 따라 최초로 국가물류기본계획의 연도별시행계획 및 지역물류시행계획이 수립될 때까지 이 법에 따른 국가물류기본계획의 연도별시행계획 및 지역물류시행계획으로 본다.

제4조 (등록 · 신고 등에 관한 경과조치) 이 법 시행 전에 종전의 「화물유통촉진법」에 따라 등록 신청 및 신고 등의 행위를 하고 이 법 시행 당시 그 절차가 진행 중인 사항에 대하여는 종전의 규정에 따른다.

제5조 (벌칙 등에 관한 경과조치) 이 법 시행 전의 종전의 「화물유통촉진법」 위반행위에 대한 벌칙이나 과태료 규정을 적용할 때는 종전의 규정에 따른다.

제6조 (종합물류정보망사업자에 대한 경과조치) ① 건설교통부장관은 이 법 시행 후 3년 이내에 제29조제2항 및 제4항에 따른 지정기준을 충족하는 종합물류정보망사업자를 지정하여야 한다.

② 종전의 「화물유통촉진법」에 따른 종합물류정보전산망 전담사업자는 제1항에 따라 새로운 종합물류정보망사업자가 지정될 때까지 이 법 제29조제2항에 따른 종합물류정보망사업자(종합물류정보망을 이용하여 유통되는 전자문서의 개발 및 유통에 관한 업무에 한한다)로 본다.

제7조 (국제물류주선업에 관한 경과조치) ① 종전의 「화물유통촉진법」에 따라 복합운송주선업을 등록한 자는 이 법 제43조에 따른 국제물류주선업자로 본다.

② 종전의 「화물유통촉진법」에 따라 설립된 복합운송주선업협회는 이 법 제48조에 따른 국제물류주선업협회로 본다.

제8조 (「산업표준화법」에 관한 경과조치) 2008년 5월 25일까지 제2조제1항제6호 중 "「산업표준화법」 제12조에 따른 한국산업표준"을 "「산업표준화법」 제10조에 따른 한국산업규격"으로, 제24조제1항 중 "「산업표준화법」에 따른 한국산업표준"은 "「산업표준화법」에 따른 한국산업규격"으로 본다.

제9조 (다른 법률의 개정) ① 유통산업발전법 일부를 다음과 같이 개정한다.

제27조제2항 후단중 "「화물유통촉진법」 제4조의6의 규정에 의한 물류정책위원회"를 "「물류정책기본법」 제19조제1항제2호의 물류시설분과위원회"로 한다.

② 파견근로자보호 등에 관한 법률 일부를 다음과 같이 개정한다.

제5조제3항제2호중 "「화물유통촉진법」 제2조제2호 · 제10호의 규정에 따른 하역업무"를 "「물류정책기본법」 제2조제1항제1호의 하역업무"로 한다.

제10조 (다른 법령과의 관계) 이 법 시행 당시 다른 법령에서 「화물유통촉진법」 또는 그 법의 규정을 인용하고 있는 경우에 이 법 가운데 그에 해당하는 규정이 있으면 종전의 「화물유통촉진법」 또는 그 규정을 갈음하여 이 법 또는 이 법의 해당 규정을 인용한 것으로 본다.

부칙〈법률 제8852호, 2008.2.29〉(정부조직법)

제1조 (시행일) 이 법은 공포한 날부터 시행한다. 다만, · · · 〈생략〉 · · · , 부칙 제6조에 따라 개정되는 법률 중 이 법의 시행 전에 공포되었으나 시행일이 도래하지 아니한 법률을 개정한 부분은 각각 해당 법률의 시행일부터 시행한다.

제2조 부터 제5조까지 생략

제6조 (다른 법률의 개정) ①부터 〈582〉까지 생략

〈583〉 물류정책기본법 일부를 다음과 같이 개정한다.

제7조제1항 전단 · 제2항 각 호 외의 부분 전단 · 제3항 · 제4항, 제10조제1항 전단 · 후단, 제24조제1항, 제55조제2항 및 제73조제2항 중 "건설교통부장관 또는 해양수산부장관"을 각각 "국토해양부장관"으로 한다.

제8조제1항 · 제2항, 제10조제1항 전단 · 후단, 제11조제5항, 제14조제4항, 제15조제2항 · 제4항, 제18조제3항, 제26조제1항부터 제3항까지, 제28조제4항, 제29조제1항, 제2항 각 호 외의 부분 · 제3항, 제30조제1항 · 제2항 각 호 외의 부분 · 제3항, 제31조 각 호 외의 부분, 제32조제2항, 제35조제1항 · 제2항, 제37조제1항부터 제4항까지, 제40조제1항 각 호 외의 부분 · 제5항, 제43조제1항, 제45조제2항, 제46조제1항 · 제2항, 제47조제1항 각 호 외의 부분 본문, 제48조제2항, 제51조제1항, 제53조 각 호 외의 부분 본문, 제54조, 제67조제1항(괄호안을 포함한다) · 제3항 본문 · 단서, 제68조 각 호 외의 부분 및 제69조제1항 각 호 외의 부분 중 "건설교통부장관"을 각각 "국토해양부장관"으로 한다.

제11조제1항 · 제3항 각 호 외의 부분 전단 · 제4항, 제13조제1항, 제36조제1항, 제50조제1항 각 호 외의 부분 · 제2항 각 호 외의 부분 · 제3항, 제55조제6항, 제57조제1항 · 제2항, 제58조제1항부터 제3항까지, 제59조제1항 · 제2항 각 호 외의 부분, 제60조제1항, 제61조제1항 · 제2항 각 호 외의 부분 · 제3항 · 제4항, 제62조제1항 · 제3항 및 제63조제1항 중 "건설교통부장관 및 해양수산부장관"을 각각 "국토해양부장관"으로 한다.

제18조제2항제1호 중 "재정경제부장관 · 교육인적자원부장관 · 과학기술부장관 · 외교통상부장관 · 농림부장관 · 산업자원부장관 · 정보통신부장관 · 노동부장관 · 건설교통부장관 · 해양수산부장관 · 기획예산처장관 · 관세청장"을 "기획재정부장관 · 교육과학기술부장관 · 외교통상부장관 · 농림수산식품부장관 · 지식경제부장관 · 노동부장관 · 국토해양부장관 · 관세청장"으로 한다.

제21조제1항 · 제2항, 제23조제1항부터 제5항까지, 제24조제2항, 제25조제1항 · 제2항, 제36조제2항 각 호 외의 부분 및 제56조제4항 중 "건설교통부장관 · 해양수산부장관 또는 산업자원부장관"을 각각 "국토해양부장관 또는 지식경제부장관"으로 한다.

제26조제1항 · 제3항, 제32조제2항, 제35조제1항 · 제2항, 제37조제1항부터 제4항까지 중 "해양수산부장관 및 산업자원부장관"을 각각 "지식경제부장관"으로 한다.

제27조제1항 · 제2항, 제56조제1항 중 "건설교통부장관 · 해양수산부장관 · 산업자원부장관"을 각각 "국토해양부장관 · 지식경제부장관"으로 한다.

제29조제1항 · 제3항, 제30조제1항 · 제3항 중 "해양수산부장관 · 산업자원부장관"을 각각 "지식경제부장관"으로 한다.

제32조제1항, 제43조제1항 · 제2항, 제45조제2항, 제47조제2항 및 제69조제2항 중 "건설교통부령"을 각각 "국토해양부령"으로 한다.

제50조제2항제3호 · 제3항 및 제4항 중 "건설교통부령 또는 해양수산부령"을 각각 "국토해양

부령"으로 한다.
제64조 중 "건설교통부장관이"를 "국토해양부장관이"로 한다.
제64조 및 제65조 중 "건설교통부장관 · 해양수산부장관 및 산업자원부장관"을 각각 "국토해양부장관 및 지식경제부장관"으로 한다.
〈584〉부터 〈760〉까지 생략
제7조 생략

부칙〈법률 제9445호, 2009.2.6〉

①(시행일) 이 법은 공포 후 3개월이 경과한 날부터 시행한다.
②(국가물류정책위원회의 업무승계에 관한 경과조치) 종전의 국가물류정책위원회의 업무는 제17조의 개정규정에 따른 국가물류정책위원회가 승계한다.

부칙〈법률 제9772호, 2009.6.9〉(국가통합교통체계효율화법)

제1조(시행일) 이 법은 공포 후 6개월이 경과한 날부터 시행한다.
제2조 부터 제4조까지 생략
제5조(다른 법률의 개정) ①부터 ⑥까지 생략
⑦ 물류정책기본법 일부를 다음과 같이 개정한다.
제7조제1항 후단 및 제9조제1항 후단 중 "「교통체계효율화법」 제9조의 국가교통조사"를 각각 "「국가통합교통체계효율화법」 제12조에 따른 국가교통조사"로 한다.
제12조제1항 중 "「교통체계효율화법」"을 "「국가통합교통체계효율화법」으로 한다.
⑧부터 ⑬까지 생략
제6조 생략

부칙〈법률 제10303호, 2010.5.17〉(은행법)

제1조(시행일) 이 법은 공포 후 6개월이 경과한 날부터 시행한다. 〈단서 생략〉
제2조 부터 제8조까지 생략
제9조(다른 법률의 개정) ①부터 〈31〉까지 생략
〈32〉 물류정책기본법 일부를 다음과 같이 개정한다.
제43조제3항제3호 중 "금융기관"을 "은행"으로 한다.
〈33〉부터 〈86〉까지 생략
제10조 생략

부칙〈법률 제10339호, 2010.6.4〉(정부조직법)

제1조(시행일) 이 법은 공포 후 1개월이 경과한 날부터 시행한다. 〈단서 생략〉
제2조 및 제3조 생략
제4조(다른 법률의 개정) ①부터 〈41〉까지 생략
〈42〉 물류정책기본법 일부를 다음과 같이 개정한다.
제18조제2항제1호 중 "노동부"를 "고용노동부"로 한다.
〈43〉부터 〈82〉까지 생략
제5조 생략

「물류정책기본법 시행령」

[시행 2010. 1. 7] [대통령령 제21985호, 2010. 1. 7, 타법개정]

제1조(목적) 이 영은 「물류정책기본법」에서 위임된 사항과 그 시행에 필요한 사항을 규정함을 목적으로 한다.

제2조(제3자물류에서 제외되는 특수관계) 「물류정책기본법」(이하 "법"이라 한다) 제2조제1항제10호에서 "대통령령으로 정하는 특수관계"란 「법인세법 시행령」 제87조제1항 각 호의 어느 하나에 해당하는 관계를 말한다.

제3조(물류사업의 범위) 법 제2조제2항에 따른 물류사업의 범위는 별표 1과 같다.

제4조(물류현황조사지침) ① 법 제8조제1항에 따른 물류현황조사를 위한 조사지침(이하 "물류현황조사지침"이라 한다)에는 다음 각 호의 사항이 포함되어야 한다.

1. 조사의 종류 및 항목
2. 조사의 대상·방법 및 절차
3. 조사의 체계
4. 조사의 시기 및 지역
5. 조사결과의 집계·분석 및 관리
6. 그 밖에 효율적인 물류현황조사를 위하여 필요한 사항

② 법 제7조제3항에 따라 물류현황조사를 수행하는 자는 물류현황조사지침에 따라 조사를 수행하여야 한다.

제5조(국가물류기본계획의 중요한 사항의 변경) 법 제11조제4항에서 "대통령령으로 정하는 중요한 사항"이란 다음 각 호의 어느 하나에 해당하는 사항을 말한다. 다만, 제2호부터 제4호까지의 사항이 「국토기본법」 제9조에 따른 국토종합계획, 「국가통합교통체계효율화법」 제4조제1항에 따른 국가기간교통망계획이나 「물류시설의 개발 및 운영에 관한 법률」 제4조에 따른 물류시설개발종합계획 등 법 제11조에 따른 국가물류기본계획(이하 "국가물류기본계획"이라 한다)과 관련된 다른 계획의 변경으로 인한 사항을 반영하는 내용일 경우는 제외한다. 〈개정 2010.1.7〉

1. 국가물류정책의 목표와 주요 추진전략에 관한 사항
2. 물류시설·장비의 투자 우선 순위에 관한 사항
3. 국제물류의 촉진·지원에 관한 기본적인 사항
4. 그 밖에 법 제17조에 따른 국가물류정책위원회의 심의가 필요하다고 인정하는 사항

제6조(연도별시행계획의 수립 등) ① 국토해양부장관은 법 제13조제1항에 따라 국가물류기본계획의 연도별 시행계획(이하 "연도별시행계획"이라 한다)을 수립하려는 경우에는 미리 관계 중앙행정기관의 장, 특별시장·광역시장·도지사 및 특별자치도지사(이하 "시·도지사"라 한다)와 협의한 후 법 제19조제1항제1호에 따른 물류정책분과위원회의 심의를 거쳐야 한다. 〈개정 2008.2.29〉

② 국토해양부장관은 수립된 연도별시행계획을 관계 행정기관의 장에게 통보하여야 하며, 관계 행정기관의 장은 연도별시행계획의 원활한 시행을 위하여 적극 협조하여야 한다. 〈개정 2008.2.29〉

③ 관계 행정기관의 장은 전년도의 연도별시행계획의 추진실적과 해당 연도의 시행계획을 매년 2월 말까지 국토해양부장관에게 제출하여야 한다. 〈개정 2008.2.29〉

제7조(지역물류기본계획의 중요한 사항의 변경) 법 제15조제2항에서 "대통령령이 정하는 중요한 사항"이란 다음 각 호의 어느 하나에 해당하는 사항을 말한다. 다만, 제2호부터 제4호까지의 사항이 「국토기본법」 제9조에 따른 국토종합계획, 「국가통합교통체계효율화법」 제4조제1항에 따른 국가기간교통망계획이나 「물류시설의 개발 및 운영에 관한 법률」 제4조에 따른 물류시설개발종합계획 등 국가물류기본계획과 관련된 다른 계획의 변

경으로 인한 사항을 반영하는 내용일 경우는 제외한다. 〈개정 2010.1.7〉

1. 지역물류정책의 목표와 주요 추진전략에 관한 사항
2. 지역의 물류시설·장비의 투자 우선순위에 관한 사항
3. 지역 차원의 국제물류의 촉진·지원에 관한 기본적인 사항
4. 그 밖에 법 제20조에 따른 지역물류정책위원회(이하 "지역물류정책위원회"라 한다)의 심의가 필요하다고 인정하는 사항

제8조(지역물류시행계획의 수립 등) ① 특별시장 또는 광역시장(법 제14조제2항에 따라 지역물류기본계획을 수립하는 도지사 및 특별자치도지사를 포함한다. 이하 이 조에서 같다)은 법 제16조제1항에 따라 법 제14조에 따른 지역물류기본계획의 연도별 시행계획(이하 "지역물류시행계획"이라 한다)을 수립하려는 경우에는 미리 국토해양부장관, 관계 중앙행정기관의 장, 해당 특별시·광역시·도 및 특별자치도(이하 "시·도"라 한다)에 인접한 시·도의 시·도지사와 협의한 후 지역물류정책위원회의 심의를 거쳐야 한다. 〈개정 2008.2.29〉

② 특별시장 또는 광역시장은 지역물류시행계획을 수립한 경우에는 국토해양부장관, 관계 중앙행정기관의 장, 해당 시·도에 인접한 시·도의 시·도지사, 관할 시·군 및 구(지방자치단체인 시·군 및 자치구를 말한다. 이하 "시·군·구"라 한다)의 시장·군수 및 구청장(이하 "시장·군수·구청장"이라 한다)에게 이를 통보하여야 한다. 〈개정 2008.2.29〉

③ 해당 시·도에 인접한 시·도의 시·도지사, 관할 시·군·구의 시장·군수·구청장 및 관련 법령에 따라 해당 시·도 또는 시·군·구의 지원을 받는 기업 및 단체 등은 지역물류시행계획의 원활한 시행을 위하여 적극 협조하여야 한다.

제9조(국가물류정책위원회의 전문위원) ① 법 제17조에 따른 국가물류정책위원회(이하 "위원회"라 한다)에는 법 제18조제5항에 따라 5명 이내의 비상근 전문위원을 둘 수 있다.

② 전문위원은 다음 각 호에 해당하는 자 중에서 국토해양부장관이 위촉한다. 〈개정 2008.2.29〉

1. 법 제18조제2항제1호에 해당하는 중앙행정기관의 장이 추천하는 자
2. 물류 관련 분야에 관한 전문지식 및 경험이 풍부한 자

③ 전문위원의 임기는 3년 이내로 하되, 연임할 수 있다.

④ 전문위원은 위원회와 법 제19조제1항 각 호의 분과위원회(이하 "분과위원회"라 한다)에 출석하여 발언할 수 있다.

제10조(위원장의 직무) ① 위원회의 위원장(이하 "위원장"이라 한다)은 위원회를 대표하고, 위원회의 업무를 총괄한다.

② 위원장이 사고가 있거나 그 밖의 다른 사유로 인하여 회의에 참석하지 못하는 경우에는 위원장이 미리 지명한 위원이 그 직무를 대행한다. 〈개정 2008.2.29, 2009.4.30〉

③ 위원장은 법 제18조제2항제2호의 위원이 금고 이상의 형의 선고를 받거나 장기간의 심신쇠약 등으로 직무를 수행할 수 없게 되는 등 특별한 사유가 있는 때에는 해촉할 수 있다. 이 경우 보궐위원의 임기는 전임자의 잔임기간으로 한다.

제11조(위원회의 회의) ① 위원장은 위원회의 회의를 소집하며, 그 의장이 된다.

② 위원장이 회의를 소집하려는 경우에는 회의 개최일 5일 전까지 회의의 일시·장소 및 심의안건을 각 위원에게 통지하여야 한다. 다만, 긴급을 요하거나 부득이한 사유가 있는 경우에는 그러하지 아니하다.

③ 회의는 재적위원 과반수의 출석으로 개의하고, 출석위원 과반수의 찬성으로 의결한다.

④ 위원회는 안건 심의와 그 밖의 업무수행에 필요하다고 인정되는 관계 기관에 자료의 제출을 요청하거나 관계인 또는 전문가를 출석하게 하여 그 의견을 들을 수 있다.

제12조(간사) ① 법 제18조제3항에 따른 위원회의 간사는 국토해양부 소속 공무원으로서 고위공무원단에 속하는 일반직공무원 중에서 위원장이 지명한다. 〈개정 2008.2.29〉

② 간사는 위원장의 명을 받아 위원회의 사무를 처리한다.

제13조(분과위원회) ① 분과위원회는 다음 각 호의 사항을 심의·조정한다.

1. 물류정책분과위원회 : 중장기 물류정책의 수립·조정, 물류산업 및 물류기업의 육성·지원, 물류인력의 양성에 관한 사항과 물류시설분과위원회 및 국제물류분과위원회의 소관에 속하지 아니하는 사항

2. 물류시설분과위원회 : 물류의 공동화·표준화·정보화 및 자동화, 물류시설·장비 및 프로그램의 개발에 관한 사항

3. 국제물류분과위원회 : 국제물류협력체계 구축, 국내물류기업의 해외진출, 해외물류기업의 유치 및 환적화물의 유치, 해외물류시설 투자 등 국제물류의 촉진 및 지원에 관한 사항

② 각 분과위원회의 위원장은 제3항제1호에 따른 분과위원회의 위원 중에서 국토해양부장관이 지명한다. 〈개정 2009.4.30〉

③ 분과위원회의 위원은 다음 각 호의 자가 된다.

1. 법 제18조제2항제1호의 중앙행정기관 중 해당 분과위원회에서 심의·조정할 사항에 관련되는 기관의 고위공무원단에 속하는 일반직공무원

2. 각 분과위원회의 소관 사항에 관한 전문지식 및 경험이 풍부한 자 중에서 각 분과위원회의 위원장이 위촉하는 3명 이상 5명 이내의 자

④ 분과위원회의 위원 중 공무원이 아닌 위원의 임기는 2년으로 하되, 연임할 수 있다.

⑤ 분과위원회에 관하여는 제10조 및 제11조를 준용한다.

제14조(수당 등) 위원회 또는 분과위원회에 출석한 위원에게는 예산의 범위에서 수당과 여비를 지급할 수 있다. 다만, 공무원인 위원이 그 소관 업무와 직접 관련되어 출석하는 경우에는 그러하지 아니하다.

제15조(운영세칙) 이 영에 규정한 것 외에 위원회 및 각 분과위원회의 운영에 필요한 사항은 위원회의 의결을 거쳐 위원회의 위원장이 정한다.

제16조(지역물류정책위원회) ① 지역물류정책위원회는 위원장을 포함한 20명 이내의 위원으로 구성한다.

② 지역물류정책위원회의 위원장은 해당 지역의 시·도지사가 되고, 위원은 다음 각 호의 자 중에서 위원장이 위촉 또는 지명하는 자가 된다.

1. 관할 및 인접 시·군·구의 시장·군수·구청장
2. 해당 시·도의 물류 관련 업무를 담당하는 3급 이상의 공무원
3. 물류 관련 분야에 관한 전문지식 및 경험이 풍부한 자

③ 공무원이 아닌 위원의 임기는 2년으로 하되, 연임할 수 있다.

④ 지역물류정책위원회에 관하여는 제10조부터 제12조까지 및 제14조를 준용한다.

⑤ 그 밖에 지역물류정책위원회의 구성 및 운영에 필요한 사항은 해당 시·도의 조례로 정한다.

제17조(물류관련기관 등) ① 법 제22조 각 호 외의 부분에서 "대통령령으로 정하는 물류 관련 기관"(이하 "물류관련기관"이라 한다)이란 다음 각 호를 말한다.

1. 「공공기관의 운영에 관한 법률」에 따른 공공기관 중 물류와 관련된 기관
2. 「지방공기업법」에 따른 지방공기업 중 물류와 관련된 기관
3. 「민법」 제32조에 따라 설립된 물류와 관련된 비영리법인

② 법 제22조제3호에서 "대통령령으로 정하는 공항·항만 또는 산업단지"란 다음 각 호를 말한다. 〈개정 2009.9.9〉

1. 「항공법」 제2조제7호에 따른 공항 중 화물의 운송을 위한 시설을 갖춘 공항
2. 「항만법」 제2조제1호에 따른 항만 중 화물의 운송을 위한 시설을 갖춘 항만
3. 「산업입지 및 개발에 관한 법률」 제2조제5호가목에 따른 국가산업단지

제18조(기업물류비 산정지침) 법 제26조제1항에 따른 기업물류비 산정지침에는 다음 각 호의 사항이 포함되어야 한다.

1. 물류비 관련 용어 및 개념에 대한 정의
2. 영역별·기능별 및 자가·위탁별 물류비의 분류

3. 물류비의 계산 기준 및 계산 방법
4. 물류비 계산서의 표준 서식

제19조(물류정보화 시책) ① 국토해양부장관ㆍ지식경제부장관 또는 관세청장은 법 제27조제1항에 따라 물류정보화를 통한 물류체계의 효율화 시책을 강구함에 있어서는 다음 각 호의 사항이 포함되도록 하여야 한다. 〈개정 2008.2.29〉
1. 물류정보의 표준에 관한 사항
2. 물류분야 정보통신기술의 도입 및 확산에 관한 사항
3. 물류정보의 연계 및 공동활용에 관한 사항
4. 물류보안에 관한 사항
5. 그 밖에 물류효율의 향상을 위하여 필요한 사항

② 국토해양부장관ㆍ지식경제부장관 또는 관세청장은 제1항 각 호의 사항을 추진함에 있어서 필요한 경우에는 그 내용을 고시하거나 물류관련기관 또는 기업 등에게 이행을 권고할 수 있다. 〈개정 2008.2.29〉

제20조(단위물류정보망 전담기관의 지정) ① 관계 행정기관 및 물류관련기관은 다음 각 호의 어느 하나에 해당하는 자를 법 제28조제1항에 따른 단위물류정보망의 전부 또는 일부를 구축ㆍ운영할 전담기관(이하 "전담기관"이라 한다)으로 지정할 수 있다.
1. 「공공기관의 운영에 관한 법률」에 따른 공공기관
2. 「정부출연연구기관 등의 설립ㆍ운영 및 육성에 관한 법률」 또는 「과학기술분야 정부출연연구기관 등의 설립ㆍ운영 및 육성에 관한 법률」에 따른 정부출연연구기관
3. 납입자본금이 10억원 이상인 「상법」 상의 주식회사. 다만, 정부ㆍ공공기관 및 비영리법인 외의 주주 중 동일인이 의결권 있는 주식총수의 100분의 15를 초과하여 소유하지 아니하는 주식회사에 한정한다.

② 관계 행정기관 및 물류관련기관은 전담기관을 지정하려는 때에는 지정기준ㆍ지정신청의 방법 및 기간 등을 정하여 30일 이상 관보ㆍ공보 또는 인터넷 홈페이지에 이를 공고하여야 한다.

③ 관계 행정기관 및 물류관련기관은 전담기관을 지정하려는 때에는 신청자의 사업수행능력과 사업계획의 타당성 등을 종합적으로 검토하여야 한다.

④ 관계 행정기관 및 물류관련기관은 전담기관을 지정한 때에는 지정증을 교부하여야 한다. 이 경우 그 사실을 다른 관계 행정기관 및 물류관련기관에 통보하고 관보ㆍ공보 또는 인터넷 홈페이지에 공고하여야 한다.

제21조(종합물류정보망사업자의 지정 등) ① 법 제29조제2항제1호 및 법 제30조제2항제2호에서 "대통령령으로 정하는 공공기관"이란 각각 다음 각 호의 기관을 말한다. 〈개정 2008.2.29, 2009.9.21〉
1. 「한국철도공사법」에 따른 한국철도공사
2. 「한국도로공사법」에 따른 한국도로공사
3. 「인천국제공항공사법」에 따른 인천국제공항공사
4. 「한국공항공사법」에 따른 한국공항공사
5. 「한국토지주택공사법」에 따른 한국토지주택공사
6. 「한국컨테이너부두공단법」에 따른 한국컨테이너부두공단
7. 「항만공사법」에 따른 항만공사
8. 그 밖에 국토해양부장관이 지정하여 고시하는 기관

② 법 제29조제2항에 따라 법 제29조제3항의 종합물류정보망사업자(이하 "종합물류정보망사업자"라 한다)로 지정받으려는 자는 제3항에 따른 공고가 있는 때에 국토해양부령으로 정하는 지정신청서 및 첨부서류를 갖추어 국토해양부장관에게 제출하여야 한다. 〈개정 2008.2.29〉

③ 국토해양부장관은 종합물류정보망사업자의 지정신청을 받으려는 때에는 미리 법 제19조제1항제2호에 따른 물류시설분과위원회의 심의를 거쳐 항목별 심사기준ㆍ신청방법 및

접수기간 등을 정하여 30일 이상 관보에 공고하여야 한다. 〈개정 2008.2.29〉
④ 국토해양부장관은 종합물류정보망사업자를 지정하려는 때에는 신청자의 사업수행 능력과 사업계획의 타당성 등을 종합적으로 검토하여야 한다. 〈개정 2008.2.29〉
⑤ 국토해양부장관은 종합물류정보망사업자를 지정한 때에는 국토해양부령으로 정하는 지정증을 교부하고, 그 사실을 관보에 공고하여야 한다. 〈개정 2008.2.29〉
⑥ 국토해양부장관은 법 제31조에 따라 종합물류정보망사업자의 지정을 취소한 때에는 그 사실을 관보에 공고하여야 한다. 〈개정 2008.2.29〉

제22조(국가물류통합데이터베이스운영자의 지정 등) 법 제30조제4항에 따른 국가물류통합데이터베이스운영자의 지정 등에 관하여는 제21조를 준용한다.

제23조(종합물류정보망사업자 등의 업무범위 등) ① 종합물류정보망사업자는 다음 각 호의 업무를 수행한다. 〈개정 2008.2.29〉
1. 종합물류정보망의 기초조사ㆍ설계 및 구성
2. 전자문서ㆍ물류정보의 보급 및 이용 촉진
3. 물류정보의 전송처리에 관한 업무
4. 화물 및 화물수송수단에 대한 정보체계의 개발ㆍ운영
5. 컴퓨터ㆍ통신설비 등 전산설비의 설치 및 보안 관리
6. 종합물류정보망에 관한 기술정보의 제공
7. 그 밖에 국토해양부장관이 필요하다고 인정하는 업무

② 국가물류통합데이터베이스운영자는 다음 각 호의 업무를 수행한다. 이 경우 「국가통합교통체계효율화법」 제17조 및 같은 법 시행령 제114조에 따라 국가교통데이터베이스의 구축ㆍ운영업무를 위탁받은 자의 업무와 중복되지 아니하도록 하여야 한다. 〈개정 2008.2.29, 2010.1.7〉
1. 국가물류통합데이터베이스의 기초조사ㆍ설계 및 구성
2. 물류정보의 조사ㆍ수집ㆍ가공 및 보관
3. 이용자에 대한 물류정보의 제공
4. 물류정보의 보급 및 이용 촉진
5. 그 밖에 국토해양부장관이 필요하다고 인정하는 업무

③ 종합물류정보망사업자와 국가물류통합데이터베이스운영자는 매년 2월 말까지 제1항 및 제2항 각 호의 업무가 포함된 전년도의 사업추진실적 및 해당 연도의 사업추진계획을 작성하여 국토해양부장관에게 제출하여야 한다. 〈개정 2008.2.29〉

제24조(물류에 관한 업무의 범위) 법 제32조제1항의 "대통령령으로 정하는 물류에 관한 업무" 및 법 제35조제1항의 "대통령령으로 정하는 물류시설의 이용 등 관련 업무"란 각각 법 및 다음 각 호의 법률과 이에 따른 명령에 의한 업무 중 물류시설의 개발 및 이용, 물류사업의 지원, 물류사업에 대한 각종 신청 및 신고 그 밖에 물류관리와 관련된 업무를 말한다. 〈개정 2008.2.29〉
1. 「개항질서법」
2. 「검역법」
3. 「도선법」
4. 「물류시설의 개발 및 운영에 관한 법률」
5. 「상법」
6. 「철도사업법」
7. 「항공법」
8. 「항만법」
9. 「항만운송사업법」
10. 「해운법」
11. 「화물자동차 운수사업법」
12. 그 밖에 국토해양부장관이 관계 중앙행정기관의 장과 협의하여 고시하는 법률

第25조(전자문서 및 물류정보의 보관기간) 법 제33조제3항에 따른 전자문서 및 물류정보의 보관기간은 3년으로 한다.

第26조(전자문서 및 물류정보의 공개) ① 법 제34조제1항에서 "대통령령으로 정하는 경우"란 국가의 안전보장에 위해가 없고 기업의 영업비밀을 침해하지 아니하는 경우로서 다음 각 호의 어느 하나에 해당하는 경우를 말한다. 〈개정 2008.2.29〉

1. 관계 중앙행정기관 또는 지방자치단체가 행정목적상의 필요에 따라 신청하는 경우
2. 수사기관이 수사목적상의 필요에 따라 신청하는 경우
3. 법원의 제출명령에 따른 경우
4. 다른 법률에 따라 공개하도록 되어 있는 경우
5. 그 밖에 종합물류정보망사업자 또는 국가물류통합데이터베이스운영자의 요청에 따라 국토해양부장관이 공개하는 것이 필요하다고 인정하는 경우

② 종합물류정보망사업자 또는 국가물류통합데이터베이스운영자는 법 제34조제1항에 따라 전자문서 또는 물류정보를 공개하려는 때에는 제1항 각 호에 따른 신청 등이 있은 날부터 60일 이내에 서면(전자문서를 포함한다)으로 이해관계인의 동의를 받아야 한다.

③ 법 제34조제2항에서 "대통령령으로 정하는 이해관계인"이란 공개하려는 전자문서 또는 물류정보에 대하여 직접적인 이해관계를 가진 자를 말한다.

第27조(물류 관련 법률) 법 제36조제2항제1호에서 "대통령령으로 정하는 물류 관련 법률"이란 다음 각 호의 법률을 말한다. 〈개정 2008.2.29〉

1. 제24조제1호부터 제11호까지의 법률
2. 「유통산업발전법」
3. 「농수산물유통 및 가격안정에 관한 법률」
4. 그 밖에 국토해양부장관이 농림수산식품부장관 또는 지식경제부장관과 협의하여 고시하는 법률

第28조(인증종합물류기업에 대한 점검) ① 법 제38조제3항에 따라 법 제38조제1항의 주무부장관(이하 "주무부장관"이라 한다)은 법 제38조제1항에 따라 종합물류기업으로 인증을 받은 자(이하 "인증종합물류기업"이라 한다)가 법 제38조제2항 각 호의 요건을 유지하는지에 대하여 법 제38조제2항제2호의 공동부령(이하 "공동부령"이라 한다)이 정하는 바에 따라 2년마다 정기적으로 점검하여야 한다.

② 주무부장관은 인증종합물류기업이 법 제38조제2항 각 호의 요건을 유지하지 못한다고 판단되는 경우에는 공동부령으로 정하는 바에 따라 별도의 점검을 할 수 있다.

③ 주무부장관은 공동부령으로 정하는 바에 따라 법 제40조에 따른 종합물류기업 인증센터(이하 "인증센터"라 한다)로 하여금 제1항 및 제2항에 따른 점검을 하게 할 수 있다.

第29조(인증센터의 지원업무 등) ① 법 제40조제1항제4호에서 "대통령령으로 정하는 지원업무"란 다음 각 호의 업무를 말한다. 〈개정 2008.2.29〉

1. 법 제38조제1항에 따른 인증(이하 "인증"이라 한다)의 심사방법, 심사절차 등 인증업무에 대한 세부규정 마련
2. 인증심사 계획 및 제28조에 따른 점검 계획의 수립 및 결과 보고
3. 인증심사위원의 관리
4. 인증제도 및 인증종합물류기업에 대한 홍보
5. 인증제도에 대한 연구
6. 그 밖에 국토해양부장관이 정하여 고시하는 업무

② 국토해양부장관은 법 제40조제2항에 따라 인증센터를 지정한 때에는 그 사실을 관보에 공고하여야 한다. 〈개정 2008.2.29〉

第30조(물류 관련 시설) 법 제42조제1항제4호에서 "그 밖에 대통령령으로 정하는 물류 관련 시설"이란 다음 각 호의 어느 하나에 해당하는 시설을 말한다. 〈개정 2008.2.29〉

1. 「철도산업발전 기본법」에 따른 철도시설 중 물류시설 및 그 부대시설
2. 「항공법」에 따른 공항시설 중 공항구역 안에 있는 화물의 운송을 위한 시설과 그 부

대시설 및 지원시설
3. 「유통산업발전법」에 따른 집배송시설 및 공동집배송센터
4. 그 밖에 국토해양부장관이 관계 중앙행정기관의 장과 협의하여 고시하는 물류 관련 시설

제31조(국제물류주선업협회의 설립) ① 법 제43조제2항의 국제물류주선업자(이하 "국제물류주선업자"라 한다)는 법 제48조제1항에 따라 사업자협회(이하 "국제물류주선업협회"라 한다)를 전국 또는 시ㆍ도 단위로 설립할 수 있다.
② 국제물류주선업협회를 설립하려는 때에는 법 제48조제2항에 따른 창립총회의 의결을 거쳐 설립인가신청서에 다음 각 호의 서류를 첨부하여 국토해양부장관에게 제출하여야 한다. 〈개정 2008.2.29〉
1. 정관
2. 발기인의 명부 및 이력서
3. 회원의 명부
4. 사업계획서 및 예산의 수입지출계획서
5. 창립총회 회의록

제32조(국제물류주선업협회의 업무) 국제물류주선업협회는 다음 각 호의 업무를 수행한다. 〈개정 2008.2.29〉
1. 국제물류주선업의 건전한 발전과 국제물류주선업자의 공동이익을 도모하는 사업
2. 국제물류주선업의 진흥ㆍ발전에 필요한 통계의 작성ㆍ관리와 외국자료의 수집ㆍ조사ㆍ연구사업
3. 경영자와 종업원의 교육ㆍ훈련
4. 국제물류주선업의 경영개선에 관한 지도
5. 국토해양부장관으로부터 위탁받은 업무
6. 제1호부터 제5호까지의 업무에 부수되는 업무

제33조(국제물류주선업협회의 정관) 국제물류주선업협회의 정관에는 다음 각 호의 사항이 포함되어야 한다.
1. 목적
2. 명칭
3. 사무소의 소재지
4. 회원 및 총회에 관한 사항
5. 임원에 관한 사항
6. 업무에 관한 사항
7. 회계 및 회비에 관한 사항
8. 정관의 변경에 관한 사항
9. 해산에 관한 사항
10. 공고의 방법에 관한 사항

제34조(물류인력의 양성) 법 제50조제1항 각 호 외의 부분에서 "대통령령으로 정하는 물류분야"란 다음 각 호에 해당하는 분야를 말한다.
1. 물류사업에 관련된 분야
2. 물류시설 및 장비에 대한 연구ㆍ개발
3. 물류 정보화ㆍ표준화ㆍ공동화에 대한 연구ㆍ개발

제35조(물류관리사 자격시험의 실시) 법 제51조에 따른 물류관리사 자격시험(이하 "시험"이라 한다)은 매년 1회 실시하되, 국토해양부장관이 물류관리사의 수급상 특히 필요하다고 인정하는 경우에는 2년마다 실시할 수 있다. 〈개정 2008.2.29, 2008.10.20〉

제36조(시험방법) ① 시험은 필기의 방식으로 실시한다.
② 시험은 선택형을 원칙으로 하되, 기입형을 가미할 수 있다.

제37조(시험과목 등) ① 시험은 물류관리 업무수행에 필요한 소양 및 지식의 검정과 이론 및

실무능력의 검정에 중점을 둔다.

② 시험과목은 별표 2와 같다.

③ 물류관리론(화물운송론ㆍ보관하역론 및 국제물류론은 제외한다)ㆍ화물운송론ㆍ보관하역론 및 국제물류론에 관한 과목이 개설되어 있는 대학원에서 해당 과목을 모두 이수(학점을 취득한 경우로 한정한다)하고 석사학위 이상의 학위를 받은 자는 제2항에 따른 시험과목 중 물류 관련 법규를 제외한 과목의 시험을 면제한다.

제38조 삭제 〈2008.10.20〉

제39조(시험의 출제 등) ① 국토해양부장관은 물류 관련 분야에 관한 전문지식 및 경험이 풍부한 자 중에서 시험의 출제 및 선정을 담당할 자(이하 "출제위원"이라 한다)를 위촉 또는 지명할 수 있다. 〈개정 2008.2.29〉

② 제1항에 따라 위촉된 출제위원 및 시험감독 업무에 종사하는 자에게는 예산의 범위에서 수당과 여비를 지급할 수 있다.

제40조(시험의 공고 등) ① 국토해양부장관은 시험을 시행하려는 때에는 시험내용ㆍ일시ㆍ장소 및 합격자 결정방법 등의 필요한 사항을 시험시행일 30일 전까지 주요 일간신문에 공고하여야 한다. 〈개정 2008.2.29〉

② 시험에 응시하려는 자는 국토해양부령으로 정하는 응시원서를 국토해양부장관에게 제출하여야 한다. 〈개정 2008.2.29〉

③ 제2항에 따라 응시원서를 제출하는 자는 국토해양부령으로 정하는 바에 따라 수수료를 내야 한다. 〈개정 2008.2.29〉

④ 제3항에 따라 수수료를 낸 자가 응시의 의사를 철회하는 경우에는 국토해양부령으로 정하는 바에 따라 응시수수료의 전부 또는 일부를 반환하여야 한다. 〈개정 2008.2.29〉

제41조(시험합격자의 결정) ① 시험에 있어서는 매 과목 100점을 만점으로 하여 매 과목 40점 이상, 전 과목 평균 60점 이상을 득점한 자를 합격자로 결정한다. 다만, 국토해양부장관이 물류관리사의 수급상 특히 필요하다고 인정하여 미리 선발예정인원을 공고한 경우에는 선발예정인원의 범위에서 매 과목 40점 이상인 자 중 고득점자 순으로 합격자를 결정한다. 〈개정 2008.2.29, 2008.10.20〉

② 제1항 단서에 따라 합격자를 결정함에 있어서 동점자로 인하여 선발예정인원을 초과하는 때에는 해당 동점자 모두를 합격자로 한다. 이 경우 동점자의 점수 계산은 소수점 이하 둘째 자리까지 한다.

③ 국토해양부장관은 제1항 및 제2항에 따라 합격자가 결정된 때에는 이를 관보에 공고하고, 합격자에게 국토해양부령으로 정하는 물류관리사 자격증을 교부하여야 한다. 〈개정 2008.2.29〉

제42조(물류관련협회의 설립) 물류기업, 화주기업, 그 밖에 물류활동과 관련된 자가 법 제55조에 따른 물류관련협회(이하 "물류관련협회"라 한다)를 설립하려는 때에는 법 제55조제2항에 따라 국토해양부령으로 정하는 설립인가 신청서에 다음 각 호의 서류를 첨부하여 소관에 따라 국토해양부장관에게 제출하여야 한다. 〈개정 2008.2.29〉

1. 정관
2. 발기인의 명부 및 이력서
3. 회원의 명부
4. 사업계획서 및 예산의 수입지출계획서
5. 창립총회 회의록

제43조(물류관련협회의 업무) 물류관련협회는 다음 각 호의 업무를 수행한다. 〈개정 2008.2.29〉

1. 해당 사업의 건전한 발전과 해당 사업자의 공동이익을 도모하는 사업
2. 해당 사업의 진흥ㆍ발전에 필요한 통계의 작성ㆍ관리와 외국자료의 수집ㆍ조사ㆍ연구사업
3. 경영자와 종업원의 교육ㆍ훈련
4. 해당 사업의 경영개선에 관한 지도

5. 국토해양부장관으로부터 위탁받은 업무
6. 제1호부터 제5호까지의 업무에 부수되는 업무

제44조(물류관련협회의 정관) 물류관련협회의 정관에 포함되어야 하는 사항에 관하여는 제33조를 준용한다.

제45조(물류지원센터의 설치) 법 제56조제1항에서 "대통령령으로 정하는 물류관련협회ㆍ물류관련 단체"란 다음 각 호의 어느 하나에 해당하는 협회 또는 단체를 말한다. 〈개정 2008.2.29〉

1. 국제물류주선업협회
2. 물류관련협회
3. 「화물자동차 운수사업법」 제33조제1항 및 제35조제1항에 따라 화물자동차운수사업자가 설립한 협회 및 연합회
4. 「민법」 제32조에 따라 설립된 물류와 관련된 비영리법인
5. 그 밖에 국토해양부장관이 관계 행정기관의 장과 협의하여 지정ㆍ고시하는 기관

제46조(물류지원센터의 운영) ① 법 제56조에 따라 설치하는 물류지원센터에는 물류지원센터의 장과 같은 조 제2항 각 호의 업무 수행에 필요한 조직을 둔다.

② 물류지원센터의 장은 매 연도별로 사업계획을 수립하고, 물류지원센터의 조직ㆍ인사ㆍ복무ㆍ보수ㆍ회계ㆍ물품ㆍ문서의 처리에 관한 규정을 정한 후, 이에 따라 사무를 처리하여야 한다.

③ 법 제56조제4항에 따라 행정적ㆍ재정적 지원을 하는 관계 중앙행정기관의 장은 해당 물류지원센터의 장에 대하여 매년 2월 말까지 같은 조 제2항 각 호의 업무가 포함된 전년도의 사업추진실적 및 해당 연도의 사업추진계획을 작성하여 제출할 것을 요청할 수 있다.

제47조(환경친화적 물류활동) 법 제59조제2항제3호에서 "그 밖에 대통령령으로 정하는 환경친화적 물류활동"이란 다음 각 호의 활동을 말한다. 〈개정 2008.2.29〉

1. 환경친화적인 물류시스템의 도입 및 개발
2. 물류활동에 따른 폐기물 감량
3. 그 밖에 물류자원을 절약하고 재활용하는 활동으로서 국토해양부장관이 정하여 고시하는 사항

제48조(환경친화적 운송수단으로의 전환 지원) ① 법 제60조제1항에 따른 지원대상은 다음 각 호와 같다.

1. 화물자동차ㆍ철도차량ㆍ선박ㆍ항공기 등의 배출가스를 저감하거나 배출가스를 저감할 수 있는 운송수단으로 전환하는 경우 및 이를 위한 시설ㆍ장비투자를 하는 경우
2. 환경친화적인 연료를 사용하는 운송수단으로 전환하는 경우 및 이를 위한 시설ㆍ장비투자를 하는 경우

② 법 제60조제1항에 따른 지원내용은 다음 각 호와 같다. 〈개정 2008.2.29〉

1. 환경친화적 운송수단으로의 전환에 필요한 자금의 보조ㆍ융자 및 융자 알선
2. 환경친화적 운송수단으로의 전환에 필요한 교육, 컨설팅 및 정보의 제공
3. 그 밖에 환경친화적 운송수단으로의 전환을 지원하기 위하여 국토해양부장관이 관계 행정기관의 장과 협의하여 고시하는 사항

제49조(국제물류사업에 대한 지원) 법 제61조제2항 각 호 외의 부분에서 "대통령령으로 정하는 물류기업 또는 관련 단체"란 다음 각 호의 어느 하나에 해당하는 기업 또는 단체를 말한다. 〈개정 2008.2.29〉

1. 물류사업을 영위하는 기업
2. 「정부출연연구기관 등의 설립ㆍ운영 및 육성에 관한 법률」에 따른 다음 각 목의 정부출연연구기관
   가. 국토연구원
   나. 한국교통연구원

다. 한국해양수산개발원
3. 「과학기술분야 정부출연연구기관 등의 설립·운영 및 육성에 관한 법률」에 따른 한국철도기술연구원
4. 국제물류주선업협회
5. 물류관련협회
6. 법 제56조에 따른 물류지원센터
7. 「화물자동차 운수사업법」 제33조제1항 및 제35조제1항에 따라 화물자동차운수사업자가 설립한 협회 및 연합회
8. 「민법」 제32조에 따라 지식경제부장관의 허가를 받아 설립된 한국무역협회
9. 그 밖에 국토해양부장관이 지식경제부장관과 협의하여 지정·고시하는 단체

제50조(투자유치활동의 평가대상기관 등) ① 국토해양부장관은 다음 각 호의 물류시설에 대한 소유권 또는 관리·운영권을 인정받은 자에 대하여 법 제63조제1항에 따른 투자유치활동에 대한 평가를 할 수 있다. 〈개정 2008.2.29, 2009.9.9, 2009.12.14〉
1. 「항공법」 제2조제7호에 따른 공항 중 국제공항 및 그 배후지에 위치한 물류시설
2. 「항만법」 제2조제2호에 따른 무역항 및 그 배후지에 위치한 물류시설

② 국토해양부장관은 제1항에 따른 평가를 위하여 필요한 경우에는 평가대상기관에 대하여 관련 자료의 제출을 요청할 수 있다. 〈개정 2008.2.29〉

③ 제1항에 따른 평가에 필요한 기준과 방법은 국토해양부장관이 협의하여 정하되, 평가대상기관의 사업내용 및 특성, 투자유치 목표의 달성 정도와 능률성을 객관적으로 측정할 수 있도록 하여야 한다. 〈개정 2008.2.29〉

④ 국토해양부장관은 평가대상기관에 대하여 그 평가결과에 따라 행정적·재정적 지원을 달리 할 수 있다. 〈개정 2008.2.29〉

제51조(권한의 위임) ① 국토해양부장관은 법 제65조에 따라 다음 각 호의 권한을 시·도지사에게 위임한다. 〈개정 2008.2.29〉
1. 법 제43조제1항·제2항에 따른 국제물류주선업의 등록 및 변경등록
2. 법 제45조제2항에 따른 국제물류주선업의 승계 신고의 수리
3. 법 제46조제1항·제2항에 따른 국제물류주선업의 휴지·폐지 및 해산 신고의 수리
4. 법 제47조제1항에 따른 국제물류주선업의 등록의 취소 및 사업의 정지 명령
5. 법 제67조에 따른 국제물류주선업자에 대한 과징금의 부과 및 징수
6. 법 제68조제3호에 따른 국제물류주선업자에 대한 청문
7. 법 제69조제1항제2호에 따른 수수료의 징수
8. 법 제73조제1항제2호에 따른 국제물류주선업자에 대한 과태료의 부과 및 징수

② 시·도지사는 제1항에 따라 위임받은 업무(제1항제6호 및 제7호는 제외한다)를 처리한 때에는 이를 분기별로 종합하여 해당 분기 종료 후 15일 이내에 국토해양부장관에게 보고하여야 한다. 〈개정 2008.2.29〉

제52조(과징금을 부과할 위반행위와 과징금의 금액 등) ① 법 제67조제1항에 따라 과징금을 부과하는 위반행위의 종별과 과징금의 금액은 별표 3과 같다.

② 국토해양부장관(국토해양부장관의 권한이 시·도지사에게 위임된 경우에는 시·도지사를 말한다. 이하 같다)은 국제물류주선업자의 사업규모, 사업지역의 특수성, 위반행위의 정도 및 횟수 등을 고려하여 제1항에 따른 과징금의 금액의 2분의 1의 범위에서 이를 늘리거나 줄일 수 있다. 이 경우 과징금을 늘리더라도 과징금의 총액은 1천만원을 초과할 수 없다. 〈개정 2008.2.29〉

제53조(과징금의 부과 및 납부) ① 국토해양부장관은 제52조제1항에 따른 위반행위를 한 자에 대하여 과징금을 부과하려는 경우에는 해당 위반행위를 조사·확인한 후 위반사실·이의방법·이의기간 등을 서면으로 명시하여 이를 낼 것을 과징금 부과대상자에게 통지하여야 한다. 〈개정 2008.2.29〉

② 제1항에 따라 통지를 받은 자는 통지를 받은 날부터 20일 이내에 국토해양부장관이

정하는 수납기관에 과징금을 내야 한다. 다만, 천재지변이나 그 밖의 부득이한 사유로 인하여 그 기간 안에 과징금을 낼 수 없는 경우에는 그 사유가 없어진 날부터 7일 이내에 내야 한다. 〈개정 2008.2.29〉

③ 제2항에 따라 과징금의 납부를 받은 수납기관은 그 납부자에게 영수증을 교부하여야 한다.

④ 과징금의 수납기관은 제3항에 따라 과징금영수증을 교부한 때에는 국토해양부장관에게 영수필통지서를 송부하여야 한다. 〈개정 2008.2.29〉

⑤ 과징금은 분할하여 낼 수 없다

제54조(과징금의 독촉 및 징수) ① 국토해양부장관은 제53조제1항에 따라 과징금의 납부통지를 받은 자가 납부기한까지 과징금을 내지 아니한 경우에는 납부기한이 지난 날부터 7일 이내에 독촉장을 발부하여야 한다. 이 경우 납부기한은 독촉장 발부일부터 10일 이내로 한다. 〈개정 2008.2.29〉

② 국토해양부장관은 제1항에 따라 독촉을 받은 자가 납부기한까지 과징금을 내지 아니한 경우에는 소속 공무원으로 하여금 국세 체납처분의 예에 따라 과징금을 강제징수하게 할 수 있다. 이 경우 소속 공무원은 그 권한을 표시하는 증표를 지니고 이를 관계인에게 내보여야 한다. 〈개정 2008.2.29〉

제55조(과태료의 부과) ① 법 제73조제1항에 따른 과태료의 부과기준은 별표 4와 같다.

② 국토해양부장관은 해당 위반행위의 동기 및 그 횟수 등을 고려하여 별표 4에 따른 금액의 2분의 1의 범위에서 이를 늘리거나 줄일 수 있다. 이 경우 과태료를 늘리더라도 과태료의 총액은 200만원을 초과할 수 없다.

[전문개정 2009.4.30]

부칙 〈제21985호, 2010. 1. 7〉 (국가통합교통체계효율화법 시행령)

제1조(시행일) 이 영은 공포한 날부터 시행한다.

제2조 생략

제3조(다른 법령의 개정) ① 부터 ⑤ 까지 생략

⑥ 물류정책기본법 시행령 일부를 다음과 같이 개정한다.

제5조 각 호 외의 부분 단서 및 제7조 각 호 외의 부분 단서 중 "「교통체계효율화법」 제3조"를 각각 "「국가통합교통체계효율화법」 제4조제1항"으로 한다.

제23조제2항 각 호 외의 부분 후단 중 "「교통체계효율화법」 제9조의4 및 같은 법 시행령 제24조"를 "「국가통합교통체계효율화법」 제17조 및 같은 법 시행령 제114조"로 한다.

⑦ 및 ⑧ 생략

제4조 생략

「물류시설의 개발 및 운영에 관한 법률」

[시행 2011. 1. 1] [법률 제10221호, 2010. 3.31, 타법개정]

제1장 총칙

제1조(목적) 이 법은 물류시설을 합리적으로 배치·운영하고 물류시설 용지를 원활히 공급하여 물류산업의 발전을 촉진함으로써 국가경쟁력을 강화하고 국토의 균형 있는 발전과 국민경제의 발전에 이바지함을 목적으로 한다.

제2조(정의) 이 법에서 사용하는 용어의 정의는 다음과 같다. 〈개정 2009.4.22, 2009.6.9, 2010.5.25〉

1. "물류시설"이란 다음 각 목의 시설을 말한다.
   가. 화물의 운송·보관·하역을 위한 시설
   나. 화물의 운송·보관·하역과 관련된 가공·조립·분류·수리·포장·상표부착·판매·정보통신 등의 활동을 위한 시설
   다. 물류의 공동화·자동화 및 정보화를 위한 시설
   라. 가목부터 다목까지의 시설이 모여 있는 물류터미널 및 물류단지
2. "물류터미널"이란 화물의 집화(集貨)·하역(荷役) 및 이와 관련된 분류·포장·보관·가공·조립 또는 통관 등에 필요한 기능을 갖춘 시설물을 말한다. 다만, 가공·조립 시설은 대통령령으로 정하는 규모 이하의 것이어야 한다.
3. "물류터미널사업"이란 물류터미널을 경영하는 사업으로서 복합물류터미널사업과 일반물류터미널사업을 말한다. 다만, 다음 각 목의 시설물을 경영하는 사업을 제외한다.
   가. 「항만법」 제2조제5호의 항만시설 중 항만구역 안에 있는 화물하역시설 및 화물보관·처리 시설
   나. 「항공법」 제2조제8호의 공항시설 중 공항구역 안에 있는 화물운송을 위한 시설과 그 부대시설 및 지원시설
   다. 「철도사업법」 제2조제8호에 따른 철도사업자가 그 사업에 사용하는 화물운송·하역 및 보관 시설
   라. 「유통산업발전법」 제2조제14호 및 제15호의 집배송시설 및 공동집배송센터
4. "복합물류터미널사업"이란 두 종류 이상의 운송수단 간의 연계운송을 할 수 있는 규모 및 시설을 갖춘 물류터미널사업을 말한다.
5. "일반물류터미널사업"이란 물류터미널사업 중 복합물류터미널사업을 제외한 것을 말한다.
6. "물류단지"란 물류단지시설과 지원시설을 집단적으로 설치·육성하기 위하여 제22조에 따라 지정·개발하는 일단(一團)의 토지를 말한다.
7. "물류단지시설"이란 화물의 운송·집화·하역·분류·포장·가공·조립·통관·보관·판매·정보처리 등을 위하여 물류단지 안에 설치되는 다음 각 목의 시설을 말한다.
   가. 물류터미널 및 창고
   나. 「유통산업발전법」 제2조제3호·제7호·제15호 및 제17조의2의 대규모점포·전문상가단지·공동집배송센터 및 중소유통공동도매물류센터
   다. 「농수산물유통 및 가격안정에 관한 법률」 제2조제2호·제5호 및 제12호의 농수산물도매시장·농수산물공판장 및 농수산물종합유통센터
   라. 「궤도운송법」에 따른 궤도사업을 경영하는 자가 그 사업에 사용하는 화물의 운송·하역 및 보관 시설
   마. 「축산물위생관리법」 제2조제11호의 작업장
   바. 「농업협동조합법」·「수산업협동조합법」·「산림조합법」 또는 「중소기업협동조합법」에 따른 조합 또는 그 중앙회가 설치하는 구매사업 또는 판매사업 관련 시설

사. 「화물자동차 운수사업법」 제2조제2호의 화물자동차운수사업에 이용되는 차고, 화물취급소, 그 밖에 화물의 처리를 위한 시설

아. 「약사법」 제44조제2항제2호의 의약품 도매상의 창고 및 영업소시설

자. 그 밖에 물류기능을 가진 시설로서 대통령령으로 정하는 시설

차. 가목부터 자목까지의 시설에 딸린 시설(제8호가목 또는 나목의 시설로서 가목부터 자목까지의 시설과 동일한 건축물에 설치되는 시설을 포함한다)

8. "지원시설"이란 물류단지시설의 운영을 효율적으로 지원하기 위하여 물류단지 안에 설치되는 다음 각 목의 시설을 말한다. 다만, 가목 또는 나목의 시설로서 제7호가목부터 자목까지의 시설과 동일한 건축물에 설치되는 시설을 제외한다.

가. 대통령령으로 정하는 가공 · 제조 시설

나. 정보처리시설

다. 금융 · 보험 · 의료 · 교육 · 연구 시설

라. 물류단지의 종사자 및 이용자의 생활과 편의를 위한 시설

마. 그 밖에 물류단지의 기능 증진을 위한 시설로서 대통령령으로 정하는 시설

9. "물류단지개발사업"이란 물류단지를 조성하기 위하여 시행하는 다음 각 목의 사업을 말한다.

가. 물류시설 용지 및 지원시설 용지의 조성사업

나. 도로 · 철도 · 궤도 · 항만 또는 공항 시설 등의 건설사업

다. 전기 · 가스 · 용수 등의 공급시설과 전기통신설비의 건설사업

라. 하수도, 폐기물처리시설, 그 밖의 환경오염방지시설 등의 건설사업

마. 그 밖에 가목부터 라목까지의 사업에 딸린 사업

제3조(다른 법률과의 관계) ① 삭제 〈2010.2.4〉

② 다른 법률에서 물류터미널 및 물류단지 외의 물류시설의 개발 · 관리 및 운영 등에 관하여 규정하고 있는 경우에는 그 법률로 정하는 바에 따른다.

제2장 물류시설개발종합계획의 수립

제4조(물류시설개발종합계획의 수립) ① 국토해양부장관은 물류시설의 합리적 개발 · 배치 및 물류체계의 효율화 등을 위하여 물류시설의 개발에 관한 종합계획(이하 "물류시설개발종합계획"이라 한다)을 5년 단위로 수립하여야 한다. 〈개정 2008.2.29, 2010.2.4〉

② 물류시설개발종합계획은 물류시설을 다음 각 호의 기능별 분류에 따라 체계적으로 수립한다. 이 경우 다음 각 호의 물류시설의 기능이 서로 관련되어 있는 때에는 이를 고려하여 수립하여야 한다.

1. 단위물류시설 : 창고 및 집배송센터 등 물류활동을 개별적으로 수행하는 최소 단위의 물류시설
2. 집적[클러스터(cluster)]물류시설 : 물류터미널 및 물류단지 등 둘 이상의 단위물류시설 등이 함께 설치된 물류시설
3. 연계물류시설 : 물류시설 상호 간의 화물운송이 원활히 이루어지도록 제공되는 도로 및 철도 등 교통시설

③ 물류시설개발종합계획에는 다음 각 호의 사항이 포함되어야 한다.

1. 물류시설의 장래수요에 관한 사항
2. 물류시설의 계획적 공급에 관한 사항
3. 물류시설의 지정 · 개발에 관한 사항
4. 물류시설의 지역별 · 규모별 · 연도별 배치 및 우선순위에 관한 사항
5. 물류시설의 기능개선 및 효율화에 관한 사항
6. 물류시설의 공동화 · 집단화에 관한 사항
7. 물류시설의 국내 및 국제 연계수송망 구축에 관한 사항
8. 물류시설의 환경보전 · 관리에 관한 사항

9. 도심지에 위치한 물류시설의 정비와 교외이전(郊外移轉)에 관한 사항
10. 그 밖에 대통령령으로 정하는 사항

제5조(물류시설개발종합계획의 수립절차) ① 국토해양부장관은 물류시설개발종합계획을 수립하는 때에는 관계 행정기관의 장으로부터 소관별 계획을 제출받아 이를 기초로 물류시설개발종합계획안을 작성하여 특별시장 · 광역시장 · 도지사 또는 특별자치도지사(이하 "시 · 도지사"라 한다)의 의견을 듣고 관계 중앙행정기관의 장과 협의한 후 「물류정책기본법」 제19조제1항제2호의 물류시설분과위원회의 심의를 거쳐야 한다. 물류시설개발종합계획 중 대통령령으로 정하는 사항을 변경하려는 때에도 또한 같다. 〈개정 2008.2.29〉
② 국토해양부장관은 제1항에 따라 물류시설개발종합계획을 수립하거나 변경한 때에는 이를 관보에 고시하여야 한다. 〈개정 2008.2.29〉
③ 관계 중앙행정기관의 장은 필요한 경우 국토해양부장관에게 물류시설개발종합계획을 변경하도록 요청할 수 있다. 〈개정 2008.2.29〉
④ 국토해양부장관은 대통령령으로 정하는 바에 따라 관계 기관에 물류시설개발종합계획을 수립하거나 변경하는 데에 필요한 자료의 제출을 요구하거나 협조를 요청할 수 있으며, 그 요구나 요청을 받은 관계 기관은 정당한 사유가 없으면 이에 따라야 한다. 〈개정 2008.2.29〉
⑤ 국토해양부장관은 물류시설개발종합계획을 효율적으로 수립하기 위하여 필요하다고 인정하는 때에는 물류시설에 대하여 조사할 수 있다. 이 경우 물류시설의 조사에 관하여는 「물류정책기본법」 제7조를 준용한다. 〈개정 2008.2.29〉
⑥ 물류시설개발종합계획의 수립 등에 필요한 사항은 대통령령으로 정한다.

제6조(물류시설개발종합계획과 다른 계획과의 관계) ① 물류시설개발종합계획은 「물류정책기본법」 제11조의 국가물류기본계획과 조화를 이루어야 한다.
② 국토해양부장관, 관계 중앙행정기관의 장 또는 시 · 도지사는 물류시설을 지정 · 개발하거나 인 · 허가를 할 때 이 법에 따라 수립된 물류시설개발종합계획과 상충되거나 중복되지 아니하도록 하여야 한다. 〈개정 2008.2.29〉
③ 국토해양부장관, 관계 중앙행정기관의 장 또는 시 · 도지사는 다음 각 호의 어느 하나에 해당하는 경우에는 그 계획을 변경하도록 요청할 수 있다. 이 경우 조정이 필요하면 「물류정책기본법」 제19조제1항제2호의 물류시설분과위원회에 조정을 요청할 수 있다. 〈개정 2008.2.29〉
1. 다른 행정기관이 직접 지정 · 개발하려는 물류시설 개발계획이 물류시설개발종합계획과 상충되거나 중복된다고 인정하는 경우
2. 다른 행정기관이 인 · 허가를 하려는 물류시설 개발계획이 물류시설개발종합계획과 상충되거나 중복된다고 인정하는 경우

제3장 물류터미널사업

제7조(복합물류터미널사업의 등록) ① 복합물류터미널사업을 경영하려는 자는 국토해양부령으로 정하는 바에 따라 국토해양부장관에게 등록하여야 한다. 〈개정 2008.2.29〉
② 제1항에 따른 등록을 할 수 있는 자는 다음 각 호의 어느 하나에 해당하는 자로 한다.
1. 국가 또는 지방자치단체
2. 「공공기관의 운영에 관한 법률」에 따른 공공기관(이하 "공공기관"이라 한다) 중 대통령령으로 정하는 공공기관
3. 「지방공기업법」에 따른 지방공사
4. 특별법에 따라 설립된 법인
5. 「민법」 또는 「상법」에 따라 설립된 법인
③ 제1항에 따라 복합물류터미널사업의 등록을 한 자(이하 "복합물류터미널사업자"라 한다)가 그 등록한 사항 중 대통령령으로 정하는 사항을 변경하려는 경우에는 대통령령으로 정하는 바에 따라 변경등록을 하여야 한다.

④ 제1항에 따른 등록을 하려는 자는 다음 각 호의 등록기준을 갖추어야 한다.
1. 복합물류터미널이 해당 지역 운송망의 중심지에 위치하여 다른 교통수단과 쉽게 연계될 것
2. 부지 면적이 3만3천제곱미터 이상일 것
3. 다음 각 목의 시설을 갖출 것
  가. 주차장
  나. 화물취급장
  다. 창고 또는 배송센터
4. 물류시설개발종합계획 및 「물류정책기본법」 제11조의 국가물류기본계획상의 물류터미널의 개발 및 정비계획 등에 배치되지 아니할 것

제8조(등록의 결격사유) 다음 각 호의 어느 하나에 해당하는 자는 복합물류터미널사업의 등록을 할 수 없다.
1. 이 법을 위반하여 벌금형 이상을 선고받은 후 2년이 지나지 아니한 자
2. 복합물류터미널사업 등록의 취소처분을 받은 후 2년이 지나지 아니한 자
3. 법인으로서 그 임원 중에 제1호 또는 다음 각 목의 어느 하나에 해당하는 자가 있는 경우
  가. 금치산자 · 한정치산자 또는 파산선고를 받고 복권되지 아니한 자
  나. 이 법을 위반하여 금고 이상의 실형을 선고받고 그 집행이 종료(집행이 종료된 것으로 보는 경우를 포함한다)되거나 집행이 면제된 날부터 2년이 지나지 아니한 자
  다. 이 법을 위반하여 금고 이상의 형의 집행유예를 선고받고 그 유예기간 중에 있는 자

제9조(공사시행의 인가) ① 복합물류터미널사업자는 건설하려는 물류터미널의 구조 및 설비 등에 관한 공사계획을 수립하여 국토해양부장관의 공사시행인가를 받아야 하며, 일반물류터미널사업을 경영하려는 자는 물류터미널 건설에 관하여 필요한 경우 시 · 도지사의 공사시행인가를 받을 수 있다. 인가받은 공사계획 중 대통령령으로 정하는 사항을 변경하는 경우에는 해당 인가권자의 변경인가를 받아야 한다. 〈개정 2008.2.29〉
② 국토해양부장관 또는 시 · 도지사는 제1항에 따른 공사시행인가 또는 변경인가를 하려는 때에는 관할 특별자치도지사 · 시장 · 군수 또는 구청장(자치구의 구청장을 말한다. 이하 "시장 · 군수 · 구청장"이라 한다)의 의견을 듣고, 제21조제1항 및 제2항 각 호에 따른 관계 법령에 적합한지를 미리 소관 행정기관의 장과 협의하여야 한다. 〈개정 2008.2.29〉
③ 국토해양부장관 또는 시 · 도지사는 제1항에 따른 공사계획이 국토해양부령으로 정하는 구조 및 설비기준에 적합한 경우에는 제1항에 따른 인가를 하여야 한다. 〈개정 2008.2.29〉
④ 국토해양부장관 또는 시 · 도지사는 제1항에 따른 공사시행인가 또는 변경인가를 한 때에는 국토해양부령으로 정하는 바에 따라 고시하여야 한다. 〈개정 2008.2.29〉

제10조(토지등의 수용 · 사용) ① 제9조제1항에 따른 공사시행인가를 받은 자(이하 "물류터미널사업자"라 한다)가 물류터미널(「국토의 계획 및 이용에 관한 법률」에 따른 도시계획시설에 해당하는 물류터미널에 한한다. 이하 제13조까지 같다)을 건설하는 경우에는 이에 필요한 토지 · 건축물 또는 토지에 정착한 물건과 이에 관한 소유권 외의 권리, 광업권 · 어업권 및 물의 사용에 관한 권리(이하 "토지등"이라 한다)를 수용하거나 사용할 수 있다.
② 제1항에 따라 토지등을 수용하거나 사용할 때 제9조제4항에 따른 공사시행인가의 고시가 있는 때에는 「공익사업을 위한 토지 등의 취득 및 보상에 관한 법률」 제20조제1항 및 같은 법 제22조에 따른 사업인정 및 사업인정의 고시를 한 것으로 보며, 재결(裁決)의 신청은 같은 법 제23조제1항 및 같은 법 제28조제1항에도 불구하고 공사시행인가에서 정한 사업의 시행기간 내에 할 수 있다.
③ 제1항에 따른 토지등의 수용 · 사용에 관하여는 이 법에 특별한 규정이 있는 경우 외에는 「공익사업을 위한 토지 등의 취득 및 보상에 관한 법률」을 준용한다.

제10조(토지등의 수용 · 사용) ① 제9조제1항에 따른 공사시행인가를 받은 자(이하 "물류터미널사업자"라 한다)가 물류터미널(「국토의 계획 및 이용에 관한 법률」에 따른 도시 · 군계획시설에 해당하는 물류터미널에 한한다. 이하 제13조까지 같다)을 건설하는 경우에는 이에 필요한 토지 · 건축물 또는 토지에 정착한 물건과 이에 관한 소유권 외의 권리, 광업권 · 어업권 및 물의 사용에 관한 권리(이하 "토지등"이라 한다)를 수용하거나 사용할 수 있다. 〈개정 2011.4.14〉

② 제1항에 따라 토지등을 수용하거나 사용할 때 제9조제4항에 따른 공사시행인가의 고시가 있는 때에는 「공익사업을 위한 토지 등의 취득 및 보상에 관한 법률」 제20조제1항 및 같은 법 제22조에 따른 사업인정 및 사업인정의 고시를 한 것으로 보며, 재결(裁決)의 신청은 같은 법 제23조제1항 및 같은 법 제28조제1항에도 불구하고 공사시행인가에서 정한 사업의 시행기간 내에 할 수 있다.

③ 제1항에 따른 토지등의 수용 · 사용에 관하여는 이 법에 특별한 규정이 있는 경우 외에는 「공익사업을 위한 토지 등의 취득 및 보상에 관한 법률」을 준용한다.

[시행일 : 2012.4.15] 제10조

제11조(토지매수업무 등의 위탁) 물류터미널사업자는 물류터미널의 건설을 위한 토지매수업무 · 손실보상업무 및 이주대책에 관한 업무를 「공익사업을 위한 토지 등의 취득 및 보상에 관한 법률」 제81조제1항 각 호의 기관에 위탁하여 시행할 수 있다. 이 경우 위탁수수료 등에 관하여는 같은 법 제81조제2항을 준용한다.

제12조(토지 출입 등) ① 물류터미널사업자는 물류터미널의 건설을 위하여 필요한 때에는 다른 사람의 토지에 출입하거나 이를 일시 사용할 수 있으며, 나무, 토석, 그 밖의 장애물을 변경하거나 제거할 수 있다.

② 제1항에 따른 다른 사람의 토지 출입 등에 관하여는 「국토의 계획 및 이용에 관한 법률」 제130조 및 제131조를 준용한다.

제13조(국 · 공유지의 처분제한) ① 물류터미널을 건설하기 위한 부지 안에 있는 국가 또는 지방자치단체 소유의 토지로서 물류터미널 건설사업에 필요한 토지는 해당 물류터미널 건설사업 목적이 아닌 다른 목적으로 매각하거나 양도할 수 없다.

② 물류터미널을 건설하기 위한 부지 안에 있는 국가 또는 지방자치단체 소유의 재산은 「국유재산법」, 「공유재산 및 물품 관리법」, 그 밖의 다른 법령에도 불구하고 물류터미널사업자에게 수의계약으로 매각할 수 있다. 이 경우 그 재산의 용도폐지(행정재산인 경우에 한한다. 이하 같다) 및 매각에 관하여는 국토해양부장관 또는 시 · 도지사가 미리 관계 행정기관의 장과 협의하여야 한다. 〈개정 2008.2.29〉

③ 제2항 후단에 따른 협의요청이 있은 때에는 관계 행정기관의 장은 그 요청을 받은 날부터 30일 이내에 용도폐지 및 매각, 그 밖에 필요한 조치를 하여야 한다.

④ 제2항에 따라 물류터미널사업자에게 매각하려는 재산 중 관리청이 불분명한 재산은 다른 법령에도 불구하고 기획재정부장관이 이를 관리하거나 처분한다. 〈개정 2008.2.29〉

제14조(사업의 승계) ① 복합물류터미널사업자가 그 사업을 양도하거나 법인이 합병한 때에는 그 양수인 또는 합병 후 존속하는 법인이나 합병에 의하여 설립되는 법인은 복합물류터미널사업의 등록에 따른 권리 · 의무를 승계한다.

② 제1항에 따라 복합물류터미널사업의 등록에 따른 권리 · 의무를 승계한 자는 국토해양부령으로 정하는 바에 따라 국토해양부장관에게 신고하여야 한다. 〈개정 2008.2.29〉

③ 제1항에 따라 승계한 자의 결격사유에 관하여는 제8조를 준용한다.

제15조(사업의 휴업 · 폐업) ① 복합물류터미널사업자는 복합물류터미널사업의 전부 또는 일부를 휴업하거나 폐업하려는 때에는 미리 국토해양부장관에게 신고하여야 한다. 〈개정 2008.2.29〉

② 복합물류터미널사업자인 법인이 합병 외의 사유로 해산한 경우에는 그 청산인(파산에 따라 해산한 경우에는 파산관재인을 말한다)은 지체 없이 그 사실을 국토해양부장관에게 신고하여야 한다. 〈개정 2008.2.29〉

③ 제1항에 따른 휴업기간은 6개월을 초과할 수 없다.
④ 복합물류터미널사업자가 사업의 전부 또는 일부를 휴업하거나 폐업하려는 때에는 미리 그 취지를 영업소나 그 밖에 일반 공중(公衆)이 보기 쉬운 곳에 게시하여야 한다.

제16조(등록증대여 등의 금지) 복합물류터미널사업자는 다른 사람에게 자기의 성명 또는 상호를 사용하여 사업을 하게 하거나 그 등록증을 대여하여서는 아니 된다.

제17조(등록의 취소 등) ① 국토해양부장관은 복합물류터미널사업자가 다음 각 호의 어느 하나에 해당하는 때에는 그 등록을 취소하거나 6개월 이내의 기간을 정하여 사업의 정지를 명할 수 있다. 다만, 제1호·제4호·제7호 또는 제8호에 해당하는 때에는 등록을 취소하여야 한다. 〈개정 2008.2.29〉
1. 거짓이나 그 밖의 부정한 방법으로 제7조제1항에 따른 등록을 한 때
2. 제7조제3항에 따른 변경등록을 하지 아니하고 등록사항을 변경한 때
3. 제7조제4항의 등록기준에 맞지 아니하게 된 때. 다만, 3개월 이내에 그 기준을 충족시킨 때에는 그러하지 아니하다.
4. 제8조 각 호의 어느 하나에 해당하게 된 때. 다만, 같은 조 제3호에 해당하는 경우로서 그 사유가 발생한 날부터 3개월 이내에 해당 임원을 개임(改任)한 경우에는 그러하지 아니하다.
5. 제9조제1항에 따른 인가 또는 변경인가를 받지 아니하고 공사를 시행하거나 변경한 때
6. 사업의 전부 또는 일부를 휴업한 후 정당한 사유 없이 제15조제1항에 따라 신고한 휴업기간이 지난 후에도 사업을 재개(再開)하지 아니한 때
7. 제16조를 위반하여 다른 사람에게 자기의 성명 또는 상호를 사용하여 사업을 하게 하거나 등록증을 대여한 때
8. 이 조에 따른 사업정지명령을 위반하여 그 사업정지기간 중에 영업을 한 때

② 제1항에 따른 처분의 기준 및 절차 등에 관한 사항은 국토해양부령으로 정한다. 〈개정 2008.2.29〉

제18조(과징금) ① 국토해양부장관은 복합물류터미널사업자가 제17조에 해당하여 사업의 정지를 명하여야 하는 경우로서 그 사업의 정지가 그 사업의 이용자 등에게 심한 불편을 주는 경우에는 그 사업정지처분을 갈음하여 1천만원 이하의 과징금을 부과할 수 있다. 〈개정 2008.2.29〉
② 제1항에 따라 과징금을 부과하는 위반행위의 종류와 그 정도에 따른 과징금의 금액, 그 밖에 필요한 사항은 대통령령으로 정한다.
③ 제1항에 따른 과징금을 기한 내에 내지 아니하면 국토해양부장관은 대통령령으로 정하는 바에 따라 국세 체납처분의 예에 따라 징수한다. 〈개정 2008.2.29〉

제19조(물류터미널사업협회) ① 복합물류터미널사업자 및 일반물류터미널을 경영하는 자는 물류터미널사업의 건전한 발전과 사업자의 공동이익을 도모하기 위하여 대통령령으로 정하는 바에 따라 사업자협회(이하 "물류터미널사업협회"라 한다)를 설립할 수 있다.
② 물류터미널사업협회를 설립하려는 경우에는 해당 협회의 회원의 자격이 있는 자 중 5분의 1 이상의 발기인이 정관을 작성하여 해당 협회의 회원 자격이 있는 자의 3분의 1 이상이 출석한 창립총회의 의결을 거친 후 국토해양부장관의 설립인가를 받아야 한다. 〈개정 2008.2.29〉
③ 물류터미널사업협회는 제2항에 따른 설립인가를 받아 설립등기를 함으로써 성립한다.
④ 물류터미널사업협회는 법인으로 한다.
⑤ 물류터미널사업협회에 관하여 이 법에 규정한 것 외에는 「민법」 중 사단법인에 관한 규정을 준용한다.
⑥ 물류터미널사업협회의 업무 및 정관 등에 필요한 사항은 대통령령으로 정한다.

제20조(물류터미널 개발의 지원) ① 국가 또는 지방자치단체는 물류터미널사업자가 다음 각 호의 어느 하나에 해당하는 사업을 수행하는 경우에는 소요자금의 일부를 융자하거나 부지의 확보를 위한 지원을 할 수 있다.

1. 물류터미널의 건설
2. 물류터미널 위치의 변경
3. 물류터미널의 규모ㆍ구조 및 설비의 확충 또는 개선
② 국토해양부장관은 제1항 각 호의 사업을 위하여 필요하다고 인정하는 경우에는 시ㆍ도지사에게 부지의 확보 및 도시계획시설의 설치 등에 관한 협조를 요청할 수 있다. 〈개정 2008.2.29〉

제20조(물류터미널 개발의 지원) ① 국가 또는 지방자치단체는 물류터미널사업자가 다음 각 호의 어느 하나에 해당하는 사업을 수행하는 경우에는 소요자금의 일부를 융자하거나 부지의 확보를 위한 지원을 할 수 있다.
1. 물류터미널의 건설
2. 물류터미널 위치의 변경
3. 물류터미널의 규모ㆍ구조 및 설비의 확충 또는 개선
② 국토해양부장관은 제1항 각 호의 사업을 위하여 필요하다고 인정하는 경우에는 시ㆍ도지사에게 부지의 확보 및 도시ㆍ군계획시설의 설치 등에 관한 협조를 요청할 수 있다. 〈개정 2008.2.29, 2011.4.14〉
[시행일 : 2012.4.15] 제20조

제21조(인ㆍ허가등의 의제) ① 국토해양부장관 또는 시ㆍ도지사가 제9조에 따른 공사시행인가 또는 변경인가를 하는 경우에 다음 각 호의 인가ㆍ허가ㆍ승인 또는 결정 등(이하 "인ㆍ허가등"이라 한다)에 관하여 같은 조 제2항에 따라 관계 행정기관의 장과 협의한 사항은 해당 인ㆍ허가등을 받은 것으로 보며, 같은 조 제4항에 따라 공사시행인가 또는 변경인가를 고시한 때에는 다음 각 호의 법률에 따른 해당 인ㆍ허가등의 고시 또는 공고를 한 것으로 본다. 〈개정 2007.12.27, 2008.2.29, 2008.3.21, 2009.6.9, 2010.2.4, 2010.4.15, 2010.5.31〉
1. 「건축법」 제11조에 따른 건축허가, 같은 법 제14조에 따른 건축신고, 같은 법 제16조에 따른 건축허가ㆍ신고사항의 변경, 같은 법 제20조에 따른 가설건축물의 건축의 허가ㆍ신고 및 같은 법 제29조에 따른 건축협의
2. 「공유수면 관리 및 매립에 관한 법률」 제8조에 따른 공유수면의 점용ㆍ사용허가 및 같은 법 제17조에 따른 점용ㆍ사용 실시계획의 승인 또는 신고, 같은 법 제28조에 따른 공유수면의 매립면허 및 같은 법 제38조에 따른 공유수면매립실시계획의 승인
3. 삭제 〈2010.4.15〉
4. 「국토의 계획 및 이용에 관한 법률」 제30조에 따른 도시관리계획의 결정(같은 법 제2조제4호다목의 계획에 한한다), 같은 법 제56조제1항제2호ㆍ제4호에 따른 토지형질변경의 허가 또는 토지분할의 허가, 같은 법 제86조에 따른 도시계획시설사업의 시행자의 지정 및 같은 법 제88조에 따른 실시계획의 인가
5. 「농어촌정비법」 제23조에 따른 농업생산기반시설의 목적 외 사용승인
6. 「농지법」 제34조에 따른 농지전용의 허가 및 협의
7. 「도로법」 제34조에 따른 도로공사의 시행허가 및 같은 법 제38조에 따른 도로의 점용허가
8. 「도시개발법」 제11조에 따른 사업시행자의 지정 및 같은 법 제17조에 따른 실시계획의 인가
9. 「사도법」 제4조에 따른 사도개설의 허가
10. 「사방사업법」 제14조에 따른 벌채 등의 허가 및 같은 법 제20조에 따른 사방지 지정의 해제
11. 「산지관리법」 제14조 및 제15조에 따른 산지전용허가 및 산지전용신고, 같은 법 제15조의2에 따른 산지일시사용허가ㆍ신고, 「산림자원의 조성 및 관리에 관한 법률」 제36조제1항 및 제4항에 따른 입목벌채등의 허가ㆍ신고, 「산림보호법」 제9조제1항 및 제2항제1호ㆍ제2호에 따른 산림보호구역(산림유전자원보호구역은 제외한다)에서의 행위의

허가 · 신고
12. 「수도법」 제17조 및 제49조에 따른 수도사업의 인가, 같은 법 제52조 및 제54조에 따른 전용수도 설치의 인가
13. 「장사 등에 관한 법률」 제23조에 따른 연고자가 없는 분묘의 개장허가
14. 「초지법」 제23조에 따른 초지전용허가
15. 「하수도법」 제16조에 따른 공공하수도공사의 시행허가
16. 「하천법」 제30조에 따른 하천공사 시행허가, 하천공사실시계획의 인가 및 같은 법 제33조에 따른 하천의 점용허가
17. 「항만법」 제9조제2항에 따른 항만공사의 시행허가 및 같은 법 제10조제2항에 따른 실시계획의 승인
② 물류터미널사업자가 제9조에 따른 물류터미널의 공사를 완료하고 「건축법」 제22조에 따른 사용승인을 받은 경우에는 다음 각 호의 사항에 관하여 소관 행정기관의 허가를 받거나 소관 행정기관에 등록 또는 신고한 것으로 본다. 다만, 제1호는 복합물류터미널의 경우에만 적용한다. 〈개정 2008.3.21, 2009.2.6〉
1. 「물류정책기본법」 제43조에 따른 국제물류주선업의 등록
2. 「석유 및 석유대체연료 사업법」 제10조에 따른 석유판매업 중 주유소의 등록 또는 신고
3. 「식품위생법」 제37조에 따른 식품접객업(단란주점영업 및 유흥주점영업을 제외한다)의 허가
4. 「자동차관리법」 제53조에 따른 자동차관리사업 중 자동차매매업 및 자동차정비업의 등록
5. 「화물자동차 운수사업법」 제24조제1항에 따른 화물자동차운송주선사업의 허가
③ 제1항 및 제2항 각 호의 어느 하나에 해당하는 사항의 관계 법령을 관장하는 중앙행정기관의 장은 그 처리기준을 국토해양부장관에게 통보하여야 한다. 이를 변경한 때에도 또한 같다. 〈개정 2008.2.29〉
④ 국토해양부장관은 제3항에 따라 처리기준을 통보받으면 이를 통합하여 고시하여야 한다. 〈개정 2008.2.29〉

제21조(인 · 허가등의 의제) ① 국토해양부장관 또는 시 · 도지사가 제9조에 따른 공사시행인가 또는 변경인가를 하는 경우에 다음 각 호의 인가 · 허가 · 승인 또는 결정 등(이하 "인 · 허가등"이라 한다)에 관하여 같은 조 제2항에 따라 관계 행정기관의 장과 협의한 사항은 해당 인 · 허가등을 받은 것으로 보며, 같은 조 제4항에 따라 공사시행인가 또는 변경인가를 고시한 때에는 다음 각 호의 법률에 따른 해당 인 · 허가등의 고시 또는 공고를 한 것으로 본다. 〈개정 2007.12.27, 2008.2.29, 2008.3.21, 2009.6.9, 2010.2.4, 2010.4.15, 2010.5.31, 2011.4.14〉
1. 「건축법」 제11조에 따른 건축허가, 같은 법 제14조에 따른 건축신고, 같은 법 제16조에 따른 건축허가 · 신고사항의 변경, 같은 법 제20조에 따른 가설건축물의 건축의 허가 · 신고 및 같은 법 제29조에 따른 건축협의
2. 「공유수면 관리 및 매립에 관한 법률」 제8조에 따른 공유수면의 점용 · 사용허가 및 같은 법 제17조에 따른 점용 · 사용 실시계획의 승인 또는 신고, 같은 법 제28조에 따른 공유수면의 매립면허 및 같은 법 제38조에 따른 공유수면매립실시계획의 승인
3. 삭제 〈2010.4.15〉
4. 「국토의 계획 및 이용에 관한 법률」 제30조에 따른 도시 · 군관리계획의 결정(같은 법 제2조제4호다목의 계획에 한한다), 같은 법 제56조제1항제2호 · 제4호에 따른 토지형질변경의 허가 또는 토지분할의 허가, 같은 법 제86조에 따른 도시 · 군계획시설사업의 시행자의 지정 및 같은 법 제88조에 따른 실시계획의 인가
5. 「농어촌정비법」 제23조에 따른 농업생산기반시설의 목적 외 사용승인
6. 「농지법」 제34조에 따른 농지전용의 허가 및 협의

7. 「도로법」 제34조에 따른 도로공사의 시행허가 및 같은 법 제38조에 따른 도로의 점용허가
8. 「도시개발법」 제11조에 따른 사업시행자의 지정 및 같은 법 제17조에 따른 실시계획의 인가
9. 「사도법」 제4조에 따른 사도개설의 허가
10. 「사방사업법」 제14조에 따른 벌채 등의 허가 및 같은 법 제20조에 따른 사방지 지정의 해제
11. 「산지관리법」 제14조 및 제15조에 따른 산지전용허가 및 산지전용신고, 같은 법 제15조의2에 따른 산지일시사용허가·신고, 「산림자원의 조성 및 관리에 관한 법률」 제36조제1항 및 제4항에 따른 입목벌채등의 허가·신고, 「산림보호법」 제9조제1항 및 제2항제1호·제2호에 따른 산림보호구역(산림유전자원보호구역은 제외한다)에서의 행위의 허가·신고
12. 「수도법」 제17조 및 제49조에 따른 수도사업의 인가, 같은 법 제52조 및 제54조에 따른 전용수도 설치의 인가
13. 「장사 등에 관한 법률」 제23조에 따른 연고자가 없는 분묘의 개장허가
14. 「초지법」 제23조에 따른 초지전용허가
15. 「하수도법」 제16조에 따른 공공하수도공사의 시행허가
16. 「하천법」 제30조에 따른 하천공사 시행허가, 하천공사실시계획의 인가 및 같은 법 제33조에 따른 하천의 점용허가
17. 「항만법」 제9조제2항에 따른 항만공사의 시행허가 및 같은 법 제10조제2항에 따른 실시계획의 승인

② 물류터미널사업자가 제9조에 따른 물류터미널의 공사를 완료하고 「건축법」 제22조에 따른 사용승인을 받은 경우에는 다음 각 호의 사항에 관하여 소관 행정기관의 허가를 받거나 소관 행정기관에 등록 또는 신고한 것으로 본다. 다만, 제1호는 복합물류터미널의 경우에만 적용한다. 〈개정 2008.3.21, 2009.2.6〉
1. 「물류정책기본법」 제43조에 따른 국제물류주선업의 등록
2. 「석유 및 석유대체연료 사업법」 제10조에 따른 석유판매업 중 주유소의 등록 또는 신고
3. 「식품위생법」 제37조에 따른 식품접객업(단란주점영업 및 유흥주점영업을 제외한다)의 허가
4. 「자동차관리법」 제53조에 따른 자동차관리사업 중 자동차매매업 및 자동차정비업의 등록
5. 「화물자동차 운수사업법」 제24조제1항에 따른 화물자동차운송주선사업의 허가

③ 제1항 및 제2항 각 호의 어느 하나에 해당하는 사항의 관계 법령을 관장하는 중앙행정기관의 장은 그 처리기준을 국토해양부장관에게 통보하여야 한다. 이를 변경한 때에도 또한 같다. 〈개정 2008.2.29〉

④ 국토해양부장관은 제3항에 따라 처리기준을 통보받으면 이를 통합하여 고시하여야 한다. 〈개정 2008.2.29〉

[시행일 : 2012.4.15] 제21조

제4장 물류단지의 개발 및 운영

제22조(물류단지의 지정) ① 물류단지는 국토해양부장관이 지정한다. 다만, 대통령령으로 정하는 규모 이하의 물류단지는 관할 시·도지사가 지정한다. 〈개정 2008.2.29〉

② 국토해양부장관은 물류단지를 지정하려는 때에는 물류단지개발계획을 수립하여 관할 시·도지사의 의견을 듣고 관계 중앙행정기관의 장과 협의한 후 「물류정책기본법」 제19조제1항제2호의 물류시설분과위원회의 심의를 거쳐야 한다. 물류단지개발계획 중 대통령령으로 정하는 중요 사항을 변경하려는 때에도 또한 같다. 〈개정 2008.2.29〉

③ 시 · 도지사는 물류단지를 지정하려는 때에는 물류단지개발계획을 수립하여 관계 행정기관의 장과 협의한 후 「물류정책기본법」 제20조의 지역물류정책위원회의 심의를 거쳐야 한다. 물류단지개발계획 중 대통령령으로 정하는 중요 사항을 변경하려는 때에도 또한 같다.

④ 관계 행정기관의 장과 제27조제2항제2호부터 제5호까지의 어느 하나에 해당하는 자는 물류단지의 지정이 필요하다고 인정하는 때에는 대상지역을 정하여 국토해양부장관 또는 시 · 도지사(이하 "물류단지지정권자"라 한다)에게 물류단지의 지정을 요청할 수 있다. 이 경우 중앙행정기관의 장 이외의 자는 물류단지개발계획안을 작성하여 제출하여야 한다. 〈개정 2008.2.29〉

⑤ 제2항 및 제3항에 따른 물류단지개발계획에는 다음 각 호의 사항이 포함되어야 한다. 다만, 물류단지개발계획을 수립할 때까지 제3호의 시행자가 확정되지 아니하였거나 제8호의 세부목록의 작성이 곤란한 경우에는 물류단지의 지정 후에 이를 물류단지개발계획에 포함시킬 수 있다.

1. 물류단지의 명칭 · 위치 및 면적
2. 물류단지의 지정목적
3. 물류단지개발사업의 시행자
4. 물류단지개발사업의 시행기간 및 시행방법
5. 토지이용계획 및 주요 기반시설계획
6. 주요 유치시설 및 그 설치기준에 관한 사항
7. 재원조달계획
8. 수용하거나 사용할 토지, 건축물, 그 밖의 물건이나 권리가 있는 경우에는 그 세부목록
9. 그 밖에 대통령령으로 정하는 사항

제22조의2(물류단지개발지침) ① 국토해양부장관은 물류단지의 개발에 관한 기본지침(이하 "물류단지개발지침"이라 한다)을 작성하여 관보에 고시하여야 한다.

② 국토해양부장관은 물류단지개발지침을 작성할 때에는 미리 시 · 도지사의 의견을 듣고 관계 중앙행정기관의 장과 협의한 후 「물류정책기본법」 제19조제1항제2호에 따른 물류시설분과위원회의 심의를 거쳐야 한다. 물류단지개발지침을 변경할 때(국토해양부령으로 정하는 경미한 사항을 변경할 때는 제외한다)에도 또한 같다.

③ 물류단지개발지침의 내용 및 작성 등에 관하여 필요한 사항은 대통령령으로 정한다.

[본조신설 2010.2.4]

제23조(물류단지지정의 고시 등) ① 물류단지지정권자는 제22조에 따라 물류단지를 지정하거나 지정내용을 변경한 때에는 대통령령으로 정하는 사항을 관보 또는 특별시 · 광역시 · 도 또는 특별자치도(이하 "시 · 도"라 한다)의 공보에 고시하고, 관계 서류의 사본을 관할 시장 · 군수 · 구청장에게 보내야 한다.

② 물류단지로 지정되는 지역에 수용하거나 사용할 토지, 건축물, 그 밖의 물건이나 권리가 있는 경우에는 제1항에 따른 고시내용에 그 토지 등의 세부목록을 포함시켜야 한다.

③ 제1항에 따라 관계 서류를 받은 시장 · 군수 · 구청장은 이를 14일 이상 일반인이 열람할 수 있도록 하여야 한다.

제24조(주민 등의 의견청취) ① 물류단지지정권자는 물류단지를 지정하려는 때에는 주민 및 관계 전문가의 의견을 들어야 하고 타당하다고 인정하는 때에는 그 의견을 반영하여야 한다. 다만, 국방상 기밀(機密)사항이거나 대통령령으로 정하는 경미한 사항인 경우에는 의견 청취를 생략할 수 있다.

② 제1항에 따른 주민 및 관계 전문가의 의견청취에 필요한 사항은 대통령령으로 정한다.

제25조(행위제한 등) ① 물류단지 안에서 건축물의 건축, 공작물의 설치, 토지의 형질변경, 토석의 채취, 토지분할, 물건을 쌓아놓는 행위 등 대통령령으로 정하는 행위를 하려는 자는 시장 · 군수 · 구청장의 허가를 받아야 한다. 허가받은 사항을 변경하려는 때에도 또한 같다.

② 다음 각 호의 어느 하나에 해당하는 행위는 제1항에도 불구하고 허가를 받지 아니하고 할 수 있다.
1. 재해복구 또는 재난수습에 필요한 응급조치를 위하여 하는 행위
2. 그 밖에 대통령령으로 정하는 행위
③ 제1항에 따라 허가를 받아야 하는 행위로서 물류단지의 지정 및 고시 당시 이미 관계 법령에 따라 행위허가를 받았거나 허가를 받을 필요가 없는 행위에 관하여 그 공사 또는 사업에 착수한 자는 대통령령으로 정하는 바에 따라 시장 · 군수 · 구청장에게 신고한 후 이를 계속 시행할 수 있다.
④ 시장 · 군수 · 구청장은 제1항을 위반한 자에게 원상회복을 명할 수 있다. 이 경우 명령을 받은 자가 그 의무를 이행하지 아니하면 시장 · 군수 · 구청장은 「행정대집행법」에 따라 대집행할 수 있다.
⑤ 제1항에 따른 허가에 관하여 이 법에 규정한 것 외에는 「국토의 계획 및 이용에 관한 법률」 제57조부터 제60조까지 및 제62조를 준용한다.
⑥ 제1항에 따라 허가를 받은 경우에는 「국토의 계획 및 이용에 관한 법률」 제56조에 따라 허가를 받은 것으로 본다.

제26조(물류단지지정의 해제) ① 물류단지로 지정 · 고시된 날부터 대통령령으로 정하는 기간 이내에 그 물류단지의 전부 또는 일부에 대하여 제28조에 따른 물류단지개발실시계획의 승인을 신청하지 아니하면 그 기간이 지난 다음 날 해당 지역에 대한 물류단지의 지정이 해제된 것으로 본다.
② 물류단지지정권자는 다음 각 호의 어느 하나에 해당하는 경우에는 대통령령으로 정하는 바에 따라 해당 지역에 대한 물류단지 지정의 전부 또는 일부를 해제할 수 있다. 〈개정 2010.2.4〉
1. 물류단지의 전부 또는 일부에 대한 개발 전망이 없게 된 경우
2. 개발이 완료된 물류단지가 준공(부분 준공을 포함한다)된 지 20년 이상 된 것으로서 주변상황과 물류산업여건이 변화되어 제52조의2에 따른 물류단지재정비사업을 하더라도 물류단지 기능수행이 어려울 것으로 판단되는 경우
③ 제1항 또는 제2항에 따라 물류단지의 지정이 해제된 것으로 보거나 해제된 경우 해당 물류단지지정권자는 그 사실을 관계 중앙행정기관의 장 및 시 · 도지사에게 통보하고 고시하여야 하며, 통보를 받은 시 · 도지사는 지체 없이 시장 · 군수 · 구청장으로 하여금 이를 14일 이상 일반인이 열람할 수 있도록 하여야 한다.
④ 물류단지의 지정으로 「국토의 계획 및 이용에 관한 법률」에 따른 용도지역이 변경 · 결정된 후 제1항 또는 제2항에 따라 해당 물류단지의 지정이 해제된 경우에는 같은 법의 규정에도 불구하고 해당 물류단지에 대한 용도지역은 변경 · 결정되기 전의 용도지역으로 환원된 것으로 본다. 다만, 물류단지의 개발이 완료되어 물류단지의 지정이 해제된 경우에는 변경 · 결정되기 전의 용도지역으로 환원되지 아니한다.
⑤ 시장 · 군수 · 구청장은 제4항에 따라 용도지역이 환원된 경우에는 즉시 그 사실을 고시하여야 한다.

제27조(물류단지개발사업의 시행자) ① 물류단지개발사업을 시행하려는 자는 대통령령으로 정하는 바에 따라 물류단지지정권자로부터 시행자 지정을 받아야 한다.
② 제1항에 따라 물류단지개발사업의 시행자로 지정받을 수 있는 자는 다음 각 호의 자로 한다.
1. 국가 또는 지방자치단체
2. 대통령령으로 정하는 공공기관
3. 「지방공기업법」에 따른 지방공사
4. 특별법에 따라 설립된 법인
5. 「민법」 또는 「상법」에 따라 설립된 법인
③ 제1항에 따라 물류단지개발사업의 시행자로 지정받으려는 자는 대통령령으로 정하는

바에 따라 물류단지지정권자에게 시행자 지정을 신청하여야 한다.
④ 물류단지지정권자는 제1항에 따라 물류단지개발사업을 시행하는 자로 지정받은 자(이하 "시행자"라 한다) 중 제2항제5호에 해당하는 자가 제28조에 따라 승인을 받은 물류단지개발실시계획에서 정하여진 기간 내에 물류단지개발사업을 완료하지 아니하면 제2항의 각 호의 자 중에서 다른 시행자를 지정하여 그 시행자에게 해당 물류단지개발사업을 시행하게 할 수 있다.
⑤ 제2항제1호부터 제4호까지의 시행자는 물류단지개발사업을 효율적으로 시행하기 위하여 필요하다고 인정하는 경우에는 대통령령으로 정하는 바에 따라 해당 물류단지에 입주하거나 입주하려는 물류시설의 운영자(이하 "입주기업체"라 한다) 및 지원시설의 운영자(이하 "지원기관"이라 한다)에게 물류단지개발사업의 일부를 대행하게 할 수 있다.

제28조(물류단지개발실시계획의 승인) ① 시행자는 대통령령으로 정하는 바에 따라 물류단지개발실시계획(이하 "실시계획"이라 한다)을 수립하여 물류단지지정권자의 승인을 받아야 한다. 승인을 받은 사항 중 대통령령으로 정하는 중요 사항을 변경하려는 경우에도 또한 같다.
② 실시계획에는 개발한 토지 · 시설 등의 처분에 관한 사항이 포함되어야 한다.
③ 물류단지지정권자가 제1항에 따라 실시계획을 승인하거나 승인한 사항을 변경승인할 때에는 제30조제1항 각 호의 관계 법률에 적합한지를 미리 소관 행정기관의 장과 협의하여야 한다.

제29조(실시계획승인의 고시) ① 물류단지지정권자는 제28조에 따라 실시계획을 승인하거나 승인한 사항을 변경승인한 때에는 대통령령으로 정하는 사항을 관보 또는 시 · 도의 공보에 고시하고, 관계 서류의 사본을 관할 시장 · 군수 · 구청장에게 보내야 한다.
② 제1항에 따라 관계 서류의 사본을 받은 시장 · 군수 · 구청장은 이를 14일 이상 일반인이 열람할 수 있도록 하여야 한다.
③ 제1항에 따라 관계 서류의 사본을 받은 시장 · 군수 · 구청장은 실시계획에 도시관리계획 결정사항이 포함되어 있으면 「국토의 계획 및 이용에 관한 법률」 제32조에 따라 지형도면의 고시 등에 필요한 절차를 취하여야 한다. 이 경우 시행자는 도시관리계획에 관한 지형도면의 고시 등에 필요한 서류를 작성하여 시장 · 군수 · 구청장에게 제출하여야 한다.

제29조(실시계획승인의 고시) ① 물류단지지정권자는 제28조에 따라 실시계획을 승인하거나 승인한 사항을 변경승인한 때에는 대통령령으로 정하는 사항을 관보 또는 시 · 도의 공보에 고시하고, 관계 서류의 사본을 관할 시장 · 군수 · 구청장에게 보내야 한다.
② 제1항에 따라 관계 서류의 사본을 받은 시장 · 군수 · 구청장은 이를 14일 이상 일반인이 열람할 수 있도록 하여야 한다.
③ 제1항에 따라 관계 서류의 사본을 받은 시장 · 군수 · 구청장은 실시계획에 도시 · 군관리계획 결정사항이 포함되어 있으면 「국토의 계획 및 이용에 관한 법률」 제32조에 따라 지형도면의 고시 등에 필요한 절차를 취하여야 한다. 이 경우 시행자는 도시 · 군관리계획에 관한 지형도면의 고시 등에 필요한 서류를 작성하여 시장 · 군수 · 구청장에게 제출하여야 한다. 〈개정 2011.4.14〉
[시행일 : 2012.4.15] 제29조

제30조(인 · 허가등의 의제) ① 물류단지지정권자가 실시계획을 승인 또는 변경승인하는 경우에 다음 각 호의 인 · 허가등에 관하여 제28조제3항에 따라 관계 행정기관의 장과 협의한 사항은 해당 인 · 허가등을 받은 것으로 보며, 실시계획승인 또는 변경승인을 고시한 때에는 다음 각 호의 법률에 따른 해당 인 · 허가등의 고시 또는 공고를 한 것으로 본다. 〈개정 2008.3.21, 2008.12.26, 2009.1.30, 2009.6.9, 2010.2.4, 2010.4.15, 2010.5.31〉
1. 「가축분뇨의 관리 및 이용에 관한 법률」 제11조에 따른 배출시설에 대한 설치허가 또는 신고
2. 「건축법」 제11조에 따른 건축허가, 같은 법 제14조에 따른 건축신고, 같은 법 제16

조에 따른 건축허가 · 신고사항의 변경, 같은 법 제20조에 따른 가설건축물의 건축의 허가 · 신고 및 같은 법 제29조에 따른 건축협의
3. 「골재채취법」 제22조에 따른 골재채취의 허가
4. 「공유수면 관리 및 매립에 관한 법률」 제8조에 따른 공유수면의 점용 · 사용허가, 같은 법 제17조에 따른 점용 · 사용 실시계획의 승인 또는 신고, 같은 법 제28조에 따른 공유수면의 매립면허, 같은 법 제35조에 따른 매립의 협의 또는 승인 및 같은 법 제38조에 따른 공유수면매립실시계획의 승인
5. 삭제 〈2010.4.15〉
6. 「공유재산 및 물품 관리법」 제11조에 따른 행정재산의 용도폐지 및 같은 법 제20조제1항에 따른 행정재산의 사용 · 수익의 허가
7. 「광업법」 제24조에 따른 광업권설정불허가처분 및 같은 법 제34조에 따른 광업권의 취소 또는 광구감소처분
8. 「국유재산법」 제30조에 따른 행정재산의 사용허가 및 같은 법 제40조에 따른 행정재산의 용도폐지
9. 「국토의 계획 및 이용에 관한 법률」 제30조에 따른 도시관리계획의 결정, 같은 법 제56조제1항제2호 · 제4호에 따른 토지형질변경의 허가 또는 토지분할의 허가, 같은 법 제86조에 따른 도시계획시설사업의 시행자의 지정 및 같은 법 제88조에 따른 실시계획의 인가
10. 「농어촌정비법」 제23조에 따른 농업생산기반시설의 목적 외 사용승인
11. 「농지법」 제31조에 따른 농업진흥지역 등의 변경 및 해제, 같은 법 제34조에 따른 농지전용의 허가 및 협의
12. 「도로법」 제5조에 따른 도로 관리청과의 협의 · 승인, 같은 법 제34조에 따른 도로공사의 시행허가 및 같은 법 제38조에 따른 도로의 점용허가
13. 「사도법」 제4조에 따른 사도개설의 허가
14. 「사방사업법」 제14조에 따른 벌채 등의 허가 및 같은 법 제20조에 따른 사방지 지정의 해제
15. 「산지관리법」 제14조 및 제15조에 따른 산지전용허가 및 산지전용신고, 같은 법 제15조의2에 따른 산지일시사용허가 · 신고, 「산림자원의 조성 및 관리에 관한 법률」 제36조제1항 및 제4항에 따른 입목벌채등의 허가 · 신고, 「산림보호법」 제9조제1항 및 제2항제1호 · 제2호에 따른 산림보호구역(산림유전자원보호구역은 제외한다)에서의 행위의 허가 · 신고 및 같은 법 제11조제1항제1호에 따른 산림보호구역의 지정해제
16. 「소하천정비법」 제10조에 따른 소하천 공사시행의 허가 및 같은 법 제14조에 따른 소하천 점용의 허가
17. 「수도법」 제17조 및 제49조에 따른 수도사업의 인가, 같은 법 제52조 및 제54조에 따른 전용수도 설치의 인가
18. 「수질 및 수생태계 보전에 관한 법률」 제49조에 따른 종말처리시설설치 기본계획의 승인
19. 「에너지이용 합리화법」 제8조에 따른 에너지사용계획의 협의
19의2. 「임업 및 산촌 진흥촉진에 관한 법률」 제20조에 따른 임업진흥권역의 지정변경 및 해제
20. 「장사 등에 관한 법률」 제23조에 따른 연고자가 없는 분묘의 개장허가
20의2. 「전기사업법」 제62조에 따른 자가용전기설비의 공사계획의 인가 또는 신고
21. 「측량 · 수로조사 및 지적에 관한 법률」 제86조제1항에 따른 사업의 착수 · 변경 또는 완료의 신고
22. 「집단에너지사업법」 제4조에 따른 집단에너지의 공급 타당성에 관한 협의
23. 「초지법」 제21조의2에 따른 토지의 형질변경 등의 허가 및 같은 법 제23조에 따른 초지전용허가

24. 「측량 · 수로조사 및 지적에 관한 법률」 제15조제3항에 따른 지도등의 간행 심사
25. 「폐기물관리법」 제29조에 따른 폐기물처리시설의 설치승인 또는 신고
26. 「하수도법」 제16조에 따른 공공하수도공사의 시행허가 및 같은 법 제24조에 따른 공공하수도의 점용허가
27. 「하천법」 제6조에 따른 하천관리청과의 협의 또는 승인, 같은 법 제30조에 따른 하천공사 시행허가, 하천공사실시계획의 인가, 같은 법 제33조에 따른 하천의 점용허가 및 같은 법 제50조에 따른 하천수의 사용허가
28. 「항만법」 제9조제2항에 따른 항만공사의 시행허가 및 같은 법 제10조제2항에 따른 실시계획의 승인

② 제1항에 따라 다른 법률에 따른 인 · 허가등을 받은 것으로 보는 경우에는 관계 법률 또는 시 · 도의 조례에 따라 부과되는 그 인 · 허가등에 따른 수수료 · 사용료 등을 면제한다.

③ 제1항에 따른 인 · 허가등의 의제와 관련된 처리기준에 관하여는 제21조제3항 및 제4항을 준용한다.

제30조(인 · 허가등의 의제) ① 물류단지지정권자가 실시계획을 승인 또는 변경승인하는 경우에 다음 각 호의 인、허가등에 관하여 제28조제3항에 따라 관계 행정기관의 장과 협의한 사항은 해당 인、허가등을 받은 것으로 보며, 실시계획승인 또는 변경승인을 고시한 때에는 다음 각 호의 법률에 따른 해당 인、허가등의 고시 또는 공고를 한 것으로 본다. 〈개정 2008.3.21, 2008.12.26, 2009.1.30, 2009.6.9, 2010.2.4, 2010.4.15, 2010.5.31, 2011.4.14〉

1. 「가축분뇨의 관리 및 이용에 관한 법률」 제11조에 따른 배출시설에 대한 설치허가 또는 신고
2. 「건축법」 제11조에 따른 건축허가, 같은 법 제14조에 따른 건축신고, 같은 법 제16조에 따른 건축허가、신고사항의 변경, 같은 법 제20조에 따른 가설건축물의 건축의 허가、신고 및 같은 법 제29조에 따른 건축협의
3. 「골재채취법」 제22조에 따른 골재채취의 허가
4. 「공유수면 관리 및 매립에 관한 법률」 제8조에 따른 공유수면의 점용、사용허가, 같은 법 제17조에 따른 점용、사용 실시계획의 승인 또는 신고, 같은 법 제28조에 따른 공유수면의 매립면허, 같은 법 제35조에 따른 매립의 협의 또는 승인 및 같은 법 제38조에 따른 공유수면매립실시계획의 승인
5. 삭제 〈2010.4.15〉
6. 「공유재산 및 물품 관리법」 제11조에 따른 행정재산의 용도폐지 및 같은 법 제20조제1항에 따른 행정재산의 사용、수익의 허가
7. 「광업법」 제24조에 따른 광업권설정불허가처분 및 같은 법 제34조에 따른 광업권의 취소 또는 광구감소처분
8. 「국유재산법」 제30조에 따른 행정재산의 사용허가 및 같은 법 제40조에 따른 행정재산의 용도폐지
9. 「국토의 계획 및 이용에 관한 법률」 제30조에 따른 도시、군관리계획의 결정, 같은 법 제56조제1항제2호、제4호에 따른 토지형질변경의 허가 또는 토지분할의 허가, 같은 법 제86조에 따른 도시、군계획시설사업의 시행자의 지정 및 같은 법 제88조에 따른 실시계획의 인가
10. 「농어촌정비법」 제23조에 따른 농업생산기반시설의 목적 외 사용승인
11. 「농지법」 제31조에 따른 농업진흥지역 등의 변경 및 해제, 같은 법 제34조에 따른 농지전용의 허가 및 협의
12. 「도로법」 제5조에 따른 도로 관리청과의 협의、승인, 같은 법 제34조에 따른 도로공사의 시행허가 및 같은 법 제38조에 따른 도로의 점용허가
13. 「사도법」 제4조에 따른 사도개설의 허가

14. 「사방사업법」 제14조에 따른 벌채 등의 허가 및 같은 법 제20조에 따른 사방지 지정의 해제
15. 「산지관리법」 제14조 및 제15조에 따른 산지전용허가 및 산지전용신고, 같은 법 제15조의2에 따른 산지일시사용허가ㆍ신고, 「산림자원의 조성 및 관리에 관한 법률」 제36조제1항 및 제4항에 따른 입목벌채등의 허가ㆍ신고, 「산림보호법」 제9조제1항 및 제2항제1호ㆍ제2호에 따른 산림보호구역(산림유전자원보호구역은 제외한다)에서의 행위의 허가ㆍ신고 및 같은 법 제11조제1항제1호에 따른 산림보호구역의 지정해제
16. 「소하천정비법」 제10조에 따른 소하천 공사시행의 허가 및 같은 법 제14조에 따른 소하천 점용의 허가
17. 「수도법」 제17조 및 제49조에 따른 수도사업의 인가, 같은 법 제52조 및 제54조에 따른 전용수도 설치의 인가
18. 「수질 및 수생태계 보전에 관한 법률」 제49조에 따른 종말처리시설설치 기본계획의 승인
19. 「에너지이용 합리화법」 제8조에 따른 에너지사용계획의 협의
19의2. 「임업 및 산촌 진흥촉진에 관한 법률」 제20조에 따른 임업진흥권역의 지정변경 및 해제
20. 「장사 등에 관한 법률」 제23조에 따른 연고자가 없는 분묘의 개장허가
20의2. 「전기사업법」 제62조에 따른 자가용전기설비의 공사계획의 인가 또는 신고
21. 「측량ㆍ수로조사 및 지적에 관한 법률」 제86조제1항에 따른 사업의 착수ㆍ변경 또는 완료의 신고
22. 「집단에너지사업법」 제4조에 따른 집단에너지의 공급 타당성에 관한 협의
23. 「초지법」 제21조의2에 따른 토지의 형질변경 등의 허가 및 같은 법 제23조에 따른 초지전용허가
24. 「측량ㆍ수로조사 및 지적에 관한 법률」 제15조제3항에 따른 지도등의 간행 심사
25. 「폐기물관리법」 제29조에 따른 폐기물처리시설의 설치승인 또는 신고
26. 「하수도법」 제16조에 따른 공공하수도공사의 시행허가 및 같은 법 제24조에 따른 공공하수도의 점용허가
27. 「하천법」 제6조에 따른 하천관리청과의 협의 또는 승인, 같은 법 제30조에 따른 하천공사 시행허가, 하천공사실시계획의 인가, 같은 법 제33조에 따른 하천의 점용허가 및 같은 법 제50조에 따른 하천수의 사용허가
28. 「항만법」 제9조제2항에 따른 항만공사의 시행허가 및 같은 법 제10조제2항에 따른 실시계획의 승인

② 제1항에 따라 다른 법률에 따른 인ㆍ허가등을 받은 것으로 보는 경우에는 관계 법률 또는 시ㆍ도의 조례에 따라 부과되는 그 인ㆍ허가등에 따른 수수료ㆍ사용료 등을 면제한다.

③ 제1항에 따른 인ㆍ허가등의 의제와 관련된 처리기준에 관하여는 제21조제3항 및 제4항을 준용한다.

[시행일 : 2012.4.15] 제30조

제31조(물류단지개발사업의 위탁시행) ① 시행자는 물류단지개발사업 중 항만, 용수시설, 그 밖에 대통령령으로 정하는 공공시설의 건설과 공유수면의 매립에 관한 사항을 대통령령으로 정하는 바에 따라 국가ㆍ지방자치단체 또는 대통령령으로 정하는 공공기관에 위탁하여 시행할 수 있다.

② 물류단지개발사업을 위한 토지매수업무 등의 위탁에 관하여는 제11조를 준용한다. 이 경우 "물류터미널사업자"는 "시행자"로, "물류터미널"은 "물류단지"로 본다.

제32조(토지등의 수용ㆍ사용) ① 시행자는 물류단지개발사업에 필요한 토지등을 수용하거나 사용할 수 있다. 다만, 제27조제2항제5호의 시행자인 경우에는 사업대상 토지면적의 3분의 2 이상을 매입하여야 토지등을 수용하거나 사용할 수 있다.

② 제1항에 따라 토지등을 수용하거나 사용하는 경우에 제23조제1항에 따른 물류단지 지정 고시를 한 때(제22조제5항 단서에 따라 시행자 및 수용하거나 사용할 토지등의 세부목록을 물류단지의 지정 후에 물류단지개발계획에 포함시키는 경우에는 그 고시한 때를 말한다)에는 「공익사업을 위한 토지 등의 취득 및 보상에 관한 법률」 제20조제1항 및 같은 법 제22조에 따른 사업인정 및 그 고시를 한 것으로 본다.

③ 국토해양부장관이 지정하는 물류단지 안의 토지등에 대한 재결은 중앙토지수용위원회가 관장하고, 시ㆍ도지사가 지정하는 물류단지 안의 토지등에 대한 재결은 관할 지방토지수용위원회가 관장한다. 이 경우 재결의 신청은 「공익사업을 위한 토지 등의 취득 및 보상에 관한 법률」 제23조제1항 및 같은 법 제28조제1항에도 불구하고 물류단지개발계획에서 정하는 사업시행기간 내에 할 수 있다. 〈개정 2008.2.29〉

④ 제1항에 따른 수용 또는 사용에 관하여는 이 법에 특별한 규정이 있는 경우 외에는 「공익사업을 위한 토지 등의 취득 및 보상에 관한 법률」을 준용한다.

제33조(「공유수면 관리 및 매립에 관한 법률」 등의 적용특례) ① 제22조 및 제23조에 따라 물류단지가 지정ㆍ고시된 경우에는 그 범위에서 「공유수면 관리 및 매립에 관한 법률」 제22조 및 제27조에 따른 매립기본계획, 「국토의 계획 및 이용에 관한 법률」 제30조에 따른 도시관리계획 및 「하천법」 제25조 및 제27조에 따른 하천기본계획 및 하천공사시행계획이 수립ㆍ변경된 것으로 본다. 〈개정 2010.2.4, 2010.4.15〉

② 제28조에 따라 실시계획의 승인을 받은 시행자가 해당 물류단지 안의 토지에 관하여 체결하는 토지거래계약에 대하여는 「국토의 계획 및 이용에 관한 법률」 제118조를 적용하지 아니한다.

③ 지원시설에 대하여는 「국토의 계획 및 이용에 관한 법률」 제76조에 따른 지역ㆍ지구 안에서의 건축금지 및 제한에 관한 규정을 적용하지 아니한다.

[제목개정 2010.2.4, 2010.4.15]

제33조(「공유수면 관리 및 매립에 관한 법률」 등의 적용특례) ① 제22조 및 제23조에 따라 물류단지가 지정ㆍ고시된 경우에는 그 범위에서 「공유수면 관리 및 매립에 관한 법률」 제22조 및 제27조에 따른 매립기본계획, 「국토의 계획 및 이용에 관한 법률」 제30조에 따른 도시ㆍ군관리계획 및 「하천법」 제25조 및 제27조에 따른 하천기본계획 및 하천공사시행계획이 수립ㆍ변경된 것으로 본다. 〈개정 2010.2.4, 2010.4.15, 2011.4.14〉

② 제28조에 따라 실시계획의 승인을 받은 시행자가 해당 물류단지 안의 토지에 관하여 체결하는 토지거래계약에 대하여는 「국토의 계획 및 이용에 관한 법률」 제118조를 적용하지 아니한다.

③ 지원시설에 대하여는 「국토의 계획 및 이용에 관한 법률」 제76조에 따른 지역ㆍ지구 안에서의 건축금지 및 제한에 관한 규정을 적용하지 아니한다.

[제목개정 2010.4.15]

[시행일 : 2012.4.15] 제33조

제34조(토지소유자에 대한 환지) ① 시행자는 물류단지 안의 토지를 소유하고 있는 자가 물류단지개발계획에서 정한 물류단지시설을 운영하려는 경우에는 그 토지를 포함하여 물류단지개발사업을 시행할 수 있으며, 해당 사업이 완료된 후 대통령령으로 정하는 바에 따라 해당 토지소유자에게 환지(換地)하여 줄 수 있다.

② 제1항에 따른 환지를 할 때 대통령령으로 정하는 사항 외에는 「도시개발법」 제28조부터 제49조까지를 준용한다. 〈개정 2008.3.21〉

제35조(토지 출입 등) 물류단지개발사업 시행을 위한 토지 출입 등에 관하여는 제12조를 준용한다. 이 경우 "물류터미널사업자"는 "시행자"로, "물류터미널"은 "물류단지"로 본다.

제36조(공공시설 및 토지 등의 귀속) ① 제27조제2항제1호부터 제4호까지의 시행자가 물류단지개발사업의 시행으로 새로 공공시설을 설치하거나 기존의 공공시설에 대체되는 공공시설을 설치한 경우에는 「국유재산법」 및 「공유재산 및 물품 관리법」에도 불구하고 종래의 공공시설은 시행자에게 무상으로 귀속되고 새로 설치된 공공시설은 그 시설을 관

리할 국가 또는 지방자치단체에 무상으로 귀속된다.

② 제27조제2항제5호의 시행자가 물류단지개발사업의 시행으로 새로 설치한 공공시설은 그 시설을 관리할 국가 또는 지방자치단체에 무상으로 귀속되고, 물류단지개발사업의 시행으로 인하여 용도가 폐지되는 국가 또는 지방자치단체 소유의 재산은 「국유재산법」 및 「공유재산 및 물품 관리법」에도 불구하고 새로 설치한 공공시설의 설치비용에 상당하는 범위에서 그 시행자에게 무상으로 양도할 수 있다.

③ 물류단지지정권자는 제1항 및 제2항에 따른 공공시설의 귀속 및 양도에 관한 사항이 포함된 실시계획을 승인하려는 때에는 미리 그 공공시설을 관리하는 기관(이하 "관리청"이라 한다)의 의견을 들어야 한다. 실시계획을 변경하려는 때에도 또한 같다.

④ 시행자는 제1항 및 제2항에 따라 국가 또는 지방자치단체에 귀속될 공공시설과 시행자에게 귀속되거나 양도될 재산의 종류와 토지의 세부목록을 그 물류단지개발사업의 준공 전에 관리청에 통지하여야 하며, 해당 공공시설과 재산은 그 사업이 준공되어 제46조제3항에 따라 시행자에게 준공인가통지를 한 때에 국가 또는 지방자치단체에 귀속되거나 시행자에게 귀속 또는 양도된 것으로 본다.

⑤ 제4항에 따른 공공시설과 재산의 등기에 관하여는 물류단지개발사업의 실시계획승인서와 준공인가서로써 「부동산등기법」에 따른 등기원인을 증명하는 서면을 갈음할 수 있다.

⑥ 제1항부터 제5항까지의 공공시설의 범위는 대통령령으로 정한다.

제37조(국 · 공유지의 처분제한) 물류단지개발사업에 필요한 국 · 공유지의 처분제한 등에 관하여는 제13조를 준용한다. 이 경우 "물류터미널을 건설하기 위한 부지"는 "물류단지"로, "물류터미널 건설사업"은 "물류단지개발사업"으로, "국토해양부장관 또는 시 · 도지사"는 "물류단지지정권자"로, "물류터미널사업자"는 "시행자 · 입주기업체 또는 지원기관"으로 본다. 〈개정 2008.2.29〉

제38조(물류단지개발사업의 비용) ① 물류단지개발사업에 필요한 비용은 시행자가 부담한다.

② 물류단지에 필요한 전기시설 · 전기통신설비 · 가스공급시설 또는 지역난방시설은 대통령령으로 정하는 범위에서 해당 지역에 전기 · 전기통신 · 가스 또는 난방을 공급하는 자가 비용을 부담하여 설치하여야 한다. 다만, 물류단지개발사업의 시행자 · 입주기업 · 지방자치단체 등의 요청에 따라 전기간선시설(電氣幹線施設)을 땅 속에 설치하는 경우에는 전기를 공급하는 자와 땅 속에 설치할 것을 요청하는 자가 각각 100분의 50의 비율로 그 설치비용을 부담한다.

③ 제2항에 따른 각 시설의 설치시기, 그 밖에 필요한 사항은 대통령령으로 정한다.

제39조(물류단지개발사업의 지원) ① 국가 또는 지방자치단체는 대통령령으로 정하는 바에 따라 물류단지개발사업에 필요한 비용의 일부를 보조하거나 융자할 수 있다.

② 국가 또는 지방자치단체는 물류단지의 원활한 개발을 위하여 필요한 도로 · 철도 · 항만 · 용수시설 등 기반시설의 설치를 우선적으로 지원하여야 한다.

제40조(물류단지개발특별회계의 설치) ① 시 · 도지사 또는 시장 · 군수는 물류단지개발사업을 촉진하기 위하여 지방자치단체에 물류단지개발특별회계(이하 "특별회계"라 한다)를 설치할 수 있다.

② 특별회계는 다음 각 호의 재원으로 조성된다. 〈개정 2010.3.31〉

1. 해당 지방자치단체의 일반회계로부터의 전입금
2. 정부의 보조금
3. 제67조에 따라 부과 · 징수된 과태료
4. 「개발이익환수에 관한 법률」 제4조제1항에 따라 지방자치단체에 귀속되는 개발부담금 중 해당 지방자치단체의 조례로 정하는 비율의 금액
5. 「국토의 계획 및 이용에 관한 법률」 제65조제8항에 따른 수익금
6. 「지방세법」 제112조제1항(같은 항 제1호는 제외한다) 및 같은 조 제2항에 따라 부과 · 징수되는 재산세의 징수액 중 대통령령으로 정하는 비율의 금액

7. 차입금
8. 해당 특별회계자금의 융자회수금 · 이자수입금 및 그 밖의 수익금

제40조(물류단지개발특별회계의 설치) ① 시 · 도지사 또는 시장 · 군수는 물류단지개발사업을 촉진하기 위하여 지방자치단체에 물류단지개발특별회계(이하 "특별회계"라 한다)를 설치할 수 있다.
② 특별회계는 다음 각 호의 재원으로 조성된다.
1. 해당 지방자치단체의 일반회계로부터의 전입금
2. 정부의 보조금
3. 제67조에 따라 부과 · 징수된 과태료
4. 「개발이익환수에 관한 법률」 제4조제1항에 따라 지방자치단체에 귀속되는 개발부담금 중 해당 지방자치단체의 조례로 정하는 비율의 금액
5. 「국토의 계획 및 이용에 관한 법률」 제65조제8항에 따른 수익금
6. 「지방세법」 제238조에 따라 부과 · 징수되는 도시계획세의 징수액 중 대통령령으로 정하는 비율의 금액
7. 차입금
8. 해당 특별회계자금의 융자회수금 · 이자수입금 및 그 밖의 수익금
[시행일 : 2012.4.15] 제40조

제41조(특별회계의 운용) ① 특별회계는 다음 각 호의 용도로 사용한다.
1. 물류단지개발사업의 시행자에 대한 공사비의 보조 또는 융자
2. 물류단지개발사업에 따른 도시계획시설사업에 관한 보조 또는 융자
3. 지방자치단체가 시행하는 물류단지개발사업에 따른 도시계획시설의 설치사업비
4. 물류단지지정, 물류시설의 개발계획수립 및 제도발전을 위한 조사 · 연구비
5. 차입금의 원리금 상환
6. 특별회계의 조성 · 운용 및 관리를 위한 경비
7. 그 밖에 대통령령으로 정하는 사항
② 국토해양부장관은 필요한 경우에는 지방자치단체의 장에게 특별회계의 운용상황을 보고하게 할 수 있다. 〈개정 2008.2.29〉
③ 특별회계의 설치 및 운용 · 관리에 필요한 사항은 대통령령으로 정하는 기준에 따라 해당 지방자치단체의 조례로 정한다.

제41조(특별회계의 운용) ① 특별회계는 다음 각 호의 용도로 사용한다. 〈개정 2011.4.14〉
1. 물류단지개발사업의 시행자에 대한 공사비의 보조 또는 융자
2. 물류단지개발사업에 따른 도시 · 군계획시설사업에 관한 보조 또는 융자
3. 지방자치단체가 시행하는 물류단지개발사업에 따른 도시 · 군계획시설의 설치사업비
4. 물류단지지정, 물류시설의 개발계획수립 및 제도발전을 위한 조사 · 연구비
5. 차입금의 원리금 상환
6. 특별회계의 조성 · 운용 및 관리를 위한 경비
7. 그 밖에 대통령령으로 정하는 사항
② 국토해양부장관은 필요한 경우에는 지방자치단체의 장에게 특별회계의 운용상황을 보고하게 할 수 있다. 〈개정 2008.2.29〉
③ 특별회계의 설치 및 운용 · 관리에 필요한 사항은 대통령령으로 정하는 기준에 따라 해당 지방자치단체의 조례로 정한다.
[시행일 : 2012.4.15] 제41조

제42조(시설의 존치) 시행자는 물류단지 안에 있는 기존의 시설이나 그 밖의 공작물을 이전하거나 철거하지 아니하여도 물류단지개발사업에 지장이 없다고 인정하는 때에는 이를 남겨두게 할 수 있다.

제43조(선수금) 시행자는 그가 조성하는 용지를 분양 · 임대받거나 시설을 이용하려는 자로부터 대통령령으로 정하는 바에 따라 대금의 전부 또는 일부를 미리 받을 수 있다.

제44조(시설부담금) ① 물류단지지정권자는 시행자에게 도로, 공원, 녹지, 그 밖에 대통령령으로 정하는 공공시설을 설치하게 하거나 기존의 공원 및 녹지를 보존하게 할 수 있다.
② 시행자는 제1항에 따른 공공시설의 설치나 기존의 공원 및 녹지의 보존에 필요한 비용에 충당하기 위하여 그 비용의 범위에서 제42조에 따른 존치시설의 소유자나 개발 후 토지 · 시설 등을 분양받는 자에게 시설부담금을 납부하게 할 수 있다.
③ 제2항에 따른 시설부담금의 산정기준, 징수방법, 그 밖에 필요한 사항은 대통령령으로 정한다.
제45조(이주대책 등) ① 시행자는 「공익사업을 위한 토지 등의 취득 및 보상에 관한 법률」로 정하는 바에 따라 물류단지개발사업으로 인하여 생활의 근거를 상실하게 되는 자(이하 "이주자"라 한다)에 대한 이주대책 등을 수립 · 시행하여야 한다.
② 입주기업체 및 지원기관은 특별한 사유가 없으면 이주자 또는 인근지역의 주민을 우선적으로 고용하여야 한다.
제46조(물류단지개발사업의 준공인가) ① 시행자는 물류단지개발사업의 전부 또는 일부를 완료하면 대통령령으로 정하는 바에 따라 물류단지지정권자의 준공인가를 받아야 한다.
② 시행자가 제1항에 따른 준공인가를 신청한 경우에 물류단지지정권자는 관계 중앙행정기관, 지방자치단체 또는 대통령령으로 정하는 공공기관, 연구기관, 그 밖의 전문기관의 장에게 준공인가에 필요한 검사를 의뢰할 수 있다. 이 경우 공공시설에 대한 검사는 원칙적으로 그 시설을 관리할 국가 또는 지방자치단체에 의뢰하여야 한다.
③ 물류단지지정권자는 제2항에 따른 준공검사를 한 결과 실시계획대로 완료된 경우에는 준공인가를 하고 대통령령으로 정하는 바에 따라 이를 공고한 후 시행자 및 관리청에 통지하여야 하며, 실시계획대로 완료되지 아니한 경우에는 지체 없이 보완시공 등 필요한 조치를 명하여야 한다.
④ 시행자가 제1항에 따른 준공인가를 받은 때에는 제30조제1항에 따라 실시계획승인으로 의제되는 인 · 허가등에 따른 해당 사업의 준공에 관한 검사 · 인가 · 신고 · 확인 등을 받은 것으로 본다.
⑤ 제1항에 따른 준공인가 전에는 물류단지개발사업으로 개발된 토지나 설치된 시설을 사용할 수 없다. 다만, 대통령령으로 정하는 바에 따라 물류단지지정권자의 사용허가를 받은 경우에는 그러하지 아니하다.
제47조(관계 서류 등의 열람) ① 시행자는 물류단지개발사업을 시행할 때 필요하면 국가 또는 지방자치단체에 서류의 열람 또는 등사를 하거나 그 등본 또는 초본의 교부를 청구할 수 있다.
② 국가 또는 지방자치단체는 제1항에 따라 발급하는 서류에 대하여는 수수료를 부과하지 아니한다.
제48조 삭제 〈2010.2.4〉
제49조(물류단지개발 관련 사업에 대한 준용) 물류단지의 인근지역에서 물류단지개발과 관련되는 사업으로서 다음 각 호의 어느 하나에 해당하는 사업을 시행하는 경우 해당 사업에 대하여는 제25조, 제28조부터 제37조까지, 제39조, 제45조부터 제47조까지, 제52조 및 제61조를 준용한다. 이 경우 "물류단지"는 "물류단지개발과 관련되는 사업에 대한 실시계획승인이 고시된 지역"으로, "물류단지개발실시계획"은 "물류단지개발과 관련되는 사업에 대한 실시계획"으로, "물류단지 지정의 고시"는 "물류단지개발과 관련되는 사업에 대한 실시계획 승인의 고시"로, "물류단지개발계획"은 "물류단지개발과 관련되는 사업에 대한 실시계획"으로 본다.
1. 항만 · 도로 · 하천 · 철도 · 용수공급시설 · 하수도 · 폐수종말처리시설 · 폐기물처리시설 · 전기시설 또는 통신시설사업
2. 가스 또는 유류의 공급시설사업
3. 물류단지의 조성을 위하여 그 물류단지에 연접한 취토장(取土場) 또는 돌산을 개발하는 사업

4. 물류단지를 조성하기 위한 준설사업

제50조(개발한 토지 · 시설 등의 처분) ① 시행자는 물류단지개발사업에 따라 개발한 토지 · 시설 등을 직접 사용하거나 분양 또는 임대하여야 한다.

② 제1항에 따른 토지 · 시설 등의 처분방법 · 절차 · 가격기준 등에 관하여 필요한 사항은 대통령령으로 정한다.

제50조의2(물류단지시설 등의 건설공사 착수 등) ① 입주기업체 또는 지원기관은 시행자와 분양계약을 체결한 날(물류단지개발사업의 준공 전에 분양계약을 체결한 경우에는 준공일을 말하고, 물류단지개발사업의 준공인가 전 사용허가를 받은 경우에는 사용허가일을 말한다)부터 국토해양부령으로 정하는 기간 안에 그 물류단지시설 또는 지원시설의 건설공사에 착수하거나 토지 · 시설 등을 처분하여야 한다. 다만, 국토해양부령으로 정하는 정당한 사유가 있는 경우에는 그러하지 아니하다.

② 제1항에 따른 토지 · 시설 등의 처분에 관하여는 제51조를 준용한다.

[본조신설 2010.2.4]

제50조의3(이행강제금) ① 물류단지지정권자는 제50조의2에 따른 의무를 이행하지 아니한 자에 대하여 국토해양부령으로 정하는 기한까지 그 의무를 이행할 것을 명하여야 하며, 그 기한까지 의무를 이행하지 아니하면 해당 토지 · 시설 등 재산가액(「부동산 가격공시 및 감정평가에 관한 법률」에 따른 감정평가업자의 감정평가액을 말한다)의 100분의 20에 해당하는 금액의 이행강제금을 부과할 수 있다.

② 물류단지지정권자는 제1항에 따른 이행강제금을 부과하기 전에 제1항에 따른 이행강제금을 부과하고 징수한다는 뜻을 미리 문서로 알려야 한다.

③ 물류단지지정권자는 제1항에 따른 이행강제금을 부과하려는 경우에는 이행강제금의 금액, 부과 사유, 납부기한, 수납기관, 이의제기방법 및 이의제기기관 등을 명시한 문서로써 하여야 한다.

④ 물류단지지정권자는 제50조의2제1항에 정한 기간이 만료한 다음 날을 기준으로 하여 매년 1회 그 의무가 이행될 때까지 반복하여 제1항에 따른 이행강제금을 부과하고 징수할 수 있다.

⑤ 물류단지지정권자는 제50조의2에 따른 의무가 있는 자가 그 의무를 이행한 경우에는 새로운 이행강제금의 부과를 중지하되, 이미 부과된 이행강제금은 징수하여야 한다.

⑥ 제1항부터 제5항까지에서 규정한 사항 외에 이행강제금의 부과 및 징수 절차는 국토해양부령으로 정한다.

[본조신설 2010.2.4]

제51조(개발한 토지 · 시설 등의 처분제한) ① 입주기업체 또는 지원기관은 물류단지시설 또는 지원시설의 설치를 완료하기 전에 분양받은 토지 · 시설 등을 처분하려는 때에는 시행자 또는 제53조에 따른 관리기관에 양도하여야 한다. 다만, 시행자나 관리기관이 매수할 수 없는 때에는 대통령령으로 정하는 바에 따라 시행자나 관리기관이 매수신청을 받아 선정한 다른 입주기업체, 지원기관 또는 다음 각 호의 자에게 양도하여야 한다. 〈개정 2010.5.17〉

1. 한국토지공사
2. 「은행법」 제8조에 따라 은행업의 인가를 받은 은행
3. 그 밖에 대통령령으로 정하는 자

② 제1항에 따른 토지의 양도가격은 취득가격에 대통령령으로 정하는 이자 및 비용을 더한 금액으로 하고, 시설 등의 양도가격은 「부동산 가격공시 및 감정평가에 관한 법률」에 따른 감정평가업자의 감정평가액을 고려하여 결정할 수 있다.

③ 제1항 각 호의 자가 매수한 토지 · 시설 등의 매각가격 · 매각절차 등에 필요한 사항은 대통령령으로 정한다.

제52조(물류단지시설 등의 건축허가 및 사용승인) ① 물류단지 안에서 물류단지시설 또는 지원시설을 건축하려는 자가 「건축법」 제11조에 따른 건축허가를 받은 때(제28조제1항의

실시계획의 승인에 따라 건축허가가 의제된 시설의 경우에는 「건축법」 제22조에 따른 사용승인을 받은 때를 말한다)에는 다음 각 호의 인·허가등을 받은 것으로 본다. 〈개정 2008.3.21, 2009.6.9〉

1. 「가축분뇨의 관리 및 이용에 관한 법률」 제11조에 따른 배출시설에 대한 설치허가 또는 신고 및 같은 법 제15조에 따른 준공검사
2. 「건축법」 제20조제1항·제2항에 따른 가설건축물의 건축허가 또는 신고 및 같은 법 제83조에 따른 공작물축조의 신고
3. 「고압가스 안전관리법」 제4조제3항에 따른 고압가스저장소 설치의 허가, 같은 법 제16조제3항에 따른 고압가스의 제조·저장·판매·수입시설이나 용기등의 제조시설의 설치공사의 완성검사 및 같은 법 제20조에 따른 특정고압가스시설의 완성검사
4. 「국토의 계획 및 이용에 관한 법률」 제56조제1항에 따른 개발행위(건축물의 건축 또는 공작물의 설치에 한한다)의 허가, 같은 법 제62조제1항에 따른 준공검사, 같은 법 제86조에 따른 도시계획시설사업의 시행자의 지정, 같은 법 제88조에 따른 실시계획의 인가 및 같은 법 제98조제2항에 따른 준공검사
5. 「대기환경보전법」 제23조, 「수질 및 수생태계 보전에 관한 법률」 제33조 및 「소음·진동관리법」 제8조에 따른 배출시설 설치의 허가 또는 신고
6. 「대기환경보전법」 제30조 및 「수질 및 수생태계 보전에 관한 법률」 제37조에 따른 배출시설과 방지시설의 가동개시 신고
7. 「도로법」 제38조에 따른 도로점용허가
8. 「소방시설설치유지 및 안전관리에 관한 법률」 제7조제1항에 따른 건축허가등의 동의, 「소방시설공사업법」 제13조제1항에 따른 소방시설공사의 신고, 같은 법 제14조에 따른 완공검사, 「위험물안전관리법」 제6조제1항에 따른 제조소등의 설치허가 및 같은 법 제9조에 따른 완공검사
9. 「수도법」 제52조 및 제54조에 따른 전용수도 설치의 인가
10. 「액화석유가스의 안전관리 및 사업법」 제6조제1항에 따른 액화석유가스저장소 설치의 허가 및 같은 법 제18조제2항에 따른 저장소 설치와 가스용품제조시설의 완성검사
11. 「전기사업법」 제62조에 따른 자가용전기설비 공사계획의 인가 또는 신고 및 같은 법 제63조에 따른 자가용전기설비의 사용전검사
12. 「정보통신공사업법」 제36조에 따른 사용전검사
13. 「측량·수로조사 및 지적에 관한 법률」 제64조제2항에 따른 토지이동의 등록신청
14. 「총포·도검·화약류 등 단속법」 제25조제1항에 따른 화약류(간이)저장소설치의 허가 및 같은 법 제43조에 따른 완성검사
15. 「토양환경보전법」 제12조에 따른 특정토양오염관리대상시설 설치의 신고
16. 「폐기물관리법」 제29조제2항에 따른 폐기물처리시설의 설치승인 또는 신고 및 같은 법 제29조제4항에 따른 폐기물처리시설의 사용개시신고
17. 「하수도법」 제24조에 따른 공공하수도 점용허가, 같은 법 제27조제3항에 따른 배수설비설치신고, 같은 법 제34조제2항에 따른 개인하수처리시설의 설치신고 및 같은 법 제37조에 따른 준공검사

② 제1항 각 호의 어느 하나에 해당하는 사항이 해당 특별시장·광역시장 또는 시장·군수·구청장 외의 다른 행정기관의 권한에 속하는 경우에는 해당 특별시장·광역시장 또는 시장·군수·구청장은 미리 그 다른 행정기관의 장과 협의를 하여야 한다.

③ 제1항에 따른 인·허가등의 의제와 관련된 처리기준에 관하여는 제21조제3항 및 제4항을 준용한다.

제52조(물류단지시설 등의 건축허가 및 사용승인) ① 물류단지 안에서 물류단지시설 또는 지원시설을 건축하려는 자가 「건축법」 제11조에 따른 건축허가를 받은 때(제28조제1항의 실시계획의 승인에 따라 건축허가가 의제된 시설의 경우에는 「건축법」 제22조에 따른 사용승인을 받은 때를 말한다)에는 다음 각 호의 인·허가등을 받은 것으로 본다. 〈개정

2008.3.21, 2009.6.9, 2011.4.14〉

1. 「가축분뇨의 관리 및 이용에 관한 법률」 제11조에 따른 배출시설에 대한 설치허가 또는 신고 및 같은 법 제15조에 따른 준공검사

2. 「건축법」 제20조제1항ㆍ제2항에 따른 가설건축물의 건축허가 또는 신고 및 같은 법 제83조에 따른 공작물축조의 신고

3. 「고압가스 안전관리법」 제4조제3항에 따른 고압가스저장소 설치의 허가, 같은 법 제16조제3항에 따른 고압가스의 제조ㆍ저장ㆍ판매ㆍ수입시설이나 용기등의 제조시설의 설치공사의 완성검사 및 같은 법 제20조에 따른 특정고압가스시설의 완성검사

4. 「국토의 계획 및 이용에 관한 법률」 제56조제1항에 따른 개발행위(건축물의 건축 또는 공작물의 설치에 한한다)의 허가, 같은 법 제62조제1항에 따른 준공검사, 같은 법 제86조에 따른 도시ㆍ군계획시설사업의 시행자의 지정, 같은 법 제88조에 따른 실시계획의 인가 및 같은 법 제98조제2항에 따른 준공검사

5. 「대기환경보전법」 제23조, 「수질 및 수생태계 보전에 관한 법률」 제33조 및 「소음ㆍ진동관리법」 제8조에 따른 배출시설 설치의 허가 또는 신고

6. 「대기환경보전법」제30조 및「수질 및 수생태계 보전에 관한 법률」제37조에 따른 배출시설과 방지시설의 가동개시 신고

7. 「도로법」 제38조에 따른 도로점용허가

8. 「소방시설설치유지 및 안전관리에 관한 법률」 제7조제1항에 따른 건축허가등의 동의, 「소방시설공사업법」 제13조제1항에 따른 소방시설공사의 신고, 같은 법 제14조에 따른 완공검사, 「위험물안전관리법」 제6조제1항에 따른 제조소등의 설치허가 및 같은 법 제9조에 따른 완공검사

9. 「수도법」 제52조 및 제54조에 따른 전용수도 설치의 인가

10. 「액화석유가스의 안전관리 및 사업법」 제6조제1항에 따른 액화석유가스저장소 설치의 허가 및 같은 법 제18조제2항에 따른 저장소 설치와 가스용품제조시설의 완성검사

11. 「전기사업법」 제62조에 따른 자가용전기설비 공사계획의 인가 또는 신고 및 같은 법 제63조에 따른 자가용전기설비의 사용전검사

12. 「정보통신공사업법」 제36조에 따른 사용전검사

13. 「측량ㆍ수로조사 및 지적에 관한 법률」 제64조제2항에 따른 토지이동의 등록신청

14. 「총포ㆍ도검ㆍ화약류 등 단속법」 제25조제1항에 따른 화약류(간이)저장소설치의 허가 및 같은 법 제43조에 따른 완성검사

15. 「토양환경보전법」 제12조에 따른 특정토양오염관리대상시설 설치의 신고

16. 「폐기물관리법」 제29조제2항에 따른 폐기물처리시설의 설치승인 또는 신고 및 같은 법 제29조제4항에 따른 폐기물처리시설의 사용개시신고

17. 「하수도법」 제24조에 따른 공공하수도 점용허가, 같은 법 제27조제3항에 따른 배수설비설치신고, 같은 법 제34조제2항에 따른 개인하수처리시설의 설치신고 및 같은 법 제37조에 따른 준공검사

② 제1항 각 호의 어느 하나에 해당하는 사항이 해당 특별시장ㆍ광역시장 또는 시장ㆍ군수ㆍ구청장 외의 다른 행정기관의 권한에 속하는 경우에는 해당 특별시장ㆍ광역시장 또는 시장ㆍ군수ㆍ구청장은 미리 그 다른 행정기관의 장과 협의를 하여야 한다.

③ 제1항에 따른 인ㆍ허가등의 의제와 관련된 처리기준에 관하여는 제21조제3항 및 제4항을 준용한다.

[시행일 : 2012.4.15] 제52조

제52조의2(물류단지의 재정비) ① 물류단지지정권자는 준공(부분 준공을 포함한다)된 날부터 20년이 지나서 물류산업구조의 변화 및 물류시설의 노후화 등으로 물류단지를 재정비할 필요가 있는 경우에는 직접 또는 관계 중앙행정기관의 장이나 시장ㆍ군수ㆍ구청장의 요청에 따라 물류단지를 재정비하는 사업(이하 "물류단지재정비사업"이라 한다)을 할 수 있다. 다만, 준공된 날부터 20년이 지나지 아니한 물류단지에 대하여도 업종의 재배치 등이 필

요한 경우에는 물류단지재정비사업을 할 수 있다.

② 물류단지재정비사업은 대통령령으로 정하는 바에 따라 물류단지의 전부 또는 부분 재정비사업으로 구분하여 할 수 있다.

③ 물류단지지정권자는 물류단지재정비사업(부분 재정비사업은 제외한다)을 하려는 경우에는 입주업체와 관계 지방자치단체의 장의 의견을 듣고 관계 행정기관의 장과 협의하여 물류단지재정비계획(이하 "재정비계획"이라 한다)을 수립·고시하여야 한다. 재정비계획을 변경할 때(대통령령으로 정하는 경미한 사항을 변경할 때는 제외한다)에도 또한 같다.

④ 재정비계획에는 다음 각 호의 사항이 포함되어야 한다.

1. 물류단지의 명칭·위치 및 면적
2. 물류단지재정비사업의 목적
3. 물류단지재정비사업의 시행자
4. 물류단지재정비사업의 시행방법
5. 주요 유치시설 및 그 설치기준에 관한 사항
6. 당초 토지이용계획 및 주요 기반시설의 변경 계획
7. 재원조달방안
8. 그 밖에 대통령령으로 정하는 사항

⑤ 제4항제3호에 따른 물류단지재정비사업의 시행자로 지정받은 자는 물류단지재정비시행계획(이하 "재정비시행계획"이라 한다)을 수립하여 물류단지지정권자의 승인을 받아야 한다. 승인을 받은 사항을 변경할 때(대통령령으로 정하는 경미한 사항을 변경할 때는 제외한다)에도 또한 같다.

⑥ 물류단지지정권자는 제5항에 따라 재정비시행계획을 승인하려면 미리 입주업체 및 관계 지방자치단체의 장의 의견을 듣고 관계 행정기관의 장과 협의하여야 한다.

⑦ 관계 중앙행정기관의 장 또는 시장·군수·구청장이 물류단지지정권자에게 물류단지재정비사업의 실시를 요청할 때에는 국토해양부장관이 정하는 바에 따라 물류단지재정비사업의 기본방향 및 재원조달방안 등을 제출하여야 한다.

⑧ 제22조제4항 전단에 따라 물류단지 지정을 요청할 수 있는 자는 물류단지지정권자에게 물류단지재정비사업의 실시를 요청할 수 있다. 이 경우 물류단지 전부에 대한 재정비사업의 실시를 요청하려면 재정비계획을 작성하여 제출하여야 한다.

⑨ 물류단지재정비사업에 관하여는 제22조, 제22조의2, 제25조부터 제27조까지, 제30조부터 제44조까지, 제46조, 제49조, 제50조, 제50조의2, 제50조의3, 제51조 및 제52조를 준용한다. 다만, 제2항에 따른 부분 재정비사업은 「물류정책기본법」 제19조제1항제2호에 따른 물류시설분과위원회 또는 같은 법 제20조에 따른 지역물류정책위원회의 심의를 거치지 아니할 수 있으며, 제25조는 물류단지지정권자가 개발행위에 대하여 제한이 필요하다고 인정하여 지정·고시한 지역에만 준용한다.

[본조신설 2010.2.4]

제52조의3(지정·승인·인가의 취소 등) ① 국토해양부장관 또는 시·도지사는 시행자(제49조에서 준용하는 물류단지개발 관련 사업을 하는 자 및 제52조의2제9항에서 준용하는 물류단지재정비사업의 시행자를 포함한다)가 다음 각 호의 어느 하나에 해당하는 경우에는 이 법에 따른 지정·승인 또는 인가를 취소하거나 공사의 중지, 공작물의 개축, 이전, 그 밖에 필요한 조치를 할 수 있다. 다만, 제1호부터 제5호까지의 경우에는 그 지정·승인 또는 인가를 취소하여야 한다.

1. 거짓이나 그 밖의 부정한 방법으로 제22조제1항(제52조의2제9항에서 준용하는 경우를 포함한다)에 따른 물류단지의 지정을 받은 경우
2. 거짓이나 그 밖의 부정한 방법으로 제27조제1항(제52조의2제9항에서 준용하는 경우를 포함한다)에 따른 시행자의 지정을 받은 경우
3. 거짓이나 그 밖의 부정한 방법으로 제28조제1항(제49조에서 준용하는 경우를 포함한다)에 따른 실시계획의 승인을 받은 경우

4. 거짓이나 그 밖의 부정한 방법으로 제46조제1항(제49조 및 제52조의2제9항에서 준용하는 경우를 포함한다)에 따른 준공인가를 받은 경우
5. 거짓이나 그 밖의 부정한 방법으로 제52조의2제5항에 따른 재정비시행계획의 승인을 받은 경우
6. 사정이 변경되어 물류단지개발사업을 계속 시행하는 것이 불가능하게 된 경우
② 국토해양부장관 또는 시·도지사는 제1항에 따른 처분을 한 때에는 대통령령으로 정하는 바에 따라 그 사실을 고시하여야 한다.
[본조신설 2010.2.4]

제53조(물류단지의 관리기관) ① 물류단지는 입주기업체가 자율적으로 구성한 협의회(이하 "입주기업체협의회"라 한다)가 관리한다. 다만, 입주기업체협의회가 구성되기 전에는 시행자가 물류단지를 관리할 수 있다.
② 물류단지지정권자는 제1항에도 불구하고 물류단지의 효율적인 관리를 위하여 특히 필요하다고 인정하는 경우에는 대통령령으로 정하는 관리기구에게 물류단지를 관리하게 할 수 있다.
③ 제1항 및 제2항에 따른 입주기업체협의회 및 관리기구의 구성과 운영에 필요한 사항은 대통령령으로 정한다.

제54조(물류단지의 관리지침) ① 국토해양부장관은 물류단지의 관리에 관한 지침(이하 "물류단지관리지침"이라 한다)을 작성하여 관보에 고시하여야 한다. 〈개정 2008.2.29〉
② 국토해양부장관은 물류단지관리지침을 작성하려는 때에는 시·도지사의 의견을 듣고 관계 중앙행정기관의 장과 협의한 후 「물류정책기본법」 제19조제1항제2호의 물류시설분과위원회의 심의를 거쳐야 한다. 물류단지관리지침 중 대통령령으로 정하는 사항을 변경하려는 때에도 또한 같다. 〈개정 2008.2.29〉
③ 물류단지관리지침의 내용 및 작성 등에 필요한 사항은 대통령령으로 정한다.

제55조(물류단지관리계획) ① 제53조에 따른 관리기관은 물류단지관리계획을 수립하여 물류단지지정권자에게 제출하여야 한다.
② 제1항에 따른 물류단지관리계획에는 다음 각 호의 사항이 포함되어야 한다.
1. 관리할 물류단지의 면적 및 범위에 관한 사항
2. 물류단지시설과 지원시설의 설치·운영에 관한 사항
3. 그 밖에 물류단지의 관리에 필요한 사항
③ 제1항에 따른 물류단지관리계획의 작성에 필요한 사항은 대통령령으로 정한다.

제56조(공동부담금) ① 삭제 〈2010.2.4〉
② 제53조에 따른 관리기관은 물류단지 안의 폐기물처리장, 가로등, 그 밖에 대통령령으로 정하는 공동시설의 설치·유지 및 보수를 위하여 필요하면 입주기업체 및 지원기관으로부터 공동부담금을 받을 수 있다.
③ 제2항에 따른 공동부담금에 관한 기준 및 방법 등에 필요한 사항은 대통령령으로 정한다. 〈개정 2010.2.4〉
[제목개정 2010.2.4]

제57조(권고) 물류단지지정권자는 물류단지의 기능이 원활히 수행되도록 하기 위하여 관리기관·입주기업체 및 지원기관에 그 관리 및 운영방법, 그 밖에 대통령령으로 정하는 사항에 관하여 필요한 조치를 권고할 수 있다. 이 경우 필요하다고 인정할 때에는 그 권고를 받은 자에게 그 권고에 따라 강구한 조치에 대하여 보고를 하게 할 수 있다.

제58조(조세 등의 감면) 국가 또는 지방자치단체는 물류단지의 원활한 개발 및 입주기업체의 유치를 위하여 「지방세특례제한법」·지방세감면조례·「농업·농촌기본법」·「농지법」·「산지관리법」·「개발이익환수에 관한 법률」·「수도권정비계획법」 등으로 정하는 바에 따라 지방세·농지보전부담금·대체산림자원조성비·개발부담금 또는 과밀부담금 등을 감면할 수 있다. 〈개정 2010.3.31〉

제59조(자금지원) 국가 또는 지방자치단체는 물류단지의 원활한 개발 및 입주기업체의 유치

를 위하여 자금지원에 대한 필요한 조치를 할 수 있다.

제59조의2(「산업단지 인·허가 절차 간소화를 위한 특례법」의 준용) ① 물류단지 지정 및 개발절차에 관하여 「산업단지 인·허가 절차 간소화를 위한 특례법」을 준용한다. 다만, 같은 법 제17조 및 제18조는 준용하지 아니한다.

② 제1항에 따라 「산업단지 인·허가 절차 간소화를 위한 특례법」을 준용하는 경우 "산업단지"는 "제2조제6호에 따른 물류단지"로, "국가산업단지"는 "제22조제1항 본문에 따라 국토해양부장관이 지정한 물류단지"로, "산업단지개발지원센터"는 "물류단지개발지원센터"로, "산업단지계획심의위원회"는 "물류단지계획심의위원회"로, "중앙산업단지계획심의위원회"는 "중앙물류단지계획심의위원회"로, "지방산업단지계획심의위원회"는 "지방물류단지계획심의위원회"로, "산업단지계획"은 "물류단지계획"으로, "민간기업등"은 "제22조에 따라 물류단지를 지정하는 자 외의 자"로, "산업입지정책심의위원회"는 "「물류정책기본법」 제19조제1항제2호에 따른 물류시설분과위원회 또는 같은 법 제20조에 따른 지역물류정책위원회"로, "산업단지계획 통합기준"은 "물류단지계획 통합기준"으로 본다.

③ 국토해양부장관은 물류단지 지정 및 개발을 원활히 수행하기 위하여 물류단지지정권자에게 사업추진현황 등에 관한 자료를 요청할 수 있으며, 관계 기관 협의 등을 위하여 필요한 경우 국무총리에게 조정을 요청할 수 있다.

[본조신설 2008.6.5]

제5장 보칙

제60조(창고업의 육성) 정부는 창고업의 육성을 위하여 필요하다고 인정하면 다음 각 호의 사업을 위한 자금의 일부를 융자할 수 있다.

1. 창고의 건설
2. 창고시설의 보수·개조 또는 개량
3. 창고시설 관련 기술의 개발

제61조(보고) ① 국토해양부장관은 복합물류터미널사업자에게 복합물류터미널의 건설에 관하여 필요한 보고를 하게 하거나 자료의 제출을 명할 수 있으며 소속 공무원에게 복합물류터미널의 건설에 관한 업무를 검사하게 할 수 있다. 〈개정 2008.2.29〉

② 국토해양부장관 또는 시·도지사는 시행자에게 물류단지의 개발에 관하여 필요한 보고를 하게 하거나 자료의 제출을 명할 수 있으며 소속 공무원에게 물류단지의 개발에 관한 업무를 검사하게 할 수 있다. 〈개정 2008.2.29〉

③ 국토해양부장관 또는 시·도지사는 제53조에 따른 관리기관·입주기업체 및 지원기관에게 물류단지의 관리에 관하여 필요한 보고를 하게 하거나 자료의 제출을 명할 수 있으며, 소속 공무원에게 물류단지의 관리에 관한 업무를 검사하게 할 수 있다. 〈개정 2008.2.29〉

④ 제1항부터 제3항까지의 규정에 따라 검사를 하는 공무원은 그 권한을 나타내는 증표를 지니고 이를 관계인에게 내보여야 한다.

⑤ 제4항에 따른 증표에 필요한 사항은 국토해양부령으로 정한다. 〈개정 2008.2.29〉

제62조(청문) 국토해양부장관 또는 시·도지사는 다음 각 호의 어느 하나에 해당하는 경우에는 청문을 실시하여야 한다. 〈개정 2008.2.29, 2010.2.4〉

1. 제17조제1항에 따른 복합물류터미널사업 등록의 취소
2. 제52조의3제1항에 따른 지정·승인 또는 인가의 취소

제63조(수수료) 다음 각 호의 어느 하나에 해당하는 신청을 하려는 자는 국토해양부령으로 정하는 바에 따라 수수료를 내야 한다. 〈개정 2008.2.29〉

1. 제7조제1항 및 제3항에 따른 복합물류터미널사업의 등록신청 및 변경등록의 신청
2. 제9조에 따른 물류터미널의 구조 및 설비 등에 관한 공사시행인가와 변경인가의 신청

제64조(권한의 위임) ① 이 법에 따른 국토해양부장관의 권한 중 다음 각 호의 권한을 대통령령으로 정하는 바에 따라 시·도지사에게 위임할 수 있다. 〈개정 2008.2.29,

2010.2.4〉
1. 제7조제1항 및 제3항에 따른 복합물류터미널사업의 등록 및 변경등록
2. 제9조제1항에 따른 공사시행인가·변경인가, 같은 조 제2항에 따른 소관 행정기관의 장과의 협의 및 같은 조 제4항에 따른 공사시행인가의 고시
3. 제13조제2항(제37조에서 준용하는 경우를 포함한다)에 따른 국·공유재산의 용도폐지 및 매각에 관한 관계 행정기관의 장과의 협의
4. 제14조제2항에 따른 복합물류터미널사업자에 대한 사업승계의 신고수리
5. 제15조제1항 또는 제2항에 따른 사업의 휴업·폐업 또는 법인해산의 신고수리
6. 제17조제1항에 따른 복합물류터미널사업자에 대한 등록취소 및 사업정지
7. 제18조에 따른 복합물류터미널사업자에 대한 과징금의 부과 및 징수
8. 제28조제1항(제49조에서 준용하는 경우를 포함한다)에 따른 실시계획의 승인·변경승인 및 같은 조 제3항(제49조에서 준용하는 경우를 포함한다)에 따른 관계 행정기관의 장과의 협의
9. 제29조제1항(제49조에서 준용하는 경우를 포함한다)에 따른 실시계획승인·변경승인의 고시 및 관할 시장·군수·구청장에게의 송부
10. 제46조제1항(제49조 및 제52조의2제9항에서 준용하는 경우를 포함한다)에 따른 물류단지개발사업의 준공인가, 같은 조 제3항(제49조 및 제52조의2제9항에서 준용하는 경우를 포함한다)에 따른 공고와 시행자 및 관리청에의 통지 및 같은 조 제5항 단서(제49조 및 제52조의2제9항에서 준용하는 경우를 포함한다)에 따른 사용허가
10의2. 제50조의3(제52조의2제9항에서 준용하는 경우를 포함한다)에 따른 이행강제금의 부과·징수
11. 제55조제1항에 따른 물류단지관리계획의 접수
12. 제57조에 따른 관리기관 등에 대한 권고
13. 제61조제1항에 따른 복합물류터미널사업자에 대한 보고·자료 제출의 명령 및 업무의 검사
14. 제62조제1호에 따른 청문
15. 제67조에 따른 복합물류터미널사업자에 대한 과태료의 부과 및 징수
16. 그 밖에 대통령령으로 정하는 업무
② 시·도지사는 제1항에 따라 국토해양부장관으로부터 위임받은 권한의 일부를 국토해양부장관의 승인을 받아 시장·군수·구청장(특별자치도지사를 제외한다)에게 재위임할 수 있다. 〈개정 2008.2.29〉
③ 시·도지사는 이 법에 따른 권한의 일부를 시·도의 조례로 정하는 바에 따라 시장·군수·구청장(특별자치도지사를 제외한다)에게 위임할 수 있다.
④ 제1항제7호에 따라 과징금의 부과·징수권한이 시·도지사에게 위임된 경우에 제18조제1항에 따른 과징금을 기한 내에 내지 아니하는 자에 대하여는 시·도지사가 해당 지방자치단체의 조례로 정하는 바에 따라 지방세 체납처분의 예에 따라 징수한다.

제6장 벌칙

제65조(벌칙) 다음 각 호의 어느 하나에 해당하는 자는 1년 이하의 징역 또는 3천만원 이하의 벌금에 처한다. 다만, 제7호에 해당하는 자로서 그 처분행위로 얻은 이익이 3천만원 이상인 경우에는 1년 이하의 징역 또는 그 이익에 상당하는 금액 이하의 벌금에 처한다. 〈개정 2010.2.4〉
1. 제7조제1항을 위반하여 등록을 하지 아니하고 복합물류터미널사업을 경영한 자
2. 제7조제3항을 위반하여 변경등록을 하지 아니하고 등록한 사항을 변경한 자
3. 제9조제1항을 위반하여 공사시행인가 또는 변경인가를 받지 아니하고 공사를 시행한 자
4. 제16조를 위반하여 성명 또는 상호를 다른 사람에게 사용하게 하거나 등록증을 대여한

자
5. 제25조제1항(제49조 및 제52조의2제9항에서 준용하는 경우를 포함한다)을 위반하여 건축물의 건축 등을 한 자
6. 거짓이나 그 밖의 부정한 방법으로 제27조제1항(제52조의2제9항에서 준용하는 경우를 포함한다) 또는 제28조제1항(제49조에서 준용하는 경우를 포함한다)에 따른 지정 또는 승인을 받은 자
7. 제51조제1항(제52조의2제9항에서 준용하는 경우를 포함한다)을 위반하여 토지 또는 시설을 처분한 자

제66조(양벌규정) 법인의 대표자나 법인 또는 개인의 대리인, 사용인, 그 밖의 종업원이 그 법인 또는 개인의 업무에 관하여 제65조의 위반행위를 하면 그 행위자를 벌하는 외에 그 법인 또는 개인에게도 해당 조문의 벌금형을 과(科)한다. 다만, 법인 또는 개인이 그 위반행위를 방지하기 위하여 해당 업무에 관하여 상당한 주의와 감독을 게을리하지 아니한 경우에는 그러하지 아니하다.
[전문개정 2010.2.4]

제67조(과태료) ① 제61조제1항부터 제3항까지의 규정(제49조에서 준용하는 경우를 포함한다)에 따른 보고 또는 자료제출을 하지 아니하거나 거짓 보고 또는 거짓 자료를 제출한 자 또는 검사를 방해 · 거부한 자에게는 300만원 이하의 과태료를 부과한다.
② 다음 각 호의 어느 하나에 해당하는 자에게는 200만원 이하의 과태료를 부과한다.
1. 제14조제2항에 따른 승계의 신고를 하지 아니한 자
2. 제15조제1항 또는 제2항에 따른 사업의 휴업 · 폐업 또는 법인해산의 신고를 하지 아니한 자
3. 제15조제4항에 따른 사업의 전부 또는 일부의 휴업 · 폐업의 취지를 게시하지 아니한 자
③ 제1항 및 제2항에 따른 과태료는 대통령령으로 정하는 바에 따라 국토해양부장관 또는 시 · 도지사가 부과 · 징수한다. 〈신설 2010.2.4〉

제68조 삭제 〈2010.2.4〉

부칙 〈제10331호, 2010. 5.31〉 (산지관리법)

제1조(시행일) 이 법은 공포 후 6개월이 경과한 날부터 시행한다. 〈단서 생략〉
제2조부터 제11조까지 생략
제12조(다른 법률의 개정) ① 부터 〈32〉 까지 생략
〈33〉 물류시설의 개발 및 운영에 관한 법률 일부를 다음과 같이 개정한다.
제21조제1항제11호 및 제30조제1항제15호 중 "산지전용신고"를 각각 "산지전용신고, 같은 법 제15조의2에 따른 산지일시사용허가 · 신고"로 한다.
〈34〉 부터 〈89〉 까지 생략
제13조 생략

「화물자동차 운수사업법」

[시행 2011. 1. 1] [법률 제10221호, 2010. 3.31, 타법개정]

제1장 총칙

제1조(목적) 이 법은 화물자동차 운수사업을 효율적으로 관리하고 건전하게 육성하여 화물의 원활한 운송을 도모함으로써 공공복리의 증진에 기여함을 목적으로 한다.

제2조(정의) 이 법에서 사용하는 용어의 뜻은 다음과 같다.

1. "화물자동차"란 「자동차관리법」 제3조에 따른 화물자동차 및 특수자동차로서 국토해양부령으로 정하는 자동차를 말한다.
2. "화물자동차 운수사업"이란 화물자동차 운송사업, 화물자동차 운송주선사업 및 화물자동차 운송가맹사업을 말한다.
3. "화물자동차 운송사업"이란 다른 사람의 요구에 응하여 화물자동차를 사용하여 화물을 유상으로 운송하는 사업을 말한다. 이 경우 화주(貨主)가 화물자동차에 함께 탈 때의 화물은 중량, 용적, 형상 등이 여객자동차 운송사업용 자동차에 싣기 부적합한 것으로서 그 기준과 대상차량 등은 국토해양부령으로 정한다.
4. "화물자동차 운송주선사업"이란 다른 사람의 요구에 응하여 유상으로 화물운송계약을 중개·대리하거나 화물자동차 운송사업 또는 화물자동차 운송가맹사업을 경영하는 자의 화물 운송수단을 이용하여 자기 명의와 계산으로 화물을 운송하는 사업을 말한다.
5. "화물자동차 운송가맹사업"이란 다른 사람의 요구에 응하여 자기 화물자동차를 사용하여 유상으로 화물을 운송하거나 소속 화물자동차 운송가맹점(제3조제3항에 따른 운송사업자인 가맹점만을 말한다)에 의뢰하여 화물을 운송하게 하는 사업을 말한다.
6. "화물자동차 운송가맹사업자"란 제29조제1항에 따라 화물자동차 운송가맹사업의 허가를 받은 자를 말한다.
7. "화물자동차 운송가맹점"이란 화물자동차 운송가맹사업자(이하 "운송가맹사업자"라 한다)의 운송가맹점으로 가입하여 그 영업표지(상호와 상표 등을 포함한다. 이하 같다)의 사용권을 부여받은 자로서 다음 각 목의 어느 하나에 해당하는 자를 말한다.
   가. 운송가맹사업자로부터 운송 화물을 배정받아 화물을 운송하거나 운송가맹사업자가 아닌 자의 요구를 받고 화물을 운송하는 제3조제3항에 따른 운송사업자
   나. 운송가맹사업자의 화물운송계약을 중개·대리하거나 운송가맹사업자가 아닌 자에게 화물자동차 운송주선사업을 하는 제24조제2항에 따른 운송주선사업자
8. "운수종사자"란 화물자동차의 운전자, 화물의 운송 또는 운송주선에 관한 사무를 취급하는 사무원 및 이를 보조하는 보조원, 그 밖에 화물자동차 운수사업에 종사하는 자를 말한다.
9. "공영차고지"란 화물자동차 운수사업에 제공되는 차고지로서 특별시장·광역시장·도지사·특별자치도지사(이하 "시·도지사"라 한다) 또는 시장·군수·구청장(자치구의 구청장을 말한다. 이하 같다)이 설치한 것을 말한다.

제2조(정의) 이 법에서 사용하는 용어의 뜻은 다음과 같다. 〈개정 2011.6.15〉

1. "화물자동차"란 「자동차관리법」 제3조에 따른 화물자동차 및 특수자동차로서 국토해양부령으로 정하는 자동차를 말한다.
2. "화물자동차 운수사업"이란 화물자동차 운송사업, 화물자동차 운송주선사업 및 화물자동차 운송가맹사업을 말한다.
3. "화물자동차 운송사업"이란 다른 사람의 요구에 응하여 화물자동차를 사용하여 화물을 유상으로 운송하는 사업을 말한다. 이 경우 화주(貨主)가 화물자동차에 함께 탈 때의 화물은 중량, 용적, 형상 등이 여객자동차 운송사업용 자동차에 싣기 부적합한 것으로서 그 기준과 대상차량 등은 국토해양부령으로 정한다.
4. "화물자동차 운송주선사업"이란 다른 사람의 요구에 응하여 유상으로 화물운송계약을

중개 · 대리하거나 화물자동차 운송사업 또는 화물자동차 운송가맹사업을 경영하는 자의 화물 운송수단을 이용하여 자기 명의와 계산으로 화물을 운송하는 사업을 말한다.

5. "화물자동차 운송가맹사업"이란 다른 사람의 요구에 응하여 자기 화물자동차를 사용하여 유상으로 화물을 운송하거나 소속 화물자동차 운송가맹점(제3조제3항에 따른 운송사업자인 가맹점만을 말한다)에 의뢰하여 화물을 운송하게 하는 사업을 말한다.

6. "화물자동차 운송가맹사업자"란 제29조제1항에 따라 화물자동차 운송가맹사업의 허가를 받은 자를 말한다.

7. "화물자동차 운송가맹점"이란 화물자동차 운송가맹사업자(이하 "운송가맹사업자"라 한다)의 운송가맹점으로 가입하여 그 영업표지(상호와 상표 등을 포함한다. 이하 같다)의 사용권을 부여받은 자로서 다음 각 목의 어느 하나에 해당하는 자를 말한다.

가. 운송가맹사업자로부터 운송 화물을 배정받아 화물을 운송하거나 운송가맹사업자가 아닌 자의 요구를 받고 화물을 운송하는 제3조제3항에 따른 운송사업자

나. 운송가맹사업자의 화물운송계약을 중개 · 대리하거나 운송가맹사업자가 아닌 자에게 화물자동차 운송주선사업을 하는 제24조제2항에 따른 운송주선사업자

다. 운송가맹사업자로부터 운송 화물을 배정받아 화물을 운송하거나 운송가맹사업자가 아닌 자의 요구를 받고 화물을 운송하는 자로서 제40조제1항에 따라 화물자동차 운송사업의 경영의 일부를 위탁받은 사람. 다만, 경영의 일부를 위탁한 운송사업자가 화물자동차 운송가맹점으로 가입한 경우는 제외한다.

8. "운수종사자"란 화물자동차의 운전자, 화물의 운송 또는 운송주선에 관한 사무를 취급하는 사무원 및 이를 보조하는 보조원, 그 밖에 화물자동차 운수사업에 종사하는 자를 말한다.

9. "공영차고지"란 화물자동차 운수사업에 제공되는 차고지로서 특별시장 · 광역시장 · 도지사 · 특별자치도지사(이하 "시 · 도지사"라 한다) 또는 시장 · 군수 · 구청장(자치구의 구청장을 말한다. 이하 같다)이 설치한 것을 말한다.

10. "화물자동차 휴게소"란 화물자동차의 운전자가 화물의 운송 중 휴식을 취하거나 화물의 하역(荷役)을 위하여 대기할 수 있도록 「도로법」에 따른 도로 등 화물의 운송경로나 「물류시설의 개발 및 운영에 관한 법률」에 따른 물류시설 등 물류거점에 휴게시설과 차량의 주차 · 정비 · 주유(注油) 등 화물운송에 필요한 기능을 제공하기 위하여 건설하는 시설물을 말한다.

[시행일 : 2011.12.16] 제2조

제2장 화물자동차 운송사업

제3조(화물자동차 운송사업의 허가 등) ① 화물자동차 운송사업을 경영하려는 자는 국토해양부령으로 정하는 바에 따라 국토해양부장관의 허가를 받아야 한다.

② 제29조제1항에 따라 화물자동차 운송가맹사업의 허가를 받은 자는 제1항에 따른 허가를 받지 아니한다.

③ 제1항에 따라 화물자동차 운송사업의 허가를 받은 자(이하 "운송사업자"라 한다)가 허가사항을 변경하려면 국토해양부령으로 정하는 바에 따라 국토해양부장관의 변경허가를 받아야 한다. 다만, 대통령령으로 정하는 경미한 사항을 변경하려면 국토해양부령으로 정하는 바에 따라 국토해양부장관에게 신고하여야 한다.

④ 제1항에 따른 화물자동차 운송사업의 종류는 대통령령으로 정한다.

⑤ 제1항 및 제3항 본문에 따른 화물자동차 운송사업의 허가 또는 증차(增車)를 수반하는 변경허가의 기준은 다음 각 호와 같다.

1. 국토해양부장관이 화물의 운송 수요를 고려하여 제4항에 따라 업종별로 고시하는 공급기준에 맞을 것

2. 화물자동차의 대수, 자본금 또는 자산평가액, 차고지 등 운송시설(이하 "운송시설"이라 한다), 그 밖에 국토해양부령으로 정하는 기준에 맞을 것

⑥ 운송사업자는 다음 각 호의 어느 하나에 해당하면 증차를 수반하는 허가사항을 변경할 수 없다.

1. 제13조에 따른 개선명령을 받고 이를 이행하지 아니한 경우
2. 제19조제1항에 따른 감차(減車) 조치 명령을 받은 후 1년이 지나지 아니한 경우

⑦ 운송사업자는 제1항에 따라 허가받은 날부터 3년의 범위에서 대통령령으로 정하는 기간마다 국토해양부령으로 정하는 바에 따라 제5항에 따른 허가기준에 관한 사항을 국토해양부장관에게 신고하여야 한다.

제4조(결격사유) 다음 각 호의 어느 하나에 해당하는 자는 제3조제1항에 따른 화물자동차 운송사업의 허가를 받을 수 없다. 법인의 경우 그 임원 중 다음 각 호의 어느 하나에 해당하는 자가 있는 경우에도 또한 같다.

1. 금치산자 및 한정치산자
2. 파산선고를 받고 복권되지 아니한 자
3. 이 법을 위반하여 징역 이상의 실형(實刑)을 선고받고 그 집행이 끝나거나(집행이 끝난 것으로 보는 경우를 포함한다) 집행이 면제된 날부터 2년이 지나지 아니한 자
4. 이 법을 위반하여 징역 이상의 형(刑)의 집행유예를 선고받고 그 유예기간 중에 있는 자
5. 제19조제1항에 따라 허가가 취소된 후 2년이 지나지 아니한 자

제5조(운임 및 요금 등) ① 대통령령으로 정하는 운송사업자는 운임과 요금을 정하여 미리 국토해양부장관에게 신고하여야 한다.

② 제1항에 따른 운임 및 요금의 신고에 필요한 사항은 국토해양부령으로 정한다.

[법률 제8979호(2008.3.21) 부칙 제2조의 규정에 의하여 이 조는 2009년 12월 31일까지 유효함]

제5조 삭제 〈2011.6.15〉

[시행일 : 2011.12.16] 제5조

제5조의2(운임 및 요금 등) ① 운송사업자는 운임과 요금을 정하여 미 리 국토해양부장관에게 신고하여야 한다.

② 제1항에 따라 운임과 요금을 신고하여야 하는 운송사업자의 범위는 대통령령으로 정한다.

③ 제1항에 따른 운임 및 요금의 신고절차 등에 필요한 사항은 국토해양부령으로 정한다.

[본조신설 2011.6.15]

[2011.6.15 법률 제10804호 부칙 제2조의 규정에 의하여 이 조의 개정규정은 2012년 12월 31일까지 유효함]

[시행일 : 2011.12.16] 제5조의2

제6조(운송약관) ① 운송사업자는 운송약관을 정하여 국토해양부장관에게 신고하여야 한다. 이를 변경하려는 때에도 또한 같다.

② 국토해양부장관은 제48조 또는 제50조에 따라 설립된 협회 또는 연합회가 작성한 것으로서 「약관의 규제에 관한 법률」 제19조의2에 따라 공정거래위원회의 심사를 거친 화물운송에 관한 표준이 되는 약관(이하 "표준약관"이라 한다)이 있으면 운송사업자에게 그 사용을 권장할 수 있다.

③ 운송사업자가 제3조에 따른 화물자동차 운송사업의 허가(변경허가를 포함한다)를 받는 때에 표준약관의 사용에 동의하면 제1항에 따라 신고한 것으로 본다.

제7조(운송사업자의 책임) ① 화물의 멸실(滅失)·훼손(毁損) 또는 인도(引渡)의 지연(이하 "적재물사고"라 한다)으로 발생한 운송사업자의 손해배상 책임에 관하여는 「상법」 제135조를 준용한다.

② 제1항을 적용할 때 화물이 인도기한이 지난 후 3개월 이내에 인도되지 아니하면 그 화물은 멸실된 것으로 본다.

③ 국토해양부장관은 제1항에 따른 손해배상에 관하여 화주가 요청하면 국토해양부령으로

정하는 바에 따라 이에 관한 분쟁을 조정(調停)할 수 있다.

④ 국토해양부장관은 화주가 제3항에 따라 분쟁조정을 요청하면 지체 없이 그 사실을 확인하고 손해내용을 조사한 후 조정안을 작성하여야 한다.

⑤ 당사자 쌍방이 제4항에 따른 조정안을 수락하면 당사자 간에 조정안과 동일한 합의가 성립된 것으로 본다.

⑥ 국토해양부장관은 제3항 및 제4항에 따른 분쟁조정 업무를 「소비자기본법」 제33조제1항에 따른 한국소비자원 또는 같은 법 제29조제1항에 따라 등록한 소비자단체에 위탁할 수 있다.

제8조(화물자동차 운수사업의 운전업무 종사자격) ① 화물자동차 운수사업의 운전업무에 종사하려는 자는 다음 각 호의 요건을 갖추어야 한다.

1. 국토해양부령으로 정하는 연령 · 운전경력 등 운전업무에 필요한 요건을 갖출 것
2. 국토해양부령으로 정하는 운전적성에 대한 정밀검사기준에 맞을 것
3. 화물자동차 운수사업법령, 화물취급요령 등에 관하여 국토해양부장관이 시행하는 시험에 합격하고 정하여진 교육을 받을 것. 이 경우 제1호 및 제2호의 요건을 갖춘 자만 시험에 응시할 수 있다.

② 국토해양부장관은 제1항에 따른 요건을 갖춘 자에게 화물자동차 운수사업의 운전업무에 종사할 수 있음을 표시하는 자격증(이하 "화물운송 종사자격증"이라 한다)을 내주어야 한다.

③ 제1항과 제2항에 따른 시험 · 교육 · 자격증의 교부 등에 필요한 사항은 국토해양부령으로 정한다.

제8조(화물자동차 운수사업의 운전업무 종사자격) ① 화물자동차 운수사업의 운전업무에 종사하려는 자는 다음 각 호의 요건을 갖추어야 한다. 〈개정 2011.6.15〉

1. 국토해양부령으로 정하는 연령 · 운전경력 등 운전업무에 필요한 요건을 갖출 것
2. 국토해양부령으로 정하는 운전적성에 대한 정밀검사기준에 맞을 것. 이 경우 운전적성에 대한 정밀검사는 국토해양부장관이 시행한다.
3. 화물자동차 운수사업법령, 화물취급요령 등에 관하여 국토해양부장관이 시행하는 시험에 합격하고 정하여진 교육을 받을 것. 이 경우 제1호 및 제2호의 요건을 갖춘 자만 시험에 응시할 수 있다.

② 국토해양부장관은 제1항에 따른 요건을 갖춘 자에게 화물자동차 운수사업의 운전업무에 종사할 수 있음을 표시하는 자격증(이하 "화물운송 종사자격증"이라 한다)을 내주어야 한다.

③ 제1항과 제2항에 따른 시험 · 교육 · 자격증의 교부 등에 필요한 사항은 국토해양부령으로 정한다.

[시행일 : 2011.12.16] 제8조

제9조(결격사유) 다음 각 호의 어느 하나에 해당하는 자는 제8조에 따른 화물운송 종사자격을 취득할 수 없다.

1. 제4조제1호 · 제3호 또는 제4호에 해당하는 자
2. 제23조제1항제1호부터 제6호까지의 규정에 따라 화물운송 종사자격이 취소된 날부터 2년이 지나지 아니한 자

제10조(화물자동차 운전자 채용 기록의 관리) ① 운송사업자는 화물자동차의 운전자를 채용할 때에는 근무기간 등 운전경력증명서의 발급을 위하여 필요한 사항을 기록 · 관리하여야 한다.

② 제48조 및 제50조에 따라 설립된 협회 및 연합회(이하 "사업자단체"라 한다)는 제1항에 따른 근무기간 등을 기록 · 관리하는 일 등에 필요한 업무를 국토해양부령으로 정하는 바에 따라 행할 수 있다.

제11조(운송사업자의 준수사항) ① 운송사업자는 허가받은 사항의 범위에서 사업을 성실하게 수행하여야 하며, 부당한 운송조건을 제시하거나 정당한 사유 없이 운송계약의 인수를 거

부하거나 그 밖에 화물운송 질서를 현저하게 해치는 행위를 하여서는 아니 된다.

② 운송사업자는 화물자동차 운전자의 과로를 방지하고 안전운행을 확보하기 위하여 운전자를 과도하게 승차근무하게 하여서는 아니 된다.

③ 운송사업자는 제2조제3호 후단에 따른 화물의 기준에 맞지 아니하는 화물을 운송하여서는 아니 된다.

④ 운송사업자는 고장 및 사고차량 등 화물의 운송과 관련하여 「자동차관리법」에 따른 자동차관리사업자와 부정한 금품을 주고받아서는 아니 된다.

⑤ 운송사업자는 해당 화물자동차 운송사업에 종사하는 운수종사자가 제12조에 따른 준수사항을 성실히 이행하도록 지도 · 감독하여야 한다.

⑥ 운송사업자는 화물운송의 대가로 받은 운임 및 요금의 전부 또는 일부에 해당하는 금액을 부당하게 화주, 다른 운송사업자 또는 화물자동차 운송주선사업을 경영하는 자에게 되돌려주는 행위를 하여서는 아니 된다.

⑦ 운송사업자는 자기 명의로 운송 계약을 체결한 화물에 대하여 다른 운송사업자에게 수수료나 그 밖의 대가를 받고 그 운송을 위탁하거나 대행하게 하는 등 화물운송 질서를 문란하게 하는 행위를 하여서는 아니 된다.

⑧ 운송사업자는 운임 및 요금과 운송약관을 영업소 또는 화물자동차에 갖추어 두고 이용자가 요구하면 이를 내보여야 한다.

⑨ 운송사업자는 둘 이상의 화물자동차 운송가맹점(이하 "운송가맹점"이라 한다)에 가입하여서는 아니 된다.

⑩ 운송가맹점인 운송사업자는 자기가 가입한 운송가맹사업자에게 소속된 운송주선사업자로부터 직접 화물운송을 주선받아서는 아니 된다.

⑪ 운송가맹점으로 가입한 운송사업자는 자기의 상호를 소속 운송가맹사업자의 운송가맹점으로 변경하여 국토해양부령으로 정하는 바에 따라 국토해양부장관에게 신고하여야 한다.

⑫ 국토해양부장관은 제1항부터 제11항까지의 준수사항 외에 다음 각 호의 사항을 국토해양부령으로 정할 수 있다.

1. 화물자동차 운송사업의 차고지 이용과 운송시설에 관한 사항
2. 그 밖에 수송의 안전과 화주의 편의를 도모하기 위하여 운송사업자가 지켜야 할 사항

제11조(운송사업자의 준수사항) ① 운송사업자는 허가받은 사항의 범위에서 사업을 성실하게 수행하여야 하며, 부당한 운송조건을 제시하거나 정당한 사유 없이 운송계약의 인수를 거부하거나 그 밖에 화물운송 질서를 현저하게 해치는 행위를 하여서는 아니 된다.

② 운송사업자는 화물자동차 운전자의 과로를 방지하고 안전운행을 확보하기 위하여 운전자를 과도하게 승차근무하게 하여서는 아니 된다.

③ 운송사업자는 제2조제3호 후단에 따른 화물의 기준에 맞지 아니하는 화물을 운송하여서는 아니 된다.

④ 운송사업자는 고장 및 사고차량 등 화물의 운송과 관련하여 「자동차관리법」에 따른 자동차관리사업자와 부정한 금품을 주고받아서는 아니 된다.

⑤ 운송사업자는 해당 화물자동차 운송사업에 종사하는 운수종사자가 제12조에 따른 준수사항을 성실히 이행하도록 지도 · 감독하여야 한다.

⑥ 운송사업자는 화물운송의 대가로 받은 운임 및 요금의 전부 또는 일부에 해당하는 금액을 부당하게 화주, 다른 운송사업자 또는 화물자동차 운송주선사업을 경영하는 자에게 되돌려주는 행위를 하여서는 아니 된다.

⑦ 운송사업자는 자기 명의로 운송 계약을 체결한 화물에 대하여 다른 운송사업자에게 수수료나 그 밖의 대가를 받고 그 운송을 위탁하거나 대행하게 하는 등 화물운송 질서를 문란하게 하는 행위를 하여서는 아니 된다.

⑧ 운송사업자는 운임 및 요금과 운송약관을 영업소 또는 화물자동차에 갖추어 두고 이용자가 요구하면 이를 내보여야 한다.

⑨ 운송사업자는 둘 이상의 화물자동차 운송가맹점(이하 "운송가맹점"이라 한다)에 가입하여서는 아니 된다.
⑩ 운송가맹점인 운송사업자는 자기가 가입한 운송가맹사업자에게 소속된 운송주선사업자로부터 직접 화물운송을 주선받아서는 아니 된다.
⑪ 운송가맹점으로 가입한 운송사업자는 자기의 상호를 소속 운송가맹사업자의 운송가맹점으로 변경하여 국토해양부령으로 정하는 바에 따라 국토해양부장관에게 신고하여야 한다.
⑫ 제40조제1항에 따라 경영의 일부를 위탁받은 사람(이하 "위 · 수탁차주"라 한다)이나 화물자동차 소유대수가 1대인 운송사업자(이하 "1대사업자"라 한다)에게 화물운송을 위탁한 운송사업자는 해당 위 · 수탁차주나 1대사업자가 요구하면 화물의 종류와 운임 등 국토해양부령으로 정하는 사항을 적은 화물위탁증을 내주어야 한다. 〈신설 2011.6.15〉
⑬ 국토해양부장관은 제1항부터 제6항까지와 제8항부터 제12항까지의 준수사항 외에 다음 각 호의 사항을 국토해양부령으로 정할 수 있다. 〈개정 2011.6.15〉
1. 화물자동차 운송사업의 차고지 이용과 운송시설에 관한 사항
2. 그 밖에 수송의 안전과 화주의 편의를 도모하기 위하여 운송사업자가 지켜야 할 사항
[시행일 : 2011.12.16] 제11조

제11조의2(운송사업자의 직접운송 의무 등) ① 국토해양부령으로 정하는 운송사업자는 화주와 운송계약을 체결한 화물에 대하여 국토해양부령으로 정하는 비율 이상을 해당 운송사업자에게 소속된 차량으로 직접 운송하여야 한다. 다만, 국토해양부령으로 정하는 차량으로 운송하는 경우에는 이를 직접 운송한 것으로 본다.
② 운송사업자는 제1항에 따라 직접 운송하는 화물 이외의 화물에 대하여 다음 각 호의 자 외의 자에게 운송을 위탁하여서는 아니 된다.
1. 다른 운송사업자
2. 다른 운송사업자에게 소속된 위 · 수탁차주
③ 다른 운송사업자나 운송주선사업자로부터 화물운송을 위탁받은 운송사업자와 운송가맹사업자로부터 화물운송을 위탁받은 운송사업자(운송가맹점인 운송사업자만 해당한다)는 해당 운송사업자에게 소속된 차량으로 직접 화물을 운송하여야 한다.
④ 운송사업자가 운송주선사업을 동시에 영위하는 경우에도 제1항 본문에 따른 직접운송 규정을 적용한다.
⑤ 운송사업자가 국토해양부령으로 정하는 바에 따라 운송가맹사업자의 화물정보망이나 제34조의2제2항의 인증정보망을 이용하여 운송을 위탁하면 직접 운송한 것으로 본다.
[본조신설 2011.6.15]
[시행일 : 2011.12.16] 제11조의2

제11조의3(위탁화물의 관리책임) ① 운송사업자가 다른 운송사업자에게 화물운송을 위탁하는 경우에는 국토해양부령으로 정하는 바에 따라 다른 운송사업자의 차량보유현황 등 운송능력을 확인하여야 한다.
② 운송사업자가 제11조의2제3항에 따라 직접운송을 완료한 때에는 국토해양부령으로 정하는 바에 따라 화물운송을 위탁한 자에게 위탁화물 운송결과를 송부하고 이를 관리하여야 한다.
③ 제2항에 따라 위탁화물 운송결과를 송부받은 운송사업자는 제11조의2제3항을 준수하였는지를 확인하여야 하며, 위반사항을 발견하면 즉시 관할관청에 신고하여야 한다.
[본조신설 2011.6.15]
[시행일 : 2011.12.16] 제11조의3

제12조(운수종사자의 준수사항) ① 화물자동차 운송사업에 종사하는 운수종사자는 다음 각 호의 어느 하나에 해당하는 행위를 하여서는 아니 된다.
1. 정당한 사유 없이 화물을 중도에서 내리게 하는 행위
2. 정당한 사유 없이 화물의 운송을 거부하는 행위

3. 부당한 운임 또는 요금을 요구하거나 받는 행위
4. 고장 및 사고차량 등 화물의 운송과 관련하여 「자동차관리법」에 따른 자동차관리사업자와 부정한 금품을 주고받는 행위
② 국토해양부장관은 제1항에 따른 준수사항 외에 안전운행을 확보하고 화주의 편의를 도모하기 위하여 운수종사자가 지켜야 할 사항을 국토해양부령으로 정할 수 있다.
제12조(운수종사자의 준수사항) ① 화물자동차 운송사업에 종사하는 운수종사자는 다음 각 호의 어느 하나에 해당하는 행위를 하여서는 아니 된다. 〈개정 2011.6.15〉
1. 정당한 사유 없이 화물을 중도에서 내리게 하는 행위
2. 정당한 사유 없이 화물의 운송을 거부하는 행위
3. 부당한 운임 또는 요금을 요구하거나 받는 행위
4. 고장 및 사고차량 등 화물의 운송과 관련하여 「자동차관리법」에 따른 자동차관리사업자와 부정한 금품을 주고받는 행위
5. 일정한 장소에 오랜 시간 정차하여 화주를 호객(呼客)하는 행위
6. 문을 완전히 닫지 아니한 상태에서 자동차를 출발시키거나 운행하는 행위
② 국토해양부장관은 제1항에 따른 준수사항 외에 안전운행을 확보하고 화주의 편의를 도모하기 위하여 운수종사자가 지켜야 할 사항을 국토해양부령으로 정할 수 있다.
[시행일 : 2011.12.16] 제12조
제13조(개선명령) 국토해양부장관은 안전운행을 확보하고, 운송 질서를 확립하며, 화주의 편의를 도모하기 위하여 필요하다고 인정되면 운송사업자에게 다음 각 호의 사항을 명할 수 있다.
1. 운송약관의 변경
2. 화물자동차의 구조변경 및 운송시설의 개선
3. 화물의 안전운송을 위한 조치
4. 제35조에 따른 적재물배상보험등의 가입과 「자동차손해배상 보장법」에 따라 운송사업자가 의무적으로 가입하여야 하는 보험·공제에 가입
5. 그 밖에 화물자동차 운송사업의 개선을 위하여 필요한 사항으로 대통령령으로 정하는 사항
제14조(업무개시 명령) ① 국토해양부장관은 운송사업자나 운수종사자가 정당한 사유 없이 집단으로 화물운송을 거부하여 화물운송에 커다란 지장을 주어 국가경제에 매우 심각한 위기를 초래하거나 초래할 우려가 있다고 인정할 만한 상당한 이유가 있으면 그 운송사업자 또는 운수종사자에게 업무개시를 명할 수 있다.
② 국토해양부장관은 제1항에 따라 운송사업자 또는 운수종사자에게 업무개시를 명하려면 국무회의의 심의를 거쳐야 한다.
③ 운송사업자 또는 운수종사자는 정당한 사유 없이 제1항에 따른 명령을 거부할 수 없다.
제15조(우수 운송사업자 인증) ① 국토해양부장관은 화주가 편리하게 이용할 수 있는 시설과 장비를 갖추고 화물운송에 관한 정보를 제공하며, 화물의 안전운송 등을 통하여 화주에 대한 서비스 향상에 기여하는 운송사업자를 우수업체로 인증할 수 있다.
② 국토해양부장관은 제1항에 따른 우수업체 선정업무를 「소비자기본법」 제33조제1항에 따른 한국소비자원 또는 같은 법 제29조제1항에 따라 등록한 소비자단체에 위탁할 수 있다.
③ 국토해양부장관은 제1항에 따라 인증받은 운송사업자에 대하여 우선적으로 재정적 지원을 할 수 있다.
④ 우수업체의 인증대상 업종, 선정기준 및 선정방법 등에 필요한 사항은 국토해양부령으로 정한다.
제15조(우수업체 인증) ① 국토해양부장관은 화주가 편리하게 이용할 수 있는 시설과 장비를 갖추고 화물운송에 관한 정보를 제공하며, 화물의 안전운송 등을 통하여 화주에 대한 서

비스 향상에 기여하는 운송사업자를 우수업체로 인증할 수 있다.

② 제1항에 따라 우수업체의 인증을 받으려는 운송사업자는 대통령령으로 정하는 바에 따라 국토해양부장관에게 신청하여야 한다. 〈신설 2011.6.15〉

③ 국토해양부장관은 제1항에 따라 우수업체로 인증을 받은 운송사업자(이하 "인증업체"라 한다)에 대하여는 국토해양부령으로 정하는 바에 따라 인증서를 발급할 수 있으며, 인증업체는 인증표시를 할 수 있다. 〈신설 2011.6.15〉

④ 인증업체가 아닌 운송사업자는 인증표시 또는 이와 유사한 표시를 하여서는 아니 된다. 〈신설 2011.6.15〉

⑤ 국토해양부장관은 제2항에 따라 인증을 신청하는 운송사업자에게 국토해양부령으로 정하는 바에 따라 인증에 필요한 비용을 부담하게 할 수 있다. 〈신설 2011.6.15〉

⑥ 국토해양부장관은 인증업체가 제9항에 따른 인증기준에 적합하게 유지하는지를 점검할 수 있다. 〈신설 2011.6.15〉

⑦ 국토해양부장관은 제1항에 따른 인증업체 선정을 위한 심사업무를 「소비자기본법」 제33조제1항에 따른 한국소비자원 또는 같은 법 제29조제1항에 따라 등록한 소비자단체에 위탁할 수 있다. 〈개정 2011.6.15〉

⑧ 국토해양부장관은 인증업체에 대하여 우선적으로 제43조에 따른 재정적 지원을 할 수 있다. 〈개정 2011.6.15〉

⑨ 인증의 기준ㆍ절차ㆍ방법ㆍ점검 및 인증표시의 방법 등에 필요한 사항은 국토해양부령으로 정한다. 〈개정 2011.6.15〉

[제목개정 2011.6.15]

[시행일 : 2011.12.16] 제15조

제15조의2(인증의 취소 등) ① 국토해양부장관은 인증업체가 다음 각 호의 어느 하나에 해당하는 경우에는 그 인증을 취소할 수 있다. 다만, 제1호에 해당하는 경우에는 그 인증을 취소하여야 한다.

1. 거짓이나 그 밖의 부정한 방법으로 인증을 받은 경우
2. 정당한 사유 없이 제15조제6항에 따른 점검을 3회 이상 거부한 경우
3. 제15조제9항에 따른 인증기준에 적합하지 아니하게 된 경우

② 인증업체는 제1항에 따라 인증이 취소된 경우에는 제15조제3항에 따른 인증서를 반납하고, 같은 항에 따른 인증표시의 사용을 중지하여야 한다.

[본조신설 2011.6.15]

[시행일 : 2011.12.16] 제15조의2

제16조(화물자동차 운송사업의 양도와 양수 등) ① 화물자동차 운송사업을 양도ㆍ양수하려는 경우에는 국토해양부령으로 정하는 바에 따라 양수인은 국토해양부장관에게 신고하여야 한다.

② 운송사업자인 법인이 서로 합병하려는 경우(운송사업자인 법인이 운송사업자가 아닌 법인을 흡수 합병하는 경우는 제외한다)에는 국토해양부령으로 정하는 바에 따라 합병으로 존속하거나 신설되는 법인은 국토해양부장관에게 신고하여야 한다.

③ 제1항 또는 제2항에 따른 신고가 있으면 화물자동차 운송사업을 양수한 자는 화물자동차 운송사업을 양도한 자의 운송사업자로서의 지위를 승계(承繼)하며, 합병으로 설립되거나 존속되는 법인은 합병으로 소멸되는 법인의 운송사업자로서의 지위를 승계한다.

④ 제1항 또는 제2항의 양수인, 합병으로 존속하거나 신설되는 법인의 결격사유에 관하여는 제4조를 준용한다.

제16조(화물자동차 운송사업의 양도와 양수 등) ① 화물자동차 운송사업을 양도ㆍ양수하려는 경우에는 국토해양부령으로 정하는 바에 따라 양수인은 국토해양부장관에게 신고하여야 한다.

② 운송사업자인 법인이 서로 합병하려는 경우(운송사업자인 법인이 운송사업자가 아닌 법인을 흡수 합병하는 경우는 제외한다)에는 국토해양부령으로 정하는 바에 따라 합병으

로 존속하거나 신설되는 법인은 국토해양부장관에게 신고하여야 한다.

③ 국토해양부장관은 화물자동차의 지역 간 수급균형과 화물운송시장의 안정과 질서유지를 위하여 국토해양부령으로 정하는 바에 따라 제1항과 제2항에 따른 화물자동차 운송사업의 양도 · 양수와 합병을 제한할 수 있다. 〈신설 2011.6.15〉

④ 제1항 또는 제2항에 따른 신고가 있으면 화물자동차 운송사업을 양수한 자는 화물자동차 운송사업을 양도한 자의 운송사업자로서의 지위를 승계(承繼)하며, 합병으로 설립되거나 존속되는 법인은 합병으로 소멸되는 법인의 운송사업자로서의 지위를 승계한다. 〈개정 2011.6.15〉

⑤ 제1항 또는 제2항의 양수인, 합병으로 존속하거나 신설되는 법인의 결격사유에 관하여는 제4조를 준용한다. 〈개정 2011.6.15〉

[시행일 : 2011.12.16] 제16조

제17조(화물자동차 운송사업의 상속) ① 운송사업자가 사망한 경우 상속인이 그 화물자동차 운송사업을 계속하려면 피상속인이 사망한 후 60일 이내에 국토해양부장관에게 신고하여야 한다.

② 상속인이 제1항의 신고를 하면 피상속인이 사망한 날부터 신고한 날까지 피상속인에 대한 화물자동차 운송사업의 허가는 상속인에 대한 허가로 본다.

③ 제1항에 따라 신고한 상속인은 피상속인의 운송사업자로서의 지위를 승계한다.

④ 제1항의 상속인의 결격사유에 관하여는 제4조를 준용한다. 다만, 상속인이 피상속인의 사망일부터 3개월 이내에 그 화물자동차 운송사업을 다른 사람에게 양도하면 피상속인의 사망일부터 양도일까지 피상속인에 대한 화물자동차 운송사업의 허가는 상속인에 대한 허가로 본다.

제18조(화물자동차 운송사업의 휴업 및 폐업 신고) ① 운송사업자가 화물자동차 운송사업의 전부 또는 일부를 휴업하거나 화물자동차 운송사업의 전부를 폐업하려면 국토해양부령으로 정하는 바에 따라 미리 국토해양부장관에게 신고하여야 한다.

② 운송사업자가 화물자동차 운송사업의 전부 또는 일부를 휴업하거나 화물자동차 운송사업의 전부를 폐업하려면 미리 그 취지를 영업소나 그 밖에 일반 공중(公衆)이 보기 쉬운 곳에 게시하여야 한다.

제19조(화물자동차 운송사업의 허가 취소 등) ① 국토해양부장관은 운송사업자가 다음 각 호의 어느 하나에 해당하면 그 허가를 취소하거나 6개월 이내의 기간을 정하여 그 사업의 전부 또는 일부의 정지를 명령하거나 감차 조치를 명할 수 있다. 다만, 제1호와 제5호의 경우에는 그 허가를 취소하여야 한다.

1. 부정한 방법으로 제3조제1항에 따른 허가를 받은 경우
2. 부정한 방법으로 제3조제3항에 따른 변경허가를 받은 경우
3. 제3조제5항에 따른 기준을 충족하지 못하게 된 경우
4. 제3조제7항에 따른 신고를 하지 아니하였거나 거짓으로 신고한 경우
5. 제4조 각 호의 어느 하나에 해당하게 된 경우. 다만, 법인의 임원 중 제4조 각 호의 어느 하나에 해당하는 자가 있는 경우에 3개월 이내에 그 임원을 개임(改任)하면 허가를 취소하지 아니한다.
6. 화물운송 종사자격이 없는 자에게 화물을 운송하게 한 경우
7. 제11조(같은 조 제4항은 제외한다)에 따른 준수사항을 위반한 경우
8. 정당한 사유 없이 제13조에 따른 개선명령을 이행하지 아니한 경우
9. 정당한 사유 없이 제14조에 따른 업무개시 명령을 이행하지 아니한 경우
10. 이 조에 따른 사업정지처분 또는 감차 조치 명령을 위반한 경우
11. 중대한 교통사고 또는 빈번한 교통사고로 많은 사상자를 발생하게 한 경우
12. 이 법 또는 이 법에 따른 명령이나 처분을 위반한 경우

② 제1항제11호에 따른 중대한 교통사고와 빈번한 교통사고의 범위는 대통령령으로 정한다.

③ 제1항에 따른 허가취소 · 사업정지 처분 또는 감차 조치 명령의 기준과 절차, 그 밖에 필요한 사항은 대통령령으로 정한다.

제19조(화물자동차 운송사업의 허가 취소 등) ① 국토해양부장관은 운송사업자가 다음 각 호의 어느 하나에 해당하면 그 허가를 취소하거나 6개월 이내의 기간을 정하여 그 사업의 전부 또는 일부의 정지를 명령하거나 감차 조치를 명할 수 있다. 다만, 제1호와 제5호의 경우에는 그 허가를 취소하여야 한다. 〈개정 2011.6.15〉

1. 부정한 방법으로 제3조제1항에 따른 허가를 받은 경우

1의2. 허가를 받은 후 6개월간의 운송실적이 국토해양부령으로 정하는 기준에 미달한 경우

2. 부정한 방법으로 제3조제3항에 따른 변경허가를 받거나, 변경허가를 받지 아니하고 허가사항을 변경한 경우

3. 제3조제5항에 따른 기준을 충족하지 못하게 된 경우

4. 제3조제7항에 따른 신고를 하지 아니하였거나 거짓으로 신고한 경우

5. 제4조 각 호의 어느 하나에 해당하게 된 경우. 다만, 법인의 임원 중 제4조 각 호의 어느 하나에 해당하는 자가 있는 경우에 3개월 이내에 그 임원을 개임(改任)하면 허가를 취소하지 아니한다.

6. 화물운송 종사자격이 없는 자에게 화물을 운송하게 한 경우

7. 제11조(같은 조 제4항은 제외한다)에 따른 준수사항을 위반한 경우

7의2. 제11조의2에 따른 직접운송 의무 등을 위반한 경우

7의3. 제11조의3에 따른 위탁화물의 관리책임을 이행하지 아니한 경우

7의4. 1대의 화물자동차를 본인이 직접 운전하는 운송사업자, 운송사업자가 채용한 운수종사자 또는 위 · 수탁차주가 제12조제1항제5호를 위반하여 제70조에 따른 과태료 처분을 1년 동안 3회 이상 받은 경우

8. 정당한 사유 없이 제13조에 따른 개선명령을 이행하지 아니한 경우

9. 정당한 사유 없이 제14조에 따른 업무개시 명령을 이행하지 아니한 경우

10. 이 조에 따른 사업정지처분 또는 감차 조치 명령을 위반한 경우

11. 중대한 교통사고 또는 빈번한 교통사고로 많은 사상자를 발생하게 한 경우

12. 제44조의2제1항에 따라 보조금의 지급이 정지된 자가 그 날부터 5년 이내에 다시 같은 항 각 호의 어느 하나에 해당하게 된 경우

12의2. 제47조의2제1항에 따른 신고를 하지 아니하였거나 거짓으로 신고한 경우

12의3. 제47조의2제2항에 따른 기준을 충족하지 못하게 된 경우

② 제1항제11호에 따른 중대한 교통사고와 빈번한 교통사고의 범위는 대통령령으로 정한다.

③ 제1항에 따른 허가취소 · 사업정지 처분 또는 감차 조치 명령의 기준과 절차, 그 밖에 필요한 사항은 대통령령으로 정한다.

[시행일 : 2015.1.1] 제19조제1항제7호의2, 제19조제1항제7호의3, 제19조제1항제12호의2, 제19조제1항제12호의3

제20조(자동차 사용의 정지) ① 운송사업자는 다음 각 호의 어느 하나에 해당하면 해당 화물자동차의 자동차등록증과 자동차등록번호판을 국토해양부장관에게 반납하여야 한다.

1. 제18조제1항에 따라 화물자동차 운송사업의 휴업 · 폐업신고를 한 경우

2. 제19조제1항에 따라 허가취소 또는 사업정지처분을 받은 경우

3. 감차를 목적으로 허가사항을 변경한 경우(제19조제1항에 따른 감차 조치 명령에 따른 경우를 포함한다)

② 국토해양부장관은 다음 각 호의 어느 하나에 해당하면 제1항에 따라 반납받은 자동차등록증과 자동차등록번호판을 해당 운송사업자에게 되돌려 주어야 한다.

1. 제18조제1항에 따라 신고한 휴업기간이 끝난 때

2. 제19조제1항에 따른 사업정지기간이 끝난 때

③ 제2항에 따라 자동차등록번호판을 되돌려 받은 운송사업자는 이를 해당 화물자동차에 달고 시·도지사의 봉인(封印)을 받아야 한다.

제21조(과징금의 부과) ① 국토해양부장관은 운송사업자가 제19조제1항 각 호의 어느 하나에 해당하여 사업정지처분을 하여야 하는 경우로서 그 사업정지처분이 해당 화물자동차 운송사업의 이용자에게 심한 불편을 주거나 그 밖에 공익을 해칠 우려가 있으면 대통령령으로 정하는 바에 따라 사업정지처분을 갈음하여 2천만원 이하의 과징금을 부과·징수할 수 있다.

② 제1항에 따라 과징금을 부과하는 위반행위의 종류·정도 등에 따른 과징금의 금액과 그 밖에 필요한 사항은 대통령령으로 정한다.

③ 국토해양부장관은 제1항에 따라 과징금 부과처분을 받은 자가 과징금을 정한 기한에 내지 아니하면 국세 체납처분의 예에 따라 징수한다.

④ 제1항에 따라 징수한 과징금은 다음 각 호 외의 용도로는 사용(보조 또는 융자를 포함한다)할 수 없다.

1. 화물 터미널의 건설과 확충
2. 공동차고지(사업자단체, 운송사업자 또는 운송가맹사업자가 운송사업자 또는 운송가맹사업자에게 공동으로 제공하기 위하여 설치하거나 임차한 차고지를 말한다. 이하 같다)의 건설과 확충
3. 경영개선이나 그 밖에 화물에 대한 정보 제공사업 등 화물자동차 운수사업의 발전을 위하여 필요한 사업

⑤ 국토해양부장관은 국토해양부령으로 정하는 바에 따라 과징금으로 징수한 금액의 운용계획을 수립·시행하여야 한다.

제21조(과징금의 부과) ① 국토해양부장관은 운송사업자가 제19조제1항 각 호의 어느 하나에 해당하여 사업정지처분을 하여야 하는 경우로서 그 사업정지처분이 해당 화물자동차 운송사업의 이용자에게 심한 불편을 주거나 그 밖에 공익을 해칠 우려가 있으면 대통령령으로 정하는 바에 따라 사업정지처분을 갈음하여 2천만원 이하의 과징금을 부과·징수할 수 있다.

② 제1항에 따라 과징금을 부과하는 위반행위의 종류·정도 등에 따른 과징금의 금액과 그 밖에 필요한 사항은 대통령령으로 정한다.

③ 국토해양부장관은 제1항에 따라 과징금 부과처분을 받은 자가 과징금을 정한 기한에 내지 아니하면 국세 체납처분의 예에 따라 징수한다.

④ 제1항에 따라 징수한 과징금은 다음 각 호 외의 용도로는 사용(보조 또는 융자를 포함한다)할 수 없다. 〈개정 2011.6.15〉

1. 화물 터미널의 건설과 확충
2. 공동차고지(사업자단체, 운송사업자 또는 운송가맹사업자가 운송사업자 또는 운송가맹사업자에게 공동으로 제공하기 위하여 설치하거나 임차한 차고지를 말한다. 이하 같다)의 건설과 확충
3. 경영개선이나 그 밖에 화물에 대한 정보 제공사업 등 화물자동차 운수사업의 발전을 위하여 필요한 사업
4. 제60조의2제1항에 따른 신고포상금의 지급

⑤ 국토해양부장관은 국토해양부령으로 정하는 바에 따라 과징금으로 징수한 금액의 운용계획을 수립·시행하여야 한다.

[시행일 : 2011.12.16] 제21조

제22조(청문) 국토해양부장관은 제19조제1항에 따라 허가를 취소하려면 청문을 하여야 한다.

제22조(청문) 국토해양부장관은 다음 각 호의 어느 하나에 해당하는 처분을 하려면 청문을 하여야 한다.

1. 제15조의2에 따른 인증의 취소
2. 제19조제1항에 따른 화물자동차 운송사업의 허가 취소

3. 제27조에 따른 화물자동차 운송주선사업의 허가 취소
4. 제32조에 따른 화물자동차 운송가맹사업의 허가 취소
[전문개정 2011.6.15]
[시행일 : 2011.12.16] 제22조

제23조(화물운송 종사자격의 취소) ① 국토해양부장관은 화물운송 종사자격을 취득한 자가 다음 각 호의 어느 하나에 해당하면 그 자격을 취소하거나 6개월 이내의 기간을 정하여 그 자격의 효력을 정지시킬 수 있다. 다만, 제1호·제2호·제5호·제6호 및 제7호의 경우에는 그 자격을 취소하여야 한다.
1. 제9조제1호에서 준용하는 제4조 각 호의 어느 하나에 해당하게 된 경우
2. 거짓이나 그 밖의 부정한 방법으로 화물운송 종사자격을 취득한 경우
3. 제14조제3항을 위반한 경우
4. 화물운송 중에 고의나 과실로 교통사고를 일으켜 사람을 사망하게 하거나 다치게 한 경우
5. 화물운송 종사자격증을 다른 사람에게 빌려준 경우
6. 화물운송 종사자격 정지기간 중에 화물자동차 운수사업의 운전 업무에 종사한 경우
7. 화물자동차를 운전할 수 있는 「도로교통법」에 따른 운전면허가 취소된 경우
② 제1항에 따른 처분의 기준 및 절차에 필요한 사항은 국토해양부령으로 정한다.
③ 화물운송 종사자격의 취소에 관하여는 제22조를 준용한다.

제3장 화물자동차 운송주선사업

제24조(화물자동차 운송주선사업의 허가 등) ① 화물자동차 운송주선사업을 경영하려는 자는 국토해양부령으로 정하는 바에 따라 국토해양부장관의 허가를 받아야 한다. 다만, 제29조제1항에 따라 화물자동차 운송가맹사업의 허가를 받은 자는 허가를 받지 아니한다.
② 제1항 본문에 따라 화물자동차 운송주선사업의 허가를 받은 자(이하 "운송주선사업자"라 한다)가 허가사항을 변경하려면 국토해양부령으로 정하는 바에 따라 국토해양부장관에게 신고하여야 한다.
③ 제1항에 따른 화물자동차 운송주선사업의 종류는 대통령령으로 정한다.
④ 제1항에 따른 화물자동차 운송주선사업의 허가기준은 다음과 같다.
1. 국토해양부장관이 화물의 운송주선 수요를 감안하여 고시하는 공급기준에 맞을 것
2. 사무실의 면적·자본금 또는 자산평가액 등 국토해양부령으로 정하는 기준에 맞을 것
⑤ 운송주선사업자의 허가기준에 관한 사항의 신고에 관하여는 제3조제7항을 준용한다.

제25조(운송주선사업자의 명의이용 금지) 운송주선사업자는 자기 명의로 다른 사람에게 화물자동차 운송주선사업을 경영하게 할 수 없다.

제26조(운송주선사업자의 준수사항) ① 운송주선사업자는 자기의 명의로 운송계약을 체결한 화물에 대하여 그 계약금액 중 일부를 제외한 나머지 금액으로 다른 운송주선사업자와 재계약하여 이를 운송하도록 하여서는 아니 된다.
② 운송주선사업자는 화주로부터 중개 또는 대리를 의뢰받은 화물에 대하여 다른 운송주선사업자에게 수수료나 그 밖의 대가를 받고 중개 또는 대리를 의뢰하여서는 아니 된다.
③ 운송주선사업자는 운송을 의뢰받은 화물에 대하여 운송사업자 및 운송가맹사업자에게 국토해양부령으로 정하는 바에 따라 화주 이름과 운임 등을 적은 화물위탁·수탁증 등을 내주어야 한다. 다만, 국토해양부령으로 정하는 화물에 대하여는 화물위탁·수탁증 등을 내주지 아니하여도 된다.
④ 운송주선사업자는 운송사업자에게 화물의 종류·무게 및 부피 등을 거짓으로 통보하여서는 아니 된다.
⑤ 운송가맹점인 운송주선사업자는 자기가 가입한 운송가맹사업자에게 소속된 운송가맹점에 대하여 화물운송을 주선하여서는 아니 된다.
⑥ 운송주선사업자가 운송가맹사업자에게 화물의 운송을 주선하는 행위는 제1항 및 제2항

에 따른 재계약·중개 또는 대리로 보지 아니한다.

제26조(운송주선사업자의 준수사항) ① 운송주선사업자는 자기의 명의로 운송계약을 체결한 화물에 대하여 그 계약금액 중 일부를 제외한 나머지 금액으로 다른 운송주선사업자와 재계약하여 이를 운송하도록 하여서는 아니 된다. 다만, 화물운송을 효율적으로 수행할 수 있도록 위·수탁차주나 1대사업자에게 화물운송을 직접 위탁하기 위하여 다른 운송주선사업자에게 중개 또는 대리를 의뢰하는 때에는 그러하지 아니하다. 〈개정 2011.6.15〉

② 운송주선사업자는 화주로부터 중개 또는 대리를 의뢰받은 화물에 대하여 다른 운송주선사업자에게 수수료나 그 밖의 대가를 받고 중개 또는 대리를 의뢰하여서는 아니 된다.

③ 삭제 〈2011.6.15〉

④ 운송주선사업자는 운송사업자에게 화물의 종류·무게 및 부피 등을 거짓으로 통보하여서는 아니 된다.

⑤ 운송가맹점인 운송주선사업자는 자기가 가입한 운송가맹사업자에게 소속된 운송가맹점에 대하여 화물운송을 주선하여서는 아니 된다.

⑥ 운송주선사업자가 운송가맹사업자에게 화물의 운송을 주선하는 행위는 제1항 및 제2항에 따른 재계약·중개 또는 대리로 보지 아니한다.

⑦ 제1항, 제2항, 제4항부터 제6항까지에서 규정한 사항 외에 화물운송질서의 확립 및 화주의 편의를 위하여 운송주선사업자가 지켜야 할 사항은 국토해양부령으로 정한다. 〈신설 2011.6.15〉

[시행일 : 2011.12.16] 제26조

제26조의2(국제물류주선업자에 대한 운송주선사업자의 준수사항 등 적용) 「물류정책기본법」 제43조제1항에 따라 국제물류주선업을 등록한 자가 수출입화물의 국내 운송을 위하여 화물자동차 운송을 주선하는 때에는 운송주선사업자의 준수사항, 위탁화물의 관리책임, 실적 신고 및 관리 등에 관하여 제26조, 제28조에서 준용하는 제11조의3제1항·제3항 및 제47조의2제1항을 적용한다.

[본조신설 2011.6.15]

[시행일 : 2011.12.16] 제26조의2

제27조(화물자동차 운송주선사업의 허가취소 등) ① 국토해양부장관은 운송주선사업자가 다음 각 호의 어느 하나에 해당하면 그 허가를 취소하거나 6개월 이내의 기간을 정하여 그 사업의 정지를 명할 수 있다. 다만, 제1호·제2호 및 제9호의 경우에는 그 허가를 취소하여야 한다.

1. 제28조에서 준용하는 제4조 각 호의 어느 하나에 해당하게 된 경우. 다만, 법인의 임원 중 제4조 각 호의 어느 하나에 해당하는 자가 있는 경우 3개월 이내에 그 임원을 개임한 경우에는 취소하지 아니한다.
2. 거짓이나 그 밖의 부정한 방법으로 제24조제1항에 따른 허가를 받은 경우
3. 제24조제4항에 따른 허가기준을 충족하지 못하게 된 경우
4. 제24조제5항에 따른 신고를 하지 아니하거나 거짓으로 신고한 경우
5. 제25조를 위반한 경우
6. 제26조에 따른 준수사항을 위반한 경우
7. 제28조에서 준용하는 제11조(같은 조 제3항·제4항·제7항·제10항 및 제12항은 제외한다)에 따른 준수사항을 위반한 경우
8. 제28조에서 준용하는 제13조(같은 조 제2호는 제외한다)에 따른 개선명령을 이행하지 아니한 경우
9. 이 조에 따른 사업정지명령을 위반하여 그 사업정지기간 중에 사업을 한 경우
10. 이 법 또는 이 법에 따른 명령이나 처분을 위반한 경우

② 제1항에 따른 허가취소 또는 사업정지처분의 기준·절차, 그 밖에 필요한 사항은 대통령령으로 정한다.

제27조(화물자동차 운송주선사업의 허가취소 등) ① 국토해양부장관은 운송주선사업자가 다음

각 호의 어느 하나에 해당하면 그 허가를 취소하거나 6개월 이내의 기간을 정하여 그 사업의 정지를 명할 수 있다. 다만, 제1호 · 제2호 및 제9호의 경우에는 그 허가를 취소하여야 한다. 〈개정 2011.6.15〉

1. 제28조에서 준용하는 제4조 각 호의 어느 하나에 해당하게 된 경우. 다만, 법인의 임원 중 제4조 각 호의 어느 하나에 해당하는 자가 있는 경우 3개월 이내에 그 임원을 개임한 경우에는 취소하지 아니한다.
2. 거짓이나 그 밖의 부정한 방법으로 제24조제1항에 따른 허가를 받은 경우
3. 제24조제4항에 따른 허가기준을 충족하지 못하게 된 경우
4. 제24조제5항에 따른 신고를 하지 아니하거나 거짓으로 신고한 경우
5. 제25조를 위반한 경우
6. 제26조에 따른 준수사항을 위반한 경우
7. 제28조에서 준용하는 제11조(같은 조 제3항 · 제4항 · 제10항 및 제13항은 제외한다)에 따른 준수사항을 위반한 경우

7의2. 제28조에서 준용하는 제11조의3제1항과 제3항에 따른 위탁화물의 관리책임을 이행하지 아니한 경우

8. 제28조에서 준용하는 제13조(같은 조 제2호는 제외한다)에 따른 개선명령을 이행하지 아니한 경우

8의2. 제47조의2제1항에 따른 신고를 하지 아니하였거나 거짓으로 신고한 경우

9. 이 조에 따른 사업정지명령을 위반하여 그 사업정지기간 중에 사업을 한 경우
10. 이 법 또는 이 법에 따른 명령이나 처분을 위반한 경우

② 제1항에 따른 허가취소 또는 사업정지처분의 기준 · 절차, 그 밖에 필요한 사항은 대통령령으로 정한다.

[시행일 : 2015.1.1] 제27조제1항제7호의2, 제27조제1항제8호의2

제28조(준용 규정) 화물자동차 운송주선사업에 관하여는 제4조, 제6조, 제7조, 제11조(같은 조 제3항 · 제4항 · 제7항 · 제10항 및 제12항은 제외한다), 제12조(같은 조 제1항제4호는 제외한다), 제13조(같은 조 제2호는 제외한다), 제15조부터 제18조까지, 제21조 및 제22조를 준용한다. 이 경우 제6조, 제11조제8항 및 제13조제1호를 준용할 때에는 "운송약관"을 "운송주선약관"으로 본다.

제28조(준용 규정) 화물자동차 운송주선사업에 관하여는 제4조, 제6조, 제7조, 제11조(같은 조 제3항 · 제4항 · 제10항 및 제13항은 제외한다), 제11조의3제1항 · 제3항, 제12조(같은 조 제1항제4호는 제외한다), 제13조(같은 조 제2호는 제외한다), 제15조, 제15조의2, 제16조부터 제18조까지 및 제21조를 준용한다. 이 경우 제6조, 제11조제8항 및 제13조제1호를 준용할 때에는 "운송약관"을 "운송주선약관"으로 보고, 제11조의3제1항과 제3항을 준용할 때는 "운송사업자"를 "운송주선사업자"로, "다른 운송사업자"를 "운송사업자"로 본다. 〈개정 2011.6.15〉

[시행일 : 2011.12.16] 제28조

제4장 화물자동차 운송가맹사업

제29조(화물자동차 운송가맹사업의 허가 등) ① 화물자동차 운송가맹사업을 경영하려는 자는 국토해양부령으로 정하는 바에 따라 국토해양부장관에게 허가를 받아야 한다.

② 제1항에 따라 허가를 받은 운송가맹사업자는 허가사항을 변경하려면 국토해양부령으로 정하는 바에 따라 국토해양부장관의 변경허가를 받아야 한다. 다만, 대통령령으로 정하는 경미한 사항을 변경하려면 국토해양부령으로 정하는 바에 따라 국토해양부장관에게 신고하여야 한다.

③ 제1항 및 제2항 본문에 따른 화물자동차 운송가맹사업의 허가 또는 증차를 수반하는 변경허가의 기준은 다음과 같다.

1. 국토해양부장관이 화물의 운송수요를 고려하여 고시하는 공급기준에 맞을 것

2. 화물자동차의 대수(운송가맹점이 보유하는 화물자동차의 대수를 포함한다), 자본금 또는 자산평가액, 운송시설, 그 밖에 국토해양부령으로 정하는 기준에 맞을 것

④ 운송가맹사업자의 허가기준에 관한 사항의 신고에 관하여는 제3조제7항을 준용한다.

제30조(운송가맹사업자 및 운송가맹점의 역할 등) ① 운송가맹사업자는 화물자동차 운송가맹사업의 원활한 수행을 위하여 다음 각 호의 사항을 성실히 이행하여야 한다.

1. 운송가맹사업자의 직접운송물량과 운송가맹점의 운송물량의 공정한 배정
2. 효율적인 운송기법의 개발과 보급
3. 화물의 원활한 운송을 위한 공동 전산망의 설치 · 운영

② 운송가맹점은 화물자동차 운송가맹사업의 원활한 수행을 위하여 다음 각 호의 사항을 성실히 이행하여야 한다.

1. 운송가맹사업자가 정한 기준에 맞는 운송서비스의 제공(운송사업자인 운송가맹점만 해당된다)
2. 화물의 원활한 운송을 위한 차량 위치의 통지(운송사업자인 운송가맹점만 해당된다)
3. 운송가맹사업자에 대한 운송화물의 확보 · 공급(운송주선사업자인 운송가맹점만 해당된다)

③ 운송가맹사업자와 운송가맹점 간의 분쟁조정에 관하여는 제7조제3항부터 제6항까지의 규정을 준용한다. 이 경우 "화주"를 "운송가맹사업자 또는 운송가맹점"으로 본다.

제31조(개선명령) 국토해양부장관은 안전운행의 확보, 운송질서의 확립 및 화주의 편의를 도모하기 위하여 필요하다고 인정하면 운송가맹사업자에게 다음 각 호의 사항을 명할 수 있다.

1. 운송약관의 변경
2. 화물자동차의 구조변경 및 운송시설의 개선
3. 화물의 안전운송을 위한 조치
4. 제34조에서 준용하는 「가맹사업거래의 공정화에 관한 법률」 제7조 · 제10조 · 제11조 및 제13조에 따른 정보공개서의 제공의무 등, 가맹금의 반환, 가맹계약서의 기재사항 등, 가맹계약의 갱신 등의 통지
5. 제35조에 따른 적재물배상보험등과 「자동차손해배상 보장법」에 따라 운송가맹사업자가 의무적으로 가입하여야 하는 보험 · 공제의 가입
6. 그 밖에 화물자동차 운송가맹사업의 개선을 위하여 필요한 사항으로서 대통령령으로 정하는 사항

제32조(화물자동차 운송가맹사업의 허가취소 등) ① 국토해양부장관은 운송가맹사업자가 다음 각 호의 어느 하나에 해당하면 그 허가를 취소하거나 6개월 이내의 기간을 정하여 그 사업의 전부 또는 일부의 정지를 명하거나 감차 조치를 명할 수 있다. 다만, 제1호 및 제4호의 경우에는 그 허가를 취소하여야 한다.

1. 제33조에서 준용하는 제4조 각 호의 어느 하나에 해당하게 된 경우. 다만, 법인의 임원 중 제4조 각 호의 어느 하나에 해당하는 자가 있는 경우 3개월 이내에 그 임원을 개임하면 취소하지 아니한다.
2. 화물운송 종사자격이 없는 자에게 화물을 운송하게 한 경우
3. 제33조에서 준용하는 제14조에 따른 업무개시 명령을 정당한 사유 없이 이행하지 아니한 경우
4. 거짓이나 그 밖의 부정한 방법으로 제29조제1항에 따른 허가를 받은 경우
5. 거짓이나 그 밖의 부정한 방법으로 제29조제2항에 따른 변경허가를 받은 경우
6. 제29조제3항에 따른 허가 또는 변경허가의 기준을 충족하지 못하게 된 경우
7. 제29조제4항에 따른 신고를 하지 아니하였거나 거짓으로 신고한 경우
8. 정당한 사유 없이 제31조에 따른 개선명령을 이행하지 아니한 경우
9. 제33조에서 준용하는 제11조(같은 조 제4항 및 제9항부터 제11항까지의 규정은 제외한다) 및 제25조(소속 운송가맹점에 자기의 영업표지를 사용하게 하는 경우는 제외한다)

를 위반한 경우

10. 제34조에서 준용하는 「가맹사업거래의 공정화에 관한 법률」 제7조, 제9조부터 제11조까지, 제13조 및 제14조를 위반한 경우(제31조에 따라 개선명령을 받은 경우는 제외한다)

11. 이 조에 따른 사업정지명령 또는 감차 조치 명령을 위반한 경우

12. 중대한 교통사고 또는 빈번한 교통사고로 많은 사상자를 발생하게 한 경우

13. 이 법 또는 이 법에 따른 명령이나 처분을 위반한 경우

② 제1항제12호에 따른 중대한 교통사고와 빈번한 교통사고의 범위는 대통령령으로 정한다.

③ 제1항에 따른 허가취소·사업정지 처분 또는 감차 조치 명령의 기준·절차, 그 밖에 필요한 사항은 대통령령으로 정한다.

제32조(화물자동차 운송가맹사업의 허가취소 등) ① 국토해양부장관은 운송가맹사업자가 다음 각 호의 어느 하나에 해당하면 그 허가를 취소하거나 6개월 이내의 기간을 정하여 그 사업의 전부 또는 일부의 정지를 명하거나 감차 조치를 명할 수 있다. 다만, 제1호 및 제4호의 경우에는 그 허가를 취소하여야 한다. 〈개정 2011.6.15〉

1. 제33조에서 준용하는 제4조 각 호의 어느 하나에 해당하게 된 경우. 다만, 법인의 임원 중 제4조 각 호의 어느 하나에 해당하는 자가 있는 경우 3개월 이내에 그 임원을 개임하면 취소하지 아니한다.

2. 화물운송 종사자격이 없는 자에게 화물을 운송하게 한 경우

3. 제33조에서 준용하는 제14조에 따른 업무개시 명령을 정당한 사유 없이 이행하지 아니한 경우

4. 거짓이나 그 밖의 부정한 방법으로 제29조제1항에 따른 허가를 받은 경우

5. 거짓이나 그 밖의 부정한 방법으로 제29조제2항에 따른 변경허가를 받은 경우

6. 제29조제3항에 따른 허가 또는 변경허가의 기준을 충족하지 못하게 된 경우

7. 제29조제4항에 따른 신고를 하지 아니하였거나 거짓으로 신고한 경우

8. 정당한 사유 없이 제31조에 따른 개선명령을 이행하지 아니한 경우

9. 제33조에서 준용하는 제11조(같은 조 제4항 및 제9항부터 제11항까지의 규정은 제외한다) 및 제25조(소속 운송가맹점에 자기의 영업표지를 사용하게 하는 경우는 제외한다)를 위반한 경우

9의2. 제33조에서 준용하는 제11조의3제1항과 제3항에 따른 위탁화물의 관리책임을 이행하지 아니한 경우

10. 제34조에서 준용하는 「가맹사업거래의 공정화에 관한 법률」 제7조, 제9조부터 제11조까지, 제13조 및 제14조를 위반한 경우(제31조에 따라 개선명령을 받은 경우는 제외한다)

11. 이 조에 따른 사업정지명령 또는 감차 조치 명령을 위반한 경우

12. 중대한 교통사고 또는 빈번한 교통사고로 많은 사상자를 발생하게 한 경우

13. 제44조의2제1항에 따라 보조금의 지급이 정지된 자가 그 날부터 5년 이내에 다시 같은 항 각 호의 어느 하나에 해당하게 된 경우

13의2. 제47조의2제1항에 따른 신고를 하지 아니하였거나 거짓으로 신고한 경우

② 제1항제12호에 따른 중대한 교통사고와 빈번한 교통사고의 범위는 대통령령으로 정한다.

③ 제1항에 따른 허가취소·사업정지 처분 또는 감차 조치 명령의 기준·절차, 그 밖에 필요한 사항은 대통령령으로 정한다.

[시행일 : 2015.1.1] 제32조제1항제9호의2, 제32조제1항제13호의2

제33조(준용 규정) 화물자동차 운송가맹사업에 관하여는 제4조, 제5조부터 제7조까지, 제10조, 제11조(같은 조 제9항부터 제11항까지의 규정은 제외한다), 제12조, 제14조, 제15조부터 제18조까지, 제20조부터 제22조까지 및 제25조(소속 운송가맹점에 자기의 영업표지

를 사용하게 하는 경우는 제외한다)를 준용한다. 이 경우 제6조, 제11조제8항, 제13조제1호를 준용할 때에는 "운송약관"을 "운송가맹약관"으로 보며, 제11조제7항의 "다른 운송사업자"를 "소속 운송가맹점(운송주선사업자인 소속 운송가맹점은 제외한다) 외의 자"로 본다.

제33조(준용 규정) 화물자동차 운송가맹사업에 관하여는 제4조, 제5조의2, 제6조, 제7조, 제10조, 제11조(같은 조 제9항부터 제12항까지의 규정은 제외한다), 제11조의3제1항 · 제3항, 제12조, 제14조, 제15조, 제15조의2, 제16조부터 제18조까지, 제20조, 제21조 및 제25조(소속 운송가맹점에 자기의 영업표지를 사용하게 하는 경우는 제외한다)를 준용한다. 이 경우 제6조, 제11조제8항, 제13조제1호를 준용할 때에는 "운송약관"을 "운송가맹약관"으로 보고, 제11조의3제1항과 제3항을 준용할 때에는 "운송사업자"는 "운송가맹사업자"로 보며, "다른 운송사업자"는 "소속 운송가맹점(운송주선사업자인 소속 운송가맹점은 제외한다)"로 본다. 〈개정 2011.6.15〉

[시행일 : 2011.12.16] 제33조

제34조(「가맹사업거래의 공정화에 관한 법률」의 준용) 운송가맹사업자와 운송가맹점 간의 정보의 제공, 가맹금의 반환, 가맹계약 등에 관해서는 「가맹사업거래의 공정화에 관한 법률」 제7조, 제9조부터 제11조까지, 제13조 및 제14조를 준용한다. 이 경우 "가맹희망자"를 "운송가맹점으로 가입하려는 자"로, "가맹점사업자"를 "운송가맹점"으로 보고, "가맹본부", 같은 법 제7조제1항의 "가맹본부(가맹지역본부 또는 가맹중개인이 가맹점사업자를 모집하는 경우도 포함한다. 이하 같다)" 및 같은 법 제7조제3항의 "가맹본부 또는 가맹본부로 구성된 사업자단체"를 각각 "운송가맹사업자"로 보며, 같은 법 제10조제1항에 따른 "제2조제6호가목 및 나목의 가맹금"을 "명칭이나 지급형태를 가리지 않고 운송가맹점으로 가입할 때 영업표지 사용허가의 대가로 운송가맹사업자에게 지급한 금전"으로 본다.

제34조의2(화물정보망의 인증 등) ① 국토해양부장관은 운송서비스의 향상과 투명한 거래행위 확립을 촉진하기 위하여 화물 및 차량에 대한 정보를 모범적으로 제공하고 있는 화물정보망에 대하여 우수화물정보망으로 인증할 수 있다.

② 국토해양부장관은 제1항에 따라 인증받은 우수화물정보망(이하 "인증정보망"이라 한다)이 국토해양부령으로 정하는 인증기준을 유지하는지에 대하여 점검을 할 수 있다.

③ 제1항과 제2항에 따른 화물정보망의 인증절차 및 인증정보망의 점검 등에 필요한 사항은 국토해양부령으로 정한다.

[본조신설 2011.6.15]

[시행일 : 2011.12.16] 제34조의2

제34조의3(인증정보망의 취소) 국토해양부장관은 인증정보망이 다음 각 호의 어느 하나에 해당하는 경우에는 그 인증을 취소할 수 있다. 다만, 제1호에 해당하는 때에는 인증을 취소하여야 한다.

1. 거짓이나 그 밖의 부정한 방법으로 인증을 받은 경우
2. 제34조의2제2항의 인증기준에 맞지 아니하게 된 경우
3. 제34조의2제2항에 따른 점검을 정당한 사유 없이 3회 이상 거부한 경우

[본조신설 2011.6.15]

[시행일 : 2011.12.16] 제34조의3

제34조의4(화물정보망 등의 이용) ① 운송사업자가 제11조의2제2항에 따라 다른 운송사업자나 다른 운송사업자에게 소속된 위 · 수탁차주에게 화물운송을 위탁하는 경우에는 운송가맹사업자의 화물정보망이나 인증정보망을 이용할 수 있다.

② 운송주선사업자가 운송사업자나 위 · 수탁차주에게 화물운송을 위탁하는 경우에는 운송가맹사업자의 화물정보망이나 인증정보망을 이용할 수 있다.

[본조신설 2011.6.15]

[시행일 : 2011.12.16] 제34조의4

제5장 적재물배상보험등의 가입 등

제35조(적재물배상보험등의 의무 가입) 다음 각 호의 어느 하나에 해당하는 자는 제7조제1항에 따른 손해배상 책임을 이행하기 위하여 대통령령으로 정하는 바에 따라 적재물배상 책임보험 또는 공제(이하 "적재물배상보험등"이라 한다)에 가입하여야 한다.

1. 최대 적재량이 5톤 이상이거나 총 중량이 10톤 이상인 화물자동차 중 국토해양부령으로 정하는 화물자동차를 소유하고 있는 운송사업자
2. 국토해양부령으로 정하는 화물을 취급하는 운송주선사업자
3. 운송가맹사업자

제36조(적재물배상보험등 계약의 체결 의무) ① 「보험업법」에 따른 보험회사(적재물배상책임 공제사업을 하는 자를 포함한다. 이하 "보험회사등"이라 한다)는 적재물배상보험등에 가입하여야 하는 자(이하 "보험등 의무가입자"라 한다)가 적재물배상보험등에 가입하려고 하면 대통령령으로 정하는 사유가 있는 경우 외에는 적재물배상보험등의 계약(이하 "책임보험계약등"이라 한다)의 체결을 거부할 수 없다.

② 보험등 의무가입자가 적재물사고를 일으킬 개연성이 높은 경우 등 국토해양부령으로 정하는 사유에 해당하면 제1항에도 불구하고 다수의 보험회사등이 공동으로 책임보험계약등을 체결할 수 있다.

제37조(책임보험계약등의 해제) 보험등 의무가입자 및 보험회사등은 다음 각 호의 어느 하나에 해당하는 경우 외에는 책임보험계약등의 전부 또는 일부를 해제하거나 해지하여서는 아니 된다.

1. 제3조제3항 본문에 따라 화물자동차 운송사업의 허가사항이 변경(감차만을 말한다)된 경우
2. 제18조제1항(제28조 및 제33조에서 준용하는 경우를 포함한다)에 따라 화물자동차 운송사업을 휴업하거나 폐업한 경우
3. 제19조제1항에 따라 화물자동차 운송사업의 허가가 취소되거나 감차 조치 명령을 받은 경우
4. 제27조제1항에 따라 화물자동차 운송주선사업의 허가가 취소된 경우
5. 제29조제2항 본문에 따라 화물자동차 운송가맹사업의 허가사항이 변경(감차만을 말한다)된 경우
6. 제32조제1항에 따라 화물자동차 운송가맹사업의 허가가 취소되거나 감차 조치 명령을 받은 경우
7. 적재물배상보험등에 이중으로 가입되어 하나의 책임보험계약등을 해제하거나 해지하려는 경우
8. 보험회사등이 파산 등의 사유로 영업을 계속할 수 없는 경우
9. 그 밖에 제1호부터 제8호까지의 규정에 준하는 경우로서 대통령령으로 정하는 경우

제38조(책임보험계약등의 계약 종료일 통지 등) ① 보험회사등은 자기와 책임보험계약등을 체결하고 있는 보험등 의무가입자에게 그 계약종료일 30일 전까지 그 계약이 끝난다는 사실을 알려야 한다.

② 보험회사등은 자기와 책임보험계약등을 체결한 보험등 의무가입자가 그 계약이 끝난 후 새로운 계약을 체결하지 아니하면 그 사실을 지체 없이 국토해양부장관에게 알려야 한다.

③ 제1항 및 제2항에 따른 통지의 방법·절차에 필요한 사항은 국토해양부령으로 정한다.

제6장 경영의 합리화

제39조(경영합리화 등의 노력) 운송사업자·운송주선사업자 및 운송가맹사업자(이하 "운수사업자"라 한다)는 화물운송 질서의 확립, 경영관리의 건전화, 화물운송 기법의 개발 등 경영합리화와 수송서비스 향상을 위하여 노력하여야 한다.

제40조(경영의 위탁) ① 운송사업자는 화물자동차 운송사업의 효율적인 수행을 위하여 필요

하면 그 경영의 일부를 다른 사람에게 위탁할 수 있다.

② 제1항에 따라 화물자동차 운송사업의 경영을 위탁받으려는 자의 결격사유에 관하여는 제4조를 준용한다.

제40조(경영의 위탁) ① 운송사업자는 화물자동차 운송사업의 효율적인 수행을 위하여 필요하면 다른 사람(운송사업자를 제외한 개인을 말한다)에게 차량과 그 경영의 일부를 위탁하거나 차량을 현물출자한 사람에게 그 경영의 일부를 위탁할 수 있다. 〈개정 2011.6.15〉

② 삭제 〈2011.6.15〉

③ 운송사업자와 위·수탁차주는 대등한 입장에서 합의에 따라 공정하게 위·수탁계약을 체결하고, 신의에 따라 성실하게 계약을 이행하여야 한다. 〈신설 2011.6.15〉

④ 제3항에 따른 계약의 당사자는 그 계약을 체결함에 있어 차량소유자·계약기간, 그 밖에 국토해양부령으로 정하는 사항을 계약서에 명시하여야 하며, 서명날인한 계약서를 서로 교부하여 보관하여야 한다. 〈신설 2011.6.15〉

⑤ 시·도지사는 제3항에 따른 위·수탁계약의 체결·이행으로 발생하는 분쟁의 해결을 지원하기 위하여 대통령령으로 정하는 바에 따라 화물운송사업분쟁조정협의회를 설치·운영할 수 있다. 〈신설 2011.6.15〉

[시행일 : 2011.12.16] 제40조

제41조(경영 지도) ① 국토해양부장관은 화물자동차 운수사업의 경영개선 또는 운송서비스의 향상을 위하여 필요하다고 인정하면 화물자동차 운수사업의 경영에 관하여 운수사업자를 지도할 수 있다.

② 국토해양부장관은 재무관리 및 사업관리 등 경영실태가 부실하다고 인정되는 운수사업자에게는 경영개선에 관한 권고를 할 수 있으며, 필요하면 경영개선에 관한 중·장기 또는 연차별 계획 등을 제출하게 할 수 있다.

③ 국토해양부장관은 제2항에 따라 운수사업자가 제출한 경영개선에 관한 계획 등이 불합리하다고 인정되면 변경할 것을 권고할 수 있다.

제42조(경영자 연수교육) 국토해양부장관 또는 시·도지사는 운수사업자의 경영능력 향상을 위하여 필요하다고 인정하면 경영을 담당하는 임원(개인인 경우에는 운수사업자를 말한다)에게 경영자 연수교육을 실시할 수 있다.

제43조(재정지원) ① 국가는 지방자치단체, 사업자단체 또는 운수사업자가 다음 각 호의 어느 하나에 해당하는 사업을 수행하는 경우로서 재정적 지원이 필요하다고 인정되면 대통령령으로 정하는 바에 따라 소요자금의 일부를 보조하거나 융자할 수 있다.

1. 공동차고지 건설
2. 물류정보화 사업
3. 낡은 차량의 대체
4. 화물자동차 운수사업의 서비스 향상을 위한 시설·장비의 확충과 개선
5. 그 밖에 화물자동차 운수사업의 경영합리화를 위한 사항으로서 국토해양부령으로 정하는 사항

② 특별시장·광역시장·특별자치도지사·시장 또는 군수(광역시의 군수를 포함한다)는 운수사업자(제40조제1항에 따라 화물자동차 운송사업을 위탁받은 자를 포함한다)에게 유류(油類)에 부과되는 다음 각 호의 세액 등의 인상액에 상당하는 금액의 전부 또는 일부를 보조할 수 있다. 이 경우 보조금의 지급대상·지급방법·신청서류 및 절차 등에 필요한 사항은 국토해양부장관이 정한다. 〈개정 2010.3.31〉

1. 「교육세법」 제5조제1항, 「교통·에너지·환경세법」 제2조제1항제2호, 「지방세법」 제136조제1항에 따라 경유에 각각 부과되는 교육세, 교통·에너지·환경세, 자동차세
2. 「개별소비세법」 제1조제2항제4호바목, 「교육세법」 제5조제1항, 「석유 및 석유대체연료 사업법」 제18조제2항제1호에 따라 석유가스 중 부탄에 각각 부과되는 개별소비세·교육세·부과금

제43조(재정지원) ① 국가는 지방자치단체, 사업자단체 또는 운수사업자가 다음 각 호의 어느 하나에 해당하는 사업을 수행하는 경우로서 재정적 지원이 필요하다고 인정되면 대통령령으로 정하는 바에 따라 소요자금의 일부를 보조하거나 융자할 수 있다. 〈개정 2011.6.15〉

1. 공동차고지 및 공영차고지 건설
2. 화물자동차 운수사업의 정보화
3. 낡은 차량의 대체
4. 연료비가 절감되거나 환경친화적인 화물자동차 등으로의 전환 및 이를 위한 시설·장비의 투자
5. 화물자동차 휴게소의 건설
6. 화물자동차 운수사업의 서비스 향상을 위한 시설·장비의 확충과 개선
7. 그 밖에 화물자동차 운수사업의 경영합리화를 위한 사항으로서 국토해양부령으로 정하는 사항

② 특별시장·광역시장·특별자치도지사·시장 또는 군수(광역시의 군수를 포함한다. 이하 이 조, 제44조 및 제44조의2에서 같다)는 운송사업자, 운송가맹사업자 및 제40조제1항에 따라 화물자동차 운송사업을 위탁받은 자(이하 이 조, 제44조 및 제44조의2에서 "운송사업자등"이라 한다)에게 유류(油類)에 부과되는 다음 각 호의 세액 등의 인상액에 상당하는 금액의 전부 또는 일부를 보조할 수 있다. 이 경우 보조금의 지급대상·지급방법·신청서류 및 절차 등에 필요한 사항은 국토해양부장관이 정하여 고시한다. 〈개정 2010.3.31, 2011.6.15〉

1. 「교육세법」 제5조제1항, 「교통·에너지·환경세법」 제2조제1항제2호, 「지방세법」 제136조제1항에 따라 경유에 각각 부과되는 교육세, 교통·에너지·환경세, 자동차세
2. 「개별소비세법」 제1조제2항제4호바목, 「교육세법」 제5조제1항, 「석유 및 석유대체연료 사업법」 제18조제2항제1호에 따라 석유가스 중 부탄에 각각 부과되는 개별소비세·교육세·부과금

[시행일 : 2011.12.16] 제43조

제44조(보조금의 사용 등) ① 제43조제1항에 따라 보조 또는 융자받은 자는 그 자금을 보조 또는 융자받은 목적 외의 용도로 사용하여서는 아니 된다.

② 국토해양부장관은 제43조제1항에 따라 보조 또는 융자를 받은 자가 그 자금을 적정하게 사용하도록 지도·감독하여야 한다.

③ 국토해양부장관·특별시장·광역시장·특별자치도지사·시장 또는 군수(광역시의 군수를 포함한다)는 거짓이나 부정한 방법으로 제43조제1항 또는 제2항에 따라 보조금이나 융자금을 교부받은 사업자단체 또는 운수사업자(제40조제1항에 따라 화물자동차 운송사업을 위탁받은 자를 포함한다)에게 보조금이나 융자금의 반환을 명하여야 하며, 이에 따르지 아니하면 국세 또는 지방세 체납처분의 예에 따라 회수할 수 있다.

제44조(보조금의 사용 등) ① 제43조제1항에 따라 보조 또는 융자받은 자는 그 자금을 보조 또는 융자받은 목적 외의 용도로 사용하여서는 아니 된다.

② 국토해양부장관은 제43조제1항에 따라 보조 또는 융자를 받은 자가 그 자금을 적정하게 사용하도록 지도·감독하여야 한다.

③ 국토해양부장관·특별시장·광역시장·특별자치도지사·시장 또는 군수는 거짓이나 부정한 방법으로 제43조제1항 또는 제2항에 따라 보조금이나 융자금을 교부받은 사업자단체 또는 운송사업자등에게 보조금이나 융자금의 반환을 명하여야 하며, 이에 따르지 아니하면 국세 또는 지방세 체납처분의 예에 따라 회수할 수 있다. 〈개정 2011.6.15〉

[시행일 : 2011.12.16] 제44조

제44조의2(보조금의 지급 정지 등) ① 특별시장·광역시장·특별자치도지사·시장 또는 군수는 운송사업자등이 다음 각 호의 어느 하나에 해당하면 대통령령으로 정하는 바에 따라 1

년의 범위에서 제43조제2항에 따른 보조금의 지급을 정지하여야 한다.
1. 「석유 및 석유대체연료 사업법」 제2조제9호에 따른 석유판매업자(이하 이 조에서 "석유판매업자"라 한다)로부터 「부가가치세법」 제16조에 따른 세금계산서를 거짓으로 발급받아 보조금을 지급받은 경우
2. 석유판매업자로부터 석유의 구매를 가장하거나 실제 구매금액을 초과하여 「여신전문금융업법」 제2조에 따른 신용카드, 직불카드, 선불카드에 의한 거래를 하거나 이를 대행하게 하여 보조금을 지급받은 경우
3. 화물자동차 운수사업이 아닌 다른 목적에 사용한 유류분에 대하여 보조금을 지급받은 경우
4. 다른 운송사업자등이 구입한 유류 사용량을 자기가 사용한 것으로 위장하여 보조금을 지급받은 경우
5. 제43조제2항 후단에 따라 국토해양부장관이 정하여 고시하는 사항을 위반하여 보조금을 지급받은 경우
6. 제2항에 따른 소명서 및 증거자료의 제출요구에 따르지 아니하거나, 같은 항에 따른 검사나 조사를 거부 · 기피 또는 방해한 경우
② 특별시장 · 광역시장 · 특별자치도지사 · 시장 또는 군수는 운송사업자등이 제1항제1호부터 제5호까지의 어느 하나에 해당하는지를 확인하기 위하여 운송사업자등으로 하여금 소명서 및 거래내역을 입증할 수 있는 증거자료를 제출하게 할 수 있으며, 필요한 경우 소속 공무원으로 하여금 운송사업자등의 사업장에 출입하여 장부 · 서류, 그 밖의 물건을 검사하게 하거나 관계인에게 질문하게 할 수 있다.
③ 제2항에 따른 조사나 검사를 하려면 조사 또는 검사 7일 전에 조사 또는 검사할 내용, 일시, 이유 등에 대한 계획서를 운송사업자등에게 알려야 한다. 다만, 긴급한 경우 또는 사전통지를 하면 증거인멸 등으로 조사목적을 달성할 수 없다고 인정하는 경우에는 그러하지 아니하다.
④ 제2항에 따라 조사나 검사를 하는 공무원은 그 권한을 표시하는 증표를 지니고 이를 관계인에게 내보여야 하며, 출입할 때에는 출입자의 성명, 출입시간, 출입목적 등이 표시된 문서를 관계인에게 내주어야 한다.
[본조신설 2011.6.15]
[시행일 : 2011.12.16] 제44조의2

제45조(공영차고지의 설치) ① 시 · 도지사 또는 시장 · 군수 · 구청장은 공영차고지(公營車庫地)를 설치하여 직접 운영하거나 사업자단체, 운송사업자 또는 운송가맹사업자에게 임대(운영의 위탁을 포함한다)할 수 있다.
② 시 · 도지사 또는 시장 · 군수 · 구청장은 공영차고지를 설치하려면 공영차고지의 설치 · 운영에 관한 계획(이하 이 조에서 "설치 · 운영계획"이라 한다)을 수립하여야 한다. 이 경우 시장 · 군수 또는 구청장은 미리 시 · 도지사의 인가를 받아야 한다. 인가받은 계획을 변경하려는 때에도 또한 같다.
③ 시 · 도지사 또는 시장 · 군수 · 구청장은 제2항에 따라 설치 · 운영계획을 수립 · 변경하거나 인가 · 변경인가를 받은 때에는 이를 공고하여야 한다.

제45조(공영차고지의 설치) ① 시 · 도지사 또는 시장 · 군수 · 구청장은 공영차고지(公營車庫地)를 설치하여 직접 운영하거나 사업자단체, 운송사업자 또는 운송가맹사업자에게 임대(운영의 위탁을 포함한다)할 수 있다.
② 시 · 도지사 또는 시장 · 군수 · 구청장은 공영차고지를 설치하려면 공영차고지의 설치 · 운영에 관한 계획(이하 이 조에서 "설치 · 운영계획"이라 한다)을 수립하여야 한다. 이 경우 시장 · 군수 또는 구청장은 미리 시 · 도지사의 인가를 받아야 한다. 인가받은 계획을 변경하려는 때에도 또한 같다.
③ 시 · 도지사 또는 시장 · 군수 · 구청장은 제2항에 따라 설치 · 운영계획을 수립 · 변경하거나 인가 · 변경인가를 받은 때에는 이를 공고하여야 한다.

④ 시·도지사가 제2항에 따라 설치·운영계획을 수립하거나 시장·군수·구청장의 설치·운영계획을 인가하는 경우에 그에 관련된 각종 인가·허가 등에 관하여는 제46조의4를 준용한다. 〈신설 2011.6.15〉

[시행일 : 2011.12.16] 제45조

제46조(수용 및 사용) ① 시·도지사 또는 시장·군수·구청장은 공영차고지의 설치에 필요한 토지·건축물 또는 그 토지에 정착된 물건이나 그 토지·건축물 또는 물건에 관한 소유권 외의 권리를 수용하거나 사용할 수 있다.

② 제1항에 따른 수용 또는 사용에 관하여는 이 법에 규정된 경우 외에는 「공익사업을 위한 토지 등의 취득 및 보상에 관한 법률」을 준용한다.

③ 제2항에 따라 「공익사업을 위한 토지 등의 취득 및 보상에 관한 법률」을 준용할 때에는 제45조제2항에 따른 인가를 「공익사업을 위한 토지 등의 취득 및 보상에 관한 법률」 제20조제1항에 따른 사업인정으로 본다.

제46조의2(화물자동차 휴게소의 확충) ① 국토해양부장관은 화물자동차 운전자의 근로 여건을 개선하고 화물의 원활한 운송을 도모하기 위하여 운송경로 및 주요 물류거점에 화물자동차 휴게소를 확충하기 위한 종합계획(이하 "휴게소 종합계획"이라 한다)을 5년 단위로 수립하여야 한다.

② 휴게소 종합계획에는 다음 각 호의 사항이 포함되어야 한다.

1. 화물자동차 휴게소의 현황 및 장래수요에 관한 사항
2. 화물자동차 휴게소의 계획적 공급에 관한 사항
3. 화물자동차 휴게소의 연도별·지역별 배치에 관한 사항
4. 화물자동차 휴게소의 기능 개선 및 효율화에 관한 사항
5. 그 밖에 화물자동차 휴게소 확충과 관련된 사항으로서 국토해양부령으로 정하는 사항

③ 국토해양부장관은 휴게소 종합계획을 수립하거나 국토해양부령으로 정하는 사항을 변경하려는 경우 미리 시·도지사의 의견을 듣고 관계 중앙행정기관의 장과 협의하여야 한다.

④ 국토해양부장관은 휴게소 종합계획을 제1항에 따라 수립하거나 제3항에 따라 변경한 때에는 이를 관보에 고시하여야 한다.

⑤ 제46조의3제2항에 따른 사업시행자는 필요한 경우 국토해양부장관에게 휴게소 종합계획을 변경하도록 요청할 수 있다.

⑥ 국토해양부장관 또는 시·도지사는 제46조의3제6항 및 제7항에 따라 건설계획의 승인 또는 변경승인을 할 때에는 휴게소 종합계획과 상충하거나 중복되지 아니하도록 하여야 한다.

⑦ 휴게소 종합계획의 수립 등에 필요한 사항은 대통령령으로 정한다.

[본조신설 2011.6.15]

[시행일 : 2011.12.16] 제46조의2

제46조의3(화물자동차 휴게소의 건설사업 시행 등) ① 화물자동차 휴게소 건설사업을 할 수 있는 자는 다음 각 호의 어느 하나에 해당하는 자로 한다.

1. 국가 또는 지방자치단체
2. 「공공기관의 운영에 관한 법률」에 따른 공공기관 중 대통령령으로 정하는 공공기관
3. 「지방공기업법」에 따른 지방공사
4. 대통령령으로 정하는 바에 따라 제1호부터 제3호까지의 자로부터 지정을 받은 법인

② 제1항에 따라 화물자동차 휴게소 건설사업을 시행하려는 자(이하 "사업시행자"라 한다)는 사업의 명칭·목적, 사업을 시행하려는 위치와 면적 등 대통령령으로 정하는 사항이 포함된 화물자동차 휴게소 건설에 관한 계획(이하 "건설계획"이라 한다)을 수립하여야 한다.

③ 화물자동차 휴게소의 건설 대상지역 및 시설기준은 국토해양부령으로 정한다.

④ 사업시행자는 제2항에 따라 건설계획을 수립한 때에는 대통령령으로 정하는 바에 따라

이를 공고하고, 관계 서류의 사본을 20일 이상 일반인이 열람할 수 있도록 하여야 한다.
⑤ 화물자동차 휴게소 건설사업의 이해관계인은 제4항에 따른 열람기간에 사업시행자에게 건설계획에 대한 의견서를 제출할 수 있으며, 사업시행자는 제출된 의견이 타당하다고 인정하는 경우에는 이를 건설계획에 반영하여야 한다.
⑥ 사업시행자는 제4항에 따른 공고 및 열람을 마친 후 그 건설계획에 대하여 시 · 도지사의 승인을 받아야 한다. 다만, 국가, 제1항제2호의 사업시행자 및 국가 또는 제1항제2호의 사업시행자로부터 지정을 받은 자는 국토해양부장관의 승인을 받아야 한다.
⑦ 제6항에 따라 승인을 받은 사업시행자는 승인받은 건설계획 중 사업을 시행하려는 위치와 면적 등 대통령령으로 정하는 사항을 변경하려면 해당 승인권자의 변경승인을 받아야 한다.
⑧ 국토해양부장관 또는 시 · 도지사는 제6항 또는 제7항에 따라 건설계획의 승인 또는 변경승인을 한 경우에는 이를 고시하여야 한다.
[본조신설 2011.6.15]
[시행일 : 2011.12.16] 제46조의3

제46조의4(인 · 허가등의 의제) ① 국토해양부장관 또는 시 · 도지사는 제46조의3제6항 또는 제7항에 따라 건설계획의 승인 또는 변경승인을 하는 경우에 그 건설계획에 대한 다음 각 호의 인가 · 허가 · 승인 또는 결정 등(이하 "인 · 허가등"이라 한다)에 관하여 제2항에 따라 관계 행정기관의 장과 협의한 사항에 대하여는 해당 사업시행자가 해당 인 · 허가등을 받은 것으로 보며, 제46조의3제8항에 따라 고시된 때에는 다음 각 호의 법률에 따른 해당 인 · 허가등이 고시 또는 공고된 것으로 본다.
1. 「건축법」 제11조에 따른 건축허가, 같은 법 제14조에 따른 건축신고, 같은 법 제16조에 따른 건축허가 · 신고 사항의 변경, 같은 법 제20조에 따른 가설건축물의 건축허가 · 신고 및 같은 법 제29조에 따른 건축협의
2. 「골재채취법」 제22조에 따른 골재채취의 허가
3. 「공유수면 관리 및 매립에 관한 법률」 제8조에 따른 공유수면의 점용 · 사용허가, 같은 법 제17조에 따른 실시계획의 승인이나 신고, 같은 법 제28조에 따른 매립면허 및 같은 법 제38조에 따른 공유수면매립실시계획의 승인
4. 「공유재산 및 물품 관리법」 제11조에 따른 행정재산의 용도폐지 및 같은 법 제20조제1항에 따른 행정재산의 사용 · 수익의 허가
5. 「국유재산법」 제30조에 따른 행정재산의 사용허가 및 같은 법 제40조에 따른 행정재산의 용도폐지
6. 「국토의 계획 및 이용에 관한 법률」 제30조에 따른 도시관리계획의 결정(「국토의 계획 및 이용에 관한 법률」 제2조제4호다목만 해당한다), 같은 법 제56조제1항에 따른 개발행위의 허가, 같은 법 제86조에 따른 도시계획시설사업 시행자의 지정 및 같은 법 제88조에 따른 실시계획의 인가
7. 「농어촌정비법」 제23조에 따른 농업생산기반시설의 목적 외 사용승인
8. 「농지법」 제34조에 따른 농지전용의 허가 및 협의
9. 「대기환경보전법」 제23조, 「수질 및 수생태계 보전에 관한 법률」 제33조 및 「소음 · 진동관리법」 제8조에 따른 배출시설 설치의 허가 또는 신고
10. 「도로법」 제34조에 따른 도로공사시행의 허가 및 같은 법 제38조에 따른 도로의 점용허가
11. 「도시개발법」 제11조에 따른 사업시행자의 지정 및 같은 법 제17조에 따른 실시계획의 인가
12. 「사도법」 제4조에 따른 사도의 개설허가
13. 「사방사업법」 제14조에 따른 벌채 등의 허가 및 같은 법 제20조에 따른 사방지의 지정해제
14. 「산지관리법」 제14조 및 제15조에 따른 산지전용허가 및 산지전용신고

15. 「산림자원의 조성 및 관리에 관한 법률」 제36조에 따른 입목벌채등의 허가 · 신고, 「산림보호법」 제9조제2항제1호 · 제2호에 따른 산림보호구역에서의 행위의 허가 및 신고
16. 「산업입지 및 개발에 관한 법률」 제16조제1항에 따른 사업시행자의 지정 및 같은 법 제17조제1항 · 제18조제1항 및 제19조제1항에 따른 실시계획의 승인
17. 「석유 및 석유대체연료 사업법」 제10조에 따른 석유판매업 중 대통령령으로 정하는 석유판매업의 등록
18. 「소하천정비법」 제10조에 따른 소하천공사 시행의 허가 및 같은 법 제14조에 따른 소하천 점용의 허가
19. 「수도법」 제17조 및 제49조에 따른 수도사업의 인가, 같은 법 제52조 및 제54조에 따른 전용수도 설치의 인가
20. 「수질 및 수생태계 보전에 관한 법률」 제49조에 따른 종말처리시설 기본계획의 승인
21. 「에너지이용 합리화법」 제10조에 따른 에너지사용계획의 협의
22. 「자동차관리법」 제53조에 따른 자동차관리사업 중 자동차매매업 및 자동차정비업의 등록
23. 「장사 등에 관한 법률」 제27조에 따른 타인의 토지 등에 설치된 분묘의 처리허가
24. 「집단에너지사업법」 제4조에 따른 집단에너지의 공급타당성에 관한 협의
25. 「초지법」 제23조에 따른 초지의 전용허가
26. 「측량 · 수로조사 및 지적에 관한 법률」 제15조에 따른 측량성과의 사용심사 및 같은 법 제86조에 따른 사업의 착수, 변경 또는 완료의 신고
27. 「폐기물관리법」 제29조에 따른 폐기물처리시설의 설치 승인 또는 신고
28. 「하수도법」 제16조에 따른 공공하수도 공사의 시행허가 및 같은 법 제24조에 따른 공공하수도의 점용 허가
29. 「하천법」 제30조에 따른 하천공사 시행의 허가, 하천공사실시계획의 인가 및 같은 법 제33조에 따른 하천의 점용허가
30. 「항만법」 제9조제2항에 따른 항만공사의 시행허가 및 같은 법 제10조제2항에 따른 실시계획의 승인

② 국토해양부장관 또는 시 · 도지사는 제46조의3제6항 또는 제7항에 따라 건설계획의 승인 또는 변경승인을 할 때 그 건설계획에 제1항 각 호의 사항이 포함되어 있는 경우에는 관계 행정기관의 장과 미리 협의하여야 한다. 이 경우 관계 행정기관의 장은 협의요청을 받은 날부터 20일 이내에 의견을 제출하여야 한다.

③ 제1항에 따른 인 · 허가등의 의제를 받으려는 사업시행자는 건설계획의 승인 또는 변경승인을 신청할 때에 해당 법률에서 정하는 관련 서류를 함께 제출하여야 한다.

[본조신설 2011.6.15]

[시행일 : 2011.12.16] 제46조의4

제46조의5(수용 및 사용) ① 사업시행자는 화물자동차 휴게소의 건설에 필요한 토지 · 건축물 또는 그 토지에 정착된 물건이나 그 토지 · 건축물 또는 물건에 관한 소유권 외의 권리를 수용하거나 사용할 수 있다.

② 제1항에 따른 수용 또는 사용에 관하여는 이 법에 규정된 경우 외에는 「공익사업을 위한 토지 등의 취득 및 보상에 관한 법률」을 준용한다.

③ 제2항에 따라 「공익사업을 위한 토지 등의 취득 및 보상에 관한 법률」을 준용할 때에는 제46조의3제8항에 따른 고시를 「공익사업을 위한 토지 등의 취득 및 보상에 관한 법률」 제22조에 따른 사업인정의 고시로 본다.

[본조신설 2011.6.15]

[시행일 : 2011.12.16] 제46조의5

제46조의6(화물자동차 휴게소 운영의 위탁) ① 사업시행자는 화물자동차 휴게소의 운영을 사

업자단체 등 대통령령으로 정하는 자에게 위탁할 수 있다.

② 제1항에 따른 화물자동차 휴게소 운영의 위탁 기간 및 위탁 방법 등에 필요한 사항은 국토해양부령으로 정한다.

[본조신설 2011.6.15]

[시행일 : 2011.12.16] 제46조의6

제47조(화물자동차 운수사업의 실태 조사 등) ① 국토해양부장관은 경영개선 또는 운송서비스의 향상을 위하여 필요하다고 인정하면 운수사업자로부터 그 업무와 재산 등에 관하여 보고를 받을 수 있으며, 소속 공무원에게 운수사업자의 경영실태를 조사하게 할 수 있다.

② 국토해양부장관은 제1항에 따른 운수사업자에 대한 경영실태를 조사하기 위하여 필요하면 공인회계사 또는 국토해양부장관이 정하는 요건을 갖춘 자에게 운수사업자의 재무관리 상태를 진단하게 할 수 있다.

③ 제1항에 따라 조사하는 공무원은 그 권한을 표시하는 증표를 지니고 이를 관계인에게 내보여야 한다.

제47조의2(실적 신고 및 관리 등) ① 운송사업자, 운송주선사업자 및 운송가맹사업자는 국토해양부령으로 정하는 바에 따라 운송 또는 주선 실적을 관리하고 이를 국토해양부장관에게 신고하여야 한다.

② 운송사업자는 국토해양부령으로 정하는 기준 이상으로 화물을 운송하여야 한다. 이 경우 기준내역에 관하여는 국토해양부령으로 정한다.

③ 국토해양부장관은 제1항의 운송 또는 주선 실적 등 화물운송정보를 체계적으로 관리하기 위한 화물운송실적관리시스템(이하 "화물운송실적관리시스템"이라 한다)을 구축·운영할 수 있다.

④ 국토해양부장관은 화물운송실적관리시스템의 운영을 국토해양부령으로 정하는 자에게 위탁할 수 있으며, 필요한 비용을 지원할 수 있다.

⑤ 화물운송실적관리시스템의 운영방식 및 활용방법 등에 필요한 사항은 국토해양부령으로 정한다.

[본조신설 2011.6.15]

[시행일 : 2011.12.16] 제47조의2

제47조의3(운송능력의 평가 및 공시) ① 국토해양부장관은 화주가 적정한 운송사업자를 선정할 수 있도록 하기 위하여 국토해양부령으로 정하는 바에 따라 운송사업자의 신청을 받아 해당 운송사업자의 화물운송능력을 평가·공시할 수 있다.

② 제1항에 따른 운송능력의 평가·공시를 받고자 하는 운송사업자는 화물운송실적, 차량 보유현황 등을 국토해양부장관에게 제출하여야 한다.

[본조신설 2011.6.15]

[시행일 : 2011.12.16] 제47조의3

제7장 사업자단체

제48조(협회의 설립) ① 운수사업자는 화물자동차 운수사업의 건전한 발전과 운수사업자의 공동이익을 도모하기 위하여 국토해양부장관의 인가를 받아 화물자동차 운수사업의 종류별 또는 특별시·광역시·도·특별자치도(이하 "시·도"라 한다)별로 협회를 설립할 수 있다.

② 협회는 법인으로 한다.

③ 협회는 주된 사무소의 소재지에서 설립등기를 함으로써 성립한다.

④ 협회를 설립하려면 해당 협회의 회원 자격이 있는 자의 5분의 1 이상이 발기하고, 회원 자격이 있는 자의 3분의 1 이상의 동의를 받아 창립총회에서 정관을 작성한 후 국토해양부장관에게 인가를 신청하여야 한다.

⑤ 운수사업자는 정관으로 정하는 바에 따라 협회에 가입할 수 있다.

⑥ 회원의 자격, 임원의 정수(定數) 및 선출방법, 그 밖에 협회의 운영에 필요한 사항은

정관으로 정한다.

⑦ 정관을 변경하려면 국토해양부장관의 인가를 받아야 한다.

⑧ 협회의 정관의 기재사항과 감독에 필요한 사항은 국토해양부령으로 정한다.

⑨ 협회에 관하여는 이 법에 규정된 사항 외에는 「민법」 중 사단법인에 관한 규정을 준용한다.

第49조(협회의 사업) 협회는 다음 각 호의 사업을 한다.

1. 화물자동차 운수사업의 건전한 발전과 운수사업자의 공동이익을 도모하는 사업
2. 화물자동차 운수사업의 진흥 및 발전에 필요한 통계의 작성 및 관리, 외국 자료의 수집·조사 및 연구사업
3. 경영자와 운수종사자의 교육훈련
4. 화물자동차 운수사업의 경영개선을 위한 지도
5. 이 법에서 협회의 업무로 정한 사항
6. 국가나 지방자치단체로부터 위탁받은 업무
7. 제1호부터 제5호까지의 사업에 따르는 업무

第50조(연합회) ① 운송사업자로 구성된 협회, 운송주선사업자로 구성된 협회 및 운송가맹사업자로 구성된 협회는 그 공동목적을 달성하기 위하여 국토해양부령으로 정하는 바에 따라 각각 연합회를 설립할 수 있다. 이 경우 운송사업자로 구성된 협회, 운송주선사업자로 구성된 협회 및 운송가맹사업자로 구성된 협회는 각각 그 연합회의 회원이 된다.

② 연합회의 설립 및 사업에 관하여는 제48조와 제49조를 준용한다.

第51조(공제사업) ① 운수사업자가 설립한 협회의 연합회는 대통령령으로 정하는 바에 따라 국토해양부장관의 허가를 받아 운수사업자의 자동차 사고로 인한 손해배상 책임의 보장사업 및 적재물배상 공제사업 등을 할 수 있다.

② 운수사업자는 제1항에 따른 공제사업에 가입할 수 있으며, 공제사업에 가입한 운수사업자는 공제사업 수행에 필요한 분담금을 분담한다.

③ 제2항에 따른 분담금의 분담비율에 관하여는 국토해양부장관의 승인을 받아야 한다.

④ 제1항에 따른 공제사업의 내용 및 운영에 필요한 사항은 대통령령으로 정한다.

⑤ 제1항에 따른 공제사업에 관하여는 「보험업법」을 적용하지 아니한다.

第51조(공제사업) ① 운수사업자가 설립한 협회의 연합회는 대통령령으로 정하는 바에 따라 국토해양부장관의 허가를 받아 운수사업자의 자동차 사고로 인한 손해배상 책임의 보장사업 및 적재물배상 공제사업 등을 할 수 있다.

② 제1항에 따른 공제사업의 분담금, 운영위원회, 공제사업의 범위, 공제규정(共濟規程), 보고·검사, 개선명령, 공제사업을 관리·운영하는 연합회의 임직원에 대한 제재, 재무건전성의 유지 등에 관하여는 제51조의2제5항, 제51조의4부터 제51조의10까지의 규정을 준용한다. 〈개정 2011.6.15〉

③ 삭제 〈2011.6.15〉

④ 삭제 〈2011.6.15〉

⑤ 삭제 〈2011.6.15〉

[시행일 : 2011.12.16] 제51조

第51조의2(공제조합의 설립 등) ① 운수사업자는 상호간의 협동조직을 통하여 조합원이 자주적인 경제 활동을 영위할 수 있도록 지원하고 조합원의 자동차 사고로 인한 손해배상책임의 보장사업 및 적재물배상 공제사업을 하기 위하여 대통령령으로 정하는 바에 따라 국토해양부장관의 인가를 받아 업종별로 공제조합(이하 "공제조합"이라 한다)을 설립할 수 있다.

② 공제조합은 법인으로 한다.

③ 공제조합은 주된 사무소의 소재지에 설립등기를 함으로써 성립된다.

④ 운수사업자는 정관으로 정하는 바에 따라 공제조합에 가입할 수 있다.

⑤ 공제조합의 조합원은 공제사업에 필요한 분담금을 부담하여야 한다.

⑥ 조합원의 자격과 임원에 관한 사항, 그 밖에 공제조합의 운영에 필요한 사항은 정관으로 정한다.
⑦ 정관의 기재 사항, 그 밖에 공제조합의 감독에 필요한 사항은 대통령령으로 정한다.
[본조신설 2011.6.15]
[시행일 : 2011.12.16] 제51조의2

제51조의3(공제조합의 설립인가 절차 등) ① 공제조합을 설립하려면 공제조합의 조합원 자격이 있는 자의 10분의 1 이상이 발기하고, 조합원 자격이 있는 자 200인 이상의 동의를 받아 창립총회에서 정관을 작성한 후 국토해양부장관에게 인가를 신청하여야 한다.
② 국토해양부장관은 제1항에 따른 인가를 한 경우 이를 공고하여야 한다.
[본조신설 2011.6.15]
[시행일 : 2011.12.16] 제51조의3

제51조의4(공제조합의 운영위원회) ① 공제조합은 제51조의6에 따른 공제사업에 관한 사항을 심의·의결하고 그 업무집행을 감독하기 위하여 운영위원회를 둔다.
② 운영위원회 위원은 조합원, 운수사업·금융·보험·회계·법률 분야 전문가, 관계 공무원 및 그 밖에 화물자동차 운수사업 관련 이해관계자로 구성하되, 그 수는 25명 이내로 한다.
③ 이 법에서 규정한 사항 외에 운영위원회의 구성과 운영에 필요한 사항은 대통령령으로 정한다.
[본조신설 2011.6.15]
[시행일 : 2011.12.16] 제51조의4

제51조의5(운영위원회 위원의 결격 사유) ① 다음 각 호의 어느 하나에 해당하는 사람은 제51조의4제2항에 따른 위원이 될 수 없다.
1. 미성년자, 금치산자 또는 한정치산자
2. 파산선고를 받고 복권되지 아니한 사람
3. 금고 이상의 형의 집행유예를 선고받고 그 유예기간 중에 있는 사람
4. 금고 이상의 실형을 선고받고 그 집행이 끝나거나(집행이 끝난 것으로 보는 경우를 포함한다) 집행이 면제된 날부터 5년이 지나지 아니한 사람
5. 공제조합의 업무와 관련하여 벌금 이상의 형을 선고받고 그 집행이 끝나거나(집행이 끝난 것으로 보는 경우를 포함한다) 집행이 면제된 날부터 5년이 지나지 아니한 사람
6. 제51조의9에 따른 징계·해임의 요구 중에 있거나 징계·해임의 처분을 받은 후 5년이 지나지 아니한 사람
② 제51조의4제2항에 따른 위원이 제1항 각 호의 어느 하나에 해당하게 된 때에는 그 날로 위원자격을 잃는다.
[본조신설 2011.6.15]
[시행일 : 2011.12.16] 제51조의5

제51조의6(공제조합사업) ① 공제조합은 다음 각 호의 사업을 한다.
1. 조합원의 사업용 자동차의 사고로 생긴 배상 책임 및 적재물배상에 대한 공제
2. 조합원이 사업용 자동차를 소유·사용·관리하는 동안 발생한 사고로 그 자동차에 생긴 손해에 대한 공제
3. 운수종사자가 조합원의 사업용 자동차를 소유·사용·관리하는 동안에 발생한 사고로 입은 자기 신체의 손해에 대한 공제
4. 공제조합에 고용된 자의 업무상 재해로 인한 손실을 보상하기 위한 공제
5. 공동이용시설의 설치·운영 및 관리, 그 밖에 조합원의 편의 및 복지 증진을 위한 사업
6. 화물자동차 운수사업의 경영 개선을 위한 조사·연구 사업
7. 제1호부터 제6호까지의 사업에 딸린 사업으로서 정관으로 정하는 사업
② 공제조합은 제1항제1호부터 제4호까지의 규정에 따른 공제사업을 하려면 공제규정을

정하여 국토해양부장관의 인가를 받아야 한다. 인가받은 사항을 변경하려는 경우에도 또한 같다.

③ 제2항의 공제규정에는 공제사업의 범위, 공제계약의 내용과 분담금, 공제금, 공제금에 충당하기 위한 책임준비금, 지급준비금의 계상 및 적립 등 공제사업의 운영에 필요한 사항이 포함되어야 한다.

④ 공제조합은 결산기(決算期)마다 그 사업의 종류에 따라 제3항의 책임준비금 및 지급준비금을 계상하고 이를 적립하여야 한다.

⑤ 제1항제1호부터 제4호까지의 규정에 따른 공제사업에는 「보험업법」(「보험업법」 제193조는 제외한다)을 적용하지 아니한다.

[본조신설 2011.6.15]

[시행일 : 2011.12.16] 제51조의6

제51조의7(보고서의 제출 명령 등) ① 국토해양부장관은 필요하다고 인정하면 공제조합에 대하여 다음 각 호의 조치를 할 수 있다.

1. 교통사고 피해자에 대한 피해보상에 관한 보고서의 제출 명령
2. 공제자금의 운용이나 그 밖에 공제사업과 관련된 사항에 관한 보고서의 제출 명령
3. 소속 공무원에게 공제조합의 업무 또는 회계의 상황을 조사하게 하는 조치
4. 소속 공무원에게 공제조합의 장부나 그 밖의 서류를 검사하게 하는 조치

② 제1항에 따른 조사나 검사를 하려면 조사 또는 검사 7일 전에 조사 또는 검사할 내용, 일시, 이유 등에 대한 계획서를 공제조합에 알려야 한다. 다만, 긴급한 경우 또는 사전통지를 하면 증거인멸 등으로 조사목적을 달성할 수 없다고 인정하는 경우에는 그러하지 아니하다.

③ 제1항에 따라 조사나 검사를 하는 공무원은 그 권한을 표시하는 증표를 지니고 이를 관계인에게 내보여야 하며, 출입할 때에는 출입자의 성명, 출입시간, 출입목적 등이 표시된 문서를 관계인에게 내주어야 한다.

[본조신설 2011.6.15]

[시행일 : 2011.12.16] 제51조의7

제51조의8(공제조합업무의 개선명령) 국토해양부장관은 공제조합의 업무 운영이 적정하지 아니하거나 자산상황이 불량하여 교통사고 피해자 및 공제 가입자 등의 권익을 해칠 우려가 있다고 인정하면 다음 각 호의 조치를 명할 수 있다.

1. 업무집행방법의 변경
2. 자산예탁기관의 변경
3. 자산의 장부가격의 변경
4. 불건전한 자산에 대한 적립금의 보유
5. 가치가 없다고 인정되는 자산의 손실 처리

[본조신설 2011.6.15]

[시행일 : 2011.12.16] 제51조의8

제51조의9(공제조합 임직원에 대한 제재 등) 국토해양부장관은 공제조합의 임직원이 다음 각 호의 어느 하나에 해당하여 공제사업을 건전하게 운영하지 못할 우려가 있다고 인정하면 임직원에 대한 징계·해임을 요구하거나 해당 위반행위를 시정하도록 명할 수 있다.

1. 제51조의6제2항에 따른 공제규정을 위반하여 업무를 처리한 경우
2. 제51조의8에 따른 개선명령을 이행하지 아니한 경우
3. 제51조의10에 따른 재무건전성 기준을 지키지 아니한 경우

[본조신설 2011.6.15]

[시행일 : 2011.12.16] 제51조의9

제51조의10(재무건전성의 유지) ① 공제조합은 공제금 지급능력과 경영의 건전성을 확보하기 위하여 다음 각 호의 사항에 관하여 대통령령으로 정하는 재무건전성 기준을 지켜야 한다.

1. 자본의 적정성에 관한 사항
2. 자산의 건전성에 관한 사항
3. 유동성의 확보에 관한 사항

② 국토해양부장관은 공제조합이 제1항의 기준을 지키지 아니하여 경영의 건전성을 해칠 우려가 있다고 인정하면 대통령령으로 정하는 바에 따라 자본금의 증액을 명하거나 주식 등 위험자산의 소유를 제한하는 조치를 취할 수 있다.

[본조신설 2011.6.15]

[시행일 : 2011.12.16] 제51조의10

제51조의11(다른 법률과의 관계) 공제조합에 관하여 이 법에 규정된 사항 외에는 「민법」 중 사단법인에 관한 규정과 「상법」 제3편제4장제7절을 준용한다.

[본조신설 2011.6.15]

[시행일 : 2011.12.16] 제51조의11

제52조(분쟁조정의 신청) 제51조에 따른 공제사업을 할 때 공제계약 및 공제금의 지급 등에 관하여 분쟁이 있으면 분쟁 당사자는 「여객자동차 운수사업법」 제70조에 따른 공제분쟁조정위원회에 조정(調停)을 신청할 수 있다. 〈개정 2008.3.21〉

제53조(공제사업 임직원 등에 대한 제재) 국토해양부장관은 공제사업에 종사하는 임직원이 공제에 관한 업무규정을 위반하거나 이 법에 따른 명령 또는 처분에 따르지 아니하면 그 임직원에 대하여 징계를 요구할 수 있으며, 연합회의 장은 특별한 사유가 없으면 이에 따라야 한다.

제53조 삭제 〈2011.6.15〉

[시행일 : 2011.12.16] 제53조

제54조(감독) ① 국토해양부장관은 협회 및 연합회를 지도·감독한다.

② 국토해양부장관은 필요하다고 인정하면 협회 및 연합회에 대하여 업무에 관한 보고서의 제출이나 그 밖에 필요한 조치를 명하거나 소속 공무원에게 업무상황이나 회계상황을 조사하게 하거나 장부를 비롯한 서류를 검사하게 할 수 있다.

③ 제2항에 따라 조사 또는 검사를 하는 공무원은 그 권한을 표시하는 증표를 지니고 이를 관계인에게 내보여야 한다.

제8장 자가용 화물자동차의 사용

제55조(자가용 화물자동차 사용신고) 화물자동차 운송사업과 화물자동차 운송가맹사업에 이용되지 아니하고 자가용으로 사용되는 화물자동차(이하 "자가용 화물자동차"라 한다)로서 대통령령으로 정하는 화물자동차로 사용하려는 자는 국토해양부령으로 정하는 사항을 시·도지사에게 신고하여야 한다. 신고한 사항을 변경하려는 때에도 또한 같다.

제56조(유상운송의 금지) 자가용 화물자동차의 소유자 또는 사용자는 자가용 화물자동차를 유상(그 자동차의 운행에 필요한 경비를 포함한다)으로 화물운송용으로 제공하거나 임대하여서는 아니 된다. 다만, 국토해양부령으로 정하는 사유에 해당되는 경우로서 시·도지사의 허가를 받으면 화물운송용으로 제공하거나 임대할 수 있다.

제56조의2(자가용 화물자동차 사용의 제한 또는 금지) ① 시·도지사는 자가용 화물자동차의 소유자 또는 사용자가 다음 각 호의 어느 하나에 해당하면 6개월 이내의 기간을 정하여 그 자동차의 사용을 제한하거나 금지할 수 있다.

1. 자가용 화물자동차를 사용하여 화물자동차 운송사업을 경영한 경우
2. 제56조 단서에 따른 허가를 받지 아니하고 자가용 화물자동차를 유상으로 운송에 제공하거나 임대한 경우

② 시·도지사가 제1항에 따라 자가용 화물자동차의 사용을 금지한 경우에는 제20조를 준용한다.

[본조신설 2011.6.15]

[시행일 : 2011.12.16] 제56조의2

第57조(차량충당조건) 화물자동차 운송사업 및 화물자동차 운송가맹사업의 신규등록, 증차 또는 대폐차(대폐차: 차령이 만료된 차량 등을 다른 차량으로 대체하는 것을 말한다)에 충당되는 화물자동차는 차령이 3년의 범위에서 대통령령으로 정하는 연한 이내여야 한다. 다만, 국토해양부령으로 정하는 차량은 차량충당조건을 달리 할 수 있다.

第57조(차량충당조건) ①화물자동차 운송사업 및 화물자동차 운송가맹사업의 신규등록, 증차 또는 대폐차(대폐차: 차령이 만료된 차량 등을 다른 차량으로 대체하는 것을 말한다)에 충당되는 화물자동차는 차령이 3년의 범위에서 대통령령으로 정하는 연한 이내여야 한다. 다만, 국토해양부령으로 정하는 차량은 차량충당조건을 달리 할 수 있다. 〈개정 2011.6.15〉

② 제1항에 따른 대폐차의 대상, 기한, 절차 및 방법 등에 필요한 사항은 국토해양부령으로 정한다. 〈신설 2011.6.15〉

[시행일 : 2011.12.16] 제57조

제9장 보칙

第58조(압류금지) 제43조제2항에 따라 지급된 금품과 이를 받을 권리는 압류하지 못한다.

第59조(운수종사자의 교육 등) ① 국토해양부장관 또는 시ㆍ도지사는 운수종사자의 화물운송 서비스 증진 등을 위하여 필요하다고 인정하면 국토해양부령으로 정하는 바에 따라 운수종사자 교육을 실시할 수 있다.

② 시ㆍ도지사는 제1항에 따른 교육을 효율적으로 실시하기 위하여 필요하면 그 시ㆍ도의 조례로 정하는 바에 따라 운수종사자 연수기관을 직접 설립ㆍ운영하거나 이를 지정할 수 있으며, 운수종사자 연수기관의 운영에 필요한 비용을 지원할 수 있다.

第60조(화물자동차 운수사업의 지도ㆍ감독) 국토해양부장관은 화물자동차 운수사업의 합리적인 발전을 도모하기 위하여 이 법에서 시ㆍ도지사의 권한으로 정한 사무를 지도ㆍ감독한다.

第60조의2(신고포상금 지급 등) ① 시ㆍ도지사는 다음 각 호의 어느 하나에 해당하는 자를 시ㆍ도지사나 수사기관에 신고 또는 고발한 자에 대하여 대통령령으로 정하는 바에 따라 포상금을 지급할 수 있다.

1. 제56조를 위반하여 자가용 화물자동차를 유상으로 화물운송용으로 제공하거나 임대한 자
2. 제11조의2제3항, 제26조제1항 본문 또는 제2항을 위반한 자
3. 거짓이나 부정한 방법으로 제43조제2항에 따른 보조금을 지급받은 자

② 제1항에 따른 포상금의 지급에 소요되는 비용은 시ㆍ도 또는 시ㆍ군ㆍ구의 재원으로 충당한다.

[본조신설 2011.6.15]

[시행일 : 2011.12.16] 제60조의2

第61조(보고와 검사) ① 국토해양부장관 또는 시ㆍ도지사는 다음 각 호의 어느 하나에 해당하는 경우에는 운수사업자나 화물자동차의 소유자 또는 사용자에 대하여 그 사업이나 그 화물자동차의 소유 또는 사용에 관하여 보고하게 하거나 서류를 제출하게 할 수 있으며, 필요하면 소속 공무원에게 운수사업자의 사업장에 출입하여 장부ㆍ서류, 그 밖의 물건을 검사하거나 관계인에게 질문을 하게 할 수 있다.

1. 제3조제5항, 제24조제4항 또는 제29조제3항에 따른 허가기준에 맞는지를 확인하기 위하여 필요한 경우
2. 화물운송질서 등의 문란행위를 파악하기 위하여 필요한 경우
3. 운수사업자의 위법행위 확인 및 운수사업자에 대한 허가취소 등 행정 처분을 위하여 필요한 경우

② 제1항에 따라 출입하거나 검사하는 공무원은 그 권한을 나타내는 증표를 지니고 이를 관계인에게 내보여야 하며, 국토해양부령으로 정하는 바에 따라 자신의 성명, 소속 기관,

출입의 목적 및 일시 등을 적은 서류를 상대방에게 내주거나 관계 장부에 적어야 한다.

제62조(자료 제공 요청) ① 국토해양부장관은 화물운송 종사자격에 관한 관리를 효율적으로 하기 위하여 경찰청장에게 제8조제1항제3호에 따른 자격시험 응시자의 응시자격 확인과 제23조에 따른 화물운송 종사자격의 취소나 정지 등에 필요한 자료를 제공하여 줄 것을 요청할 수 있다.

② 제1항에 따라 자료 제공을 요청받은 경찰청장은 특별한 사유가 없으면 자료를 제공하여야 한다.

제63조(권한의 위임) ① 국토해양부장관은 이 법에 따른 권한의 일부를 대통령령으로 정하는 바에 따라 시 · 도지사에게 위임할 수 있다.

② 시 · 도지사는 제1항에 따라 국토해양부장관으로부터 위임받은 권한의 일부를 국토해양부장관의 승인을 받아 시장 · 군수 또는 구청장에게 재위임할 수 있다.

③ 시 · 도지사는 이 법에 따른 권한의 일부를 시 · 도의 조례로 정하는 바에 따라 시장 · 군수 또는 구청장에게 위임할 수 있다.

제64조(권한의 위탁 등) ① 국토해양부장관 또는 시 · 도지사는 이 법에 따른 권한의 일부를 대통령령 또는 시 · 도의 조례로 정하는 바에 따라 협회 · 연합회 또는 대통령령으로 정하는 전문검사기관에 위탁할 수 있다. 이 경우 시 · 도지사가 업무를 위탁하는 경우에는 미리 국토해양부장관의 승인을 받아야 한다.

② 제1항에 따라 위탁받은 업무에 종사하는 협회 · 연합회 또는 전문검사기관의 임원과 직원은 「형법」 제129조부터 제132조까지의 규정에 따른 벌칙을 적용할 때에는 공무원으로 본다.

제65조(수수료) ① 이 법에 따라 허가 · 인가 등을 신청하거나 신고하려는 자는 국토해양부령 및 해당 지방자치단체의 조례로 정하는 수수료를 내야 한다. 다만, 제64조제1항에 따라 권한이 위탁된 경우에는 해당 수탁기관이 정하는 수수료를 그 수탁기관에 내야 한다.

② 제1항 단서에 따라 수탁기관이 수수료를 정하려면 기준을 정하여 국토해양부장관이 위탁한 경우에는 국토해양부장관, 시 · 도지사가 위탁한 경우에는 시 · 도지사의 승인을 받아야 한다. 승인받은 기준을 변경하려는 때에도 또한 같다.

제65조(수수료) ① 이 법에 따라 허가 · 인가 등을 신청하거나 신고하려는 자는 국토해양부령 및 해당 지방자치단체의 조례로 정하는 수수료를 내야 한다. 다만, 제64조제1항에 따라 권한이 위탁된 경우에는 해당 수탁기관이 정하는 수수료를 그 수탁기관에 내야 한다.

② 제1항 단서에 따른 수수료는 위탁업무의 종류별로 국토해양부령으로 정하는 기준에 따라 수탁기관이 자율적으로 정한다. 〈개정 2011.6.15〉

[시행일 : 2011.12.16] 제65조

제10장 벌칙

제66조(벌칙) 제14조제3항(제33조에서 준용하는 경우를 포함한다)을 위반한 자는 3년 이하의 징역 또는 3천만원 이하의 벌금에 처한다.

제67조(벌칙) 다음 각 호의 어느 하나에 해당하는 자는 2년 이하의 징역 또는 2천만원 이하의 벌금에 처한다.

1. 제3조제1항 또는 제3항에 따른 허가를 받지 아니하거나 거짓이나 그 밖의 부정한 방법으로 허가를 받고 화물자동차 운송사업을 경영한 자
2. 제24조제1항에 따른 허가를 받지 아니하거나 거짓이나 그 밖의 부정한 방법으로 허가를 받고 화물자동차 운송주선사업을 경영한 자
3. 제25조(제33조에서 준용하는 경우를 포함한다)에 따른 명의이용 금지 의무를 위반한 자
4. 제29조제1항 또는 제2항에 따른 허가를 받지 아니하거나 거짓이나 그 밖의 부정한 방법으로 허가를 받고 화물자동차 운송가맹사업을 경영한 자
5. 제56조를 위반하여 자가용 화물자동차를 유상으로 화물운송용으로 제공하거나 임대한 자

제68조(벌칙) 다음 각 호의 어느 하나에 해당하는 자는 1년 이하의 징역 또는 1천만원 이하의 벌금에 처한다.

1. 화물운송 종사자격증을 받지 아니하고 화물자동차 운수사업의 운전 업무에 종사한 자
2. 거짓이나 그 밖의 부정한 방법으로 화물운송 종사자격을 취득한 자
3. 화물운송 종사자격이 없는 자를 화물자동차 운수사업의 운전업무에 종사하게 한 자
4. 제11조제4항(제33조에서 준용하는 경우를 포함한다)을 위반한 운송사업자
5. 제12조제1항제4호(제33조에서 준용하는 경우를 포함한다)를 위반한 운수종사자

제69조(양벌규정) ① 법인의 대표자, 대리인, 사용인, 그 밖의 종업원이 그 법인의 업무에 관하여 제67조의 위반행위를 하면 그 행위자를 벌할 뿐만 아니라 그 법인에도 해당 조문의 벌금형을 과(科)한다. 다만, 법인이 그 위반행위를 방지하기 위하여 해당 업무에 관하여 상당한 주의와 감독을 게을리하지 아니한 때에는 그러하지 아니하다.

② 개인의 대리인, 사용인, 그 밖의 종업원이 그 개인의 업무에 관하여 제67조의 위반행위를 하면 그 행위자를 벌할 뿐만 아니라 그 개인에게도 해당 조문의 벌금형을 과한다. 다만, 개인이 그 위반행위를 방지하기 위하여 해당 업무에 관하여 상당한 주의와 감독을 게을리하지 아니한 때에는 그러하지 아니하다.

제70조(과태료) ① 다음 각 호의 어느 하나에 해당하는 자에게는 500만원 이하의 과태료를 부과한다.

1. 제3조제3항 단서에 따른 허가사항 변경신고를 하지 아니한 자
2. 제5조제1항(제33조에서 준용하는 경우를 포함한다)에 따른 운임 및 요금에 관한 신고를 하지 아니한 자
3. 제6조(제28조 및 제33조에서 준용하는 경우를 포함한다)에 따른 약관의 신고를 하지 아니한 자
4. 제10조를 위반한 자
5. 제11조(같은 조 제3항 및 제4항은 제외하며, 제28조 및 제33조에서 준용하는 경우를 포함한다)에 따른 준수사항을 위반한 운송사업자
6. 제12조(같은 조 제1항제4호는 제외하며, 제28조 및 제33조에서 준용하는 경우를 포함한다)에 따른 준수사항을 위반한 운수종사자
7. 제13조에 따른 개선명령을 이행하지 아니한 자(제28조에서 준용하는 경우를 포함한다)
8. 제16조제1항 · 제2항 또는 제17조제1항(제28조 및 제33조에서 준용하는 경우를 포함한다)에 따른 양도 · 양수, 합병 또는 상속의 신고를 하지 아니한 자
9. 제18조제1항(제28조 및 제33조에서 준용하는 경우를 포함한다)에 따른 휴업 · 폐업신고를 하지 아니한 자
10. 제20조제1항(제33조에서 준용하는 경우를 포함한다)을 위반하여 자동차등록증 또는 자동차등록번호판을 반납하지 아니한 자
11. 제24조제2항에 따른 허가사항 변경신고를 하지 아니한 자
12. 제26조의 준수사항을 위반한 운송주선사업자
13. 제29조제2항 단서에 따른 허가사항 변경신고를 하지 아니한 자
14. 제31조에 따른 개선명령을 이행하지 아니한 자
15. 제35조에 따른 적재물배상보험등에 가입하지 아니한 자
16. 제36조를 위반하여 책임보험계약등의 체결을 거부한 보험회사등
17. 제37조를 위반하여 책임보험계약등을 해제하거나 해지한 보험등 의무가입자 또는 보험회사등
18. 제38조제1항 및 제2항을 위반하여 해당 사항을 알리지 아니한 보험회사등
19. 제44조제1항을 위반하여 보조금 또는 융자금을 보조받거나 융자받은 목적 외의 용도로 사용한 자
20. 제47조제1항에 따른 보고를 하지 아니하거나 거짓으로 보고한 자
21. 제47조제1항에 따른 조사를 거부 · 방해 또는 기피한 자

22. 제54조제2항에 따른 조치명령을 이행하지 아니하거나 조사 또는 검사를 거부 · 방해 또는 기피한 자
23. 제55조에 따른 자가용 화물자동차의 사용을 신고하지 아니한 자
24. 제61조제1항에 따른 보고를 하지 아니하거나 거짓으로 보고한 자
25. 제61조제1항에 따른 서류를 제출하지 아니하거나 거짓 서류를 제출한 자
26. 제61조제1항에 따른 검사를 거부 · 방해 또는 기피한 자
② 제1항에 따른 과태료는 대통령령으로 정하는 바에 따라 국토해양부장관 또는 시 · 도지사가 부과 · 징수한다.
③ 제1항에 따른 과태료 처분에 불복하는 자는 그 처분을 고지받은 날부터 30일 안에 국토해양부장관 또는 시 · 도지사에게 이의를 제기할 수 있다.
④ 제2항에 따라 과태료 처분을 받은 자가 제3항에 따라 이의를 제기하면 국토해양부장관 또는 시 · 도지사는 지체 없이 관할 법원에 그 사실을 알려야 하며, 그 통보를 받은 관할 법원은 「비송사건절차법」에 따라 과태료 재판을 한다.
⑤ 제3항에 따른 기간에 이의를 제기하지 아니하고 과태료를 내지 아니하면 국세 또는 지방세 체납처분의 예에 따라 징수한다.

제70조(과태료) ① 다음 각 호의 어느 하나에 해당하는 자에게는 1천만원 이하의 과태료를 부과한다. 〈신설 2011.6.15〉
1. 제51조의8(제51조제2항에서 준용하는 경우를 포함한다)에 따른 개선명령을 따르지 아니한 자
2. 제51조의9(제51조제2항에서 준용하는 경우를 포함한다)에 따른 임직원에 대한 징계 · 해임의 요구에 따르지 아니하거나 시정명령을 따르지 아니한 자
② 다음 각 호의 어느 하나에 해당하는 자에게는 500만원 이하의 과태료를 부과한다. 〈개정 2011.6.15〉
1. 제3조제3항 단서에 따른 허가사항 변경신고를 하지 아니한 자
2. 제5조의2제1항(제33조에서 준용하는 경우를 포함한다)에 따른 운임 및 요금에 관한 신고를 하지 아니한 자
3. 제6조(제28조 및 제33조에서 준용하는 경우를 포함한다)에 따른 약관의 신고를 하지 아니한 자
4. 제10조를 위반한 자
5. 제11조(같은 조 제3항 및 제4항은 제외하며, 제28조 및 제33조에서 준용하는 경우를 포함한다)에 따른 준수사항을 위반한 운송사업자
6. 제12조(같은 조 제1항제4호는 제외하며, 제28조 및 제33조에서 준용하는 경우를 포함한다)에 따른 준수사항을 위반한 운수종사자
7. 제13조에 따른 개선명령을 이행하지 아니한 자(제28조에서 준용하는 경우를 포함한다)
7의2. 제15조제4항을 위반하여 인증표시 또는 이와 유사한 표시를 한 자
7의3. 제15조의2제2항을 위반하여 인증이 취소된 후에도 인증표시의 사용을 중지하지 아니한 자
8. 제16조제1항 · 제2항 또는 제17조제1항(제28조 및 제33조에서 준용하는 경우를 포함한다)에 따른 양도 · 양수, 합병 또는 상속의 신고를 하지 아니한 자
9. 제18조제1항(제28조 및 제33조에서 준용하는 경우를 포함한다)에 따른 휴업 · 폐업신고를 하지 아니한 자
10. 제20조제1항(제33조에서 준용하는 경우를 포함한다)을 위반하여 자동차등록증 또는 자동차등록번호판을 반납하지 아니한 자
11. 제24조제2항에 따른 허가사항 변경신고를 하지 아니한 자
12. 제26조제1항, 제2항, 제4항부터 제6항까지의 준수사항을 위반한 운송주선사업자
12의2. 제26조의2에서 적용하는 운송주선사업자의 준수사항, 위탁화 물의 관리책임, 실적 신고 및 관리 등을 위반한 국제물류주선업자

13. 제29조제2항 단서에 따른 허가사항 변경신고를 하지 아니한 자
14. 제31조에 따른 개선명령을 이행하지 아니한 자
15. 제35조에 따른 적재물배상보험등에 가입하지 아니한 자
16. 제36조를 위반하여 책임보험계약등의 체결을 거부한 보험회사등
17. 제37조를 위반하여 책임보험계약등을 해제하거나 해지한 보험등 의무가입자 또는 보험회사등
18. 제38조제1항 및 제2항을 위반하여 해당 사항을 알리지 아니한 보험회사등
19. 제44조제1항을 위반하여 보조금 또는 융자금을 보조받거나 융자받은 목적 외의 용도로 사용한 자
20. 제47조제1항에 따른 보고를 하지 아니하거나 거짓으로 보고한 자
21. 제47조제1항에 따른 조사를 거부·방해 또는 기피한 자
22. 제54조제2항에 따른 조치명령을 이행하지 아니하거나 조사 또는 검사를 거부·방해 또는 기피한 자
23. 제55조에 따른 자가용 화물자동차의 사용을 신고하지 아니한 자
23의2. 제56조의2에 따른 자가용 화물자동차의 사용 제한 또는 금지에 관한 명령을 위반한 자
24. 제61조제1항에 따른 보고를 하지 아니하거나 거짓으로 보고한 자
25. 제61조제1항에 따른 서류를 제출하지 아니하거나 거짓 서류를 제출한 자
26. 제61조제1항에 따른 검사를 거부·방해 또는 기피한 자

③ 제1항 및 제2항에 따른 과태료는 대통령령으로 정하는 바에 따라 국토해양부장관 또는 시·도지사가 부과·징수한다. 〈개정 2011.6.15〉

④ 삭제 〈2011.6.15〉

⑤ 삭제 〈2011.6.15〉

[시행일 : 2011.12.16] 제70조

제71조(과태료 규정 적용에 관한 특례) 제70조의 과태료에 관한 규정을 적용할 경우 제21조제1항(제28조 및 제33조에서 준용하는 경우를 포함한다)에 따라 과징금을 부과한 행위에 대하여는 과태료를 부과할 수 없다.

부칙 〈제10221호, 2010. 3.31〉 (지방세법)

제1조(시행일) 이 법은 2011년 1월 1일부터 시행한다.

제2조부터 제6조까지 생략

제7조(다른 법률의 개정) ① 부터 〈22〉 까지 생략

〈23〉 화물자동차 운수사업법 일부를 다음과 같이 개정한다.

제43조제2항제1호 중 "「지방세법」 제196조의17제1항"을 "「지방세법」 제136조제1항"으로, "주행세"를 "자동차세"로 한다.

제8조 생략

「철도사업법」

[시행 2009. 7.31] [법률 제9401호, 2009. 1.30, 타법개정]

제1장 총칙

제1조 (목적) 이 법은 철도사업에 관한 질서를 확립하고 효율적인 운영여건을 조성함으로써 철도사업의 건전한 발전과 철도이용자의 편의를 도모하여 국민경제의 발전에 이바지함을 목적으로 한다.

제1조(목적) 이 법은 철도사업에 관한 질서를 확립하고 효율적인 운영 여건을 조성함으로써 철도사업의 건전한 발전과 철도 이용자의 편의를 도모하여 국민경제의 발전에 이바지함을 목적으로 한다.

[전문개정 2011.5.24]

[시행일 : 2011.8.25] 제1조

제2조 (정의) 이 법에서 사용하는 용어의 정의는 다음과 같다. 〈개정 2008.3.28〉

1. "철도"라 함은 「철도산업발전 기본법」(이하 "기본법"이라 한다) 제3조제1호의 규정에 의한 철도를 말한다.
2. "철도시설"이라 함은 기본법 제3조제2호의 규정에 의한 철도시설을 말한다.
3. "철도차량"이라 함은 기본법 제3조제4호의 규정에 의한 철도차량을 말한다.
4. "사업용철도"라 함은 철도사업을 목적으로 설치 또는 운영하는 철도를 말한다.
5. "전용철도"라 함은 다른 사람의 수요에 따른 영업을 목적으로 하지 아니하고 자신의 수요에 따라 특수목적을 수행하기 위하여 설치 또는 운영하는 철도를 말한다.
6. "철도사업"이라 함은 다른 사람의 수요에 응하여 철도차량을 사용하여 유상으로 여객이나 화물을 운송하는 사업을 말한다.
7. "철도운수종사자"라 함은 철도운송과 관련하여 승무(동력차 운전 및 열차내 승무를 말한다. 이하 같다) 및 역무서비스를 제공하는 직원을 말한다.
8. "철도사업자"라 함은 「한국철도공사법」에 의하여 설립된 한국철도공사(이하 "철도공사"라 한다) 및 제5조의 규정에 의하여 철도사업 면허를 받은 자를 말한다.
9. "전용철도운영자"라 함은 제34조의 규정에 의하여 전용철도 등록을 한 자를 말한다.

제2조(정의) 이 법에서 사용하는 용어의 뜻은 다음과 같다.

1. "철도"란 「철도산업발전 기본법」 제3조제1호에 따른 철도를 말한다.
2. "철도시설"이란 「철도산업발전 기본법」 제3조제2호에 따른 철도시설을 말한다.
3. "철도차량"이란 「철도산업발전 기본법」 제3조제4호에 따른 철도차량을 말한다.
4. "사업용철도"란 철도사업을 목적으로 설치하거나 운영하는 철도를 말한다.
5. "전용철도"란 다른 사람의 수요에 따른 영업을 목적으로 하지 아니하고 자신의 수요에 따라 특수 목적을 수행하기 위하여 설치하거나 운영하는 철도를 말한다.
6. "철도사업"이란 다른 사람의 수요에 응하여 철도차량을 사용하여 유상(有償)으로 여객이나 화물을 운송하는 사업을 말한다.
7. "철도운수종사자"란 철도운송과 관련하여 승무(승무, 동력차 운전과 열차 내 승무를 말한다. 이하 같다) 및 역무서비스를 제공하는 직원을 말한다.
8. "철도사업자"란 「한국철도공사법」에 따라 설립된 한국철도공사(이하 "철도공사"라 한다) 및 제5조에 따라 철도사업 면허를 받은 자를 말한다.
9. "전용철도운영자"란 제34조에 따라 전용철도 등록을 한 자를 말한다.

[전문개정 2011.5.24]

[시행일 : 2011.8.25] 제2조

제3조 (다른 법률과의 관계) 철도사업에 관하여 다른 법률에 특별한 규정이 있는 경우를 제외하고는 이 법이 정하는 바에 따른다.

제3조(다른 법률과의 관계) 철도사업에 관하여 다른 법률에 특별한 규정이 있는 경우를 제외

하고는 이 법에서 정하는 바에 따른다.
[전문개정 2011.5.24]
[시행일 : 2011.8.25] 제3조

제2장 철도사업의 관리

제4조 (사업용철도노선의 고시) 국토해양부장관은 사업용철도노선의 노선번호·노선명·기점·종점·중요경과지(정차역을 포함한다) 그 밖의 필요한 사항을 국토해양부령이 정하는 바에 의하여 지정·고시하여야 한다. 〈개정 2008.2.29〉

제4조(사업용철도노선의 고시) 국토해양부장관은 사업용철도노선의 노선번호, 노선명, 기점(起點), 종점(終點), 중요 경과지(정차역을 포함한다)와 그 밖에 필요한 사항을 국토해양부령으로 정하는 바에 따라 지정·고시하여야 한다.
[전문개정 2011.5.24]
[시행일 : 2011.8.25] 제4조

제5조 (면허 등) ①철도사업을 경영하고자 하는 자는 국토해양부장관의 면허를 받아야 한다. 이 경우 국토해양부장관은 철도사업의 질서를 확립하기 위하여 필요한 조건을 붙일 수 있다. 〈개정 2008.2.29〉
②제1항의 규정에 의한 면허를 받고자 하는 자는 국토해양부령이 정하는 바에 의하여 사업계획서를 첨부한 면허신청서를 국토해양부장관에게 제출하여야 한다. 〈개정 2008.2.29〉
③철도사업의 면허를 받을 수 있는 자는 법인으로 한다.

제5조(면허 등) ① 철도사업을 경영하려는 자는 국토해양부장관의 면허를 받아야 한다. 이 경우 국토해양부장관은 철도사업의 질서를 확립하기 위하여 필요한 부담을 붙일 수 있다.
② 제1항에 따른 면허를 받으려는 자는 국토해양부령으로 정하는 바에 따라 사업계획서를 첨부한 면허신청서를 국토해양부장관에게 제출하여야 한다.
③ 철도사업의 면허를 받을 수 있는 자는 법인으로 한다.
[전문개정 2011.5.24]
[시행일 : 2011.8.25] 제5조

제6조 (면허의 기준) 철도사업의 면허기준은 다음 각호와 같다. 〈개정 2008.2.29〉
1. 당해 사업의 개시로 철도교통의 안전에 지장을 줄 염려가 없을 것
2. 당해 사업의 운행계획이 당해 운행구간의 철도수송수요와 수송력 공급 및 이용자의 편의에 적합할 것
3. 신청자가 당해 사업을 수행할 수 있는 재정적 능력을 가질 것
4. 당해 사업에 사용할 철도차량의 대수, 사용연한 및 규격이 국토해양부령이 정하는 기준에 적합할 것

제6조(면허의 기준) 철도사업의 면허기준은 다음 각 호와 같다.
1. 해당 사업의 시작으로 철도교통의 안전에 지장을 줄 염려가 없을 것
2. 해당 사업의 운행계획이 그 운행 구간의 철도 수송 수요와 수송력 공급 및 이용자의 편의에 적합할 것
3. 신청자가 해당 사업을 수행할 수 있는 재정적 능력이 있을 것
4. 해당 사업에 사용할 철도차량의 대수(臺數), 사용연한 및 규격이 국토해양부령으로 정하는 기준에 맞을 것
[전문개정 2011.5.24]
[시행일 : 2011.8.25] 제6조

제7조 (결격사유) 다음 각호의 1에 해당하는 자는 철도사업의 면허를 받을 수 없다. 법인의 임원중에 다음 각호의 1에 해당하는 자가 있는 경우에도 또한 같다.
1. 금치산자 또는 한정치산자
2. 파산선고를 받고 복권되지 아니한 자
3. 이 법 또는 대통령령이 정하는 철도관계법령을 위반하여 금고 이상의 실형을 선고받고

그 집행이 종료(집행이 종료된 것으로 보는 경우를 포함한다)되거나 그 집행이 면제된 날부터 2년이 경과되지 아니한 자
4. 이 법 또는 대통령령이 정하는 철도관계법령을 위반하여 금고 이상의 형의 집행유예선고를 받고 그 집행유예기간중에 있는 자
5. 이 법에 의하여 철도사업의 면허가 취소된 후 그 취소일부터 2년이 경과되지 아니한 자

제7조(결격사유) 다음 각 호의 어느 하나에 해당하는 자는 철도사업의 면허를 받을 수 없다. 법인의 임원 중에 다음 각 호의 어느 하나에 해당하는 자가 있는 경우에도 같다.
1. 금치산자 또는 한정치산자
2. 파산선고를 받고 복권되지 아니한 사람
3. 이 법 또는 대통령령으로 정하는 철도 관계 법령을 위반하여 금고 이상의 실형을 선고받고 그 집행이 끝나거나(집행이 끝난 것으로 보는 경우를 포함한다) 면제된 날부터 2년이 지나지 아니한 사람
4. 이 법 또는 대통령령으로 정하는 철도 관계 법령을 위반하여 금고 이상의 형의 집행유예를 선고받고 그 유예 기간 중에 있는 사람
5. 이 법에 따라 철도사업의 면허가 취소된 후 그 취소일부터 2년이 지나지 아니한 자

[전문개정 2011.5.24]
[시행일 : 2011.8.25] 제7조

제8조 (운송개시의 의무) 철도사업자는 국토해양부장관이 지정하는 기일 또는 기간이내에 운송을 개시하여야 한다. 다만, 천재지변 그 밖의 불가피한 사유로 인하여 철도사업자가 국토해양부장관이 지정하는 기일 또는 기간 이내에 운송을 개시할 수 없는 때에는 국토해양부장관의 승인을 얻어 기일을 연기하거나 기간을 연장할 수 있다. 〈개정 2008.2.29〉

제8조(운송 시작의 의무) 철도사업자는 국토해양부장관이 지정하는 날 또는 기간에 운송을 시작하여야 한다. 다만, 천재지변이나 그 밖의 불가피한 사유로 철도사업자가 국토해양부장관이 지정하는 날 또는 기간에 운송을 시작할 수 없는 경우에는 국토해양부장관의 승인을 받아 날짜를 연기하거나 기간을 연장할 수 있다.

[전문개정 2011.5.24]
[시행일 : 2011.8.25] 제8조

제9조 (운임 · 요금의 신고 등) ①철도사업자는 운임 · 요금을 국토해양부장관에게 신고하여야 한다. 이를 변경하고자 하는 때에도 또한 같다. 〈개정 2008.2.29〉
②철도사업자는 운임 · 요금을 정하거나 변경함에 있어서 원가와 버스 등 다른 교통수단의 운임 · 요금과의 형평성 등을 고려하여야 하며 여객운임(여객운송에 대한 직접적인 대가를 말하며, 여객운송과 관련된 설비 · 용역에 대한 대가를 제외한다. 이하 이 조에서 같다)의 경우에는 국토해양부장관이 지정 · 고시한 여객운임의 상한을 초과하여서는 아니된다. 〈개정 2008.2.29, 2008.3.28〉
③국토해양부장관은 제2항에 따라 여객운임의 상한을 지정함에 있어 미리 기획재정부장관과 협의하여야 한다. 〈개정 2008.2.29, 2008.3.28〉
④철도사업자는 제1항에 따라 신고 또는 변경신고를 한 운임 · 요금을 그 시행 1주일 이전에 인터넷 홈페이지, 관계 역 · 영업소 및 사업소 등 공중이 보기 쉬운 곳에 게시하여야 한다. 〈개정 2008.3.28〉

제9조(운임 · 요금의 신고 등) ① 철도사업자는 운임ㆍ요금을 국토해양부장관에게 신고하여야 한다. 이를 변경하려는 경우에도 같다.
② 철도사업자는 운임ㆍ요금을 정하거나 변경하는 경우에는 원가(原價)와 버스 등 다른 교통수단의 운임ㆍ요금과의 형평성 등을 고려하여야 하며, 여객 운임(여객운송에 대한 직접적인 대가를 말하며, 여객운송과 관련된 설비ㆍ용역에 대한 대가는 제외한다. 이하 이 조에서 같다)의 경우에는 국토해양부장관이 지정ㆍ고시한 여객 운임의 상한을 초과하여서는 아니 된다.

③ 국토해양부장관은 제2항에 따라 여객 운임의 상한을 지정하려면 미리 기획재정부장관과 협의하여야 한다.
④ 철도사업자는 제1항에 따라 신고 또는 변경신고를 한 운임ㆍ요금을 그 시행 1주일 이전에 인터넷 홈페이지, 관계 역ㆍ영업소 및 사업소 등 일반인이 잘 볼 수 있는 곳에 게시하여야 한다.
[전문개정 2011.5.24]
[시행일 : 2011.8.25] 제9조

제9조의2 (운임ㆍ요금의 감면) ① 철도사업자는 재해복구를 위한 긴급지원, 여객유치를 위한 기념행사, 그 밖에 철도사업의 경영상 필요하다고 인정되는 경우에는 일정한 기간ㆍ대상을 정하여 제9조제1항에 따라 신고한 운임ㆍ요금을 감면할 수 있다.
② 철도사업자는 제1항에 따라 운임ㆍ요금을 감면하는 경우에는 그 시행 3일 이전에 감면사항을 인터넷 홈페이지, 관계 역ㆍ영업소 및 사업소 등 공중이 보기 쉬운 곳에 게시하여야 한다. 다만, 긴급한 필요가 있는 경우에는 그러하지 아니하다.
[본조신설 2008.3.28]

제9조의2(운임ㆍ요금의 감면) ① 철도사업자는 재해복구를 위한 긴급지원, 여객 유치를 위한 기념행사, 그 밖에 철도사업의 경영상 필요하다고 인정되는 경우에는 일정한 기간과 대상을 정하여 제9조제1항에 따라 신고한 운임ㆍ요금을 감면할 수 있다.
② 철도사업자는 제1항에 따라 운임ㆍ요금을 감면하는 경우에는 그 시행 3일 이전에 감면사항을 인터넷 홈페이지, 관계 역ㆍ영업소 및 사업소 등 일반인이 잘 볼 수 있는 곳에 게시하여야 한다. 다만, 긴급한 경우에는 미리 게시하지 아니할 수 있다.
[전문개정 2011.5.24]
[시행일 : 2011.8.25] 제9조의2

제10조 (부가운임의 징수) ①철도사업자는 열차를 이용하는 여객이 정당한 승차권을 소지하지 아니하고 열차를 이용한 경우에는 승차구간에 상당하는 운임외에 그의 30배의 범위안에서 부가운임을 징수할 수 있다.
② 철도사업자는 송하인(送荷人)이 운송장에 기재한 화물의 품명ㆍ중량ㆍ용적 또는 개수에 따라 계산한 운임이 정당한 사유 없이 정상운임에 부족한 경우에는 송하인에게 그 부족운임 외에 그 부족운임의 5배의 범위 안에서 부가운임을 징수할 수 있다. 〈신설 2008.3.28〉
③철도사업자가 제1항 및 제2항에 따른 부가운임을 징수하고자 하는 경우에는 사전에 부가운임의 징수대상 행위, 열차의 종류 및 운행구간 등에 따른 부가운임 산정기준을 정하고 제11조에 따른 철도사업약관에 포함하여 국토해양부장관에게 신고하여야 한다. 〈개정 2008.2.29, 2008.3.28〉

제10조(부가 운임의 징수) ① 철도사업자는 열차를 이용하는 여객이 정당한 승차권을 지니지 아니하고 열차를 이용한 경우에는 승차 구간에 해당하는 운임 외에 그의 30배의 범위에서 부가 운임을 징수할 수 있다.
② 철도사업자는 송하인(送荷人)이 운송장에 적은 화물의 품명ㆍ중량ㆍ용적 또는 개수에 따라 계산한 운임이 정당한 사유 없이 정상 운임보다 적은 경우에는 송하인에게 그 부족 운임 외에 그 부족 운임의 5배의 범위에서 부가 운임을 징수할 수 있다.
③ 철도사업자는 제1항 및 제2항에 따른 부가 운임을 징수하려는 경우에는 사전에 부가 운임의 징수 대상 행위, 열차의 종류 및 운행 구간 등에 따른 부가 운임 산정기준을 정하고 제11조에 따른 철도사업약관에 포함하여 국토해양부장관에게 신고하여야 한다.
[전문개정 2011.5.24]
[시행일 : 2011.8.25] 제10조

제10조의2(승차권 등 부정판매의 금지) 철도사업자 또는 철도사업자로부터 승차권 판매위탁을 받은 자가 아닌 자는 철도사업자가 발행한 승차권 또는 할인권ㆍ교환권 등 승차권에 준하는 증서를 상습 또는 영업으로 자신이 구입한 가격을 초과한 금액으로 다른 사람에게

판매하여서는 아니 된다.
[본조신설 2011.5.24]
[시행일 : 2011.8.25] 제10조의2

제11조 (철도사업약관) ①철도사업자는 철도사업약관을 정하여 국토해양부장관에게 신고하여야 한다. 이를 변경하고자 하는 때에도 또한 같다. 〈개정 2008.2.29〉
②제1항의 규정에 의한 철도사업약관의 기재사항 등에 관하여 필요한 사항은 국토해양부령으로 정한다. 〈개정 2008.2.29〉

제11조(철도사업약관) ① 철도사업자는 철도사업약관을 정하여 국토해양부장관에게 신고하여야 한다. 이를 변경하려는 경우에도 같다.
② 제1항에 따른 철도사업약관의 기재 사항 등에 필요한 사항은 국토해양부령으로 정한다.
[전문개정 2011.5.24]
[시행일 : 2011.8.25] 제11조

제12조 (사업계획의 변경) ①철도사업자가 사업계획을 변경하고자 하는 때에는 국토해양부장관에게 신고하여야 한다. 다만, 대통령령이 정하는 중요한 사항을 변경하고자 하는 때에는 국토해양부장관의 인가를 받아야 한다. 〈개정 2008.2.29〉
②국토해양부장관은 철도사업자가 다음 각호의 1에 해당하는 경우에는 제1항의 규정에 의한 사업계획의 변경을 제한할 수 있다. 〈개정 2008.2.29, 2008.3.28〉
1. 제8조의 규정에 의한 운송개시의 기일 또는 기간 이내에 운송을 개시하지 아니한 경우
2. 제16조의 규정에 의하여 노선운행중지·운행제한·감차 등을 수반하는 사업계획 변경명령을 받은 후 1년이 경과되지 아니한 경우
3. 제21조의 규정에 의한 개선명령을 받고 이를 이행하지 아니한 경우
4. 철도사고(「철도안전법」 제2조제10호의 규정에 의한 철도사고를 말한다. 이하 같다)의 규모 또는 발생빈도가 대통령령이 정하는 기준 이상인 경우
③제1항 및 제2항의 규정에 의한 사업계획변경의 절차·기준 그 밖의 필요한 사항은 국토해양부령으로 정한다. 〈개정 2008.2.29〉

제12조(사업계획의 변경) ① 철도사업자는 사업계획을 변경하려는 경우에는 국토해양부장관에게 신고하여야 한다. 다만, 대통령령으로 정하는 중요 사항을 변경하려는 경우에는 국토해양부장관의 인가를 받아야 한다.
② 국토해양부장관은 철도사업자가 다음 각 호의 어느 하나에 해당하는 경우에는 제1항에 따른 사업계획의 변경을 제한할 수 있다.
1. 제8조에 따라 국토해양부장관이 지정한 날 또는 기간에 운송을 시작하지 아니한 경우
2. 제16조에 따라 노선 운행중지, 운행제한, 감차(減車) 등을 수반하는 사업계획 변경명령을 받은 후 1년이 지나지 아니한 경우
3. 제21조에 따른 개선명령을 받고 이행하지 아니한 경우
4. 철도사고(「철도안전법」 제2조제10호에 따른 철도사고를 말한다. 이하 같다)의 규모 또는 발생 빈도가 대통령령으로 정하는 기준 이상인 경우
③ 제1항과 제2항에 따른 사업계획 변경의 절차·기준과 그 밖에 필요한 사항은 국토해양부령으로 정한다.
[전문개정 2011.5.24]
[시행일 : 2011.8.25] 제12조

제13조 (공동운수협정) ①철도사업자가 다른 철도사업자와 공동경영에 관한 계약 그 밖의 운수에 관한 협정(이하 "공동운수협정"이라 한다)을 체결하거나 변경하고자 하는 경우에는 국토해양부령이 정하는 바에 의하여 국토해양부장관의 인가를 받아야 한다. 다만, 국토해양부령이 정하는 경미한 사항을 변경하고자 하는 경우에는 국토해양부령이 정하는 바에 의하여 국토해양부장관에게 이를 신고하여야 한다. 〈개정 2008.2.29〉
②국토해양부장관은 제1항 본문의 규정에 의하여 공동운수협정을 인가하고자 할 경우에는

미리 공정거래위원회와 협의하여야 한다. 〈개정 2008.2.29〉

제13조(공동운수협정) ① 철도사업자는 다른 철도사업자와 공동경영에 관한 계약이나 그 밖의 운수에 관한 협정(이하 "공동운수협정"이라 한다)을 체결하거나 변경하려는 경우에는 국토해양부령으로 정하는 바에 따라 국토해양부장관의 인가를 받아야 한다. 다만, 국토해양부령으로 정하는 경미한 사항을 변경하려는 경우에는 국토해양부령으로 정하는 바에 따라 국토해양부장관에게 신고하여야 한다.

② 국토해양부장관은 제1항 본문에 따라 공동운수협정을 인가하려면 미리 공정거래위원회와 협의하여야 한다.

[전문개정 2011.5.24]

[시행일 : 2011.8.25] 제13조

제14조 (사업의 양도 · 양수 등) ①철도사업자가 당해 철도사업을 양도 · 양수하고자 하는 때에는 국토해양부장관의 인가를 받아야 한다. 〈개정 2008.2.29〉

②철도사업자가 다른 철도사업자 또는 철도사업외의 사업을 경영하는 자와 합병하고자 하는 때에는 국토해양부장관의 인가를 받아야 한다. 〈개정 2008.2.29〉

③제1항 또는 제2항의 규정에 의한 인가가 있는 때에는 철도사업을 양수한 자는 철도사업을 양도한 자의 철도사업자로서의 지위를 승계하며, 합병에 의하여 설립되거나 존속하는 법인은 합병에 의하여 소멸되는 법인의 철도사업자로서의 지위를 승계한다.

④제7조의 규정은 제1항 및 제2항의 인가에 관하여 이를 준용한다.

제14조(사업의 양도 · 양수 등) ① 철도사업자는 그 철도사업을 양도 · 양수하려는 경우에는 국토해양부장관의 인가를 받아야 한다.

② 철도사업자는 다른 철도사업자 또는 철도사업 외의 사업을 경영하는 자와 합병하려는 경우에는 국토해양부장관의 인가를 받아야 한다.

③ 제1항이나 제2항에 따른 인가를 받은 경우 철도사업을 양수한 자는 철도사업을 양도한 자의 철도사업자로서의 지위를 승계하며, 합병으로 설립되거나 존속하는 법인은 합병으로 소멸되는 법인의 철도사업자로서의 지위를 승계한다.

④ 제1항과 제2항의 인가에 관하여는 제7조를 준용한다.

[전문개정 2011.5.24]

[시행일 : 2011.8.25] 제14조

제15조 (사업의 휴지 · 폐지) ①철도사업자가 그 사업의 전부 또는 일부를 휴지 또는 폐지하고자 하는 때에는 국토해양부령이 정하는 바에 의하여 국토해양부장관의 허가를 받아야 한다. 다만, 선로 또는 교량의 파괴, 철도시설의 개량, 그 밖의 정당한 사유로 인한 휴지의 경우에는 국토해양부령이 정하는 바에 따라 국토해양부장관에게 신고하여야 한다. 〈개정 2008.2.29, 2008.3.28〉

②제1항의 규정에 의한 휴지기간은 6월을 넘지 못한다. 다만, 제1항 단서의 규정에 의한 휴지의 경우에는 그러하지 아니하다.

③제1항의 규정에 의하여 허가를 받거나 신고한 휴지기간중이라도 휴지사유가 소멸된 경우에는 국토해양부장관에게 신고하고 사업을 재개할 수 있다. 〈개정 2008.2.29〉

④철도사업자가 철도사업의 전부 또는 일부를 휴지 또는 폐지하고자 하는 때에는 대통령령이 정하는 바에 의하여 휴지 또는 폐지하는 사업의 내용과 그 기간 등을 인터넷 홈페이지, 관계 역 · 영업소 및 사업소 등 공중이 보기 쉬운 곳에 게시하여야 한다. 〈개정 2008.3.28〉

제15조(사업의 휴업 · 폐업) ① 철도사업자가 그 사업의 전부 또는 일부를 휴업 또는 폐업하려는 경우에는 국토해양부령으로 정하는 바에 따라 국토해양부장관의 허가를 받아야 한다. 다만, 선로 또는 교량의 파괴, 철도시설의 개량, 그 밖의 정당한 사유로 휴업하는 경우에는 국토해양부령으로 정하는 바에 따라 국토해양부장관에게 신고하여야 한다.

② 제1항에 따른 휴업기간은 6개월을 넘을 수 없다. 다만, 제1항 단서에 따른 휴업의 경우에는 예외로 한다.

③ 제1항에 따라 허가를 받거나 신고한 휴업기간 중이라도 휴업 사유가 소멸된 경우에는 국토해양부장관에게 신고하고 사업을 재개(再開)할 수 있다.

④ 철도사업자는 철도사업의 전부 또는 일부를 휴업 또는 폐업하려는 경우에는 대통령령으로 정하는 바에 따라 휴업 또는 폐업하는 사업의 내용과 그 기간 등을 인터넷 홈페이지, 관계 역ㆍ영업소 및 사업소 등 일반인이 잘 볼 수 있는 곳에 게시하여야 한다.

[전문개정 2011.5.24]

[시행일 : 2011.8.25] 제15조

제16조 (면허취소 등) ①국토해양부장관은 철도사업자가 다음 각 호의 어느 하나에 해당하는 때에는 면허를 취소하거나, 6월 이내의 기간을 정하여 사업의 전부 또는 일부의 정지를 명하거나, 노선운행중지ㆍ운행제한ㆍ감차 등을 수반하는 사업계획의 변경을 명할 수 있다. 다만, 제4호 및 제6호의 경우에는 면허를 취소하여야 한다. 〈개정 2008.2.29, 2008.3.28〉

1. 면허받은 사항을 정당한 사유없이 시행하지 아니한 때
2. 사업경영의 불확실 또는 자산상태의 현저한 불량 그 밖의 사유로 사업을 계속함이 적합하지 아니할 때
3. 고의 또는 중대한 과실에 의한 철도사고로 인하여 대통령령이 정하는 다수의 사상자를 발생하게 한 때
4. 거짓 그 밖의 부정한 방법으로 제5조의 규정에 의한 철도사업의 면허를 받은 때

4의2. 제5조제1항에 따라 면허에 붙인 조건에 위반한 때

5. 제6조의 규정에 의한 철도사업의 면허기준에 미달하게 된 때. 다만, 3월 이내에 그 기준을 충족시킨 때에는 그러하지 아니하다.
6. 철도사업자가 제7조제1호 내지 제4호의 1에 해당하게 된 때. 다만, 법인의 임원중 그 사유에 해당하는 자가 있는 경우로서 3월 이내에 그 임원을 개임한 때에는 그러하지 아니하다.
7. 제8조의 규정을 위반하여 국토해양부장관이 지정한 기일 또는 기간 이내에 운송을 개시하지 아니한 때
8. 제15조의 규정에 의한 휴지 또는 폐지의 허가를 받지 아니하거나 신고를 하지 아니하고 영업을 하지 아니한 때
9. 제20조제1항의 규정에 의한 준수사항을 1년 이내에 3회 이상 위반한 때
10. 제21조의 규정에 의한 개선명령을 위반한 때
11. 제23조의 규정에 의한 명의대여금지를 위반한 때
12. 삭제 〈2008.3.28〉

②제1항의 규정에 의한 처분의 기준과 절차 그 밖의 필요한 사항은 국토해양부령으로 정한다. 〈개정 2008.2.29〉

③국토해양부장관은 제1항의 규정에 의하여 철도사업의 면허를 취소하고자 하는 경우에는 청문을 실시하여야 한다. 〈개정 2008.2.29〉

제16조(면허취소 등) ① 국토해양부장관은 철도사업자가 다음 각 호의 어느 하나에 해당하는 경우에는 면허를 취소하거나, 6개월 이내의 기간을 정하여 사업의 전부 또는 일부의 정지를 명하거나, 노선 운행중지ㆍ운행제한ㆍ감차 등을 수반하는 사업계획의 변경을 명할 수 있다. 다만, 제4호 및 제6호의 경우에는 면허를 취소하여야 한다.

1. 면허받은 사항을 정당한 사유 없이 시행하지 아니한 경우
2. 사업 경영의 불확실 또는 자산상태의 현저한 불량이나 그 밖의 사유로 사업을 계속하는 것이 적합하지 아니할 경우
3. 고의 또는 중대한 과실에 의한 철도사고로 대통령령으로 정하는 다수의 사상자(死傷者)가 발생한 경우
4. 거짓이나 그 밖의 부정한 방법으로 제5조에 따른 철도사업의 면허를 받은 경우
5. 제5조제1항에 따라 면허에 붙인 부담을 위반한 경우

6. 제6조에 따른 철도사업의 면허기준에 미달하게 된 경우. 다만, 3개월 이내에 그 기준을 충족시킨 경우에는 예외로 한다.
7. 철도사업자가 제7조제1호부터 제4호까지의 결격사유 중 어느 하나에 해당하게 된 경우. 다만, 법인의 임원 중 그 사유에 해당하는 사람이 있는 경우로서 3개월 이내에 그 임원을 바꾸어 임명한 경우에는 예외로 한다.
8. 제8조를 위반하여 국토해양부장관이 지정한 날 또는 기간에 운송을 시작하지 아니한 경우
9. 제15조에 따른 휴업 또는 폐업의 허가를 받지 아니하거나 신고를 하지 아니하고 영업을 하지 아니한 경우
10. 제20조제1항에 따른 준수사항을 1년 이내에 3회 이상 위반한 경우
11. 제21조에 따른 개선명령을 위반한 경우
12. 제23조에 따른 명의 대여 금지를 위반한 경우
② 제1항에 따른 처분의 기준 및 절차와 그 밖에 필요한 사항은 국토해양부령으로 정한다.
③ 국토해양부장관은 제1항에 따라 철도사업의 면허를 취소하려면 청문을 하여야 한다.
[전문개정 2011.5.24]
[시행일 : 2011.8.25] 제16조

제17조 (과징금처분) ①국토해양부장관은 철도사업자가 제16조제1항 각호의 1에 해당하여 사업정지처분을 하여야 하는 경우로서 그 사업정지처분이 당해 철도사업자가 제공하는 철도서비스의 이용자에게 심한 불편을 주거나 그 밖에 공익을 해할 우려가 있는 때에는 그 사업정지처분에 갈음하여 1억원 이하의 과징금을 부과·징수할 수 있다. 〈개정 2008.2.29〉
②제1항의 규정에 의하여 과징금을 부과하는 위반행위의 종류, 과징금의 부과기준·징수방법 등 필요한 사항은 대통령령으로 정한다.
③국토해양부장관은 제1항의 규정에 의하여 과징금 부과처분을 받은 자가 과징금을 기한 이내에 납부하지 아니하는 때에는 국세체납처분의 예에 의하여 이를 징수한다. 〈개정 2008.2.29〉
④제1항의 규정에 의하여 징수한 과징금은 다음 각호외의 용도로는 이를 사용할 수 없다.
1. 철도사업 종사자의 양성·교육훈련 그 밖의 자질향상을 위한 시설 및 철도사업 종사자에 대한 지도업무의 수행을 위한 시설의 건설·운영
2. 철도사업의 경영개선 그 밖에 철도사업의 발전을 위하여 필요한 사업
3. 제1호 및 제2호의 목적을 위한 보조 또는 융자
⑤국토해양부장관은 과징금으로 징수한 금액의 운용계획을 수립·시행하여야 한다. 〈개정 2008.2.29〉
⑥제4항 및 제5항의 규정에 의한 과징금 사용의 절차, 운용계획의 수립·시행 그 밖의 필요한 사항은 국토해양부령으로 정한다. 〈개정 2008.2.29〉

제17조(과징금처분) ① 국토해양부장관은 제16조제1항에 따라 철도사업자에게 사업정지처분을 하여야 하는 경우로서 그 사업정지처분이 그 철도사업자가 제공하는 철도서비스의 이용자에게 심한 불편을 주거나 그 밖에 공익을 해칠 우려가 있을 때에는 그 사업정지처분을 갈음하여 1억원 이하의 과징금을 부과·징수할 수 있다.
② 제1항에 따라 과징금을 부과하는 위반행위의 종류, 과징금의 부과기준·징수방법 등 필요한 사항은 대통령령으로 정한다.
③ 국토해양부장관은 제1항에 따라 과징금 부과처분을 받은 자가 납부기한까지 과징금을 내지 아니하면 국세 체납처분의 예에 따라 징수한다.
④ 제1항에 따라 징수한 과징금은 다음 각 호 외의 용도로는 사용할 수 없다.
1. 철도사업 종사자의 양성·교육훈련이나 그 밖의 자질향상을 위한 시설 및 철도사업 종사자에 대한 지도업무의 수행을 위한 시설의 건설·운영

2. 철도사업의 경영개선이나 그 밖에 철도사업의 발전을 위하여 필요한 사업
3. 제1호 및 제2호의 목적을 위한 보조 또는 융자

⑤ 국토해양부장관은 과징금으로 징수한 금액의 운용계획을 수립하여 시행하여야 한다.

⑥ 제4항과 제5항에 따른 과징금 사용의 절차, 운용계획의 수립ㆍ시행에 관한 사항과 그 밖에 필요한 사항은 국토해양부령으로 정한다.

[전문개정 2011.5.24]

[시행일 : 2011.8.25] 제17조

제18조 (철도차량표시) 철도사업자는 철도사업에 사용되는 철도차량에 철도사업자의 명칭 그 밖에 국토해양부령이 정하는 사항을 표시하여야 한다. 〈개정 2008.2.29〉

제18조(철도차량 표시) 철도사업자는 철도사업에 사용되는 철도차량에 철도사업자의 명칭과 그 밖에 국토해양부령으로 정하는 사항을 표시하여야 한다.

[전문개정 2011.5.24]

[시행일 : 2011.8.25] 제18조

제19조 (우편물 등의 운송) 철도사업자는 여객 또는 화물운송에 부수하여 우편물 및 신문 등을 운송할 수 있다.

제19조(우편물 등의 운송) 철도사업자는 여객 또는 화물 운송에 부수(附隨)하여 우편물과 신문 등을 운송할 수 있다.

[전문개정 2011.5.24]

[시행일 : 2011.8.25] 제19조

제20조 (철도사업자의 준수사항) ①철도사업자는 「철도안전법」 제21조의 규정에 의한 요건을 갖추지 아니한 자를 운전업무에 종사하게 하여서는 아니된다. 〈개정 2008.3.28〉

②철도사업자는 사업계획을 성실하게 이행하여야 하며, 부당한 운송조건을 제시하거나 정당한 사유없이 운송계약의 체결을 거부하는 등 철도운송질서를 저해하는 행위를 하여서는 아니된다.

③철도사업자는 운임ㆍ요금표, 감면사항 및 철도사업약관을 인터넷 홈페이지에 게시하고 관계 역ㆍ영업소 및 사업소 등에 비치하여야 하며, 이용자가 요구하는 때에는 이를 제시하여야 한다. 〈개정 2008.3.28〉

④제1항 내지 제3항의 규정에 의한 준수사항외에 운송의 안전 및 여객과 화물의 편의를 위하여 철도사업자가 준수하여야 할 사항은 국토해양부령으로 정한다. 〈개정 2008.2.29〉

제20조(철도사업자의 준수사항) ① 철도사업자는 「철도안전법」 제21조에 따른 요건을 갖추지 아니한 사람을 운전업무에 종사하게 하여서는 아니 된다.

② 철도사업자는 사업계획을 성실하게 이행하여야 하며, 부당한 운송 조건을 제시하거나 정당한 사유 없이 운송계약의 체결을 거부하는 등 철도운송 질서를 해치는 행위를 하여서는 아니 된다.

③ 철도사업자는 운임표, 요금표, 감면 사항 및 철도사업약관을 인터넷 홈페이지에 게시하고 관계 역ㆍ영업소 및 사업소 등에 갖추어 두어야 하며, 이용자가 요구하는 경우에는 제시하여야 한다.

④ 제1항부터 제3항까지에 따른 준수사항 외에 운송의 안전과 여객 및 화주(貨主)의 편의를 위하여 철도사업자가 준수하여야 할 사항은 국토해양부령으로 정한다.

[전문개정 2011.5.24]

[시행일 : 2011.8.25] 제20조

제21조 (사업의 개선명령) 국토해양부장관은 원활한 철도운송ㆍ서비스의 개선 및 운송의 안전 그 밖에 공공복리의 증진을 위하여 필요하다고 인정하는 때에는 철도사업자에게 다음 각호의 사항을 명할 수 있다. 〈개정 2008.2.29〉

1. 사업계획의 변경
2. 철도차량 및 운송관련 장비ㆍ시설의 개선
3. 운임ㆍ요금 징수방식의 개선

4. 철도사업약관의 변경
5. 공동운수협정의 체결
6. 철도차량 및 철도사고에 관한 손해배상을 위한 보험에의 가입
7. 안전운송의 확보 및 서비스의 향상을 위하여 필요한 조치
8. 철도운수종사자의 양성 및 자질향상을 위한 교육

제21조(사업의 개선명령) 국토해양부장관은 원활한 철도운송, 서비스의 개선 및 운송의 안전과 그 밖에 공공복리의 증진을 위하여 필요하다고 인정하는 경우에는 철도사업자에게 다음 각 호의 사항을 명할 수 있다.

1. 사업계획의 변경
2. 철도차량 및 운송 관련 장비ㆍ시설의 개선
3. 운임ㆍ요금 징수 방식의 개선
4. 철도사업약관의 변경
5. 공동운수협정의 체결
6. 철도차량 및 철도사고에 관한 손해배상을 위한 보험에의 가입
7. 안전운송의 확보 및 서비스의 향상을 위하여 필요한 조치
8. 철도운수종사자의 양성 및 자질향상을 위한 교육

[전문개정 2011.5.24]
[시행일 : 2011.8.25] 제21조

제22조 (철도운수종사자의 준수사항) 철도사업에 종사하는 철도운수종사자는 다음 각호의 1에 해당하는 행위를 하여서는 아니된다. 〈개정 2008.2.29〉

1. 정당한 사유없이 여객 또는 화물의 운송을 거부하거나 여객 또는 화물을 중도에서 내리게 하는 행위
2. 부당한 운임 또는 요금을 요구하거나 받는 행위
3. 그 밖에 안전운행과 여객과 화주의 편의를 위하여 철도운수종사자가 준수하여야 할 사항으로서 국토해양부령이 정하는 사항을 위반하는 행위

제22조(철도운수종사자의 준수사항) 철도사업에 종사하는 철도운수종사자는 다음 각 호의 어느 하나에 해당하는 행위를 하여서는 아니 된다.

1. 정당한 사유 없이 여객 또는 화물의 운송을 거부하거나 여객 또는 화물을 중도에서 내리게 하는 행위
2. 부당한 운임 또는 요금을 요구하거나 받는 행위
3. 그 밖에 안전운행과 여객 및 화주의 편의를 위하여 철도운수종사자가 준수하여야 할 사항으로서 국토해양부령으로 정하는 사항을 위반하는 행위

[전문개정 2011.5.24]
[시행일 : 2011.8.25] 제22조

제23조 (명의대여의 금지) 철도사업자는 타인에게 자신의 성명 또는 상호를 사용하여 철도사업을 경영하게 하여서는 아니된다.

제23조(명의 대여의 금지) 철도사업자는 타인에게 자기의 성명 또는 상호를 사용하여 철도사업을 경영하게 하여서는 아니 된다.

[전문개정 2011.5.24]
[시행일 : 2011.8.25] 제23조

제24조 (철도화물운송에 관한 책임) ①철도사업자의 화물의 멸실·훼손 또는 인도의 지연에 대한 손해배상책임에 관하여는 「상법」 제135조의 규정을 준용한다. 〈개정 2008.3.28〉
②제1항의 규정을 적용함에 있어서 화물이 인도기한을 경과한 후 3월 이내에 인도되지 아니한 경우 당해 화물은 멸실된 것으로 본다.

제24조(철도화물 운송에 관한 책임) ① 철도사업자의 화물의 멸실ㆍ훼손 또는 인도(引導)의 지연에 대한 손해배상책임에 관하여는 「상법」 제135조를 준용한다.
② 제1항을 적용할 때에 화물이 인도 기한을 지난 후 3개월 이내에 인도되지 아니한 경우

에는 그 화물은 멸실된 것으로 본다.
[전문개정 2011.5.24]
[시행일 : 2011.8.25] 제24조

제25조 (철도차량의 관리에 관한 책임) ①철도사업자는 철도차량의 안전운행과 적정상태 유지에 필요한 점검·정비를 실시하여야 하며, 국토해양부령이 정하는 바에 의하여 이를 기록·관리 및 보존하여야 한다. 〈개정 2008.2.29〉
②철도사업자는 국토해양부령이 정하는 자격을 갖춘 자를 철도차량의 점검·정비에 관한 책임자로 선임하여야 한다. 〈개정 2008.2.29〉

제25조(철도차량의 관리에 관한 책임) ① 철도사업자는 철도차량의 안전운행과 적정상태 유지에 필요한 점검·정비를 실시하여야 하며, 국토해양부령으로 정하는 바에 따라 점검·정비의 경과를 기록·관리 및 보존하여야 한다.
② 철도사업자는 국토해양부령으로 정하는 자격을 갖춘 사람을 철도차량의 점검·정비에 관한 책임자로 선임하여야 한다.
[전문개정 2011.5.24]
[시행일 : 2011.8.25] 제25조

제3장 철도서비스 향상 등

제26조 (철도서비스의 품질평가 등) ①국토해양부장관은 공공복리의 증진과 철도서비스이용자의 권익보호를 위하여 철도사업자가 제공하는 철도서비스에 대하여 적정한 철도서비스 기준을 정하고, 그에 따라 철도사업자가 제공하는 철도서비스의 품질을 평가하여야 한다. 〈개정 2008.2.29〉
②제1항의 규정에 의한 철도서비스의 기준, 품질평가 항목·절차 등에 관하여 필요한 사항은 국토해양부령으로 정한다. 〈개정 2008.2.29〉

제26조(철도서비스의 품질평가 등) ① 국토해양부장관은 공공복리의 증진과 철도서비스 이용자의 권익보호를 위하여 철도사업자가 제공하는 철도서비스에 대하여 적정한 철도서비스 기준을 정하고, 그에 따라 철도사업자가 제공하는 철도서비스의 품질을 평가하여야 한다.
② 제1항에 따른 철도서비스의 기준, 품질평가의 항목·절차 등에 필요한 사항은 국토해양부령으로 정한다.
[전문개정 2011.5.24]
[시행일 : 2011.8.25] 제26조

제27조 (평가결과의 공표 및 활용) ①국토해양부장관은 제26조의 규정에 의한 철도서비스의 품질을 평가한 때에는 그 평가결과를 대통령령이 정하는 바에 의하여 신문 등 대중매체를 통하여 공표하여야 한다. 〈개정 2008.2.29〉
②국토해양부장관은 철도서비스의 품질평가결과에 따라 제21조의 규정에 의한 사업개선명령 등 필요한 조치를 할 수 있다. 〈개정 2008.2.29〉

제27조(평가 결과의 공표 및 활용) ① 국토해양부장관은 제26조에 따른 철도서비스의 품질을 평가한 경우에는 그 평가 결과를 대통령령으로 정하는 바에 따라 신문 등 대중매체를 통하여 공표하여야 한다.
② 국토해양부장관은 철도서비스의 품질평가 결과에 따라 제21조에 따른 사업 개선명령 등 필요한 조치를 할 수 있다.
[전문개정 2011.5.24]
[시행일 : 2011.8.25] 제27조

제28조 (우수철도서비스 인증) ①국토해양부장관은 공정거래위원회와 협의하여 철도사업자간 경쟁을 제한하지 아니하는 범위안에서 철도서비스의 질적 향상을 촉진하기 위하여 우수철도서비스에 대한 인증을 할 수 있다. 〈개정 2008.2.29〉
②제1항의 규정에 의하여 인증을 받은 철도사업자는 당해 인증의 내용을 나타내는 표지(이하 "우수서비스마크"라 한다)를 철도차량, 역시설 또는 철도용품 등에 부착하거나 인증

사실을 홍보할 수 있다.
③제1항의 규정에 의하여 인증을 받은 자가 아니면 우수서비스마크 또는 이와 유사한 표지를 철도차량, 역시설 또는 철도용품 등에 부착하거나 이를 홍보하여서는 아니된다.
④우수철도서비스 인증의 절차, 인증기준, 우수서비스마크, 인증의 사후관리 그 밖에 인증에 관하여 필요한 사항은 국토해양부령으로 정한다. 〈개정 2008.2.29〉

제28조(우수 철도서비스 인증) ① 국토해양부장관은 공정거래위원회와 협의하여 철도사업자 간 경쟁을 제한하지 아니하는 범위에서 철도서비스의 질적 향상을 촉진하기 위하여 우수 철도서비스에 대한 인증을 할 수 있다.
② 제1항에 따라 인증을 받은 철도사업자는 그 인증의 내용을 나타내는 표지(이하 "우수서비스마크"라 한다)를 철도차량, 역 시설 또는 철도 용품 등에 붙이거나 인증 사실을 홍보할 수 있다.
③ 제1항에 따라 인증을 받은 자가 아니면 우수서비스마크 또는 이와 유사한 표지를 철도차량, 역 시설 또는 철도 용품 등에 붙이거나 인증 사실을 홍보하여서는 아니 된다.
④ 우수 철도서비스 인증의 절차, 인증기준, 우수서비스마크, 인증의 사후관리에 관한 사항과 그 밖에 인증에 필요한 사항은 국토해양부령으로 정한다.
[전문개정 2011.5.24]
[시행일 : 2011.8.25] 제28조

제29조 (평가업무 등의 위탁) 국토해양부장관은 효율적인 철도서비스 품질평가체제를 구축하기 위하여 필요한 경우 관계 전문기관 등에 철도서비스 품질에 대한 조사·평가·연구 등의 업무와 제28조제1항의 규정에 의한 우수철도서비스 인증에 필요한 심사업무를 위탁할 수 있다. 〈개정 2008.2.29〉

제29조(평가업무 등의 위탁) 국토해양부장관은 효율적인 철도 서비스 품질평가 체제를 구축하기 위하여 필요한 경우에는 관계 전문기관 등에 철도서비스 품질에 대한 조사、평가、연구 등의 업무와 제28조제1항에 따른 우수 철도서비스 인증에 필요한 심사업무를 위탁할 수 있다.
[전문개정 2011.5.24]
[시행일 : 2011.8.25] 제29조

제30조 (자료 등의 요청) ①국토해양부장관 또는 제29조의 규정에 의하여 평가업무 등을 위탁받은 자는 철도서비스의 평가 등을 행함에 있어서 철도사업자에게 관련자료 또는 의견제출 등을 요구하거나 철도서비스에 대한 실지조사를 할 수 있다. 〈개정 2008.2.29〉
②제1항의 규정에 의하여 자료 또는 의견제출 등을 요구받은 관련 철도사업자는 특별한 사유가 없는 한 이에 응하여야 한다.

제30조(자료 등의 요청) ① 국토해양부장관이나 제29조에 따라 평가업무 등을 위탁받은 자는 철도서비스의 평가 등을 할 때 철도사업자에게 관련 자료 또는 의견 제출 등을 요구하거나 철도서비스에 대한 실지조사(實地調査)를 할 수 있다.
② 제1항에 따라 자료 또는 의견 제출 등을 요구받은 관련 철도사업자는 특별한 사유가 없으면 이에 따라야 한다.
[전문개정 2011.5.24]
[시행일 : 2011.8.25] 제30조

제31조 (철도시설의 공동활용) 공공교통을 목적으로 하는 선로 및 다음 각호의 공동 사용시설을 관리하는 자는 철도사업자가 당해 시설의 공동활용에 관한 요청을 하는 경우 협정을 체결하여 이용할 수 있도록 하여야 한다.
1. 철도역 및 역시설(물류시설·환승시설 및 편의시설 등을 포함한다)
2. 철도차량의 정비·검사·점검·보관 등 유지관리를 위한 시설
3. 사고복구 및 구조·피난을 위한 설비
4. 열차의 조성 또는 분리 등을 위한 시설
5. 철도운영에 필요한 정보통신 설비

제31조(철도시설의 공동 활용) 공공교통을 목적으로 하는 선로 및 다음 각 호의 공동 사용시설을 관리하는 자는 철도사업자가 그 시설의 공동 활용에 관한 요청을 하는 경우 협정을 체결하여 이용할 수 있게 하여야 한다.
1. 철도역 및 역 시설(물류시설, 환승시설 및 편의시설 등을 포함한다)
2. 철도차량의 정비ㆍ검사ㆍ점검ㆍ보관 등 유지관리를 위한 시설
3. 사고의 복구 및 구조ㆍ피난을 위한 설비
4. 열차의 조성 또는 분리 등을 위한 시설
5. 철도 운영에 필요한 정보통신 설비
[전문개정 2011.5.24]
[시행일 : 2011.8.25] 제31조

제32조 (회계의 구분) 철도사업자가 철도사업외의 사업을 영위하는 경우에는 철도사업에 관한 회계와 철도사업외의 사업에 관한 회계를 구분하여 경리하여야 한다.

제32조(회계의 구분) 철도사업자는 철도사업 외의 사업을 경영하는 경우에는 철도사업에 관한 회계와 철도사업 외의 사업에 관한 회계를 구분하여 경리하여야 한다.
[전문개정 2011.5.24]
[시행일 : 2011.8.25] 제32조

제33조 (벌칙적용에 있어서의 공무원 의제) 제29조의 규정에 의하여 위탁받은 업무에 종사하는 관계 전문기관 등의 임원 및 직원은 「형법」 제129조 내지 제132조의 적용에 있어서는 이를 공무원으로 본다. 〈개정 2008.3.28〉

제33조(벌칙 적용 시의 공무원 의제) 제29조에 따라 위탁받은 업무에 종사하는 관계 전문기관 등의 임원 및 직원은 「형법」 제129조부터 제132조까지의 규정을 적용할 때에는 공무원으로 본다.
[전문개정 2011.5.24]
[시행일 : 2011.8.25] 제33조

제4장 전용철도

제34조 (등록) ①전용철도를 운영하고자 하는 자는 국토해양부령이 정하는 바에 의하여 전용철도의 건설ㆍ운전ㆍ보안 및 운송에 관한 사항이 포함된 운영계획서를 첨부하여 국토해양부장관에게 등록을 하여야 한다. 등록사항을 변경하고자 하는 경우에도 또한 같다. 다만 대통령령이 정하는 경미한 변경의 경우에는 그러하지 아니하다. 〈개정 2008.2.29〉
②전용철도의 등록기준 및 절차 등에 관하여 필요한 사항은 국토해양부령으로 정한다. 〈개정 2008.2.29〉
③국토해양부장관은 제2항의 규정에 의한 등록기준을 적용함에 있어서 환경오염ㆍ주변여건 등 지역적 특성을 감안할 필요가 있거나 그 밖에 공익상 필요하다고 인정하는 때에는 등록을 제한하거나 조건을 붙일 수 있다. 〈개정 2008.2.29〉

제34조(등록) ① 전용철도를 운영하려는 자는 국토해양부령으로 정하는 바에 따라 전용철도의 건설ㆍ운전ㆍ보안 및 운송에 관한 사항이 포함된 운영계획서를 첨부하여 국토해양부장관에게 등록을 하여야 한다. 등록사항을 변경하려는 경우에도 같다. 다만 대통령령으로 정하는 경미한 변경의 경우에는 예외로 한다.
② 전용철도의 등록기준과 등록절차 등에 관하여 필요한 사항은 국토해양부령으로 정한다.
③ 국토해양부장관은 제2항에 따른 등록기준을 적용할 때에 환경오염, 주변 여건 등 지역적 특성을 고려할 필요가 있거나 그 밖에 공익상 필요하다고 인정하는 경우에는 등록을 제한하거나 부담을 붙일 수 있다.
[전문개정 2011.5.24]
[시행일 : 2011.8.25] 제34조

제35조 (결격사유) 다음 각호의 1에 해당하는 자는 전용철도를 등록할 수 없다. 법인의 경우

그 임원중에 다음 각호의 1에 해당하는 자가 있는 경우에도 또한 같다.
1. 제7조제1호 내지 제4호의 1에 해당하는 자
2. 이 법에 의하여 전용철도의 등록이 취소된 후 그 취소일부터 1년이 경과되지 아니한 자

제35조(결격사유) 다음 각 호의 어느 하나에 해당하는 자는 전용철도를 등록할 수 없다. 법인인 경우 그 임원 중에 다음 각 호의 어느 하나에 해당하는 자가 있는 경우에도 같다.
1. 제7조제1호부터 제4호까지의 규정 중 어느 하나에 해당하는 사람
2. 이 법에 따라 전용철도의 등록이 취소된 후 그 취소일부터 1년이 지나지 아니한 자
[전문개정 2011.5.24]
[시행일 : 2011.8.25] 제35조

제36조 (전용철도 운영의 양도·양수 등) ①전용철도의 운영을 양도·양수하고자 하는 자는 국토해양부령이 정하는 바에 의하여 국토해양부장관에게 신고하여야 한다. 〈개정 2008.2.29〉
②전용철도의 등록을 한 법인이 합병하고자 할 때에는 국토해양부령이 정하는 바에 의하여 국토해양부장관에게 신고하여야 한다. 〈개정 2008.2.29〉
③제1항 또는 제2항의 규정에 의한 신고가 있는 때에는 전용철도의 운영을 양수한 자는 전용철도의 운영을 양도한 자의 전용철도운영자로서의 지위를 승계하며, 합병에 의하여 설립되거나 존속하는 법인은 합병에 의하여 소멸되는 법인의 전용철도운영자로서의 지위를 승계한다.
④제35조의 규정은 제1항 및 제2항의 신고에 관하여 이를 준용한다.

제36조(전용철도 운영의 양도·양수 등) ① 전용철도의 운영을 양도·양수하려는 자는 국토해양부령으로 정하는 바에 따라 국토해양부장관에게 신고하여야 한다.
② 전용철도의 등록을 한 법인이 합병하려는 경우에는 국토해양부령으로 정하는 바에 따라 국토해양부장관에게 신고하여야 한다.
③ 제1항 또는 제2항에 따른 신고를 한 경우 전용철도의 운영을 양수한 자는 전용철도의 운영을 양도한 자의 전용철도운영자로서의 지위를 승계하며, 합병으로 설립되거나 존속하는 법인은 합병으로 소멸되는 법인의 전용철도운영자로서의 지위를 승계한다.
④ 제1항과 제2항의 신고에 관하여는 제35조를 준용한다.
[전문개정 2011.5.24]
[시행일 : 2011.8.25] 제36조

제37조 (전용철도 운영의 상속) ①전용철도운영자가 사망한 경우 상속인이 그 전용철도의 운영을 계속하고자 하는 때에는 피상속인이 사망한 때부터 3월 이내에 국토해양부장관에게 신고하여야 한다. 〈개정 2008.2.29〉
②상속인이 제1항의 신고를 한 때에는 피상속인이 사망한 날부터 신고를 한 날까지의 기간에 있어서 피상속인의 전용철도의 등록은 이를 상속인의 등록으로 본다.
③제1항의 규정에 의하여 신고를 한 상속인은 피상속인의 전용철도운영자로서의 지위를 승계한다.
④제35조의 규정은 제1항의 신고에 관하여 이를 준용한다. 다만, 제35조 각호의 1에 해당하는 상속인이 피상속인이 사망한 날부터 3월 이내에 그 전용철도의 운영을 다른 사람에게 양도한 때에는 피상속인의 사망일부터 양도일까지의 기간에 있어서 피상속인의 전용철도의 등록은 이를 상속인의 등록으로 본다.

제37조(전용철도 운영의 상속) ① 전용철도운영자가 사망한 경우 상속인이 그 전용철도의 운영을 계속하려는 경우에는 피상속인이 사망한 날부터 3개월 이내에 국토해양부장관에게 신고하여야 한다.
② 상속인이 제1항의 신고를 한 경우 피상속인이 사망한 날부터 신고를 한 날까지의 기간에 있어서 피상속인의 전용철도 등록은 상속인의 등록으로 본다.
③ 제1항에 따라 신고를 한 상속인은 피상속인의 전용철도운영자로서의 지위를 승계한다.

④ 제1항의 신고에 관하여는 제35조를 준용한다. 다만, 제35조 각 호의 어느 하나에 해당하는 상속인이 피상속인이 사망한 날부터 3개월 이내에 그 전용철도의 운영을 다른 사람에게 양도한 경우 피상속인의 사망일부터 양도일까지의 기간에 있어서 피상속인의 전용철도 등록은 상속인의 등록으로 본다.
[전문개정 2011.5.24]
[시행일 : 2011.8.25] 제37조
제38조 (전용철도 운영의 휴지·폐지) 전용철도운영자가 그 운영의 전부 또는 일부를 휴지 또는 폐지한 때에는 1월 이내에 국토해양부장관에게 신고하여야 한다. <개정 2008.2.29>
제38조(전용철도 운영의 휴업·폐업) 전용철도운영자가 그 운영의 전부 또는 일부를 휴업 또는 폐업한 경우에는 1개월 이내에 국토해양부장관에게 신고하여야 한다.
[전문개정 2011.5.24]
[시행일 : 2011.8.25] 제38조
제39조 (전용철도 운영의 개선명령) 국토해양부장관은 전용철도 운영의 건전한 발전을 위하여 필요하다고 인정하는 때에는 전용철도운영자에게 다음 각호의 사항을 명할 수 있다. <개정 2008.2.29>
1. 사업장의 이전
2. 시설 또는 운영의 개선
제39조(전용철도 운영의 개선명령) 국토해양부장관은 전용철도 운영의 건전한 발전을 위하여 필요하다고 인정하는 경우에는 전용철도운영자에게 다음 각 호의 사항을 명할 수 있다.
1. 사업장의 이전
2. 시설 또는 운영의 개선
[전문개정 2011.5.24]
[시행일 : 2011.8.25] 제39조
제40조 (등록취소·정지) 국토해양부장관은 전용철도운영자가 다음 각호의 1에 해당하는 때에는 그 등록을 취소하거나 1년 이내의 기간을 정하여 그 운영의 전부 또는 일부의 정지를 명할 수 있다. 다만, 제1호에 해당하는 경우에는 등록을 취소하여야 한다. <개정 2008.2.29>
1. 거짓 그 밖의 부정한 방법으로 제34조의 규정에 의한 등록을 한 때
2. 제34조제2항의 규정에 의한 등록기준에 미달하거나 동조제3항의 규정에 의한 조건을 이행하지 아니한 때
3. 휴지 또는 폐지신고를 하지 아니하고 3월 이상 전용철도를 운영하지 아니한 때
제40조(등록의 취소·정지) 국토해양부장관은 전용철도운영자가 다음 각 호의 어느 하나에 해당하는 경우에는 그 등록을 취소하거나 1년 이내의 기간을 정하여 그 운영의 전부 또는 일부의 정지를 명할 수 있다. 다만, 제1호에 해당하는 경우에는 등록을 취소하여야 한다.
1. 거짓이나 그 밖의 부정한 방법으로 제34조에 따른 등록을 한 경우
2. 제34조제2항에 따른 등록기준에 미달하거나 같은 조 제3항에 따른 부담을 이행하지 아니한 경우
3. 휴업신고나 폐업신고를 하지 아니하고 3개월 이상 전용철도를 운영하지 아니한 경우
[전문개정 2011.5.24]
[시행일 : 2011.8.25] 제40조
제41조 (준용규정) 제16조제3항 및 제23조의 규정은 전용철도에 관하여 이를 준용한다. 이 경우 "철도사업의 면허"는 "전용철도의 등록"으로, "철도사업자"는 "전용철도운영자"로, "철도사업"은 "전용철도의 운영"으로 본다.
제41조(준용규정) 전용철도에 관하여는 제16조제3항과 제23조를 준용한다. 이 경우 "철도사업의 면허"는 "전용철도의 등록"으로, "철도사업자"는 "전용철도운영자"로, "철도사업"은 "전용철도의 운영"으로 본다.
[전문개정 2011.5.24]

[시행일 : 2011.8.25] 제41조

제5장 국유철도시설의 활용 · 지원 등

제42조 (점용허가) ①국토해양부장관은 국가가 소유 · 관리하는 철도시설에 건물 그 밖의 시설물(이하 "시설물"이라 한다)을 설치하고자 하는 자에게 「국유재산법」 제18조의 규정에 불구하고 대통령령이 정하는 바에 의하여 시설물의 종류 및 기간 등을 정하여 점용허가를 할 수 있다. 〈개정 2008.2.29, 2008.3.28, 2009.1.30〉

②제1항의 규정에 의한 점용허가는 철도사업자 및 철도사업자가 출자 · 보조 또는 출연한 사업을 경영하는 자에 한하며, 시설물의 종류와 경영하고자 하는 사업이 철도사업에 지장을 주지 아니하여야 한다.

제42조(점용허가) ① 국토해양부장관은 국가가 소유 · 관리하는 철도시설에 건물이나 그 밖의 시설물(이하 "시설물"이라 한다)을 설치하려는 자에게 「국유재산법」 제18조에도 불구하고 대통령령으로 정하는 바에 따라 시설물의 종류 및 기간 등을 정하여 점용허가를 할 수 있다.

② 제1항에 따른 점용허가는 철도사업자와 철도사업자가 출자 · 보조 또는 출연한 사업을 경영하는 자에게만 하며, 시설물의 종류와 경영하려는 사업이 철도사업에 지장을 주지 아니하여야 한다.

[전문개정 2011.5.24]

[시행일 : 2011.8.25] 제42조

제43조 (시설물 설치의 대행) 국토해양부장관은 제42조의 규정에 의하여 점용허가를 받은 자(이하 "점용허가를 받은 자"라 한다)가 설치하고자 하는 시설물의 전부 또는 일부가 철도시설관리에 관계되는 때에는 점용허가를 받은 자의 부담으로 그 위탁을 받아 이를 직접 설치하거나 「한국철도시설공단법」에 의하여 설립된 한국철도시설공단으로 하여금 이를 설치하게 할 수 있다. 〈개정 2008.2.29, 2008.3.28〉

제43조(시설물 설치의 대행) 국토해양부장관은 제42조에 따라 점용허가를 받은 자(이하 "점용허가를 받은 자"라 한다)가 설치하려는 시설물의 전부 또는 일부가 철도시설 관리에 관계되는 경우에는 점용허가를 받은 자의 부담으로 그의 위탁을 받아 시설물을 직접 설치하거나 「한국철도시설공단법」에 따라 설립된 한국철도시설공단으로 하여금 설치하게 할 수 있다.

[전문개정 2011.5.24]

[시행일 : 2011.8.25] 제43조

제44조 (점용료) ①점용허가를 받은 자는 대통령령이 정하는 바에 의하여 국토해양부장관에게 점용료를 납부하여야 한다. 〈개정 2008.2.29〉

②국토해양부장관은 점용허가를 받은 자가 제1항의 규정에 의한 점용료를 납부하지 아니하는 때에는 국세체납처분의 예에 의하여 이를 징수한다. 〈개정 2008.2.29〉

제44조(점용료) ① 점용허가를 받은 자는 대통령령으로 정하는 바에 따라 국토해양부장관에게 점용료를 내야 한다.

② 국토해양부장관은 점용허가를 받은 자가 제1항에 따른 점용료를 내지 아니하면 국세체납처분의 예에 따라 징수한다.

[전문개정 2011.5.24]

[시행일 : 2011.8.25] 제44조

제45조 (권리와 의무의 이전) 제42조의 규정에 의한 점용허가로 인하여 발생한 권리와 의무를 이전하고자 할 때에는 대통령령이 정하는 바에 의하여 국토해양부장관의 인가를 받아야 한다. 〈개정 2008.2.29〉

제45조(권리와 의무의 이전) 제42조에 따른 점용허가로 인하여 발생한 권리와 의무를 이전하려는 경우에는 대통령령으로 정하는 바에 따라 국토해양부장관의 인가를 받아야 한다.

[전문개정 2011.5.24]

[시행일 : 2011.8.25] 제45조

第46조 (원상회복의무) ①점용허가를 받은 자는 점용허가기간이 만료되거나 점용을 폐지한 때에는 점용허가된 철도재산을 원상으로 회복하여야 한다. 다만, 국토해양부장관은 원상으로 회복할 수 없거나 원상회복이 부적당하다고 인정하는 때에는 원상회복의무를 면제할 수 있다. 〈개정 2008.2.29〉

②국토해양부장관은 점용허가를 받은 자가 제1항 본문의 규정에 의한 원상회복을 하지 아니하는 때에는 「행정대집행법」에 의하여 시설물의 철거 그 밖의 필요한 조치를 할 수 있다. 〈개정 2008.2.29, 2008.3.28〉

③국토해양부장관은 제1항 단서의 규정에 의하여 원상회복의무를 면제하는 경우에 당해 철도재산에 설치된 시설물 등의 무상 국가귀속을 조건으로 할 수 있다. 〈개정 2008.2.29〉

第46조(원상회복의무) ① 점용허가를 받은 자는 점용허가기간이 만료되거나 점용을 폐지한 때에는 점용허가된 철도 재산을 원상(原狀)으로 회복하여야 한다. 다만, 국토해양부장관은 원상으로 회복할 수 없거나 원상회복이 부적당하다고 인정하는 경우에는 원상회복의무를 면제할 수 있다.

② 국토해양부장관은 점용허가를 받은 자가 제1항 본문에 따른 원상회복을 하지 아니하는 경우에는 「행정대집행법」에 따라 시설물을 철거하거나 그 밖에 필요한 조치를 할 수 있다.

③ 국토해양부장관은 제1항 단서에 따라 원상회복의무를 면제하는 경우에는 해당 철도 재산에 설치된 시설물 등의 무상 국가귀속을 조건으로 할 수 있다.

[전문개정 2011.5.24]

[시행일 : 2011.8.25] 제46조

제6장 보칙

第47조 (보고 · 검사 등) ①국토해양부장관은 필요하다고 인정하는 때에는 철도사업자 및 전용철도운영자에 대하여 당해 철도사업 또는 전용철도의 운영에 관한 사항이나 철도차량의 소유 또는 사용에 관한 사항에 대하여 보고 또는 서류제출을 명할 수 있다. 〈개정 2008.2.29〉

②국토해양부장관은 필요하다고 인정하는 때에는 소속공무원으로 하여금 철도사업 자 및 전용철도운영자의 장부 · 서류 · 시설 그 밖의 물건을 검사하게 할 수 있다. 〈개정 2008.2.29〉

③제2항의 규정에 의하여 검사를 하는 공무원은 그 권한을 표시하는 증표를 지니고 이를 관계인에게 내보여야 한다.

④제3항의 규정에 의한 증표에 관하여 필요한 사항은 국토해양부령으로 정한다. 〈개정 2008.2.29〉

第47조(보고 · 검사 등) ① 국토해양부장관은 필요하다고 인정하면 철도사업자와 전용철도운영자에게 해당 철도사업 또는 전용철도의 운영에 관한 사항이나 철도차량의 소유 또는 사용에 관한 사항에 대하여 보고나 서류 제출을 명할 수 있다.

② 국토해양부장관은 필요하다고 인정하면 소속 공무원으로 하여금 철도사업자 및 전용철도운영자의 장부, 서류, 시설 또는 그 밖의 물건을 검사하게 할 수 있다.

③ 제2항에 따라 검사를 하는 공무원은 그 권한을 표시하는 증표를 지니고 이를 관계인에게 보여 주어야 한다.

④ 제3항에 따른 증표에 관하여 필요한 사항은 국토해양부령으로 정한다.

[전문개정 2011.5.24]

[시행일 : 2011.8.25] 제47조

第48조 (수수료) 이 법에 의한 면허 · 인가를 받고자 하는 자와 등록 · 신고를 하고자 하는 자 및 면허증 · 인가서 · 등록증 · 인증서 또는 허가서의 재교부를 신청하는 자는 국토해양부령

이 정하는 수수료를 납부하여야 한다. 〈개정 2008.2.29〉

제48조(수수료) 이 법에 따른 면허·인가를 받으려는 자, 등록·신고를 하려는 자, 면허증·인가서·등록증·인증서 또는 허가서의 재발급을 신청하는 자는 국토해양부령으로 정하는 수수료를 내야 한다.

[전문개정 2011.5.24]

[시행일 : 2011.8.25] 제48조

제7장 벌칙

제49조 (벌칙) ①다음 각호의 1에 해당하는 자는 2년 이하의 징역 또는 2천만원 이하의 벌금에 처한다.

1. 제5조제1항의 규정에 의한 면허를 받지 아니하고 철도사업을 경영한 자
2. 거짓 그 밖의 부정한 방법으로 제5조제1항의 규정에 의한 철도사업의 면허를 받은 자
3. 제16조제1항의 규정에 의한 사업정지처분기간중에 철도사업을 경영한 자
4. 제16조제1항의 규정에 의한 사업계획의 변경명령을 위반한 자
5. 제23조(제41조에서 준용하는 경우를 포함한다)의 규정을 위반하여 타인에게 자신의 성명 또는 상호를 대여하여 철도사업을 경영하게 한 자
6. 제31조의 규정을 위반하여 철도사업자의 공동활용에 관한 요청을 정당한 사유없이 거부한 자

②다음 각호의 1에 해당하는 자는 1년 이하의 징역 또는 1천만원 이하의 벌금에 처한다.

1. 제34조제1항의 규정을 위반하여 등록을 하지 아니하고 전용철도를 운영한 자
2. 거짓 그 밖의 부정한 방법으로 제34조제1항의 규정에 의한 전용철도의 등록을 한 자

③다음 각 호의 어느 하나에 해당하는 자는 1천만원 이하의 벌금에 처한다. 〈개정 2008.2.29, 2009.4.1〉

1. 삭제 〈2009.4.1〉
2. 삭제 〈2009.4.1〉
3. 삭제 〈2009.4.1〉
4. 제13조의 규정을 위반하여 국토해양부장관의 인가를 받지 아니하고 공동운수협정을 체결하거나 변경한 자
5. 제15조의 규정에 의한 허가를 받지 아니하고 철도사업을 휴지 또는 폐지한 자
6. 제28조제3항의 규정을 위반하여 우수서비스마크 또는 이와 유사한 표지를 철도차량 등에 부착하거나 홍보한 자

제49조(벌칙) ① 다음 각 호의 어느 하나에 해당하는 자는 2년 이하의 징역 또는 2천만원 이하의 벌금에 처한다.

1. 제5조제1항에 따른 면허를 받지 아니하고 철도사업을 경영한 자
2. 거짓이나 그 밖의 부정한 방법으로 제5조제1항에 따른 철도사업의 면허를 받은 자
3. 제16조제1항에 따른 사업정지처분기간 중에 철도사업을 경영한 자
4. 제16조제1항에 따른 사업계획의 변경명령을 위반한 자
5. 제23조(제41조에서 준용하는 경우를 포함한다)를 위반하여 타인에게 자기의 성명 또는 상호를 대여하여 철도사업을 경영하게 한 자
6. 제31조를 위반하여 철도사업자의 공동 활용에 관한 요청을 정당한 사유 없이 거부한 자

② 다음 각 호의 어느 하나에 해당하는 자는 1년 이하의 징역 또는 1천만원 이하의 벌금에 처한다.

1. 제34조제1항을 위반하여 등록을 하지 아니하고 전용철도를 운영한 자
2. 거짓이나 그 밖의 부정한 방법으로 제34조제1항에 따른 전용철도의 등록을 한 자

③ 다음 각 호의 어느 하나에 해당하는 자는 1천만원 이하의 벌금에 처한다.

1. 제13조를 위반하여 국토해양부장관의 인가를 받지 아니하고 공동운수협정을 체결하거

나 변경한 자
2. 제15조에 따른 허가를 받지 아니하고 철도사업을 휴업하거나 폐업한 자
3. 제28조제3항을 위반하여 우수서비스마크 또는 이와 유사한 표지를 철도차량 등에 붙이거나 인증 사실을 홍보한 자
[전문개정 2011.5.24]
[시행일 : 2011.8.25] 제49조

제50조 (양벌규정) 법인의 대표자나 법인 또는 개인의 대리인, 사용인, 그 밖의 종업원이 그 법인 또는 개인의 업무에 관하여 제49조의 위반행위를 하면 그 행위자를 벌하는 외에 그 법인 또는 개인에게도 해당 조문의 벌금형을 과(科)한다. 다만, 법인 또는 개인이 그 위반행위를 방지하기 위하여 해당 업무에 관하여 상당한 주의와 감독을 게을리하지 아니한 경우에는 그러하지 아니하다.
[전문개정 2009.4.1]

제51조 (과태료) ① 다음 각 호의 어느 하나에 해당하는 자에게는 1천만원 이하의 과태료를 부과한다. 〈신설 2009.4.1〉
1. 제9조제1항에 따른 운임 · 요금의 신고를 하지 아니한 자
2. 제11조제1항에 따른 철도사업약관을 신고하지 아니하거나 신고한 철도사업약관을 이행하지 아니한 자
3. 제12조에 따른 인가를 받지 아니하거나 신고를 하지 아니하고 사업계획을 변경한 자
②다음 각호의 1에 해당하는 자는 500만원 이하의 과태료에 처한다. 〈개정 2009.4.1〉
1. 제18조의 규정에 의한 사업용철도차량의 표시를 하지 아니한 철도사업자
2. 정당한 사유없이 제21조의 규정에 의한 사업개선명령을 위반한 자
3. 제32조의 규정을 위반하여 철도사업에 관한 회계와 철도사업외의 사업에 관한 회계를 구분하여 경리하지 아니한 자
4. 정당한 사유없이 제47조제1항의 규정에 의한 명령을 이행하지 아니하거나, 제47조제2항의 규정에 의한 검사를 거부 · 방해 또는 기피한 자
5. 제25조제1항의 규정을 위반한 자
③다음 각호의 1에 해당하는 자는 100만원 이하의 과태료에 처한다. 〈개정 2009.4.1〉
1. 제20조제2항 내지 제4항의 규정에 의한 준수사항을 위반한 자
2. 제25조제2항의 규정을 위반하여 철도차량의 점검 · 정비에 관한 책임자를 선임하지 아니한 자
④제22조의 규정을 위반한 철도운수종사자 및 그가 소속된 철도사업자는 50만원 이하의 과태료에 처한다. 〈개정 2009.4.1〉
⑤ 제1항부터 제4항까지의 규정에 따른 과태료는 대통령령으로 정하는 바에 따라 국토해양부장관이 부과 · 징수한다. 〈개정 2009.4.1〉
⑥ 삭제 〈2009.4.1〉
⑦ 삭제 〈2009.4.1〉

제51조(과태료) ① 다음 각 호의 어느 하나에 해당하는 자에게는 1천만원 이하의 과태료를 부과한다. 〈개정 2011.5.24〉
1. 제9조제1항에 따른 운임 · 요금의 신고를 하지 아니한 자
2. 제11조제1항에 따른 철도사업약관을 신고하지 아니하거나 신고한 철도사업약관을 이행하지 아니한 자
3. 제12조에 따른 인가를 받지 아니하거나 신고를 하지 아니하고 사업계획을 변경한 자
4. 제10조의2를 위반하여 상습 또는 영업으로 승차권 또는 이에 준하는 증서를 자신이 구입한 가격을 초과한 금액으로 다른 사람에게 판매한 자
② 다음 각 호의 어느 하나에 해당하는 자에게는 500만원 이하의 과태료를 부과한다. 〈개정 2011.5.24〉
1. 제18조에 따른 사업용철도차량의 표시를 하지 아니한 철도사업자

2. 제25조제1항을 위반한 자
3. 제32조를 위반하여 철도사업에 관한 회계와 철도사업 외의 사업에 관한 회계를 구분하여 경리하지 아니한 자
4. 정당한 사유 없이 제47조제1항에 따른 명령을 이행하지 아니하거나 제47조제2항에 따른 검사를 거부·방해 또는 기피한 자

③ 다음 각 호의 어느 하나에 해당하는 자에게는 100만원 이하의 과태료를 부과한다. 〈개정 2011.5.24〉
1. 제20조제2항부터 제4항까지에 따른 준수사항을 위반한 자
2. 제25조제2항을 위반하여 철도차량의 점검·정비에 관한 책임자를 선임하지 아니한 자

④ 제22조를 위반한 철도운수종사자 및 그가 소속된 철도사업자에게는 50만원 이하의 과태료를 부과한다. 〈개정 2011.5.24〉

⑤ 제1항부터 제4항까지의 규정에 따른 과태료는 대통령령으로 정하는 바에 따라 국토해양부장관이 부과·징수한다. 〈개정 2009.4.1〉

⑥ 삭제 〈2009.4.1〉

⑦ 삭제 〈2009.4.1〉

[시행일 : 2011.8.25] 제51조

제52조 (과태료규정의 적용특례) 제51조의 규정을 적용함에 있어서 제21조의 규정에 의한 사업개선명령을 위반하여 제17조의 규정에 의하여 과징금을 부과받은 자에 대하여는 과태료를 부과할 수 없다.

제52조 삭제 〈2011.5.24〉

[시행일 : 2011.8.25] 제52조

부칙 〈제9608호, 2009. 4. 1〉

①(시행일) 이 법은 공포한 날부터 시행한다.

②(경과조치) 이 법 시행 전의 행위에 대하여 벌칙을 적용할 때에는 종전의 규정에 따른다.

「항만운송사업법」

[시행 2011. 1. 1] [법률 제10219호, 2010. 3.31, 타법개정]

제1장 총칙 〈개정 2009.5.27〉

제1조(목적) 이 법은 항만운송에 관한 질서를 확립하고, 항만운송사업의 건전한 발전을 도모하여 공공의 복리를 증진함을 목적으로 한다.
[전문개정 2009.5.27]

제2조(정의) ① 이 법에서 "항만운송"이란 타인의 수요에 응하여 하는 행위로서 다음 각 호의 어느 하나에 해당하는 것을 말한다.

1. 선박을 이용하여 운송된 화물을 화물주(貨物主) 또는 선박운항업자의 위탁을 받아 항만에서 선박으로부터 인수하거나 화물주에게 인도하는 행위
2. 선박을 이용하여 운송될 화물을 화물주 또는 선박운항업자의 위탁을 받아 항만에서 화물주로부터 인수하거나 선박에 인도하는 행위
3. 제1호 또는 제2호의 행위에 선행하거나 후속하여 제4호부터 제13호까지의 행위를 하나로 연결하여 하는 행위
4. 항만에서 화물을 선박에 싣거나 선박으로부터 내리는 일
5. 항만에서 선박 또는 부선(艀船)을 이용하여 화물을 운송하는 행위, 국토해양부령으로 정하는 항만과 항만 외의 장소와의 사이(이하 "지정구간"이라 한다)에서 부선 또는 범선을 이용하여 화물을 운송하는 행위와 항만 또는 지정구간에서 부선 또는 뗏목을 예인선(曳引船)으로 끌고 항해하는 행위. 다만, 다음 각 목의 어느 하나에 해당하는 운송은 제외한다.
   가. 「해운법」에 따른 해상화물운송사업자가 하는 운송
   나. 「해운법」에 따른 해상여객운송사업자가 여객선을 이용하여 하는 여객운송에 수반되는 화물 운송
   다. 국토해양부령으로 정하는 운송
6. 항만에서 선박 또는 부선을 이용하여 운송된 화물을 창고 또는 하역장[수면(水面) 목재저장소는 제외한다. 이하 같다]에 들여놓는 행위
7. 항만에서 선박 또는 부선을 이용하여 운송될 화물을 하역장에서 내가는 행위
8. 항만에서 제6호 또는 제7호에 따른 화물을 하역장에서 싣거나 내리거나 보관하는 행위
9. 항만에서 제6호 또는 제7호에 따른 화물을 부선에 싣거나 부선으로부터 내리는 행위
10. 항만이나 지정구간에서 목재를 뗏목으로 편성하여 운송하는 행위
11. 항만에서 뗏목으로 편성하여 운송된 목재를 수면 목재저장소에 들여놓는 행위나, 선박 또는 부선을 이용하여 운송된 목재를 수면 목재저장소에 들여놓는 행위
12. 항만에서 뗏목으로 편성하여 운송될 목재를 수면 목재저장소로부터 내가는 행위나, 선박 또는 부선을 이용하여 운송될 목재를 수면 목재저장소로부터 내가는 행위
13. 항만에서 제11호 또는 제12호에 따른 목재를 수면 목재저장소에서 싣거나 내리거나 보관하는 행위
14. 선적화물(船積貨物)을 싣거나 내릴 때 그 화물의 개수를 계산하거나 그 화물의 인도·인수를 증명하는 일[이하 "검수(檢數)"라 한다]
15. 선적화물 및 선박(부선을 포함한다)에 관련된 증명·조사·감정을 하는 일[이하 "감정(鑑定)"이라 한다]
16. 선적화물을 싣거나 내릴 때 그 화물의 용적 또는 중량을 계산하거나 증명하는 일[이하 "검량(檢量)"이라 한다]

② 이 법에서 "항만운송사업"이란 영리를 목적으로 하는지 여부에 관계없이 항만운송을 하는 사업을 말한다.

③ 이 법에서 "항만"이란 다음 각 호의 어느 하나에 해당하는 것을 말한다. 〈개정 2009.6.9〉

1. 「항만법」 제2조제1호에 따른 항만 중 국토해양부령으로 지정하는 항만(항만시설을 포함한다)
2. 「항만법」 제2조제1호에 따른 항만 외의 항만으로서 국토해양부령으로 수역(水域)을 정하여 지정하는 항만(항만시설을 포함한다)
3. 「항만법」 제2조제5호에 따라 국토해양부장관이 지정ㆍ고시한 항만시설

④ 이 법에서 "항만운송관련사업"이란 항만에서 선박에 물품이나 역무(役務)를 제공하는 항만용역업ㆍ물품공급업ㆍ선박급유업(船舶給油業) 및 컨테이너수리업을 말하며, 업종별 사업의 내용은 대통령령으로 정한다.

⑤ 이 법에서 "검수사"란 직업으로서 검수에 종사하는 자를, "감정사"란 직업으로서 감정에 종사하는 자를, "검량사"란 직업으로서 검량에 종사하는 자를 말한다.

[전문개정 2009.5.27]

제3조(사업의 종류) 항만운송사업의 종류는 다음 각 호와 같다.

1. 항만하역사업(제2조제1항제1호부터 제13호까지의 행위를 하는 사업)
2. 검수사업(제2조제1항제14호의 행위를 하는 사업)
3. 감정사업(제2조제1항제15호의 행위를 하는 사업)
4. 검량사업(제2조제1항제16호의 행위를 하는 사업)

[전문개정 2009.5.27]

제2장 항만운송사업 〈개정 2009.5.27〉

제4조(사업의 등록) ① 항만운송사업을 하려는 자는 제3조에 따른 사업의 종류별로 국토해양부장관에게 등록하여야 한다.

② 제3조제1호의 항만하역사업과 같은 조 제2호의 검수사업은 항만별로 등록한다.

③ 제3조제1호의 항만하역사업의 등록은 이용자별ㆍ취급화물별 또는 「항만법」 제2조제5호의 항만시설별로 등록하는 한정하역사업과 그 외의 일반하역사업으로 구분하여 행한다. 〈개정 2009.6.9〉

[전문개정 2009.5.27]

제5조(등록의 신청) ① 항만운송사업의 등록을 신청하려는 자는 국토해양부령으로 정하는 바에 따라 사업계획을 첨부한 등록신청서를 국토해양부장관에게 제출하여야 한다.

② 국토해양부장관은 제1항에 따른 등록신청을 받으면 사업계획과 제6조의 등록기준을 검토한 후 등록요건을 모두 갖추었다고 인정하는 경우에는 국토해양부령으로 정하는 바에 따라 등록증을 발급하여야 한다.

[전문개정 2009.5.27]

제6조(등록기준) 제4조에 따른 등록에 필요한 시설ㆍ자본금ㆍ노동력 등에 관한 기준은 대통령령으로 정한다. 다만, 국토해양부장관은 제4조제3항에 따른 한정하역사업에 대하여는 이용자ㆍ취급화물 또는 항만시설의 특성을 고려하여 그 등록기준을 완화할 수 있다.

[전문개정 2009.5.27]

제7조(검수사등의 자격 및 등록) ① 검수사ㆍ감정사 또는 검량사(이하 "검수사등"이라 한다)가 되려는 자는 국토해양부장관이 실시하는 자격시험에 합격한 후 국토해양부령으로 정하는 바에 따라 국토해양부장관에게 등록하여야 한다.

② 제1항에 따른 자격시험의 응시자격, 시험과목 및 시험방법 등에 관하여 필요한 사항은 대통령령으로 정한다.

[전문개정 2009.5.27]

제8조 삭제 〈1999.2.8〉

제9조(등록의 말소) 지방해양항만청장은 검수사등이 다음 각 호의 어느 하나에 해당하면 그 등록을 말소하여야 한다.

1. 업무를 폐지한 경우
2. 사망한 경우

[전문개정 2009.5.27]

제10조(운임 및 요금) ① 항만하역사업의 등록을 한 자는 국토해양부령으로 정하는 바에 따라 운임과 요금을 정하여 국토해양부장관의 인가를 받아야 한다. 이를 변경할 때에도 또한 같다.

② 제1항에도 불구하고 국토해양부령으로 정하는 항만시설에서 하역하는 화물 또는 국토해양부령으로 정하는 품목에 해당하는 화물에 대하여는 국토해양부령으로 정하는 바에 따라 그 운임과 요금을 정하여 국토해양부장관에게 신고하여야 한다. 이를 변경할 때에도 또한 같다.

③ 검수사업ㆍ감정사업 또는 검량사업(이하 "검수사업등"이라 한다)의 등록을 한 자는 국토해양부령으로 정하는 바에 따라 요금을 정하여 국토해양부장관에게 미리 신고하여야 한다. 이를 변경할 때에도 또한 같다.

④ 국토해양부장관은 제2항 또는 제3항에 따라 신고된 운임 및 요금에 대하여 항만운송사업의 건전한 발전과 공공복리의 증진을 위하여 필요하다고 인정할 때에는 이 운임 및 요금의 변경 또는 조정에 필요한 조치를 명할 수 있다.

[전문개정 2009.5.27]

제11조 삭제 〈1999.2.8〉

제12조 삭제 〈1999.2.8〉

제13조 삭제 〈1999.2.8〉

제14조 삭제 〈1999.2.8〉

제15조 삭제 〈1999.2.8〉

제16조 삭제 〈1999.2.8〉

제17조 삭제 〈1999.2.8〉

제18조 삭제 〈1999.2.8〉

제19조 삭제 〈1999.2.8〉

제20조 삭제 〈1999.2.8〉

제21조 삭제 〈1999.2.8〉

제22조 삭제 〈1999.2.8〉

제23조(권리ㆍ의무의 승계) ① 다음 각 호의 어느 하나에 해당하는 자는 제4조에 따라 항만운송사업의 등록을 한 자(이하 "항만운송사업자"라 한다)의 등록에 따른 권리ㆍ의무를 승계한다.

1. 항만운송사업자가 사망한 경우 그 상속인
2. 항만운송사업자가 그 사업을 양도한 경우 그 양수인
3. 법인인 항만운송사업자가 합병한 경우 합병 후 존속하는 법인이나 합병으로 설립되는 법인

② 다음 각 호의 어느 하나에 해당하는 절차에 따라 항만운송사업의 시설ㆍ장비 전부를 인수한 자는 종전의 항만운송사업자의 권리ㆍ의무를 승계한다. 〈개정 2010.3.31〉

1. 「민사집행법」에 따른 경매
2. 「채무자 회생 및 파산에 관한 법률」에 따른 환가(換價)
3. 「국세징수법」, 「관세법」 또는 「지방세기본법」에 따른 압류재산의 매각
4. 그 밖에 제1호부터 제3호까지의 규정에 준하는 절차

[전문개정 2009.5.27]

제24조 삭제 〈1999.2.8〉

제25조 삭제 〈1999.2.8〉

제26조(사업의 정지 및 등록의 취소) ① 국토해양부장관은 항만운송사업자가 다음 각 호의 어느 하나에 해당하면 그 등록을 취소하거나 6개월 이내의 기간을 정하여 그 항만운송사업의 정지를 명할 수 있다. 다만, 제5호 또는 제6호에 해당하는 경우에는 그 등록을 취소하여야 한다.

1. 정당한 사유 없이 운임 및 요금을 인가·신고된 운임 및 요금과 다르게 받은 경우
2. 제6조에 따른 등록기준에 미달하게 된 경우
3. 항만운송사업자 또는 그 대표자가 「관세법」 제269조부터 제271조까지에 규정된 죄 중 어느 하나의 죄를 범하여 공소가 제기되거나 통고처분을 받은 경우
4. 사업 수행 실적이 1년 이상 없는 경우
5. 부정한 방법으로 사업을 등록한 경우
6. 사업정지명령을 위반하여 그 정지기간에 사업을 계속한 경우

② 제1항에 따른 처분의 기준·절차와 그 밖에 필요한 사항은 대통령령으로 정한다.

[전문개정 2009.5.27]

제26조의2 삭제 〈1997.4.10〉

제2장의2 항만운송관련사업 〈개정 2009.5.27〉

제26조의3(사업의 등록) ① 항만운송관련사업을 하려는 자는 항만별·업종별로 국토해양부령으로 정하는 바에 따라 지방해양항만청장에게 등록하여야 한다. 다만, 물품공급업을 하려는 자는 본점 또는 주된 사무소의 소재지에 있는 항만을 관할하는 지방해양항만청장에게 신고하여야 하며, 그 영업구역은 제2조제3항제1호 및 제2호의 항만으로 한다.

② 제1항에 따른 등록 및 신고에 필요한 자본금, 시설, 장비 등에 관한 기준은 대통령령으로 정한다.

[전문개정 2009.5.27]

제26조의4(권리·의무의 승계) 다음 각 호의 어느 하나에 해당하는 자는 항만운송관련사업의 등록 또는 신고를 한 자(이하 "항만운송관련사업자"라 한다)의 등록 또는 신고에 따른 권리·의무를 승계한다.

1. 항만운송관련사업자가 사망한 경우 그 상속인
2. 항만운송관련사업자가 그 사업을 양도한 경우 그 양수인
3. 법인인 항만운송관련사업자가 합병한 경우 합병 후 존속하는 법인이나 합병으로 설립되는 법인

[전문개정 2009.5.27]

제26조의5(등록의 취소 등) ① 지방해양항만청장은 항만운송관련사업자가 다음 각 호의 어느 하나에 해당하면 그 등록을 취소하거나 6개월 이내의 기간을 정하여 그 사업의 전부 또는 일부의 정지를 명할 수 있다. 다만, 제3호 또는 제5호에 해당하는 경우에는 그 등록을 취소하여야 한다.

1. 제26조제1항제3호에 해당하게 된 경우
2. 제26조의3제2항에 따른 등록 또는 신고의 기준에 미달하게 된 경우
3. 부정한 방법으로 사업의 등록 또는 신고를 한 경우
4. 사업 수행 실적이 1년 이상 없는 경우
5. 사업정지명령을 위반하여 그 정지기간에 사업을 계속한 경우

② 제1항에 따른 처분의 기준·절차와 그 밖에 필요한 사항은 대통령령으로 정한다.

[전문개정 2009.5.27]

제2장의3 삭제 〈1999.2.8〉

제26조의6 삭제 〈1999.2.8〉

제26조의7 삭제 〈1999.2.8〉

제3장 보칙 〈개정 2009.5.27〉

제27조 삭제 〈1999.2.8〉

제27조의2(미등록 항만에서의 일시적 영업행위) ① 항만운송사업자 또는 항만운송관련사업자는 대통령령으로 정하는 부득이한 사유로 등록을 하지 아니한 항만에서 일시적으로 영업

행위를 하려는 경우에는 미리 그 항만을 관할하는 지방해양항만청장에게 신고하여야 한다.

② 제1항에 따른 일시적 영업행위의 업종별 특성에 따른 신고 요건, 신고 절차 및 신고자의 준수 사항 등에 관하여 필요한 사항은 대통령령으로 정한다.

[전문개정 2009.5.27]

제27조의3(교육훈련기관의 설립 등) ① 항만운송사업자 또는 항만운송관련사업자에게 고용되거나 역무를 제공하는 자에 대하여 항만운송·항만안전 등에 관한 교육훈련을 하기 위하여 대통령령으로 정하는 바에 따라 교육훈련기관을 설립할 수 있다.

② 교육훈련기관은 법인으로 한다.

③ 교육훈련기관은 국토해양부장관의 설립인가를 받아 그 주된 사무소의 소재지에서 설립등기를 함으로써 성립한다.

④ 교육훈련기관의 교육훈련 대상자, 교육훈련 과정, 교육훈련 내용 등에 관하여 필요한 사항은 대통령령으로 정한다.

⑤ 교육훈련기관의 운영에 필요한 경비는 대통령령으로 정하는 바에 따라 항만운송사업자, 항만운송관련사업자 및 해당 교육훈련을 받는 자가 부담한다.

⑥ 교육훈련기관에 관하여 이 법에 규정된 것을 제외하고는 「민법」 중 사단법인에 관한 규정을 준용한다.

⑦ 교육훈련기관의 운영, 정관, 감독 등에 관하여 필요한 사항은 대통령령으로 정한다.

[전문개정 2009.5.27]

제27조의4 삭제 〈1999.2.8〉

제27조의5 삭제 〈1999.2.8〉

제27조의6(과징금) ① 국토해양부장관은 항만운송사업자 또는 항만운송관련사업자가 제26조제1항 또는 제26조의5제1항 각 호의 어느 하나에 해당하여 사업정지처분을 하여야 하는 경우로서 그 사업의 정지가 그 사업의 이용자 등에게 심한 불편을 주거나 공익을 해칠 우려가 있는 경우에는 사업정지처분을 갈음하여 500만원 이하의 과징금을 부과할 수 있다.

② 제1항에 따른 과징금을 부과하는 위반행위의 종류, 위반 정도에 따른 과징금의 금액, 그 밖에 필요한 사항은 대통령령으로 정한다.

③ 국토해양부장관은 제1항에 따른 과징금을 내야 할 자가 납부기한까지 과징금을 내지 아니하면 국세 체납처분의 예에 따라 징수한다.

[전문개정 2009.5.27]

제28조(수수료) 제4조·제7조 또는 제26조의3에 따른 등록신청 또는 신고를 하는 자는 국토해양부령으로 정하는 바에 따라 수수료를 내야 한다.

[전문개정 2009.5.27]

제29조(권한 등의 위임·위탁) ① 이 법에 따른 국토해양부장관 또는 지방해양항만청장의 권한은 대통령령으로 정하는 바에 따라 그 일부를 지방해양항만청장 또는 특별시장·광역시장·도지사·특별자치도지사에게 위임할 수 있다.

② 이 법에 따른 국토해양부장관의 업무는 대통령령으로 정하는 바에 따라 그 일부를 다음 각 호의 어느 하나에 해당하는 단체나 법인에 위탁할 수 있다.

1. 사업자단체
2. 검수사업등의 건전한 발전을 목적으로 설립된 법인
3. 자격검정 등을 목적으로 설립된 법인

③ 제2항에 따라 위탁받은 업무를 수행하는 기관은 위탁 업무에 관하여 국토해양부령으로 정하는 바에 따라 국토해양부장관에게 보고하여야 한다.

[전문개정 2009.5.27]

제29조의2(민원사무의 전산처리 등) 이 법에 따른 민원사무의 전산처리 등에 관하여는 「항만법」 제89조를 준용한다. 〈개정 2009.6.9〉

[전문개정 2009.5.27]

제29조의3(청문) 국토해양부장관은 다음 각 호의 어느 하나에 해당하는 처분을 하려면 청문을 하여야 한다.
1. 제26조에 따른 등록의 취소
2. 제26조의5제1항에 따른 등록의 취소
[전문개정 2009.5.27]

제29조의4(벌칙 적용 시의 공무원 의제) 제29조제2항에 따라 위탁받은 업무에 종사하는 사업자단체 또는 법인의 임직원은 「형법」 제129조부터 제132조까지의 규정에 따른 벌칙을 적용할 때에는 공무원으로 본다.
[전문개정 2009.5.27]

제4장 벌칙 〈개정 2009.5.27〉

제30조(벌칙) 다음 각 호의 어느 하나에 해당하는 자는 1년 이하의 징역 또는 1천만원 이하의 벌금에 처한다.
1. 제4조제1항에 따른 등록을 하지 아니하고 항만운송사업을 한 자
2. 제26조의3제1항에 따른 등록 또는 신고를 하지 아니하고 항만운송관련사업을 한 자
[전문개정 2009.5.27]

제31조(벌칙) 다음 각 호의 어느 하나에 해당하는 자는 500만원 이하의 벌금에 처한다.
1. 제4조 또는 제26조의3에 따라 등록 또는 신고한 사항을 위반하여 항만운송사업 또는 항만운송관련사업을 한 자
2. 제27조의2에 따른 신고를 하지 아니하고 일시적 영업행위를 한 자
[전문개정 2009.5.27]

제32조(벌칙) 다음 각 호의 어느 하나에 해당하는 자는 300만원 이하의 벌금에 처한다.
1. 제7조에 따른 등록을 하지 아니하고 검수·감정 또는 검량 업무에 종사한 자
2. 제10조제1항부터 제3항까지의 규정을 위반하여 인가나 변경인가를 받지 아니한 자 또는 신고나 변경신고를 하지 아니하거나 거짓으로 신고를 한 자
3. 제26조 또는 제26조의5에 따른 사업정지처분을 위반한 자
[전문개정 2009.5.27]

제33조(양벌규정) 법인의 대표자나 법인 또는 개인의 대리인, 사용인, 그 밖의 종업원이 그 법인 또는 개인의 업무에 관하여 제30조부터 제32조까지의 어느 하나에 해당하는 위반행위를 하면 그 행위자를 벌하는 외에 그 법인 또는 개인에게도 해당 조문의 벌금형을 과(科)한다. 다만, 법인 또는 개인이 그 위반행위를 방지하기 위하여 해당 업무에 관하여 상당한 주의와 감독을 게을리하지 아니한 경우에는 그러하지 아니하다.
[전문개정 2009.5.27]

제34조 삭제 〈1999.2.8〉

제35조 삭제 〈1997.4.10〉

부칙 〈제10219호, 2010. 3.31〉 (지방세기본법)

제1조(시행일) 이 법은 2011년 1월 1일부터 시행한다.

제2조부터 제10조까지 생략

제11조(다른 법률의 개정) ① 부터 〈56〉 까지 생략
〈57〉 항만운송사업법 일부를 다음과 같이 개정한다.
제23조제2항제3호 중 "「지방세법」"을 "「지방세기본법」"으로 한다.
〈58〉 부터 〈61〉 까지 생략

제12조 생략

참고문헌

강남호(1996), 「해상법의 법률지식」, 청림출판사.
강영문(2004), "국제물류 환경변화와 우리나라 항만의 활성화 전략", 「물류학회지」, 제14권 제2호, 한국물류학회.
강원덕외(2005), "항만공사제도의 효율적 운영방안", 「한국항만경제학회지」, 제21집 제3호, 한국항만경제학회.
건설교통부(2003), 「건설교통백서 1998-2002」.
고용기(2001), "컨테이너 선박대형화가 선사항만에 미치는 영향에 관한 연구", 「국제상학」, 한국국제상학회.
고창두, 김은찬(1998.12), "고속 컨테이너 개발동향", 「해양한국」, 한국해사문제연구소.
광양만권발전연구원(2004), 「싱가포르, 홍콩의 물류거점화 전략」.
광양시(1998), "광양 「컨」부두의 여건과 경쟁력".
교통개발연구원외(2000), 「사회간접자본 종합투자조정계획의 수립」.
국제물류촉진위원회(1999), "항만관련 산업활성화를 위한 제언", 「해양한국」.
권오성(2004), 「국제물류체계 개선을 위한 조세제도 정비방안」, 한국조세연구원.
길광수(2003.8), "동북아 물류중심기지 건설의 주요 쟁점들", KMI.
김관수(2008), "동북아 물류 중심지화를 위한 광양항 발전전략에 관한 연구", 「해양비즈니스」, 제11호, 한국해양비즈니스학회.
김기환(2006), 「Free Economic Zones in Korea」, KIET.
김대현(2009.9.15), "경제자유구역 성공위해 특별지방자치단체로", 조선일보.
김성국(2007), "한국 물류업의 발전과 정부의 역할". 「해양비즈니스」, 제10호, 한국해양비즈니스학회.
김세동(2001), "싱가포르항만공사", 문화일보.
김정수(2008), "싱가포르 및 홍콩항과의 비교분석에 의한 부산신항의 발전전략", 「한국항만경제학회지」, 제24권 제4호, 한국항만경제학회.
김정수외(2005), "부산신항과 광양항의 특성비교 및 발전전략," 「한국항만경제학회지」, 제21집 제4호,한국항만경제학회.
김종경(2010.10), 해외에서 바라 본 한국의 FEZ, 그리고 GFEZ, 「GFEZ Journal」, 광양만권경제자유구역청.

김태일(2006), 「동남아 해운시장의 특징과 시사점」, KMI.
김학소(1994), 김법중, 「항만관리운영의 국제비교와 우리나라의 정책방향」, 해운산업연구원.
김학소(2008), 「글로벌 물류시장 국가적 진출전략」, KMI.
김학송외(2009), 「경제자유구역의 지정 및 운영에 관한 특별법 일부개정법률안」, 의안번호, 3607, 대한민국국회.
김현주외(2001), 「알기쉬운 물류」, 형설출판사.
김형태(1998), 「한국적 포트오소리티의 제창」, 한국컨테이너부두공단.
김형태(1998.3), “포트오소리티제도의 도입논의와 관련하여”, 「해양한국」.
김형태(2004), “부산항만공사의 출범 의의와 과제”, 「해양수산」, 제233호,KMI.
김형태(2004), “부산항만공사의 출범 의의와 과제”, KMI.
김형태(2006), “굴뚝 없는 산업으로 성공한 나라 사례연구”, 「해양한국」, 한국해사문제연구소.
김홍섭(2003), “지방화시대의 항만공사 도입과 활성화 방안”, 「한국항만경제학회지」, 제19집 제2호 한국항만경제학회.
김홍인(2007), “허브항 순례 싱가포르”, 「해양한국」, 한국해사문제연구소.
남덕우(2002), 「동북아로 눈을 돌리자」, 삼성경제연구소.
노홍승, 이철영(1999), “항만물류 서비스의 개념과 속성고찰에 관한 연구”, 한국항만학회지.
대한상공회의소(2004), “2003년 물류 아웃소싱 실태조사”.
대한상공회의소(2004), “2004 기업물류비 실태조사”.
대한상공회의소(2004), “국내기업 SCM 성과에 관한 분석”.
문화일보(2010.1.26), “경제자유구역의 총체적 위기”.
박경희(2001), “우리나라 항만관리의 포트오소리티 체제로의 전환에 관한 연구”, 「한국항해학회지」, 제25권 제3호, 한국항해학회지.
박경희(2006), “동북아 항만의 경쟁환경변화에 따른 일본의 허브항 전략”, 「해운물류연구」 제50호, 한국해운물류학회.
박계각(2006), “세계 주요항만의 항망요율 비교분석 및 거시경제지표와의 실증분석”, 「한국항만경제학회지」, 제22권 제4호, 한국항만경제학회.
박대위(1991), 「선하증권」, 법문사.
박명섭(1998), 「운송물류론」, 법문사.
박영재(1992), “국제해상운송물건운송법체제의 변화에 따른 운송인의 책임 증대와 그 영향”, 한진그룹 종합물류연구원.
박영태외(2003.6), “우리나라 환적컨테이너화물 유치전략에 관한 연구”, 「물류학회지」, 한국물류학회.

박용섭(1991), 「해상법」, 명신문화사.
박태원(2001), "일본 5대항만의 국제물류거점화전략", 「해양수산」, 제204호, KMI.
박태원(2003), "중국 주요 항만의 항만개발 현황", 「해양수산」, 해양수산개발연구원.
방희석(2000.11), "국제물류거점확보의 당위성과 정책과제", 「신무역시대의 물류거점 확보를 위한 대토론회」, 한국국제상학회.
방희석외(2003.6), "중국항만개발전략에 따른 우리나라 항만개발투자 효율화 방안에 관한 연구", 「물류학회지」, 한국물류학회.
백종실(2002), 「싱가포르 물류기업의 동향」, KMI.
부산일보(2006), "싱가포르의 글로벌 경영".
산업연구원(2004), 「인천항만공사의 설립 타다성 분석」.
산업자원부(2004), 「E-비즈니스 백서」.
선림승외 2인(1995.8), 「항만하역산업의 구조조정과 정책과제」, 한국노동연구원.
손예휘(2004), "항만공사 운영활성화를 위한 법률정비와 지원조례 설치방안", 「한국항만경제학회지」, 제20집 제2호, 한국항만경제학회.
신장섭(2005.8.19), "경제자유구역 틀을 바꿔야", 중앙일보.
신장식(2003), 「싱가포르 지식클러스터를 꿈꾸는 나라」, 삼성경제연구소.
심기섭(2000), 「컨테이너터미널 운영업체의 경영전략」, KMI.
안형도(2003), "동북아 물류중심추진 로드맵", 대외경제정책연구원.
우기종(2006), "경제자유구역 3년의 추진성과와 향후 발전계획", 「국토」 제301호, 국토연구원.이한구외 (2010), 경제자유구역의 지정 및 운영에 관한 특별법 일부개정법률안, 의안번호 7914, 대한민국국회.
유광현(2005), "동북아 물류중심을 위한 물류클러스터 구축에 관한 연구", 「관세학회지」, 제6권 제2호, 한국관세학회.
이균성(1984), 「국제해상운송법연구」, 삼영사.
이성우외(2004), "주요 외국 항만운영형태와 우리나라 항만공사 발전방향", 「해양수산」, 제227호, KMI.
이수행(2009.9), 「경제자유구역 사업추진의 문제점 및 개선방안」, 경기개발연구원.
이영민외(2001), 「e비즈니스개론」, 학문사.
이종구외(2009), 「경제자유구역의 지정 및 운영에 관한 특별법 일부개정법률안」, 의안번호, 5479, 대한민국국회.
이종화외(1997), 「전자상거래의 국제적 논의동향과 대응과제」, 대외경제정책연구원.
이준희(2007), "우리나라와 싱가포르간 해외직접투자 결정요인 분석", 「e-비즈니스연구」, 제8권 제2호, 국제e-비즈니스학회.
이철영(1998), 「항만물류시스템」, 효성출판사.
이철영(2000), 「물류로지스틱스」, 효성출판사.

이학재외(2010), 「경제자유구역의 지정 및 운영에 관한 특별법 일부개정법률안」, 의안번호 8538, 대한민국 국회.
임석민(1997.6), "제3세대 항만과 항만의 새로운 역할", 한국해운학회지 제24호, 한국해운학회
임승빈(2000.11), "국내외 환경변화에 따른 우리나라 항만의 개발 및 관리체계의 발전방향", 한국항만경제학회.
임정순(1985), 「아시아의 진주 싱가포르」, 한국해사문제연구소.
임종관(2001), "범정부차원에서 동북아초고속 물류체계 구축해야 된다", KMI.
임종섭외(2002), "광양항의 동북아 중심항전략에 관한 연구", 「물류학회지」, 한국물류학회.
임진수외(2006), 「동남아지역 물류모드별 환경변화」, KMI.
장덕성(2002), 「e비즈니스실무」, 두남.
정영석(1995), 「해상운송인 면책론」, 명신문화사.
장인식(2000.12), "2001년도 해양수산부 예산안 편성내역과 검토분석", 해양수산개발연구원.
전국경제인연합회(1996), 「항만개선연구회자료」.
전국경제인연합회(1997.9), 「항만의 경쟁력제고 과제」.
전국경제인연합회(2004), "물류정보화 및 전자물류 이용실태"
전국경제인연합회(2008.5), 「경제자유구역 및 기업도시 관련제도 개선과제」.
전국경제인연합회(2009.7), 「투자유치 활성화를 위한 경제자유구역 관련제도의 보완 과제」.
정보통외(1999), 「인터넷광고-이론과 전략」, 나남출판.
정봉민(2003), 「싱가포르 물류현황과 정책방향」, KMI.
정봉민(2007), 「주요 물류중심항 항만물류산업의 발전 특징과 시사점」, KMI.
정재완(2006), 「Country Profile 싱가포르」, KIEP.
정형곤외(2008), 「경제자유구역의 성공적 추진을 위한 신정부의 정책과제, 대외경제정책연구원.
조계석(2003), "Modal Shift 정책비전", 해양수산개발연구원.
중앙일보(2009.10.28), "규제 많은 인천경제자유구역."
중앙일보(2009.7.22), "세계 일류 도시 꿈이 현실로."
진형이(1996), "한반도의 동북아 국제물류 중심화 전략", 한국해운학회지.
최낙정(1998.7), "컨테이너 항만개발 및 관리정책", 「제1회 광양항 국제Forum 학술발표논문집」, 한국항만경제학회.
최재섭(2000), 「유통정보시스템의 구축과 활용」, 두남.
최재수(1995.12), "항만민자유치제도의 문제점과 개선방안", 한국해운학회지 제21호.
최중희(2001.8), "정기선해운의 전략적제휴 변천연구", KMI.

추창엽(1999), 「물류용어집」, 형설출판사.

한국무역협회(1997.4), "광양항 컨테이너부두 활성화방안", 「월간무역」, 한국무역협회.

한국무역협회(2009.10) 자유무역지역과 경제자유구역의 외국인 투자유치전략.

한국유통정보센터(2001), 「글로벌 경쟁력과 SCM」.

한국컨테이너부두공단(2008), 「07년 세계주요항만 물동량 현황과 분석」.

한국해사문제연구소(1992), 「싱가포르항에 대한 엇갈린 전망」.

한국해사문제연구소(1993), 「싱가포르 선박수리업계의 고민과 전망」.

한국해사문제연구소(1999.4), "필요한 항만 빅딜", 「해양한국」, 한국해사문제연구소.

한철환(2002), "아시아 항만의 경쟁입지 변화와 중국·일본의 항만전략", 해양수산개발연구원.

한철환(2004.2), "글로벌 터미널운영업체의 통합화전략과 시사점", KMI.

해양수산개발원(1999.3), 「항만물류와 BPR의 적용」.

해양수산개발원(2000.7), 「동북아다자간 해운물류협력체제구축방안연구」.

해양수산개발원(2001.3), 「21세기 글로벌 해운물류」.

해양수산개발원(2001.3), 「지구촌해운물류」.

해양수산개발원(2002), 「항만산업의 경제적 파급에 관한 연구」.

해양수산부(1998), 「해양수산통계연보」.

해양수산부(2006), 「항만물류산업의 클러스터화 및 활성화 방안 연구」.

해운산업연구원(1996), 신항만개발투자우선순위 평가.

현대경제사회연구원(1999.1), "우리경제의 선진화를 위한 정책과제".

현대경제연구원(2003), 「허브한반도」.

Alderton, P.M.(1999), *Port Management and Operations*, London, LLP.

American Shipper(2002.2).

Anthony P. Barone(2002), *International Logistics*, American Management Association.

Astle, W. E.(1981), *The Hamburug Rules*, Fairplay Publications, Ltd.

————(1988), *Bills of Lading Law*, Fairplay Publications, Ltd., 1988.

————(1983), *International Cargo Carrier's Liabilities*, Fairplay Publications, Ltd..

————(1985), *Limitation of Liability*, Fairplay Publications, Ltd., 1985.

————(1954), *Shipowner's Cargo Liabilities and Immunities*, H. F. & Witherby. Ltd.

Clark, X., Dollar, D., Micco, A.(2001.2), "*Maritime Transport Costs and Port Efficiency*", World Bank.

Containerization International Yearbook,(1980–2007).

David Menachof and Kian Heng Ang(2000), Third Party Logistics Providers in Singapore: Trends Opportunities and Challenges.

Drewry Shipping Consultants Ltd.(1998), World container terminals.

Drewry(2002.10), Global Container Terminal Profit, Performance and Prospect.

EDB(2008), Singapore Yearbook.

Ellingsen, G., Likumahuwa, W. and Nunnenkamp(2006). Outward FDI by Singapore Trasnational Corporations, 15.

Frankel, Ernst G(1986), Port Planning and Development, New York: John Wiley & Sons.

Hiroshi Shimomura(1996), Logistics Kakushin, Socio–Economic Development.

Informa Group plc.(2001), Containerization International, Mar.

Ivamy, E. R(1987), *Case Book on Shipping Law*, Lloyd's of London Press. Ltd.

Kinunda–Rutashobya L(2003), Exploring the potentialities of export processing free zone(EPZs) for economic development in Africa, Management Decision Vol.41, No.3.

Korea Shipping Gazette(1998), The Maritime & Logistics Information Almanac.

Korea Shipping Gazette(1998), The Maritime & Logistics Information Almanac.

Korea Shipping Gazette(1999), Shipping & Logistics Dictionary.

Lambeth, R. J(1986), *Templeman on Marine Insurance*, 6th ed., Pitman.

Lloyd's Shipping Economics(1999.9), Are bigger boxship the owner?.

l–Soo Jun, A Hochstein(2002), "Is Port Authority the Best Choice of Korean Port Reform?", Journal of Korea Port Economic Association, Vol.18 No2.

Mallya, T., Kukulka Z. and Jensen C.(2004). Are incentives a good investment the host country? an empical evaluation of the Czech National Incentive scheme, Trasnational Corporations, 13(1).

Mcllean. R.G.(1998), Bigger vessels: How are too big, Maritime policy and management, Vol 24, No.2.

Murphy, P.R.(1987), Dalenberg & Daley, J.M., Assesssing International Port operations, IJPD & MM.

Murphy, P.R.(1992), Port Selection Criteria; An Application of a Transportation

Rasearch Framewok, Logistics Tansportation Review, vol.28(3).
Notteboom, T.E.(2002), “Consolidation and Contestability in the European Contain Handling Industry”, Maritime Policy and Management, Vol.29, No.3.
Ocean Shipping Consultansts(2006), East Asian Containerport Markets to 2020. Singapore Trade Development Board(2003), The Next Frontier for Singapore's Logistics Industry, Press Release No. 067/99,29.
OECD(2001). Corporate tax incentives for foreign direct investment. Tax Policy Studies, 4.
Pierre David(2004), International Logistics, Atomic Dog Publishing.
Richardson, J(1984), *A Guide to The Hague and Hague Visy Rules,* 3th ed., Lloyd's of London Press Ltd., 1984.
Slack Brian(1985), Containerization, Inter-port Competition and Port Selection, Maritime Policy and Management.
Todd, Pau(1990)l, *Modern Bills of Lading*, 2th ed., Blackwell Scientific Publications.
Transport Intelligence(2006), Global Logistics Strategies.
UNCTAD(1993), Economic *Implications of the Entry Into Force of The Hamburg Rules and the Multimodal Transport Convention.*
Willingale, M.C.(1984), Ship-Operator Port-Routeing Behaviour and the Development Pross, Seaport systems and spatial change.
Wilson, John F(2006), *Carriage of Goods by Sea*, Pitman.
Working Group on Logistics(2002), Developing Singapore into a Global Integrated Logistics Hub.
World Bank(2009), World Development Indicators Database.
Yuasa Kazuo(1997), Logistics, Kanki publishing inc.

藤代和雄(1985), 「貿易運送の實務」〈船荷證券の說明〉, 同文舘.
加藤正治(1916), 「海法研究」 第二卷, 有斐閣書房.
岡庭 博(1963), 「海運の經營」, 海文堂.
山戸嘉一(1958), 「國際海上物品運送法」, 海文堂.

宮本三夫·郷原資亮(1994), 「國際運送と 新しい 企業責任」, 成山堂書店.
西鳥彌太郎(1954), 「船荷證券論」, 嚴松堂書店.
石井照久(1960), 「運送人の責任」– 國際海上物品運送法を中心として 東京, 勁草書房.
小町谷條三(1958), 「統一船荷證券法論」, 勁草書房.
大岐正瑠(1989), 「船荷證券の研究」 白桃書房.
田中誠二(1939), 「船荷證券免責條款論」, 有斐閣.
吉 田 茂(1998.10), "東アジアの經濟發展と海運業", 海運産業研究所報.
城 川 三次郎(1998.1), "アジア時代の 到來に向けた 海運戰略", 「港灣」.
塩見英治(1998), 現代物流システム, 中央經濟社.
益留德郎(1998.1), "アジア時代の到來と港灣", 「港灣」.
千須和 富士夫(1998.11), "現代港灣の 最高發展段階としての港灣", 海事産業研究所報.
青 野 聲(1998.6), "我が國の港灣物流体制の改革について", 「港灣」.
韓 鐘 吉(1998.5), "IMF体制下の 韓國海運·造船の現況", 海事産業研究所報.

찾아보기

영문색인

A

B

C

K

L

M

N

O

P

Q

R

국문색인

ㅁ

ㅂ

저자약력

강영문(wto3@chonnam.ac.kr)

- 동국대학교 무역학과 졸업(상학사)
- 한국외국어대학교 대학원 무역학과 졸업(경영학석사)
- 동국대학교 대학원 무역학과 박사과정 졸업(경영학박사)
- (주) 대신경제연구소 증권분석실 근무
- (주) 대신경제연구소 경제동향분석실 근무
  Visiting Scholar, Singapore Management University
- (한국학술진흥재단 해외방문교수)
- 무등일보 경제칼럼니스트
- MBC 라디오 경제코너 해설자
- 국제공정무역학회 편집위원
- 국제 e-비즈니스학회 학술위원
- 한국국제통상학회 이사
- 한국협상학회 상임이사
- 한국무역상무학회 이사
- 국제지역학회 이사
- 관세청 이의신청 심의위원
- 중소기업중앙회 무역자문위원
- 전남대학교 창업보육센터장
- 전남대학교 경상학부장
- 전남대학교 국제통상학과 교수

【주요 수상실적】

- 전남대학교 교육우수교수 선정(2008년)
  (Best Teaching Professor)

【주요저서】

- 아세안 비즈니스(전남대학교 출판부, 2011)
- 해상무역보험(전남대학교 출판부, 2011)
- 강영문교수의 동남아 지역연구(두남, 2010)
- 국제협상과 문화간 커뮤니케이션(전남대학교 출판부, 2010)
- 무역과 매너의 만남(우용출판사, 2010, 전정판)
- e유통경영(우용출판사, 2010, 전정판)
- 국제통상론(전남대학교 출판부, 2009)
- 온오프라인 유통관리(두남, 2008, 개정판)
- 전자물류와 물류관리(두남, 2005)
- 유통물류와 e-비즈니스(두남, 2004, 개정판)
- e무역과 국제매너(학문사, 2004)

홈페이지:http://altair.chonnam.ac.kr/~wto

글로벌 물류경영

2011년 9월 02일 초판 인쇄
2011년 9월 07일 초판 발행

저자 : 강영문
발행인 : 고우용
발행처 : 우용출판사
등록일 : 1997년 11월 25일
출판등록 : 제 313-1997-139호
주소 : 서울특별시 마포구 망원1동 338-53
TEL : 02) 324-6577, 02) 6081-5899
FAX : 02) 324-6177

정가 : 25,000원

ISBN : 978-89-6249-058-9 93320

www.choolpansa.com